[美] 傅高义 (EZRA F. VOGEL) 著

邓小平时代

冯克利 译 ｜ 香港中文大学出版社编辑部
　　　　　　 生活·讀書·新知 三联书店编辑部　译校

生活·讀書·新知 三联书店

Simplified Chinese Copyright © 2013 by SDX Joint Publishing Company
All Rights Reserved.
本作品中文简体版权由生活·读书·新知三联书店所有。
未经许可，不得翻印。

© 香港中文大学2012
本书由香港中文大学拥有所有版权。
本版限在中国大陆发行

图书在版编目（CIP）数据

邓小平时代 /（美）傅高义 著；冯克利 译 . — 北京：
生活·读书·新知三联书店，2013.1

ISBN 978—7—108—04153—1

Ⅰ. ①邓… Ⅱ. ①傅… ②冯… Ⅲ. ①社会主义建设模式—研究—中国 Ⅳ. ① D616

中国版本图书馆 CIP 数据核字 (2012) 第 287421 号

责任编辑	叶 彤　舒 炜	
装帧设计	朴 实	
责任印制	卢 岳	
责任校对	曹忠苓	
出版发行	生活·讀書·新知 三联书店	
	北京市东城区美术馆东街22号　100010	
经　　销	新华书店	
图　　字	01-2012-8924	
印　　刷	北京市松源印刷有限公司	
	北京市隆昌伟业印刷有限公司	
版　　次	2013年1月北京第1版	
	2013年1月北京第1次印刷	
开　　本	720毫米×1020毫米　1/16　印张50	
字　　数	643千字	
印　　数	000,001—500,000册	
定　　价	88.00元	

献给我的妻子艾秀慈

和那些决心帮助一个外国人理解中国的中国朋友们

目 录

中国大陆版序 ……………………………………………… vii
前言　探寻邓小平 ………………………………………… 1
导言　这个人和他的使命 ………………………………… 17

邓小平的人生经历
第1章　革命者、建设者、改革者，1904—1969 ……… 33

曲折的登顶之路　1969—1977
第2章　放逐与回归，1969—1974 ……………………… 63
第3章　整顿，1974—1975 ……………………………… 100
第4章　向前看，1975 …………………………………… 127
第5章　靠边站，1976 …………………………………… 163
第6章　复出，1977—1978 ……………………………… 188

开创邓小平时代　1978—1980
第7章　三个转折点，1978 ……………………………… 219
第8章　为自由设限，1978—1979 ……………………… 249
第9章　苏联—越南的威胁，1978—1979 ……………… 264
第10章　向日本开放，1978 ……………………………… 291
第11章　向美国开放，1978—1979 ……………………… 307
第12章　重组领导班子，1979—1980 …………………… 345

邓小平时代　1978—1989

- 第13章　邓小平的统制术 …………………………………… 371
- 第14章　广东和福建的试验，1979—1984 ……………… 387
- 第15章　经济调整和农村改革，1978—1982 …………… 413
- 第16章　加快经济发展和开放步伐，1982—1989 ……… 438
- 第17章　台湾、香港以及西藏问题 ………………………… 463
- 第18章　为军事现代化做准备 ……………………………… 505
- 第19章　政治的潮起潮落 …………………………………… 532

邓小平时代的挑战　1989—1992

- 第20章　北京：1989 ………………………………………… 565
- 第21章　稳住阵脚，1989—1992 ………………………… 595
- 第22章　终曲：南方之行，1992 …………………………… 615

邓小平的历史地位

- 第23章　转型的中国 ………………………………………… 641

- 注释 ……………………………………………………………… 663
- 名词索引 ………………………………………………………… 743

中国大陆版序

　　这本书起初是用英语写的，读者是西方人。我的看法是，我们这些哈佛大学的教师，不仅有教导自己的学生之责，还有进行研究以增进学识和为公众撰文著书之责。因为公众要投票选举，所以，我们有责任尽我们所能，通过教学、写作和公开的演讲，来提高公众的理解水平。"二战"以后，费正清教授在哈佛大学创建了东亚研究中心来推进我们的东亚研究，同仁们感到在教学之外，我们尚肩负着为研究和著述建立牢固基础的责任。1972年接替费正清教授成为中心的主任以后，我感到有责任促进我们对东亚的发展的了解。我们感到自己对教育美国公众有着特殊的责任，但是我们也认识到，亚洲知识的建构需要合作努力。我们和其他国家的学者合作，通过研究项目增进理解、分享看法，力图使全世界有相关兴趣的人获得这些知识。

　　2000年我从哈佛大学退休时，就想集中精力进行研究，来帮助外国人更好地了解中国。我认为，要想了解今日之中国，很重要的一点是了解历史，特别是自1978年邓小平开始领导造就了当下中国的一系列进程之后的历史。10年来，我致力于更深入地理解当代中国的基础是如何从1978年开始奠定的。

　　非常幸运的是，在研究过程中，我得到了包括党史专家、学者、前官员在内的很多中国人的支持,他们耐心地帮助一个渴望了解中国的外国人理解这个国度。我还与很多博学的中国人进行了非常好的合作。使我同样感到幸运的是我进行这项研究的时机。我写这本书的时候,很多档案已经向公众开放了。邓小平的年谱、文选和其他文件都已经出版,使得确定日期和人名变得很容易。今后数十年里,除了现在已经出版的很多曾经和邓小平一起工作过的人撰写的回忆录,还可能会有更多的文件可资学者利用。但是我的研究是在邓小平去世不久后进行的,这样我就可以访问其他了解邓小平的人,包括他的家人。

在西方,"六四"刚过的那些年里,很多西方人因为对示威被压制而非常不满,也就没有兴趣了解邓小平。20年过去了,很多原来没有兴趣了解邓小平的西方人,现在也开始愿意认真考虑邓小平在中国历史上真正的作用。我希望的是,我的书出版的时机能够促使更多的西方人去尝试更深入地理解邓小平其人和他所推行的改革,以及中国所发生的变化。

我知道,对外国人来说,要理解中国之事种种的细微之处是非常困难的。我尽我所能同对邓小平有不同看法的人交谈,其中既包括非常敬仰邓小平的人,也包括批评他的人。同时,作为外国人,我很容易接触到很多曾经见过邓小平的,或者保存着至今为止中国人尚不能轻易得到的与邓小平的会谈记录的西方人。我尽力摒除自己可能有的偏见,尽量客观地看待邓小平领导时期的种种状况。邓小平在被人问起他在中国的作用的时候说,不要夸大他个人的作用,在写他和他所处的时代时,既要写在他的领导下所取得的成就,也要写错误。我希望,假如邓小平今天还在世,他也会承认,不管我的书中存在什么问题,但还是努力按照他的"实事求是"的教导做的。

在试图理解邓小平和他的时代的过程中,我阅读了赞扬他、批评他或者努力以学者的方式做研究的人所写的著作。我从中获益良多。

我尽力客观地对待邓小平的言行，也没有掩饰我对邓小平的钦佩。我认为他对世界有着巨大的影响，改变了一个当时还承受着"大跃进"和"文革"后果的国家的前进方向。我相信，没有任何一个国家的领导人，对世界的发展有过更大的影响。我希望中国人民认可这本书是对理解改革开放时代的一次严肃的尝试。我期待继续和中国大陆朋友的探讨，也希望继续理解邓小平和他在中国所起的作用。

当然，时代在变，看法也在变，不过，我相信，讨论的过程和不同的见解会为增进理解提供更多的新机会。

傅高义，于哈佛大学

前言
探寻邓小平

2000年夏我在韩国济州岛。一天，悠闲地用过户外晚餐后，我心情放松地对我的友人、20世纪美国最了不起的东亚事务记者之一唐·奥伯多弗尔（Don Oberdorfer）说，我就要退出教学工作，想写一本书，帮助美国人了解亚洲的重要发展。很多人都说，我在1979年出版的 *Japan as Number One*（《日本第一》）有助于美国商界和政界的一些领袖对1980年代震撼了不少西方人的日本崛起有所准备。那么，站在21世纪的起点上，做点儿什么最有益于帮助美国人理解亚洲未来的发展呢？唐在过去半个世纪里一直进行亚洲事务的报道，他毫不迟疑地说："你应该写邓小平。"思考了几周后，我断定他说得对。亚洲最大的问题是中国，而对中国的现代历程造成最大影响的人是邓小平。此外，深入分析邓小平的人生和事业，可以揭示近年来塑造中国社会和经济发展的基本力量。

写邓小平并非易事。1920年代邓小平在巴黎和上海从事地下工作时，就学会了完全依靠自己的记忆力——他身后没有留下任何笔记。"文革"期间批判他的人想搜集他的错误记录，但没有找到任何书面证据。为正式会议准备的讲话稿均由助手撰写，有记录可查，但其余大多数谈话或会议发言都不需要讲稿，因为邓只靠记忆就能做一个小时甚至更长时间条理分明的讲话。此外，就像党的其他高层领导人一样,邓小平严守党纪。即使在"文革"期间和妻子儿女下放江西时,他也从来不跟他们谈论党内高层的事,尽管他们也是党员。

邓小平批评那些自吹自擂的自传。他没有写自传,并且坚持别人对他的任何评价都"不能夸大,不能太高"。[1] 事实上,邓很少在公开场合回忆过去的经历。人们都知道他"不爱说话",出言谨慎。因此,写邓小平和他的时代,相对于通常情况下研究某位国家领导人,是一项更不寻常的挑战。

遗憾的是,我从来无缘与邓小平本人会面并交谈。1973年5月,我作为美国国家科学院赞助的代表团成员初次去北京访问时,见过周恩来和其他一些高官,但没有见到邓小平。那次访问给我留下的最强烈印象之一是,邓小平刚刚结束了"文革"下放回到北京,高层内部正对此事议论纷纷,对于他将担任某种重要角色并带来重大变化抱有很高的预期。担任什么角色?带来哪些变化?我们西方人都在猜测,但谁也没有预料到后来20年中国行将发生的巨变,以及中国的未来会在多大程度上被这位非凡领导人的努力所推进。

我最接近邓小平的一次,是1979年1月在华盛顿美国国家美术馆的招待会上,当时我离他只有几步之遥。这个招待会是一次盛大的集会,来自政界、媒体、学界和商界的美国中国问题专家齐聚一堂,庆贺美中两国正式建交。我们参加招待会的很多人已相识多年,过去常在香港见面;当中国对大多数西方人紧闭大门时,香港是中国观察家聚会的重要地点,在那里我们分享最新消息或传言,力图穿透竹幕。而我们中一些人已久未谋面,于是热切地攀谈叙旧。此外,举行招待会的国家美术馆的音响效果十分糟糕,不是个适合演讲的地方,从扩音器中完全听不清邓小平和翻译在说些什么。于是我们这群聚在一起的中国观察家同行朋友继续着自己的交谈。据接近邓小平的人说,这群叽叽喳喳、心不在焉的人令他懊恼。然而他给我们大多数在场的人的印象,是他如何像对着一群正襟危坐、洗耳恭听的中国听众一样念着讲稿。

因此，我要了解邓小平，就像一个历史学家要去了解自己的研究主题一样，只能通过研读文字材料。而关于邓小平一生的不同方面存在着多种不同的纪事。尽管邓小平告诫写作者不要吹捧，但在官方或半官方的历史写作中，褒扬英雄、贬抑他人的传统在中国依然流行。由于另一些官员也会有秘书或家人写一些溢美的文字，细心的读者便可以对这些不同的记录进行比较。党史专家中也有一些出于职业责任感而秉笔直书的人。

随着更多中共档案的公开，未来将有更多写邓小平的书。但我相信，对研究邓小平的学者而言，没有比现在更好的写作时间。很多基本的年谱资料已被整理和发表，大量回忆录已出版，况且我还有一个以后的历史学家无法再有的机会：我得以跟邓小平的家人、同事以及这些同事的家人会面交谈，他们为我提供了一些未必能在文字材料中获得的见解和细节。过去几年中，我总共花了大约12个月的时间在中国，用中文采访那些了解邓小平及其时代的人。

就研究邓小平事迹的客观记录而言，最基本的一部文献是《邓小平年谱》，2004年先出版了两卷，共计1383页，从官方角度记录邓小平从1975年直到1997年去世前几乎每一天的活动；2009年又出版了三卷，共计2079页，记述1904年到1974年邓小平的生平。由党史学者组成的编写这部年谱的班子可以接触到大量中共档案，并力求做到记录准确。年谱不提供解释，不进行褒贬，不做揣测，没有涉及一些最敏感的主题，也不提政治斗争。不过，它对于确定邓小平曾在何时跟何人会谈，以及在很多情况下他们之间说了些什么，都大有帮助。

邓小平的很多重要讲话经过编纂整理后，收入了官方的《邓小平文选》。这部三卷本的著作提供了关于邓的很多重大政策的有用记录，尽管参照当时国内和国际事件的大背景对之做出诠释也极为关键。有关陈云、叶剑英和周恩来的重要讲话和文章的编年资料同样很有帮助。

最有助于深入理解邓小平个人思想的著作，是邓小平的小女儿邓榕（毛毛）所写的有关复出之前的邓小平的两部书，它们是根据她的个人回忆、她对了解邓小平的人的采访，以及中共档案写成的。1989年天安门事件后邓小平的健康状况每况愈下，邓榕一般都会陪同父亲外出。尽管邓小平不跟家人谈论高层政治，但家人既熟悉他本人，又了解国家形势，所以足以领会和理解他关切的问题和考虑问题的方法，其中有些东西也只有他们看得到。其中《我的父亲邓小平》讲述1949年以前邓小平的经历，另一部《我的父亲邓小平："文革"岁月》记述的是1969年至1973年间她陪同父母从北京下放到江西省的岁月。她在书中明显表露出对父亲的感情和崇敬，描绘了一个十分正面的人物形象，但是她也讲述了很多细节，揭示了不少邓小平的品格和态度。事实上，考虑到党的政策限制，以及她要描绘一个正面形象的努力，她已经是惊人地坦白、开放和具体了。她在写书时得到了党史学者的协助，由他们核对日期、人名和事件。她的写作仍在继续，正在写新中国成立初期邓小平的活动，但还未写到1973年之后仍很有争议的时期。她慨然同意接受我的几次长时间采访，对她所写的内容进行补充说明。

在我扎进大量中文文献之前，有些英文著作为我研究邓小平时代提供了很好的起点，但除了孙万国（Warren Sun）和弗利德里克·泰维斯（Frederick Teiwes）的著作外，它们大多撰写于为纪念邓小平百岁诞辰而出版的年谱和回忆文字面世之前。以下作者的著作令我格外受益：鲍瑞嘉（Richard Baum）、理查德·伊文斯（Richard Evans）、傅士卓（Joseph Fewsmith）、梅勒·谷梅（Merle Goldman）、马若德（麦克法夸尔，Roderick MacFarquhar）和沈迈克（Michael Schoenhals）、莫里斯·迈斯纳（马思乐，Maurice Meisner）、钱其琛、陆伯彬（Robert Ross）、阮铭、哈里森·索尔兹伯里（Harrison

Salisbury)、泰维斯和孙万国以及于光远。

理查德·伊文斯大使是一位聪明干练的英国外交官，1984年至1988年任英国驻华大使。他根据自己和邓小平的会谈以及英国政府文件，写了 Deng Xiaoping and the Making of Modern China*，此书主要涉及邓小平1973年以前的经历，为受过良好教育的读者提供了一个文笔极佳的概述。在西方的政治学者中间，鲍瑞嘉对邓小平时代的政治做了最为细致的研究，写成 Burying Mao 一书。他利用了1994年其著作出版之前可见的中国资料和香港分析家的著作。他慎重使用了香港的报道，我则极少使用，因为很难核实它们的信息来源，故而很难评价其可靠性。莫里斯·迈斯纳是一位很有思想、熟谙马克思主义理论的学者，他的 The Deng Xiaoping Era，以马克思主义的理论问题作为背景研究邓小平。我在费正清研究中心长期共事的同事梅勒·谷梅在她的 Sowing the Seeds of Democracy in China: Political Reform in the Deng Xiaoping Era 一书中，回顾了邓小平时代不断变化的思想潮流，她利用的材料不仅有出版物，还有她跟书中所记的许多知识分子尤其是异见者的交谈。Deng Xiaoping: Chronicle of an Empire** 的作者在1983年被清除出党之前是中央党校的研究人员。他流亡美国后，激烈批评了那些"拖改革后腿"的保守派意识形态宣传家。

Ten Episodes in China's Diplomacy*** 的作者钱其琛，在邓小平时代的大多数时间担任外交部长和副总理，他的著作对这个时期的外交政策做了中肯的、信息丰富的记录。帮邓小平起草过十一

---

* 中译本：《邓小平传》，[英]理查德·伊文斯著，武市红等译，上海人民出版社，1996年。——中文版编者注

** 中文本：《邓小平帝国》，阮铭著，台北：时报文化出版公司，1992年。——中文版编者注

*** 中文本：《外交十记》，钱其琛著，北京：世界知识出版社，2003年。——中文版编者注

届三中全会讲话稿的于光远，在 Deng Xiaoping Shakes the World*一书中讲述了这个历史转折点。由于我参与过这两本书的英译本编辑工作，所以有机会同这两位和邓有密切工作关系的前官员进行补充性讨论。

已故的哈里森·索尔兹伯里是一位记者，也是 The New Emperors: China in the Era of Mao and Deng 的作者。毛泽东去世不久后他有机会见到中国的几位主要领导人。虽然他的一些描述——例如邓小平和三线工业的关系——显示出严重误解，但他较其他记者而言接触到了更多材料，并且讲述了当时人所不知的新鲜观点。

沈大伟（David Shambaugh）在邓小平上台时担任 The China Quarterly（《中国季刊》）的主编，1992年邓小平退出权力舞台不久后，他召集一些学者对邓小平及其时代进行评价，并把这些评价文章收入了他编的 Deng Xiaoping 一书。

泰维斯和孙万国为写作他们的三卷本著作，较之所有西方学者掌握了更多1974年至1982年这个时期的中文文献。他们出版的第一卷（The End of the Maoist Era）的时间跨度是1974年到1976年。他们仔细评估关于各种事件的不同解释，旨在以极为细致的方式厘清基本事实。孙万国在过去20年里致力于探究这个时期的每一个重要事实，其坚持不懈超过了我所认识的其他任何人。后来他还花了两个多月的时间核对我手稿的不同版本，修正错误、建议补充说明及推荐关键性著作。

傅士卓所著 The Dilemmas of Reform in China 是有关这个时期的经济论战的最好的英文著作。陆伯彬写了几本研究这个时期外交关系的杰作。穷数十年之力研究中国精英政治和"文革"的马若德，

---

* 中文本：《1978：我亲历的那次历史大转折——十一届三中全会的台前幕后》，于光远著，北京：中央编译出版社，2008年。——中文版编者注

撰写过三卷本的 *The Origins of the Cultural Revolution**，并与沈迈克合著讲述"文革"史的 *Mao's Last Revolution***。我认识所有这些作者，并就邓小平及其时代与他们进行过交谈。他们总是慷慨地对我补充他们书中所述，使我对其中涉及的一些重要问题有了更清晰的认识。

已经面世的中文资料浩如烟海，即使最杰出的中国学者也无法全部阅读。从1990年代开始，又可以从中文互联网上获得爆炸般增长的信息。我一直得到许多研究助理的协助，其中尤其应当提到任意和窦新元。任意的祖父是前广东省委第一书记任仲夷，一位了不起的广东改革派领导人。窦新元曾在广东省经委工作多年，他既有个人经验，又具备学者从历史文献中探知真相的毅力。任意和窦新元两人都花了一年以上的时间帮我搜集大量材料，并力求对不同立场的中国人的感受和行为深思熟虑。姚监复曾是赵紫阳领导下的国务院农村发展研究中心、中共中央农村政策研究室的官员，也花了数周时间阅读我手稿中有关经济的章节。

中文互联网是查询人名和日期这类问题的难得的信息源，但除此之外，往往很难区分哪些是事实，哪些是臆想或趣闻。如果互联网上的一些文章提供了重要信息但没有注明来源，我会尽量核查原始出处，或至少在采用前将之与另一些资料进行比较。这样做时，我发现"China Vitae"是一个有关在世的中国官员的十分有用的英文网站。

和邓小平一起工作过的官员所写的回忆文章可谓汗牛充栋。三卷本的《回忆邓小平》是这类文献最好的文集之一，类似的文集

---

* 中译本：《文化大革命的起源》（两卷本），[英]麦克法夸尔著，魏海平、艾平等译，石家庄：河北人民出版社，1989年。同书另有北京：求实出版社1989—1990年本。——中文版编者注

** 中译本：《毛泽东最后的革命》，[英]麦克法夸尔、沈迈克著，关心译，唐少杰校，香港：星克尔，2009年。——中文版编者注

还有三卷本的《邓小平人生纪实》。《炎黄春秋》和《百年潮》这两本出色的杂志发表了很多与邓小平一起工作过的人撰写的文章。《炎黄春秋》是由既了解内情又有改革意识的前任高官主办的刊物。从正统派官员邓力群所写、出版于香港的《十二个春秋，1975—1987》，以及他在当代中国研究所——这个由他建立的研究所，为研究建国后重大事件的很多历史著作提供了条件——的未发表的讲话中，可以看到另一种观点。

还有很多有关这个时期的所有关键人物——包括陈云、谷牧、胡耀邦、万里、叶剑英和赵紫阳——的文献，往往是出自优秀的记者之手，他们提供了各不相同的视角。最出色的记者所写的有关邓小平的著作是杨继绳的《邓小平时代：中国改革开放20年纪实》。官方历史如《陈云传》，虽经过精心编辑，仍是以文献资料为基础。朱佳木谈陈云的书（朱佳木、迟爱萍、赵士刚著：《陈云》）虽然简略，却得益于他为陈云当过5年助手的经历和他本人的细心研究。除《邓小平年谱》外，还有一些官方为陈云、周恩来、叶剑英以及其他一些与邓小平有密切工作关系的高官编订的年谱。

另一部极有价值的文献，是有关1949年后中国历史的十卷本《中华人民共和国史》（简称《国史》）。该书已出版七卷，仍有三卷待刊，由中国大陆的学者撰写，包括高华（已故）、陈东林、韩钢、沈志华、萧冬连等人。这部里程碑式的著作由香港中文大学当代中国研究中心出版，为这个时期客观全面的学术研究树立了新的标准。

虽然中国政府已大大放宽了人们的写作空间，但大陆一些知情的局内人所写的东西仍被认为争议太大，无法在大陆出版。香港的出版业则比较开放，因此很多这类著作在香港出版。其中信息最丰富的是邓力群、胡绩伟、杨继绳、赵紫阳和宗凤鸣的著作。在写过回忆录的改革派官员中，有《人民日报》前总编胡绩伟，他写了《从华国锋下台到胡耀邦下台》一书。

中国大陆没有出版胡耀邦的年谱，但他大陆的朋友在香港出版了两部篇幅浩大的年谱,一部是盛平编的《胡耀邦思想年谱(1975—1989)》,另一部是郑仲兵编的《胡耀邦年谱资料长编》。还有张黎群等人所写的三卷本《胡耀邦传》,其中二、三卷迄今仍未出版。胡耀邦的朋友汇编了四卷本的文集《怀念耀邦》,编者为张黎群等,在香港出版。在大陆方面,胡耀邦的女儿用"满妹"的笔名发表了《思念依然无尽:回忆父亲胡耀邦》。

赵紫阳1989年后记录下了他的个人经历和观点,并被译成英文(*Prisoner of the State: The Secret Journal of Premier Zhao Ziyang*)出版,编者是鲍朴、蒋悦磊(Renee Chiang)和殷阿笛(Adi Ignatius)。1989年之后,与赵紫阳交谈时间最长的局外人是宗凤鸣,他根据回忆写了一本书。赵紫阳并未授权宗凤鸣写下这些回忆,但他授权出版并亲自审阅了与记者杨继绳进行的三次主题集中的谈话记录,该记录发表在《中国改革年代的政治斗争》一书中。

我还观看过记录邓小平的讲话、会见、出访以及与家人休闲的纪录片。我的研究助理还应我的要求翻译了一些俄文文献。

除了上述有关邓小平时代的一般性著作,我还使用了很多与本书某些特定问题相关的专业文献(见注释及英文、中文和日文文献的在线目录 http://scholar.harvard.edu//ezravogel)。

除了多次在中国的短期访问外,我也有数次在北京较长时间居住的经历:2006年住了五个月,2007年一个月,2008年数周,2009年一个月,2010年数周。这使我有机会采访到三类知情人士:党史专家、高干子女和在邓小平手下工作过的干部。除了几位会讲英语的中国人选择用英语交谈,其他访谈都是直接使用汉语,没有翻译在场。具体而言,我受益于同朱佳木、程中原、陈东林和韩钢的深谈,他们都是专治党史的杰出历史学家。我也采访过邓小平的两个女儿(邓榕和邓林)、陈云的两个子女(陈元和陈伟立)、胡耀邦的两个儿子(胡德平和胡德华)。此外我还采访过陈毅、纪登奎、宋任穷、万里、叶剑英、余秋里和赵紫阳的子女。他们都是聪明、有头脑的人，出言谨慎且深怀孝心。他们的具体回忆令人感受到他们的父母及父母的同事的气息。

我采访过的前任官员中既有邓小平的仰慕者，也有他的严厉批评者，后者认为邓没有充分支持胡耀邦和知识分子，悲剧性地丧失了推动政治改革的良机。有些人是曾与邓小平共事或在邓手下工作过的著名官员，包括前外交部长黄华、前国家主席江泽民、前中央组织部副部长李锐、前副总理钱其琛和前广东省委第一书记任仲夷。所有这些官员都已退休，这使我们之间的交谈可以比他们在任时更为放松。

我还受益于对一些有才华的退休官员的采访，他们曾为邓小平工作过，其中有些人现在还在给《炎黄春秋》写文章，如杜导正、冯兰瑞、孙长江、吴明瑜、杨继绳和已故的朱厚泽。有些人因敢言而一时受到过批评或警告，但大体上他们享有表达意见的自由。此外，我也有机会采访中国一些研究机构和大学的学者。与那些曾在邓小平手下工作过的党政干部相比，即使是身为党员的学者一般也不太了解党内的事情，但他们往往有机会认识一些要人，有些人阅读广泛并仔细研究过可以看到的文件。

虽然一些研究机构的专家学者都在研究党史，如中央党校、几所大学和当代中国研究所，但是研究人员最多、文献最丰富、接触党内资料最便利的部门，还是中共中央委员会辖下的中央文献研究室。该机构的大约15名工作人员编写了《邓小平年谱》。此外，目前还有大约15人正在编写官方的邓小平传，预计将在未来几年内完成。

多年来，我在哈佛有机会与诸多来访的中国官员和学者交谈，他们中有些人十分熟悉北京的政局。其中有一批异见人士。我也跟较年轻的前官员，如吴国光、吴稼祥（后来回到北京）和郁奇虹进行过交谈，他们都曾在中央机关工作过。我也从在北京和哈佛结识的经济学家尤其是樊纲、卢迈和钱颖一那里深受教益。

除了以上提及的这些人外，我还采访过鲍朴、储百亮（Chris Buckley）、陈方安生、陈广哲、陈昊苏、陈开枝、陈伟力、陈先奎、陈小鲁、陈元、陈知涯、郑在浩、邓英淘（已故）、杜芬（John Dolfin）、德赖斯代尔（Peter Drysdale）、杜蒲、杜瑞芝、杜润生、高华（已故）、高尚全、高西庆、龚育之（已故）、顾汝德（Leo Goodstadt）、何方、何理良、胡晓江、黄平、黄仁伟、纪虎民、江绵恒、金冲及、刘遵义、冷溶、梁振英、李德全、李捷、李君如、李普、李盛平、李慎之（已故）、李向前、林京耀、柳述卿、刘亚伟、陆恭蕙、龙永图、卢跃刚、罗援、马立诚、马沛文、马诚礼（Charles Martin）、狄迪（Dede Nickerson）、彭定康（Chris Patten）、皮尼（Mario Pini）、沙祖康、单少杰、申再望、宋克荒、宋一平、孙刚、曾荫权、万叔鹏、王建、王军涛、王雁南、王毅、吴敬琏、吴南生、萧冬连、熊华源、严家其、杨成绪、杨启先、杨天石、叶选基、叶选廉、叶刘淑仪、余晓霞、曾彦修、翟志海、章百家、张国新、张显扬、张星星、张新生、张颖、张蕴岭、赵树凯、郑必坚、郑仲兵、周明伟、周牧之、周琪和朱启祯。我感谢所有帮助过一个外国人理解中国的中国朋友和熟人。不过他们对我的任何观点都不负有责任。我的看法是我本人根据所接触的各种资料而做出的最佳判断的产物。

为了更好地感受邓小平经历过的环境，我去邓小平一生中的重要地点分别小住过数日，包括他的出生地四川广安县，他打过八年游击战的山西太行山，1949年到1952年他担任西南局负责人时的基地——重庆和成都，以及1930年代初他生活过几年的江西瑞金。我还走访过上海近郊陈云的出生地青浦。每到这些地方，当地学者和干部会向我深入讲解博物馆里的资料和实物，有助于我在当地的环境中理解邓小平的角色。

我曾前往新加坡与前总理李光耀交谈，他对邓小平的了解大概不亚于对其他外国领导人的了解；我也访问了前总理吴作栋、前中国沿海经济开发区顾问吴庆瑞和总统纳丹（S. R. Nathan）等官员。我还与一些学者进行过长谈，尤其是王赓武、黄朝翰和郑永年。在香港，我会见过杨振宁和郑维健，后者与其岳父包玉刚同往中国大陆时，曾多次见到邓小平，而包玉刚这位香港船王跟邓小平见面的次数多于中国大陆以外的任何人。

在澳大利亚，我有幸与前总理罗伯特·霍克（Robert Hawke）、前驻华大使罗斯·加诺特（Ross Garnaut）、前外交部官员理查德·赖格比（Richard Rigby）、罗杰·尤伦（Roger Uren）等人交谈。此外，我去莫斯科时会见过列夫·德留辛（Lev Deliusin），他在中国住了多年，主持莫斯科东方学研究所，写过一本有关邓小平的书。跟亚历山大·潘索夫（Alexander Pantsov）——一位细心严谨的学者，目前在美国教书，熟谙有关毛泽东和邓小平，以及谢尔盖·齐赫文斯基（Sergei Tikhvinsky）的俄语文献——的讨论使我尤其受益。

我还数度前往英国，寻访对邓小平有特别见识的人，故与前驻华大使阿兰·唐纳德爵士（Sir Alan Donald）和理查德·伊文斯、前任港督卫奕信（David Wilson）进行过交谈。我还在北京会见过前驻华大使安东尼·格尔斯沃齐爵士（Sir Anthony Galsworthy），同香港前行政长官董建华也有过交谈，并多次与香港和北京谈判小组的成员之一邵善波座谈。

我在日本交谈过的有前首相中曾根康弘；前驻华大使阿南惟茂、国广道彦、谷野作太郎；还有日本外务省的一些中国问题专家，如畠中笃、加藤弘一和下荒地修二；以及十分了解日本外交政策的川岛裕、东乡克彦和渡边宏二等博学之士。我还同日本研究中国对外关系的专家做过交谈，特别是平野健一郎、川岛真、国分良成、毛里和子、添谷芳秀、高木诚一郎、高原明生、田中明彦、辻康吾、矢吹晋和山田辰雄。益尾知佐子和彬本孝这两位日本的中国问题学者使我受益尤多，他们也是本书日文版的翻译者。益尾知佐子写过一本论述邓小平外交政策的杰作，她协助我搜集日文文献，其中包括日本政府的解密文件。

我有幸跟一些见过邓小平的美国官员进行过交谈，包括前总统吉米·卡特（Jimmy Carter）和前副总统沃尔特·蒙代尔（Walter Mondale），他们都是1979年与邓小平有过关键性访问的人物；还有亨利·基辛格（Henry Kissinger）、布兰·斯考科罗夫特（Brent Scowcroft）。我也同布热津斯基（Zbigniew Brzezinski）和已故的奥克森伯格（Michel Oksenberg）有过交谈，他们曾是负责中美关系正常化的白宫要员。尼克松的女婿、曾跟岳父一起见过邓小平的爱德华·考克斯（Edward Cox）和我分享了他的回忆。我还同一些前美国驻华大使交谈，包括恒慕义（Arthur Hummel，已故）、李洁明（Jim Lilley，已故）、洛德（Winston Lord）、乔·普理赫（Joe Prueher）、桑迪·雷德（Sandy Randt）、芮效俭（J. Stapleton Roy）、尚慕杰（Jim Sasser）和伍德科克（Leonard Woodcock，已故）。伍德科克大使的遗孀莎朗·伍德科克（Sharon Woodcock）友好地与我分享了她丈夫的文件。我也有幸同一些任职于白宫、国务院或美国政府其他部门的中国问题专家交谈，他们是阿马柯斯特（Mike Armacost）、克拉克（Chris Clark）、费舍尔（Richard Fisher）、傅立民（Chas Freeman）、格里斯（David Gries）、希尔（Charles Hill）、凯德磊（Don Keyser）、科雷斯伯格（Paul Kreisberg）、黎赫白（Herb Levin）、李侃如（Ken Lieberthal）、麦卡希尔（Bill McCahill）、包道格（Doug Paal）、卜励德（Nick Platt）、容安澜（Alan Romberg）、索乐文（Richard Solomon）、斯皮尔曼（Doug Spellman）、苏葆立（Robert Suettinger）、沙利文（Roger Sullivan）和沙特（Robert Sutter）、宋贺德（Harry Thayer）、汤姆森（John Thomson）。我过去的两名学生李淑珊（Susan Lawrence）和刘美远（Melinda Liu）曾多年在北京从事报道，十分慷慨地同我分享了他们的时间和见解。美中关系全国委员会的白丽娟（Jan Berris）一向是我获得各种有关人与事的信息的一个绝佳来源。我还访问过邓小平的4位翻译，冀朝铸、施燕华、唐闻生与已故的章含之。

我还受益于仔细阅读过本书全部手稿的柯文（Paul Cohen）、傅士卓、谷梅、艾秀慈（Charlotte Ikels）、凯德磊（Don Keyser）、黎安友（Andrew Nathan）、赛奇（Tony Saich）和沈大伟。还有一些人细心阅读过部分手稿，也令我感到荣幸，他们是白志昂（John Berninghausen）、叶叙理（Ashley Esaray）、坦梅·戈尔斯坦（Mel Goldstein）、凯博文（Arthur Kleinman）、蓝普顿（Mike Lampton）、拉里（Diana Lary）、李淑珊、李成、林重庚、林至人（Edwin and Cyril Lim）、林培瑞（Perry Link）、麦卡希尔（Bill McCahill）、芮尔登（Lawrence Reardon）、陆伯彬、芮效俭、塞缪尔斯（Richard Samuels）、索乐文（Richard Solomon）、宋怡明（Mike Szonyi）、怀默霆（Martin Whyte）和赖特（Dalena Wright）。（阅读过第18章手稿的人见该章列表）中国的一些党史专家，如陈东林、程中原、韩钢、齐卫平、沈志华、萧延中、杨奎松和朱佳木，也阅读过先前被译成中文的手稿，帮助改正了一些错讹之处。不过，只有我本人对尚未纠正或在他们阅读后仍未发现的错误负责。

与哈佛大学同事的讨论让我获益匪浅，他们是安守廉（William Alford）、包弼德（Peter Bol）、张伯赓（Julian Chang）、柯文（Paul Cohen）、科尔登（Tim Colton）、温奈良（Nara Dillon）、欧立德（Mark Elliott）、傅士卓、谷梅、戈迪温（Steve Goldstein）、何晓清（Rowena He）、韩博天（Sebastian Heilmann）、萧庆伦（William Hsiao）、江忆恩（Iain Johnston）、柯伟林（Bill Kirby）、凯博文（Arthur Kleinman）、马若德、奥格登（Suzanne Ogden）、欧伟伦（Bill Overholt）、德怀特·珀金斯（Dwight Perkins）、裴宜理（Liz Perry）、陆伯彬、赛奇（Tony Saich）、宋怡明、戴胡慧心（Tam Tai）、杜维明、王宁、华琛／屈顺天（James L. Watson）、瓦特夫妇（John and Anne Watt）、怀默霆、韦杰夫（Jeff Williams）、

魏根深（Endymion Wilkinson）、沃尔夫（David Wolff）。我也同其他地方的学者讨论过相关问题，他们包括白志昂、伯恩斯坦（Tom Bernstein）、陈广哲、戴维斯（Deborah Davis）、杜芬（John Dolfin）、高尔德（Tom Gold）、坦梅·戈尔斯坦、桂本青、蓝普顿（Mike Lampton）、林培瑞、赵文词（Richard Madsen）、戴慕珍（Jean Oi）、波拉克（Jonathan Pollack）、白鲁恂（Lucian Pye，已故）、塞缪尔斯（Dick Samuels）、沈大伟、谢淑丽（Susan Shirk）、索林格（Dorie Solinger）、谢德华（Ed Steinfeld）和魏昂德（Andrew Walder）。

我还得到过以下人士的帮助：安和丽（Holly Angell）、夏滴翠（Deirdre Chetham）、埃斯帕达（Jorge Espada）、高申鹏、吉尔伯特（Elizabeth Gilbert）、罗索（Anna Laura Rosow）、索耶尔（Kate Sauer）、石文婴和张烨。同在哈佛查阅1949年以后资料的所有学者一样，我对费正清中国研究中心冯汉柱图书馆（Fairbank Center Collection of the Fung Library at Harvard）的馆长南希（Nancy Hearst）深怀感激，她一向以对资料的惊人熟悉和似乎无限的热忱，去帮助学者找到他们所需要的信息。她曾数次纠正我的笔记，核对我的手稿。随着中国在21世纪变得日益重要，我们在哈佛享有的特殊优势愈发凸显出来——我们得以利用费正清中国研究中心冯汉柱图书馆的特藏，它们对研究当代中国有着不可估量的价值，其中很多文献不但在西方的其他图书馆见不到，在中国也无法见到。

我还要感谢熊景明，她以同样的帮助学者的热忱，为香港中文大学中国服务中心搜集并创造性地整理了中国大陆以外这一时期最完整的文献收藏。我也有幸得到亚特兰大卡特图书馆管理员的协助，他们帮我查找和使用了卡特政府的文件。我的编辑伊尔·哈伯特（Earl Harbert）认真细致，逐行逐句地加工手稿，以便让那些不是中国专家的人更易于理解。我的手稿编辑朱丽叶·卡尔松（Julie Carlson）既有创意又工作投入，不辞劳苦地帮我使手稿最后成型。

哈佛大学出版社的编辑凯瑟琳·麦克德默特（Kathleen McDermott）也发挥其创造精神，热情勤奋地照料着与本书出版有关的方方面面。

我的妻子艾秀慈是中国人类学专家，在本书写作过程中始终是我的思想伴侣。她以最大的耐心为一个身不由己的工作狂提供了平衡及精神支持。

虽然我在1993年到1995年担任过与东亚事务有关的美国国家情报官员，但在本项研究过程中我没有接触过任何保密资料。所有关于事实的陈述、表达的意见或分析，均出自作者本人。书中提供的任何材料都不反映中央情报局或其他美国政府部门的官方立场或观点。书中任何内容都不应被推测为表明或暗示美国政府对作者的观点进行过信息认证或认可。这份材料已经中央情报局审核，以防保密信息外泄。

导言
这个人和他的使命

1979年3月,港英总督麦理浩爵士(Sir Murray Maclehose)飞往北京,就香港问题做出说明。麦理浩通晓汉语,且广受敬重。他事先只被告知将与一位高级官员见面,抵京之后才高兴地获悉,即将与他会面的是刚被任命的中国的重要领导人邓小平。[1] 这次不公开的会见在人民大会堂进行,麦理浩向邓小平谈到香港正面临日益增多的困难。双方都知道,自鸦片战争以来英国一直统治着香港这块殖民地,但香港大部分土地的租约将于1997年到期。麦理浩总督采用外交辞令,字斟句酌地谈到有必要让港人放心,因为他们对1997年之后的前景深感忧虑。邓小平仔细听取了港督的关切。当会谈结束后他们起身走向门口时,邓小平向麦理浩做了个手势,身高逾一米八的港督俯下身,听到这位身材只有一米五几的主人对他说,"你如果觉得统治香港不容易,那就来统治中国试试。"[2]

邓小平深知当时的中国是一个烂摊子,国家仍因"文革"的混乱而步履蹒跚——在"文革"中,年轻人被动员起来批判高级干部,依靠毛的支持把他们拉下马,使这个接近十亿人的国家陷入一片混乱。当时占人口总数80%的中国农民人均年收入只有区区40美元,人均粮食产量还不及1957年的水平。

军队干部和革命造反派取代了被赶下台的老干部，但他们对自己占据的职位既无准备又缺少素养。军队变得臃肿不堪，并疏于军务，有些在地方任职的军队干部享受着当官的特权，却不务正业。交通与通信设施破败不堪。大型工厂的生产仍在采用1950年代从苏联进口的技术，设备也处于失修状态。

大学在过去10年里基本上被关闭。知识青年被迫下放农村，但让他们继续留在那里变得越来越困难。城市又无法为他们提供就业，更不用说那些想进城又不敢有此奢望的千百万农民。再者，城市居民担心自己的饭碗，并不欢迎新来的人。

一些大胆的干部认为，造成这些问题的真正根源正是毛泽东本人，但是邓小平认为，过去20年的失败不能全归罪于一人，用他的话说："我们大家都有份。"毛确实犯了严重的错误，但在邓小平看来，更大的问题是导致这些错误的制度缺陷。政治体系控制到每家每户的做法搞过了头，造成了恐惧和主动精神的丧失；对经济体系的控制也搞过了头，导致的是失去活力的僵化。中国的领导人究竟怎样才能做到既维持国家稳定，又为社会松绑？

"文革"前的十多年里，没有谁比邓小平在建设和管理这个旧体制上承担过更多责任。1969年至1973年邓小平下放江西的三年半里，也没有哪个中国高官比他更深入地思考过中国的体制到底出了什么问题，需要做些什么。

1978年时，邓小平对于如何做到民富国强并无清晰的蓝图，他承认只能"摸着石头过河"，并且一再重复这句如今已广为人知的话。[3]不过，他在思考如何开展工作时，确实有一个框架。

他要让中国向世界各国的科学技术、管理体制和新思想敞开大门，无论那个国家属于什么政治制度。他很清楚，亚洲的新兴经济体——日本、韩国、新加坡、中国的香港和台湾——正以其他任何国家未曾有过的速度快速发展。然而邓小平也明白，不能全盘照搬国外的整个制度，因为任何外来制度都不适合中国的特殊需要——中国有着丰富的文化传统，它幅员辽阔，各地差异很大，而且十分贫穷。他认识到了一些自由市场经济学家没有认识到的事情：单靠开放市场并不能解决问题；必须逐步建立各种制度。他要鼓励干部开阔视野，到各国学习成功经验，带回有发展前景的技术和管理方式，通过试验来确定能在国内行之有效的办法。他要帮助铺平中国与其他国家发展良好关系之路，使它们愿意与中国合作。

为使这项重建工作有序进行，他认为中国共产党是唯一能够掌控这个过程的组织。在1978年的中国，最有经验的领导，是那些在1950年代和1960年代初就担任领导职务的干部，需要让他们重新回来工作。要派年轻人去海外学习，从世界各地带回来最好的观念和最先进的科学技术。采用这些新的做法将带来巨大的破坏性。即使共产党也要从根本上转变它的目标和工作方式。

作为最高领导人，邓小平并不认为自己的任务是提出新思想，他认为自己的职责是掌控设计和落实新体制的颠覆性的过程。他要承担最后责任，做出正确判断。他要挑选一个与他共事的核心班子，在引导这个体制中能够与他分担责任；他必须迅速建立起一套组织，使他们能够一起有效地开展工作。他要得到有关国内真实情况和国际形势的最佳信息。他要给人们希望，但又不能像毛泽东在1958年那样使人产生不切实际的预期。他要向干部群众说明国情，也要调整变革的步伐，使之能够被人民接受，使国家不至于分裂。虽然他掌握着很大权力，但他知道必须敏于观察他的同事间的政治气氛，毕竟他要依靠这些人去贯彻他的指示。即使制度在发生着根本改变，他仍要在就业和日常生活方面维持一定程度的稳定。简言之，邓小平面对的是一项苛刻的、史无前例的任务：当时还没有哪个共产党国家成功完成了经济体制改革，走上持续发展的道路，更不用说这个有着十亿人口、处于混乱状态的国家。

这个人：邓小平

虽然邓小平身材矮小，但担任最高领导人的他在房间一露面，就能展现出夺人的气势，自然而然地成为众人瞩目的中心。有不止一位观察家说过，他似乎能给房间带来电流。他在解决重大问题时专注而果断，既有战时军队司令员那种天生的沉着，又有半个世纪里接近权力中心处理重大问题养成的自信。他经历过官场沉浮，在妻子儿女和亲密同事的支持下又东山再起，所以对自己的处境已经泰然自若。如果他不了解某事，他随时乐于承认。吉米·卡特总统曾评论道，邓小平跟苏联领导人不一样，他有一种内在的自信，这使他能直奔实质问题。他从不纠缠于过去的错误或谁要对其负责。他经常打桥牌，就像他打牌时的表现一样，他只想把摸到手的牌打好。他能认识并接受权力现实，在可能的范围内做事。一旦没有毛泽东在背后盯着他，邓小平对自己和自己的权威十分自信，在客人面前表现得轻松自如，坦率而机智，并且直言不讳。在1979年1月的华盛顿国宴上，雪莉·麦克雷恩（Shirley McClaine）对他说，有个"文革"期间被下放到农村的知识分子很感激自己从那段种西红柿的生活中学到的东西，邓小平很快就失去了耐性，打断她说，"他在撒谎！"然后向她讲述了"文革"是多么可怕。

邓小平在1978年时已74岁，但依然精力充沛，机警过人。早上起床后，他会在家里的花园快步绕行半小时。他的办公室就设在自己家里。很多中国领导人同客人坐在并排的沙发上谈话时都是目光直视前方，邓小平却喜欢转过身来注视着与他交谈的人。他勤思好问，善于倾听。据外国官员的描述，如果他反对外国的政策，他会表现得易怒和"咄咄逼人"。邓小平见识过那些利用帝国主义、殖民主义和海外武力谋求私利的国家，因此他对自称友善的外国领导人从来不抱天真的希望。但是，无论来自大国还是小国，那些有着不同社会地位、属于不同政党的外国客人，最后都会感到与他相处愉快,即使他们并不喜欢他说的话。他们觉得邓是一个能够打交道的人。

有些西方人对邓小平的直率和务实留有深刻印象,这使他们误以为他骨子里是个资本主义分子,他会将中国引向西方式的民主。他一向乐于学习,但他最终认为,自己要比他们更清楚什么对中国有利,而那不应该是资本主义和西方式的民主。

到1978年时,邓小平右耳听力已经很差,这妨碍了他参加人们表达不同意见的会议。他更喜欢看报,每天上午都会一个人坐着读各种报告;他的办公室主任每天为他拿来15份报纸和所有重要报告,邓小平会从中选出那些值得花时间去阅读的东西。会见外宾对他来说要更容易一些,因为译员可以直接对着他的左耳说话,使他能够与客人自如地交谈。邓小平讲一口带有浓重四川乡音的普通话,不过会讲普通话的人并不难听懂,所以他不必放慢语速。邓小平面对的任务令人望而生畏,但很难想象还会有什么人比他做了更充分的准备,或者是从性情和习惯上更能胜任。

邓小平有着本能的爱国主义和为党献身的精神,他的同事也都受到这种精神的鼓舞。邓小平的爱国思想形成于他14岁那年,当时他就读于广安县中学,他走上街头示威并感受到了民间的民族主义情绪。16岁那年他去了法国,分派给华人的苦力活和求学前景的落空让他大失所望,于是他加入了旅欧中国共产主义青年团。此后,直到70多年后去世,他一直是一个坚定的共产党人。

在法国的五年和在苏联的一年,使邓小平比毛泽东更了解世界发展的大势,对中国更有洞察力。他有机会观察一个现代国家的工商业;在苏联的一年使他得以观察第一个社会主义国家是如何应对现代化的。

在法国时,邓小平就加入到一小群为共产主义青年运动思考整体战略的知识分子中。从那时起,通过和这些中国革命的大战略家交往,邓小平培养起一种看问题的独特眼光,能够从一个"统领全局"的高度思考如何将理论加以落实、如何用理论来影响社会。在法国期间,邓小平放弃了工厂的工作,为周恩来——他比邓小平大6岁——领导下的那个小小的中共党支部干些杂活。他当时的工作是印刷向留法中国学生传播左派思想的宣传册,所以得了一个"油印博士"的绰号。但他实际上变成了周恩来的徒弟,能够观察这位去过日本和英国、已是圈中青年领袖的人如何建立组织。尽管邓小平是这个团体中年龄最小的之一,但他很快就进入欧洲的共产党青年组织执委会。在莫斯科中山大学——苏联刚刚开始在这里培训中国人参加国际共产主义运动——邓小平被编入第7组,这个组专为培养国际共运的中国最高层领导人而设。他在中山大学有机会理解苏联如何开创共产主义运动,并了解他们对于在中国如何开展运动的看法。

除了短暂的中断,邓小平终其一生都十分接近最高权力的位置,这使他得以从内部观察最高领导人对形势变化的反应。1927年回国后不久,他又回到周恩来手下,在上海从事地下工作。当时,他们过去的同道蒋介石正试图将共产党斩尽杀绝,因此他们要努力找到生存的战略。邓小平不但参与了筹划城市暴动的工作,而且年仅25岁的他还被派往广西领导城市暴动。当毛泽东开始在江西建立苏维埃根据地时,邓小平也去那里担任了瑞金县委书记,并学习到毛泽东是如何建立农村根据地的。在长征期间,邓小平参加了关键性的遵义会议,正是在这次会议上毛泽东作为领导人脱颖而出。在长征结束前,邓小平有幸成为毛泽东信任的人。毛在西北建立根据地后不久便对邓小平委以重任,让他担任了领导部队政治工作的政委。在后来的内战中他又参与接管上海,领导向共产党统治过渡的工作,之后又担任了全国6个大区之一的西南区的领导人。

最重要的是,由于邓小平从1952年到1966年一直置身于北京的权力中心,他才得以跟毛泽东近距离共事,思考有关中国发展和外交问题的战略。毛把邓小平当作自己潜在的接班人之一,让邓小平参加政治局会议,并在1956年以后与其他5位国家最高官员一起参加政治局常委会。他是筹划和建立以农业集体化和工业国有化为特点的社会主义体制的核心人物之一,在西南区的土地改革中也发挥着核心作用。从1959年到1961年,在"大跃进"失败后的社会主义结构调整中,他也起到了重要作用。总之,1978年的邓小平,在思考中国最高领导人领导国家的战略方面已积累了50年的经验。

邓小平当了12年军队领导人,后来也时常自称军人。虽然他是政委而不是司令员,但他是党的书记,负责批准军事行动。他与司令员紧密合作,先是在小型游击战中作战,后来又在内战中打过大战役。在1948年的淮海战役中,他担任总前委书记,负责指挥50万大军。这是军事史上最大的战役,也是内战的关键转折点之一。

邓小平在其一生中主要负责落实,而不是理论。他的责任不断加大,在土地革命战争期间曾领导江西苏区一个小小的县,抗日战争初期又领导太行山区的几个县,抗日战争胜利后则领导数省交界处的边区,1949年后领导整个西南大区,直到最后领导全国。

在1950年代,邓小平负责指导中国共产党与其他国家共产党的关系,当时中国与西方几乎还没有外交。"文革"期间允许他恢复工作后,他担任了周恩来的助手,接手领导中国的外交工作。

有人说,邓小平在经济方面没有多少经验,但经济活动一向就是党内多面手的重要职责。此外,邓小平在1953年到1954年担任过财政部长,当时是中国建立社会主义经济体制的一个关键阶段。

宣传向来是中共的一项重要工作。邓小平在法国时就负责印发宣传品。他在江西苏区受到批评后,被分配管理整个苏区的宣传工作,在长征期间他再度分管宣传领域。作为部队的政委,他发现最具有说服力的办法是直截了当,为部队提供大局眼光,把部队工作跟全局及其使命联系在一起。

总之,邓小平有着在地方、大区和中央工作的丰富经验可资利用。半个世纪以来,他一直是中共领导层构思宏观战略思想的参与者。他在党政军中都曾身居高位。1950年代他参与过从苏联引进新工业和新技术的工作,就像他将在1980年代主持引进西方新工业和新技术的工作一样。

邓小平十分聪明,在班级里一向名列前茅,在1920年四川广安县赴法考试中,他是84名过关的学生中年龄最小的一个。他幼年接受儒家教育时就很优秀,学会了背诵大段的儒家经典。从事地下工作时他学会了不留下任何字迹,只把事情记在脑子里。邓小平不用稿子就能做一个小时条理分明的讲话。毛泽东曾把他称为会走路的百科全书。大事当前,邓小平喜欢独自一人静静思索,考虑他要说什么,当时机一到,他便能做出清晰、明确的表述。

目睹过自己的同志死于战争和党内清洗,邓小平养成了一种强硬的性格。他见过许多朋友变成敌人、敌人成为朋友的事例。他曾3次受到错误批判:先是在江西苏区,然后在1966年"文革"中受到猛烈批判,1976年又一次挨批。邓小平养成了一种刚毅的品格,能够做到不论愤怒还是受挫都不形于色,不让情绪左右自己的决策,而是把它建立在对党和国家需要的认真分析之上。毛泽东曾经说,邓小平是绵里藏针,外柔内刚,[4]但邓小平的同事很少感到有"绵"的存在,只要他断定符合党的利益,即使是忠实于他和他的事业的人,他也会将其革职。

邓小平之所以能挺过难关,固然是因为他和妻子儿女的亲密关系,以及他以往克服艰难险阻而形成的自信,但另一方面也是由于,直到1976年他都跟中国革命的领袖毛泽东有着特殊关系。毛打倒了他的很多同志,但是自1930年代邓小平作为毛派第一次受到整肃时,他便跟邓有一种特殊的关系。毛泽东批判过邓小平两次,但从没有把他置于死地。他只是让邓小平靠边站,以便今后可能时再起用他。

邓小平的同事们知道,他认为统治中国是一件严肃的大事,虽然他可以很风趣,但他在与同事交往时总是一本正经。他对他们的个人生活不感兴趣,也不在乎鸡毛蒜皮的小事,而是专注于提供大多数人认为中国最为需要的坚强领导，并使他们的共同事业有一种方向感。他头脑清醒，做事有条理，不会反复无常。众所周知，他只抓大事，具体工作留给别人去做。他不是那种事必躬亲的人。

但是，对于普通百姓来说，邓小平要比像神一般的毛泽东更易于接近；人们在谈到毛时毕恭毕敬，对邓却可以直呼其名——"小平"。他对自己的毛病也很坦然，对客人说自己有3个坏习惯——抽烟、喝酒、吐痰，而且从中自得其乐。

邓小平坚定地为党和国家谋利益，不为自己的朋友捞好处。自16岁离家之后，他再没有回去看望过父母或回乡探过亲。他明确表示自己不代表某地、某派或某些朋友。他最亲密的同事都是为共同事业一起工作的同志，而不是在组织的需要之外效忠于他的朋友。他和妻儿的关系特别亲密，但他严守党纪，从不向家人透露高层机密，尽管他的妻子和4个子女也都是党员。作为严守军纪的军人，他接到命令就会勇往直前，即使他知道这会带来严重伤亡。

并非所有的中国人都喜欢邓小平。有人认为他独断专行，不尊重别人的意见。有人认为他过于急躁，太想冲在前面，太想强调纪律。就像任何出色的军人一样，他希望下属有令必行。他欢迎别人提出能够解决问题的建议性意见，但是外国人和政治异见人士对党的批评则会让他勃然大怒。他对内战和"文革"的混乱记忆犹新，因此认为中国的社会秩序很脆弱；如果他断定它受到威胁，就会做出强硬的反应。作为最高领导人，他准备按自己的日程表大胆实行改革开放。简言之，当他成为中国最高领导人时，他是个严守纪律、经验丰富的干部，决心为党和国家的需要而服务。

他的使命：建设富强的中国

在1978年以前的将近两百年里，中国的其他领袖人物和邓小平一样，一直试图找到一条富民强国的道路。[5]这个与罗马大约同时建立的帝国体制取得了不凡的成就。尽管经历过一些中断和调整，它不但在统治的人口之众、延续时间之长上超过世界上的任何政府，而且创造了一个伟大的文明。在这样偌大的一个国度里，从这头到另一头要花上一个月的时间，因而朝廷官员不可能严密监督每个城镇和乡村执行全国性法规的情况。朝廷发明了令人赞叹的科举制度，择优选出官员，培训他们，并在予以监督的同时也赋予他们很大的地方自主权。

到 18 世纪末时，由于人口迅速增长和地区商业的发展，加之西方帝国主义列强已经到达中国沿海地区，帝国体制遭遇到危机。当时中国有大约 1500 个县，各县平均人口约 20 万，仅靠一个小小的县衙治理。军事、交通、制造业和运输新技术——例如火药和船舶——的进步，促进了经济和新兴社会势力的发展，使有限的基层政府无力应对。在过去两三百年里，朝廷一直限制地方经济，尽量不使其越出帝国的控制范围，而如今北京的统治者却不得不尽力使帝国体制适应这些变化。

但是中国幅员之辽阔却给他们带来了麻烦。中国有世界上最多的人口，它在过去两百年里又翻了一番，而且仍在迅速增长。在这个时期，它的版图也向西部和东北方向扩张。在沿海一带，甚至在内陆某些地区，中国军队挡不住外国人的入侵，各地官员也无法阻止商业活动的扩张。

帝国体制受到的挑战日益严峻，但它仍难以让朝廷相信这个几乎延续了两千年的体制正面临着严重威胁。从 1861 年到 1875 年，就在邓小平的祖父节衣缩食扩大自己的田亩时，同治皇帝手下的一批官员则试图平息有增无减的社会乱象。他们没有认识到为了应付国内新兴社会势力和虎视于国门的外敌，需要进行何等深刻的变革，因此他们仍然竭力维护传统的威严——派兵平息叛乱，整饬科举，强化儒家教育，以及大举重修宗庙。

同治皇帝的继任者们相信传统体制已然动摇，甲午海战败于蕞尔岛国日本，尤其令他们感到震惊。1898年，在27岁的光绪皇帝的支持下，有维新思想的官员急不可耐地在百日之内连下40道变法诏书和谕旨，试图建立新秩序。他们兴办新学，派员留洋研习西方的现代学问。但是，日本人学西洋、图改制用了二三十年时间，戊戌维新派却未能建立为变法提供支持的政治或制度基础。被变法吓坏了的慈禧太后将光绪帝囚禁于瀛台，终止了变法。虽然后来她也废科举、练新军、筹备立宪，但她同样未能建立一套有效的制度。本应用于扩建海军的银两，竟被她挪去建造石舫和奢靡的颐和园。受制于既有的习惯和制度，错综复杂的帝国体制难以改变。

到邓小平1904年出生时，中国最后一个王朝大清国已是积弱难返，面对内忧外患一筹莫展。1911年，一小批反叛者在武昌占领了湖广总督和第八镇统领的官署，由此引发一系列连锁反应，帝国体制随之土崩瓦解。1911年的事件被称为"辛亥革命"，它不是组织有序的革命力量带来的结果，而是对帝国体制失效做出的反应。一些有才华的朝廷要员对中国面临的问题做了很有洞见的分析，也提出了创新建议，但是从整体上说，统治者无力完成使帝国体制应对挑战的使命。

与保留了天皇的日本和仍允许国王在位的英国不同，辛亥革命彻底废除了帝制，建立了一个名义上的共和国，但中国实际上并不存在有效取代帝国统治的政府结构。辛亥革命之后，相继登场的领导人——袁世凯、孙中山、蒋介石和毛泽东——都试图建立一种能使中国变得富强的新体制。

袁世凯是辛亥革命时期最有威望的军事领袖，他想以军事手段统一中国。可是他无法赢得民间领袖的拥护，也无力克服各地那些在帝制衰败之际为保一方平安而武装起来的地方军阀。

孙中山曾与兄长一起在檀香山读书多年，他后来成了一名出色的宣传家和筹款人。他先是鼓动革命，后又试图建立一个统一的政府。辛亥革命之后，他最初担任的角色是与袁世凯合作组建政府——

为此后来在1940年被尊为中华民国国父，但他很快就输给了袁世凯。袁世凯倒台后，孙中山于1923年在广州组建政府，希望使它成为一个全国性的政府。他还组建了国民党来为国家提供政治领导，在名义上建立了一个有民主框架的国民政府。国民政府吸引了一批爱国的青年才俊，其中包括后来成为中共领袖的人物——毛泽东、周恩来、叶剑英和林彪，这些人当时也是国民党员。他强化了民族主义，鼓励年轻人出洋留学，促进了大众媒体的发展。但是，面对混乱的国情，他既缺乏组织能力，也缺少建立有效政治体制的必要支持。他于1925年怀着未竟的梦想去世。

蒋介石曾是一名在日本受过训练的年轻军官，孙中山将他带到广州，让他担任刚成立的黄埔军校的校长。蒋在这里培养了一批新式军官，他们将领导军队统一全国。蒋介石在1925年接过孙中山的衣钵，但他难以控制国民党内部的共产主义者与右翼之间日趋激烈的斗争。这场党争后来发展成双方反目。蒋介石在1927年4月断然清党，屠杀了那些拒绝放弃共产主义、宣誓效忠国民党的人。蒋介石是个颇有才华的军人，但是为了进行统治，他要与诸如大商人、地主和军阀这样的权势集团合作，而那些人已经失去了普通百姓的支持。在并不稳固的军阀同盟的支持下，他成为中国政府的首脑，可是他无力控制腐败和通货膨胀，从而失去民心，在后来的内战中输给了更加团结的共产党；后者在抗战期间建立了强大的党和军队，并利用城市居民对于物价飞涨的恐惧和农民想通过重新分配地主财产获得土地的愿望，赢得了广泛的支持。

毛泽东是个魅力十足、有远见和智慧的杰出战略家，也是一个精明的权谋家。他率领中共打赢了内战，在1949年统一全国，收回了外国占领的大部分领土。他在内战期间积蓄的军队足够强大，加上共产党的组织、纪律和宣传，使他得以在1950年代初建立起一套政治结构，深深地渗入到乡村和城市。他建立了由共产党领导的统一政权，并在苏联帮助下着手建设现代工业。到1956年时，国家已稳定有序，毛泽东原本有机会给中国带来富强。然而他却把国家拖入了想入非非的乌托邦，导致严重的食品短缺。1976年毛去世时，国家仍然处在混乱和贫穷之中。

邓小平在1978年上台时，具备许多他的前辈所没有的优势。在19世纪中叶时，几乎没有人意识到新技术和沿海地区的发展给中国的体制带来了多么严峻的挑战。清末的维新派对于落实新观念需要怎样的制度变革也没有清楚的认识。在袁世凯和孙中山时代，既无统一的军队，也没有能把角逐权力者团结在一起的政权结构。而毛泽东没有出国的经历，他在掌权后由于冷战的原因也得不到西方的援助。

邓小平上台时，毛泽东已经完成了国家统一，建立了强大的统治体系，引入了现代工业——这些都是邓小平可以利用的优势。很多高层领导人认识到毛的群众动员体系已经失效，中国的科技已大大落后于外国，中国亟须向西方学习。整个体制需要进行根本性的变革。邓小平能够依靠那些受过迫害的老干部——他们曾被打倒，但逃过了劫难。这些重返工作岗位的老革命，愿意团结在邓小平和党的领导之下，提供已有的技能和精力，为受过现代科技和行政管理教育的新生代提供有益的过渡。

1978年美国从越南撤军后，苏联变得咄咄逼人，因此西方各国乐于帮助中国进一步疏远苏联。随着国际贸易的扩张，中国更容易地进入新市场——日本、韩国、新加坡以及台湾和香港地区——并获得新技术，它们也为中国提供了欠发达国家迅速实现现代化的范例。与东欧各国不同，中国在1960年代就彻底摆脱了苏联，这意味着它的领导人在决策时可以只考虑什么对中国最有利。

但是，如果缺少一个强有力的、能够将国家团结起来并为它提供战略方向的领导人，中国在1978年具备的所有这些有利条件，仍不足以让这个巨大而混乱的文明转变为现代国家。与袁世凯、孙中山、蒋介石或毛泽东相比，邓小平作了更好的准备。他将完成近两百年来其他人试图实现的使命，即为国家找到一条富强之路。

在完成这项使命的过程中，邓小平在不同时期扮演了大不相同的角色。1949年以前他是革命家，新中国成立以后他成了社会主义国家的建设者。从1967年到1973年的"文革"期间，他利用下放农村的时间思考改革的必要。1974年和1975年时毛泽东仍然在世，邓被委以整顿国家的职责，这为他后来的工作打下了基础。他在1977年成为改革家，先是在华国锋手下工作，然后在1978年成为最高领导人。

邓小平1974年会见一个美国的大学代表团时说："我没有上过大学，但我一向认为，从我出生那天起，就在上着人生这所大学。它没有毕业的一天，直到去见上帝。"[6] 邓小平终其一生都在不断地学习和解决问题。他引导着中国的转型——一个摸着石头过河的过程，使得这个国家和他1978年接手时相比，变得几乎难以辨认。

邓小平的人生经历

第 1 章
革命者、建设者、改革者，1904—1969

邓小平1904年生于四川省广安县牌坊村。他虽然出生于一个小地主之家，这个村子却为邓家的一个亲戚邓时敏而自豪。这个邓氏族亲邓时敏曾担任朝廷要员，位至大理寺正卿，专为皇帝和朝廷大员写折子。[1] 1774年邓时敏告老还乡，村里为他立了一座牌坊，并就此更村名为牌坊村。邓时敏及其兄弟确实成就不凡。当时这个3亿多人口的国家中每年只有一两千人能通过科考中举，邓时敏和他的两个兄弟却都通过了乡试。事实上邓时敏又连过两关，通过了会试和殿试，当上了京城的大官。[2]

1926年至1927年邓小平在莫斯科时，在自己的个人简历中说，他的父亲同样望子成龙，盼着他能当上大官。这种梦想大概又因他母亲的因素而愈发强烈，因为她也有亲戚考取功名当上县令。在帝制中国，很多家庭，尤其是有亲戚当过官的家庭，若是有个聪明伶俐的孩子，都愿意含辛茹苦地加以培养，希望他能考取功名，光耀门楣。邓小平便是这样一个聪明伶俐的孩子，虽然他的父亲邓文明很少跟儿子相处，却在他读书求学上花了不少工夫。

邓小平的父亲忙于村子以外的活动，很少照料家事。他的原配妻子无后而死，15岁那年他又娶了比他大两岁的邓小平的生母。邓母头胎生了个女儿，然后生下邓小平，接着是邓小平的两个弟弟，最后生的女儿在10岁那年夭折了。邓文明后来娶的第三个妻子，生下一子后不久就死了，他又娶了第四个妻子夏伯根。邓小平的父亲最富有时，拥有近40亩地和几个帮他干农活及养蚕的长工。

邓文明在世时家道日衰。他是村里的秘密社团哥老会的首领，但大多数时间他都在离牌坊村三四里路以外的协兴镇和20里路以外的县城，或在重庆度过。他在1914年当上了广安警卫总办（又称团练局长）。他在协兴镇开过一家小饭馆，与一些长辈一起赞助过一所学校，他的儿子邓小平便是在这所学校里念书。但是，由于赌博输了钱，他不得不卖掉一些田地，几陷破产，再加上跟一位上司关系不好，他逃到了外地。不过，他仍然帮着邓小平念书。

据邓榕说，邓小平的母亲十分疼爱这个儿子。邓小平后来也回忆说，他非常敬重自己的母亲，父亲不在家时她总是悉心照料着家务；但是她在1926年便已去世，只活了42岁。毛泽东反抗自己的父亲，邓小平却没有，他只是疏远父亲而已。邓榕回忆说，在后来的岁月里，爸爸从来不提他自己的父亲（他死于1936年）。

当邓小平渐渐长大时，大人们并不清楚让孩子接受哪种教育最有利于前程。科举制在邓小平出生后的第二年便被废除，邓小平6岁时发生的辛亥革命，又让朝廷的官僚制度寿终正寝。但是取代旧学的新式教育才刚刚起步，于是就像当时中国农村很多有天资的孩子一样，邓小平5岁那年的开蒙教育，是在牌坊村一个有学问的亲戚家中学习儒家经典。第二年他又转入协兴镇一家较大的私塾，继续学习那些经典，由此养成了背诵经书的能力。当时广安县有人口20万，但只有一所公立小学为有天分的孩子教授现代科目。邓小平想必在这里学得不错：他在11岁那年通过竞争激烈的考试，进入了离牌坊村20里以外的广安县高级小学，由父亲出钱成了那里的寄宿生。14岁时他又考入广安县初级中学（相当于美国的高中）。当邓小平15岁离开该校去重庆时，他在儒家经典以及数学、科学、历史、地理这些现代科目和写作方面，都已打下很好的基础。[3]

一些进步教师提高了邓小平的爱国觉悟，1919年他年仅14岁就参加了作为"五四"青年运动一部分的示威活动。这场运动的起因是西方各国领导人在凡尔赛联手操纵第一次世界大战后的世界格局，要把德国过去在山东占领的胶州半岛转交日本而不是归还中国。这激怒了北京大学和燕京大学的学生，他们于1919年5月4日走上北京街头，不但抗议西方列强不尊重中国，而且抗议中国政府颟顸无能，没有维护中国的利益。

"五四"示威活动的消息不胫而走，迅速传遍国内许多大学和一些中学校园，在中国知识青年中掀起了了解世界大势的热情，点燃了民族主义的火焰。跟中国其他更为偏远的内地相比，广安与外界有着更多的接触，流经广安县城的渠江水面宽一百多米，通过另外两条河与90公里以外的重庆相连，从重庆乘汽船5天便可到达上海。早熟的邓小平也加入了这场运动，跟同学们一起走上广安街头游行示威。1919年秋天，他还参加了重庆抵制日货的运动。邓小平对外部世界的觉醒与中国知识青年民族意识的萌生完全同步。从这一刻起，邓小平本人便与中国人努力摆脱洋人欺侮、恢复其伟大和强盛地位的事业分不开了。[4]

邓小平对外部世界的初步认识，又因邓文明给儿子找到一个留学机会而得到进一步扩展。第一次世界大战期间，很多法国青年上了战场，一时造成工厂劳力短缺，于是招募了15万的中国劳工赴法打工。当时西方各国几乎没有为中国优秀学生提供的奖学金，但也有例外，一些社会贤达在战前就成立了一个全国性组织，希望能帮助中国学生赴法"勤工俭学"，他们可以一边打零工谋生，一边到大学学习现代科技。当时中国人认为法国是一个文化水准很高的国家，那里便成了中国留洋学生所向往的目的地。一位曾经留学法国的四川富商成立了一个基金，提供补贴，使川籍学生能够加入到赴法勤工俭学的计划之中。重庆成立了为期一年的预备学校，邓小平参加并通过入学考试，1919—1920学年在那里做留学准备。这一年年底,有为数不多的奖学金到位,使一些学生得以赴法。一个比邓小平大3岁的堂叔是他的同学,与他一起动身,在法国的头几个月里一直陪伴着他。

革命家的诞生:法国和苏联,**1920—1927**

1920年,当16岁的邓小平登上一艘从重庆开往上海的汽船,开始他赴法之旅的第一段旅程时,他是84个勤工俭学的四川学生中年龄最小的一个。旅途本身对他就很有教育意义。在上海逗留的一周,邓小平看到了洋人在他的国家如何像对待奴隶一样对待中国人。当经过改装的货轮"鸯特莱蓬"号驶往法国,途经香港、越南、新加坡和锡兰(今斯里兰卡)时,白人主子与当地劳工同样不平等的关系,也给邓小平和船上其他的年轻人留下了深刻印象。

中国学生于10月19日抵达马赛时,据当地报纸报道,这些学生身穿西装,头戴宽边帽,脚登尖头皮鞋;他们默默无语地待在那里,但看上去很聪明。[5]他们先乘车去巴黎,次日便被分配到一些中学接受专门的法语和其他科目的培训。邓小平等19人被安排到诺曼底的巴耶中学。

从1919年到1921年,经中国的主办人及法国友人的共同安排,大约有1600人赴法勤工俭学,然而他们来的不是时候。1919年,在战争中幸存下来的法国青年人重返工作,导致法国就业紧张,通货膨胀严重。1921年1月12日,即邓小平和勤工俭学的同胞来到法国不足3个月时,由于为这项计划筹措的钱很快就变得入不敷出,四川的基金会与勤工俭学计划终止了关系,3月15日以后将不再为学生提供经费。[6]法国政府建议巴耶中学想办法让计划继续进行,但校方说它也筹不到足够的钱。邓小平和18位勤工俭学的同胞于3月13日离开巴耶,3周后他在南部城市克鲁梭的施奈德公司——法国最大的军械厂——找到一份勉强糊口的工作。

此时，巴黎的中国学生也因无法继续求学而深感失望，到中国政府驻巴黎使馆前示威抗议，要求政府给他们想办法，因为他们是在为中国的未来学习科技知识。中国政府派驻巴黎的人说这是不可能的，法国警察也逮捕了带头示威的人。法国各地的中国学生为失去学习机会而义愤填膺，他们加强联系，建立自己的组织，抗议法国和中国当局。中国学生示威的一些领头人，如学生活动家蔡和森和后来担任了上海市长和外交部长的陈毅，因参加抗议而在1921年夏天被驱逐出法国。

中国留法学生四处奔波寻找辛苦低下的工作来维持温饱，他们看到法国的富商家庭过着他们在中国从未见过的优裕生活，工厂的工人则在恶劣的工作条件下从事着长时间的繁重劳动。[7] 中国学生大多来自殷实之家，因学业优异而中选留学。他们都是想学习现代科技报效国家的英才，可是他们在法国只能找到连法国工人也不愿做的活，在重工业、化学工业的工厂和矿山作为没有技术的苦力干活。此外，邓小平和其他中国工人最初一般只能当学徒，薪水甚至比普通工人还要低。

这些在法国勤工俭学的中国人尽管备受屈辱，却为中华文明而自豪，并将自己视为未来的领袖。他们成立了自己的社团；他们还分成小组，探讨中国政府为何如此软弱、世界为何变得如此不公平。这些小组的一些成员后来成了无政府主义者，但邓小平等人则寻求发动一场运动，推翻软弱无能的中国政府。

邓小平来到法国时，十月革命已过去3年。在讨论小组中，他从那些好学的工友那里了解到更多有关资本主义、帝国主义和苏联的知识，这为他在法国生活时的见闻赋予了更深刻的含义。欧洲帝国主义欺侮中国，资产阶级剥削工人，华工的待遇比当地工人还要差。需要一批精英组成先锋队，通过开展运动去改变这种状况。1921年底，就在这些留法中国青年开始在工厂打工时，传来了中国共产党在当年7月1日成立的消息。这个党最初很小，1921年它在国内只有大约 50 名党员，1922 年时也不超过 200 人。然而它的出现却对在法国勤工俭学的人产生了深刻的影响。1922 年在法国成立了一个组织，其成员自称共产主义者。1922 年 11 月，学生领袖之一李维汉从法国火速回国，想让这个青年共产主义组织被批准为中国共产主义青年同盟。这一请求得到了许可，1923 年 2 月，召开了旅欧中国共产主义青年团的大会，他们正式宣布自己是中国社会主义青年团的一部分；周恩来被任命为总支部书记。[8]

邓小平在施奈德军械厂时，被分派的工种是用大铁钳把烧红的大钢块从喷着火焰的鼓风炉里拖出来。邓小平当时还不到 17 岁，只有一米五的个头，他干了 3 周便离职而去，回到巴黎另寻工作（他的堂叔在施奈德又干了一个多月）。几周后，邓小平在巴黎一家生产纸花的小工厂找到一份临时工，后来又在小镇夏莱特的哈金森橡胶厂（当时它雇用了大约 1000 名工人，大多都是外国人）找到一份稳定的工作。从 1922 年 2 月 13 日到 1923 年 3 月 7 日，除了短暂的中断外，他一直在这里上班，工种是加工橡胶套鞋，一份不太费力的活。经过短暂的学徒期后，邓小平像其他工人一样成为计件工，于是他学会了抓紧干活，并工作很长时间，一周长达 54 小时。他从工资中省出一些钱，又从父亲那里得到一点儿钱后，于 10 月 17 日辞去工厂的工作，想办法进了附近的夏狄戎学院念书。然而他的钱并不够用，3 个月后便又回到了哈金森橡胶厂。3 月份他第二次离开该厂后，工厂档案的记录中说，他"拒绝工作"，"辞职不干，不再雇用"。[9]

邓小平最后一次学习机会落空后，便投身到激进（radical）事业之中。在第二次回到哈金森工厂时，他就在附近的蒙塔日加入了由秘密的中国共产主义者的基层组织成立的学习小组，其中有不少人是他在重庆预科学校的同学。有些学生甚至在中共建党之前就已经很激进了。邓小平尤其为号召中国学生投身激进事业的杂志《新青年》所打动；该杂志的主办人是陈独秀，当时他的两个儿子也在法国学习。

邓小平在夏莱特一直待到1923年6月11日,然后去了巴黎,在旅欧共产主义青年团的小机关里工作。他在哈金森和蒙塔日的工友和激进派朋友大都是四川人,而在巴黎,他和来自其他各省的中国人一起参加了一场全国性的运动。刚到巴黎时,邓小平在周恩来领导下的支部里干一些杂活。他的主要工作是印刷该团体一份10页纸的小报,邓小平擅长写字和刻版,因此得了一个"油印博士"的绰号。1924年2月这份杂志更名为《赤光》[10],杂志宣称要反对军阀统治和帝国主义。它的读者对象是留法中国学生,其中一些人一直信奉无政府主义或更加右翼的保守政策。邓小平在比他大6岁的总支部书记周恩来的领导下工作。周恩来曾在日本和英国与激进派有过交往,具有战略意识和把各种人团结在一起工作的能力,因此成了中国青年的天然领袖。在周恩来的教导下,邓小平对共产主义运动有了更多的理解,在刻版和印刷《赤光》的同时,也开始参与制订运动战略。[11]

邓小平在支部证明了自己的能力,因而进入旅欧中国共产主义青年团执委会。在1924年7月的会议上,按照中共的决定,该执委会包括邓小平在内的全部成员,自动成为中共党员;当时中共党员的人数,把中国和法国的加在一起不足1000人,而邓小平那时还不到20岁。

旅法中国学生的政治斗争,与国内那些年轻政治领袖的行动保持同步。1923年6月,中共宣布加入孙中山领导的国民党,法国的中共党员也立刻宣布他们会加入旅法的国民党。邓小平本人也加入了国民党,并在1925年成为国民党欧洲支部的领导人之一。[12]在为《赤光》撰写的文章中,邓小平反驳较为保守的国民党支持者,主张更激进的革命性变革。

两个法国学者曾仔细研究过邓小平在法国5年期间的活动,他们说:"在法国,邓小平发现了西方、马克思主义、劳工世界、党的组织工作、中国的地位、社会和地区差别以及他的安身立命之本。"¹³ 法国也影响了邓小平的嗜好，他喜欢喝红酒咖啡，吃奶酪面包。更重要的是，当邓小平在 21 岁那年离开法国时，他已经成了立场坚定、富有经验的革命领导人，他的自我认同已经与对党和党内同志的认同密不可分。从那时起直到 70 年后去世，中国共产党始终是邓小平生活的中心。

1925 年春天，邓小平因其能力和可靠的表现，被任命为里昂党组织的领导人。1925 年 5 月 30 日，中国国内的示威者走上街头，抗议上海的英国警察向中国学生的示威人群开枪，邓小平也和旅法的其他中国学生一起，抗议法国政府与镇压学生的中国政府沆瀣一气。¹⁴ 1925 年 11 月，邓小平被派到巴黎的雷诺汽车厂工作，在那里从事组织工人的宣传工作。1925 年底，参与示威的中国学生的上层领袖被驱逐出境，当时只有 21 岁的邓小平在组织内扮演了更重要的角色，发表了主要演讲并主持会议。1926 年 1 月 7 日，有人警告邓小平说，他本人也成了逮捕对象，于是他乘火车经德国逃往苏联。

在中国以外，没有哪个国家比法国的中共党员发挥了更大作用。1949 年以后，从法国回来的人在建设国家中扮演着独特的重要角色。与中共的绝大多数领导人——包括 1949 年以前从未迈出国门一步的毛泽东——相比，这些从法国回来的人有着更开阔的国际视野。在 1937 年到 1949 年的革命斗争中，他们不一定身居高位，但是从 1949 年到 1966 年的中共国家建设期间，不但周恩来总理和邓小平，而且其他一些从法国回来的人，在经济计划（李富春）、外交（陈毅）、科技（聂荣臻）、统战宣传（李维汉）等各个领域都担任了关键角色。中共严禁在党内搞派系，这些从法国回来的人也处世谨慎，以免被人视为派系，但是他们对于中国需要做些什么都有着特殊的理解。

逃离巴黎后，邓小平于 1926 年 1 月 17 日抵达莫斯科，两周后进入中山大学一班。孙中山于1925年3月去世,7个月后共产国际在莫斯科成立了中山大学,该校的唯一目的就是培训国共两党的党员。

到莫斯科第一周,邓小平写了一份自我批评。就像莫斯科的所有外籍人一样,他被视为小资产阶级知识分子。他在自我批评中发誓抛弃自己的阶级出身,终生做一名严守纪律、服从上级的无产阶级成员。他的能力很快就得到大学干部的承认。大约300名学生被分成13个小组,邓小平被编入第7小组"理论组",该组成员全是被认为将来很有希望成为政治领袖的学生。这个班里还有蒋介石之子蒋经国、军阀冯玉祥的两个女儿和一个儿子;冯玉祥是一个不同寻常地具有进步思想的地区领袖,他当时与共产国际合作,也从共产国际获得资金。邓小平在班里被同学推选为党代表。[15]

在中山大学,中国学生在任卓宣同学(他更为人知的名字是"叶青")的领导下开展组织活动,邓小平在法国时就认识此人。任卓宣要求严格的服从和军队式的纪律,这种做法引起很多中国学生和学校领导的反弹。事实上,任卓宣在1926年夏天被调离莫斯科,不久共产国际又宣布,在苏联的外国学生不得召开他们自己国家党派的会议,但可以成为苏共见习党员,5年后也有可能转为正式党员。

许多中国学生对不让中共党员开会有意见,但邓小平不在此列。在苏共保存的莫斯科中山大学的报告中,邓小平受到了表扬,说他有强烈的纪律观念,很清楚必须服从领导。邓小平最初接受任卓宣的领导,任离开后他便服从苏共的领导。在苏联的日子临近结束时,苏共在11月5日对邓小平的评价是:"他是个严守纪律、做事一贯的人,而且学习能力强。他通过参加共产主义青年团的组织工作,积累了丰富经验,变得十分成熟。他积极参加政治工作。在与他人的关系中他以同志之道行事。他属于最优秀的学生。"[16]

在莫斯科,邓小平每天上课8小时,一周上6天课。他修完了包括马克思、恩格斯和列宁著作研究的全部课程,还有历史唯物主义、经济地理、苏共党史和中国革命运动史。共产国际希望和潜在的中国领导人搞好关系,为中国学生提供了比一般俄国人更好的生活条件。

邓小平在苏联学习时,苏联还没有建成社会主义体制,仍在实行"新经济政策"。这种政策鼓励小农、小工商业甚至较大企业的发展,社会主义经济则致力于发展重工业。苏联也请外国人来投资。跟当时另一些人一样,邓小平认为这种经济体制——在共产党的控制下允许私人企业和鼓励外国投资——能推动经济比资本主义经济更快地发展。[17] "新经济政策"的基础,即共产党领导下的市场经济,类似于邓小平1949年至1952年在西南局当政时实行过、后来又在1980年代再次采用的政策。

还在莫斯科时,21岁的邓小平就萌生了一些对于一个年轻人而言非同寻常的想法,而且这些想法终生未曾改变。不妨举个例子,他在1926年8月12日的课堂作业中写道:"集中的权力要自上而下地行使。服从上级命令是绝对必要的。允许多少民主,要视周围的环境变化而定。"[18]

反抗国民党,1927—1930

中山大学的正式学制为期两年,但刚过一年,即1927年1月12日,邓小平就和其他20名年轻的共产主义政治教导员一起,被共产国际派往当时驻扎在陕西黄河谷地的军阀冯玉祥那里,以便利用冯所提供的一个机会。在国民党内部,共产党和右翼之间分裂日趋严重,共产党的军事实力大大弱于国民党右翼,所以共产党为了应付看来已经无可避免的分裂,试图寻找军事同盟。冯玉祥恰好提供了这样一种关系,他的三个子女在莫斯科中山大学读书时,他曾访问过那里。冯玉祥认为共产党的政治教导员可以为他的军队培养目标感，利用像邓小平这样有前途的领导人，能够让军队明白打仗是为了什么。1927年4月国共分裂时，冯玉祥虽同邓小平及邓的共产党同志关系融洽，但他很清楚国民党的军事力量要比一小撮共产党强大得多，因此断定自己别无选择，只能与国民党结盟。冯玉祥客气地向邓小平及邓的同志道别，请他们另谋出路。

邓小平在陕西按照党的指示向上海党的总部打报告，要求参加地下工作。蒋介石意识到与共产党的裂痕不断扩大，担心受到攻击，于是在1927年4月率先下手清共，很快就杀害了很多中共领导人。上海的中共中央与过去的盟友反目成仇，随时面临被揭发的危险，于是转入地下。为了避免暴露，邓小平采用各种伪装，练就了他一生都在使用的本领：从不把党内活动记在纸上，从不丢弃可能给其他党员带来麻烦的纸屑。事实上，从此以后，他总是把重要人物的姓名和地址记在脑子里，不留任何字迹。

邓小平和新婚妻子一起来到上海，他们两人是同学，在苏联读书时相识。据苏联的上级说，邓小平喜欢一个叫张锡瑗的女孩子，但是跟很多纠缠着女同学不放的同学不同，邓小平举止适度，仍以学业和党的工作为重。[19] 直到他回国后，两人又在武汉的一次会议上相遇，才有了一段短暂的恋情并结了婚。邓小平和张锡瑗跟周恩来和邓颖超夫妇隔门而居，一起从事地下工作。

1927年8月7日，中共21名领导人在武汉召开紧急会议，商讨如何对付国民党的剿共。22岁的邓小平并不是正式成员，他担任书记员并负责处理会议文件（在后来的党史中，他被赋予"党的秘书长"这个响亮的头衔，其实他只是个小角色，为这些共产党人做做会议记录而已）。在这次会议上，邓小平第一次遇到了高大、自信而强有力的毛泽东，不过当时毛还不是党的最高领导。

1929年，党把邓小平从上海派往广西，这是广东西面的一个贫穷省份。当时邓小平只有25岁，他要联合那里的一些小军阀建立中共的根据地。邓小平被选派承担这项任务，说明党的领导人对他献身革命的精神、他在迅速变化的政治环境中处理与军阀和当地人以及党中央的复杂关系的能力有很高的评价。国共分裂后,党中央按照共产国际的指示,命令各地党员领导城市暴动。

一小批在香港的中共南方局以及在广西和邓小平一起工作的党员,与当地一些已经跟蒋介石以及实力更强的广西军阀——他们曾参加蒋介石致力于统一全国的北伐——决裂的广西小军官(李明瑞和俞作豫)建立了合作的基础。邓小平在广西取得的短暂胜利中发挥了关键——即使是幕后——的作用。邓小平和他的盟友攻占了广西西部临近云南的百色和龙州两地。

在中共党史上,这些进展被当作共产党的起义加以歌颂。但是当桂系军阀李宗仁从北伐中回来后,他的大军很快就消灭了邓小平在百色和龙州的军队。邓小平的很多盟友被杀,红七军剩余的几百人先是在壮族人的帮助下逃往北部,后又沿着粤桂北部的山区向东逃了数百公里。在撤退过程中,与当地军队的一系列战斗几乎让他们全军覆没。不久,他离开红七军回到了上海的党中央(很快又带着中央指示回到广西)。他一到上海,就被要求就广西的失败写一份检讨。他在检讨中解释了自己离开军队岗位的原因,说是红七军的领导同意他回上海向中央汇报工作,他这样做是得到了正式批准的。他也承认,在危难之际离开部队,说明自己的政治判断能力不够。"文革"期间,他又因离开红七军返回上海一事受到批判。

与他那些从军校里获得军事训练的同志不同,在广西,25岁左右的邓小平在与受过军事训练并且有战斗经验的同志们一起战斗的过程中获得了最初的军事训练。在广西的一年,邓小平肩负着很多重要责任——建立军事同盟、为军队搞给养、躲开武装精良的军阀、与当地壮族首领合作。但是,就像当时共产党领导的所有城市暴动,包括更著名的南昌起义和广州起义一样,广西的起义也以彻底失败而告终。

1930年初,邓小平再次回到上海汇报工作,期间去上海一家医院探望了临产的妻子,这是他们最后的几次相聚之一。医院的条件很差,她在生产时染上产褥热,几天后便去世了,没过多久新生儿也夭折了。据说妻儿的死亡让邓小平深感悲痛,但他立刻回到红七军继续工作。在这惨痛的一年间,后来又回到上海等待重新安排工作的邓小平,与沪上一位既聪明又有自由思想的女革命家阿金(金维映)产生了感情。[20]

江西、长征和西北根据地,1930—1937

上海的党中央在为邓小平安排工作上动作迟缓,但几个月后同意了邓小平去江西中央苏区的请求。在那里的崇山峻岭之中,毛泽东率领的军队已经占领了几个县,并且建立了一个有自己地方政府的苏区,正在开展土改运动。他们希望建立自己的武装力量,等到足够强大之后再向国民党和军阀发动进攻。中央苏区方圆数百里,从赣西南风光秀丽但条件艰苦的井冈山,绵延到东南部地势平坦的农业区。邓小平奉派前往东南部的瑞金报到,1931年8月他和阿金抵达目的地,不久结为夫妇。

到瑞金几周后,邓小平在江西的顶头上司便决定让他担任瑞金县委书记。上任之初,国民党正在剿共,双方都想派奸细打入对方。1927年国共分裂后,共产党的干部害怕一些党员暗中为敌人提供情报;邓小平到达瑞金之前,确实有数百名共产党员被怀疑通敌,这些人不是被投入监狱,就是遭到处决。邓小平一上任就花了数周时间仔细了解情况,最终确信对疑犯的指控是错误的。关入狱中的人因此获释,杀害地方党员的领导人也被处决。邓小平的决定在当地党员中深得人心,使他在瑞金的一年间得到了他们的大力拥护。

在江西,邓小平对毛泽东产生了极大的崇敬。毛是带着一小批追随者从老家湖南逃离军阀,越过东部山区来到毗邻的江西省的。邓小平曾试图在广西建立和维持共产党的根据地,但以失败告终,所以他很理解毛泽东在建立根据地上取得的成就。毛泽东不但要为军队搞到足够的给养，还要阻挡敌军入侵，赢得当地居民的支持。

邓小平担任瑞金县委书记时，中央领导决定在那里建立全国性的首都。建都之前，在瑞金召开了共产党全国各根据地的代表大会。邓小平虽然不是与会的610名代表之一，但在筹备会议以及在瑞金一带建立新首都的事情上，都发挥了重要作用。在瑞金工作一年后，邓小平又被调往瑞金以南的会昌县担任党的工作的实际负责人，同时兼管党在寻乌和安远两县的工作。

和毛泽东一样，邓小平也认为共产党必须建立农村根据地，等到有了足够的实力再向对手发起挑战。然而中央领导却指责邓小平追随罗明（一名福建籍干部）的失败主义政策，在打击敌军上不够积极主动。在后来所谓邓小平三起三落的"第一落"中，他被撤销了会昌县委书记一职，并和3个同事（毛泽东的胞弟毛泽覃、谢唯俊和古柏）一起受到严厉批评，后被派往外地以示惩罚。邓小平受到严厉指责，被称为"毛派头子"，甚至他的第二任妻子阿金也加入了批判他的行列，和他离婚，嫁给了批他的人之一、在法国时就和邓相识的李维汉。幸运的是，邓小平的另一位在法国时的故交、时任江西省委书记的李富春，在他下放几个月后把他叫回来，委任为江西省委宣传干事。

据邓榕说，在1930年至1931年的一系列沉重打击——第一个妻子和孩子去世、自己在党内受到严厉批评和责难、第二个妻子与他离婚——之前，邓小平的朋友都认为他是个性格开朗、爱说爱笑的人。但是在经历了这一连串的悲剧和挫折后，他变得更为内敛，少言寡语。当时他还无从知道，从长远看，他被指为"毛派头子"受到惩罚其实是他的运气，因为这使毛泽东长期相信邓小平是忠实于自己的。在后来的岁月里，即便在毛泽东让激进派批邓时，也绝不同意把邓小平开除出党。

共产党建立的苏区根据地使蒋介石对共产党的威胁深感忧虑，

于是派兵围剿江西苏区。共产党在四次反围剿战役中都击退了国民党，但在第五次围剿中，强大的国民党把共产党赶出了根据地，共产党从此踏上差不多长达一年的转战之路，此即著名的"长征"。他们历尽千辛万苦才从江西到达陕西的新根据地。长征给中共造成重创，从江西出发时军队大约有86000人，很多人死在路上，还有一些人开了小差，1935年10月到达陕甘宁边区时只剩下不足10000人，在那里迎接他们的是当地一小股共产党武装。虽然缺少长征途中毛泽东和邓小平的交往记录，但据邓小平的女儿说，随着部队日益减员，在长征途中负责宣传以维持纪律的邓小平，有不少机会与毛泽东交谈。

长征开始几周后的1935年1月，在贵州遵义召开了一次重要会议，授权毛泽东领导军队，也为他成为中共头号领导人铺平了道路。邓小平不是遵义会议的正式成员，但他作为书记员得以出席会议。

在长征的最初几周里，邓小平负责出版《红星》报。没过几周，由于运输供应不堪重负，油印机被丢弃。但作为宣传干部，邓小平继续用手摇油印机出刊。长征途中他得了伤寒，几乎送命。他后来对客人说，自己是一半靠马一半靠脚走完了长征。中共在西北建立根据地后，侵华日军取代国民党变成了中共的主要敌人，因此当时除了有反对专制军阀的诉求之外，又加上了爱国主义的诉求。

1936年12月，军阀张学良的军队发动西安事变囚禁了蒋介石总司令，给共产党带来良机。蒋介石为了使自己获释，被迫同意开始第二次国共合作，共同抗日。这个协议消除了来自蒋介石军队的压力，共产党乘机于1937年1月转移到陕北延安一块更大的根据地。邓小平在这里作为红一军团宣传部长领导着文工团，并通过演讲教育军政干部。他形成了自己特有的宣传方式：讲话简明扼要，把国际大势与当前工作联系在一起。演讲结束时，听众对自己该干些什么都有了清楚的认识。

这一年夏天，日本人从东北向全中国发动侵略，占领了许多重要城市和交通干线，但农村地区和西南地区的城市仍在中国人控制之下。

抗战时期，1937—1945

中共同意与国民党结成抗日统一战线后，其军队被改编为"第八路军"，成为全中国军队的一部分，从形式上接受蒋介石的统一指挥，但是国共之间其实仍然猜疑甚深，彼此很少接触。

共产党的八路军总部设在延安以东数百公里的山西，那里土地肥沃，部队可以得到充足的粮食补给，也更接近前线，能够通过游击战骚扰日军。

1937年，毛泽东任命他最得力的将军之一刘伯承为八路军主力部队第129师的师长。不久之后，1938年1月，就像其他单位一样，毛泽东又给刘伯承配了政委，就是邓小平。不过和其他政委不同的是，邓小平任第一书记，刘伯承任第二书记，这使邓小平享有更大的权力，包括有权对部队的战前政治准备和周围环境做出判断。刘伯承比邓小平高出一头，年龄比他大10岁，一只眼因作战负伤而失明。他们两人将在工作中密切配合。邓小平到达129师在太行山区的驻地后，立刻树立了自己的权威：因为刘伯承恰好短暂外出，邓小平在他不在时代理了他的职权。

从1937年到1949年，邓小平和刘伯承先是共同抗日，抗战结束后又在内战中一起打国民党，他们紧密配合，使"刘邓"成了一个固定的称呼。刘伯承有善待部下的名声，邓小平则对部下要求甚严，打起仗来勇往直前。在处决那些被怀疑给国民党做奸细的士兵时，刘伯承也要比邓小平更加慎重。

在抗战期间,129师为了躲避日本人，不断在太行山区变换驻地，但驻地总是设在骑马一天之内可以赶到八路军总部的地方，以方便领导人参加重要会议。不管他们驻扎在哪里，他们都不时对装备更好的日军开展游击战，集中兵力向那些为控制城市和交通干线而分散驻扎在各地的小股日军发动攻击。延安既是个足够大的根据地，又离敌人相当远，这使毛泽东既有时间研究党的理论和全局性战略，又有闲暇畅游于历史、哲学和诗词当中。相比之下，住在太行山区一个较小根据地的邓小平政委，更加接近日本人的前线，几乎没有时间研究理论。他得承担起实际责任，处理和当地居民有关的各种问题。实际上，邓小平在八年抗战时期成了山西太行山区的最高政治领导人，他要建立自给自足的经济，为当地数万居民和部队提供足够的口粮，同时还要生产足够的经济作物，使当地简陋的工业能够生产布匹和其他日用品。邓小平还要为正规军征募兵员，评估军事行动的政治意义，这是他在广西时就已学会的本领。作为鼓励地方经济的举措之一，他设计了一种鼓励当地生产的税收制度。他写道："向老百姓征税要根据当地最近几年的平均收成，超出这一平均数的部分完全归生产者所有。"[21]为了使支持正规军的当地民兵随时做好对日作战的准备，他还在这个地区秘密巡视。[22]

邓小平在1939年第二次回到延安，并在那里与卓琳结婚。卓琳是延安聪明伶俐的革命三姐妹之一，她们是以制作云南火腿闻名的一位富商——他死于后来的土改——的女儿。在卓琳那个年龄的人中，能考入大学的百里挑一，受过教育的女性更是凤毛麟角，三姐妹却都念过大学，并在读书期间参加了革命，卓琳更是被竞争激烈的北京大学录取，在物理系就读。她曾经说，邓小平在大多数共产党干部中算是出类拔萃者，她认为他们大都没有受过良好的教育。

邓小平和比他小12岁的卓琳的简朴婚礼是在毛泽东的窑洞前举行的，到场的有毛泽东、刘少奇、李富春和其他几个人。邓小平和毛泽东在西北时见过多少次面，并无可靠的记录，但在邓小平结婚时他们两人显然已是至交。毛泽东后来曾以赞扬的语气，谈到邓小平在江西时受过的罪（指他是"毛派头子"）。他对邓小平无疑抱有好感，这不仅由于邓小平的能力和行动决心，还因为邓对毛泽东早期创建农村红色根据地的成就深怀敬意；邓小平本人也曾做过这方面的尝试，但是没有成功。

邓小平和卓琳育有三女（邓林、邓楠、邓榕）二子（邓朴方和邓质方）。除了邓在危险的环境中作战时两人不在一起，直到58年后邓小平去世以前，他们一直共同生活，是中共领导人中比较稳定的家庭之一。邓小平并不亲近自己的父亲，可是他的妻子儿女却是他面对繁重工作压力时的避风港。与家人的亲密关系并没有延伸到政治事务上。邓小平严守党纪，从不把党内高层的讨论告诉家人。

内战，1946—1949

抗战之后，邓小平成了中共在晋冀鲁豫边区事实上的最高长官，这是一片有几百万人口、地跨数省——河北、山西、山东和河南——的边区。在这片远离国民党军队驻守的城市的山区，为了不可避免的国共内战，邓小平整军备战。他最重要的工作之一是在年轻人中寻找和培养有前途的共产党组织人才，其中有两个人，赵紫阳和万里，在1978年以后发挥了重要作用。

抗战结束还不到一年，国共之间的内战爆发不久，刘伯承和邓小平便奉命率军进入华中大平原一侧的大别山。毛泽东这一调动的直接目的，是要把国民党军队赶出西北地区，因为它正威胁着延安的中共总部；但不止如此，毛还希望在华中平原附近建立一块根据地，因为纵观中国历史，那里一向是兵家决战之地。向大别山进军注定伤亡惨重，因为刘邓大军缺少御寒衣被等各种给养，而该地区的敌军又十分强大。

作为一个坚忍不拔、严守纪律的军人，尽管邓小平很清楚这会造成严重损失，仍然义无反顾地进军。刘邓大军中有很多人要么战死，要么死于饥寒交迫。幸存的士兵处境艰险，极易受到敌人攻击，或因缺少给养而遭受更大损失。尽管困难重重，刘邓余部和新补充的部队还是像毛泽东设想的那样，建立了一个鸟瞰华中平原的根据地。不同于抗战时期的游击战，在内战期间规模浩大的战役中，双方都投入了千军万马。这个根据地将在未来的淮海战役——国共内战中的三大关键战役之一——中发挥其作用。——实际上，挺进大别山，使刘邓部丢失大部辎重，战力严重衰退，甚至远逊于陈粟部。但是挺进大别山对于日后的淮海战役影响甚微。

淮海战役从1948年11月初打到1949年1月，是世界战争史上规模最大的战役之一。国民党的参战军队大约为80万，由精明强干的将军指挥；中共投入的兵力大约为60万，此外中共还动员了100多万农民为部队运送粮草军需，征用了70多万头牲口作为运输工具。中共的战略是引诱长江以北的国民党军队打一场歼灭战，以减少渡过宽阔的长江时可能遇到的抵抗。提出这个战略的人是华东野战军（后来的第三野战军）司令员陈毅的副手、精明强干的粟裕将军。邓小平在淮海战役期间与延安保持着密切联系，不过毛泽东给地方的中共司令员自行决策留出的空间要远大于蒋介石给其将领的空间。此时蒋介石已经对中共军队的高昂士气深感忧虑，他们都是贫苦农民，盼着打了胜仗之后自己家里就能分到田地。淮海战役之前，蒋介石的军队在东北被中共的军队打败，也使他对内战的结局产生了悲观情绪。[23]

粟裕率领的华东野战军在人数上多于刘邓大军，在淮海战役初期的战斗中歼敌也比受到敌军重兵围困的刘邓大军更为成功。时称中原野战军的刘邓大军（不久后改编为第二野战军），在投入战斗后伤亡惨重，需要粟裕的华东野战军及其炮兵前来增援。在淮海战役的最后阶段，毛泽东下令成立总前委，将60万中共军队纳入总前委书记邓小平的统一领导。

邓小平在淮海战役中的领导作用并非没有争议。刘伯承担心部队的安全，试图挖掘更多的战壕以抵御国民党军队的优势火力，邓小平却坚持进攻。后来有人批评邓小平说,他在战役初期把部队置于更大的危险之中,造成了不必要的伤亡,也没有让部队挖更多的防御工事。

但是,由总前委书记邓小平统一领导的60万中共大军,在战役的后期还是占了上风。这一场大战既是军事上的胜利,更是士气的胜利,此后蒋介石的军队便退居守势,共产党的军队则继续向南和向西推进。事实上,淮海战役之后,国民党已经难以集结大军抵抗共产党的进攻了。中共军队轻松击溃抵抗,渡过宽阔的长江,迅速地西进、南进。日本首相中曾根康弘曾在1984年问邓小平,他在一生中的什么时候感到最幸福,邓小平回答说,是他们克服兵力装备都不如对手的双重障碍,取得解放战争胜利的那三年。他特别提到了横渡长江的壮举。[24]

随着中共军队的节节胜利,攻取了一座又一座城市,一部分军队需要留在城市建立军管会,以便管理城市和开始政权过渡工作。中共军队攻占上海后,邓小平有几周的时间亲自负责接管上海市政府各个部门的军管会工作。过去一直不暴露身份的上海中共党员和支持中共的进步青年协助共产党接管了城市。邓小平会见当地各行各业的领袖,解释党的政策,选拔和任命下级部门的领导,以便在短暂的过渡期能够获得当地人民的支持。他还大力发展新党员,以扩大上海地区的领导力量。上海市民对国民党的腐败和恶性通货膨胀深恶痛绝,普遍欢迎共产党的到来。但是,中共还是用了数年时间,才克服了内战造成的破坏和混乱。在领导上海的政权过渡之后,邓小平离开上海返回自己的部队,开始向大西南进军。

建立中共政权,1949—1966

从1947年夺取东北到1949年年底控制全国,中共只用了两年多时间。每占领一个大区,中共就会成立一个"局",领导该大区。

为了给这些大区的中共统治打下基础,毛泽东通常会挑选当地出身的人担任大区领导。刘伯承和邓小平都是四川人,四川则是西南地区最大的省份。战时政委要服从司令员,和平时期则是司令员服从政委。因此邓小平便成了西南局——共产党收复的6个大区的最后一个,有一亿人口——的党委第一书记。邓小平在这个位置上一直干到1952年,直到各大区主要领导人奉调回京,其职责也被转移到北京为止。

在担任西南局第一书记期间,邓小平要平定全区,把国民党的统治转变为共产党的领导;他要招募和训练党员,使之能够领导政府与社会;他要克服战时的混乱局面,领导整个大区的经济发展。[25] 随着共产党在社会扎下根,他要承担起公共生活各方面的责任——治安、经济、工商业、交通运输、文化教育和医疗卫生。

平定西南农村地区的工作比其他地方更为困难,因为自抗战以来,国民党在这里拥有大量的支持者;并且,对于逃到这里或融入当地民众的国民党军人来说,这个地区是他们的最后防线。他们中间有些人继续或被动或主动地反抗中共统治。为了确保肃清这些麻烦制造者,平定该地区,第一野战军也从西北来到这里,以便加强刘伯承军队的力量。共产党最后控制的省区是西藏。1951年,邓小平从西南和西北军区抽调兵力控制了该地并建立了秩序。邓小平明白,从长远看,西南地区的成败取决于能否选拔和留住精明强干的部下。因此他重用二野那些在维持部队士气、处理军地关系方面富有经验的政委,但也允许留用很多国民党政府的官员,只要他们愿意跟共产党合作。他还监督部下招募和培养有能力的年轻人,以充实地方党政机关。

邓小平对争取当地人民的合作和拥护极为重视。在他的讲话和发表的文章中,邓小平向当地政府官员和民众解释共产党的统治。他还组织招募和培训干部,让他们开展消灭地主阶级、把土地归还农民的土改。华南局的叶剑英曾受到批评,说他对当地的地主手太软;与叶剑英不同,邓小平在土改中成绩斐然,他斗地主,处决了一些大地主,把田地分给农民,动员地方农民支持新的领导,得到了毛泽东的表扬。

邓小平还大力推动成渝铁路的建设。他认为这个连接该地区两座最大城市的项目,对西南地区的发展至关重要,而且这也是他父亲那一代人就曾设想过的事情。鉴于当时施工设备十分原始,这是一项艰巨的工程,但是邓小平和工人们百折不挠。1952年,在离开西南局回京任职之前,邓小平自豪地参加了这条铁路的竣工仪式。

建设社会主义,1952—1959

1952年,各大区的领导人奉调回到已经统治了全国的中央政府,邓小平被任命为中央政府副总理。不久毛泽东又下达书面命令,指示凡提交党中央的政府文件首先要经邓小平过目。这反映了毛泽东对邓小平及其回京后协调各项工作的关键角色深表信任。1956年,邓小平被任命为党的总书记——这是处理党的日常工作的关键职位——和政治局常委之一。先前,他和毛泽东一起参加会议,研究制定第一个五年计划以及把个体农业和小工商业集体化、把大工业进行国有化的"社会主义改造"方案。

1953年,财政部长薄一波丢掉了职务,毛任命邓小平接替了他。邓小平担任财政部长的一年,也是第一个五年计划的头一年,他主导着与各省进行协商的政治过程,以确定各省上缴多少粮食和税,以及中央政府向各省分配多少。虽然最后拍板的不是他,但在国家依然很贫穷的时期,他必须做出有重大影响的判断,向毛泽东和周恩来汇报各省完成粮食配额和上缴税收的能力。[26]当时,毛泽东经常和高级干部开会,邓小平每个月都要和他一起开好几次会。1953年底,邓小平和陈云向毛泽东密报了中共统治早期面临的最严重人事问题:高岗有分裂党的危险。毛泽东听取了他们的警告,邓小平和陈云在处理这一事件上发挥了关键作用。[27]

邓小平在担任处理党内日常工作的主角时，得以亲身观察毛泽东如何判断国家面对的重大问题以及如何做出影响全国的决策。毛虽然在晚年犯下灾难性的错误，但他当时仍是一个有雄才大略的杰出政治领袖。此外，基辛格曾说周恩来总理是他遇到过的最伟大的政治领导人之一，在巴黎和上海时就与周恩来相识的邓小平，也能够观察这位大师如何处理外交事务，如何全面领导政府工作。通过和毛、周一起参加会议，邓小平得以学习他那一代人中这两位最伟大的领导人如何评估国家大事。此外，作为建立新组织的参与者，邓小平也有机会了解做出重大决定的理由，思考进行根本性变革的大框架，这些经验对于他后来在1980年代重建中国的经济和政治体制都很有帮助。

1960年毛泽东与苏联决裂，把中国变成了一个封闭的国家。不过，他也花了很多时间思考如何对付列强。从1952年到1955年担任国务院副总理的邓小平，也要参与有关外交事务的讨论。从1956年到1966年担任总书记的邓小平，则要处理与各国共产党的关系（与非共产党国家无关），在这个时期与中国有外交关系的大多数国家都是共产党国家。例如，1956年2月他是赴莫斯科参加苏共二十大的中共代表团团长，赫鲁晓夫正是在这次会议上谴责了斯大林。与出席大会的其他共产党国家的同志一样，邓小平也未被允许出席赫鲁晓夫作秘密报告的会议，但第二天他便获准看了讲话稿。他马上敏锐地意识到，此事不但关系到苏联国内，而且会产生国际影响，他指派两名翻译连夜译出讲话，但在毛泽东决定如何做出反应之前他谨慎地避免谈论这篇讲话。回到北京后，他把讲话的内容向毛泽东做了汇报，由毛泽东决定如何应对。[28] 邓小平很快就意识到，对斯大林的全面批判将殃及那些和斯大林一起工作的人，削弱苏共的权威。

在实现了农业和手工业集体化和工业国有化之后，中共于1956

年9月15日至27日召开了第八次全国代表大会。在1945年内战前夕确定党的任务的七大之后,这是第一次召开党代会。大会做了全面而周密的准备,为一个负有统治一个大国责任的政党提供了远景规划:社会主义改造基本完成,五年计划已在实施,资产阶级和地主阶级已不复存在,阶级斗争已经结束。周恩来和邓小平等人希望,党今后能够集中力量使工作步入正轨,推动经济的有序发展。[29]

邓小平在八大上扮演了重要角色;他被提拔为总书记,作为政治局常委他是党的六名最高领导人之一(在毛泽东、刘少奇、周恩来、朱德和陈云之后)。他在1954年担任的秘书长一职有党内管家的性质,这使他能够深入参与所有重大决策过程。但是1956年当上总书记——他担任这一职务直到"文革"之前——以后,他成了负责党的日常工作的领导。他既要抓北京中央领导机关的工作,还要同各省的领导打交道。在毛泽东的全面领导下,党的第一副主席刘少奇为政治局常委提供工作指导,由政治局做出决定,然后交邓小平执行。

当邓小平在1957年11月陪同毛泽东访问莫斯科时,邓小平有理有据严辞反驳苏共的大理论家苏斯洛夫(Mikhail Suslov),令毛泽东大为激赏,会议结束时他指着邓小平说:"看见那个小个子了吗?他非常聪明,前程远大。"[30] 据赫鲁晓夫回忆,"毛泽东认为他是领导层中最有前途的成员"。[31]

从1957年春开始,很多知识分子和民主党派的领导人在"百花齐放、百家争鸣"运动的鼓舞下畅所欲言,批评的严重程度令毛泽东感到意外。他怒斥"资产阶级知识分子",说资本家虽然已被消灭,但他们还是脱不掉自己的阶级本性。毛泽东在1957年夏发动"反右"运动,错误地打击了那些严厉批评中共的人。毛泽东吩咐邓小平具体操办这场运动,他本人则带头进行批判,把大约55万名知识分子划为右派。邓小平在"双百"运动中曾对党的地方干部说,要听得进批评意见,不要打击报复。可是在"反右"运动中,有的知识分子傲慢自大,不公正地批评那些为完成复杂繁重的任务而苦干的干部让他感到恼怒。

"反右"运动影响了中国大批科技人才,也使很多人疏远了中共。本来有可能阻止毛泽东发动"大跃进"的批评者变得噤若寒蝉,毛头脑发热想出来的这种乌托邦式的"大跃进",要以蛮干的方式在短短几年内彻底改造中国的经济和社会。"大跃进"开始后,特别是庐山会议以后,毛泽东不再像以前那样不时征求身边干部的意见,很多忠实于毛的人也变得沉默不语。

邓小平作为执行者,要比毛泽东这个哲学家、诗人和梦想家更加务实;毛泽东看重邓小平和林彪等人,也是因为他们既能直率地向他说出自己的看法,又很少公开去讲。邓小平像党内许多忠诚的干部一样,很清楚毛在"大跃进"期间不愿容忍不同意见,因此他也没有批评毛泽东。此外,他和另一些人都认为,毛泽东在内战和统一全国的过程中做出的决策往往都被证明是正确的,所以他们宁愿把怀疑放在一边,一心执行毛的命令。邓小平后来对女儿说,他很后悔自己没有做出更多的努力,阻止毛泽东犯下这些严重错误。

走入歧途的"大跃进"在全国造成了灾难性的后果。饥荒很快就蔓延开来。农民被组织成公社后,公社能够使更多的农民参加草率上马的建设项目或在田间干活,但是看到不干活的人跟别人吃得一样好,这让他们失去了劳动热情,结果导致严重减产,很多食堂也断了炊。

另一个问题是对环境的破坏。由于鼓励各地建"土高炉",人们为了给炼铁找燃料而把当地的山林伐尽,尽力生产出了一些粗糙的铁块。大型新建工程用光了水泥,使计划更周全的项目无水泥可用;各地党委书记在压力之下,罔顾现实做出了粮食生产的承诺,来年只好动用库存兑现自己上缴更多粮食的承诺,而不顾当地百姓正在忍饥挨饿。据外国分析家估计,"大跃进"期间和此后数年间,全国的非正常死亡人数达到了4000万。

1959年以前,邓小平在贯彻毛的"大跃进"计划时一直是个听话的干部。但是当乌托邦式试验的灾难性后果显露出来时,他却承担着不令人羡慕的任务,他向党的地方干部发出指示,让他们想方设法渡过难关。在邓小平每天的工作日程上,晚上一般是和家人在一起休息的时间,然而在"大跃进"的混乱时期他却无暇休息。"大跃进"进行了一年后的1959年夏天,邓小平在玩儿台球时不慎滑倒摔断了腿,医生的诊断是他几个月内难以恢复工作;有些知情人认为,邓小平这是有意避开会议,因为他知道自己会被要求拥护毛泽东继续搞"大跃进"的做法,他要避免陷入这种处境。

病假开始时,邓小平的观点就已经发生了变化。[32] 几个月后邓小平重新工作,他继续听从毛的命令,表达对毛的忠心。但是"大跃进"的灾难拉大了浪漫幻想家和务实的执行者之间的距离。邓小平仍在贯彻毛的指示,但他扩大了自己的回旋余地,不再像以前那样对毛泽东唯命是从了。从1960年到1961年,邓小平积极参与了对工业、农业、教育和其他部门的务实的调整,以缓和"大跃进"的极端做法。当时毛泽东没有批评这些措施,可是他后来发牢骚说,他讲话时邓小平坐在房间最后面,对他的话充耳不闻。他抱怨手下的干部把他当成已经作古的人,虽然敬着他,却把他的话当耳旁风。

虽然在国内问题上革命浪漫派和务实的执行者之间的裂痕在1960年代初日益加剧,但毛泽东仍全力支持邓小平主持中苏论战。邓小平率领中共代表团,分别于1960年8月和10月至11月两次前往苏联,为中国在共产主义运动中争取更大的自由。他还主持了中共评苏共九封公开信的写作。1963年7月,毛泽东对邓小平与苏斯洛夫交锋的表现尤其印象深刻——这次激烈的交锋削弱了国际共产主义运动——竟亲自前往北京机场迎接邓小平回国,给了邓小平罕见的荣誉。确实,毛在中苏论战中对邓小平的信任使两人的关系仍很牢固,尽管他们在国内政策上存在分歧。[33]

1964年10月,赫鲁晓夫被他的同事在一次政变中赶下台之后,毛泽东就对那些没有对他言听计从的部下感到不放心,更多地谈到培养接班人的问题，也愈加坚定地要求对他个人的完全效忠。1965年2月，毛泽东的妻子江青引发批评，说党的干部没有完全拥护毛的革命路线。毛在1966年5月中旬发动了"文化大革命"，亲自带头批判"走资本主义道路的当权派"。在毛泽东看来，"走资派"就是那些我行我素、没有完全服从他领导的人。他动员红卫兵和造反派批斗当权派，同时依靠林彪控制军队，将一大批老干部轰下台，把他们下放劳动接受再教育。

对"大跃进"的普遍不满让毛怒气冲天。例如，刘少奇在1962年的7000人大会上指责大跃进是"三分天灾，七分人祸"，这使毛泽东十分气愤。邓小平在这次会议之后继续和刘少奇一起密切工作，也让毛泽东感到不快。因此当1966年毛泽东批判刘少奇时，也把矛头指向邓小平，说他是"走资本主义道路的当权派的第二号人物"。[34]

从1966年底开始的批判日复一日地持续了数月，报纸广播对刘邓的批判铺天盖地。刘少奇是国家主席和毛泽东指定的接班人，却得不到任何必要的治疗，与家人天各一方，在软禁中死于开封；他的妻子也被关进了监狱。

1967年，邓小平夫妻被软禁在中南海（紧邻天安门，是党的高层领导生活和办公的地方）的家中。子女被赶走以后，他们便同外界失去了联系，两年间不知孩子们的下落。他们把时间用于读报、看书和听广播，每天打扫门前的道路。他们的处境比很多挨批判的干部要好得多；在中南海里，他们得以免受红卫兵的批斗，并被允许保留自己的厨师和一名警卫，还能够用节余的工资购买生活必需品。毛泽东既要给邓小平一点教训，也为日后重新起用他留了余地。

邓小平的子女并没有得到同样的保护。他们受到红卫兵的批斗，被迫交代父亲的罪行。大女儿邓林在艺术学院受到批斗，在北京大学念物理的长子邓朴方也在校内受到迫害。1967年，两个年龄较小的孩子邓榕和邓质方（和邓小平的继母夏伯根一起）被赶到北京拥挤的工人宿舍，不许和父母见面。红卫兵经常不事先通知就闯入家门，强迫他们低头弯腰站着，搜查有关其父罪行的材料，向他们大声呵斥，在他们的墙上贴大字报，有时还摔东西。后来，三姐妹和邓质方都被下放农村参加劳动。

1968年，成立了一个调查邓小平"罪行"的"专案组"。他们向认识邓小平的人提问，调查他脱离红七军、与被毛泽东批判的彭德怀继续保持良好关系等罪行。作为调查的一部分，邓小平写了一份自己8岁以后的履历，一一罗列出他的全部个人交往。幸运的是，他早就养成了不留任何字迹的习惯，而他的工作也从未使他与国民党官员有密切接触。在1969年党的第九次代表大会上，江青要求把邓小平开除出党，被毛泽东拒绝。毛继续保护邓小平，以防他受到激进派（radicals）的攻击。

1969年第一次中苏边境冲突后，10月毛泽东发出指示，要把一些高级干部疏散到地方去，以便苏联一旦入侵时他们可以在当地组织抵抗。朱德和董必武被派往广东，叶剑英去了湖南，聂荣臻和陈毅去了河南；陈云、王震和邓小平分别去了江西的不同地方。事实上，他们下放农村后，并没有在组织地方做好抵抗准备中发挥任何作用。一些敏锐的北京观察家认为，是林彪害怕潜在的对手，而以苏联进攻的危险为借口说服了毛泽东，把有可能威胁到其权力的北京高干流放到外地。确实，1971年林彪坠机身亡后，这些领导人纷纷获准从地方返回北京。

邓小平在去江西时已经深信，中国的问题不仅来自毛的错误，而且因为中国的体制有着深层缺陷，是它造就了毛泽东，导致了"大跃进"和"文革"的灾难。1949年中共掌权时，作为革命家的邓小平成了建设者，致力于建设新政权和社会主义制度。当他动身去江西时，他已经开始思考中国需要进行哪些改革。此时，他已经在最高层积累了有关党政军各方面工作的不同寻常的深厚经验，熟知所有重大的内政外交问题，这构成了他反思中国如何进行改革的基础。

曲折的登顶之路
1969—1977

第2章
放逐与回归，1969—1974

1969年10月22日，邓小平与妻子卓琳、继母夏伯根一起，离开了他们居住了10多年的中南海。一架专机把他们送到江西南昌，邓小平要在那里参加劳动，接受毛泽东思想再教育。他们获准携带一些个人物品和几箱书。邓小平离京前请求见毛泽东一面，但未得到批准。不过，他被告知可以给中央办公厅主任汪东兴写信，他有理由相信汪东兴会把信转交毛泽东。邓小平登上飞机时，完全不知道自己要在江西待多久。

在江西，邓小平不能看机密文件，除了专门指派的当地干部，也不准跟其他干部有来往。但是他的党籍被保留了，这使他对毛泽东有朝一日还会让他回去工作抱有希望。1969年4月，他在离京前不久写了一份检讨，尽管毛泽东依然坚持邓小平需要接受再教育，但此后他和家人便不再被当作阶级敌人看待。邓小平在离京前一晚与汪东兴的谈话也为他提供了一线希望：汪东兴告诉他，他和妻子最终还是能回到中南海家中的，他们不在时那所房子会一直空着。所有这一切肯定给他带来了希望，因为他到达南昌后对自己专案组的当地代表说："我还会出来工作，我还能为党工作10年。"[1] 事实上，邓小平回京后，又为党工作了将近20年。

在邓小平下放江西之前，周恩来打电话给江西当地干部，指示他们安排邓小平的生活。为了确保安全,不使邓小平一家人受到造反派的攻击,他们被安排在一个军事驻地,住所在南昌市附近,以便必要时有方便的交通。附近有一家工厂,使邓小平和卓琳能参加劳动。当地干部选了此前由南昌步兵学校校长居住的一座二层小楼,邓小平一家住二楼,保卫人员和其他干部住一楼。以当时的标准而论,这房子给一个高干住还算合适:虽然简朴,但宽敞舒适。巧的是这所房子离著名的南昌起义的发生地只有几公里,那里是中国人民解放军的诞生地——1927年8月1日共产党人(包括周恩来、朱德、陈毅、刘伯承、贺龙以及其他很多后来的领导人)就在那里展开了对国民党的第一次武装反抗。

在江西安家之后,邓小平和卓琳每天6点半起床。战争年代邓小平每天做的头一件事是往头上浇一桶冷水,在江西时他用一块浸了冷水的小毛巾洗脸洗头,他认为这可以增强御寒能力。然后他跟卓琳一起,在别人的监督下读一个小时毛主席著作,这是他们接受再教育的一部分。邓小平不与当地干部谈政治,只有在听他们上毛泽东思想教育课时除外。

吃过早饭后,邓小平和卓琳步行前往县拖拉机修造厂,在那里干一上午的活。分配给邓小平的工作是对体力要求较轻的钳工,很像50年前他在法国工厂干的事情。修造厂离家只有一公里,当地人修了一条安全的专用路从他家通往工厂,使邓小平夫妇每天步行上下班时不会遇到外人。[2] 工厂职工们都知道邓小平的身份,但邓小平告诉他们叫他"老邓"就行,这是中国人对年长同事的常见称呼。邓小平干活时,除了眼前的工作和他在当地的生活外,不跟工人谈论任何别的事情。

邓小平的继母夏伯根在家里为他们做饭和料理家务。午饭后,邓小平夫妻小睡片刻,然后阅读他们带来的书,有中国历史典籍和《红楼梦》《水浒传》之类的小说,还有翻译的俄国和法国文学作品。当时还没有电视,但是他们可以收听中央人民广播电台的新闻。他们晚 10 点上床，邓小平还要读一个小时的书，然后睡觉。孩子们的陆续到来，为他们带来了一些外界的消息。邓朴方在 1971 年夏天来后修好了一台收音机，使他们能够听到短波电台。

除了在工厂劳动，邓小平和卓琳也在自己的菜园里干活。邓小平也在家里帮着擦地劈柴。[3] 他们夫妻两人的工资比过去要少，因此日子过得很节俭。夏伯根养了一些鸡，使他们仍然能够吃上鸡蛋和肉。邓小平减少了吸烟的数量，几天才抽一包烟。他上午在工厂里不吸烟，只在下午和晚上抽几支。他也不再喝红酒，只在午饭时喝一杯便宜的当地酒。[4] 长女邓林和次女邓楠仍能从工作单位领到一点工资，她们到来后便和没有工作的兄弟姊妹一起分享这点钱。

"文革"对国家、对邓小平本人和家庭的影响让他感到痛心。但是，据在江西最后两年的大多数时间跟父母住在一起的邓榕说："他没有意气用事，没有情绪消沉，没有放弃哪怕是最后的一线希望。"[5] 在这一点上邓不像他的一些老同事，譬如 1949 年至 1958 年任上海市长、1958 年至 1972 年任外交部长的陈毅元帅。陈毅是邓小平在法国时的老友、淮海战役的同事，他被迫下放河南后变得意志消沉，情绪低落。[6]

曾当过周恩来助手的李慎之，后来在中国社会科学院当干部时是随同邓小平访美的顾问之一，据他说，毛泽东没有意识到邓小平在江西期间发生了多大变化。[7] 邓小平回京后，仍要做一些在毛泽东手下不得不做的事，但是他坚信中国需要更深层的变革，他对中国应当向何处去有了更清晰的认识。

反思的岁月

不论毛泽东对身在江西的邓小平有何打算，对邓小平来说这是一个机会，使他得以摆脱北京严酷的政治乱局——那里，受到怀疑的人还在想方设法地招架随时可能不期而至的致命迫害。就像丘吉尔（Winston Churchill）、戴高乐（Charles de Gaulle）和林肯（Abraham Lincoln）这些经历过大权旁落和东山再起的国家领袖一样，邓小平发现，这一段退出日常政治的在野岁月使他能够对国家的重大和长远目标形成清晰的认识。倘若邓小平没有对中国需要进行的改革的性质以及如何加以落实做过长期思考，很难想象他在1977年以后能够采取那些熟练而有力的措施。毛泽东曾经利用他在延安那段被封锁隔绝的时间思考中共夺取政权后全国的整体战略，邓小平也利用了他在江西的时光，思考着他所要进行的改革的大方向。不过，毛在延安时每天都与他的同志和助手讨论，著书立说，邓小平在江西时却只能独自一人思考，他的想法只有他自己知道。

下放江西使邓小平能够很快让自己的情绪平静下来。虽然他不轻易流露感情，但据女儿邓榕说，父亲其实是个有感情的人。她说，父亲在北京挨批的3年里身体消瘦，面容憔悴，到了江西后体重又开始增加，恢复了健康。他服用安眠药已经多年，"文革"期间更是增加了用量。但是1970年1月1日，即来到江西还不到两个月，他睡觉时就完全不必服用安眠药了。[8] 邓榕说，父亲每天步行大约5000步，围着小楼转40圈。用她的话说，邓小平"一圈一圈地走着，走得很快，……一边走着，一边思索，……一步一步、一圈一圈地走着，日复一日，年复一年"。[9] 他将在北京重新担当重要角色的前景，使他的思考有了目标感。邓小平从来不跟妻子儿女谈论高层的事，但是妻子和女儿邓榕整天跟他生活在一起，又了解北京的政坛，所以能够觉察到他的心情与关切。[10] 据邓榕说，他们知道父亲散步时在思考着自己的前途和中国的未来，以及回京之后要做些什么。[11]

邓小平无法预见什么时候能回北京、回京后毛泽东会让他干些什么，也无法预见那时候国家将面对怎样的具体形势。他可以思考如何让毛泽东批准他回去工作，也可以回顾自己与同事经历过的那些大起大落的生死斗争。但是，他还可以思考一些根本性的问题——

党如何对待已步入晚年的毛泽东的历史遗产？如何既让毛的接班人改变路线，同时又能维持党在人民群众中的威望？基于他在中共领导层的广泛个人交往，他可以评估不同领导人可能发挥的作用。他还可以思考如何实现由周恩来提出的四个现代化目标，为此他和自己最亲密的同事已经做了大量艰苦的工作。

中国的当务之急是在灾难性的"文革"之后恢复秩序。邓朴方是邓小平5个子女中最后一个获准来江西的。1968年，邓朴方不堪红卫兵无休止的迫害而跳楼自尽，结果摔断了脊椎。由于父亲正在受批判，医院最初不敢给他治疗，结果导致病情恶化。后来他获准转到北医三院，医生发现他脊骨断裂，胸骨多处骨折，而且发着高烧。邓朴方在医院里昏迷了3天。医生保住了他的性命，但没有做手术来避免严重瘫痪，这使他的腰部以下失去知觉，丧失了控制大小便的功能。他后来被转到北京大学校医院，但院方仍没有给他动手术改善病情。邓朴方的妹妹邓榕和邓楠搬到医院附近轮流看护他。1969年夏天邓榕获准去看望仍住在北京的父母时，把邓朴方的遭遇告诉了他们。据邓榕说，知道儿子邓朴方已经终身瘫痪后，卓琳哭了三天三夜，邓小平坐在一边一言不发，一支接一支地抽烟。[12]

邓朴方是孩子中与父亲最亲近的一个。当他在1971年6月终于获准来到江西父母身边时，由于他自己不能走动，为了方便他进出，在小楼的一层给他安排了一个房间。他需要躺在硬板床上，为了避免生褥疮，每两个小时要给他翻一次身。邓小平在邓榕、卓琳和夏伯根的帮助下，负责白天为邓朴方翻身。邓小平还帮他洗澡按摩。后来有一位外国客人提到"文革"时，邓小平情绪激动地称之为一场灾难。

毛泽东无论作为个人还是作为领袖，都是个强势人物，任何人对他的评价都很难不偏不倚。邓小平的一生与毛泽东难分难解，就更难以做到这一点。他十分崇敬毛泽东取得的丰功伟业，忠心耿耿地为他工作了将近 40 年。然而"文化大革命"却重创了这个国家。他不但发动红卫兵把邓小平打成第二号"走资派",而且殃及他全家。他一定会思考若是有机会回京,他该如何与毛泽东相处。对邓小平来说,问题不仅是毛在世时如何与他共事——只要毛还活着,就一直是领袖;他还要思考如何尽量扩大毛泽东所能容忍的决策空间。邓小平下放江西时毛泽东已经 75 岁,而且身体不好,他不可能万寿无疆。因此,最重要的事情是深入思考如何对待毛的声名,在他撒手人寰之后应当采取什么路线。

当 1956 年邓小平在莫斯科看到赫鲁晓夫谴责斯大林时,他充分感受到了赫鲁晓夫那种感情用事的抨击给苏共和曾为斯大林工作的人造成的重创。虽然中国的报刊广播对邓小平的批判铺天盖地,把他说成是中国的赫鲁晓夫,但是远在去江西之前很久他就下定决心,自己绝不做中国的赫鲁晓夫。问题是如何对待毛泽东在群众中培养出来的对他的敬畏,那些被他毁掉一生的人对他的仇恨,以及很多党内干部对他犯下错误的严重程度的认识。邓小平如何才能维持人们对党的信心,相信党能够提供正确领导,避免伤害那些曾经为毛泽东工作的人,即使他改变了毛的经济和社会政策?

有充分证据表明,当邓小平离开江西时,他对处理这一问题的基本方式已经成竹在胸。中国领导人应当颂扬毛泽东,继续尊敬他。但是在解释毛泽东思想时,不应把它当作僵化的意识形态,而应看作对时代环境的成功适应,这样理解毛的思想可以为毛泽东的接班人提供适应新环境的回旋余地。

邓小平去江西时,已能觉察到中国与西方的关系将发生剧变的曙光。自朝鲜战争以来,即使是在邓小平主持"九评苏共公开信"的 1960 年代前期,中国对西方都一直大门紧闭。然而,由于勃列日涅夫(Leonid Brezhnev)在 1968 年 9 月提出威胁性的理论,主张在共产党国家的根本制度受到威胁时干涉其内政是正当的,加之第二年中国又跟苏联在乌苏里江打了一仗,所以中国为对抗苏联的威胁需要其他国家的合作。毛泽东在1969年曾让4位老帅——陈毅、聂荣臻、徐向前和叶剑英——就如何对付苏联的危险出主意，他们回答说，中国应当主动与西方修好。

邓小平在江西可以看报纸，邓朴方到来后他还可以收听到外国电台的广播。当他在1970年获悉中国和加拿大实现了关系正常化时，立刻便意识到基辛格后来承认的当时美国官员尚未搞清楚的事情：毛泽东邀请埃德加·斯诺（Edgar Snow）出席1970年的国庆典礼，是中国准备跟美国发展关系的信号。1971年，仍在江西的邓小平又获悉：北京取代台湾成了中国在联合国的代表，又有11个国家正式承认中国，基辛格访问北京是为1972年尼克松总统（Richard Nixon）的访华做准备。第二年他又获悉日本正式承认了中国。

邓小平知道苏联在1950年代的援助对提升中国的经济和技术有多大帮助，他自然会思考如何扩大对西方的开放，帮助中国实现现代化。但是他也要深入思考在对外开放时如何应付国内保守力量的反对，如何维持一种强大而具灵活性的政治结构。

日本是一个因与西方建立密切关系而受益的亚洲国家。邓小平去江西时已经知道，日本人就要成功走过人均收入以两位数增长的10年，闭关锁国的中国将被进一步抛在后面。西方愿意转让新技术和设备是日本实现现代化的关键。中国应如何跟美国发展关系，从而也能获得类似的好处？

亚洲其他一些地区的经济在1969年时也已开始起飞，当中不仅有韩国，还有同样以华人为主的地区——台湾、香港和新加坡。有些中国人看到中国大大落后于欧洲，怀疑中国的传统不利于现代化。但是，既然文化和族群相同的华人地区能够实现现代化，为何中国就不能有同样快速的发展？

邓小平在江西时更加坚信，中国已经大大落后，迫切需要改革。他的经验使他深知"大跃进"的失败是多么严重，由于其他领导人总是阅读有关地方成就的浮夸报告，很难对此做出评价。例如，据邓榕说，当邓朴方1971年6月来到江西时，父亲想给他找点儿事做，就问自己的工友有没有需要修理的收音机。一个工人回答说，工人的钱根本买不起收音机。邓榕说，这让父亲很伤心，社会主义已经搞了20年，工人家庭仍然连个收音机也买不起。[13]

邓小平的另外一些想法来自于孩子们的经历。除了瘫痪的邓朴方，邓小平的4个孩子都被下放农村参加劳动，接受再教育。邓榕从陕西北部的农村完成劳动回到江西后告诉家人，农村地区仍然没有厕所和猪圈。几个孩子也都向父母谈到农民不得温饱的处境。他们描述了经济的衰败和由他辛辛苦苦建立起来的党组织所受到的破坏。邓小平显然被这些事情所触动，在听孩子们讲话时一言不发。[14]

得到允许前来江西看望邓家的第一批朋友是李井泉的3个孩子，他们在1972年春节获准来江西住了5天。邓小平任西南军区政委时，李井泉在他手下当副政委，1952年又接替邓小平担任了西南局书记一职。当时李井泉的3个孩子在江西老家工作。他们告诉邓小平，父亲受到批斗，被罢了官，母亲被逼自尽。总是希望了解真相的邓小平很关心西南地区红卫兵斗争的细节，对李家3个孩子之一下放的农村地区的有关描述也很感兴趣。当时他本人几乎什么也没有讲，只说了一句话，农村需要更多的教育。[15] 邓小平离开江西时，他对中国问题的严重性和进行深刻改革的必要性已经不存在任何幻想。

家人相濡以沫

邓小平在"文革"中受到批判后的几年，5个孩子也不断受到红卫兵的攻击。邓林和邓楠在工作单位挨批，另外几个孩子则在学校里受迫害。他们只要敢走出家门，红卫兵就有可能认出他们，把他们拦住进行辱骂。一家人在"文革"以前就和睦融洽，受迫害后孩子们更是同舟共济有甚于以往，他们坚信父亲的清白，从未有过动摇，坚信一家人要相濡以沫，共度时艰。邓小平深知孩子们因为受到自己的牵连而受苦。对于家庭以外的干部，邓小平是同志，党的政策高于私人关系，但是他与妻子卓琳以及他们儿女的关系却不以政策为转移。他们之间忠心耿耿，相互关爱，总是以家庭为重。邓小平从未置任何子女于不顾，他们也没有一个人与邓小平断绝关系。对给他家做事的人——司机、厨师、勤务兵和他的秘书王瑞林，他也保持着亲密的友情。王瑞林除了1966年至1972年与邓小平分开的那段日子外，一直担任邓小平的秘书，从1952年他20岁起到1997年邓小平去世。邓小平视其为邓家的一员而更甚于一名同志。

"文革"期间，孩子们的麻烦是从1966年10月1日一篇批判中国"第二号走资本主义道路的当权派"的社论开始的。这篇社论虽然没有点名，但显然是针对邓小平的。他的3个女儿立刻断定那些指责全是不实之辞，她们也从未向红卫兵或其他人提供过可以用作批判父亲的证据的新材料。[16]卓琳后来表扬自己的孩子说，即使受到压力，所有的孩子都没有谴责过自己的父亲。

邓小平在江西写的大多数信件都是为了请求允许孩子回家探亲、安排他们在南昌附近工作、让邓朴方得到必要的治疗。邓榕说，他一生中除了为孩子以外，从来没有写过这么多信。[17]邓小平估计这些信会转给毛泽东，因此也是在向毛提醒自己还在江西、准备接受对他任何方式的安排，但信的内容都是跟孩子有关的事。北京的答复有时拖延很久，但孩子们最终都获准前来江西探望父亲，每次至少两周，不过邓榕得到允许住更长的时间。1969年12月，先是邓榕，然后是邓质方，都获准在冬季农闲时间住在家里，但春耕开始之前两人还要回到农村的生产队。接着回家的是当时在国家科委工作的邓楠及其丈夫，两人于1971年春节获准回家探亲。邓楠在江西生了一个女儿，这是邓小平的第一个孙辈子女。长女邓林也获准在春节时回家探亲。这些探亲之所以可能，是因为毛泽东仍然觉得，与刘少奇和其他干部相比，他同邓小平的关系要更亲密一些。

5个子女中邓朴方最了解上层的政局变化。[18]他在江西的出现使父亲有机会听到更多关于学生政治斗争的细节,感受到北京的政局。后来,一些了解邓小平的人说,他在权衡如何惩罚人时,绝大多数情况下都不会让个人感情影响决定,然而他特别严厉地坚持要判聂元梓10年以上的徒刑,因为正是聂在北京大学发动的政治批斗导致了邓朴方的瘫痪和大约60名教职工的死亡。

"文革"之后,甚至在1997年邓小平去世后,他的5个子女及其配偶和孩子仍然同住一院。邓朴方投身于残疾人的工作。邓楠从事科技管理工作,后被提拔为国家科委副主任。在江西时,根据邓小平的请求,女儿邓榕在离邓小平住处不远的南昌学医,邓质方在那里学物理。邓榕在1980年到中国驻华盛顿使馆任职了两年,担任促进文化交流的工作。由于这项工作,她成了撰写家史的作者,还领导着一个促进中外领导人交流、帮助赞助西方音乐演出的基金会。邓质方在美国留学8年,拿到了罗彻斯特大学的物理学博士学位。随后他进入一家从事技术进出口的公司,后来又搞了一个从事房地产和通信装备的分公司。

1973年邓小平离开江西时,他的听力已开始下降。他平时不参与儿孙凑在一起的聊天,不过有孙儿绕膝,看看电视节目,也让他十分开心。如果他参与孩子的聊天,他们会直接冲着他耳边说话,告诉他自己的见闻,说出自己的看法。但是据邓榕说,父亲对自己的经验和判断力十分自信,很少受到他们意见的影响。[19]

林彪坠机,邓小平致信毛泽东

在1950年代末和1960年代初,毛泽东把林彪元帅和邓小平视为他的两个最有前途的接班人。[20] 确实,周恩来在1965年秋天曾对他的至交王稼祥说,毛泽东正在考虑两个可能的接班人:林彪和邓小平。[21]

据邓榕说,父亲跟十大元帅中的九人都有来往,唯独林彪除外。

毛泽东本人也注意到了两人的对立，邓小平曾说，毛泽东在1966年把他叫去，让他跟林彪见一面，与林合作共事。邓小平同意去见林彪，但交谈并没有解决两人之间的问题，反而使他们各行其道。[22] 毛泽东在1966年选定了林彪作为自己的"亲密战友"和接班人，以确保解放军对他的拥护，因为林彪自1959年取代彭德怀之后一直领导部队。但是尽管如此，毛泽东在1967年仍然私下说，如果林彪的身体不行了，他还是要让邓小平回来。[23]

林彪在抗战时脊椎神经受伤，从此变得性格内向而多疑，他很清楚跟毛泽东走得太近有危险，在毛泽东实际任命他之前曾三次拒绝接受。自从成了毛的"亲密战友"后，林彪对自己与毛泽东之间的关系忧心忡忡——他的担心也确实有道理。到1970年，毛泽东已经怀疑林彪有可能在他还活着时就计划篡权，在1971年夏末开始准备解决林彪问题。他首先接见了林彪手下的主要军队领导人，以确保他们对自己的忠诚。1971年9月初毛泽东乘火车从杭州回北京时，列车在上海停下。由于他对林彪深怀戒心，担心个人的安全，因此没有离开火车，而是让上海的前造反派头头、时任上海市革委会副主任的王洪文和南京军区司令员许世友登上他的火车。当林彪之子林立果在9月12日得知毛泽东已经回京后，林家人立刻变得惶惶不安。林立果调来飞行机组和一架飞机，载着林彪夫妻、他自己和几个追随者连夜逃往苏联。但是飞机并没有抵达目的地，它坠毁于蒙古，机上无一人生还。[24]

邓小平最先是从用短波收音机听新闻的儿子邓朴方那儿得知了坠机事件。但是他等了将近两个月，直到这条消息正式公布之后，才采取了行动。11月6日，当林彪坠机的文件传达到县一级时，邓小平、卓琳和他们上班的工厂里大约80名工人得到通知，要花两个小时去听有关林彪罪行的中央文件。邓小平听力不好，所以被允许坐在前排，而且可以带一份文件回家阅读。林彪死后有不少人认为，毛泽东很快就会让邓小平回来担任要职。邓小平本人肯定也这么想。听过关于林彪的正式文件两天后,虽然此前被告知不要再给汪东兴写信,他还是鼓起勇气给毛主席发出了一封信。[25]

邓小平很清楚什么样的信最能打动毛泽东,他在请求把自己的两个小儿子安排在江西他的身边工作后,又写道:

> 林彪[的暴露]是非常突然的,我对那些罪该万死的罪恶行动感到十分的震惊和愤慨。……如果不是由于主席和中央的英明的领导和及早地察觉,并且及时地加以解决,如果他们的阴谋得逞,不知会有多少人头落地。……我遵照主席指示,努力通过劳动和学习自我改造。……我个人没有什么要求,只希望有一天还能为党做点工作,当然是做一点技术性质的工作,……使我有机会能在努力工作中补过于万一。[26]

话虽然说得谦卑,但是邓小平心中有数,毛泽东对于像他一样敢作敢为、善于应变的干部,不可能不委以重任。

邓小平数月没有得到回音,而且即使得到答复后,毛泽东显然仍未决定是否以及何时让他回来,更谈不上让他担任什么职务了。此时的毛泽东身心交瘁,况且他的精力也没有用在林彪之后的领导班子上,而是忙于为1972年2月尼克松访华做准备。

毛泽东任用周恩来和党的老干部:1971年9月—1973年5月

被毛泽东当作接班人和"最亲密的战友"的人神秘死亡,转眼间成了阴谋夺权的叛徒,即使普通人也会因此怀疑毛的判断力。毛泽东为此身心交瘁,有两个月的时间很少起床。[27] 后来他又逐渐下床,但在1972年2月12日轻微昏迷过一次,肺里的毛病也影响到心脏,不时的咳嗽使他难以入睡,只好躺在沙发上睡觉。虽然他已行动不便,但至少在某些时候,在大事上,他的头脑依然清楚。[28] 他在政策上做出让步,给予别人更多的决策权,但自己仍是当家人。

毛泽东需要抓紧建立一个林彪之后的新领导班子。按规定党要在1974年——即党的第九次代表大会5年之后——召开十大，但他想在两年以内让新领导班子到位，以便能在1973年8月召开十大，比原定日期提前一年。为此，他必须物色新人，他虽然能依靠妻子江青及其同伙，可是他们都缺少必要的经验、良好的判断力以及同其他人合作治理国家的能力。他的现实选择只能是起用富有经验的老干部，而他们大多数都是"文革"的受害者。他们在"文革"之前能够身居高位，至少部分原因是他们的领导能力。毛泽东需要他们老练的治国才能。周恩来向他汇报了很多老干部的遭遇，毛泽东说，没想到会有那么多人受到如此严重的迫害。

此时此刻，其实只有一个人能管好党和政府，而且由于多年磨炼，他也不会威胁到毛的地位，此人就是周恩来。在1970年8月组成政治局常委的5个人中，林彪已死，其同党陈伯达也锒铛入狱，康生因患癌症失去了工作能力，剩下的只有毛泽东和周恩来了。毛泽东几乎别无选择，只能给周恩来更大的空间去恢复党和政府的秩序，他不但让周恩来主持政治局工作，而且让他管着政府和党的机关。

有观察家认为，周恩来对林彪之死会幸灾乐祸，其实他深感不安。他一向以个人感情上的强大自制力闻名，可是在林彪坠机后不久，当他向副总理纪登奎说明国家面临的困难局面时，不禁潸然泪下，必须停顿片刻以控制个人的感情。他一边说一边哽咽。据说周恩来一生只哭过3次，一次是因为他迟迟才听到父亲去世的消息，一次是因为叶挺的牺牲，他们在1920年代就是革命战友，还有一次就是林彪之死。

周恩来对林彪之死的这种情绪反应，可能有若干原因。他知道，林彪虽然是个著名的激进派，但他务实、重秩序，周恩来很容易与他共事。此外，周恩来在毛泽东手下鞠躬尽瘁几十年，如今国家在经历了"大跃进"和"文革"破坏后，再次面临大动荡，这让他忧心忡忡。他深知每迈出一步都是艰巨的任务。[29]有人认为周恩来也是在为自己落泪。

除了依靠周恩来以外,毛泽东也把叶剑英叫回来整顿军队。叶是一位老资格的军事领导人,德高望重,没有个人野心。毛还悄悄地开始允许另一些"文革"初期被打倒的人重新回来工作。在林彪坠机后他休养的两个月里,毛不止一次承认,很多老干部受了太多的苦。在对这个错误做出解释时,他说那是因为他错误地听信了林彪的谗言。[30]

林彪坠机两个月后的1971年11月14日,有更多迹象表明毛泽东的想法正在发生变化。这一天,他接见了一个座谈会成员,其中包括当时已在着手重建军队领导班子的叶剑英元帅。毛摆出一副对"文革"中受迫害的高层给予鼓励的姿态,指着叶剑英对座谈会成员说:"你们不要再讲他'二月逆流'了(指1967年2月一些老帅和副总理试图抵制'文革')。"[31]他又说,那次逆流是林彪操纵的,不要再用"二月逆流"这个说法了。毛泽东想以此尽量撇清他同批判1967年"二月逆流"的参与者的干系。他还做出为谭震林、陈再道等在1967年挨过批的老干部平反的指示。

1972年1月10日陈毅元帅的追悼会为毛泽东提供了一个难得的机会,使他能够与"文革"期间挨过批的一批老干部和解。离追悼会开始只有几个小时,他才说他也要参加。这是自林彪4个月前坠机后他的第一次公开露面。陈毅是邓小平在淮海战役中的同事,中共掌权初期上海的第一任市长,后又担任外交部长,是最受群众爱戴的领导人之一。几年后上海黄浦江畔为他竖起了一座塑像,便反映了民众对他的崇敬。然而他在"文革"期间却受到了残酷批斗。尽管他最终在军队医院得到治疗,但为时已晚,他由于缺少及时医治而病故。此外,在他弥留之际,很多军队干部前去看望他,他们很清楚是"文革"导致了他的死亡。

在追悼会上,毛泽东向陈毅三鞠躬,表达他对陈毅的敬重。他说:"陈毅同志是个好人,是个好同志。……要是林彪的阴谋搞成了,是要把我们这些老人都搞掉的。"毛泽东用这些话说明迫害陈毅的是他过去"最亲密的战友"林彪。毛泽东在数九寒天身穿睡衣，披着一件外套，显而易见的带病之躯拖着颤抖的双腿。他虚弱的身体和言辞打动了参加追悼会的人。为了跟"文革"的受害者和解，他以这样的状态前来向一个受人爱戴的同志表达歉意和尊重，还有比这更好的方式吗？

所有的高级干部都不指望毛泽东会承认自己的错误，但毛对老同志的态度有了转变，这种转变对他们有好处。毛把政治看得高于经济，但他从未放弃改善国民经济的愿望。再说，尽管他具有从感情上操控中国人民的非凡能力，但他仍然需要精明能干的中共领导人。甚至在"文革"期间被毛泽东留用的干部也承认，为了国家的稳定和发展，需要那些"文革"前任职的干部的强有力领导。毛泽东在1972年已经打算让有经验的老干部回来工作，让1960年代末林彪主政时被派到地方任职的军队干部——他们大多数都无所作为——回到军营。不久之后的1972年3月，周恩来交给中组部一份有400多名需要恢复工作的老干部名单，毛泽东很快就批准了，让他们回来。[32] 在1975年和1978年，这些老干部在帮助邓小平恢复安定团结的工作中将发挥关键作用。

周恩来在1972年5月查出患了膀胱癌，但从这时直到1973年年初，他依然从事着繁重的工作。[33] 在林彪坠机后的混乱时期，周恩来利用他与另一些干部之间独一无二的密切关系，使国家避免陷入更严重的动乱。在罹患癌症的早期，周恩来殚精竭虑，继续想办法让不同背景的人一起工作。在需要个人高超的协调手腕才能应对的形势下，无人能够取得周恩来那样的成就。

在一些重大的任命和敏感问题上，周恩来继续争取毛泽东的同意，他尽量做出能够得到毛泽东支持的决定。而毛泽东的让步，以及他承认需要进行整顿，也使周恩来得以更有力地去解决更大范围的问题。他致力于处理好老干部之间的关系，恢复经济秩序，阻止激进派在农村中的极端做法,扩大与西方的外交接触。他甚至能够让著名物理学家、北京大学校长周培源提出推动理论研究的规划。[34] 周恩来这些拨乱反正的努力预示了邓小平在1975年推行的范围更大的整顿。因此,毛泽东在1973年年底批周恩来预示了他在1976年初的批邓也就不足为奇。

跟善于抓大放小的邓小平不同,对细节有着惊人把握能力的周恩来是大事小事一起抓。毛泽东一给他活动空间,他便运用自己过人的记忆力,对很多"文革"中受到迫害的人表达了特别的关照。受迫害者及其家属都万分感激周恩来救了他们的命,减轻了他们的痛苦。周也对邓小平及其家属给予了相同的关照。1972年12月,周恩来觉得会得到毛泽东的同意,便敦促汪东兴加快给邓小平安排工作的进程。

周恩来在"文革"期间使出浑身解数,痛苦地执行着毛的指示,同时也尽力保护他觉得自己能够保护的人。在充满感情纠葛的环境中,他是平衡这些相互冲突的利益的大师。大概无人能比周恩来更懂得揣摩毛泽东不明言的心思。有些人盛赞周恩来融政治技巧、对党和国家的忠诚、一贯的沉着老练、翩翩风度以及为受迫害者提供诚恳帮助于一身。很多了解形势的人认为,周恩来在缓和毛泽东的极端做法上已经尽了最大努力。但是并非人人都把周恩来视为英雄,一些没有得到周恩来帮助的受害者家属对他是有意见的。

无论人们对周恩来和"文革"有何看法,有一点是清楚的,在处理当时毛泽东议事日程上的一件大事——打开中美关系的大门——上,没有任何人具备周恩来那样的高超技巧。1971年7月9日,即林彪坠机两个月以前,周恩来第一次会见了美国国务卿基辛格。10月20日至26日,坠机事件发生一个月后,基辛格再次来到北京,为次年2月的尼克松访华做准备。基辛格后来写道,他认为周恩来是他遇到过的两三个最令人难忘的人之一。据基辛格的助手约翰·霍尔德里奇(John Holdridge)描述,基辛格在与周恩来见面之前的心情，就像期待着参加由两个世界顶级大师进行的冠军争夺赛一样。[35]

毛泽东和周恩来，尼克松和基辛格

中美之间有过两百年的贸易交往，在第二次世界大战中做了4年盟友，后来是20年的冷战对手，两国在1969年开始考虑恢复邦交。1969年发生中苏边境冲突后，毛泽东担心受苏联入侵的危险，自朝鲜战争以来第一次决定扩大与西方的交往，并指派周恩来进行谈判。尼克松正在设法解决越战问题并寻找对抗苏联的长期合作对象，便指派基辛格与周恩来谈判与中国修好。基辛格1971年从巴基斯坦飞往北京为尼克松访问打前站的戏剧性之旅，以及1972年2月尼克松的访华都是激动人心的事件，它们为邓小平时代美中交往的迅速发展搭建了舞台。

1966年至1969年的中苏关系恶化，以及由此导致的1969年的珍宝岛事件，都与邓小平无关。但是他在1961年至1963年曾率领一班人马写下反驳莫斯科的9封著名公开信；他还在1963年亲赴莫斯科，发表了中方最后一次重要讲话，使中苏交恶达到顶点。中国重启中美交往也与邓小平无关，当时他还在江西，虽然他在1973年底陪同周恩来参加过谈判。邓小平的贡献还有待于来日。

缓慢的复出：1972年1月—1973年4月

直到1973年2月，即林彪死亡16个月以后，毛泽东仍没有让邓小平回京。他曾在1966年严厉批邓，所以他不能指望别人会很快接受邓小平，况且他尚未决定如何使用邓小平。邓小平曾因"走资本主义道路"受到猛批，毛泽东要向人们解释为何请他回来，这并非易事。毛采取的策略是，他说邓小平这位十分受人尊敬的总书记"受到了林彪的迫害"。在1972年1月的陈毅追悼会上,他就曾对陈毅的家人说,邓小平跟刘少奇不同,他的问题不那么严重。周恩来示意陈毅的家人把毛对邓小平的评价让更多的人知道。[36] 毛的话也传到了邓小平的耳朵里,这是说明毛泽东读过他在1971年9月的信的第一个迹象。随后又出现了更多的迹象。江西省革命委员会1972年4月初通知邓小平,根据他给毛泽东的信中提出的请求,同意他的小儿子邓质方进入江西工学院读书,小女儿邓榕则获准去了江西医学院。[37]

受到这些积极信号的鼓舞,邓小平在1972年4月26日又给汪东兴写信说,由于他的两个孩子已去上学,能否让他雇一个人帮他和卓琳一起照顾邓朴方。他在信中最后说:"至于我自己,我仍然静候主席的指示,使我能再做几年工作。"[38] 邓小平没有收到直接的答复,但是一个月之内他和卓琳的工资便都恢复到了原来的水平。[39]

邓榕后来说,这些表明邓小平的政治处境有所改善的信号让一家人大为振奋。从邓家人如此期盼积极的信号可知,尽管毛泽东疾病缠身,被林彪事件搞得心烦意乱,但他仍然左右着手下人的命运。实际上,陈云已经在1972年4月22日获准从江西回京,但是毛泽东让邓小平在江西又待了将近一年。

1972年8月3日,在数月没有得到毛泽东或汪东兴的答复后,邓小平再次致信毛泽东,试图打消他估计毛仍然对他抱有的疑虑。他首先说,他已经听过向他所在工厂的全体工人传达的有关林彪和陈伯达罪行的文件。邓小平承认,他不同意林彪只讲"老三篇"、把毛泽东思想简单化的做法;还有更多的毛主席著作应当得到运用。邓小平又说,林彪和陈伯达欲置他于死地而后快,他感谢主席在"文革"期间保护了他。

邓小平在信中强调说,他认可在1968年6、7月的自我检讨中所说的所有内容。他再次检讨了1931年自己在广西离开红七军的错误，另外还承认自己在担任党的总书记期间工作也有缺点，有时候不征求毛主席的意见。他在1960—1961年没有消除自己的资本主义思想。他没有有效贯彻毛主席关于抓好在内地建立关系到国防的"三线工业"的工作的决定。他也没有在作报告前及时地向主席请示。邓小平承认，"文革"揭露他的错误是完全应该的。他在信中还试图打消毛泽东在一个关键问题上的担忧：他说自己绝不会对"文化大革命"进行翻案（"再次肯定我对中央的保证，永不翻案"）。他表示，他要回到主席的无产阶级革命路线上来。[40]

邓小平信中所言显然也正是毛泽东想听到的话。1972年8月14日，收到邓小平的信没过几天，毛泽东就向周恩来总理做出书面指示，让他安排邓小平返京。毛泽东再次说，邓小平的问题不同于刘少奇，他没有历史问题，他没有投降过敌人。此外，邓小平协助刘伯承同志打仗是得力的，还为党和国家做过其他一些好事。[41] 周恩来在收到毛批示的当天就把它转发给了中央委员会。[42] 可是由于毛的妻子江青百般阻挠不让邓小平回来，事情一时没了下文。[43]

1972年9月，邓小平觉得可以得到更大的自由，便请求走访包括瑞金在内的江西苏维埃老区，并且得到了批准。这是他3年来第一次走出家门。他花了8天时间外出访问，得到省部级领导人规格的接待。次年2月邓小平还被允许用半天时间探望从1952年起就给自己担任机要秘书的王瑞林，王当时在江西进贤县"五七干校"劳动。后来邓小平返京时，王瑞林也被允许回到了原来的岗位。1972年12月18日，周恩来请汪东兴和纪登奎落实8月份毛泽东让邓小平出来工作的指示。他们在12月27日请示了毛之后答复说，邓小平可以回京。[44] 一个月后，即1973年1月，江西省委书记白栋材给邓小平带来了这个好消息。2月20日工厂的工人来跟邓小平道别后，邓小平与家人乘汽车前往鹰潭，在那儿登上了返京的列车。[45] 离开江西时，邓小平说："我还可以干20年。"[46] 确实，一直到19年又8个月以后，邓小平才在党的十四大上退出政治舞台。

邓小平返京，1973年

让受过批判的人重新担任要职，中共通常的做法是先暗示他已重新得到爱护，这可以使其他人更容易接受新的任命。邓小平在1973年2月22日从江西回京后并没有立刻得到任命，尽管他在北京的露面已经暗示着他会重新扮演重要角色。邓小平回京的消息传开后，他看望了一些故交，但数周时间内既没有出席任何正式会议，也不承担任何工作，甚至没有与毛泽东和周恩来见面。

毛泽东让周恩来召开了几次政治局会议，商量邓小平将来的工作。"文革"小组成员张春桥（在接替周恩来的总理职务方面，他是邓小平的潜在对手）及其支持者江青强烈反对让邓小平担任要职，但毛泽东坚持让邓小平恢复工作，参加党的组织生活。[47] 协商的结果是，政治局提议把邓小平安排到国务院的业务组，这是周恩来和副组长李先念手下的一个领导小组，在"文革"动乱期间维持着政府的日常职能；并且允许邓小平参加党的每周例会。[48] 3月9日，周恩来把汇报这些决定的文件交给毛泽东并得到了他的批准。文件向邓小平做了传达，同时下发县团级以上党委。[49]

邓小平回京后与周恩来的第一次会面是在1973年3月28日晚上，在场的还有李先念和江青。见面结束后，周恩来立刻向毛泽东汇报说，邓小平精神很好，身体也很好，随时准备重新工作。次日下午毛泽东便接见了邓小平，这是6年来的第一次。他对邓小平说："努力工作，保护身体。"邓小平回答说，他身体一直很好，这是因为他相信主席，他一直在等候主席的调遣。[50] 当晚，周恩来遵照毛的指示主持召开政治局会议，会上宣布了要让邓小平担任负责外交的副总理。邓小平不是政治局正式成员，但讨论重大问题时他可以列席政治局会议。周恩来给毛写信汇报了政治局的讨论，得到毛的批准后，邓小平便正式上任了。[51]

1968年以后邓小平第一次在官方场合露面，是在1973年4月

12日为柬埔寨国王诺罗敦·西哈努克（Prince Norodom Sihanouk）举行的宴会上，他以副总理的身份出席。邓小平和其他人表现得若无其事，但有些人向他致意时还是很谨慎。这次露面之后，中共干部和外国记者议论纷纷，都在猜测他将扮演什么角色。[52]

毛泽东显然要对邓小平委以重任。正如我们所知，邓小平在1973年逐渐成为地位更加显赫的领导人，先是获准出席最高层的会议，接着成了周恩来的助手，然后在1973年8月10日的中共十大上当选中央委员。他在证明了自己对毛的忠诚以后，12月又成为政治局委员和中央军委委员。

作为周恩来的助手，邓小平从1973年4月开始，陪同周恩来在机场送往迎来，会见了柬埔寨、墨西哥、日本、北朝鲜、马里、尼泊尔、刚果、菲律宾、法国、加拿大、澳大利亚和其他国家的客人。他还参加了一些会见外宾的活动，但尚未担负起与他们会谈的工作。[53]

毛泽东培养王洪文，1973—1974

毛泽东像中国的其他年迈的领导人一样，也很注重培养年轻干部作为接班人。林彪死后他的健康每况愈下，接班人的问题也变得日益紧迫。毛泽东熟谙千百年来中国统治者如何处理继位的问题，并利用了这些知识谋划自己的战略。他的做法是，先不把话说死，对自己的意图给出暗示或信号，静观其变，既维持着自己的决策权，又能随时改变主意。从1971年到1972年9月，他把3个有前途的省级年轻干部调到北京在党中央工作：先是华国锋，然后是王洪文和吴德。他在1972年底选中了王洪文作为最有前途的人。王洪文是个年轻力壮的造反派，对毛泽东和共产党忠心耿耿。毛泽东喜欢他是工人出身，又参过军，有大胆泼辣的领导作风。

毛泽东知道王洪文缺少领导政府的知识和背景，但他相信王洪文有可靠的左派立场和领导潜力，能够成为中共最高领袖的第一人选。事实上,毛泽东开始萌生出这样的想法:让王洪文担任党的领导人,同时物色人选接替周恩来的政府首脑一职。

毛让邓小平协助周恩来

林彪死后,毛泽东很少接见任何干部,包括邓小平在内。他与外界的沟通主要依靠 3 位女性,一个是随时陪伴于他左右的生活秘书张玉凤,还有所谓的"两位小姐":他的译员唐闻生("南希")和他的"外甥女"王海容(其实是毛的表兄的孙女)。"两位小姐"本来是外交部派去的人,在毛泽东接见外宾时做他的助手。毛在接见外宾之前和之后常跟她们交谈,两人也开始逐渐扮演起更重要的角色,成了毛泽东与外界沟通的联络员。不管她们个人有什么想法,她们在跟外界打交道时别无选择,只能完全效忠于毛泽东,而外界也逐渐把她们视为毛泽东"左倾"思想的代言人。例如毛泽东批判周恩来时,便是由"两位小姐"负责传达毛的意见。当毛泽东对周恩来有意见时,这种情况给她们和周的关系造成了严重问题,因为她们实际上成了毛泽东的传声筒,而且毛泽东也期望她们向自己汇报周恩来言行中所有可能的问题。毛在 1973 年患上了葛雷克氏症(又称"肌萎缩性脊髓侧索硬化症"),直起头来都困难,口齿也不清。1972 年 2 月他曾一度神志不清,但 9 天之后他仍会见了尼克松。他沉溺于中国的文史典籍,但对于他所关心的问题,例如重大人事安排、自己的声望以及各种关系的处理,他仍然像过去一样胸有成竹。在这些事上他仍然大权在握,也很会利用他的联络员。

毛泽东一向很看重自己的历史地位。1945 年他与蒋介石会谈期间曾公布先前在 1936 年写下的《沁园春·雪》一词,后来成为他最著名的诗篇之一。诗中写道:"江山如此多娇,引无数英雄竞折腰。惜秦皇汉武,略输文采;唐宗宋祖,稍逊风骚。"接下来他又说:"数风流人物,还看今朝。"在达到权力顶点时他参与各种领域的活动,但随着健康状况的下降和年岁增高，他开始更加关心自己的历史地位以及能够维护他的遗产的接班人。

尽管毛泽东犯下各种路线错误，但他的部下也承认，他不但是大战略家，而且有发现人才的眼力。被毛泽东看上的另一个政治领导人证明了自己能够娴熟处理包括外交事务在内的大量复杂问题，此人便是邓小平。半个世纪以前邓小平在法国时，就和他的上级周恩来有密切的工作关系。但是1930年代初邓小平在赣南苏区又与毛结下不解之缘，他在后来的岁月得到提拔，也因为他得到毛的赏识。周恩来在1973年处理着大量异常复杂的外交政策问题，使邓小平在这年春天成为周恩来的助手后获益匪浅。毛泽东在1960年代曾因邓小平疏远自己亲近刘少奇而对他感到失望，所以他有理由怀疑，假如对邓小平委以重任，邓会不会像"文革"前的几年那样，不再那么听他的话，而是跟着周恩来走？他会不会批判"文革"，撤掉毛泽东任命的关键人物，让毛的错误任由历史评说？[54] 整个1973年，毛泽东一直紧盯着邓小平的表现。

中共十大：1973年8月

1973年8月24日至28日召开了中共十大。虽然毛泽东出席主持了大会，却是他自1949年以来第一次因病情加重没有亲自讲话的党的代表大会。毛在大会闭幕时无法起身，要等到代表们离开大会堂之后他才离去，以免让人看出他的行动已是多么不便。他仍保留着决定大方向和重要人事任免的权力，但是由于他的病情，代表们不可能不想到接班问题。按照惯例在大会之后立刻召开的宣布人事任免的一中全会，也因健康不济，毛泽东宣布缺席。从此后，毛不再参加任何中央全会。

时年38岁的王洪文在中共十大上平步青云，向国内外的政治领袖们表明了毛泽东已选定他作为接替自己的中共首脑的主要候选人。⁵⁵ 王洪文的重要地位在两个月前他被任命为选举筹备委员会主任时业已凸显，因为新的中央委员都要由这个机构提名。他还被委派准备新党章，在大会上作有关新党章的报告，这曾是邓小平在1956年中共八大上负责的工作，当时他也是准备接毛泽东党的领袖的班的最有前途的候选人。⁵⁶ 在十届一中全会上，王洪文又被任命为党的副主席，排名仅在毛、周之后。其他领导人以及外国的外交官和媒体也开始把他视为毛泽东最可能的接班人。⁵⁷

邓小平在中共十大上的角色无法与王洪文相比。他重新当选中央委员，但并没有扮演领导角色。十大的目的是为了在林彪死后组成新的领导班子和清除林彪余党，因此与正常的党代会相比开得十分匆忙。大会不像1956年的八大那样对所讨论的问题做了全面总结，甚至也不如林彪扮演主角的九大。与为期24天的九大相比，十大的会期只有5天，王洪文和周恩来在会上作了两个重要报告，时间加在一起也不到1小时，大大短于中共党代会上通常的报告。⁵⁸ 这次大会推出了新的领导成员，象征着林彪时代的结束，但并没有提出新的纲领。大会集中在3个议题上：批判林彪、林彪倒台后的清查运动和1973年的经济计划。⁵⁹ 周恩来的政治报告中有将近一半内容是批林的，经济计划没有谈到具体内容，因为当时的经济仍处于一片混乱，领导层也无暇为当时的五年计划中还剩下的两年——1974年和1975年——做出具体部署。

十大最重要的变化也许是很多老干部重新回到中央委员会，在邓小平于1973年底掌握了更大权力时，他们将为其提供重要的支持。他们取代了很多在林彪主导的九大上提拔进来的军队干部。在新的中央委员会191名委员中，有40人是"文革"期间受过批判又重新工作的老干部。⁶⁰ 经毛泽东同意回来工作的人中有副总理谭震林，他在淮海战役期间是邓小平领导下的总前委的指挥员之一，曾在1967年2月毅然站出来批评"文革"；这些人中还有王震和邓小平。邓小平过去仅被允许陪同会见外宾，但从7月中旬他开始参

与会谈。⁶¹

毛泽东决定提拔王洪文这个既年轻又无经验的造反派头头，老干部们很生气。8月21日十大前夕的最后一次政治局会议上，老干部们斗胆提出了反对任命王洪文的意见。许世友将军表达了不太敢说话的老干部们的心声，他说，有周恩来一个副主席就够了。受到压力后他又改口说，可以再加上康生和叶帅。⁶² 不过毛泽东最后还是坚持己见，任命了王洪文。"文革"期间曾在选择要批斗的老干部方面起过阴险作用的康生也得到了任命。不过，另外两个副主席，周恩来和叶剑英元帅，则是既富有经验又立场温和的领导人。

虽然让周恩来在大会上作政治报告，起草报告的却是江青的两个支持者张春桥和姚文元，九大的重要文件也是由他们起草的。因此，大会文件虽然批判林彪，但基本肯定了林彪掌权时的九大所取得的"左倾"成果。事实上，十大之后的政治局成员仍然受到激进派的控制。十大后的21名新政治局委员中有4个激进派——王洪文、张春桥、江青和姚文元；他们虽然不是一个一起工作的小团体，但有着相似的观点，后来变成了臭名昭著的"四人帮"。政治局的另一些成员，包括吴德、陈锡联和纪登奎，虽然算不上激进，却倾向于左派。毛泽东想用"群众代表"——农民和工人代表——平衡那些回到中央委员会的老干部，尽管他承认"他们的思想水平低一些"，但可以依靠群众代表去支持主张继续革命的激进派。

邓小平有了新的职务，但并没有为他指派具体工作。不过敏锐的政治观察家看得清楚，毛泽东已开始考虑让邓小平和王洪文一起工作。他派他们一起出去视察，使他们能够更好地相互了解。⁶³

批判周恩来：1973年11—12月

基辛格在1973年2月第一次见到毛泽东时发现，毛对美国以损害中国的利益为代价同苏联合作很不高兴。同年11月基辛格再次来到北京时,毛泽东不但对美苏合作有意见,而且不满于周恩来跟美国打交道时太软弱。他在夏天时严厉批评美国"踩在中国的肩膀上",想利用中国跟苏联达成协定。1973年6月勃列日涅夫访美并在加州圣克莱门特市与尼克松会面,双方共同出席签署《防止核战争协定》的仪式之后,毛泽东的怀疑变得更加严重。中方在勃列日涅夫访美后立刻向白宫发出正式照会,指责美国帮着苏联表演和平姿态,等于是帮着苏联掩盖它的扩张主义。[64]毛泽东怀疑,美苏两国达成的协定将使苏联腾出手来把武器瞄准中国,而美国对此不会做任何反应。

毛泽东指责周恩来和外交部太迁就美国,使美国得以利用中国去改善与苏联的关系。他对美国在减少与台湾的交往、跟中国恢复邦交上无所作为也很生气。尼克松曾经许下诺言要在1976年实现美中关系正常化,但是不管做何解释(对水门事件的调查削弱了尼克松的实力,使他无法让国会批准中美关系正常化),美国现在都是在利用中国去改善与苏联的关系。

基辛格于1973年11月到北京时,美国刚任命了安克志(Leonard Unger)为新一届驻台大使,并同意向台湾提供新的军事技术。这令毛泽东十分恼火。

11月,基辛格和周恩来会谈了一天之后,周恩来和唐闻生一起去向毛泽东汇报情况。周把基辛格的建议告诉了毛泽东:如果中国表现出比中日建交模式更大的灵活性,允许华盛顿跟台湾保持(比中日模式中)更近的关系,华盛顿也许就能得到国会的同意,进一步推动中美关系正常化。

基辛格告诉周恩来:"中国核武力的增长是苏联无法接受的。"[65]他还建议设一条热线,以便美中两国在苏联可能采取行动时能够迅速交换情报。("弥补你们军队的弱点,延长预警时间。")周恩来对基辛格说,如果能就分享情报达成协议,"这对中国有很大帮助"。在基辛格访华最后一天(11月14日)的上午,他们交换了有关分享情报的文件草稿。[66]

毛泽东听完基辛格和周恩来会谈的汇报后，认为这种建议与苏联在 1950 年代末要为中国提供联合舰队的建议如出一辙。正是苏联这种建议使毛泽东与苏联绝交，因为他担心向苏联出让权力有损中国的主权。现在在毛泽东看来，这种建议将损害中国的独立地位。

江青很会揣摩毛的心情，而且一直在伺机整周恩来。这时她觉得时机已到，便发动了对周的批判，说他喜欢对美国人低头哈腰。她把周称为"投降派"。[67] 毛泽东想让中国外交的腰杆儿更硬，因此也乐意狠批一下周恩来。

基辛格访华后不久，从 1973 年 11 月 25 日到 12 月 5 日，毛泽东组织政治局在人民大会堂召开了一系列批周的会议。林彪死后，毛泽东对日常工作的细节已不感兴趣，但他对批周一事却做了具体部署，包括选哪些人参加，让他们大体说些什么，为会议定调子等等。在他看来，周恩来差不多已经成了"右倾"投降主义者。政治局全体成员都被要求对周进行公开批判。周恩来写了一份详细的检讨，但毛泽东认为不够，要求他再写一份更深入的检查。在 1973 年 11 月这些会议之后，基辛格本来可以再次会见周恩来，但是周恩来表示得很清楚，自己已不被允许与他举行谈判。会见再也没有进行。

毛让邓小平接手工作：1973 年 12 月

基辛格 11 月访华后，毛泽东为了与美国打交道，转而依靠邓小平这个在对抗苏联时十分坚定的人。毛泽东有理由希望邓小平和自己站在一起。邓小平在 1940 年代的整风运动中就站在毛泽东的一边。自从 1931 年邓小平被批为"毛派头子"后，他就一直紧跟毛泽东，并在 1950 年代得到了毛的重用。在批周会议的几天以后，根据毛泽东的意见和中共中央政治局会议的决定，邓小平成为政治局正式委员和军委委员。周恩来为动手术在1974年6月1日住院后,邓小平开始主持接待外宾。[68]

加强军队建设:1971—1974

林彪坠机身亡后,毛泽东需要确保军队领导班子的团结和忠诚。他在林彪坠机之前已经预先采取措施加强了军队对他的支持以防范林彪。例如,1971年8月他亲自视察了华中和华南地区的部队,公开谈到他和林彪的分歧。他还撤换了一些军队领导人,削弱了林彪的势力。[69]坠机事件后,政治局中的4名军队干部,黄永胜、吴法宪、李作鹏和邱会作,被要求在10日内表态与林彪划清界限。其实这些人在几天之内便被抓了起来,直到1980年代末才得到释放。

毛泽东撤掉彭德怀后,在1959年依靠林彪团结部队;同样,林彪死后,他也需要有人来加强中央对军队的领导。毛泽东先是依靠在军队中德高望重、从不树敌的叶剑英元帅,他比林彪大10岁,没有权力野心。但是在1973年底,毛泽东开始依靠手腕更强硬的邓小平去处理美中关系时,他也转而利用邓小平帮助他加强对军队的控制。

据说,在中共十大后不久,毛泽东为了考验王洪文和邓小平,曾经问过他们,自己死后会发生什么情况。王洪文说,主席的革命路线将会继续。邓小平深知各大军区司令员的权力,他说,可能"天下大乱,军阀混战"。毛泽东认为邓小平的回答更好,同年年底各大军区司令员就进行了大规模的对调。[70]

毛泽东在中共十大后不久获悉,刚当上党的副主席的军队领导人李德生在林彪还在世时给他写过效忠信。这件事让毛泽东大为震惊,他担心其他大军区司令员也可能与林彪的关系过于密切,于是决定对他们进行调换;为了减少他们调换职位后网罗亲信的风险,他们在调动时不能带走自己的人马。

当毛泽东又发现其他军队领导人写给林彪的一些效忠信后，对曾为林彪工作的北京的领导班子愈发怀疑，于是决定把跟林彪没有密切关系的军区领导人调到北京。林彪大权在握时邓小平一直在江西，所以毛泽东知道邓小平不可能和林彪关系密切。他还知道，军队的两个关键领导人——已被调往沈阳军区的李德生和担任北京军区司令员这一最敏感职务的陈锡联——都在邓小平的第二野战军任过职，所以他相信邓小平能够管住他们。

军区司令员大换班后不久，毛泽东宣布他请来了一个军师——邓小平。他要让邓小平担任政治局委员和中央军委委员。用他本人的说法："我想在政治局添一个秘书长，你不要这个头衔，那就当总参谋长吧。"邓小平一向重实权不重虚名，他客气地谢绝了那些头衔。毛泽东心里清楚，任命邓小平可以让军队上层松一口气，这不仅是因为邓小平在军队中的资历，还因为他们确信邓小平不会进行打击报复。虽然邓小平为了向毛主席表忠心，严厉批评受林彪影响的几大军区司令员，但这些人都是经验丰富的老干部，很清楚邓小平这样做出于无奈。任命邓小平后，并没有明确叶帅和邓小平两人谁排名在前。但两人相互尊重，在与军区司令员开展工作时进行了卓有成效的合作。

在清除林彪对军队影响的同时，毛泽东还在社会上开展了一场批判林彪余党的政治运动。有人发现林彪在读过的书的页边上写有尊孔的话，于是这场批判林彪和另一个被指责有中庸倾向的人——周恩来——的运动，便被称为"批林批孔"运动。运动以1974年的元旦社论作为起点，一直持续了半年。它最初的目标是军队中与林彪关系密切的李德生等人，但是到了1月底，江青开始利用这场运动批判周恩来。除了批林批孔以外，他们还把矛头对准"周公"。周恩来虽然受到伤害，但他度过了风暴。他继续担任总理，甚至主持批判自己的会议，尽管不再让他主持敏感的中美谈判。

当这场运动在1974年8月临近尾声时，毛泽东又变成了胸怀大度的人。他指责"两位小姐"在批周时就像小兵冒充大帅,还批评江青在"批林批孔"运动中做得太过火。他甚至对江青说,不要再整人了,她不代表他的观点。毛还说,她宣称周的问题十分严重、应当叫作党内第十一次路线斗争,这一点是错误的;她说周恩来迫不及待想篡权,这一点也是错误的。[71]

在1974年7月17日的政治局会议上,毛泽东警告江青、王洪文、张春桥和姚文元不要搞"四人帮"。这是他第一次用这个词来称呼政治局常委中的4个激进派。这4个人并不是一个有严密组织和周密计划的帮派,但他们确实扮演着批周的核心角色。

受到批判的周恩来癌症病情加重。为了做手术他于1974年6月1日住进305医院,之后大多数时间都住在医院一个舒适的套房里,直到1976年1月去世。周恩来从1974年初已经开始和邓小平密切合作处理外交问题。当时周恩来已住进医院,但名义上仍保留着职务,在他的亲自指导下,邓小平成了事实上的代总理。[72] 邓能回来工作是得益于毛泽东而不是周恩来,但是在1974年和1975年,他和周恩来再次紧密合作,就像之前在法国、在上海的地下工作,以及在"文革"之前的北京那样。

邓小平知道毛泽东也要求他与江青共事,他努力做到这一点。但是随着周恩来的身体日渐虚弱,江青开始担心毛泽东想把更多的工作交给邓小平,于是把批判的矛头转向了他。江青的感觉没错,邓小平在党内的地位正在上升。毛泽东日益信任邓小平的最突出的标志,是他选定了邓小平作为第一位在联合国大会上发表重要讲话的中国领导人。

邓小平在联大的历史性发言

毛泽东在1974年春天派邓小平出席联合国大会第六次特别会议,使邓小平在国际上名声大振。中国大陆在1971年就取代台湾取得了中国的席位，但是还没有一位中国领导人在联大会议上发过言。

联大会议的一个多月以前，北京以为中国代表在联大的第一次发言是以经济问题为主，于是安排对外贸易部而不是外交部为中国领导人准备发言稿，由主管外贸政策的李强出席大会。但会前不久才发现联大会议将集中关注中国的对外关系，于是准备发言稿的工作又从外贸部转给了外交部。

毛泽东决定派邓小平去纽约，是因为他考虑到周恩来太软弱，不是一个能让他放心的代表。王洪文则不够老练，可能会碰到难题。毛泽东一定要让一个老资格的领导人站在联合国的讲台上。

为落实这项计划，毛泽东充当了幕后操控人，他让王海容和唐闻生给外交部传话，要让邓小平担任赴联大代表团团长。外交部很快就答应下来。江青不知道毛泽东已在背后决定让邓小平去联合国，强烈反对这个人选。她很清楚，邓小平的联大之行将加强他在国内外的影响，早因其强硬而被称作"钢铁公司"的邓小平很可能对她的活动加以限制。1974年3月27日，与江青分居的毛泽东写信警告江青，不要再对邓小平的出访有意见，因为这是他本人的选择。除了江青以外，政治局一致赞成由邓小平担任中国代表团团长。[73]

毛泽东派邓小平去联合国的决定是在最后一刻才做出的。外交部长乔冠华只有一周的时间准备发言稿，幸亏他对毛的想法了解得很透彻，写完讲稿后就把它送给了毛泽东，毛批示说："好。赞同。"[74] 乔冠华的这篇由邓小平在联大上宣读的发言稿，基本上反映着毛的新世界观，他认为国家关系的远近不是以共产主义革命而是经济的发展程度作为标准的：他称之为第一世界、第二世界和第三世界。从这个大背景出发，毛泽东通过乔冠华和邓小平表明，尽管他希望美国和中国一起对抗苏联，但最近的不利事态——尤其是勃列日涅夫的访美——让他相信美苏正在相互勾结。毛泽东现在希望联合第二世界的发达国家和第三世界的发展中国家共同对抗两个超级大国。

乔冠华外长是个老谋深算、很有见识的外交官，他的家庭相当富裕,能够供他在德国的大学读哲学。他担任了名义上的代表团团长,但不管是国内还是国外,明白人都知道掌握实权的是邓小平。中国的领导层把这次联大之行视为一次重大突破,是在世界各国聚会的场合崭露头角的一次机会。尽管病魔缠身,周恩来还是和大约两千人一起到机场欢送代表团,后来又在4月6日和一大群人去机场欢迎代表团的归来。[75]

邓小平在联大的发言博得了非同寻常的、经久不息的掌声。中国以其幅员和潜在实力,被视为代表着发展中国家的力量。发展中国家特别高兴地听到邓小平说,中国绝不称霸,如果中国也欺负和剥削他国,世界人民尤其是发展中国家就应当给它戴上一顶"社会帝国主义"的帽子,同中国人民一起打倒它。

在联合国期间,邓小平还与来自各国的领导人举行了双边会谈。他在回答问题和讲话时都十分谨慎,因为他目睹过毛泽东对周恩来的严厉批评,况且他的访问只有一周的准备时间。他把难题推给外交部长乔冠华去回答。邓小平本人受到了一些外国领导人和媒体的友好对待。[76] 由于在他的发言中关于第三世界的基本思想全是来自毛泽东,也由于美国人并不喜欢有人把自己跟苏联联系在一起,所以这篇发言并没有收进他后来出版的"文选"。[77]

邓小平发言两三天以后,在纽约和基辛格第一次会晤。他们初次见面时,基辛格对邓小平直来直去的风格有点儿摸不着头脑。邓小平虽然很客气,却带着毛泽东的强硬指示。他知道周恩来因为向美国示弱而挨了批,他要确保自己不会受到同样的指责。邓小平转达了毛泽东对美国的不快,毛认为美国想踩在中国的肩膀上与苏联达成导弹控制协定,以缓和美苏关系。他还重复了毛的观点,说苏联的战略是"声东击西",意思是美国应当重点防范苏联。邓小平对基辛格说,苏联现在虽然反华,但它的真正目标是西方。[78] 邓小平表示,他担心美国不再把苏俄视为主要对手,并可能鼓励中国与苏联开战以起到削弱两个社会主义对手之效。[79] 基辛格后来比较过邓小平的直率作风和周恩来巧妙优雅的风度。他说,邓小平不太熟悉会谈中提出的一些全球问题,他不时引用毛泽东的话,把一些问题交给乔冠华去回答,但是基辛格说,邓小平似乎是处在"训练期"。[80] 他在1974年谨小慎微的风格与1978年夏天之后会见外宾时所表现出的自信形成了鲜明对比,那时他在会见外国领导人时已很有经验,而且毛泽东已不在人世,无法再听人向他汇报邓小平的言论。

基辛格还说,毛泽东和周恩来希望改善中美关系主要是基于安全考虑,邓小平与他们不同,他更重视国内的发展,并且已经在考虑改善中美关系能给中国的现代化带来哪些好处。基辛格后来对邓小平代表中国的能力给予了很高评价。[81]

中国联大代表团的任何成员都只字不提周恩来。基辛格几次善意地向邓小平提到周,都没有得到回答。邓小平说,孔子是个保守派,为了使人们解放思想,必须消除孔子的影响。基辛格问,这是否实际上在暗指今天的某个人。邓小平回答说,批判保守思想,当然要涉及代表这种思想的某些个人。[82] 话虽然说得隐晦,意思却很清楚。[83]

星期天,邓小平在纽约的行程有一些空闲时间,手下人问他想做点儿什么,邓小平干脆地说:"去华尔街看看。"在邓小平看来,华尔街不但是美国资本主义的象征,而且是美国经济实力的象征。他具有一种寻找实力的真正来源并理解这种来源的本能。华尔街在星期天都关门歇业,邓小平还是让下属把他带到了那里,这样他至少可以对此地有一个印象。[84] 邓小平只领到了十来块美元供旅途之用,他的秘书王瑞林在沃尔沃思连锁店替他为孙子买了几个39美分的玩具。唐明照(唐闻生的父亲,曾是纽约一家左派中文报纸的主编)用自己的钱为邓小平买了一个既会哭又会吃奶撒尿的玩具娃娃。他把这个玩具带回家后,它一时成了家人的最爱。[85]

邓小平取道巴黎回国时,在那里的中国大使馆住了几天。这是他从1926年离开后第一次访问法国。他在那里喝咖啡，吃牛角面包，就像半个世纪前一样。出于安全的原因，没有让他到市区转一转。他的随行人员想找到他以前住过的地方，但一无所获。回国之前，邓小平买了两百个牛角面包和一些奶酪，回国后分送给周恩来、邓颖超、李富春和聂荣臻等人，他们都是1920年代他在法国时的革命战友。

毛泽东认为邓小平的联大之行非常成功，便继续让他在接待外宾上唱主角。毛在会见外宾时也让王洪文陪同，但他并没有积极参与会谈。事实上，王洪文在1973年以前从来没有会见过外国人。[86]

6月1日，即邓小平在纽约联合国大会发言几周后，周恩来再次住院动手术，此后他便不再会见外宾。这段时间邓小平在人民大会堂某个省的大厅里会见大多数外宾，并安排他们在漂亮的钓鱼台国宾馆下榻。像周恩来一样，他招待外宾的方式让基辛格半开玩笑地说："我来自一个在待客方面欠发达的国家。"

邓小平在1974年秋天会见了各大洲很多不同国家的官员，包括日本、巴基斯坦、伊朗、也门、刚果、罗马尼亚、南斯拉夫、越南、朝鲜、土耳其、德国、法国、加拿大和美国。他会见了政治领导人、工商界领袖、记者、科学家和运动员。他的谈话中不断重复某些主题。他尤其关心日本领导人如何领导经济发展，日本如何使它的科学技术实现现代化。

他同一些外国领导人就国际事务——特别是在苏美争霸的背景下——进行广泛的讨论。他强烈赞成欧洲各国之间以及欧洲同美国加强合作的努力，视之为一股抗衡苏联的力量。他对军备控制协定对苏联军力增长的控制能力表示怀疑。他支持土耳其解决跟希腊的争端，以免苏美两个大国从中取渔翁之利。他解释说，中国当年跟苏联的关系出现了问题，是因为赫鲁晓夫要加强对中国的控制。他还向美国的工商界明确表示，两国外交关系正常化能够使经济交往迅速发展，而这又将取决于美国是否终止与台湾的邦交。

他会见的美国人中包括时任美国驻华联络处主任乔治·布什（George H.W. Bush）、参议员曼斯菲尔德（Mike Mansfield）和杰克逊（Henry Jackson）以及一个美国的大学校长代表团。[87] 他与志趣相投的曼斯菲尔德和杰克逊交换意见，讨论如何对抗苏联的扩张。他在接见大学校长时对他们说，还要继续促进和扩大学术交流。[88]

毛泽东要求安定团结

毛泽东是个大无畏的革命家，可以在短期内不顾现实。尽管如此，他也不能长期忽视严重的问题。他一度压制对"大跃进"的抵制，但是在1958年底和1960年，他也同意针对已造成的破坏做一些调整。1974年时"文革"已经造成了普遍的混乱，连他本人也认识到需要有所作为。经济其实止步不前，到1974年夏天时已经有报告说，"批林批孔"运动造成了更大的混乱。钢铁产量下降，铁路运输也在滑坡。毛泽东顾及自己的身后评价，并不想让人记住他是个让经济陷入灾难的人。

1974年8月，毛泽东把各大军区的司令员和政治部主任叫到他在武汉东湖梅岭的住所，这是他最喜欢去的地方之一。他对他们说："无产阶级文化大革命已经8年，现在以安定为好，全党全军要团结。"[89] 毛泽东虽然生性善变，但他在1974年底不断提出需要安定团结。他在这一年的年底跟周恩来见面时，同意把"安定团结"这个提法作为次年1月8日至10日召开的二中全会的口号。

执行者和看门人的冲突

到1974年后期时已经很清楚，毛泽东要让邓小平在恢复安定团结上扮演主角。[90] 他在1974年10月4日宣布要让邓小平担任国务院第一副总理，这项任命表明他对邓小平的表现很满意，也是给党内领导人的第一个明确信号：他有意让邓小平接替周恩来的总理一职。

毛泽东决定结束"文革"乱局，让邓小平恢复安定团结，这使江青及其激进派同伙坐立不安，却让务实的老干部感到高兴。毛泽东让负责党内日常工作的王洪文宣布这项任命，王却拖延时间，首先把消息透露给了江青，以便她有机会做出反应。另一些高层政治领导人知道，江青和王洪文想让张春桥接总理的班。江青试图劝说毛泽东改变任命邓小平的主意，但未能得逞。两天之后，不应该拖延如此之久的王洪文别无选择，只能按毛的指示办，宣布了对邓小平的任命。[91]

毛泽东虽然让江青和他分居，但是直到去世之前，他一直认为江青忠实于他的继续革命的事业，也是唯一坚定不移和其他党内高干——包括邓小平这个他们中间最顽强的人——对着干的人。但是，毛泽东对江青可能在自己死后夺权的迹象也很生气。早在1972年，他对江青花一周时间跟打算写一本江青传记的美国学者洛克珊·维特克（Roxane Witke）谈话（就像当年毛泽东与埃德加·斯诺谈话希望宣传他本人的崛起一样）就十分不快。[92]

提拔邓小平一事使两人的关系进一步恶化。江青后来在1976年批邓时说，邓小平1973年春天刚回京时，她和毛泽东之间的问题并不像后来那样严重。这也许要归因于毛泽东，他在1974年夏天要恢复安定团结，因此让江青少闹事，他还告诫王洪文，不要老是看江青的眼色行事。

江青挖空心思想挑起毛对邓的疑心。在宣布邓小平出任第一副总理两周后，她恰好看到报纸上有一篇赞扬中国制造的轮船"风庆轮"的文章。邓小平这时想扩大外贸，因此支持交通部关于中国尚无能力建造大型货轮、若想在短期内增加外贸就只能购买外轮的结论。江青读到报上那篇文章后说，中国已经造出了万吨巨轮"风庆轮"，周恩来和邓小平却要浪费国家的钱去买外国船。她又说，邓小平一直想买外国船，这说明他和交通部的干部有买办心理，崇洋媚外。她说，自己造的船同样很好，"我们不是也造出了'风庆轮'这样的万吨巨轮吗？"

第二次炮轰发生在 10 月 17 日的政治局会议上，江青再次指责邓小平支持购买外轮，说他是在搞洋奴哲学。她宣称中国自己也能造大船。邓小平通常能够保持冷静，但江青的不断指责让他失去了耐性。当时他对江青试图提拔立场摇摆的杨成武担任总参谋长也很生气。他心想，50 年前他出国时，乘坐的是一艘西方制造的 5 万吨轮船，这样的大船在当时就已经不稀奇。总之，中国在船运方面已经大大落后，而江青对外面的事一无所知。邓小平发火后，在李先念劝说下满脸通红地愤然离去。[93] 他后来对周恩来说，江青在政治局会议上批了他七八次，让他忍无可忍。[94]

10 月 17 日邓小平在政治局会议上发脾气后的第二天，王洪文代表政治局飞到长沙。他奉江青之命前去告状，让毛泽东怀疑邓小平的能力不足以担当大任。可是见面的结果只是使毛泽东更加怀疑王洪文能否胜任自己的工作。[95] 两天后的 10 月 20 日，毛泽东在长沙会见丹麦首相哈特林（Poul Hartling）时，邓小平也被叫去参加了会见。

当时王海容和唐闻生已经向毛泽东汇报了江青和邓小平在北京吵架的事。毛对江青很生气，他叫她不要在政治上攻击别人，她却跟人斗个没完。[96] 他在 11 月批评江青，说她到处插手，批评政府文件（例如关于购买外国轮船的决定），以及不经商讨就发文件，还想违背大多数人的意见自己组阁。毛泽东借用《西厢记》中的人物对江青说，要做厚道的崔老夫人，不要做搞小动作的红娘。不过，毛泽东并没有抛弃江青。但是至少在那时，由于毛泽东正在为即将到来的第四届全国人民代表大会做准备，他压住了江青，他要让邓小平担任更重要的角色。

第3章
整顿，1974—1975

　　1974年12月，周恩来离开病床飞往长沙去见毛泽东，两人要商定北京关键领导岗位的人选，他们都知道自己已经来日无多，因此这项工作十分紧迫。周恩来在6月1日刚动过癌症大手术，身体十分虚弱，无法每天正常工作，他飞往长沙时乘坐的飞机就像个小型医院，并有医生陪同。[1] 毛泽东则患有心脏病和葛雷克氏症，他的视力也严重衰退，说话含混不清。不过，两位领导人虽然重病缠身，但头脑都还清楚。他们两人虽有分歧，但也有一项共同的任务，就是为党和国家选定继承他们毕生事业的领导人。

　　当时负责党内日常工作的是年仅39岁的王洪文，他也来到长沙参加他们的讨论。虽然没有正式的规定，但如果他们选定的人表现不错，就可以在毛周之后继续主政。他们所决定的党内职务的人选，将由定于1975年1月8日至10日召开的二中全会正式批准，政府职务的人选则要由随后召开的全国人民代表大会批准。周恩来的身体状况不允许他每天开会时间过长，因此3个人的会议持续了5天，以便留出充足的休息时间。他们从12月23日到27日每天都开会，只有26日除外，这一天是毛泽东81岁生日，毛和周单独会面。

　　为了给长沙的会面做准备，周恩来花了几周时间征求政府其他领导人的意见，筛选出一个他们认为最适合担任高层职位的人员名单。他和手下人员对建议的人选名单三易其稿,同时拟定了全国人民代表大会的日程。在周恩来去长沙几天以前定稿已送交毛泽东,作为他们商讨的基础。

毛泽东尽管年老体弱,仍然握有左右国家命运的大权,他在1974年12月摆在头一位的工作是安定团结。与周恩来见面时,他表示仍要致力于继续革命,但事实上已批准了周恩来及其在北京的部下提出的他们认为最有能力领导政府和管理经济的人选。毛泽东支持能够提供更稳定的政治环境、使经济得到有序发展的高层干部,这使周恩来大受鼓舞,他回到北京时已是精疲力竭,但也很宽慰。

毛周的接班计划,1974年12月

毛周二人在见面之前已经内定王洪文继续担任党的第一副主席,他们也同意把领导政府的主要工作正式交给邓小平。6月1日周恩来动手术,邓小平接手周恩来的工作干得不错,因此毛泽东宣布支持让邓小平在10月份担任第一副总理,他将在全国人大得到正式任命。除了领导政府的主要工作外,邓小平还将被提拔担任党和军队的要职。

王洪文和邓小平将正式接过党和政府最高领导人的工作,但事实上仍是给毛泽东和周恩来打下手,他们在去世之前会一直保留主席和总理的头衔,王洪文和邓小平要继续接受这两位老资格领导人的指示,毛泽东保留着他的权力,只要对他们的表现不满意,他随时能撤换他们。

因此,1975年1月5日的中央1号文件仍把毛泽东列为党的主席和军委主席,任命邓小平担任军委副主席和总参谋长。在1月8日至10日的中共十届二中全会上,王洪文被确认为党的副主席(排名在毛泽东和周恩来之后),邓小平被任命为党的副主席和政治局常委。在1975年1月13日至17日的全国人民代表大会上,邓小平又正式担任了第一副总理。

在毛泽东看来，王洪文和邓小平是个很有前途的组合。王洪文原是造反派头头，对毛泽东感恩戴德，又没有自己独立的权力基础，因此可以认为他将领导中共继续沿着毛泽东的革命道路走下去，忠实于毛本人的路线。邓小平有丰富的知识和经验，又有可靠的领导能力，能够领导外交事务和复杂的政府工作。

凡是了解王洪文和邓小平的人都知道，王洪文没有多少担任要职的经验，他的权力事实上要比邓小平小得多。邓小平当过十年党的总书记，一直负责党和政府的日常工作，在运用权力上从不含糊。但是，把王洪文放在更高的位置，把宣传工作交给以江青为首的激进派，那么无论邓小平可能有何种偏离毛泽东路线的倾向（例如像他在1960年代初的表现那样）都会受到控制。毛泽东虽然批评江青好走极端，有野心，但他知道江青在支持他的宣传路线上十分坚定，完全可以放心。[2]此外，江青手下的激进派在姚文元的帮助下掌管着党报《人民日报》和理论刊物《红旗》杂志，另一个激进派张春桥掌握着中国人民解放军总政治部。[3]

周恩来的谢幕，1975年1月

全国人民代表大会于1975年1月13日召开，这是自1965年1月以来第一次召开全国人民代表大会，当时毛泽东仍在长沙。已是癌症晚期、面黄肌瘦的周恩来，在他最后一次重要的公开露面中，宣读了政府工作报告。邓小平在幕后主持起草了周恩来的报告。为了不使周恩来过度疲劳，他叮嘱起草人讲稿不要超过5000字，篇幅远小于正常的政治报告。邓小平深知毛泽东依然大权在握，因此报告中有很多毛的"文革"语言。周恩来在讲话中赞扬了"文革"及其模范典型大寨和大庆。当他念到"我们的首要任务是深入、广泛、持久地开展'批林批孔'运动"时，想必会让代表们感到特别心酸，

因为周恩来本人正是那场运动的主要批判目标之一。⁴

周恩来作报告时,很多人大代表都为他痛苦的表情落下了眼泪;念完报告后,他们全体起立,向他热烈鼓掌达数分钟之久。这种情感上的反应,是他们向这位临终前的领导人表达的敬意,他把自己的一生奉献给了党和国家,工作出类拔萃;他在"文革"中还保护了他们中间很多人。瞻望未来,很多人盼望"文革"浩劫早日结束,国家能够最终致力于周恩来在 11 年前首次宣布、在这次报告中又重新提出的任务——在本世纪末实现四个现代化。⁵

1975 年 2 月 1 日,在国务院各部委领导人的小型会议上,周恩来说,他以后不会再参加他们的会议了:"主席指定副总理第一名是小平同志,主席称赞小平同志有能力,他政治思想强,人才难得……这样的会,我不可能常来参加,将来这样的会,请小平同志主持。"其实,将近一年以前,从 1974 年 5 月邓小平赴美参加联大会议时起,他就主持接待外宾,替周恩来做一些其他的工作。但是直到 1975 年 2 月,权力才被稳固地移交给邓小平,使他能够全面负起责任。邓小平很敬重周恩来,常去医院看望他。他以恰当的谦虚态度解释说,由于总理有病,他才协助总理工作。⁶但事实上他已经成了负责人。

整顿党的领导班子

邓小平在 1975 年面对的难题是既要得到毛的支持,又要拨乱反正,使中国走上发展的正轨。因此,他不断为马列主义和毛泽东思想唱赞歌,避免批评"文革"。1975 年初,他颇具创意地把毛的几句话联系在一起,来为自己的工作提供依据。在 1975 年 5 月 29 日的一次讲话中,他第一次提出了毛泽东本人从未放在一起的"三项指示":一、反修防修;二、安定团结;三、把国民经济搞上去。⁷第一条"反修防修"的说法是再次向毛泽东公开保证他绝不会走资本主义道路，他在"文革"中就是为此而受到批判的。然而，这也是使苦药更容易下咽的糖衣。他接着便强调毛泽东支持安定团结和发展国民经济，这使毛泽东也难以反对他采取那些颇为激烈的措施，他要通过这些措施使倦怠于"文革"极端做法的中国恢复安定，重新焕发活力。

勇士邓小平以毛泽东的"三项指示"作掩护，大刀阔斧地拨乱反正，着手带领国家步入现代化的轨道。但他面对的问题是巨大的。就像其他国家内战之后的领导人一样，他必须把"文革"的加害者和受害者团结在一起。同时，中国经济停滞不前，计划一团混乱，统计报告皆不可靠。农业生产不足以养活人口，更不用说种植棉麻等工业作物。运输系统陷入崩溃，一地物资无法运往另一地的工厂。军队因为无休止的政治斗争和承担管理全国地方工作单位的无限责任而超负荷运行，荒废了训练，军事技术远远落后于潜在的敌人；简而言之，中国对军事冲突毫无准备。另外因为知识分子在"文革"中受到残酷打击，整整十年基本上没有培养任何技术专家。因此，邓小平在领导四化工作时，缺少训练有素的必要人才。

自1941年以来，毛泽东就用"整风"运动来实现党的团结。在漫长的调查期间，要求受害者为自己的忠实做出详细的辩护，使同事相信自己的清白。在1940年代和1950年代初，通过"整风"形成的纪律对中共在内战中战胜国民党、统一全国起到了关键作用。但是从1957年开始的历次严酷的"整风"，也让很多过去忠诚的知识分子和党员疏远了党。

1975年，邓小平把他为加强团结而开展的工作称为"整顿"，这在过去一直是中共军队里的一种说法，周恩来在1972年也曾用过这个词来表示与邓小平相似的主张。军队的"整顿"是指一场战斗或战役过后，对各单位剩余的部队进行整编，以便为下一场战斗做好准备。整编的关键工作是为各单位确定新的领导班子，以取代受伤或死亡的人员。在整顿中要对以往战斗中的错误提出批评，但重点是恢复补给和重建领导班子，使之能够迎接下一场战斗。

在1975年进行整顿时，很难阻止下面的干部重施故伎，用他们在"整风"运动中学会的方式进行更恶劣的迫害，尤其当他们有机会向过去迫害过自己亲友的人算账时。邓小平要结束过去25年来政治运动中的冤冤相报，他不断表示，目的不是算旧账，而是要通过整顿为迎接新的挑战做好准备。

邓小平认为，组织一个有效率的国家政府的关键不是改变法律法规，而是为各级行政单位配备一个领导班子，交给他们实权。为了在熟悉基层情况的基础上提供有力的领导，各级干部为下一级选出可靠能干的领导人便至关重要。在邓小平看来，从组织的可靠性上说，一个领导班子要优于一名领导人，不管后者多么能干。一名领导人说不定会出事，但如果是一个小班子，一旦出了问题，其他人可以随时接过工作。理想的安排是，领导班子的成员不但能提供必要的全面领导，而且能掌握各自分管领域的专业知识，例如工业、文化和政法等等。大单位的领导班子可以有七八个成员，小单位也许只需要两三个人。对于领导应当如何开展工作，要给予他们足够的活动空间，只要他们能完成上级下达的目标即可。

1975年邓小平排在第一位的工作，就是为全国各级单位选出领导班子。他这项工作在1975年10月以前一直能够得到毛的全力支持，包括不再重用过去的革命造反派，让在"文革"初期挨过整的更有经验的干部取代他们。在1974年底和1975年，毛泽东支持为600多名老资格的领导干部平反。

邓小平着眼于长远，在1975年底也开始改善教育系统，以便将来有可能以知识和管理能力而不是人脉关系为标准选拔新干部。这在当时必然只能是一个遥远的梦想。邓小平在1975年接手的体制是一个烂摊子，很多能干的干部没有任何学习机会。他们经历各异，标准统一的考试派不上用场。要到十年以后，大专院校才能提供足够的毕业生，使学历能够作为选拔领导班子的标准，甚至应用于中层单位干部的选拔。事实上，政府在很多年里只能依靠个人评价去选拔干部。

此外，由于"文革"给社会造成的分裂，选拔领导班子必然是一个明争暗斗的过程。为了使体制变得更加精英化，邓小平只能先从最上层做起，让可靠的老干部去选拔领导班子，然后再层层选拔，直到最基层。邓小平的整顿首先从军队抓起。[8]

整顿军队

邓小平担任总参谋长后，便不失时机地采取了他认为对于整顿军队最为重要的一些措施：恢复纪律，裁减兵员，改善训练，为每个单位建立新的领导班子。1975年1月25日，他在毛泽东的全力支持下，召集总参谋部团级以上干部开了一个会。前政委邓小平直言不讳地列举了军队的问题。解放军在"文革"期间承担起地方的许多职能后，变得臃肿不堪，很多干部变得"肿、散、骄、奢、惰"。他说，最上层的纪律涣散导致了派系林立。部队干部在"文革"时期有权管理平民，这使他们变得傲慢自负，很多人利用这种权力住大房子，大吃大喝，耽于享乐，给朋友送高级礼品。上级干部作风懒散，对下面的问题不闻不问，执行命令拖泥带水，不愿意承担有危险的任务。[9]结果是尽管军队规模庞大，保卫国家的能力却十分低下。很多部队单位成了一个个小独立王国，就像抗战时期各占山头的游击队一样。[10]

有"钢铁公司"之称的邓小平清楚地表明了他将如何对付那些不服从命令继续搞派性的人。他说："今后军队干部的使用、提升，一条重要的原则，就是不能重用派性严重的人，不能重用坚持派性不肯改正的人。"他明确地说，这种警告也针对最高级别的人。他发下誓言："无论牵扯到多少人，都要做到底。……我们是人民军队，我们的任务是打仗。"[11]很多仍在搞派性的人过去参加过红卫兵和革命造反活动，但是邓小平没有指责他们以往参加过这些组织。重要的是他们现在做什么。无论过去打过什么派仗，只要愿意与新领导人一起工作，都会受到欢迎。

邓小平和叶帅很幸运，他们为恢复军队纪律和朴素作风所做出的努力得到了中央军委常委 11 名成员中大部分成员的坚定支持。中央军委的常委会 1975 年 2 月 5 日才正式恢复，承担着领导军队日常工作的职责。常委中的激进派在数量上完全被邓小平和叶帅的支持者所压倒。

在常委的支持和毛的批准下，两位领导人陆续使 25000 名前军队干部中的很多人重返工作岗位，邓小平说，他们是在林彪时代受到了诬陷。他指示说，要让受到诬陷的人回来工作，有病的要给看病。他说，清查工作要尽快进行，但不必公开。[12]

在接手新的工作之前，邓小平已经在明确思考军队现代化的问题。1975 年 1 月 14 日，即上任刚过一周，他就指示部下着手制定改进军事装备和军需物资的五年规划和十年规划。[13] 规划内容包括修理和改造旧装备，以及生产缺失的零部件，这些都是在"文革"中被严重忽视的工作；还要研发导弹和其他现代装备。[14]

像毛泽东一样，只要一提到美国撤出越南后苏联日益增长的威胁，邓小平就会动怒。他担心美国政府失去民意支持，不再愿意坚定地对抗苏联。他也担心 1974 年 8 月取代尼克松的福特总统缺少尼克松对战略问题的深刻理解，不能像尼克松那样随时准备对苏联的任何新威胁做出妥善的反应。因为美国如果不向苏联施压，苏联在亚洲就可以随意进行扩张，它已经在中苏边境部署了 100 万军队。

邓小平深知，美国是唯一能够全面抑制苏联的大国，因此每一次会见美国官员时他都会敦促他们对苏联采取更强硬的立场。毛泽东不必担心邓小平会像周恩来那样在跟美国打交道时示弱。1974 年 4 月和 11 月邓会见基辛格时，不但提醒基辛格注意苏联的侵略行动，还不断讽刺他在对付苏联的攻势时缩手缩脚。[15] 事实上，邓小平指示他的外交部官员，特别是中国驻联合国及安理会代表黄华，每次见到美国人都要批评他们对苏联的立场不够坚定。

在1975年，占用邓小平最多精力的军队问题是裁员。军队的臃肿造成预算紧张。现役军人超过600万，比1966年多了20%。[16] 中国需要对文化水平不高的军队高层干部进行裁减，培养了解现代技术的新一代领导人。裁军是一支现代、稳定的军队能够长期发展的最关键的第一步。但是邓小平也知道，如果战争迫在眉睫，那就不可能大幅裁军。毛泽东说过战争不可避免，邓小平并没有挑战这个观点，但是他确实说过，中国能在未来若干年里减少战争的危险。

军队的任何问题都不像裁军那样引起了强烈的抵制，一个领导人假如没有邓小平在部队里的地位和强硬作风，就会知道这项工作几乎不可能完成。每年都有大量复员军人回到地方后找不到工作。当时还没有新的市场机会，政府财力也有限。安置工作也一团糟，造成大批转业老兵抗议他们没有得到适当的安置。

邓小平裁军工作的要点是制订新的编制表，然后把需要裁减的名额分配到全军各个单位。早在1975年1月14日，邓小平就在总参的一次干部座谈会上宣布，要制订出规定各单位人数的新编制表。[17] 新的编制表完成后，空军和海军不会减少员额，但是陆军要裁员。此外，技术专业的岗位也不会减少。有些地方的军队人数要大幅减少，但是像新疆一类敏感地区，军队编制还要增加。[18] 新的编制表完成后，由各单位负责实施具体的裁军工作，确定哪些人要保留，哪些人要裁撤。[19] 就像他一向处理有争议的问题那样，邓小平不但下达指示，而且说明他的理由。他解释说，国家财力有限，能让钱用于现代武器系统的唯一办法就是减少人员开支。即便是那些担心自己被裁掉的人也很难反对邓小平的这个理由。

为了减少对裁军的抵制，邓小平加大了为复员和转业军人找工作的努力。尽量安排退休的部队高层干部在地方党政机关或国营企业工作。普通军人主要安排到农村担任公社干部，还有一些人转业去了工厂。[20] 政府干部被要求负责在当地为老兵安排工作。

邓小平利用1975年6月24日至7月15日召开的军委扩大会——这个大会因林彪事件而拖延了4年——为裁军计划寻求支持。一些军官为避免削减自己单位的人员而提出特殊要求，但计划并未发生多大改变。[21] 会议确定了3年内减少兵员160万的目标，其中包括大约60万名军官。[22]

新的编制表一完成，军队立刻开始选拔各级领导班子。邓小平为新领导班子的面貌定出基调，他说，新当选的干部要能够运用新技术改进常规装备和先进武器，能够通过科学分析提高指挥和管理水平。要增加训练和学习，以便提高干部素质，帮助他们制定适应未来条件的战略。需要有关心部队、能够改进军民关系的政治干部。[23] 中国的武器已经严重落伍，财力又十分有限，因此邓小平要求把钱花在刀刃上。军委扩大会刚一结束，来自400多家国防工业大厂的领导干部就在7月20日到8月4日召开会议，根据提高技术水平的新工作重点对他们的工作责任进行评估。[24]

军委扩大会召开几周后，宣布了中央军委的新成员。毛依然允许激进派控制宣传工作。"四人帮"中最老练的张春桥任解放军总政治部主任，但邓小平仍然担任总参谋长，叶剑英保留了对军委的领导权。大多数中央军委常委都是能与邓小平和叶剑英合作共事的有经验的军队干部：聂荣臻、粟裕、陈锡联和梁必业。

邓小平及其盟友有效地抑制着激进派。在军委扩大会上，级别最高的激进派王洪文和张春桥都没有公开发言。"四人帮"试图控制人事任命权，把他们以后可以用来打击对手的人事档案搞到手，但是没有得逞。张春桥仍担任总政治部主任，因此控制着宣传，但他完全不掌握人事任命权。邓小平和叶帅在军队中得到的支持要大大高于张春桥，他们决定工作日程，并且在下级的任命中起着主导作用。[25]

邓小平也恢复了部队的培训计划。1966年之前的101所军事院校,在"文革"中大多数都被关闭。有些院校破败不堪,无法重新开学。但是也有一些院校虽然不再教学,但教员仍住在校园里。还能教学的有经验的教员又被请了出来,让他们修订教材,重登讲台。

与学校相比,大多数高级军事技术研究所在"文革"中受到了保护(甚至一些民用研究所也被置于国防科工委的保护之下)。但是,由于既没有大学的支持和新毕业生的输入,又缺少民用研究机构提供的相关支持和与国外的技术交流,中国的军事技术已远远落后于潜在的敌人。研究机构需要重整旗鼓,叶帅在1975年劝说已退休的张爱萍重新出马帮助他工作,在组织军事科研方面,张爱萍是最有经验的高级军官之一。

有两个研究和开发机构闹派性十分严重,因此需要给予特别关注:一个是主要从事核武器开发的二机部,另一个是研究弹道导弹的七机部。在1974年,发射洲际弹道导弹的3次试验均以失败告终,这使得批评这两个部的领导很容易得到政治上的拥护,但是对激进派的支持并没有消失。[26] "四人帮"的追随者在其中一个部下面的一个工厂中仍很活跃,他们贴出了声讨张爱萍只抓生产的大字报。

5月19日,邓小平在访法回国后的次日参加了负责军工技术的领导干部聂荣臻(他也是邓小平在法国勤工俭学时的同志之一)在七机部召开的会议。邓小平的讲话十分强硬,他说,政府不能再容忍派性,领导人必须在6月30日以前消除一切派性,7月1日之后大家要合作共事,不然就对他们不客气:一定严加惩处。

得到毛泽东和周恩来的同意后,邓小平和叶帅监督着这两个问题严重的部门进行整顿,仍然闹派性的人被开除,建立了组织科研工作的新领导班子。[27] 从1975年第四季度到1976年,作为裁军工作的一部分,编制表中正式取消了46.4万个岗位。当然,有些人想方设法留在了自己的岗位上,但叶帅和邓小平已经尽其所能落实了他们的裁军计划,新的领导班子也已选出,待时机到来便能在他们的部门和队伍应用现代科技。[28]

总之，在1975年，邓小平和叶帅在毛泽东和中央军委大多数人的支持下，在恢复纪律、裁军、为改进部队的教育和技术水平铺平道路方面，都取得了可观的进步。

地方整顿的战略：徐州铁路局

为了在地方整顿上取得突破，邓小平采取了抓典型的方式，这既能迅速增加生产，又能鼓励其他单位。他在打游击的年代就认为，打一些胜算在握的小仗，可以鼓舞部队准备打好大仗。1975年，很多因为不能完成生产指标而受到批评的工厂都抱怨它们的物资供应不足。运输是一个明显的瓶颈。假如能在交通运输领域初战告捷，是不是既能增加生产，又能为其他领域树立成功的先例？

中国在1970年代中期还没有现代高速公路系统，货运基本依靠铁路。因此当邓小平致力于改善运输时，便将注意力集中在了江苏北部的城市徐州，这里是东西铁路大动脉陇海线和南北铁路大动脉津浦线的交会点。在1975年3月之前，徐州铁路局已经有21个月没有完成装货和发车指标。自1967年1月起，那里的造反派之间的武斗几乎从未间断。

1975年的形势既糟糕又麻烦。担任徐州铁路分局局长的造反派头头顾炳华能搞到武器，顽固抵制外人对他的控制。自1966年以来，顾炳华和造反派就占据着火车站附近的物资局大楼，将其作为他们个人的物资储备和供应仓库。当公安局前来抓捕一些工人时，顾炳华的同伙强行拘留了公安干警。顾炳华的同伙甚至一度夺取了徐州市党委的办公楼，把市委干部拘禁起来。[29]

毛泽东坚定支持邓小平整顿铁路的工作，部分原因是他本人经历过一次因混乱而造成的延误。1975年2月3日他要乘专列从长沙前往杭州，但保卫干部无法保证专列的安全，使他直到2月8日才得以成行。[30] 前造反派头头王洪文现在也赞成打击造反派。他支持压制徐州,是因为他作为上海市革命委员会副主任,明白上海需要铁路的供应。

毛泽东和王洪文的支持使邓小平能够对徐州采取迅速果断的措施。此时万里已经担任了铁道部长。作为他早先采取的步骤之一,邓小平早在1975年1月上任之前便推荐了素以攻克难题闻名的万里担任铁道部长。万里在早年负责领导包括人民大会堂、中国历史博物馆和中国革命博物馆在内的天安门广场周边建设项目时就曾受到毛泽东的表扬。[31]"万里"这个姓名的意思是"一万里",所以毛曾开玩笑说,这个人"真是日行万里啊"!因此,当1974年12月毛泽东和周恩来在长沙开会时,他们很快就同意了对万里的任命。

1975年1月万里上任时,邓小平对他说,要"尽快采取最有效的手段"改变铁路现状。[32]他让这位新铁道部长抓紧准备一份有关徐州问题的报告,在他担任副总理10天后,就听取了万里的汇报。万里说,关键问题是派性,问题太复杂,解决起来需要半年时间。邓小平说,形势太严重,不能等那么长时间。

几周后的2月6日,邓小平召集纪登奎和王震听取了万里有关尽快解决徐州问题的方案汇报。在这次会议上,粗鲁莽撞、对邓小平忠心耿耿的王震将军提出派军队过去。万里说,徐州很多干部担心口头指示可能很快有变,因此他请求中央发一个书面文件,授权他弹压控制徐州铁路枢纽的革命造反派。邓小平下令马上起草这样一份文件。

为了响应邓小平发出的制定文件解决铁路难题的号召,29个省市自治区负责工业和交通运输的书记从2月25日到3月5日在北京召开了会议。与会者一致认为徐州的问题最严重,必须首先解决。他们希望当年第二季度就能让铁路货运恢复通畅。[33]会议结束后,立刻根据会议的讨论出台了中央9号文件,标题是《中共中央关于加强铁路工作的决定》。[34]这份得到毛泽东批准的文件全面分析了当前的问题,概要说明了解决方案。最重要的是,这份文件表明，包括毛泽东在内的北京领导层完全支持万里在徐州的工作。

9号文件把全部的政治和军事权力集中到了万里和铁道部手中，从而打破了徐州铁路枢纽管辖权重叠的死结。当时，位于江苏西北角的徐州铁路枢纽靠近山东、安徽和河南边界，管理权涉及所有这4个省的干部，他们分管着从治安到铁路管理与维护的不同部门。

9号文件还规定，必须消除派性，铁道部的干部要对发生的任何事故负责。反对这些措施的人（搞派性活动者、停工者和毁坏财物者）一经发现，要立刻予以惩处。邓小平为了抢占意识形态高地，宣布说，对抗铁道部领导的人——就算那些已经加入了激进团体的——也要被定性为违反组织纪律、搞个人主义的"资产阶级"。此外，破坏铁路财物的人要一律定为"反革命"，迅速给予严惩。[35]

邓小平在省委书记会议结束时的讲话简明扼要、切中要害，既表明了他坚决的态度，采用的方式又让毛泽东很难反对，尽管他要限制一些革命造反派。他引用毛语录说，必须"抓革命，促生产，促工作，促战备"。一旦发生战争，交通运输的地位十分重要，可是现在它运转不良。有些领导人担心，过于重视经济，会像"文革"期间那样继续挨批；为了让他们放心，邓小平说："听说现在有的同志只敢抓革命，不敢抓生产。说什么'抓革命保险，抓生产危险'。这是大错特错的。"他明确表示，毛主席现在支持抓经济。"怎样才能把国民经济搞上去？分析的结果，当前的薄弱环节是铁路。"[36]

由于把铁路作为地方整顿的典型，邓小平亲自讲到全国铁路问题的细节。他说，全国铁路的日装载能力估计为55000个车皮，但现在只能装40000多个车皮。"现在铁路事故惊人。去年一年发生行车重大事故和大事故755件。"（与此相比，1964年只有88起）纪律很差，规章制度得不到执行。例如，"火车司机随便下车吃饭，经常误点"，值班时间不能喝酒的规定也得不到严格遵守。"对这些人不及时处理（打击投机倒把、升官发财的坏分子）……等到哪一年呀？……对闹派性的人要再教育，要反对闹派性的头头。"对于那些闹过派性但已改正错误的人,邓小平说,"教育过来,既往不咎,再不转变,严肃处理。"同时,"要把闹派性的人从原单位调开"。闹派性的头头不服从调动怎么办?"不服从调动不发工资。"他又用更加积极的语气说,"我想绝大多数人是拥护这个决定的","铁路工人是中国工人阶级最先进、最有组织的一部分……把这些问题讲清楚,理所当然地会得到绝大多数铁路职工的拥护。……解决铁路问题的经验,对其他工业部门会有帮助"。[37] 这充分显示了邓小平的特色:讲清大局,说明为什么需要做某些事,把注意力集中在任务上面,打好思想基础,为撤换无所作为的干部争取公众支持。

为了贯彻邓小平的计划,万里在会议结束后的次日就召开了铁道部全体驻京单位大会,向与会者传达了9号文件和邓小平的讲话要点。第二天又召开了全国铁路系统电话会议,向地方干部说明9号文件和邓小平讲话的重要意义。王震在电话中说,他将从铁道部向问题严重的地方派出工作组。干部们都知道王震将军的工作组中会有军队,他们在必要时会动用武力。[38] 自土改以来,由上级派工作组一直就是保证国家政策在地方得到落实的基本手段。

万里整治铁路运输不畅的工作有全国的支持,又有中央文件撑腰,他于3月9日率领北京的工作组会见了江苏省和徐州市的党政领导。[39] 他到达的当天就宣布,根据邓小平亲自批准的逮捕令,对4天前被邓小平点名批评的徐州铁路分局局长顾炳华予以逮捕。[40] 万里知道,不把顾炳华抓起来,有些干部还是不敢带头对他进行批判。他还明白,很多人就像邓小平在讲话中所说,仍然心有余悸,担心被打成右派。老练的革命领导人万里知道,为了让人们放心地批判顾炳华,需要召开一次群众大会,以此显示行动得到了广泛支持,并表明上面的大人物也在公开谴责顾炳华。9号文件的发布起着关键作用,表明他的镇压措施不只是一个不久就会调离的领导人的意见,而是得到了党中央和国务院的全力支持。

万里到达徐州的第二天,在徐州铁路分局职工和家属万人大会上发表了讲话。他传达了9号文件的内容，敦促他们在3月底前让铁路局成为促进交通运输顺利运行的模范。次日，万里等人又在徐州体育馆召开的徐州市党员干部大会上讲话，传达了邓小平所强调的毛主席的三项指示，重申毛主席对"安定团结"的号召。在另一次群众大会——这次是机务段的职工大会——上讲话之后，他们的领导做出了让货运畅通的保证。[41]

顾炳华被捕后，他的同伙继续负隅顽抗，直到最后锒铛入狱。和其他派下去处理类似情况的工作组一样，万里和北京的工作组把那些带头捣乱、必须逮捕或至少撤职的人与通过"教育"仍能和新领导班子合作的干部区分开来。他们对基层领导说，要解散派系，承认错误；很多人听从后得到了留用。在随后召开的小组会上，每个人都表态不再加入派别，要保证货运畅通。[42]

为了加强对新的领导路线的支持，使当地的人们不计前嫌，也为了向当地群众保证激进派的追随者不会卷土重来，工作组宣布为徐州地区在"文革"初期受到迫害的大约6000人平反，在押人员予以释放。对派系斗争中遇害者的亲属道了歉，对幸存的受害者进行了赔偿，[43]为过去受到冤枉的很多人重新安排了工作。[44]为了让铁路工人完成指标，万里鼓励当地领导班子改善工人的生活条件。在接见新选出的领导班子之后，万里和工作组一起离开了徐州，距他们到达时只不过12天。他们让当地领导班子接手工作并向上级汇报。到3月底时，徐州平均每天办理的车皮数从3800个增加到7700个，日均装载量翻了一番，从700个车皮增加到1400个。[45]

中共领导人在全国推行新方案时，经常说"由点到线，由线到面"。在徐州实现了重大突破后，邓小平决心把这个在点上取得的整顿经验推向其他铁路枢纽，然后再利用铁路的经验去整顿其他部门。3月底，负责整顿的干部从徐州转道南京和江苏等地方的铁路枢纽。[46]邓小平首先集中精力抓问题严重的铁路枢纽，如太原、昆明和南昌等等。他听说太原有个党委副书记阻挠当地铁路运输畅通，便指示迅速进行调查,如果情况属实,在月底以前要把这个副书记调离,如果他在上面有后台,也要一并调离。[47]

万里继续奔波于有问题的铁路部门,随后又视察了所有的货车制造厂——洛阳、太原、成都和柳州——以保证铁路设备的及时供应。4月24日邓小平陪同金日成访问南京时,万里赶到南京向他汇报了整顿铁路取得的进展。[48] 对于铁路的其他老大难单位,万里采取和徐州相同的策略:召集小型会议听取有关当地情况的汇报,宣传9号文件,重申毛泽东对"安定团结"的重视,召开群众大会争取他们对改革的支持,在必要时还会搬出军队作为后盾。经过选拔,新的领导班子得到了任用。自然,被撤换的领导都是以前的革命造反派。

从6月30日到7月7日,万里在北京主持召开工作会议,总结了9号文件下发几个月以来整顿铁路的经验。这几个月的变化显然是一项很大的成就。据万里的报告,全国二季度的货运量比一季度提高了19.8%,客车利用率提高了18.4%。[49]

邓小平不可能像解决徐州铁路局的问题那样,对另一些问题付出同样多的精力,但是这个案例鲜明地体现着邓小平克服混乱、为其他地方树立典型的方法。他尽量让毛泽东站在自己这一边;他依靠有成功经验的干部;他发文件,召开群众大会,利用军队使群众相信"文革"的政策不会轻易回潮;把阻碍进步的人抓起来,并督促建立新的领导班子。而且,他做起这一切来雷厉风行。

把徐州的经验推广到煤矿和钢铁业

徐州的整顿大获成功后,邓小平又利用徐州的典型经验推动其他地方的整顿。他在3月25日让万里汇报徐州的进展,但不是向铁路干部,而是向国务院的全体干部大会。邓小平在这种汇报会上一般不说话,但这一次他却表现得很急切,数次打断万里做一些补充说明。

此后，邓小平的部下从打击徐州的派性转向打击徐州所属的整个徐海地区的派性，然后又扩大到江苏全省。江苏省在1975年是全国最乱的省份之一，1974年末全国的国民生产总值有所增加，江苏却下降了3%。万里得到支持从铁路转向对江苏全省进行整顿，就像在徐州一样，他打击派性，选拔能够带来稳定和发展的干部。不到3个月，万里就报告说，在整顿江苏的领导班子上取得了重大进展。6月2日中央发布12号文件，它实际上是在9号文件的基础上通报了在徐州、海州和江苏其他地区取得的进展。邓小平赞扬这个报告说，江苏的经验也可以用于指导其他地方的工作。[50] 于是改革又从江苏推向浙江。尽管浙江的造反派仍在负隅顽抗，问题特别棘手，但是到7月17日就基本得到了解决。根据浙江的经验出台的16号文件，使这一经验又成了其他各省开展整顿的样板。[51]

邓小平在7月4日概述了由点到线、由线到面的整顿任务，即从铁路和地方政府扩大到其他部门，首先是煤炭和钢铁行业，然后是其他行业和其他运输业，接下来是商业、财贸和农业，最后从经济部门转向文教部门，从国防科技转向整个科技部门，从军队转向地方政府。

中国的基本能源供应是煤炭，房屋取暖、发电厂和工厂都离不开煤。运输是关键：煤炭运输大约占到铁路总运量的40%。但是在"文革"期间由于运输拖后腿，大量煤炭只能被堆积在矿区附近，使煤炭生产失去了动力。

铁路运输的难题在1975年夏天已开始得到克服，这使北京可以把更多精力转向煤炭生产。实际上，9号文件出台后，邓小平就给煤炭部长徐今强打气，让他利用运输条件改善的前景增加煤炭生产。1975年春天，徐今强把工作重点放在了铁路运输便利的产煤区：陕西、河北、河南、安徽和东北。

在邓小平的领导下，徐今强对派性发起打击，首先针对问题特别严重的省份。这些省份的煤矿所供应的煤炭数量占华东地区的

40%，对这些省份钢铁厂的煤炭供应至关重要。整顿工作使它们的生产大为改观：1975年二季度的煤炭生产迅速增加，上半年结束时煤炭运输量完成了全年计划的55.5%。[52]

在这个时期，化肥、轻工产品和电力的生产也有所改善，但是钢铁生产仍然停滞不前。钢产量在1973年达到2530万吨的峰值后，由于"批林批孔"运动的干扰，1974年降至2110万吨。1975年初确定的当年生产指标是2600万吨。[53] 在3月25日邓小平主持召开的国务院会议上，万里报告了如何把徐州经验运用于其他领域之后，邓小平说，"现在解决钢铁问题是头等大事"。[54]

在当月召开的钢铁工业座谈会上，副总理余秋里直言不讳地说，"搞了26年，花了五六百亿投资，职工300万人，只搞2000万吨钢"。他说，为了增加钢产量，必须做到：（1）保证煤炭的长期供应，要专列直达，定点供应，必要的重油和电力供应也要得到保障；（2）发动群众，要让懂技术的管理人员担任负责人；（3）克服薄弱环节，特别是鞍钢、武钢、包钢和太钢四大钢铁厂。不干工作的要免职，"不要占着茅坑不拉屎"。[55]

5月初，李先念副总理把12家大型钢铁厂和当地政府的党委书记召集到一起，召开了钢铁工业座谈会。[56] 未完成指标的钢铁厂的领导要向一群严厉的与会者解释为何没有完成指标——他们说，在"批林批孔"运动中挨批的干部害怕犯政治错误，他们担心毛的政策会有反复，如果不抓政治只抓经济和生产，他们又会挨批。

5月21日，邓小平结束为期一周的访法之行回国3天后，主持召开了由国务院牵头的全国钢铁工作座谈会。[57] 邓小平不能公开谈论让很多干部担心的事——毛泽东有可能改变想法，在"四人帮"的怂恿下再次打击那些注重抓经济的人。张春桥和姚文元就曾在1975年3月和4月分别发表文章，公开批判"经验主义"，这是指只重视经济生产，忽视意识形态的做法。邓小平当时心中明白却不宜公开说明的是，毛泽东曾在4月18日让他放心，并就姚文元

4月23日的文章写下批示，进一步表明他现在反对批判经验主义，支持邓小平的整顿工作。

邓小平在5月份的这次国务院座谈会上说："铁路一通，就会暴露出冶金、电力、各行各业的问题。各部都要自己打算打算，怎样工作，解决老大难。下一步的中心是要解决钢的问题。"[58]谷牧开始向与会者介绍钢铁问题的严重性，但邓小平插话说，"这样讲还不够。应该说，这样继续下去，对钢铁工业是破坏！"他又说，"谷牧说每年增加250万吨钢没问题，我说每年增加300万吨也不难……不管是哪一级的领导，不能总是怕这怕那。现在，干部中的一个主要问题，就是怕字当头，不敢摸老虎屁股。我们一定支持你们。"[59]

邓小平说，有四五十年资历的人也没什么大不了，"如果闹派性，管你是老虎屁股，还是狮子屁股，都要摸……如果闹派性严重而又不改正的，就坚决调开。一年调他三百六十次。7月1日以后就不客气了。……必要的话就把你调到乌鲁木齐，妻子一闹离婚，他就听话了"。[60]他说："更重要的是，要严格，该批的批，该斗的斗，不能慢吞吞的，总是等待。铁道部已采取了坚决的措施，但在这里我看到很多人不喜欢。"他接着又说："允许你们犯错误。要找那些敢于坚持党的原则、有不怕被打倒的精神、敢于负责、敢于斗争的人进领导班子。……我是维吾尔族姑娘，辫子多，一抓一大把。"他说，像鞍钢这样的大企业，那么复杂，杂事很多，但是高层管理人员不能每天只抓技术性的小事。"公司必须单独有一个班子，不是管油、盐、酱、醋、茶，而是指挥生产的。"[61]

在5月29日召开的关于钢铁工业的会议上，邓小平强调企业要有一个强有力的领导核心。他把重点放在钢产量占全国一半的八大钢铁厂上，并批评四家最大的钢厂——鞍钢、武钢、太钢和包钢——都没有完成指标。他说，鞍钢的问题最大，关键是领导"软、懒、散"。[62]

1975年6月4日，经毛泽东同意和政治局批准，向地方的钢铁主管部门下发了 13 号文件,内容与整顿铁路的 9 号文件相似。文件重申了 1975 年 2600 万吨的目标产量。国家计委从各部委抽调人员成立了一个小组直接向国务院汇报,保证钢铁生产指标的完成。为了给钢铁厂所需物资提供保障,电力、煤炭、交通、石油等各有关部委都向这个小组派出了人员。要求各省市党委履行对钢铁厂的领导责任,确保它们完成指标。[63]

各大钢铁厂都召开了贯彻 13 号文件的职工大会,有些大会的参加者多达 4 万人。[64] 直属国务院的最高领导小组也每周开会,讨论各项计划,确保指标的完成。[65] 不过领导小组在 8 月 1 日开会评估钢铁生产时,与会者承认,要完成之前定的高额指标颇有难度。其中的一个不利因素是余秋里的突然病倒,春天他还在大胆领导着推动钢铁行业的工作,可是夏天生病以后,他无法再提供一贯的坚强领导后盾了。干部们仍然担心如果只抓生产,忽视极"左"政治,他们以后有可能遇上麻烦。确实,"四人帮"当时已经开始批评邓小平正在犯这种错误了。

中国在 1975 年生产了 2390 万吨钢,与 1974 年的 2112 万吨相比显著增加,但并未达到 2600 万吨的目标。邓小平接受了这一进步幅度,宣布工作取得胜利。从 12 月 15 日到 23 日(此时邓小平已在上层受到小范围的批判),谷牧主持召开了一个会议,与负责钢铁生产的省级干部讨论各种问题。虽然会上仍在唱高调,但高层干部们已经知道,在 12 月新的政治气氛中,邓小平受到围攻,地方干部对继续致力于抓增产已变得心有余悸。果然,邓小平在 1976 年第三次下台并被撤销一切职务后,当年的钢铁产量下降到 2046 万吨。

1975 年中国钢铁生产的改善与当时日本的钢产量相比是微不足道的,邓小平在 3 年后参观一家现代化的日本钢铁厂时就会明白这一点,仅这一家工厂的钢铁产量就是 1975 年中国钢铁增产后总产量的数倍。邓小平在 1975 年的努力,是他通过政治动员增加钢铁产量的最后一次尝试。他在1978年10月参观了日本的大型现代钢铁厂以后,在提高钢产量的问题上采取了十分不同的方式。他不再搞整顿,而是转而依靠科技。这一战略转变带来了巨大收获。1980年代中国从日本引进现代钢铁技术后,钢铁产量从1982年的3716万吨猛增到1989年的6159万吨,1996年又进一步增加到1.12亿吨,使中国成为世界最大的钢铁生产国。[66]到2010年,拥有现代技术的钢铁厂在中国遍地开花,不用进行政治动员,中国就能达到6亿吨的钢铁年产量,相当于1975年钢铁产量的25倍。

浙江问题和王洪文的失势

1975年毛泽东支持邓小平选拔新的领导班子,让过去斗来斗去的人能够在一起工作。当时,分裂最为严重、最需下大力气恢复团结的省份是浙江省。[67] 1974年,随着秩序得到部分恢复,除了江苏和浙江以外,各省的经济都有所增长。浙江是一个人口多、比较发达的沿海省份,有很好的工业基础。但是它的问题在1975年一季度仍很严重,工业生产比1974年一季度下降20%,全省财政收入下降28.5%。由于邓小平和万里等人的努力,1975年全国前8个月的工业生产比上年平均增长17%,浙江却下降了6%。[68]

毛泽东1975年2月8日从长沙来到浙江杭州美丽的西湖,在回京接待朝鲜领导人金日成之前,在那里一直住到4月中旬,对浙江产生了特殊的兴趣。他在杭州时有很多机会与省里的干部谈话,特别是党的老干部谭启龙和军队老干部铁瑛,他们都在"文革"中受到过冲击。毛泽东这时有恢复秩序的想法,因此觉得他们都是很能干的人。相反,他在杭州时对翁森鹤印象不佳,翁过去是造反派头头,从1973年到1974年一直有王洪文为他撑腰。1974年的"批林批孔"运动中,浙江的问题变得日趋严重,因为王洪文支持造反派,而谭启龙又控制不了他们。毛泽东和王洪文之间在1974年也开始出现不和，1974年10月18日王洪文飞到长沙时，毛已经对他过分紧跟江青感到不快。

1975年春，毛泽东对王洪文的怀疑进一步增加。浙江问题的严重性引起了北京的注意，于是派王洪文分别在1974年11月和1975年3月与浙江领导人协商解决问题，但他一无所获。从4月27日到6月3日的几次政治局会议上，王洪文和江青一起受到批评，部分原因就是他未能解决浙江的问题。王洪文为此做了检讨。[69]

1976年10月王洪文作为"四人帮"成员之一被捕后，有人说他是个无能的激进派，既鲁莽又下流，沉溺于锦衣玉食的奢华生活。实际上，王洪文曾做过一系列的努力以承担起主持党的日常工作的职责；有些了解他的人觉得，他并没有参与"四人帮"犯下的罪行。但是北京城里有众多有经验的优秀干部，像王洪文这样一个年轻的新贵，突然之间蹿升到更有经验、更能干的干部之上，很难赢得一个高层领导人不可缺少的尊重。

1975年6月下旬宣布，王洪文暂时不再主持北京的中央委员会的日常工作，被先后派往上海和浙江。毛泽东支持周恩来和邓小平的建议，让王洪文作为纪登奎副总理领导的工作组的一员，去解决浙江的问题。实际上，王洪文是被派去接受教育和改造，他和纪登奎一起去批评那些他过去支持过的造反派，这使他的处境颇为尴尬。但是他的到来也有助于解决浙江的问题，因为这能使他过去支持的造反派看到，即使地位显赫的激进派王洪文也帮不了他们。[70]

纪登奎在浙江的工作跟万里在徐州的工作相似。他和工作组会见当地干部，了解问题，召开群众大会，选出以谭启龙和铁瑛为首的新领导班子，用正式文件支持他们的工作。虽然邓小平是这项工作的主角，但是与徐州的问题相比，当时仍在浙江、与现有负责同志谈过话的毛泽东对浙江问题的解决发挥着更积极的作用。祖籍浙江、对那里很有感情的周恩来也提供了意见。

纪登奎在浙江的最后几天，和其他干部一起起草了16号文件，它对浙江的作用类似于9号文件对铁路系统、13号文件对钢铁工业的作用。1975年7月14日，纪登奎、王洪文、谭启龙和铁瑛带着文件草稿飞到北京，邓小平第二天主持召开会议讨论文件草稿，并做出了有关浙江省和杭州市领导班子的决定。铁瑛坐在邓小平的左边，使右耳听力严重下降的邓小平能够听清他在会议上的发言。[71] 文件于次日送交毛泽东，毛批准了这个文件和人事决定，次日就下发了16号文件。

浙江的整顿工作因为毛泽东和中央领导的坚决支持，达到了在这个最混乱的省份恢复秩序、增强团结的目的。谭启龙在讲话中为自己过去一年的领导不力道了歉；并宣布得益于北京最高层的大力支持，已牢牢控制住了造反派。浙江的干部在1975年底宣布，1975年下半年的工业产量比上半年提高了4%。[72]

毛泽东并不想突然宣布解除王洪文的正式职务，以免搞得党内人心惶惶。王洪文去浙江后又保留了半年已有的头衔，直到那时，社会上对他的失宠仍然一无所知，但是毛泽东再也没有让王洪文回到北京的领导岗位上。

重用邓小平

毛泽东打算进一步重用邓小平的第一个明确迹象出现在1975年4月18日，这一天他让邓小平陪同他一起会见金日成。他对金日成说："我不谈政治，由他来跟你谈了。此人叫邓小平。他会打仗，还会反修正主义。红卫兵整过他，现在无事了。那个时候打倒了好几年，现在又起来了，我们要他。"[73]

在金日成访华期间，毛泽东与邓小平单独做过简短的谈话。邓小平提到了他对江青、张春桥和姚文元等人大批经验主义的担心。邓在恢复秩序和经济发展上取得的成功，使他们害怕邓对毛的影响力增加，于是开始批他只抓经济不管基本原则——这种论调曾经很合毛的口味。然而1975年4月毛泽东安慰邓小平说，这些批评太过分了。他说："我党真懂马列的不多，有些人自以为懂了，其实不大懂，自以为是……这也是不懂马列的一种表现……此问题提请政治局一议。"[74] 在知情者看来，毛的这些话意思很清楚："有些人"是指"四人帮"，他们管得太宽了，现在更应该受到批评的是他们。

确实，政治局不久后便开会讨论毛泽东在4月25日对"四人帮"写文章批经验主义的意见。在政治局会议上，叶剑英元帅批评江青和"四人帮"其他成员攻击经验主义。江青不得不做出检讨。想帮着江青阻止邓小平扩大权力的王洪文在会后立刻写信给毛泽东告状说，周恩来对形势一贯抱有悲观情绪，现在有人替他说出来了。[75] 读到这封信的人都清楚，所谓"有人"指的就是邓小平。但此时毛泽东对邓小平的信任没有发生动摇。

5月3日深夜，毛泽东在自己的住处召集政治局开会。毛亲自主持政治局会议说明他有不同寻常的大事要商量，因为很久以来他都是让别人主持这种高层会议。周恩来艰难地离开医院的病床去参加会议，这是前一年12月以来他第一次见到毛泽东，虽然此后周恩来又活了8个月，但这是两位领导人的最后一次会面。

在5月3日的会议上，毛泽东批评江青等人只批经验主义，不批教条主义。毛从未与江青断绝关系，但在这次会议上对她很严厉。他说，"不要搞'四人帮'。你们不要搞了，为什么照样搞呀？为什么不和两百多个中央委员搞团结？……要团结不要分裂。要光明正大不要搞阴谋诡计。"他又说，"有意见要在政治局讨论，印成文件发下去；要以中央的名义，不要用个人的名义，比如也不要以我的名义，我是从来不送什么材料的。"然后他指着邓小平说，"你就是毛派的代表。"这也是毛泽东最后一次出席政治局会议。[76]

在政治局会议上，邓小平和叶帅等人也附和毛的意见，进一步批评了"四人帮"。他们说，毛主席5月3日的指示很重要，教导他们要搞马列主义，不要搞修正主义；要团结，不要分裂；要光明正大,不要搞阴谋诡计。他们还批评江青夸大与周恩来的分歧,借"批林批孔"打击叶帅。

在5月27日和6月3日,邓小平第一次取代王洪文主持了政治局会议。江青和王洪文在6月3日的会上被迫做了检查。[77] 几天后,邓小平陪同毛泽东接见菲律宾总统马科斯时,把会议情况向毛做了汇报,毛对邓在会议上的做法表示认可,因为他没有对江青过于严厉。邓小平向毛泽东证明了他能按毛的意愿做事,会继续和江青一起工作。

毛泽东从未完全放弃王洪文,王洪文后来还协助华国锋筹备了毛泽东的追悼会,但是,自从去了浙江之后,王洪文在党内的协商中事实上已经不起作用。王洪文被派往浙江时向毛泽东提议,请叶帅或邓小平代他主持党的会议。体力衰退的叶帅在7月1日写信给毛泽东说,自己年纪太大了,还是让邓小平领导党的日常工作吧,毛泽东立刻表示同意。叶帅在7月2日起草了一个正式文件,宣布邓小平除了作为事实上的总理领导政府工作、作为军委副主席领导军队以外,还要主持党的日常工作。最重要的是,大约就在这时,毛泽东还交给了邓小平一项外交领域的新任务:邓小平将成为第一位对西方国家进行国事访问的中共官员。

与西方关系的突破:中法关系

邓小平于1975年5月12日至17日对法国进行了国事访问,这是中共领导人首次出访一个西方国家,这使他有机会着手为中国向西方学习做准备——就像1950年代学习苏联一样。[78] 毛泽东选派邓小平进行这次重要的出访,使"四人帮"起了疑心,他们清楚地看出这是邓小平权力增加的又一个迹象。这次出访对于作为领导人的邓小平确实有重大影响。与他一年之前路过法国时不同,这次访问提供了一次机会,使他能够更具体地了解这个他在半个世纪以前所熟悉的国家发生了多大变化,思考中国为实现四个现代化需要做些什么。

为何是法国呢?毛泽东在一年前提出"三个世界"的理论,他把欧洲的发达国家看作第二世界的一部分,也就是说,它们是中国应该与之联合共同对抗苏美两大霸权的国家。在第二世界的所有国家中,法国又是最先主动与中国建立友好关系的国家。它在1964年就与中国实现了关系正常化,而当时没有几个西方国家愿意这样做。法国总统蓬皮杜(Pompidou)在1973年9月正式访问北京,成为第一个访华的欧洲领导人,并受到良好接待。因此,当1975年法国向中国发出国事访问的正式邀请时,中国很愿意把这个机会作为对蓬皮杜访华的回访,并表明自己正在从"文革"的自我封闭中走出来。

在1975年访法期间,邓小平受到吉斯卡尔·德斯坦(Giscard d'Estaing)总统和希拉克(Jacques Chirac)总理的接待。希拉克后来回忆说,邓小平直率而热情,十分了解国际关系。[79] 在访法期间,邓小平表现了他个人对法国生活的赞赏,游览了里昂和巴黎等半个世纪以前他去过的一些地方。

邓小平要向法国传递的主要外交政策信息是,请求西方继续给予支持,共同对抗最具侵略性的超级大国苏联。他对同苏联搞缓和的价值表示怀疑,赞成西欧各国团结一致坚定对抗苏联。但是对于邓小平来说,学习现代化的经验至少和磋商外交政策问题同样重要。他参观了一些农业和工业场所,就如何扩大中法贸易举行会谈。这是邓小平第一次访问一个现代西方国家,在这里他看到了50年前他离开之后法国发生的惊人变化,对中国已经变得多么落后感到震惊。这些见闻体验和成功的国事访问带来的连锁反应有着深远的影响。3年以后,谷牧率领的中国经济官员将延续邓小平的访问,为唤醒中共领导人对国外经济和外交机会的意识、为中国进一步向西方开放提供支持力量发挥关键作用。

第4章
向前看，1975

毛泽东在1975年指定邓小平取代王洪文主持党的会议时，中共仍然处在"文革"的争斗所造成的混乱之中。邓小平在党内的新职务使他得以采取一些重要措施整顿全国的党组织。在北京之外的第一步整顿工作是在省级层面进行的，3个月之后进一步推向县和公社两级。[1] 7月2日叶帅写信宣布了由邓小平主持党内工作，两天之后邓小平便在有很多省委领导参加的中央"读书班"上做了讲话，会议的重点是团结和整党。

邓小平知道毛一直在对他进行观察，因此他在会上大讲毛主席的教导，至少是"毛主席的三项重要指示"——这是他为了配合自己当时的工作目标，从毛的教导中挑选出来、组合在一起的。邓小平的目的有二，首先是让毛泽东放心他会反修防修，其次是强调安定团结和发展国民经济。为了加强党的团结，邓小平采用了毛在1945年抗战结束时召开的中共七大上的做法。在那个邓小平第一次参加的党代会上，毛泽东强调必须把抗战期间各占山头跟日本人打游击的各个单位统一起来。邓小平结合前一段时期的情况说，各自为战的打游击时期自然而然地出现了"山头"思想，同样，在"文革"期间自然也出现了派性。他总结道，现在我们党要响应毛主席在七大上发出的团结号召，再次克服派性。[2] 不管什么人，只要"没有犯过罪"，愿意配合整顿、放弃派性，都要给予善待，包括过去的激进派。

邓小平小心地避免触动毛的敏感神经，同时大胆地、策略性地选拔善于治国而不是闹革命的人。他没有公然表示要清除党内的"左派"或激进派，但他的确更强调对搞"宗派主义"（即拉帮结伙的"左派"）而不是搞"修正主义"（即"右派"）的人的批评。他说，要把领导权交给有10年或以上工作经验的干部。虽然他没有明确反对任命从红卫兵中提拔上来的人，但这样一来他就排除了1965年以后即"文革"期间发迹的人，当时这些人中间有部分是"坐直升飞机"上来的。邓小平还要求对那些未经适当资格审查就入党的人重新进行审查。虽然未做具体说明，但他针对的也是1966年到1975年组织程序混乱时期新增的1600万党员，而不是"文革"之前入党的1800万党员。[3] 因"不合格"而被清除出党的基本上都是坚持派性不改的人。毛泽东没有阻止邓小平的做法，这意味着他承认当时国家需要更加稳定的领导班子。

整党的一项中心任务是让"文革"期间由林彪派往地方的军队干部退出对地方政府的领导。邓小平在1975年8月8日做出指示，除了少数例外，军队要退出所有地方职务。军队的很多人当时是"革命委员会"的成员，而革委会在一些地方已经成为正规的政府机构。1975年底很多军人又回到了军营。

1975年5月5日，毛泽东主持了他的最后一次政治局会议后不久，邓小平又去医院看望了周恩来。邓小平知道自己正触及毛泽东十分关心的问题，他也知道，周恩来在跟毛泽东打交道方面要比他更有经验。周恩来告诫邓小平说，要谨慎行事，只抓具体问题，一步一步来，不要进行全面整顿。邓小平虽然敬重周恩来，也知道毛泽东有可能不再给他撑腰，但是他比周恩来更有魄力，他下决心进行全面整顿，攻克那些他认为搞四个现代化必须加以解决的老大难问题。[4]

邓小平当时还没有谈到改革，但是在构建后来能够实施改革的中共体制的同时，他也开始思考未来改革的内容。为此他需要扩大自己的理论队伍——能够帮他思考一些大问题的官僚体制之外的作家、理论家和战略家。毛泽东让邓小平接过中央日常工作的领导权后不久，他征得毛泽东同意把自己的一批理论人马扩大为政治研究室这样一个正式机构。该机构设在国务院下面，其实是由邓小平亲自领导，由过去就是这个智囊团首领的胡乔木继续负责它的日常工作。

政治研究室

在正式担任了第一副总理后的第二天，1975年1月6日，邓小平把胡乔木叫来，提议由他和吴冷西、胡绳、李鑫等人成立一个研究理论问题的写作小组。[5] 邓小平和胡乔木都深知毛泽东对理论问题的敏感，因此挑选的都是受到毛器重的人，研究的题目也很合毛的心意，如"三个世界"理论、苏联的性质、资本主义危机、批判修正主义和帝国主义等等。邓小平从一开始就用了不少时间和精力寻找那些毛泽东可以接受的理论观点，以便自己能有更大的自由去实施他认为有利于党和国家的政策。1月组成的小理论班子在7月扩充为政治研究室后，邓小平开始研究一些他个人认为重要（毛泽东也不会反对）的问题，尤其是科学技术和工业发展。

政研室比美国白宫的班子小得多，但除了不负责执行以外，它们的目的是相似的。它实际上就是一个核心内阁，是直接向邓小平负责的一批独立的顾问，可以帮他规划总体战略，起草政府公告。邓小平对它的控制权大于对党的官僚机构的控制权，因为后者过于庞大、多样，无法成为他本人的工具。

除了非正式的交流之外，政研室的成员每两周开一次例会。他们将工作分成三大块：理论（马克思主义和毛泽东思想）、国内问题和国际关系。最初这个机构只有 6 名老资格的成员（胡乔木、吴冷西、李鑫、熊复、胡绳和于光远），很快又增加了第 7 名成员（邓力群）。即使在鼎盛时期，把助手都算在内，政研室也只有 41 名成员。有些成员也曾经是邓小平"钓鱼台写作班子"的成员，1962 年至 1963 年九评苏共的著名公开信就是他们起草的。政研室的所有成员都是党内公认的老资格知识分子、有创见的战略家和写文章的高手。吴冷西、李鑫、熊复、胡绳和胡乔木具有在毛泽东手下领导宣传工作的丰富经历，而胡乔木像邓力群和于光远一样同时还具有深厚的理论功底和广博的知识储备。

在准备重要讲话和文件时，邓小平与政研室的人员密切合作。他提供政治指导，说明他们撰写的草稿中应当包含的思想，但依靠他们的专长来确保讲话稿和文件符合历史记录，与毛主席过去的著作和马克思主义理论保持一致。对于重要的讲话和文件，邓小平会亲自看草稿，然后和作者一起修改加工。对于特别重大的问题，文件在下发之前要交毛泽东批示，得到毛的批示后邓小平还会亲自审阅，看看毛的观点是否被准确写进了稿子。[6] 虽然邓小平与毛泽东有不同寻常的关系，但他和其他人一样，也担心毛泽东会像在"文革"高潮时那样，认为某份文件不可接受而发怒。

虽然邓小平掌握着全面负责党内事务的权力，但毛泽东仍让"四人帮"保留对宣传工作的控制权，以防邓小平偏离他的意愿。事实上，江青也有自己专门的写作班子，他们在北京大学和北京市委开会，总在伺机对邓小平的政研室出台的文件进行批判。

江青的宣传工作难免与邓小平分管的文教科技工作发生重叠。对于邓小平来说，文化领域的整顿需要改变大方向，这就需要重新赢得因"文革"而疏远的知识分子的人心，把他们安置在能为中国的现代化做贡献的位子上。因此，1975 年政研室在加强科研机构，特别是中国科学院的发展方面发挥了关键作用。[7]

江青和邓小平争夺最激烈的领域之一，是《毛泽东选集》最后一卷即第五卷的编辑工作,它成了一个关于如何阐释毛泽东思想的战场。邓小平把李鑫调到政研室,就是因为他作为康生过去的秘书,控制着毛泽东的很多文稿;李鑫来政研室工作,强化了《毛选》第五卷的编辑应由邓小平主管的理由。尽管胡乔木、李鑫、吴冷西以及政研室的另一些人在为《毛选》第五卷准备材料,但他们在一个单独的办公室工作,受到另外一个组织的保护。

打算收进《毛选》第五卷的一份文件《论十大关系》成了争执的焦点。这是完成企业集体化和国有化之后毛泽东在1956年4月25日的一次讲话,讲话中的一些观点邓小平可以用来为自己在1975年推动的工作计划提供依据。毛泽东说,中国在和平时期应当减少军费和国防开支,把资源用于支持沿海地区的经济发展,中国的领导人应当学习各国的长处。邓小平请求毛泽东批准重新发表这篇讲话。毛泽东看过打算重印的稿子后,建议做一些修改。邓小平将修订稿再次送呈毛泽东,并在附信中建议,鉴于这篇讲话对当前国内和外交工作的意义,宜在《毛选》第五卷出版之前尽快发表。[8] 毛泽东再次退回稿子并做出批示说,应当把它送政治局讨论。当然,"四人帮"反对重印这篇讲话,毛泽东也从未同意将它公之于世。直到毛泽东去世和"四人帮"被捕后不久,这篇讲话才在1976年12月26日重新发表。[9]

邓小平失去毛的支持后,政研室也于1975年12月停止工作。在它存在的不到5个月的时间里,只开过13次全体工作人员会议。[10] 但是在这个短暂的时期内,它协助邓小平为在20世纪末实现四个现代化需要进行的改革提前规划了长期路线图。它在恢复高等教育的准备工作中发挥了关键作用,拓宽了文化活动的空间,促进了包括社会科学在内的科学研究。1976年,它因为对以下三株"大毒草"的炮制发挥了作用而受到批判:(1)"工业20条";(2)"科学院工作汇报提纲";(3)"论全党全国各项工作的总纲"。政研室在制定前两份文件上起了主要作用,但未排除其他力量,第三份文件则由它独力承担。

"工业20条"

邓小平承担起新的职责后,召集所有主要经济部门的干部开了一个会。从6月16日到8月1日,他们出席了讨论经济工作长期目标的国务院计划工作务虚会。[11] 会议筹办方国家计委制订的讨论议程,回避了在对五年计划的讨论过程中难免会产生的争议,比如详细规定资源来源、分配给各部门和各个项目的资源规模等。在务虚会之前,十年经济规划、五年计划(1976—1980)和1976年年度计划的制订工作已经在进行,但是有关这些计划的最后决定要取决于这次务虚会确定的长远目标。

这次国务院务虚会把工业作为讨论的重心。在"大跃进"之后的恢复过程中,邓小平曾在1961年牵头起草了为工业系统的结构和目标提供整体框架的"工业70条"。这次务虚会讨论的也是类似的问题,前后各稿的条目数量不同,1975年的最后一稿共包含20条。

由于统计系统和情况汇报在1975年仍处于混乱状态,不同领域的与会者首先交流了有关经济形势的信息。务虚会的前两周举行的是全体会议,由负责经济工作的领导干部听取各主要经济部门的汇报。各部门的与会者从这些汇报中能够了解到自身部门必须如何设置目标才能跟其他部门的能力和需要相配合。从7月2日开始,谷牧将务虚会分成8个工作组,分别研究理论、组织和几个要害部门的工作。月底又恢复了全体会议,将与会者的全部结论汇总为"工业20条"。

在1975年,干部们对"四小龙"(韩国、新加坡以及台湾和香港地区)的经济起飞已有所耳闻,它们实行的都是资本主义制度,取得了比苏联和东欧社会主义国家更快的经济增长。但在当时公开赞扬资本主义仍属禁忌，因为这将使中国多年来付出的牺牲的价值乃至中共是否应该继续执政受到质疑。马克思列宁主义和毛泽东思想仍然是为高层决策提供正当性的信条。

但是，经历了"大跃进"和"文革"的破坏之后，领导层想凭主观意志实现国家现代化的热情基本上已经消失。大多数与会者认为，中国要想实现经济增长，需要回到"大跃进"前的1950年代和"大跃进"后的1960年代初的恢复时期所采取的那种稳妥的计划。与会者相信，由于人口庞大、土地短缺和资源限制，中国应当依靠计划体制。虽然人口少的国家也许能够承受挥霍性消费带来的益处，而不必在乎自由市场造成的浪费，但党的领导层认为中国则必须区分轻重缓急，控制对利润的追求和浪费性的消费。此外，即使这种稳健的计划也有可能遭到毛的反对，因此与会者要以毛的名义为它正名。参加务虚会的通知上写的会议目的是讨论"毛主席关于加快现代化步伐的理论"。务虚会之后产生的十年经济规划也被贴上"毛主席的现代化计划"的标签。[12]

邓小平先于其他领导人意识到中国需要放宽眼界。他出访过纽约和法国，经常会见外国官员，这使他对外国发生了哪些变化以及中国已经大大落后的状况有着远比其他干部更清醒的认识。为了急起直追，中国需要做出根本性的改变。

毛泽东去世几年后，邓小平可以大胆地解释说，中国应当借鉴资本主义国家的观念，这不会威胁到中国的主权或共产党的统治。但是他在"文革"中曾被批判搞资本主义，况且1975年时人们对开放市场和向资本主义国家学习尚未达成共识，所以他只能尽量打擦边球。他推动扩大外国技术的进口；他表示同意另一些干部认为不应向外国举债的观点，但国家可以用"延期付款"的方式把外国的商品和资本引进中国。[13]此外，他赞成对工人进行物质奖励，通过"按劳"而不是"按需"的方式进行分配。但是，对旧体制的这些温和的改变仍让一些保守的干部害怕，他们继续强烈地主张要严格遵循毛主席的教导。

邓小平并没有出席务虚会,但他看了总结报告,在 8 月 18 日"工业 20 条"第一稿完成后,对其中讨论的主要问题提出了自己的看法。他承认在发展工业之前必须增加农业生产,并认为工业要向公社提供农业机械,帮助提高农业产量。当时中国的工业尚不具备出口产品的能力。为了按计划增加技术进口、改进中国的生产能力,他准备出售石油、煤炭和手工艺品。最初应当先引进一些采矿设备,这样可以使中国增加石油和煤炭生产。从整体上说,邓小平强调发展科技、改进企业管理和提高产品质量的重要性。他要求制定新的规章制度,更好地落实措施和组织纪律。他还支持向从事艰苦和危险行业的劳动者支付额外报酬。[14] 起草者于是进行了修改,把邓小平的意见吸收到文件之中。

9 月 5 日,20 家大型国企的代表被请到会上,让他们对"工业 20 条"提意见。[15] 10 月 25 日完成了新一轮修订,这恰好是毛远新首次向政治局会议传达毛泽东对邓小平的批评的同一天。虽然起草人小心地把它称为"毛主席的计划",张春桥还是在 10 月 29 日指责说,"工业 20 条"只引用了"文革"之前的毛主席语录。胡乔木赶紧又写出一稿,把"文革"期间的毛主席语录补充在内。他后来自责说,自己未料到这会招致毛的批评,给了他借口在年底将邓小平撤职。"四人帮"成员没有参加对经济问题的讨论,但是当 1976 年初邓小平的问题成为政治问题时,他们立刻加入了批判,把"工业 20 条"称为三株"大毒草"之一,说它提倡物质奖励,忽视发动群众的重要性。

"工业 20 条"形成的同时还制定了一个十年规划,用来为 11 月召开的计划工作会议做准备。10 月 5 日,邓小平亲自主持召开了第一次国务院会议,讨论成稿很快的十年规划纲要草案。他批准了这个草案并在 10 月 27 日送交毛泽东。毛同意把它印发给中央和各省负责经济工作的干部。[16]

经毛泽东批准,全国计划会议在11月1日召开,专门讨论第五个五年计划(1976年至1980年)和1976年的年度计划。来自全国各地的干部对十年规划提出修改意见,有些意见被纳入了修订稿。同时,对五年计划和年度计划的讨论仍在继续,12月底草稿被送交毛主席。[17]

新制定的五年计划和年度计划是谨慎的计划派的明显胜利,多年来他们一直在努力克服计划工作中的混乱局面,现在终于如愿以偿。[18]但是,在这些谨慎的计划派和制定出更有野心的十年规划的理论家之间也出现了分歧,这种分歧在1980年代将变得更加严重。

中国科学院

1975年6月,邓小平把精力转向重整中国的科学事业。"文革"期间,在汇聚了大量高级科学家的中国科学院,每250个科学家中就有一人被迫害致死;中科院上海分院的每150人中有一人死于非命。即使在社会上少数仍然维持运转的研究机构中,科研工作也受到极大的干扰。[19]在"文革"前夕的1965年,中国科学院有106个下属研究单位,科研人员24714人。[20]到1975年时只剩下13个研究所、两个研究室和2000多名人员,其中有1800名干部或科研人员,200名后勤人员。在1975年,很多下放农村的科学家还没有回来。邓小平、华国锋派出胡耀邦、李昌担任中国科学院核心领导小组负责人,对中国科学院进行整顿,包括选拔新领导、恢复科学著作的出版。因此,对科学界的整顿是从中国科学院开始,随后扩大到其他研究机构的。

邓小平亲自决定由胡耀邦领导中国科学院的实际整顿工作。7月中旬,华国锋代表邓小平和党中央对胡耀邦说,党希望中国科学院在四个现代化中发挥重要作用。胡耀邦首先要对中国科学院进行摸底调查,把情况汇报给中央,然后搞一个整顿计划。[21]中国科学院的整顿完成后，再整顿其他科研机构——隶属于国防部、分管经济的各部和地方政府的科研机构。之后要对学校和出版系统进行整顿。

胡耀邦率领一个3人小组，带着整顿的命令于7月18日来到中国科学院。他宣布，"文化大革命"在中国科学院已经结束，工宣队和军宣队都要离开。中科院过去被下放农村的人现在可以回到自己的单位重新工作。要让科研人员获得必要的研究文献，包括外文出版物。[22]

几周之后，胡耀邦召开了有中国科学院人员和各主要部委代表参加的一系列会议，探讨中国在未来十年的科学技术需求。这些会议标志着向制定十年科学规划迈出的第一步。从8月15日到22日，胡耀邦又和相关的党委干部开会，讨论中国科学院的重建和主要领导人的选拔。他宣布，中国的目标是在20世纪末实现包括科学现代化在内的四个现代化。[23]在整个9月份，胡耀邦与各研究所的领导开会，讨论如何克服他们工作中的具体障碍。在去各研究所之前，他全面研究了有关各所的材料，并与熟悉所内工作情况的人员交谈。

胡耀邦能够设身处地为受过罪的人着想，因为他和他们都是被迫害的幸存者。他十几岁便加入共产主义运动，不久后险些因某些有问题的社会关系而被判处死刑；"文革"期间，他在获准回京重新工作之前也受过迫害。恢复工作的科学家觉得能与他亲近，对他产生了信任感：这是一个理解他们苦难的人，因为他也受过苦。此外，经过认真研究，胡耀邦逐渐了解了各研究所存在的基本问题，他完全信任中国科学院的科学家团队。

他还帮助解决中科院人员的个人生活问题，例如改善他们的生活条件、把家属从农村调到北京。事实上，他指示各所的干部把全部下放农村劳动和"学习"的人员列出一份名单，绕开繁文缛节把他们调回来。他不怕替他们说话，为他们的事业出头。每次他在某个研究所讲话都会成为一件很轰动的事。他很快就成了中国科学家群体心目中的英雄。

9月26日，胡耀邦向邓小平汇报了中国科学院在拨乱反正、选拔新领导和恢复工作方面的进展，邓小平充分肯定了胡耀邦的工作。[24] 10月4日胡耀邦被正式任命为中国科学院"党的核心小组"第一副组长。他上任之后为各研究所任命了3套领导班子：一套管党，一套管业务，一套管后勤。他尊重专家，明确表示业务上的事由他们说了算。[25] 该年年底邓小平受到批判时，胡耀邦正在为各研究所任命新的行政领导，政治气候一变，任命进程也随即停了下来。

在制订中国科学院的整顿计划和为成立单独的中国社会科学院制订计划的同时，胡耀邦还根据邓小平的指示，着手制订了一个由中国科学院牵头的十年科学规划。由于仓促上马，胡耀邦主要利用了1956年批准的现成的十二年规划（1956—1967）。新规划的第一稿于8月11日完成，即胡耀邦召开一系列中科院研究所会议之前。它肯定了建国后前17年（1949—1966）取得的进步，在这个时期大约培养了15万名科技专家，但后来他们都被"四人帮"打成"资产阶级"科学家。文件的起草人为表明政治立场，引用了1962年毛泽东说过的中国要继续搞阶级斗争的话，但文件的重点是为促进"生产斗争和科学实验"提供稳定的工作条件。[26] 规划说明了当前农业、工业和国防急需的技术，也谈到了发展尖端技术的战略，如计算机、激光、遥感、仿生学以及在核能、粒子物理和其他领域的基础科学研究。[27]

邓小平在审阅文件时担心毛泽东的反应，他指示胡耀邦和其他起草人把分散引用的毛主席语录集中在一起，以清楚表明文件遵循了毛的总的观点。他对撰稿人说，要肯定前17年的成绩，同时要少谈后来的问题。邓小平还说，文件的篇幅也要压缩。

邓小平让胡乔木负责修订工作。胡乔木在8月26日给起草人写了一份有关邓小平的意见的说明，然后监督了修订工作，他希望最后的文件能够更符合毛的要求。9月2日完成的第四稿不再提前17年取得的科学进步，改为讲新中国成立后整个26年取得的科学进步,这样就避免了批评"文革"。文件宣布,要在 2000 年实现"毛主席提出的四个现代化",赶上甚至超过世界科技水平。文件还说,科学工作者要继续自我改造,与工农相结合。行动部分具体说明了科学家要在基础研究方面带头开创新的基础科研领域,这是他们支持四个现代化的使命的一部分。报告最后宣布,为了实现毛主席的目标,需要大批受过高等教育的杰出科学专家。文件指出,虽然不能说什么都是外国的好,但如果适合于中国,就要以开放的心态向外国人学习。[28]

在 9 月 26 日讨论该报告的国务院会议上,胡耀邦讲话时,邓小平不断插话。胡耀邦讲到追上世界科技水平时,邓小平强调说,对中国目前的水平还是要谦虚一点,因为我国在科学技术上落后于其他国家太多。邓小平一再插话,反映了他要振兴中国科学的热情——他一再说,这是实现四个现代化的关键一步。邓小平强调,要支持真正优秀的少数科学家,不要在意他们性情怪僻。解决他们的住房和其他一些生活问题很重要:他们的孩子要送进好的托儿所,还在农村的配偶都应当允许调到北京。邓小平说,1950 年代他在苏联时就了解到,苏联的原子弹的基础工作就是由 3 位只有三四十岁的年轻人完成的。邓小平批评说,相比之下我们并没有善待杰出的半导体专家黄昆,如果北京大学不用他,可以让他来半导体所当所长,给他配党委书记支持他的工作。

邓小平接着说,虽然他的法语和俄语说得都不好,但中国的科学工作者必须学习外语,以便能够阅读国外文献。他们也要学习科学理论,如果不懂数理化,不管有什么文凭都没有能力搞科研。他还替那些在"文革"中挨批但仍坚持做研究的科学工作者辩护,说他们"比占着茅坑不拉屎的人,比闹派性、拉后腿的人好得多"。[29]

邓小平批评说,有些人甚至不敢提"专"字。在他看来,国家应当爱护自己的专家。中国要在工厂引进自动化,要支持能够从事这项工作的科技人员。他知道对"资产阶级知识分子"的批判仍在持续，因此强调说科技人员也是劳动者。他指示说，十年科学规划经过修改后要送交毛主席和政治局委员。[30]

邓小平很少像在这次科学会议上那样激动。他不但不时插话，而且大力主张科研必须在四化中起带头作用。但是他又认为，为了发挥这种带头作用，不必进行全面整顿。[31] 科技部门的45000名干部不需要像一些人建议的那样全部调动，只动其中的5000人就够了。关键是各级领导班子。那些一不懂行、二不热心做事的人，为什么还要保留他们的职位？为什么不能提拔知识水平高的人当研究机构的领导？挑战是艰巨的，关键要依靠40出头的科技人员和领导干部，以及那些年龄更大、在"文革"前受过教育的人。他说，在中国的教育系统中一些大学只有西方中学的水平，它所面对的危机将阻碍整个现代化工作。[32]

胡乔木在9月28日把邓小平的讲话吸收进了第五稿。报告必不可少地歌颂了马列主义和毛泽东思想，但也大胆宣布政治理论不能代替科学。毛泽东第一次看到的就是这个第五稿。恰恰是在这时，毛泽东的侄子毛远新应毛泽东之邀来北京看望他。毛向侄子表示，他对邓小平及其在清华大学的整顿工作有意见。毛泽东对科学规划也很恼火。他的怒气集中在一句话上："科学技术是生产力"，这是胡乔木在最后一稿加进去的。毛泽东坚信，他从来没有说过这种话。[33]

此时，邓小平发展社会科学的规划也有了成果。他本人很重视振兴自然科学，但他也同意要为哲学和社会科学注入新的活力。尽管这个领域深具政治敏感性，邓小平仍大胆提出，社会科学十分重要，需要成立一个单独的社会科学院。1975年8月30日，在邓小平的支持下，胡乔木起草了恢复中国科学院哲学和社会科学部的"国务院第142号令"。胡乔木在这个文件中提出成立一个独立的科学院的计划，此即后来的中国社会科学院。邓小平还宣布，社会科学研究机构要逐渐恢复出版专业刊物，为了给他们的工作打下理论基础，首先要办一个面向非专业读者的综合性刊物。为了减少受"四人帮"和毛泽东批评的风险,邓小平指示说,杂志采用的稿件一律送政研室审查,以避免一切有可能激怒激进派的言论。胡乔木在创办刊物的请示信中采取了预防措施,宣布刊物将遵循马列主义和毛泽东思想。

胡乔木在10月4日完成了有关哲学和社会科学工作的请示报告,邓小平在次日便把它送交毛泽东。毛在10月6日批准了文件,包括出版第一期新杂志《思想战线》。很快又召开了研究这个杂志的座谈会。但是10月25日邓小平在政治局会议上受到批评后,出版杂志的计划戛然而止,那些文章从未面世。胡乔木想继续落实这个计划,但政研室受到毛的压力,不得不在1976年1月17日宣布它不再承担指导哲学和社会科学的工作。[34] 恢复中国社会科学这项大事业还没有真正起步就流产了。

文艺界的小百花齐放

邓小平在促进文化领域的任何变化时都要特别小心,因为毛泽东对文艺工作特别敏感。"文革"期间,江青严密控制着一切文化活动:除了她的样板戏之外不允许上演其他任何剧目。所有杂志也基本上全部停刊,只有很少的短篇小说和长篇小说得以出版。书店里只卖《毛选》、革命英雄故事、为数不多的教科书和少量初级技术教材,书店门可罗雀。很多知识分子被下放到"五七干校"接受改造,在那里参加劳动,学习毛泽东思想,开展批评和自我批评;他们没有机会读小说和故事。

但是,毛泽东在1975年觉得小说、戏剧的创作太少了,他对邓小平抱怨说:"样板戏太少,而且稍微有点错误就挨批。百花齐放没有了。别人不能提意见,不好。怕写文章,怕写戏,没有小说,没有诗歌。"[35] 得到毛的允许后,邓小平立刻印发了毛的指示并在党内传达。知道自己不熟悉文艺工作,邓小平当天——就是7月9

日——便把政研室里老资格的人召集起来开了个会，让他们搜集文化、科学和教育领域的出版物，以搞清楚能在多大程度上落实毛泽东的"双百"方针。他们的判断是文化生活死气沉沉，这就为有限扩大可以允许的文化活动范围铺平了道路。[36]

在向邓小平抱怨文化缺乏活力的几天以前，毛泽东让秘书交给政治局一封信，宣布要释放周扬——他在"文革"以前相当于中国的文化沙皇。毛说："久关不是办法。"周扬的妻子于7月12日得到了丈夫获释的消息。很快，受到周扬牵连的很多著名人士也被释放。几天以后毛泽东对江青说，他希望看到文艺工作有更大的创作空间，对作家要宽宏大量一些。他表示，作家有思想问题，要本着"治病救人"的态度做工作。[37]

但是，毛泽东仍然让"四人帮"掌管着中宣部、文化部、解放军总政治部、《人民日报》和《红旗》杂志这些领导、指导思想文化的重要机构。实际上，从1975年7月起，他让"四人帮"和邓小平来回拉锯。"四人帮"对任何批评毛泽东的言论，无论是公开的还是隐晦的，一向十分警惕；邓小平则在胡乔木的支持下推动了一场小规模的百花齐放。他和胡乔木对毛泽东允许放宽活动范围的任何暗示都不放过，会随即采取行动，同时小心翼翼地避免出轨。

因此难怪周扬的获释继续成为双方冲突的根源。毛泽东在7月27日宣布，周扬的问题不是敌我矛盾，没那么严重。邓小平在第二天就把毛的话四处传达。可是"四人帮"仍然想方设法阻止完全恢复周扬的工资和职务。在这场拉锯战中，江青还阻挠周扬得到参加国庆庆典的特别邀请。毛泽东后来得知此事，气愤地表达了不满。[38]

另外一些小冲突因电影而起。胡乔木碰巧看到一些文件，表明"四人帮"在压制一部对工人和某些老干部——特别是令江青讨厌的余秋里——进行歌颂的电影。胡乔木于是授意电影剧本的作者给毛泽东写信，请求批准电影的发行。他还为作者出谋划策，让他写信时不要感情用事，要字字有据，不要偏激，以便让人觉得这部电影确实应该得到公演。剧本作者接受了胡的建议,他在信中表示,他完全是遵照毛主席《在延安文艺工作座谈会上的讲话》的教导来创作这部电影的,电影表现了工人做出的贡献,工人们为此感到自豪,他们很喜欢这部电影。[39]

扩大文艺自由的一大突破就发生在 7 月 25 日毛泽东看了这部名为《创业》的电影之后。该电影歌颂了开发大庆油田的余秋里和一批工人,他们长久以来一直受到毛的赞扬。胡乔木估计,既然如此,毛应该会对该片有好感,于是指示收集有关材料。7 月 25 日,刚做完眼部手术而视力大为改善的毛泽东看了电影,心情不错。他因口齿不清,便写了几行潦草的大字,每页有 5 到 12 个字,一共写了 6 页。他写道:"此片无大错,建议通过发行。不要求全责备。而且罪名有十条之多,太过分了,不利调整党的文艺政策。"

第二天邓小平正在主持政研室会议时接到了毛的信。他中断会议,把信大声读了一遍。毛在信中说,文化部太粗暴,连这样的好影片也不许放映,还有什么百花齐放?邓小平很快就把这封信公之于众,让文艺界大受鼓舞。自"文革"以来,这还是"四人帮"的文艺政策第一次受到公开批评。胡乔木关心的是继续得到毛的支持,因此告诫剧本作者不要夸耀自己的成功;他还建议作者的妻子给毛泽东写一封感谢信。[40]

邓小平不失时机地利用了这一突破。他批准了另一封致毛泽东的信,内容有关根据小说《海岛女民兵》改编的电影《海霞》。后来,胡乔木和邓力群甚至邓小平本人都帮助作者和作曲家给毛泽东写信,让他同意扩大文艺创作的自由,在一些事上他们也确实取得了成功。

鲁迅被公认为 20 世纪中国最伟大的作家,毛泽东十分崇敬鲁迅也是众所周知的,然而江青在 1970 年代却对出版鲁迅的书信之事横加阻挠。在 1975 年秋天,鲁迅之子周海婴根据胡乔木的建议给毛泽东写了一封信,请求他准许出版父亲的著作。胡乔木把信交给邓小平,由他转交毛泽东。毛回信说:"我赞成周海婴同志的意见。请将周信印发政治局,并讨论一次,作出决定,立即实行。"到1981年时,包括注释在内的16卷《鲁迅全集》得以全部出版。[41]

在1975年7月之后的几个月里,毛泽东对文化生活的支持使"四人帮"退居守势。王洪文正在上海和浙江安抚造反派。姚文元被派到上海后发牢骚说自己与普通市民无异,"挤公交车上班"。[42]江青仍在北京,但她被管得很严,无法阻止人们接二连三地请求毛泽东增加文化作品的供给。

杂志恢复出版的速度要比小说慢一些。已于1966年停刊的《人民文学》杂志在1975年夏天宣布即将复刊。不难预料,"四人帮"试图阻止《人民文学》复刊,未能得逞后他们又试图对杂志的内容尽量施加影响。邓小平领导着《人民文学》与"四人帮"的斗争,但他在10月上旬开始受到批评后,保守的文化部又占了上风。1976年1月《人民文学》第一期出版时,邓小平已经控制不了它的内容了。[43]

周荣鑫恢复高等教育的努力

1975年夏天,邓小平和他的教育部长周荣鑫等人果敢地开始着手恢复中国的高等教育。"文革"期间仍在开课的大学寥寥无几,而它们也不再是真正的高等教育机构。毛泽东在1968年7月21日就做出指示,大学的学制要缩短,要从工人、农民中招收学生,学成后还要回到生产第一线。1970年6月又宣布,要让工农兵而不是学术人员管理大学。大学都要建校办工厂,让学生能够用一部分时间在工厂劳动。1971年8月13日又发布正式规定,上大学要通过推荐而不是考试。[44]这些改变对中国高等教育造成了严重破坏。美国科学家在1973年5月访问过中国一流大学北京大学后的结论是,该校的科学教育大体相当于美国初等技术学院的水平。[45]

邓小平知道毛泽东和其他激进派很难反对开办军事院校，部分是基于这一点，他开始恢复高等教育。在"文革"期间，中国最好的军事科技大学——哈尔滨军事工程学院——的很多人被调往长沙加入长沙工学院，以提高该校水平。[46] 甚至在普通院校恢复正常工作之前，少数有学术前途的知识分子就已经被允许进入这所学校和其他一些军事院校，理由是他们的研究与军事有关。

其他大多数知识分子的处境却很严峻。1972年尼克松访华后不久，北京大学的行政领导周培源应邀向周恩来汇报中国的科学现状。周培源鼓起勇气说，中国在所有32个科学领域都已经大大落后。[47] 此外，随着毛泽东在1974年元旦开展"批林批孔"运动，学者们恢复正常工作的一线希望也化为泡影。[48] 科学的进步仍然有待来日。

周恩来在1974年12月与毛泽东谈话回京后，又燃起了恢复高等教育的希望。在这次会面时，他答应让"四人帮"的人负责文化体育部门，但竭力争取让他推荐的人选周荣鑫主管教育，并且得到了毛的批准。周荣鑫过去与周恩来没有什么关系，他大部分时间都在从事党务工作，但是他上过延安的抗日军政大学，1961年短期担任过教育部副部长。他在任教育部副部长时开始拟定真正的大学教育计划，但并未得到毛的批准，第二年他的计划便无果而终。

1975年1月担任了教育部长后，周荣鑫在周恩来和邓小平的支持下，再次计划恢复高等教育。[49] 为了减少毛泽东提出反对的风险，他谨慎地重申政治学习的重要性，包括学习马列主义和毛主席有关教育的教导。但是他也试图进行真正的改革。从5月到9月，教育部根据周荣鑫的指示，主持召开了多次讨论教育工作的座谈会。教育部还出版了一个刊物《教育革命通讯》，周荣鑫借此向在高等教育方面真正有经验的人表达自己的看法。[50] 他大胆指出，工农兵学员在大学里上一年学，不可能学到过去的学生在三年里学到的东西。他还大胆地说，工农兵学员上完大学后再回到原来的工厂或农村,无法满足国家对受过培训的干部和科技专家的需要。[51]

邓小平完全支持周荣鑫。他在9月26日的讲话中说,所有的现代化国家,不管是什么社会制度,都需要受过高等教育的专业人员,但中国的大学却下降到只有其他国家的中学的水平。一年以前,美国大学校长代表团小心翼翼地对邓小平说,在他们看来中国的高等教育存在严重问题。令他们大感意外的是,邓小平回答说,他完全同意他们的看法,他希望他们把这种观点也讲给党的其他干部听一听。[52]

在9月27日至10月4日的农村工作座谈会上,邓小平再次谈到要改进中国的高等教育机构。他说,为了响应毛主席实现四个现代化的号召,国家需要受过高等教育的干部。他还说,大学的主要任务是教学,为了让教师好好教书,必须改善教师的地位。[53] 这些话在几年之后听起来也许像是常识,但是在当时的政治气氛下邓小平是很有勇气的。

邓小平在1975年甚至建议,学生不必中断学业参加两年劳动就可以直接从高中升入大学。实际上,诺贝尔物理学奖得主美籍华人李政道在1972年10月会见周恩来时就提出过这种建议;1974年5月30日李政道向毛泽东提出这个建议时,毛泽东甚至也表示同意。然而,1975年11月,这个当时被称为"周总理指示"的想法却成了批判邓小平想重新使用"走资派"、"刮右倾翻案风"的理由之一。[54] 只要毛泽东还在人世,邓小平是无法实现让大学恢复正常教育这一目标的。

同时,周荣鑫在邓小平的鼓励下开始起草一份指导教育政策的文件。11月12日文件第三稿完成时批邓已经开始,但草稿的基本要点并没有变:对于从1949年到1966年上学的人,他们所受教育的价值应当给予肯定(不应把他们划为"资产阶级知识分子");应当恢复专业化的高等教育,高中和大学教育的时间应当延长;要提高教育的整体水平。两天以后的11月14日,周荣鑫被叫到政治局会议上，他的建议受到了猛烈批判。[55]

对周荣鑫的批判甚至比对邓小平的批判还要严厉。他在1975年12月不断挨批，直到病倒被送进医院。尽管如此，他仍被从医院揪出来参加了50多场批斗会。最后，周荣鑫在1976年4月12日上午的批斗会上昏倒并于次日黎明前去世，年仅59岁。[56]中国的教育改革也一时归于沉寂。

将邓小平撤职的前奏

晚年的毛泽东很少把时间用在治国的具体事务上，而是花大量时间沉溺于他所喜爱的文史之中，而且很留意其中的内容对当前政局的意义。1975年7月23日动眼部手术之前，他几乎什么也看不见，从1975年5月29日起，北京大学中文系的女教师芦荻来给他读古典小说，并且与他一起讨论。芦荻在8月14日记下了毛泽东对古典侠义小说《水浒》的评论，其中包括毛的这样一种观点：他认为梁山义军的故事对当代也有意义。[57]毛的这个看法传到了姚文元那里，他便抓住机会和江青一起批判周恩来和邓小平，说他们跟宋江一样是丧失了革命热情的投降派。[58]

邓小平虽然察觉到了麻烦，但在8月21日的政治研究室会议上，他试图使事态得到控制。他说，评《水浒》"就是文艺评论，没有别的意思"。[59]然而毛泽东却另有打算，他要让辩论在群众中大张旗鼓地进行。毛已经在担心邓小平会像周恩来一样热衷于解放对"文革"十分反感的大批老干部。直接谈论毛泽东死后邓小平可能会如何对待毛的遗产在当时还过于敏感，"四人帮"便采取间接手段，讨论赫鲁晓夫如何抹黑斯大林。批邓的人警告说，他最终可能变成中国的赫鲁晓夫。既然邓小平以"打击派性"作幌子将造反派撤职，让老干部卷土重来，难道他们不会抹杀毛主席的威望，对毛主席和打击过他们的造反派进行报复？

江青一直在寻找既能讨好毛泽东又能批邓的机会,她抓住了毛泽东评《水浒》所提供的机会。从8月23日到9月5日,《光明日报》、《人民日报》和《红旗》杂志等报刊上发表了一系列文章,告诫读者《水浒》中的义军领袖宋江是一个反面教材。江青也开始更嚣张地指责邓小平等人从事的整顿工作。9月15日,她利用一次大型会议("全国农业学大寨工作会议")进行了一个小时的恶毒攻击。她借《水浒》指桑骂槐,指责一些高级干部想架空毛主席。

然而,毛泽东在1974年秋天以后想实现安定团结,一直对江青加以限制,他觉得江青在学大寨会议上胡闹,话说得太过火。唐闻生把江青的讲话稿交给毛泽东过目时,他说这个讲话是"放屁,文不对题",没有允许它发表。他还让江青以后少说话。[60] 很多高级干部猜测毛对不断批判以前的造反派、继续为老干部平反已经有所不满,但"评《水浒》"的运动当时还是平息了下来。

在这期间,周恩来也感到了"评《水浒》"运动的压力,1975年9月20日他进手术室之前把自己关在医院一个小房间里,仔细阅读了有关1931年他从事地下工作时的一桩案子("伍豪事件")的录音记录稿,该案称他涉嫌公开发表脱党声明。他在进手术室之前对妻子邓颖超说,"我是忠于党、忠于人民的,我不是投降派!"邓颖超把他的话告诉了汪东兴,请他转告毛泽东。[61] 看来周恩来就像毛泽东一样,在生命的最后几个月里也很担心自己在党内的名声。

关于清华大学的冲突,1975年秋

1975年7月23日动过眼部手术后,毛泽东开始阅读以前无法阅读的文件。他越看越觉得邓小平走得太快,已经超出了恢复安定团结的范围。[62] 10月份毛泽东开始关注清华大学,他早在1969年就把"六厂两校"——两校是指清华和北大——树为全国的样板,因此心里一直想着该校。"文革"早期曾经得到毛泽东支持的人在 1975 年一批接一批受到邓小平的批评,毛一直忍着没有发作。但是邓小平在清华大学的事情上走得太远了。[63]

邓小平这一代政治领袖中没有人上过大学,但是与毛泽东不同,邓小平和他那个时代另一些聪明的共产党人,如周恩来、叶剑英、胡耀邦和赵紫阳,本能地愿意与知识分子相处,深信他们的帮助对现代化事业至关重要。邓小平知道毛泽东对"资产阶级知识分子"很敏感,但是他在其他领域的成功整顿使他对维持毛的支持有了信心,便在 1975 年末开始尝试把整顿工作推向清华大学,尽管他知道毛泽东对那里有着特殊的关心。

1975 年清华大学的负责人包括党委书记迟群和副书记谢静宜,都是"文革"初期作为"工人宣传队"成员来到清华的造反派。迟群原是军人,当过负责保卫中南海的 8341 部队("中央警卫团")的政治部宣传科副科长,在 1968 年被汪东兴派到清华大学。这个铁杆的造反派后来当上了大学党委书记。他在清华的战友谢静宜从 1958 年到 1968 年担任毛主席的机要秘书,毛一直用通常称呼晚辈的方式叫她"小谢"。"小谢"后来被提拔为北京市委副书记兼清华大学党委副书记。迟群和谢静宜虽然有激进派的支持,但清华大学的知识分子都把他们视为难以忍受的意识形态狂。

邓小平在 1975 年 8 月扩大整顿范围时,清华大学党委副书记刘冰看到了希望。他过去是胡耀邦在共青团中的部下,在校内一些知识分子的鼓动之下,他于 8 月份给毛泽东写了一封信,揭发迟群过着堕落的资产阶级生活、毒化校园气氛。刘冰在信中说,迟群既不看文件,也不接见外人,工作不负责任;他经常酗酒,发脾气,辱骂别人,有时还大发雷霆,往桌子上摔杯子,男女关系上也很不检点。刘冰向胡耀邦请教有什么适当的渠道可以把信送给毛泽东,胡耀邦建议他先把信交给邓小平。邓小平马上就大胆地把信转给了毛泽东。

毛泽东既没有答复刘冰，也没对邓小平说什么。可是迟群知道了这封信，他立刻召开党委会，批判"清华的党委内部支持修正主义路线的人"，即刘冰及其支持者。不久后刘冰又写了一封信，把矛头也指向谢静宜。他说，身为党委书记的迟群在谢静宜的支持下，阻止在校内传达邓小平的讲话和教育部长周荣鑫的指示（周荣鑫宣布学生不必再用三分之一的时间从事劳动；要减少低学历的工农学生的数量；把重点放在培养科技专家上）。李鑫等人劝邓小平不要转交刘冰的第二封信，因为毛泽东对两间样板学校十分敏感，然而邓小平不为所动，还是把信转给了毛泽东。[64]

10月19日，毛泽东把李先念和汪东兴等人叫去开会，却没有叫邓小平。毛对他们说，刘冰"信的动机不纯，想打倒迟群和小谢。信的矛头是对着我的……小谢在1968年是带三万工人进清华大学的"。毛泽东问，刘冰为何不把信直接交给他，还要让邓小平转交？他让他们"告诉小平注意，不要上刘冰的当"。[65] 根据毛的指示，邓小平在10月23日主持召开政治局扩大会议传达了毛的指示。北京市委的高官又把毛的指示传达给了清华大学党委。

也就是在这时，毛泽东注意到了《科学院工作汇报提纲》第五稿中令他反感的引文。这个提纲引用毛的话说，"科学技术是生产力"。毛看过之后说，他从来没有说过这句话。他说，这样说等于把科学技术看得和阶级斗争一样重要，他不能接受这种观点。在毛看来"阶级斗争是纲"。邓小平被毛泽东叫去训了一顿后，让负责起草文件的胡乔木去查找出处。胡乔木经核对后发现毛泽东是对的——他从未说过那样的话。胡乔木仅仅是从毛的著作中偶尔看到了一个类似的观点，他作为编辑稍稍改动了一下措辞。[66] 毛泽东允许邓小平纠正"文革"造成的很多破坏，但他仍相信"文化大革命就是好"。现在邓小平却向深处动手了。假如毛泽东还在世时邓小平就敢篡改他的指示，打击他在清华大学的人，那么毛去世之后，说不定他还能干出什么事来。

毛泽东的新联络员毛远新，1975年10月—1976年4月

毛泽东对邓小平不尊重其意见的疑心日益增长，同时他对自己的联络员"两位小姐"（唐闻生和毛的远亲王海容）的怀疑也有增无减。她们正在变得过于亲近邓小平。[67] 毛说，她们就像"沉船上的耗子"。[68] 毛泽东已届风烛残年，邓小平正冉冉上升，不能再指望她们忠实于他这艘正在下沉的船了。确实，即使在失宠于毛泽东之后，邓小平仍然不时与她们见面。[69]

由于1972年尼克松访华时唐闻生发挥过关键作用，因此当朱丽·尼克松（Julie Nixon）和大卫·艾森豪威尔（David Eisenhower）在1976年元月1日至2日访华时，毛泽东仍让唐闻生担任翻译。[70] 但这也是她最后一次给毛泽东做翻译。几周之前毛泽东已经开始依靠另一个联络员——他的侄子毛远新。

毛远新在成为毛泽东的联络员时已经是一个成熟的、富有经验的干部，热衷于执行毛的指示。他在前往新疆（他父亲成为烈士的地方）参加1975年9月30日新疆维吾尔自治区成立20周年庆典的途中，于9月27日在毛泽东的北京住所暂住。像往常一样，他向伯父详细汇报了东北的情况。他说那里有两派意见，一些人认为"文革"是七分成绩，也有人认为"文革"是七分失败。他说，否定"文革"的声音甚至比1972年林彪死后周总理批极"左"的调门更高。

参加了新疆的庆典后，毛远新回东北花一周时间处理自己的事情，然后便到北京当上了伯父的专职联络员。毛远新对伯父心存敬畏，与之有相同的激进观点。作为一名有经验的干部和毛泽东的侄子，他的联络员角色要比"两位小姐"权威得多。在毛泽东部署几乎每天开展的批邓运动时，他也比她们发挥了更加积极主动的作用。

一些拥护邓小平的人后来说，是毛远新使毛泽东对邓小平起了

疑心。例如，他让毛泽东注意到邓小平在毛已经批准的文件下发前对其所做的一些改动。不过，其实毛泽东在毛远新到来之前就已经对邓小平起了疑心。[71] 还有一些干部确信，毛远新在传达毛的指示时塞进了他自己的一些观点。

不论是否如邓的拥护者所说，是毛远新将毛邓之间的问题升级，毛远新确实持激进观点，1974年底他在辽宁时就与迟群有过一段合作。两人一起推广"朝阳经验"，目的是向学校提供适合培养农村干部需要的教材，以此进行思想政治教育。[72] 因此，毛远新本人也同意迟群认为思想教育在清华大学很重要的观点；他像迟群一样，反对刘冰、邓小平和周荣鑫重视学术质量的新做法。

毛泽东发动批邓，1975年11月

邓小平意识到了毛泽东对他的工作日益不满，于是在10月31日请求与毛泽东见一面。毛第二天便接见了他，批评他支持刘冰。[73] 但是毛泽东也给了他一些安慰。邓小平请求毛泽东对过去几个月中央委员会的工作做一个评价，毛说"对"。这等于承认了整顿的成绩。[74] 毛泽东在过去两三个月与江青的几次见面中依然一如既往地支持邓小平，因此邓小平虽然明知有一定风险，仍对毛的继续支持抱有希望。然而事与愿违，他高估了自己在未来几周内能从毛那里得到的支持。

毛远新第二天见到毛泽东时，向他的伯父汇报说，邓小平很少谈"文革"的成绩，很少批判刘少奇的修正主义路线，也几乎不曾称赞以周恩来作为主要对象的"批林批孔"运动。毛远新说，邓小平几乎不提阶级斗争，只抓生产。最后，也是最令毛泽东担心的，他对伯父说，邓小平有恢复"文革"前体制的危险。[75] 毛泽东与侄子这次见面后，邓小平和毛泽东之间的紧张迅速加剧。

邓小平数次试图单独面见毛泽东"向他请示"，但是在11月1

日见面之后，毛泽东总是拒绝见他。如果邓小平只在私下里对他说拥护"文革"，那么在毛去世之后邓小平可以否认自己说过的话。看过相关文件的党史专家相信，毛泽东想让邓小平拥护"文革"的话被别人听到，或是写成白纸黑字，这样邓就无法公开否定"文革"了。例如，当毛泽东在11月2日与毛远新见面时，他让毛远新当天去见邓小平，在另外两个干部在场的情况下把他的意见转告给邓小平。

虽然邓榕没有记下日期，但她讲述了父亲在家里与毛远新的一次会面，此事很可能就发生在那个晚上。[76] 她写道，一天晚上，毛远新奉毛泽东之命来到她家与邓小平谈话。她不清楚他们关起门来说了些什么，但她敢说毛远新是"来者不善"，父亲则是"绝对不会动摇"。据她判断，"父亲和毛远新这次谈话并不愉快。毛远新走的时候，父亲没有送客"。[77] 据说，毛远新刚担任联络员时，对邓小平等党内老干部多少有些缺乏自信。但是若他讲话时有毛泽东在背后全力为他撑腰，他便底气很足。不难想象，邓小平为自己取得的很多个人成就而自豪，他坚信自己是正确的，不愿意肯定"文革"，对于这个年龄小他一半的人对自己说三道四自然不会有好感。

毛泽东指定了另外两个人——汪东兴和陈锡联——在第二天跟毛远新和邓小平一起开会，他们对"文革"都持有和毛一样的观点。邓小平知道毛远新会向主席汇报，但他并没有动摇。他直截了当地表明了自己的观点："按你[毛远新]的描述，是中央整个执行了修正主义路线，而且是所有领域都没有执行主席的路线……这个话不好说。……我主持中央工作三个多月是什么路线，……全国的形势是好一点，还是坏一点……是好是坏实践可以证明。"邓小平知道自己会触犯毛泽东，于是又加了一句，说他愿意再做检讨。[78]

这次见面之后，毛远新当天就向毛泽东汇报说，邓小平没有顺从地接受批评。毛泽东对侄子说，马上再开一个8人会议，原来的4个人（邓小平、毛远新、汪东兴和陈锡联），再加上张春桥（"四人帮"成员之一)和3名副总理——李先念、纪登奎和华国锋,他们都是"文革"期间维持着经济和政府工作的人。毛说,"不怕吵,吵也不要紧,然后政治局再讨论。"此前毛泽东曾说过"文革"是九分成绩,但他在准备这次会议时做一点让步:邓小平和其他干部必须同意"文革"是七分成绩,"[政治局会议]一次开不好,两次,三次,不要急"。[79]

第二天,即11月4日,这个8人小组便召开会议,毛远新当晚向毛泽东汇报了会议的结果。毛远新要求邓小平同意"文革"是以成绩为主,拥护继续以阶级斗争为纲,邓却不愿向毛的侄子直接做出回答。毛泽东显然对这种反应感到失望,不过他对侄子说,让他们批评邓小平不是为了撤他的职,而是要帮他纠正错误。毛还告诉侄子,要提醒"四人帮"成员之一的张春桥,这些谈话的内容一个字也不要向江青透露,[80]因为她总是在伺机公开批邓。毛远新给伯父汇报完以后,毛泽东指示8个人继续开会,他们也照办。毛远新在11月7日又向伯父汇报说,让邓小平做出让步的事毫无进展。

毛泽东接下来采取的策略是逐渐增加开会的人数,使压力层层加码,直到邓小平明确表示拥护"文革"。因而,他指示毛远新召集政治局包括江青在内的全部17名成员开会。政治局成员要点名批评文化和科技部门那些支持邓小平的人:胡乔木、胡耀邦、李昌和周荣鑫。邓小平的女儿邓榕说,打击这些得到邓小平支持的人是向邓小平施加更大压力的手段,因为他知道自己拒不让步会给他的同道带来大麻烦。如前所说,教育部长周荣鑫曾任浙江大学校长,长期担任周恩来和陈云的助手,他一直大胆直言要通过提高教育水平促进现代化,甚至提出要减少思想教育的作用。[81]因此,在11月8日进一步批邓时,分管教育的张春桥对周荣鑫说,他必须就鼓励学生只管学习、忽视政治斗争的行为做出检讨。

在政治局开会批评邓小平及其同道的同时,邓小平的拥护者因其所持的精英教育观点也受到了公开谴责。当时邓小平还没有被公开点名,但是在 11 月 13 日,由于毛泽东对邓小平在前几次会上不做回答很不满意,于是给政治局下达书面指示,要他们对邓小平进行"帮助"。

两天以后,邓小平敏锐地觉察到毛泽东的批评的严重性,而且他很可能十分清楚毛对王洪文不再抱有希望,因此给毛泽东写信,建议让已在浙江完成工作的王洪文代替他领导中央的日常工作。毛泽东当晚就做出了答复,他说,还是要由邓小平继续主持会议。他没有再让王洪文恢复以前的工作,两个月以后他任命华国锋担任了国务院代总理并主持中央工作。

11 月 16 日和 17 日,政治局再次开会批评邓小平及其在教育和科技领域的主要拥护者。像周恩来一样,邓小平无奈地遵照毛的指示,主持召开了批判自己的会议。毛远新作了关键发言,他批评邓小平不执行毛主席关于肯定"文化大革命"和阶级斗争的指示,没有遵循毛泽东的教育方针。当时也被允许到会的江青及其激进派盟友加入了批邓的合唱。邓小平除了作为会议主持必不可少的三言两语以外,几乎一言不发。他让批他的人说完后,把同样受到批评的人——胡耀邦、胡乔木、周荣鑫、李昌和刘冰——也叫到会上来,让他们说明自己的立场。[82] 但是,当会议结束要进行总结发言时,邓小平却推辞了,他说自己听力不好。

批邓的进程在 11 月的上半月迅速升级,于 11 月 20 日达到了顶点,这时的讨论已经转向对"文革"的全面评价。按照毛泽东的指示,邓小平再次主持会议。邓小平很少征求别人的意见,但是在召开这次会议前的几天,面对不断的压力,他去征求了周恩来、叶剑英和陈云的意见。他要力争以毛泽东最不会反对的方式避免肯定"文革"。他按纪登奎的建议说自己在"文革"期间是"桃花源中人,不知有汉,无论魏晋"。[83] 毛泽东本人在几周前提到过陶渊明《桃花源记》中的这句隐喻。然而邓小平这种回避术并不能让毛泽东满意,他要的是对"文革"的明确肯定。毛泽东和邓小平都走进了僵局。

40多年来，邓小平对毛泽东一直是有令必行。他在"文革"中成了批判对象，自己的长子跳楼致残，他对"文革"无疑抱有强烈的反感，但是长久以来他一直把个人感情与国家大事分开，无怨无悔地听从毛的命令。那么，既然他很清楚毛的意图，为何现在非要拒不服从呢？邓小平知道，毛的身体一日不如一日，已经不能再像过去那样操控大局，事实上已经来日无多。但是，答案还要从邓小平对中国未来需要的评估中找。薄一波后来说，如果邓小平肯定"文革"，他就无法进行整顿，无法做到"实事求是"，也无法实行新的改革政策，解放人们的思想。[84] 他会留下拥护过去错误政策的记录，使他无法去做他认为推动国家前进必须做的事。一些被他撤职的造反派也会卷土重来，使他的工作变得更加艰难，尤其是在教育和科技领域。假如他能在毛泽东死后获得一定的统治权，他需要与阶级斗争划清界限，继续他的整顿政策，使那些在"文革"中受过迫害、视"文革"为一场灾难的人与他充分合作。

如果邓小平听从周恩来或陈云的劝告，他就要屈服于毛的压力，这也许能避免他下台，但是邓小平没有屈服。据邓榕回忆，当父亲在年初开始大力进行整顿时，他已经估计到有可能挨批和丢官，他已经做好了精神准备。[85] 尽管邓小平在当时处境艰难，前途未卜，但到1977年重新上台时，他在1975年与毛泽东划清界限、拒不让步的做法却为他提供了更大的活动空间。

毛邓两人都划出了自己的底线，但是在准备11月24日政治局的"打招呼会"时，他们的行动仍然有所节制。毛泽东很清楚在邓小平领导下1975年所取得的巨大进步。他本人也赞成邓小平做的很多事情。他知道，在恢复安定的能力上，没有人能比得上邓小平，况且他也没有替换邓小平的更好人选。此外，福特总统就要在12月1日至5日访华，周恩来重病在身，邓小平上个月还与基辛格一起为福特的访华做准备，毛泽东不知道还有哪个熟悉外交的领导人能够在美国支持台湾、拖延承认中国、与苏联搞缓和这些敏感问题上巧妙而强有力地表达中方的观点。

在12月初与福特的第一次会谈中,邓小平借用古典名著《三国演义》中的故事,比喻美国对苏联让步有太多的危险。他说,魏王曹操打了胜仗之后,大将军吕布愿意为他效劳,可是曹操疑心吕布不忠,说他"譬如养鹰,饥则为用,饱则扬去"。[86] 换言之,满足苏联的要求从长远看是没有用的,因为它的需要一旦得到满足,它还是会追求自己的利益。人们不免猜想,邓小平讲这个故事时,是否也在把自己比作吕布,他的忠心受到领袖的怀疑,他也有可能从其掌心"扬去"。

毛泽东在会见福特时说,中国论武器装备打不过苏联,只能放放空炮,"如果说到骂人,这种本事我们倒是有一点"。[87] 为了向邓小平施压,毛让江青及其激进派盟友充分施展了"这种本事"。邓小平知道毛泽东仍然掌握着决定他命运的大权,他必须与那些仍然敬仰毛泽东的干部共事,尽管"文革"造成了许多错误。由毛泽东准备讲稿、仍由邓小平主持的定于11月24日召开的会议,是要提醒老干部牢记党的正确路线。邓小平在会议召开的三天前给毛泽东写信,就如何主持这次会提出了具体建议。毛在第二天就批准了他的建议。毛还指示说,也要请一些中青年干部,他们也要对路线方针有正确的理解。但是毛邓两人都知道,大多数"中青年干部"都是过去的造反派,他们在会上会对邓小平施展"骂人的本事"。但是毛泽东随后又改变了主意,他在第二天指示说,不必急着给中青年干部打招呼,这可以等到以后的会议再做。[88] 此时毛泽东仍然不想开足马力批邓。

11月24日的"打招呼会"有130多名高级干部参加,听取毛泽东关于如何"避免犯新的错误"的指示,也就是说,如何终止对邓小平的施政路线的追随。根据毛泽东对会议的指示,邓小平大声宣读了毛的信。毛在信中批评刘冰想搞掉迟群和谢静宜,他说,刘冰的信其实是冲着支持迟群和谢静宜的我来的。他没有点邓小平的名，但是刘冰的信是由邓小平转给毛泽东的，因此开会的人显然知道这是在批邓小平。会议要求邓小平对毛的信做出答复，邓小平想找一条脱身之计，既不肯定"文革"，又服从毛的指示。他说：主席希望干部对"文革"有一个正确的态度；主席说，以阶级斗争为纲是党的基本路线。[89] 事实上他只承认了毛主席说的话就是党的政策，但并没有说自己同意这些话。《打招呼会的讲话要点》经毛泽东批准后，于11月26日下发给了全国高层党政军干部。文件虽然没有点邓小平的名，但是看文件的人都清楚，他遇上了大麻烦。[90]

扩大批邓，1975年12月—1976年1月8日

11月26日下发了24日会议的讲话要点之后，政治局又在两个月内召开了一系列会议，批判邓小平的"右倾翻案风"，这是指他允许太多的老干部恢复工作的做法。毛泽东继续让邓小平主持以他作为主要批判对象的会议。邓小平在会上除了宣布"开会"、"散会"外，就静静地坐在那里听凭江青及其激进派大肆攻击他和他的政策。《红旗》杂志和《人民日报》等媒体随即也展开了批判。在这场批判中，坚定拥护邓小平的"四大金刚"（胡耀邦、万里、周荣鑫和张爱萍）都因为支持邓小平的"右倾翻案风"而受到批评。国务院政研室以及在那里工作的老干部，包括胡乔木、邓力群和于光远，也因支持邓小平的这一错误在批判会上挨了批。[91]

12月18日，毛远新把批评邓小平、周恩来和叶剑英的材料交给他的伯父，这是10月份以来他在辽宁省委、上海市委和清华、北大的帮助下搜集整理的，激进派在这些地方有着雄厚的基础。毛远新还附上一份说明，请求允许下发这些材料，毛泽东立刻同意了这一请求。[92] 两天以后，这些材料下发给了党内和军队的高层干部。[93] 邓小平在同一天简短地做了一个没有书面记录的"口头检讨"。[94]

他说,他在 1975 年初恢复工作时,一些工业部门的生产停滞不前,派性严重。为了解决派性问题,他首先抓了铁路,使问题很快得到解决。然后又以同样的方式抓了钢铁工业,使生产有了增长。他说,自己的失误不是因为"文革"期间有 8 年没做工作,而是由于他对"文革"的态度。他的检讨,正如他女儿所说,其实是在为自己的政策做辩护,他仍然认为这些政策是正确的。[95]

邓小平希望缓和与毛泽东的关系,在 12 月 21 日给他写了一封私信,并且附上自己口头检讨的记录,他说,这只是个初步的检讨,希望能够得到主席的教诲。不出所料,毛泽东认为他的"检讨"太敷衍。他没有做出答复,而是扩大了批邓运动。[96] 1976 年元旦一过,汪东兴就让邓小平看由毛泽东批准的元旦社论。这篇社论说,抓安定团结不是不要阶级斗争。邓小平知道毛泽东在等待什么,他立刻动笔又写下一份书面检讨,于 1976 年 1 月 3 日交了上去。他在书面检讨中重复了 12 月 20 日的话,仅仅补充说,自己有时不征得主席的同意就宣布政策。在后来受到江青等激进派批判的会议上,邓小平坚持自己的立场,他宁肯受罚也不说中国要继续以阶级斗争为纲。周恩来在邓小平交出检讨 5 天后去世,邓小平很快就被华国锋所取代。

会见基辛格和福特总统的插曲

在这期间,邓小平曾被批准暂时从受批判当中脱身,因为他要跟亨利·基辛格,后来又跟吉拉德·福特总统谈判。为了给福特总统访华做准备,10 月 20 日至 22 日,邓小平与基辛格举行了 3 天漫长的会谈,就国际局势交换意见。邓小平几乎没有让基辛格说开场白,就逼着他在关键问题上表态:你们卖给苏联多少粮食?你们给了苏联多少美国现代设备和技术?你们如何评价赫尔辛基会议(美国在这次会议上力促西欧与共产党阵营搞缓和)?邓小平然后讲到第二次世界大战前夕张伯伦和达拉第对希特勒采取绥靖政策的经验教训：由于英法两国向希特勒最初的侵略示弱，导致了希特勒进攻西方。他奉劝说，为了阻止威胁，必须做出强硬反应，而现在美国却在示弱。他说，苏联现要比美国和西欧加在一起更强大。苏联有两个弱点：它缺少粮食和技术，而美国在这两方面施以援手，帮它克服自己的弱点，这只会增加苏联攻击的危险。[97] 周恩来曾被指责为对美国太过软弱，而当这次会谈被汇报给毛泽东时，他很难找到以同样的眼光看待邓小平的证据。

在与基辛格就全球问题举行的漫长会谈中，邓小平不断重提美国从越南撤军后苏联形成的威胁。他在整个会谈中一再向基辛格施压，让美国对苏联的威胁做出更强硬的反应，基辛格则试图解释美国在对付苏联的威胁上已经做了不少事。邓小平尽管咄咄逼人，但并没有超出外交礼节的范围。

基辛格会见毛泽东时有邓小平作陪。毛泽东和邓小平一样，也很重视美国不对苏联的挑战做出适当回应的问题。基辛格在与邓小平和毛泽东会谈后写给福特总统的报告中说，在访华期间的会谈中，暗含着一些可能让美中关系降温的麻烦，这跟中方感到美国面对苏联攻势时的退缩态度有关。基辛格认为，中方对美国的反应感到失望，打算依靠自己的力量对抗苏联。[98]

即使在漫长的会谈中也能始终对会谈内容保持高度专注，这正是邓小平面对压力时坚毅刚强的性格的一种体现。无论基辛格还是他的任何助手都没有觉察到邓小平当时正承受着来自毛泽东的沉重政治压力。事实上，基辛格从会谈的情况断定，由于毛泽东病得不轻，无法过问具体的或持续性的工作，现在"邓小平是关键人物"。[99]

11月4日，即邓小平第一次在8人会议上挨批的当天，外交部长乔冠华召见美国驻京办事处主任乔治·布什，建议美方把福特总统的访华行程推迟到12月份，但是美国要求访问如期进行。中国在 11 月 13 日同意了原定的访华日程。邓小平是福特总统的主要东道主,在有 130 多名高官参与的会议上受到批评一周后,他去机场迎接福特的到来。邓小平举行了一次欢迎宴会、一次告别午宴,举行了三次漫长的会谈,并且陪同毛泽东会见了福特。

中方官员对福特的来访并没有太多期待。他们认为,面对苏联的压力,尼克松是个足智多谋的可靠领导人,而福特则软弱得多,且刚上任,还没完全从水门事件中恢复过来。尼克松曾承诺在 1976 年与中国恢复正常邦交,他们在访问前就知道福特不会把关系正常化的计划提前。福特在外交事务上不像尼克松那样老练。邓小平在第一轮漫长的会谈中确实又向美国施压,要求其对苏联采取更强硬的行动,他当时对福特说:"我不想冒犯阁下,不过在跟苏联打交道方面,我们也许比你们的经验更多一些。"[100] 就像 6 周之前他跟基辛格会谈时一样,他把他对苏联的看法又强调了一遍。他说,中国已经做好了单独对抗苏联的准备,尽管中国很穷,缺少技术,但中国准备"挖地道","用小米"养活它的军队。邓小平虽然不满于美国向苏联示弱,但他并没有表示中国要增加自己的军费。

不过毛泽东和邓小平对福特总统的态度要比 6 周以前他们接待基辛格时客气得多。邓小平对福特说,"我们相信只要保持交往……我们的看法有分歧,有时甚至吵架,都算不了什么。"除了在苏联问题上向美国施压外,邓小平还以其迷人且好辩的个性,敦促美国重视中美两国的国家关系、贸易、文化交流和美国的对台政策。[101] 邓小平还发现,福特总统对国际事务的了解比他以为的要多得多,其反苏态度也比他预料的要强硬得多。一周以后他对乔治·布什说,他与福特会谈的成果远远超出了他的预期。[102]

福特回国后,批邓的会议也随即恢复,但是美方一直无人觉察邓小平受到了批判。福特访华一周后,当邓小平为已经结束美国驻京联络处主任的任期、就要返回美国的乔治·布什举行告别午宴时,布什把这次午宴描述为"气氛轻松愉快"。[103]

毛泽东于 1975 年 12 月 2 日会见了福特总统,这是邓小平最后一次陪同毛泽东会见外宾,也是他最后一次见到毛。邓小平被允许在 1 月 1 日会见尼克松的女儿朱丽·尼克松及其丈夫大卫·艾森豪威尔(David Eisenhower),次日又接见了由玛格丽特·赫克勒(Margaret Heckler)率领的美国国会代表团。[104] 这也是邓小平在 1977 年复出之前最后一次会见外宾。几天后周恩来去世。

再次打入冷宫

毛泽东的侄子毛远新在 10 月 25 日向政治局传达了毛对邓小平的批评后,党建、科技和文教领域的前进步伐立刻停顿下来。下级单位没有立刻获悉毛泽东对邓小平的批评,但是几周之后他们都感到,他们想让上面同意做出一些改变的努力受到了阻碍。邓小平在 1976 年 1 月便无力再为他们提供支持了。

从 1975 年 5 月到 10 月,邓小平着眼于未来为党建、经济、科技和文化领域的长期进步打基础的工作虽然被冻结,但并没有死亡。1975 年在他领导下制定的经济计划,仍然是 1976 年年度计划和 1976 年至 1980 年第五个五年计划的基础。"四人帮"印发了"三株大毒草"并发动批判运动,读过的人虽然不能公开赞扬,但它们在 1977 年却变为三朵"香花",成了未来几年政治纲领的基础。例如,成立独立的中国社会科学院的计划在 1975 年被终止,但在 1977 年得到了落实。政研室在 1975 年底变得死气沉沉,可是它的很多研究人员在为 1978 年的三中全会和后来的改革撰写文件中发挥了作用。

批邓运动在军队中从未形成气候。除了解放军总政治部外,"四人帮"得到的支持微乎其微。在军队,最明显的影响是批邓放缓了让在"文革"中挨整的老干部回来工作的进程,军事院校恢复教学的工作也被推迟。但是 1977 年老干部又开始返回军队,军事院校也重新开课。[105]

邓小平的下台在短期内对高等教育造成了显著影响。提高教育水平和减少政治思想教育的计划被中止,重建中国科学院的工作也失去了动力。得到允许的文艺活动的范围大为缩小。作家、音乐家和艺术家又被泼了一头冷水。

在政治领域,为党的高级干部平反的工作也放慢下来。邓小平一些最亲近的拥护者受到批判并被撤职,特别是胡耀邦和胡乔木。他们手下的干部也丢了官职。

1975年毛泽东是有意愿转向安定团结和经济发展的,但邓小平的动作超出了他所能容忍的限度。毛泽东在生命的最后几个月里手中仍握有大权,他能收紧缰绳,能撤掉邓小平或让他受批判。然而,毛已经没有精力或势力去控制他手下干部的思想了。从短期看,邓小平是出局了。然而,他在1975年底对自己所支持的事拒不认错,使他在1977年复出时拥有了一个十分牢固的起点。那时候,他将解冻他在1975年建立并推进的人事安排和工作计划。

第5章
靠边站，1976

从1975年12月到1976年9月短短一年内，中国有4位高层领导人离开了人世。先是康生，他曾是中共安全部门的领导人，在他的手中有数百名被控背叛革命的干部遇害，他于1975年12月去世。接着是总理周恩来，他死于1976年1月8日凌晨。红军的缔造者和早期军队领袖朱德死于1976年7月。毛主席在1976年9月撒手人寰。随着这些人的去世和"四人帮"在1976年10月的被捕，一个被奉若神明的革命家只手就能撼动整个国家的时代结束了。

周恩来去世

周恩来走在了毛泽东之前，这使毛泽东得以影响周恩来追悼会的安排。周恩来去世的当天下午，政治局开会筹备追悼会事宜，当时仍名义上担任副总理的邓小平于下午6点30分把政治局撰写的讣告草稿送毛泽东批示。第二天一早毛就批准了讣告，对以毛泽东、王洪文、叶剑英、邓小平和朱德为首的107人治丧委员会的人选也没有提出意见。[1] 毛甚至同意由邓小平致悼词，将周恩来安葬在八宝山革命公墓。

但是毛泽东没有出席追悼会。他让机要秘书张玉凤解释说，他行动不便,无法出席。他给周恩来送了一个花圈,除此之外没有参加其他追悼活动。

到1975年9月,周恩来的体重已从过去稳定的130多斤减少到仅80斤。[2] 邓小平、叶剑英等亲密同事常去医院病房看望他,即便当他已无法说话时也是如此。1月5日他最后一次做手术时,邓小平和李先念等人守候在一旁。[3] 周恩来去世的当天下午4点,邓小平向毛汇报说,很多外国代表请求前来表达他们的敬意。当天下午晚些时候邓小平在会见阿尔巴尼亚大使时宣布,根据毛的指示,外国驻京大使可以参加吊唁活动,各国领导人可以前往中国驻该国使馆凭吊,但不必派代表团来京。[4]

当电台和广播喇叭里传出周恩来逝世的噩耗后,举国上下陷入巨大的悲痛之中。在群众的眼中,周恩来自1973年以来一直受到不公正的对待。民众自发流露的哀痛,堪与1945年罗斯福去世或1963年肯尼迪遇刺在美国引起的反应相比。中国人民还记得一年前周恩来出席全国人大会议时虚弱憔悴的样子,故而对他的去世并不感到意外,但让他们担心的是,再也没有谁能够保护国家免于疯狂了。很多人担心,周恩来现在已经不能保护他们,接下来不知会发生什么。

1月11日,北京居民只是从小道消息得知为周恩来送葬的车队将在当天出现,就已纷纷聚集在天安门广场,表达他们的哀思。这天下午,运送周恩来遗体的灵车在一百辆黑色轿车的跟随下,经天安门广场驶往西山的八宝山革命公墓,周的遗体将在那里被火化。尽管是数九寒天,但估计有一两百万人伫立于街道两侧。[5] 悼念的群众听到让他们担忧的谣言说,政治局不顾周恩来的遗愿,下令将他的遗体火化,他们愤怒地堵住了车队,直到周恩来遗孀邓颖超向他们保证说,遗体火化是周恩来本人的要求。[6]

1月12日,《人民日报》刊登了一幅覆盖着党旗的周恩来遗体的照片,这意味着悼念活动已得到允许。[7] 于是成千上万的人前往紫禁城旁的太庙（译按：时称劳动人民文化宫）瞻仰周恩来的骨灰盒。虽然禁止佩戴黑纱白花，但制作黑纱的黑布和扎小白花的白纸还是在北京脱销。[8] 到 1 月 12 日，大约已有 200 万人曾前往天安门广场的人民英雄纪念碑前敬献过花圈和祭文。[9]

在 1 月 12 日的政治局会议上，张春桥提议由叶剑英元帅在 1 月 15 日宣读政治局为追悼会准备的悼词。叶帅在一个月前刚宣读过康生的悼词，尽管邓小平当时正受到猛烈批判，他还是想给邓小平一个宣读悼词的机会。其他政治局成员接受了叶剑英的建议。[10] 毛泽东虽然有权阻止，但是否定政治局的决定也会令自己难堪，因此也同意了由邓小平宣读根据政治局指示正式拟定的悼词。

在追悼会上，邓小平代表党中央向精心挑选的 5000 名与会者宣读了悼词。据经常给周恩来和邓小平当翻译的冀朝铸回忆，很少感情外露的邓小平"读到'我们的总理'时声音哽咽，停顿了一下。每个人也都在落泪"。[11] 半个世纪以来，邓小平的生活与周恩来难分难解，两人都在毛手下兢兢业业干了几十年，也都在毛手下受过罪。这是邓小平在 1977 年春天复出之前的最后一次公开露面。

邓小平宣读的悼词颂扬了周恩来。悼词中说，周恩来为党，为战无不胜的人民解放军，为新民主主义革命的胜利，为社会主义新中国的建立，为工人、农民和各族人民的大团结做出了贡献。他为无产阶级专政做出了不可磨灭的贡献，在外交事务上他贯彻了毛主席的革命外交路线。周恩来同志一生忠于马克思列宁主义和毛泽东思想。他总是顾全大局，遵守党纪，善于团结绝大多数干部。他谦虚谨慎，平易近人，为其他领导人树立了生活艰苦朴素的榜样。邓小平又总结道，他以大无畏的革命精神同疾病做了顽强的斗争。[12]

追悼会一过，立即宣布正式的悼念活动结束。尽管报纸上刊登了追悼会的简讯和邓小平致的悼词，但与革命领袖去世时通常的做法相反，版面上几乎没有刊登任何介绍周恩来生平的文章，也没有关于天安门广场上和运送灵柩时参与悼念的群众人数的官方估计。

对于这种淡化周恩来去世的做法,很多人感到愤愤不平,不仅是因为没有为受到他们崇敬的人举行适当的悼念会,还因为这暗示着周恩来和邓小平的对手在政治上占了上风,他们将实行与周恩来背道而驰的政策。[13]

追悼会过后,按周恩来遗孀邓颖超的请求,由她陪伴周恩来的骨灰前往机场。在那里,工人将骨灰送上一架飞机,从空中撒向他奉献了一生的中国大地。[14]

邓小平下台和华国锋当选,1976年1月

悼念周恩来的活动仅仅让政治局的批邓会议中止了几天。毛泽东对邓小平的两次检讨很不满意,在周恩来追悼会的前一天就做出指示说,要把这些检讨印发政治局,做进一步的讨论。[15] 在邓小平看来毛的意图不言自明。在1月20日的政治局会议上,当邓小平第三次做检讨时,他再次表示希望有机会见到毛主席。江青问邓小平为何要见主席,邓小平说,他要亲自向主席说明自己错误的严重性,亲自聆听主席的批评和指示,还要对自己工作中的一些问题做出说明。[16] 但是毛泽东一向拒绝跟他的批判对象见面,这次也不例外。他不想单独听邓小平说什么,因为邓小平很容易事后不认账。[17]

邓小平知道自己无法单独见到毛泽东后,立刻提笔给他写了一封信,实际上是宣布自己准备辞职。他把信交给了毛远新,请其转交毛泽东。他写道:"我首先向主席提出:解除我担负的主持中央日常工作的责任,恳请予以批准。[18] 现在,已过去两个多月,批判还将继续下去,再不提出会妨碍中央的工作,增加自己的过失。至于我自己,一切听从主席和中央的决定。"[19]

毛在收到邓小平的信后,第二天又与侄子见面,听他汇报邓小平在昨天会上的表现。在毛远新看来,邓小平的检讨仍然不充分。毛远新还向毛泽东汇报说,三位副总理——华国锋、纪登奎和陈锡

联（这三位年轻的省级干部分别在1973年和1969年调入政治局，日后成为更高职务的主要候选人）——都请求有人牵头处理国务院工作。毛立刻回答说，可以让华国锋带个头，并随即主持党的日常工作。[20]

华国锋不仅对外国人来说是个新面孔，甚至对中国民众也是如此，但毛泽东认识华国锋已有20年。毛第一次见到华是在1955年，当时华在毛的家乡湖南湘潭任地委书记，大力拥护毛泽东激进的农业集体化政策，给毛留下了良好印象。在过去的20年里毛泽东一直很了解华国锋，华国锋在每一场政治运动中都坚决拥护毛泽东，而每一次运动之后也都得到提拔。在毛1959年批判彭德怀和后来林彪坠机后批判林彪时，华国锋都证明了自己是毛的可靠拥护者。其他北京领导人是在1973年华国锋升进政治局后，才有机会对他有所了解。王洪文性情固执、难与他人共事，华国锋则是与观点不同的干部也能做到关系融洽。华在"文革"前就是高干，因此那些刚恢复工作的老干部容易接受他。"四人帮"也接受他，因为他们乐观地以为此人性格温顺，易于操纵。

毛泽东告诉毛远新让华国锋牵头的同一天（1月21日），张春桥和江青安排召开了清华、北大的党委会议，会上第一次点名批判了邓小平。曾经受到邓小平支持者批评的清华干部迟群，带头组织了更多公开批邓的会议。[21]

毛泽东先公开批邓，再让他退出政坛，他做这样的时间安排自有其考虑。在1975年，群众都把邓小平看作领导人，认同他的工作表现。为使华国锋这个新领导人被人们接受，不因邓小平的存在而受到影响，最好是让邓小平退出公众视野，降低他在群众中的威望。

中国民众和外国媒体是从1月26日的《人民日报》上预感到了华国锋的高升。虽然这则新闻没有用通栏大标题，而是放在第三版一条不起眼的报道中，只说华国锋接待了一个罗马尼亚贸易代表团。[22] 1 月 28 日，毛泽东正式让华国锋主持中央的日常工作。[23] 2 月 2 日，邓小平提出辞职两周后，党中央向全国高层干部宣布：经政治局一致同意，任命华为代总理。[24] 邓小平这时已经退出人们的视线。他提出辞职后，直到 1977 年夏天才回来工作。[25]

毛泽东知道，华国锋不像邓小平、周恩来那样出类拔萃，但他实在找不到其他年龄和经验都合适又能符合其要求的干部。至少就当时而言，毛泽东虽然放弃了邓小平，但他并没有放弃抓安定团结，而华国锋（与王洪文不同）既不树敌，也不搞派系。其实，华国锋属于那种邓小平考虑提拔下级干部时也会寻找的人：他是一步一步被提拔起来、能够解决问题的实干家。虽然他缺少马列主义理论素养和外交经验，但毛泽东希望他能逐渐熟悉这些领域。

也许对于毛泽东来说，最重要的是华国锋是"文革"的受益者，因此可以确信他不会否定"文革"。与邓小平不同，华国锋没有自己的势力基础，他能掌握领导权全凭毛泽东拔擢。所以毛可以放心，他会维护毛的威望和遗志。[26]

但是，在高层缺少经验的华国锋只是被任命为代总理：毛泽东在最终任命他之前，仍然要观察他。1975 年 1 月，毛对邓小平表现出的领导能力十分放心，才把党政军全部头衔正式交给了他。相反，华国锋在 1976 年 1 月既没有进入政治局常委，也没有被任命为党的副主席，甚至没担任任何军队要职。但是毛泽东确实把主持政治局会议、领导党和政府日常工作的全部责任交给了华国锋。华最初的任务之一是领导反击"右倾翻案风"运动，即批判邓小平为许多老干部恢复工作的做法。

批邓运动的失败

即使在撤了邓小平的职，准备对他进行公开批判之后，毛泽东对批邓仍是有节制的。他在 2 月 21 日选定华国锋后的讲话中说，与邓小平的分歧还不是那么严重，属于人民内部矛盾，不是敌我矛盾；对邓小平的工作以后还要再商量；现在可以减少他的工作，但还是要让他继续工作，不能一棍子打死。毛泽东没有完全抛弃邓小平，但他决定开展一场公开的批邓运动。他还尽量减少邓小平对军队的控制，使他难以联合军队反对自己。

1月18日，即邓小平把辞职信交给毛泽东的两天以前，大约有七八千名国防科技干部在先农坛体育场召开了批判"右倾翻案风"的大会。曾与邓小平在国防科技领域密切合作过的张爱萍将军此前已受到严厉批评，江青甚至说他是国民党特务。张捎话说自己身体不适不能到会，并称自己做出的决定由他本人承担责任，与部下无关。[27]

当政治气候迅速转为不利于邓小平及其同事时，张爱萍将军并不是唯一感到不适的人。除了张爱萍以外，另外三个"金刚"及其亲密同事——胡耀邦和他推动科技工作的同事、万里和他主管铁路的同事，以及周荣鑫和他教育界的同事——也都受到了批判。两个月后周荣鑫去世。中央在2月2日宣布，由于叶剑英元帅生病，由陈锡联主持中央军委工作。陈锡联在辽宁时与毛泽东的侄子毛远新过从甚密，因此毛远新可以做陈锡联和毛泽东的联络员，确保军队维护毛的利益。2月16日中央批准了中央军委的报告，宣布邓小平和叶帅去年夏天在军委扩大会议上的讲话有严重错误，停止传达他们的讲话文件。此报告一公布，邓小平和叶帅在军委的工作也随之结束。[28] 毛泽东不想冒任何风险，让受到批判的邓小平和叶帅有可能与军队领导人联手跟他作对。

由毛远新牵头，中共中央组织召开了各省、市、自治区和各大军区负责人参加的批邓会议。这次会从2月底开到3月初，很多地方领导人都是在这次会上第一次听说毛泽东批评邓小平的，而材料又是毛远新搜集整理的。毛对毛远新说，邓小平把毛的"三项指示"（反修防修；安定团结；把国民经济搞上去）放在一起的做法，既没有得到政治局的批准,也没有向毛汇报。毛还批评邓小平所讲的"白猫黑猫论"("不管是黑猫白猫,捉到老鼠就是好猫"),认为这个说法并没有将帝国主义和马列主义区别开来,反映出邓小平的资产阶级思想。张春桥插嘴说,邓小平是资产阶级的代表,他对内搞修正主义,对外搞投降主义。

这之前在会上批邓是不点名的,但是在这次会议上华国锋点了邓小平的名,批他搞"修正主义"路线。不过华国锋和毛泽东一样,对批邓运动做了一些限制:不要上街张贴批邓的大字报,不要在广播电台上批判。3月3日,毛泽东和华国锋批邓的文件传达到了全党。[29]

江青像通常一样,没有那么节制。她在3月2日召开了一个12省负责人的会议,试图将邓小平错误的严重性升级,把他称为"反革命"和"法西斯"。在毛泽东看来这太过分了。他批评江青不跟自己商量就开会,并禁止发表她的讲话录音。3月21日,《人民日报》号召"深入批判党内那个不肯改悔的走资派",但北京的干部明白,毛泽东仍希望邓小平回心转意,这是在给他机会。[30] 然而邓小平没有任何软化立场的表示。到4月5日时事情已经很清楚,批邓运动在群众中是不得人心的。

示威支持周恩来和邓小平:天安门广场,1976年4月5日

中国的清明节(每年的扫墓日)是每年祭奠亡灵的日子。离1976年4月5日清明节还有好几周的时候,"四人帮"就预感到有人会利用这个时机上街游行悼念周恩来。他们的担心是有道理的。在北京,不仅干部和学生,很多一般群众也对1月份没有为周恩来举办适当的悼念活动感到气愤,他们的确打算在清明节表达对周恩来的崇敬。

清明之前的3月25日,"四人帮"控制的上海《文汇报》发表文章批判邓小平及其"后台",称还有另一个"走资派"。人人都明白这是指周恩来。在这件事上,"四人帮"理解民情的能力极差,

因为这篇试图抹黑周恩来的文章引起了反弹。当年当过红卫兵的人愤怒了,把他们过去在批判江青的对手时学到的本领反过来用在了江青身上。在上海,一大群人立刻包围了报社,要求做出解释。

在距上海 3 小时火车车程的南京大学,很快就出现了抨击《文汇报》文章的大字报,示威也从大学蔓延到南京主要街道。人们抬着花圈从南京市中心的街道向雨花台进发,将花圈摆放在陵园内;这里是为纪念被国民党杀害的 10 万共产党人而建立的墓地。后来"四人帮"让自己的人取走花圈,并阻止了进一步的示威。他们不让官方媒体报道南京示威的消息,却无法阻挡消息从非官方的渠道传播到其他城市。[31]

3 月 26 日,南京爆发示威活动的次日,邓小平被叫到政治局扩大会议上,被批判为名声扫地的党内资产阶级的头子,并被谴责要抢班夺权、另立中央、最终复辟资本主义。[32]实际上邓小平还受到警告说,4 月 5 日如果发生任何示威,他也要对其负责。

仅仅 4 天之后,3 月 30 日,悼念周恩来的第一批花圈开始出现在北京天安门广场的人民英雄纪念碑前。人们张贴悼念周恩来的诗文;歌颂周恩来、抨击"四人帮"的演说开始吸引人群。另一些大字报表示支持邓小平,还有人拉出一串小瓶子,因为汉语中的"小瓶"与"小平"谐音。

北京的中共领导层试图阻止民情的进一步宣泄,宣布各单位可以在自己单位内开展悼念周恩来的活动,但要维护天安门广场的秩序。他们派出巡逻警察阻止任何示威活动。北京市的官员估计,4 月 3 日星期六那一天,大约有 100 万人去过广场,当天广场上的人数最多时达到 10 万,并一直维持在数万人以上。[33]北京市的领导发出紧急通知说,"不要去天安门送花圈……送花圈是旧习俗"。[34]但是消息不胫而走,4 月 4 日星期日那天,天安门广场上人山人海(估计超过了 200 万人)。人们向周恩来表达敬意,反对"四人帮",拥护邓小平。

为避免让江青抓住更多的把柄攻击自己，邓小平禁止家人去天安门广场。广场上的诗文、大字报、小白花、花圈越来越多。³⁵ 人们聚集在演讲者周围，听他们冒着被捕的危险表达对周恩来的爱戴；演讲者们表示，不惜牺牲生命也要反对阴谋篡权的"四人帮"。广场上的人来自各行各业，有干部、学生、工人和农民。³⁶ 几个最大胆的演讲者遭到逮捕。亲自观察过现场的英国大使馆官员罗杰·加塞德（Roger Garside）说：

> 这次人民悼念周恩来的活动，比我见过的任何国家葬礼都要感人。这种政治示威与我在中国见过的任何事情大相径庭。……大批人群的行动是发自于信念……表达着多年来暗流涌动的思想感情。这是……对周恩来去世后所受待遇的愤怒，是对中国未来的忧虑，是对那些肯定会惩罚示威者的人的蔑视。³⁷

4月4日下午，政治局在人民大会堂福建厅开会研究如何应对广场的事态。同情示威的政治局委员叶帅和李先念告病缺席，邓小平也没有到会。华国锋主持了会议，并且有毛远新到场。北京市委书记兼革委会（它全面负责北京的治安）主任吴德在会上说，广场上的2073个花圈分别来自1400多个单位。一个地方的花圈堆了6米多宽。吴德还报告说，有些示威者早就在策划这些活动，而且受到邓小平的影响。江青想要让示威停下来，她宣布，清明节已经结束，要在黎明前把花圈清理出广场，送往八宝山革命公墓。华国锋指示吴德想办法落实江青的要求。³⁸

4月5日星期一的黎明前，北京市派出大约200辆卡车来到天安门广场，工人们把花圈扔到车上拉走了。天亮之后人群又涌入广场，人数超过10万。当他们明白了发生的事情后，群情激奋，开始高呼："还我花圈，还我战友！"无畏的人群冲击人民大会堂，点燃汽车，砸毁自行车，追打一位外国摄影记者，还攻击了一座驻有民兵的小楼。

当天下午政治局再次开会。已多日不参加政治局会议的邓小平被叫到会上接受批判。张春桥首先攻击邓小平说，他和纳吉（Imre Nagy，1956年匈牙利暴动的主使者）一样。[39] 毛远新接着传达了毛泽东批评邓小平的书面和口头指示，邓小平一直保持沉默。王洪文向政治局传达了毛泽东要调动10万民兵平息示威的命令。但是负责民兵工作的倪志福说，顶多可以调动3万民兵，吴德也补充说，这么多民兵对付不了广场上的大批抗议群众。

接下来，张春桥说，吴德应当向示威人群发表广播讲话。于是吴德写了一个简短的广播稿，把它交给华国锋等政治局成员过目，他们同意了讲话的内容。广播稿不提抗议的原因，而是转移人们的注意力，让他们警惕广场上的一小撮反革命分子，正是这些人在把悼念活动转变成一场攻击毛主席和党中央的政治运动。它还提到不肯改悔的走资派，他不是团结在毛主席和党中央周围，而是大刮右倾翻案风。广播员说，由于反革命分子正在利用这一事件，革命群众应当立刻离开广场。

4月5日下午6点30分，吴德的录音讲话在广场上播出。在《人民日报》次日刊登的这篇讲话中，加上了没有出现在广播中的邓小平的名字，特别指出他就是不肯改悔的"走资派"。[40]

根据政治局批准的计划，民兵要在晚上8点出动，但当时在场的北京卫戍区司令吴忠认为，广场上的示威者仍然太多。他对一直与他保持电话联系的华国锋和陈锡联解释说，民兵此时清场为时尚早。晚10点半广场上打开了探照灯，再次广播了吴德的录音讲话，要求抗议者离开广场。最后，夜里11点吴忠打电话报告吴德，还留在广场上的示威者大约只有1000人了，吴德下令出动民兵。当时逮捕了38人（按后来追查，又陆续拘捕了260余人，先后共拘押388人）。虽然警察没有使用枪械，但他们确实使用了棍棒，有数十人受伤，清场之后街上留下一些血迹，[41] 但没有关于死亡的报道。

几小时以后，4月6日的黎明之前，部分政治局成员开会评估这一事件。他们断定示威是有计划有组织的，因此已经构成一场反政府的阴谋。当天下午，毛远新与毛泽东会面，一起讨论了事件的性质，毛主席同意宣布这是一场阴谋。没有证据表明毛泽东本人认为邓小平是组织示威的幕后黑手（如公开宣布的那样），但他确实认为，假如邓小平继续掌权，将会把党带上一条错误的道路。[42] 当天晚上，江青也与毛泽东见面，再次要求把邓小平开除出党，但毛泽东仍然没有同意。[43]

撤掉邓小平和提拔华国锋，1976年4月

4月7日上午，当毛远新再次向毛泽东报告最新事态时，毛给了他一份书面批示，对如何进行稍后即将召开的政治局会议做出了指示。在政治局开会时，毛远新出示了毛泽东写的纸条，上面写着："一首都，二天安门，三烧、打，性质变了。"简言之，运动变成了反革命运动，矛盾也不再是人民内部矛盾，而是更加严重，成了党与企图推翻党的敌人之间的矛盾。毛远新还向政治局传达了毛主席的两条建议：第一，代总理华国锋担任总理和党的第一副主席；第二，当时仍未被正式撤销党政军职务的邓小平，要免去其全部职务。然而，即便在这时，毛泽东对待邓小平仍是有节制的，还指示说，对邓小平要"保留党籍，以观后效"。毛的指示传达后，政治局会议上一片沉寂，随后便批准了毛的建议。只要毛泽东一张口，结果从来不会有意外。

毛泽东把邓小平彻底赶下了台。但是当汪东兴最先向毛泽东透露江青有可能动员群众批邓时，毛指示汪东兴把邓小平转移到一个离他的子女不太远的安全地方，地址要向"四人帮"保密。[44]

毛泽东把权力全部交给华国锋，免去了邓小平的一切正式职

务,这就为华国锋领导国家扫清了道路。在毛泽东看来,华国锋担任代总理的几个月里没有犯过大错,况且他也没有更好的人选能既忠实于他的威望,又能与激进派和老干部搞好关系。华国锋在镇压"四五"示威时也行动有力。

一些了解内情的北京干部相信,直到4月5日之前,毛泽东一直保留着让邓小平和华国锋共同承担领导责任的可能。但是4月5日群众表现出的对邓小平的拥护程度,使这件事变得根本不可能了:华国锋将被邓小平压倒。毛泽东允许邓小平保留党籍,给他留下了重新报效国家的可能,只是现在还为时尚早。这一天晚8点,发布了华国锋被任命为党的第一副主席和政府总理的公告。[45]

全国各大城市党的上层负责人纷纷召开表态大会,向华国锋表示效忠。各个单位和大学也召开了同样的表态大会。例如北京大学的全体学生就接到通知收听4月7日晚8点的重要广播;到了指定时间,校内的广播喇叭宣读了庆贺新上任的第一副主席和总理华国锋的公告,然后宣布召开由各系代表参加的全校大会。代表们在会上声讨邓小平,支持华国锋。不过,有些人注意到,发言者一本正经地念稿子,却几乎没有表现出4月5日天安门广场的抗议者那样的热情。[46]

虽然华国锋很少能见到毛泽东,但是在4月30日新西兰总理马尔登(Muldoon)访华期间他与毛泽东见面时,毛拿出一张纸,在上面潦草地涂了几句话交给华国锋:"慢慢来,不要着急,照过去方针办,你办事,我放心。"[47] 华国锋当时没有把毛泽东这条最后的指示公之于众,但纸条的真实性和毛泽东的意图无人质疑。毛选定了华国锋做他的接班人。毛的判断是,华国锋会一直忠实于他和他的路线。他这个判断是正确的。但是他希望华国锋能够团结激进派和老干部的想法却未能如愿。毛去世之后没过几天,华国锋就断定自己不可能跟江青及其激进派同伙共事。毛泽东还希望华国锋在叶帅和李先念等老干部的支持下,能够形成一个长期稳定的领导班子,这个愿望也未能变成现实。

1976年4月7日以后的邓小平

1976年4月8日,邓小平被撤销一切职务的次日,邓请汪东兴把他的一封信转交毛泽东。邓小平在信中明确表示自己仍会遵守党纪。他写道:"(我)完全拥护中央关于华国锋同志担任党的第一副主席和国务院总理的决定。"他知道江青想把他开除出党,又说:"我对于主席和中央能够允许我留在党内","表示衷心的感激"。[48]

但是,邓小平不被准许参加党内讨论或公开会议,也不能参加红军司令朱德(7月6日去世)和毛泽东(9月9日去世)的追悼会。[49] 在毛泽东逝世当晚召开的政治局会议上,江青再次试图把邓小平开除出党,但不仅遭到叶帅的反对,也被恪守毛泽东命令的华国锋拒绝。[50]

被批判和孤立的压力即使对邓小平这么刚强的人来说也是一种重负,何况很多人没他那么经折腾。4月5日之后,批判周荣鑫的会议愈演愈烈,连负责清理天安门广场的吴德也承认,是"四人帮"和迟群"把他斗死了"。[51]

毛泽东不仅保护邓小平,允许他留在党内,还为他提供了一些特殊的关照。例如,邓小平在6月10日让汪东兴把他的一封信转交华国锋和毛泽东,他说自己的妻子为了治疗眼疾住进医院,最好能有一位家人在医院看护她。毛泽东批准了他的请求。邓小平在6月30日也接到通知,他可以从东交民巷的临时住处搬回宽街的老住所。即使在弥留之际,毛泽东也没有完全放弃邓小平。

邓小平一家人搬回原来的家9天以后,北京100多公里外的唐山发生大地震,官方统计有24.2万人死亡。北京也有强烈震感,估计有三分之一的建筑结构受损。如同帝制时代一样,有人认为这场灾难是上天对统治者不满的征兆。邓小平一家人和其他许多人一样，在院子里搭了一个帐篷，一直住到他们不再担心房子倒塌。邓小平一家人搬回原来的家之后，从1976年4月5日直到1977年初恢复工作，他在宽街的生活就像在江西的3年一样，又变成了以家人为中心，并只能从报纸和电台上了解新闻。

1976年4月7日后的政治制衡

华国锋被选为总理和第一副主席意味着他在政治上的排名第一次超过了"四人帮"。华国锋想跟"四人帮"搞好关系，可是他们却要唱自己的戏。大体而言，他们是激进的宣传家，华国锋则是解决问题的实干家。此外，华国锋的晋升也使"四人帮"有理由把他视为劲敌。

华国锋从一个谦逊的中层干部到突然身负大任，在把握紧张的政治气氛上格外小心。很多老干部支持他，是因为至少在短期内他们找不到另外一个能维护国家团结的人，还因为华走的是温和路线，更因为华主动和他们合作。

直到4月7日以前，毛泽东仍然大权在握，仍有精力操纵上层政治，但是他也知道，人们都觉得他最多活不过一年。他已经看到耗子们正在弃沉船而去。2月23日他会见尼克松总统时，提到了自己念念不忘的"六厂两校"，他说，"我也只能管得了北京附近几个地方。"[52] 高层干部因为他早年取得的成就仍然尊重他，但是他们也在考虑还要在多大程度上服从他。他已经不再能把自己的威名变为实权，像1958年或1966年至1967年那样动员全国了。

毛泽东选定了华国锋，并在4月7日进一步明确地把统治权交给他，但无论在这之前还是之后，两人之间都很少直接来往。在这之前，即使卧病在床，毛仍然积极部署批邓运动，挑选未来的领导核心。而4月7日之后，尤其是5月11日第一次心脏病发作之后，他就既无心也无力积极指导华国锋了。与此相反，江青依然精力充沛，猛批邓小平和其他老干部。她尽力巩固自己的关系网，重点首先放在党和军队的宣传部门上，并且恫吓那些畏惧在毛死后由她掌权、不敢得罪她的人。

身为毛泽东联络员的毛远新，在部署批邓和提拔华国锋上扮演着核心角色，但是4月5日之后，随着毛泽东不再积极问政，毛远新的角色也变得不那么重要了。

尽管华国锋在4月7日担任了更高的职务，但并没有获得对军队的控制权，这使他不能像邓小平那样行使权力。华国锋指导行动的治国方针并没有远离邓小平的做法：即以务实的方式推动四个现代化。上面的决策仍然悬而未决，下面的官僚系统则每天继续运行着，同时不安地等待着毛泽东之后新的权力格局的出现。

毛泽东去世，1976年9月9日

1976年5月11日，天安门示威刚过去一个月，毛泽东犯了心脏病（心肌梗塞）。他仍然有意识，但身体已变得十分虚弱。此前毛泽东还一直能审阅政治局的文件，在政治局的决定向下传达和落实之前给予最后的批准。但是在5月11日之后，他就不再能看文件了。6月26日他的心脏病第二次发作，9月2日又发作了一次，并于9月9日零时10分去世。自动成为党的代主席的华国锋当天清早马上召集政治局开会，批准了宣布毛泽东逝世的讣告。讣告将于当天下午4时公布。

毛泽东的去世让举国陷入悲痛之中。这是一个领导了中共40年、领导了国家27年的传奇人物；政治上一无所知的普通群众一向接受着热爱毛主席的教育，为他们顶礼膜拜的领袖的去世而落泪，表达着他们的崇敬之情。即便是那些参加"四五"游行的人也在担忧毛的去世将对国家的未来甚至对自己的生活产生何种影响。中国是否会回到1966年至1969年的混乱状态？政府是否会崩溃，使得国家陷入内战?

不管高层干部有多少类似的担忧,眼下他们得做非做不可的事——准备追悼会、处理遗体、写公告、接待国内外各种团体、维护首都的治安。以华国锋为首的377人的治丧委员会立刻宣布成立,名单序列说明了官员的地位高低及其对党和国家的贡献多少。

北京和各省都在精心筹备追悼会,人人都在表达对毛的崇敬,政治角力也被暂时放在一边。各级负责人各就各位,再次明确了他们在官场上的位置。华国锋牢牢控制着追悼活动,他全面领导悼念活动的工作后来得到了很高评价。从9月11日到17日,人民大会堂每天都在举行悼念活动。

9月18日,按照常规仍由王洪文——他不再负责日常工作,但仍保留着正式职务——主持追悼会,但最高荣誉给了华国锋,他在天安门广场上宣读悼词,赞美毛泽东是"当代伟大的马克思列宁主义者",估计有100万人出席了追悼大会。同日,全国的工厂和列车鸣笛三分钟致哀。华国锋还宣布,毛泽东的遗体在解剖之后,将被保留并供人瞻仰。后来天安门广场上建起一座纪念堂,参观者在外面排队进去瞻仰毛的遗容。邓小平和1975年与他密切共事的干部——胡乔木、张爱萍、万里和胡耀邦——被排除在参加悼念活动的党政领导人之外,这对于他们是一个打击。不过邓小平在家里设了一个灵位,与家人一起私下祭奠毛泽东。[53]

追悼活动一过,高层政治领导人又恢复了各种政治运作,以树立和维护他们的公共形象,为必将来临的权力斗争做准备。

抓捕"四人帮"

江青曾对她的西方传记作者罗克珊·维特克说:"性爱在最初几次是很迷人的,但能长久使人着迷的是权力。"[54]毛泽东去世后,她曾骄傲地宣布自己是毛泽东最忠实的一条狗。也许她还应当在

"狗"的前面加上"会咬人的",这更能说明她的特长:她在肆无忌惮地毁灭毛认定的打击目标这一点上无人能比。清楚她来历的有教养的人,私下嘲笑她是一个专门和上层人物打交道的荡妇和不正当地发了迹的二流戏子。她缺少那种自然而然获得权力的人所具有的自信和风度,表现出急于登上高位者的傲慢。即使为她工作的人也认为,她蛮横无理,从来不体贴别人。她对1940年代以来一直躲着她的那些党内老干部恨之入骨。通过为毛泽东办事,她得到了反击的权力,这很容易在中国为千夫所指。毛泽东从1974年开始要恢复安定团结,因此把她视为需要加点约束的炮筒子。但毛泽东仍然喜欢她的忠诚,关心她的生活,对她加以保护。

没有迹象表明毛泽东曾经想让江青掌握大权。而每当她暴露出这种野心,毛就会管束她。毛正式任命华国锋担任第一副主席和总理之后,她登上权力顶峰或在领导层扮演重要角色的可能性事实上已不复存在,虽然她的野心并未随之消失。

江青从未培养出政治眼光、组织才能或与其他掌权者积极合作的能力,而这都是真正的权力角逐者不可或缺的品质。她干了太多过河拆桥的事,迫害了太多高层干部,疏远了太多同僚。她缺乏作为忠诚反对派的自制力。她缺少远比她有组织能力的党内老干部的拥护。在军队中,除了总政治部以外,她实际上得不到任何支持。

在毛泽东在世的最后一年,江青力求巩固自己的地盘,她借助于党的宣传机器和解放军总政治部,继续开展毛泽东反对资产阶级的斗争。她与上海民兵中能搞到武器的激进派保持着联系。将军们并不担心她可能在任何关键性的军事较量中取胜,他们担心的是一些军队干部会出于畏惧同她合作,担心她煽动激进派闹事,造成长期的争斗与混乱,这只会放缓中国前进的步伐。

江青知道,最能帮上她的就是找到甚或是修改一些毛的文件,以使她确保更多的权力,并由她来阐释毛的遗志。毛泽东一死,她便天天去找毛的机要秘书张玉凤,要求她把毛的全部文件转交给自己。她确实得到了一些文件,把它们留在自己手中数日,但当华国锋坚持全部文件要由汪东兴保管时,她不情愿地把文件交了回去。其后她又对纪登奎施压,想查看原来由林彪收集和保管、当时还封存于林彪在毛家湾住所的材料。[55]

华国锋致悼词后的次日,江青要求立刻召开政治局常委会,研究如何处理毛的文件,常委会中要有她的盟友王洪文和张春桥,但不许叶帅到会。[56] 华国锋感到别无选择,只好在当天下午召开会议。江青把姚文元和毛远新也带到会上,她要求由毛泽东去世前10个月里一直负责管理主席文件的毛远新继续掌管他伯父的材料,并准备一份相关报告。由于其他人对此表示反对,会议无果而终,结果材料仍然留在党中央。[57]

江青还试图加强对宣传部门的控制,她在"文革"早期个人权势达到巅峰时就控制着那里。此外她还动员年轻人继续搞阶级斗争,批判官僚主义。10月1日在清华大学的一次讲话中,江青鼓励年轻人立下战斗到底的誓言。

当华国锋听说"四人帮"在一些会议上告诉他们的盟友10月7日、8日或9日会有好消息时,他断定必须立刻采取行动。虽然没有江青正在策划政变的证据,却有另外一些不祥的征兆。10月4日迟群向江青发誓效忠,而10月4日《光明日报》重点推出一篇署名"梁效"的文章(北大和清华一些激进派的笔名)——《永远按毛主席的既定方针办》,声称"任何修正主义头子(影射华国锋),胆敢篡改毛主席的既定方针,是绝然没有好下场的"。出于对这些事态的担忧,叶帅当天便去找汪东兴和华国锋商量,他们已经在担心"四人帮"会很快采取某种行动。[58]

没有人怀疑江青属于"你死我活"的政治传统的一部分,她会一拼到底。任何逮捕"四人帮"的决定,都需要华国锋的果敢领导和中央军委副主席叶帅及时任中央警卫团(负责保卫党中央)负责人汪东兴的配合。一切都要面对面地商量,而且要行动迅速。毛泽东一死,当时担任中央军委副主席兼国防部长的叶帅就向华国锋保证,他将全心全意支持华国锋向后毛泽东时代顺利过渡。毛去世几天后,华国锋就曾派李先念去叶帅那里探听如何对付"四人帮"的口风,李、叶两人都认为有必要抓紧采取行动。汪东兴后来讲述如何为逮捕"四人帮"做准备时说,华国锋和叶剑英都是战略家,他本人仅仅是执行了他们的命令。[59]

叶帅力求避免在采取抓捕行动时军队之间发生冲突,造成进一步的混乱。"四人帮"在钓鱼台的住所都有自己的警卫,因此应该避免在那里交手。时机的选择也至关重要。华国锋、叶剑英和汪东兴这3位策划者一致认为,必须抢在"四人帮"之前动手。在看过10月4日的社论,又听说"四人帮"告诉其同党到10月9日就会有好消息之后,华国锋、叶帅和汪东兴3人准备迅速采取果断行动。同时,汪东兴从他可以信赖的警卫团中逐个挑选了一小批可靠的人。

10月5日下午叶帅分别与华国锋和汪东兴商量,他们决定由华国锋发出通知,在第二天即10月6日晚8时在中南海怀仁堂临时召开政治局常委会(这也有常例可循);宣布的会议内容包括3个重要问题:出版《毛选》第五卷,筹建毛主席纪念堂,研究毛主席在中南海过去的住所的用途。通常参加政治局常委会议的只有华国锋、叶剑英、王洪文和张春桥。这些议题都是王洪文和张春桥不肯错过的。姚文元虽然不是政治局常委,但一直是《毛选》第五卷出版工作的关键人物,请他到会参加讨论也顺理成章。

10月6日晚,汪东兴的一小批警卫人员已埋伏在室内,但是楼外一切如常。将近8点时王洪文从东门迈步走进房间,立刻就被警卫扭住。他怒斥道:"我是来开会的,你们这是干什么!"警卫把他摁倒在地拖进了大厅。华国锋起身说道,"王洪文,你犯下了反党反社会主义的罪行,中央要对你进行隔离审查。"王洪文被押出大厅后,张春桥也提着公文包准时到达。他正要从东门进入大厅,也被警卫抓住铐了起来。华国锋向他宣布要对他的罪行进行审查，他也乖乖就范。姚文元一到，在楼外就被逮捕了。

与此同时，一小队警卫前往中南海江青的住所，向她宣布要对她进行特殊审查。江青说她要去一下卫生间，于是一名女警卫陪同她前往。回来后她便被押上一辆轿车带走。35分钟之内，没放一枪一弹，没流一滴血，"四人帮"的威胁就被消除了。[60]

大约在同时，华国锋和叶剑英还派出一队特别人马前往广播电台、新华社、《人民日报》等新闻单位，以确保"四人帮"余党无法向社会传播消息，不公布任何新闻，直到把"四人帮"骨干分子全部抓起来为止。"四人帮"被捕后的第二天，北京市委的谢静宜和清华大学的迟群也被隔离审查。[61]

接下来要抓紧解决的问题是，"四人帮"作为政治局委员一直抵制华国锋成为正式的国家最高领导人——因为江青也在觊觎这个位置。为此，叶剑英在西山自己家中召开了一次没有"四人帮"的政治局会议。会议从晚10点一直开到凌晨4点，会上一致推举华国锋担任党的主席和中央军委主席。他们还讨论了需要采取哪些措施，以防"四人帮"余党制造麻烦。[62] 这次政治局会议之后还立刻宣布，将在华国锋的领导下出版《毛泽东选集》第五卷——邓小平曾与"四人帮"极力争夺此事的控制权；它为华国锋提供了阐释毛泽东遗志的重要机会。[63]

"四人帮"余党制造动乱的最大危险来自于上海的武装民兵。[64] 事实上，叶剑英和华国锋等人对"四人帮"被捕一事严加保密，直到他们确定已经控制了上海。曾长期担任南京军区（上海地区亦归其管辖）司令员的许世友飞到北京向几位领导人保证说，部队对上海可能爆发的战事已做好充分准备。这种担心是有道理的。"四人帮"被捕两天后，上海的余党因为与他们联系不上怀疑出了麻烦，开始为武力反抗做准备。

北京为了对付这种威胁，电召江青在上海的同党马天水等人去北京开会,这些人一到北京,就稀里糊涂屈服了。到 10 月 14 日,仍打算在上海策划抵抗的人感到党的高层干部和群众普遍反对武装反抗,他们自知处境无望,没打一仗就放弃了挣扎。中央随即派遣以苏振华将军为首的一批老干部去上海稳定局势。[65]

同时,安全部门的干部也在甄别"四人帮"过去的部下中哪些人是最危险的。抓捕"四人帮"后的第二天,北京大约抓了 30 名"四人帮"的铁杆亲信。公安干部继续监视那些可能构成安全威胁的人。[66] 毛远新也被逮捕。

"四人帮"被捕的消息突然公布,让已经厌倦了无休止斗争的民众欣喜若狂,也消除了他们对那些人会卷土重来的顾虑。10 月 18 日消息公布时,全国各地爆发了自发的庆祝活动。据观察到这些事件的外国记者报道,所有大城市都有异常兴奋的群众涌上街头庆贺。[67]

华主席寻求党内支持

但是,对于是否应当逮捕"四人帮",甚至对于毛泽东是否真心选择华国锋做接班人,党内是有怀疑的。毛泽东事实上从未公开批评过江青,人们先前也从未听说过"四人帮"一词。高层干部知道,毛泽东也从未想过要逮捕"四人帮",即便不喜欢"四人帮"的人也觉得应当服从毛泽东的遗愿。

为了巩固对华国锋统治的支持,叶帅和李先念在各省和各大军区的主要负责人在北京召开的会议上力挺华国锋。他们历数"四人帮"的罪行,解释抓捕他们的必要性。大多数高层干部都同意有必要逮捕"四人帮",并且承认华国锋、叶帅和汪东兴在行动中表现得机智而果敢。

正是在这次会议上,华国锋第一次出示了毛泽东在 4 月 30 日新西兰总理马尔登访华期间给他潦草写就的纸条:"你办事,我放心。"[68] 此举有助于使各军区党委书记相信毛泽东确实选择了华国锋。与会者向他表明了支持他当选的态度。华国锋与"四人帮"的斗争后来被一再说成善恶之间的伟大斗争，是追求正确路线的党与"四人帮"反党集团的斗争，就像中国历史文献中记录的很多故事一样。不过，这一次就像1949年一样，获胜者确实得到了真诚而普遍的拥护。

为了进一步巩固自己的地位，华国锋决定继续批邓，拖延恢复邓小平的工作。他在10月26日宣布，当前要批"四人帮"，可以附带批邓。[69] 党内对邓小平的批判虽然没有像当初"四人帮"那样极端，但仍持续了数月。华国锋还没准备好让邓小平回来。邓太有经验、太自信，也随时能够掌控大局。叶帅也认为，华国锋需要时间巩固自己的领导地位，还是让邓小平晚一点回来为好。临近1976年年底时，叶剑英元帅和李先念等老干部才提议恢复邓小平的工作。[70]

邓小平一向愿意接受权力的现实，他是最早表示拥护华国锋的领导人之一。10月7日，邓榕的丈夫贺平从叶帅的家人那里听到"四人帮"被捕的消息后，立刻骑自行车飞奔回家，向邓小平一家报告了这个喜讯，因此他们是先于公众知道此事的。[71] 邓小平在10月10日写了一封信，请汪东兴转交华国锋。他在信中祝贺党在华国锋同志领导下采取果断行动，取得了对阴谋篡权者的伟大胜利。他说："我衷心地拥护中央关于由华国锋同志担任党中央主席和军委主席的决定，我欢呼这个极其重要的决定对党和社会主义事业的伟大意义……华国锋同志是最适合的毛主席接班人。"[72]

12月10日，即抓捕"四人帮"两个月后，邓小平因前列腺疾病住进了解放军301医院。12月14日党中央通过决议，允许邓小平阅读中央文件。住院期间他拿到的第一份文件是《王洪文、张春桥、江青和姚文元反党集团罪证》。这也是为了使他拥护华国锋逮捕"四人帮"而预备的一系列文件中的第一份。邓小平看过第一份文件后说，大量证据已经说明采取行动是正确的，他不需要再看更多的材料了。[73] 尽管如此，华国锋与叶剑英还是亲自请邓来玉泉山，向他通报了粉碎"四人帮"的经过。[74]

这时，另一些领导人已经开始推断邓小平将在某个时间点回来工作。有些领导人认为，可能会给他安排类似于毛泽东在1974年设想的，让邓小平取代周恩来领导政府、同时配合王洪文的工作。或许邓小平可以利用他的丰富经验和能力，在党的首脑华国锋的领导下负责政府工作。其他人认为，可以让邓小平担任更有限的角色，只抓外交。还有一些人则认为，可以在某个时候让邓小平完全接过党的工作，就像1975年夏天那样。为邓小平恢复工作的决定于1977年1月6日做出。而实际情况是，华国锋为了巩固自己的地位，又拖了半年才让邓小平恢复工作。

激进路线的终结

学者约瑟夫·列文森（Joseph Levinson）谈到儒家思想在帝制末年的命运时说：当儒家思想丧失活力时，它虽然仍被供奉于庙堂之上受到人们祭拜，但是它已经和人们的日常生活失去了联系。同样，毛泽东去世和"四人帮"被捕之后，到天安门广场中心的毛主席纪念堂参观的人仍然络绎不绝，但是过去时期的激进思想、群众运动和阶级斗争，已经不再是中国人日常生活的内容了。

其实，激进思想与人们日常生活的分离过程，早在1974年毛泽东宣布支持安定团结时就已经开始了。1975年在邓小平的领导下，以及1976年初华国锋掌权时期，这个过程一直在继续。"四人帮"被捕后，激进的思潮终于失去了最后的有力拥护者。宣布"四人帮"被捕之后自发的欢庆，以及先前"四五"运动时的民意宣泄，都是强大而明显的象征，表明群众憎恨给国家带来严重混乱和破坏的激进思想。

后来的审判"四人帮"成了一次全民观赏的庙堂祭典，这次审判中对激进思想的谴责没有针对毛,而是指向了"四人帮"。其实,包括一些庆贺"四人帮"被捕收审的干部在内,很多人过去都曾信奉毛泽东的理想,甚至参与过实现这种理想的努力。尽管如此,"四人帮"的覆灭标志着一个时代的结束,一种想通过不断革命和阶级斗争去改造世界的希望的破灭。中国人在这种局势的转折中表现出的兴奋和释然,后来将会变成支持改革开放务实政策的深厚基础。

第6章
复出，1977—1978

1976年4月华国锋被任命为总理和党的第一副主席后不久，美国驻京联络处主任托马斯·盖茨（Thomas Gates）与华国锋有过一次1小时45分钟的会谈。盖茨手下的人根据会谈写了一份评价华国锋的报告，上有盖茨的签名。这个报告颇有先见之明，它得出结论说，华国锋是个"耳聪目明却平淡无奇的人，他的突出特点是谨慎。他对材料掌握得还算充分，但没有表现出丝毫超常的智慧或魅力。华看起来是一个理想的过渡人物，在内政外交领域都不太可能采取不同寻常的举措。……我怀疑华缺乏长期主政必不可少的眼光和领导能力，……我认为将会出现更有能力的新领导人，……单调乏味的华国锋先生在完成他的历史使命之后，将被迫靠边站"。[1] 中国的干部们绝不会有这样的公开评论，但美国驻京联络处的官员无疑感觉到，他们中间也有人持类似观点。

按中国政治史写作中成王败寇的悠久传统，邓小平一向被誉为改革开放政策的启动者，华国锋则因事事紧跟毛泽东的决定和指示而受到指责。华国锋过去一直在省一级工作，没有北京的经历，毫无外交经验，在军队事务上也没有多少资历，这样一个人登上最高领导人的位置，确实有些勉强。华国锋在会见外国人的第一年里谨防出错，因此不难理解，他只好空泛地讲讲政策，说些语焉不详的话，喊几句不会出问题的口号。华国锋是个聪明的好干部，但就整体能力和领导素质而言，他无法与邓小平相比。此外，他不主张让邓小平先前属下的老干部全面复出，他也不能进行稳健而大胆的领导，或是像邓小平那样与外国建立良好的关系。

但是，很多人低估了华国锋和他的改革信念。后来的官方历史对华国锋脱离毛的路线的意愿和支持中国对西方实行开放，没有给予充分的评价。其实，在华国锋当政的过渡期——从1976年9月毛泽东去世到1978年12月的十一届三中全会——他不但逮捕了"四人帮"，而且减少了意识形态和政治运动的作用，更加强调现代化而不是阶级斗争，将毛泽东时代不够常规化的党内会议转入正常轨道。华国锋确实想拖延邓小平在1977年的复出，但他并没有推翻邓小平在1975年取得的进步，他赞成邓小平1977年复出后采取的改革措施。他不但推动了国家的迅速开放，甚至因为在他的"洋跃进"中走得太远而受到尖锐批评。[2]

华国锋的权威：有名无实

华国锋的权威完全来自于毛泽东的选择和他在党政官僚体制中的官方职位。可是在1976年的中国，体制内的名义权威仍然是根基不牢的。毛泽东位居党政军之首，统治了中国27年，使别人很难向他发起挑战，但他权力的核心一直是个人性的。他的权威不是来自他的官方职位，而是源于他在领导革命取得军事胜利上的非凡成就，源于他对权力纯熟的使用、恢弘的想象以及借助于纪律严明的党和受到控制的宣传工具在人们心中激起的希望和敬畏。

华国锋缺少毛泽东和邓小平那种英雄般的革命经历、宏大的历史眼光、解决问题的稳健意识以及他们的沉着与自信。他对党的工作的很多方面都有了解；他当过公安部长，1971年（获邀参加政治局会议）和1973年（被升任政治局正式委员）之后，他有大量机会了解全国的政治。但是,若论个人成就、眼界以及在中国人心目中的整体地位,他都难以跟那些经历丰富的老革命家——邓小平、叶剑英、陈云或李先念等人——相比。

毛泽东去世后,为了使华能够治国,政治局给了他相应的头衔:党的主席、国务院总理和军委主席。叶剑英及其同事宣布,党应当加强正式制度的重要作用,而不再依赖某个领导者的个人人格。早在1950年代中期中国开始建立稳定的政权结构时,各部门便已制订出各种制度化的程序;在"大跃进"这场灾难后的1960年代早期和邓小平领导下的1975年,中共又恢复了正常的组织程序,以限制领导人任意做出决定。[3]然而,要使这些正常程序和正在形成中的政府组织结构取得像在西方国家那样的法律效力,还有很长一段路要走。相反,下级干部在阅读上面发来的文件时都知道,只要一出问题,上面又会发出新的文件,使过去的文件变成一纸空文。

在1976年底和1977年初,叶帅和汪东兴努力树立对华国锋的个人崇拜,以便加强其脆弱的个人权力基础。华抓捕"四人帮"取得的非凡胜利被大肆吹捧,把他抬到普通优秀干部之上,被大家广泛庆贺。在1976年10月以后的几个月里,涌现出成百上千赞扬华国锋领导的书籍和文章。[4]大量歌颂他的领导的诗词歌曲被创作出来广为传播,全国各地都能看到他的画像和毛泽东的画像并排放在一起。当时电视尚不普及,但是从收音机和各个工作单位、农村的广播喇叭里,可以听到对他领导国家的才能的歌颂。

不过,宣传华国锋的做法也引起了反弹。很多曾为国家浴血奋战的党内革命老干部,都瞧不起华国锋这种1938年以后才入党的年轻干部,认为对他的大吹大擂既过头又冒失。况且党内不少有影响的领导人也不想看到个人崇拜,担心这会破坏党内民主。到1978年底时,华国锋因为允许他人将自己的成就吹得太高而退居守势。人们对他并不信服,认为他的领导职位只是被任命的而已,他实际上并不具备与之匹配的个人威望。

华国锋温和的领导风格是他对北京这种环境的自然反应。不过他在湖南时就有这样的名声：和其他同级别的干部相比，他是个谨慎的、瞻前顾后的人。⁵ 人们觉得与他共事顺心舒服，因为知道他不会冒犯他们。诚然，华国锋认为"四人帮"及其同伙做事太极端，但除了这些人以外，他尽量与大家搞好关系。

在1949年中共掌权之前，毛泽东和他的同事已经花了20多年时间筹划掌权之后应该做什么，华国锋却几乎没有准备的时间。过去白手起家创建国家和制定政策的革命家有宽广的视野，为华国锋和他这一代人所不能及，因为他们的成长过程是学习如何贯彻而不是制定大政方针。华国锋在1976年1月突然得到提拔，取代王洪文成为接毛泽东班的第一候选人之前，他对担任最高领导人毫无准备。即便是在1976年1月成为代总理之后，他也一直忙于应付一些紧迫的问题——周恩来逝世、天安门事件、毛泽东之死、逮捕"四人帮"，几乎无暇考虑重大的战略问题。1976年10月以后华国锋面对这些重大的问题时，就像刚登基的勤勉的小皇帝，需要两位老臣——叶帅和李先念——的辅佐，而他们也愿意为他出谋划策。

华国锋在1976年之前就认识叶帅和李先念，不过，在为实施抓捕"四人帮"的秘密计划而结成相互信任的小团体之前，他与他们并无特别密切的交往。叶、李两人像华国锋一样，在"文革"期间没有受到多大伤害，相对而言也没有那些被罢官并受到迫害的老干部的情绪和怨恨。叶帅在"文革"前就未受重用，因此不属于"文革"初期受到毛泽东打击的当权派。李先念是"业务组"成员，"文革"初期派仗打得热火朝天时，这里的干部一直在从事管理经济之类的政府日常工作。华、叶和李在"文革"前就与老干部有不错的共事关系，而且他们三人都能同时与"文革"的受益者和老干部一起工作。

叶帅和李先念既不是整过人的激进派，也不属于要求更多民主、在经济领域进行更大胆尝试的人。与此相反，他们打算协助华国锋，以务实的方式在失去航图的后毛泽东时代平稳航行。具体而言，叶帅能够为华国锋与军队的关系铺路；李先念则能在经济问题上为华国锋提供指导。

华在毛的遗志和中国的开放之间寻找平衡

从毛泽东去世的那一刻起，华国锋就面对压力要向激进派证明自己遵循着毛泽东的遗志。但后者不难看到，华国锋虽然自称是毛的追随者，却不搞政治运动和阶级斗争。西方媒体报道说，中国在毛泽东去世后开始了一个"去毛化"过程，这给华国锋造成了更大的负担要去证明自己忠实于毛的遗志。

逮捕"四人帮"在党的多数干部和广大群众中大快人心，但是这激怒了那些认为自己追随的才是真正的毛主义的激进派。他们知道，毛泽东在去世之前，一直想在党内最高领导层为"四人帮"保留一席之地。这种异议使华国锋和他的两个老顾问叶帅和李先念处于守势。他们得竭力证明抓捕"四人帮"与继承毛的遗志相符。华国锋搜集各种材料历数"四人帮"的罪名，他下发的3份材料为逮捕"四人帮"符合毛的观点提供了证据。

自从毛泽东去世后，华国锋一直宣称自己在继承毛的遗志，继续遵行他的政策。但是，一些宣传家和毛泽东的坚定追随者，却不断批评他偏离了毛泽东为党制定的路线。为了回应这些批评，华国锋指示他的拥护者写了一篇理论文章，以证明他忠实于毛的遗志，这便是1977年2月7日的《人民日报》、《红旗》杂志和《解放军报》社论。这篇社论宣布，凡是毛主席做出的决策都要执行，凡是毛主席的指示都要照办，此即后来著名的"两个凡是"，它成了华国锋表明自己完全忠实于毛主席遗志的标志。[6] 华国锋显然没有料到它会成为一些人攻击的靶子，他们认为中国应当脱离毛在人生最后20年所奉行的路线。

对于华国锋来说，为了在新时期全面领导国家，他需要召开一次党的代表大会，就像毛泽东在1956年召开八大、林彪在1969年召开九大、林彪死后毛在1973年召开十大一样。一般需要数月时间才能制定出经济计划，在重要领域的政策上取得共识，为党代会准备必要的文件。毛泽东刚去世不久华国锋就立刻开始了这项工作，并于1977年8月12日至18日召开了党的十一大，随后又在1978年3月召开了旨在提供全面政府领导的第五届全国人民代表大会。

由于华国锋在掌权之后召开的这次党代会过于仓促，他只能把许多问题先放在一边。在向十一大做的4个小时的报告中，他用意识形态和党的套话来掩盖政策分歧。但确实存在着一些需要领导人给予关注的实质问题，华国锋也试图对其中一部分做出说明。像周恩来和邓小平一样，华国锋继续强调四化建设。在选择最可靠的经济顾问时，他选的是"建设派"（builders），即那些希望抓紧扩大新的基建项目并从国外引进工厂的人，而不是较为"谨慎"的计划派（cautious planners）和财政干部。（关于"建设派"和"谨慎的计划派"详见第15章。）华国锋尤其倚重大庆油田的杰出领导人余秋里，让他领导用更高的指标去充实邓小平的十年规划的工作。华国锋也十分倚重国家建委主任谷牧，毛泽东和周恩来在1974年10月就选他担任了副总理。

最初，华国锋在外交方面很外行。1976年春天他在北京会见李光耀时，由于不了解中国的政策细节，他在回复对方的意见和问题时，只能说些大而无当的套话和口号。但是接过毛泽东的位置后，他非常努力抓紧掌握外交政策问题：当1978年8月他率团访问南斯拉夫、罗马尼亚和伊朗时，与1976年时相比，对外交事务已经有了更好的了解。

邓小平在1974年和1975年出国时，仍要受到控制。与此不同，华国锋在1978年作为中国最高领导人出访南斯拉夫和罗马尼亚，是 1957 年（毛泽东去莫斯科）后中国最高领导人第一次出国访问。华国锋回国后，对中国能向南斯拉夫和罗马尼亚学习什么作了报告：这两个国家都接受外国货币，与外国公司开办合资企业，开展补偿贸易，引进外国技术——所有这一切丝毫没有损害两国的主权。华国锋表示，他在东欧看到的工厂论规模比不上中国的工厂，效率却要高得多。结论显而易见：中国应当以东欧为榜样，引进更多的外国技术。

改进农村组织的问题，是华国锋有丰富个人经验的领域，他不但尽力保留人民公社和生产队这种社会主义制度，而且开了几次学大寨会议。大寨是被树为全国农业集体化样板的村子，它投入大量人力从事生产劳动，并鼓励兴建大型引水渠这样的农业工程项目。华国锋把全面改善农业的希望放在技术上。和邓小平一样，他也要抢回被浪费的时间，加快发展，然而他在判断取得这些进步所必需的制度建设的速度上却经验不足。他急切地要在 4 年内（到 1980 年）实现农业机械化的技术突破，但这不过是一种幼稚的乐观主义。

邓小平在 1978 年成为头号领导人之后，华国锋对自己的冒进做法做了自我批评，他没有考虑到中国外汇短缺，没有能力迅速吸收国外技术，中国的预算也不平衡。一些批评是有道理的，例如，华国锋鼓动余秋里考虑在几年内开发十个大庆油田，这是完全不切实际的目标。但是，他要推动中国快速发展、加快引进外国技术的整体目标，与包括邓小平在内的其他许多领导人是一样的。

时常有人说，中国的对外开放政策——包括愿意学习国外经验和急迫地想要引进外国技术——源于 1978 年 12 月邓小平领导下的三中全会。其实不少做法始于 1977 年华国锋领导时期，而华国锋提出的政策也并非由他首创。华国锋和邓小平所推行的，是被很多中共干部视为中国必由之新路的政策。

安排邓小平复出，1976年10月—1977年4月

邓小平是否回来工作，以及回来之后干什么，从"四人帮"被捕那一刻起就是个议论纷纷的话题。党的领导层一致认为邓小平是个难得的人才，已恢复工作的老干部则把他视为他们认可的领导人。毛泽东去世的消息一公布，香港和西方媒体就开始揣测华邓两人之间即将发生权争。不过，在当时的中国，还无人敢向毛泽东挑选接班人或华国锋担任中共主席的权力提出严肃挑战。当时的共识是，至少在一段时间之内，华国锋有权保留毛泽东为他安排的位置。

毛去世后的几个月里，高层圈子一直拿不定主意，邓小平回来后是让他在华国锋主席手下当总理呢——就像当年周恩来效力于毛泽东或1974年上半年邓小平在王洪文手下工作一样，还是让他成为头号领导人？华国锋的资深顾问叶帅和李先念主张让邓小平在某个时候回来担任一定的职务，但是要在华国锋的领导之下。逮捕"四人帮"后不久，李先念去看望当时在北京西山疗养的邓小平时，鼓励他为回来工作做好准备。[7] 叶帅和李先念这两位拥立领袖的人也一再向其他人表示，他们支持邓小平复出。[8]

华国锋从未明确说过不应让邓小平回来工作。但是他在1976年10月26日——"四人帮"被捕刚过两周——做出指示，要继续批判邓小平及其让更多老干部恢复工作的做法（即所谓的"右倾翻案风"）。[9]

然而，在1977年3月的中央工作会议上，华国锋已经不再鼓励批邓了。邓小平曾受到不公正对待，被认为要对"四五"抗议活动负责，很多干部对此都有意见，华国锋指示宣传部不要再提"四五"事件。他还承认，参加抗议的绝大多数人都不是反革命，邓小平也没有参与策划此事。

1976年12月12日出现了有利于邓小平的另一个突破。叶帅收到他的长期部下、时任中联部部长耿飚的一封信。耿飚在信中附

了一份材料，证明"四人帮"篡改天安门事件报告中的证据，欺骗毛主席和党中央。叶剑英立即对他的部下说，这个新的证据很重要，应当为"四五"事件平反。[10] 叶帅收到这些材料两天后，邓小平便重新获准看中央文件。这时有很多人认为，邓小平的复出仅仅是个时间问题，尽管叶帅仍在说时机尚不成熟。1977年1月6日的政治局会议讨论了为邓小平恢复工作的问题，决定应当让他重新担任一定的职务。

《人民日报》的"两个凡是"的社论——标题是《学好文件抓住纲》（"纲"指阶级斗争）——在2月7日一发表，立刻就成为高层干部争论的焦点。假如毛泽东批准的所有政策和他的全部指示都要遵守，那么对于天安门事件是反革命事件的定性，以及撤销邓小平职务的决定，也就不能再有二话。"两个凡是"的社论刺激了批评华国锋的人，而是否让邓小平复出则成为争论的中心。《人民日报》总编胡绩伟后来说，"两个凡是"一文堵死了让邓小平等一批老干部复出的道路，也使参加过"四五"天安门事件的人无法得到平反，另一些冤假错案无法得到纠正。[11] 邓力群是奋起反对"两个凡是"的人之一，他把这个问题向王震提出，王震又提请政治局给予注意。[12]

按照惯例，在召开预定的党代表大会之前要举行中央工作会议，会上允许比较自由的讨论，取得共识，以便获得参加党代会的人一致拥护。1978年11月至12月召开的著名的中央工作会议是一个转折点，它加强了邓小平的地位，巩固了对将在1978年12月三中全会上得到批准的改革开放政策的支持。1977年3月10日至22日，在为筹备8月的中共十一大而召开的中央工作会议上，反对"两个凡是"的人也开始大声疾呼。

在离中南海只有几个街区的京西宾馆召开的这次工作会议上，华国锋宣布了会议议程：（1）研究处理"四人帮"的下一步措施；（2）讨论1977年的经济计划；（3）筹划1977年下半年党的工作，包括提前召开党的代表大会。[13]

这是在毛泽东去世半年后,中共领导干部召开的第一次大型座谈会。但与1978年11月召开的中央工作会议相比,1977年3月的会议气氛仍受到那些认为坦率讨论毛泽东的错误还为时尚早的人的限制。即便如此,在某些问题上还是取得了共识:把党的工作重心从"文革"转向四化;维护中国共产党的领导;继续高举马列主义、毛泽东思想旗帜;增加对外国资本和技术的利用。

但是,在"文革"期间经受过身心折磨的老干部与这一政治运动的受益者之间,仍然存在着根深蒂固的分歧。许多在"文革"中靠整人发迹的领导人,托庇于"反击右倾翻案风"运动,不想让权力落入受过打击的人手中;已经恢复工作的老干部则更愿意让他们仍未获准恢复工作的朋友回来。

这两派人之间的力量对比在1972年就已经开始向老干部一方倾斜,毛泽东本人在这年年初开始允许开展平反工作。在1975年1月召开的第四届全国人大上,有10名在"文革"中受过严重迫害的人担任了部长。[14] 这个趋势一直在继续。在1973年中共十大上当选中央委员、1977年8月仍在世的174人中,有59人在十一大上没有重新当选(其中很多是在"文革"中发迹的人)。在十一大上当选中央委员的201人中,除了19人之外,都是1949年以前入党的老干部。[15] 相比之下政治局的变化则缓慢一些。政治局常委的4个人都在逮捕"四人帮"中发挥过关键作用,但其中只有叶帅和李先念赞成让邓小平复出,华国锋和汪东兴则拖延着。

1977年3月,华国锋在向中央工作会议作的冗长报告中解释了为什么抓捕"四人帮"之后还要继续批邓,他说,"批邓'反击右倾翻案风'是我们伟大领袖毛主席决定的,因此要继续进行。"[16] 他暗示邓小平不会完全拥护毛主席,并且又加了一句尖锐的话:"我们要记取赫鲁晓夫的教训。"[17] 人人都知道邓小平经常被批为"中国的赫鲁晓夫",他有可能效仿赫鲁晓夫对斯大林的全面批判。华国锋想进一步维护毛泽东的遗产,他也意识到了处理"四五"事件引起的消极反应，因此对代表们说，对天安门事件要避开不说。然而他并不具备毛泽东那样的权威：陈云和王震两人广受尊敬，论资历和个人威望也远在华国锋之上，他们仍然敢于在自己的小组会上大胆直言，表示支持邓小平复出。

陈云是个冷静审慎的人，对党一向忠心耿耿，他由于为党做出的巨大贡献而享有崇高威望。当时他在西南小组做了有力的发言，倡议邓小平复出。陈云在准备自己的发言稿时一向很认真，他让胡乔木撰写草稿，发言之前，还在耿飚家中与王震等人见面，以便确定讲话稿中是否还有任何可能的问题。他在发言中说，"邓小平同志与天安门事件是无关的。为了中国革命和中国共产党的需要，听说中央有些同志提出让邓小平同志重新参加党中央的领导工作，是完全正确、完全必要的，我完全拥护。"[18]

"王胡子"（王震）暴躁粗鲁，但也是个讲义气的直脾气，在很多忠诚的党员看来甚至十分可爱，他在另一个小组也表示支持邓小平复出。他的发言援引毛曾经对邓小平的赞扬，让激进派处境尴尬，极难反驳他。他引用毛的话说，邓小平政治思想强，人才难得；他是个能干的战士，坚决反对修正主义。王震接着又说，在1975年领导中央和国务院的工作期间，邓小平贯彻执行毛的路线，取得了巨大成功。他是跟"四人帮"作斗争的先锋。王震说，现在全党、全军和全国人民都热切盼望他早日回到党的领导岗位上来。[19]

在小组讨论中很多人支持陈云和王震的意见，可是负责整理会议报告的汪东兴没有把陈云和王震的发言以及随后的讨论收进去。汪东兴对他们说，只要修改一下发言，就可以收进会议简报。陈云和王震长期为党工作，资格远在汪东兴之上，他们回答说，把不把我们的讲话收进简报，那就随你的便。他们未经修改的发言虽然未被收入正式简报，但在会上会下广为流传。[20]

开会期间，华国锋对很多想为1976年4月天安门事件平反的人说了几句安慰的话。他承认，是"四人帮"在1976年4月压制群众悼念周恩来去世,邓小平没有插手天安门事件,人民群众聚集在天安门广场是合情合理的。然而他依然把它称为反革命事件,并且说,有极少数参与者是反革命分子。他又说,"反击右倾翻案风"——人人都知道邓小平赞成翻案——是正确的。[21]

华国锋意识到了人们普遍支持邓小平复出,他说,要做到水到渠成,瓜熟蒂落。他的意思很清楚,时机一到,邓小平的复出之路自然会畅通,但不必操之过急。不过,华国锋对邓小平的支持者也做出了一些让步,他说,[十届]三中全会和十一大(将在这一年夏天举行)适合做出让邓小平复出的正式决定。

在发生着变化的政治环境中,华国锋力求掌控《毛泽东选集》第五卷的编辑工作,以便加强他对毛泽东思想的解释权。4月7日,中央传达了华国锋关于如何学好《毛泽东选集》第五卷的指示,其中提到毛泽东号召将革命进行到底的一段话。一周后的4月15日,经华国锋正式批准,《毛选》第五卷出版。[22] 但不论华的指示还是《毛选》第五卷的出版,都未能阻止人们对邓小平重新担任要职的不断增长的支持。

在这期间,邓小平明确表示他不支持华国锋的"两个凡是"。在4月10日写给华国锋、叶帅和其他中央委员的信中,邓小平表明了他对那篇有争议的社论的看法。他说,我们必须世世代代地用"准确的"、"完整的"毛泽东思想来指导我们全党、全军和全国人民。[23] 邓小平以这种聪明的说法承认了毛泽东的权威,但实际上他是在说,华国锋并不是解释毛泽东的观点的唯一权威;任何具体问题都要放在更大的背景里去看待,而与华国锋相比,那些长期跟毛泽东一起工作、与毛关系密切的中共领导人,更有资格从这个"更大的背景"对毛的观点做出判断。邓小平随后感谢中央为他洗清了名声,承认他没有参与天安门事件。他说,至于他个人的工作安排,"做什么,什么时机开始工作为宜,完全听从中央的考虑和安排"。他还建议把他这封信,连同1976年10月10日他写给华国锋表示

支持其领导的信一起，印发全党。²⁴

华国锋在收到邓小平的信时意识到，必须对日益高涨的支持邓小平复出的力量做出回应，于是他派忠实于自己的高层干部汪东兴和李鑫去跟邓小平商量他复出的事。²⁵ 此时华国锋已经肯定了"四五"示威活动的积极意义，因此邓小平对自己的好友说，他坚信天安门事件不久就会被看作一场革命运动。²⁶ 在这个背景下，邓小平没有心情满足汪东兴和李鑫两人向他提出的要求：在为他的复出做准备时，他要肯定"两个凡是"。邓小平告诉他们，如果把"两个凡是"奉为教条，为他平反的事就说不通，对天安门广场示威的肯定也说不通。²⁷

邓小平又解释说，不能把毛泽东在某个场合做的事拿来解释他在不同场合和时间做的事。毛泽东本人也承认自己犯过错误，不管什么人，只要做事就会犯错误。一个人能做到七分正确就很不错了。邓小平说，如果我死后人们能给我三七开的估计，我就很高兴、很满足了。²⁸

人们估计邓小平为了重返工作岗位，会写信公开表示接受华国锋的领导。邓小平也遂了他们的心愿。他在1976年10月10日的信中就已说过："不仅在政治上思想上华国锋同志是最适合的毛主席的接班人，就年龄来说可以使无产阶级领导的稳定性至少保证15年或20年之久。"²⁹ 4月14日邓小平对信做了稍许修改后，华国锋同意将其印发党内。5月3日这些信在党内印发，一直下发到县团级。³⁰ 华国锋一度尽可能合理地拖延邓小平的复出，但最终，当邓小平写信表示接受他的领导后，华还是向势力强大的老干部所形成的气氛做出了让步——他们都希望邓小平回来。

虽然直到三中全会才正式宣布邓小平的复出，但是印发他赞扬华国锋的领导的信等于向党内中层以上干部发出通知，邓小平的复出已是指日可待。³¹ 党内人士对饱经考验的邓小平抱有很高期望，认为他能在维护秩序和实现现代化上发挥重要作用。党内人士也在私下议论华国锋和邓小平两人将来的关系，外国媒体则在公开讨论此事。

到5月12日时已经很清楚，邓小平将恢复一切职务，包括接过军队和外交工作。他将像过去一样担任副总理。邓小平还自告奋勇承担起科技和教育工作，因为在他看来科学是四个现代化中最关键的一环，能够促进另外三个现代化（工业、农业和国防）。邓小平的请求被接受后，他把方毅和李昌叫到自己家中，讨论如何促进科技发展的问题。[32] 在中国当时的大气候下，他必须首先对付一些残留的反知识分子观点。他对方毅和李昌说，必须强调要把脑力劳动者也视为在政治上受尊重的工人阶级的成员。[33]

5月24日，邓小平为了给自己的复出做准备，把他的密友王震和邓力群请到家中，讨论如何恢复他的写作班子以及促进科技和教育的发展。邓小平依然很看重他当年网罗到政研室的那个写作小团队，他要跟其中一些成员初步讨论一下如何组建写作班子。在批邓运动中，有为数极少的人极其坚定地不参加批判，邓力群便是其中之一，他为此受到了惩罚，被下放农村从事劳动。邓力群带来了邓小平写作班子前负责人胡乔木的一封检讨信，胡为自己参与批邓表示道歉。邓小平没有看那封信，而是让邓力群把它退了回去。他说，胡乔木的批评我不介意，胡乔木只是讲了一些套话，这可以理解，没有必要为这种装样子的事道歉。邓小平还称赞胡乔木为毛泽东起草的讲话《论十大关系》（此文已收入《毛选》第五卷）。他说，他欢迎胡乔木回到写作班子。

叶帅和邓小平见面后，这两位中央军委副主席同意共同负责军队工作。邓小平重新拾起了他在1975年要解决的问题：推动裁军，征召受过更好教育的兵员，改进训练和纪律，提升军事科学技术，使军队为现代战争做好准备。他在军队会议的讲话中这些仍是中心话题，但他也讲到了更大的政治问题：要"实事求是"。[34] 不过，他用于军队工作上的精力要比用在科技教育上的少得多。

邓小平也没有把很多时间用在外交上。他同意参与重要决策，但他表示不想承担对日常外交工作的领导，他说那让他感到厌倦。邓小平还说，他真正想抓的工作是科技和教育，他认为这是现代化最重要的领域。

邓小平估计，中国的科学技术已经落后世界20年；例如，他提到中国当时大约有20万名科技人员，而美国是120万。他说，为了急起直追，中国必须承认自己已经大大落后，也要着手培养自己的人才。他重新提出了他在1975年支持的政策，他说，必须通过考试选拔中小学的尖子人才，让他们在最好的大专院校接受最好的教育。[35]

邓小平提出接手科技工作，也是在表明他不会很快就在关键的政治领域挑战华国锋。但是，为了促进科学的发展，邓小平毫不犹豫地触及仍然敏感的政治问题。与那些坚持"红"比"专"更重要的毛派分子相反，他大胆宣布，对政治不感兴趣的科技人员也是有用之人，军队也需要培养人才。[36]

邓小平的复出

7月17日，十届三中全会通过了《关于恢复邓小平同志职务的决议》。决议需要得到一个月后召开的党代表大会的正式批准，但邓小平在全会上已正式恢复了他在1975年4月5日以前的全部职务：中央委员、政治局常委、党的副主席、中央军委副主席、副总理和解放军总参谋长。政治局常委的五人中邓小平排名第三，位于华国锋和叶帅之后，李先念和汪东兴之前。[37]

7月21日，在实际上是他的复职演说中，邓小平说，"出来工作，可以有两种态度，一个是做官，一个是做点工作。"没有人对邓小平的选择感到惊讶：他是想做点工作的。但是，由于毛泽东去世后依然挥之不去的大气候，邓小平在规划自己的事业时仍要当心。他首先重复了一句套话:"马克思列宁主义、毛泽东思想,是我们党的指导思想。"然后他才谈到他认为需要完成的工作,首先是改善知识分子待遇,其次是党的建设。他再一次提出,学习毛主席的教导要有灵活性。他说,有人歪曲毛主席的思想,把一些话与当时的情况割裂开来,说它们同样适用于其他场合,但毛泽东对不同的情况是有不同的解决办法的,必须准确完整地理解毛泽东,把他的教导正确运用于每一种实际情况。他还说领导集体要促进党内民主,[38] 4年后邓小平的权力得以巩固时,批评者说他对党内民主已经不感兴趣,而是把权力全都集中到了自己手里。

7月23日,邓小平讲话两天后,《人民日报》、《红旗》杂志和《解放军报》的社论宣布了他的新职务。社论说,"会议决定恢复邓小平同志的党内外一切职务,体现了广大党员和人民群众的愿望。"[39] 民众在1976年清明节时的感情宣泄和中央工作会议上的辩论,都证明这句话并非夸大其辞。邓小平复出之后第一次在公开场合露面,是在7月30日大陆和香港之间的一场足球赛上。当广播喇叭宣布他来到体育场时,全场起立对他报以经久不息的掌声。[40] 老百姓显然觉得,邓小平扎实稳健的领导让他们放心,基于他在1975年取得的成绩,他让他们感到有了希望。

在1977年8月12日至18日举行的中共十一大上,代表们欢迎邓小平的复出,也有一些毛派分子对此感到不安;当时代表们对于如何看待毛的遗产,以及实行哪些具体政策,仍未达成明确的共识。党的领导层试图掩盖分歧,展示团结,采用了一些肯定毛泽东遗产的口号,也泛泛提到现代化目标。大会宣布"文革"已经结束,但也肯定了它的意义;尽管中国要学习国外的新技术,但无产阶级领导的革命要继续批判右倾主义。一些代表在小组会上表达了对华国锋领导的不满,因为他在4个小时的报告中用套话来掩盖分歧。当然,大会文件并没有把这些批评意见记录在案。[41]

为迎合政治气氛,邓小平也讲了一些套话,以安抚那些仍然坚持毛泽东路线的人。他在 8 月 18 日简短的闭幕讲话中说,大会要"把我国社会主义革命和社会主义建设推向一个新的发展时期。我们一定要恢复和发扬群众路线"。但是他也试图创造一个更加灵活的空间。他又说,"我们一定要恢复和发扬毛主席为我们党树立的实事求是的优良传统和作风。"⁴² 邓小平谈到毛的"真正路线",以此表明他忠于毛泽东;但也强调"实事求是",这就为自己留出了回旋余地,使他可以采取符合当前形势需要的政策,主张毛的具体教导不会自动适用于一切情况。

邓小平此前在 8 月初的科学和教育工作座谈会上做出保证说,他将在华国锋主席的领导下工作。他借用了一个军事术语,把自己的工作称为搞"后勤"。代表们明白他的意思,他是要为司令员华国锋当助手。具体来说,他要"协助华国锋主席和叶剑英副主席"抓好科技和教育工作。⁴³ 邓小平不想威胁华国锋的领导,至少暂时不想。

事必躬亲抓科技教育

中共十一大闭幕几周后,邓小平在对教育部干部的一次讲话中说,"我知道科学、教育是难搞的,但是我自告奋勇来抓。不抓科学、教育,四个现代化就没有希望,就成为一句空话。"⁴⁴ 邓小平打算继续 1975 年他在胡耀邦帮助下开始的工作,重新赢得科学家的好感。1977 年他对一名来华访问的美籍华裔科学家说,只要"马克思不召见",他打算在科技领域干 10 年。他说,他希望 5 年小见成效,10 年中见成效,15 年大见成效。⁴⁵

邓小平知道中国亟须提高普通民众的文化和科学知识水平,但他关注的是更高的目标:能够取得科学突破,推动工业、农业和国防现代化的基础研究。在他看来,"我们国家要赶上世界先进水平"。⁴⁶

邓小平不断会见获诺贝尔奖的美国华裔科学家李政道、杨振宁和丁肇中。提问的焦点始终如一：中国能为提高自身的科学水平做些什么？邓小平对科学在中国的复兴中能起的作用持有一种近乎着魔的信念，并因此批准了一些相关项目。有人问过他，中国的现代化努力刚刚开始，为什么要花那么多钱搞离子加速器？他说，为了促进中国科学的发展，必须向前看。

1957年毛泽东批判知识分子时，邓小平曾是毛的助手，但是他不像毛泽东那样对知识分子有成见。毛把他们称为"资产阶级知识分子"，让他们下放劳动接受再教育。邓小平从来没有机会上大学，但是他曾走过接受更高等的教育这条路，尽过最大努力想进一所法国大学念书。他的妻子曾在中国最好的大学北京大学学物理学，他的5个孩子中有3个上了大学，一个在北大学物理，一个学医，还有一个女儿因病不胜课业繁重的理科转而学了艺术。此外，邓小平逐渐认识到，打击知识分子是在摧残中国的科学技术，而科学技术是国家现代化的根基。1973年回到北京后，他再也没有像在1957年那样批判过知识分子。有些领导人还会不时说"资产阶级知识分子"，但邓小平不再如此。他认为科学没有阶级属性，可以为所有阶级和所有国家所用，无论是什么样的政治和经济制度。

邓小平很快就提出了提高中国科学水平的计划：

> 要从科技系统中挑选出几千名尖子人才。这些人挑选出来之后，就为他们创造条件，让他们专心致志地做研究工作。生活有困难的，可以给津贴补助。现在有的人家里有老人孩子，一个月工资几十元，很多时间用于料理生活，晚上找个安静地方读书都办不到，这怎么行呢？对这些人的政治要求要适当。他们在政治上要爱国，爱社会主义，接受党的领导。……一定要在党内造成一种空气：尊重知识，尊重人才。要反对不尊重知识分子的错误思想。不论脑力劳动、体力劳动，都是劳动。[47]

邓小平认为，当中国需要青年知识分子推动科学发展时，把他们送去参加体力劳动是严重的浪费。虽然他没有用过"精英治国论"的说法，但其实他是相信这种观点的。他力求吸引最好的人才，为他们提供条件，使其能够为国家贡献最大的才智。

邓小平重用教育和科技精英的做法遇到很多抵制。当他对知识分子的待遇表示不满时，明智地不提毛主席的角色，而是只讲"四人帮"。他说，必须摆脱"四人帮"的恶习，不要搞给知识分子扣"帽子"的"帽子工厂"和打击知识分子的"棍子工厂"。[48]

邓小平复出之前，很多保守派仍然认为，新中国成立后的前17年实行的是"资产阶级"教育政策，应当进行批判。邓小平复出前夕，在1977年6月于山西太原召开的"全国高等学校招生工作座谈会"上，与会者就未来的政策究竟应该以"文革"期间还是"文革"之前的政策为基础展开了热烈辩论，辩论的结果是仍然要以"文革"期间的政策作为指导。[49] 很显然，邓小平任重而道远。

邓小平后来上了年纪，开始减少工作量，但1977年复出时，72岁的他仍然精力充沛地投身于工作。邓小平一般只抓大事，只对他认为的头等大事才会事必躬亲。在1977年到1978年他认为科学和教育就是头等大事。他第一次谈到这项工作时说，"教育要狠狠地抓一下，一直抓它十年八年。我是要一直抓下去的。我的抓法就是抓头头。"[50]

邓小平不断会见各地领导，驳斥激进派对待知识分子的观点，就如何养成尊重人才、促进国家进步的新风气提出具体建议。从1977年7月27日开始，即三中全会正式让他分管科技工作还不到一周，他用数天时间与中国科学院院长方毅、副院长李昌和教育部长刘西尧进行了一系列谈话，向他们提出加快科技现代化的工作计划。邓小平说，现在的计划还远远不够，要把各专业最有学问的科学家列一个名单，确保他们得到必要的设备和生活条件，使他们能够专心工作。1964年和1965年毕业的大学生仍没有合适的工作的，要给他们安排更好的工作。[51] 邓小平又说，对那些去海外留学的中国学者，要想办法鼓励他们回来，即使不想回来，也要把他们当作爱国人士，请他们回来讲学。学者要搜集国外的教科书，用来更新自己的教材，教材必须做到简明扼要。教育部要选出水平最高的学校，通过考试录取分数最高的学生。邓小平还说，要把国防科技作为整个科学规划的一部分，干部不必担心是否和其他科研工作发生重叠。[52]

如今，邓大司令成了事必躬亲的人，他下达命令，并对执行命令的干部说，我们不要"放空炮"。[53]尽管邓小平言辞坚定，但反对的势力依然强大，因此在8月4日至8日有三十几位著名科学家和教育工作者参加的科学和教育工作座谈会上，他感到有必要再次批驳当时仍占上风的观点，该观点将教育视为"资产阶级专了无产阶级的政"。他认为，不能再置理论专家于不顾，只赞扬那些生产第一线的技术人员。在邓看来，从生产单位固然可以选出一些科学家，但是从事尖端科学和基础研究的大多数人肯定是出自大学。要想培养优秀的科学家，必须从小学就打好数学和外语基础。大学应当减少校办工厂的数量，增加实验室。[54]

邓小平认为，应当把中国一些最有才华的年轻人送到国外留学，他为此设立了出国留学计划。他坚信，发明了指南针、火药和印刷术的中国有大量的聪明人。但是中国现在已经落后，必须向西方学习。为了向国外学习，中国可以购买其他国家的教材（用来改进中国的教科书），派学者去海外学习，邀请外国科学家来华访问。

9月份，已经是邓小平敦促教育部干部采取行动两个月以后，他的努力仍然受到阻挠。毛泽东曾说部队里的人都怕邓小平，现在邓大司令又把枪口对准了教育部："教育部要争取主动。你们还没有取得主动，至少说明你们胆子小，怕又跟着我犯'错误'……要有具体政策、具体措施，……你们要放手去抓，大胆去抓，要独立思考，不要东看看，西看看。……赞成中央方针的，就干；不赞成的，就改行。"[55]他又说教育部还需要20到40个人："要找一些40岁左右的人,天天到学校里去跑。搞40个人,至少搞20个人专门下去跑。要像下连队当兵一样,下去当'学生',到班里听听课,了解情况,监督计划、政策等的执行,然后回来报告。……不能只讲空话。"[56]

通过推行受学术界热烈拥护的政策,邓小平赢得了知识分子的好感。这种好感对邓小平的公共形象大有好处,因为知识分子中有不少人为宣传部门起草文件,给报刊写文章。尽管他们要在领导人划出的界限内工作,但仍有机会巧妙地润色文件和讲话,它们随后会出现在报刊、广播和电视中。有这些人的支持,对邓有益无害。

恢复高考

不论对邓小平还是其他人而言,提高教育质量的一个关键问题是恢复高考。邓小平早在复出之前就认为,好的学校录取学生,不能根据"阶级出身好"和"思想觉悟高"(这是毛的标准),而应根据学习成绩,必须通过有竞争的入学考试加以判定。1950年代的孩子虽然会在学校进行考试,但成绩高低并不十分重要——干部们不想令成绩较差的农民和工人子弟难堪,因为其分数大多不如地主和资产阶级子女,后者在1949年以前曾享有更好的教育机会。

1970年代初一些大学在小范围内恢复教学后,也不是根据考试分数,而是根据工作单位的推荐,接受"阶级出身好"的工农兵子女。干部们固然不能明目张胆地推荐自己的子女,但他们可以写信推荐别人的孩子,再让别人推荐自己的孩子。甚至某些"阶级出身好"的人即使考试成绩也不错,但那些关系硬而能力不济的人仍能取而代之被学校录取。推荐制度变得彻底腐败。

邓小平认为,资产阶级和地主阶级已不复存在,因此"出身"不再是问题。他强烈感到,越早恢复从小学到大学的各级入学考试,越能使中国领导层尽快着手改善国家的教育。邓小平尤其想恢复"文革"期间被终止的"大专院校统一入学考试"。但是在1977年8月

4日召开的"科学和教育工作座谈会"上,正在制订的大学秋季开学计划中录取学生仍然是根据推荐。在秋季学期开学前的几周之内还有可能恢复高考吗?当这个问题在座谈会上被提出来时,邓小平转身问教育部长刘西尧是否还有可能。从刘做出肯定回答的那一刻起,邓小平就下定了决心,无论如何要在1977年举行高考。他在会议结束前宣布,"应当结束推荐制度,直接从高中录取学生。这是一个能够迅速培养人才、见效快的好办法"。[57] 在如此短的时间内完成这一巨变并非易事。要确定考试科目,挑选出考题的人员,公布考试计划,为数百万人举办考试,组织和完成评分,确定哪些大学招生以及录取多少学生——这是一项令人瞠目的任务。因此不可避免的是,大学的开学时间比预期晚了几个月,也不是事事顺利,但确实重新开学了。

1977年以前,高等院校招生委员会从未在一年内开过两次会,8月13日,邓小平做出决定没过一周,他们就为筹备秋季入学考试召开了"第二次全国高等学校招生工作会议"。在这次会议上,邓小平对他的政策变化做了进一步解释:"过去我……也讲过,中学毕业后劳动两年如何如何好。实践证明,劳动两年以后,原来学的东西丢掉了一半,浪费了时间。"[58] 邓小平指示说,当年进入大学的学生,要有20%到30%直接从高中录取,将来大部分学生都要直接来自高中。是要对学生进行热爱劳动的教育,但不必让他们中断学业。他正式下令在1977年举行全国统一高考。但有些干部抱怨说,这很难甚至根本不可能办到。邓小平不耐烦地回复,政策已定,就在1977年举行高考,不能再变。[59] 根据会议内容准备了一份文件,政治局在10月5日进行讨论并予以批准,10月12日经国务院同意后,刊登在10月21日的《人民日报》上,同时刊登了如何报名参加考试的说明。[60]

约578万在过去10年里达到上大学年龄的人——其中很多人当时仍在农村劳动——在那年冬天参加了高考,但大学的录取名额只有 27.3 万。在 1977 年和 1978 年，参加高考者的实际录取率只有 5.8%。[61] 自中共统治中国以来，大学第一次不把阶级出身作为录取学生的因素，录取完全根据考试成绩。

对大学来说，即使最终在年底开了学，为迎接新生做准备仍然是一个负担。要把已在大学安营扎寨的"工宣队"请出去，要抓紧修好年久失修的设备，已经多年无法从事专业研究的老师要编制课程、准备教材。第一批入学的学生抱怨说，由于大学仓促上阵，生活条件和授课经验都不尽如人意，按一些学生的说法是，"80 年代的学生，用着 70 年代的教材，听 60 年代的老师上课。"

邓小平在 1977 年采用的制度一直沿用至今，给中国带来了源源不断的成果。就像日本、韩国、新加坡和台湾地区一样，中国的高考提高了大学生和就业人口的素质。[62] 尤其是在恢复各级教育的考试之后，望子成龙的父母都开始为自己的独生子女（因为城市人口只允许生一个孩子）学好数理化和外语而操心，希望他们能进入重点小学、中学和大学。中小学也开始为学生参加考试做准备，使他们能够在教育阶梯上更上一层楼，大学则开始帮助一些尖子生去西方接受更好的教育。

落在后面的人——"文革"期间被下放农村的失落的年轻人中未能通过考试，或考分不够上重点学校而只能就读一般学校的人——对这种新制度未必高兴。但是，很多考试过关的人，以及重视教育素质的人——父母、老师和用人单位——一直万分感激邓小平迅速恢复高考和坚决提高教育质量的做法。

推动科学进步

邓小平在 1977 年复出不久后便说，"我总觉得科学、教育目前的状况不行。"[63] 尽管有胡耀邦在 1975 年的不懈努力，很多知识分子并未获准回来从事有用的工作，因资产阶级生活方式而受批判的科学家与批判过他们的年轻造反派之间仍然存在着尖锐冲突。科学家就像大学教师一样，生活条件仍很恶劣。

科研人员几乎完全是在各自的科研单位从事自己的工作，而"文革"期间被派到大学"支左"和批判"资产阶级知识分子"的工宣队和军队，仍然占据着校园并对科学家发号施令。邓小平认为这种局面太不像话。他宣布，"工宣队的问题必须解决。他们和派去'支左'的军队都要撤出来，没有任何例外。"[64]

邓小平对科学家不断发出的怨言也做出了回应。科学家们认为专业工作应当由内行来领导。邓小平做出指示，每个科研单位要有3个最高负责人，党的领导抓全面的政策，但单位的基本工作要交给懂科研的人领导，还有一名领导要管"后勤"，负责改善生活条件，保证科研人员的工作有充足的供应。邓小平知道知识分子对仍要花大量时间参加劳动和政治学习感到不满，因此做出一条规定，科技人员每周6个工作日中至少要有5天用于基础研究。

由于国家科委在10年前被撤销，1977年时没有一个全面管理科学研究的部门。需要优先考虑恢复哪一些领域？如何培养人才以满足不同领域的需求？对此，邓小平在1975年曾让中国科学院的一个小组起草有关科学发展的文件。但他在1977年又指示说，要重建科学技术委员会，以便协调科学发展的工作；还要制定一个七年规划，取代第六个五年计划（1981—1985）中有关科学的内容。1975年按邓小平的指示制定完成、曾被激进派打成"三株大毒草"的文件又被拿了出来，成为新规划的基础。

1975年的规划可能是邓小平的起点，但是在赋闲期间，他对国家的梦想又有所提高。他认为，中国已经增加了与外部世界的交往，这使规划的制订者能够、也应该为科学发展确定比1975年更高的目标。为了雄心勃勃的新战略，他不断从杰出的美国华裔科学家中寻求建议，并且与全面负责科学和教育发展的政治局委员方毅密切合作。方毅和国家科委被指定负责抓工业、军事和其他部门的科学发展,但他们的工作重点是大学以及独立科研院所的基础研究,尤其是中国科学院和新成立的中国社会科学院。[65]

与社会科学相比,邓小平更加重视自然科学,但是他相信社会科学——包括经济学、哲学、马克思主义和对不同社会的研究——也是引导现代化所必不可少的。1977年5月,华国锋同意了根据邓小平1975年的指示成立独立的中国社会科学院的计划。1977年秋天中国社科院成立时有2000人,邓小平复出后指派在1975年拟定这项计划的胡乔木担任了第一任院长。中国社会科学院成为直属国务院领导的部级单位。[66]它独立于教育部,使之可以相对摆脱宣传的压力,学者们得以集中精力从事研究,不必去做传播现成知识这种相对普通的工作。

新的科学发展七年规划的初步方案包括108个项目,提交给了1978年3月18日至31日召开的全国科学大会。邓小平在科学大会的开幕词中说,科学技术是"生产力"——这个说法曾在1975年给他带来麻烦,毛泽东认为这是把科学看得和阶级斗争一样重要。然后他介绍了从美国华裔科学家那里学到的东西。他说,世界上正在进行一场科技革命,出现了一些全新的领域,高分子、核能、电子计算机、半导体、航天和激光等等。然后邓小平以他的典型方式,安抚并提醒那些信奉马克思主义的听众说,劳动总是与科技知识联系在一起的,科学的进步具有普遍性,可以为全人类所用。邓小平承认,一些科学家有必要从事工程学之类应用领域的研究,这可以使工业自动化等领域加快进步。但是他关注的重点是科学,他一再强调要学习国外的尖端科学。[67]

邓小平的讲话表明他得玩儿点儿花样——在与专家共同制订该领域具体发展规划的同时,还得打一场政治战。甚至在领导挑选项目及计划工作时,他也必须继续挑战一些旧式毛派领导的认识。他说,科学十分重要,应当把它看作生产力,应当把脑力劳动也视为劳动,要允许科学家专心从事专业工作,不必受政治活动的干扰。

他虽然没有提到"红"与"专"哪一个更重要的争论,但他的回答是明确的:"专"更重要。为了能让专家去做对实现四化最重要的事,他随时准备打一场政治战。

1977年7月邓小平恢复了中央军委副主席的职务后,他的正式排名在华国锋主席之后,但作为总参谋长,他要负责军队的规划工作。[68] 此外,他有多年领导军队的经历,他要维持他个人对军队的控制权。和毛泽东一样,邓小平希望军队的领导干部严格服从自己,他也随时准备要求他们严格服从。军队很清楚邓小平与华国锋相比,对军队握有更大的权力。

"实践标准"挑战"两个凡是"

中央党校在1977年重新开学后,很快就成了党内立意革新的学者和学员的一个中心。研究党的理论和党史的学者从1977年3月开始工作,学校则是在10月迎来它的第一批学员,这一级学员共有807人,其中大约有100名学员是由各部委和各省选送的特别有前途的中年以上的干部。他们要在一个"高级班"学习半年。[69]

在头几批毕业后有望擢升要职的学员中,有一种特殊的兴奋感。高级班的100名学员中,大多数人都在"文革"中受过罪,他们既想分析过去20年出了什么问题,也想讨论对中国未来的看法。当然,这些学员的批评和设想受到了限制,但是在界限之内,他们对各种新思想持十分开放的态度。党校的教员和研究人员也分享着他们的热情,急切地想为确定新时期的理论和政策方向做出贡献。[70]

这种探索新思想的愿望得到了胡耀邦的全力支持。中央党校的名义校长是华国锋,第一副校长是汪东兴,但是作为第二副校长的胡耀邦要比他们更经常地到学校里来,对学员、教师和他们的思想也有着更大的兴趣。他鼓励新思想,教师、学员对他的鼓励也反应热烈。中央党校很快就成了党内创新思想的中心,一些老干部也偶尔放下日常工作,来这里跟教师和学员一起探讨新思想。

第一批学员来到中央党校之前,胡耀邦的部下就在7月15日创办了一份名为《理论动态》的期刊,它只供一小批高级干部阅读,旨在探讨新思想,提出新解释,在形式上要比党的其他出版物更加自由:它是每隔几天就出一期的带有序号的简报,不对外发行,只供内部传阅,但是它引起了人们的极大兴趣,因为它代表可以被党接受的新思想的最前沿。

《理论动态》在1978年5月10日出了第60期简报,标题是《实践是检验真理的唯一标准》。[71] 该文已经酝酿了数月,是由南京大学哲学系青年教师胡福明、中央党校理论教研室的孙长江和《光明日报》总编杨西光——他是中央党校1977年秋季入学的学员——数易其稿而完成的。[72] 杨西光在1978年初担任了《光明日报》总编,他一向注重为读者提供新思想,在5月11日的《光明日报》上转载了这篇文章,为安全起见,文章的署名是"特约评论员"。5月12日《人民日报》和军队报纸《解放军报》也转载了这篇文章,随即又被许多地方报纸转载。

这篇文章认为,评价真理的唯一方式是人民群众广泛的社会经验。马克思主义不是一成不变的思想体系,而是必须根据经验不断重新做出解释。马克思主义的基本原理是理论与实践相结合。在某些情况下,对真理的认识有可能出错,但是如果经验表明它是错误的,就应当加以改正。这样一来新的经验和实践可以带来新的理论。如果马克思列宁主义和毛泽东思想的现有表述带有局限性或造成了灾难,也应当加以纠正。[73]

文章问世后立刻引起了轩然大波。有些读者大加赞扬,但是政治局中负责抓宣传工作的常委汪东兴和《人民日报》前主编吴冷西却十分恼火。一周前的一篇题为"按劳分配"的文章就曾让汪东兴光火,他要求查清发表这篇文章得到了哪位中央领导的同意(后来他才知道是邓小平及其部下支持这篇文章)。

胡耀邦和几位自由派干部利用了一项规定的空子，才使这篇文章得以面世。这项规定是，《理论动态》由"特约评论员"撰写的文章，可以不经汪东兴及其手下人的常规审查就由报纸转载。[74] 否则，汪东兴及其手下一班人马在文章见报前就会将其封杀。汪东兴和吴冷西准确地意识到，此文是在鼓励对他们所信奉的正统毛泽东思想提出质疑：如果阶级斗争和继续革命造成了灾难，那就应当加以抛弃。汪东兴和吴冷西也正确地认识到，文章批判"僵化的教条主义"和"个人崇拜"，是在攻击"两个凡是"，并且是在暗指应当对此负责的人——华国锋和汪东兴。汪东兴认为，没有共同的信条就无法维护党的团结，他亲自给胡耀邦打电话，批评他同意发表这种文章。[75]

邓小平后来对胡耀邦说，《实践是检验真理的唯一标准》一文刚发表时，他并没有注意，争论热起来以后他才找来看了看。他说，这是一篇符合马克思列宁主义的好文章。他表扬了胡耀邦组织的《理论动态》理论班子，并且说应当让它继续工作。胡耀邦希望跟汪东兴等领导人搞好关系，邓小平安慰他说，在这个问题上，因为另一些领导人支持"两个凡是"而发生一点斗争也是难免的。邓小平在争论的关键时刻给予支持，这让胡耀邦大受鼓舞。如果没有这种支持，胡耀邦和其他很多人也许会心灰意冷地屈服。[76]

"实践标准"和"两个凡是"这两篇文章成了磁铁的两极，各自吸引着持有两种不同观点的人。双方的争论暴露和加剧了华国锋支持者和邓小平支持者之间的矛盾，前者担心正统思想松动的后果，后者则要极力摆脱顽固僵化的教条。辩论使用的是意识形态语言，其热情却是源于政治背景。在中共内部，公开直接批评领导人一向属于禁忌，但"文革"的受益者普遍支持华国锋，"文革"的受害者则普遍支持邓小平。

《实践是检验真理的唯一标准》一文团结了这样一批干部——他们认为华国锋不足以担当领导国家的大任，但又不敢明说。它也有助于军队领导人站到邓小平一边,其中包括中央军委秘书长罗瑞卿,他是"文革"中最早受迫害的人之一,也是一位极为干练的领导人,曾与邓小平共事多年。[77] 在此后的几个月里,随着围绕两篇文章的论战如火如荼地进行,它也日益成为双方的一场政治斗争,一方赞成"实践是检验真理的唯一标准",认为邓小平才是最好的领导人,另一方则坚持"两个凡是",拥护华国锋。摊牌似乎无可避免。

▲ 邓家老院子。邓小平出生在这里,他的童年和少年时代的大部分时光也是在这里度过的。(《邓小平画传》,上册,四川人民出版社,2004年,第4页)

▲ 1924年7月，出席旅欧中国共产主义青年团第五次代表大会的代表在法国巴黎合影。后排右三为邓小平。前排左一为聂荣臻，左四为周恩来，右四为李富春。(《邓小平画传》，上册，第28页)

▲ 1921年3月。在法国勤工俭学,时年16岁。(《邓小平画传》,上册,第25页)

▲ 1949年的邓小平。(《邓小平画传》，上册，第147页)

▲ 1948年，淮海战役五人总前委成员。左起：粟裕、邓小平、刘伯承、陈毅、谭震林。(《邓小平画传》，上册，第128页)

▲ 1961年1月,在广州出席军委扩大会议。右起:邓小平、毛泽东、彭真、罗瑞卿、周恩来、贺龙、林彪、聂荣臻。(《邓小平》,中央文献出版社,1988年,第158页)

▲ 1960年代初,向毛主席汇报工作。(《邓小平》,第108页)

▲ 1963年春,邓小平和周恩来在颐和园后山赏花。(《邓小平》,第270页)

▲ 1965年5月,邓小平在北京西郊机场为越南民主共和国主席胡志明送行。(《邓小平》,第200页)

▲ 1963年7月,邓小平率领中共代表团前往莫斯科与苏共代表团会谈。刘少奇、周恩来、朱德、彭真等人到机场欢送。(《邓小平画传》,上册,第234页)

▲ 在江西的日子里，邓楠生了个女孩叫棉棉，邓小平做了外公。沉静的表情中，露出难得的快慰。(《邓小平》，第278页)

▲ 1974年4月，邓小平成为在联合国大会上发言的第一位中共领导人。(《邓小平》，第25页)

▲ 1978年11月，邓小平出访新加坡，在机场受到李光耀总理的欢迎。(《邓小平》，第206页)

▲ 1975年初，邓小平主持中央日常工作期间，着手进行全面整顿。(《邓小平画传》，上册，第278页)

▲ 1978年9月，在东北点燃改革开放的星星之火。(《邓小平画传》，下册，第327页)

▲ 1978年10月，在新日铁社长稻山嘉宽陪同下访问君津制铁所，这里成为中国第一家现代化钢铁厂——宝山钢铁厂的样板。(《邓小平画传》，下册，第345页)

开创邓小平时代
1978—1980

第7章
三个转折点，1978

在日本，推动国家走上现代化道路的历史转折点是"岩仓使团"。从1871年12月到1873年9月，明治政府的51名官员乘坐轮船和火车，考察了15个不同的国家。这个考察团由当时已是明治政府最高官员之一的宫廷右大臣岩仓具视（Iwakura Tomomi）率领，随行官员来自日本政府的所有重要部门：工业、农业、采矿业、金融、文化、教育、军事和治安。岩仓使团离开日本的时候，日本基本上仍是一个封闭的国家，日本人对外部世界所知甚少。但是，这些官员考察了各国的工厂、矿山、博物馆、公园、股票交易所、铁路、农场和造船厂，这令他们眼界大开，认识到日本不但要引进新技术，还要引进新的组织和思维方式，唯此方能改造自身。这次出访，让使团成员意识到日本与先进国家相比的落后程度是如此之大，也对如何进行变革达成了共识。这些官员没有因所见所闻而沮丧，反而在回国后充满干劲，他们对日本的前景踌躇满志，并且热衷于向海外派出更多使团进行更细致的考察。

中国派出的官员考察团，没有一个像岩仓使团那样考察了如此长的时间，但是从1977年到1980年，很多次由高层官员分别进行的考察访问，也对中国人的思想产生了类似的影响。邓小平在1975年开创性的5天访法之行为中国树立了一个先例，当时陪同他的有负责工业、交通、管理和科技的高层干部,他们分别对各自的领域进行考察。邓小平回国后对出国考察的益处深信不疑,开始鼓励另一些考察团出国。他批评其他干部不明白中国有多么落后,并坚信走出国门能打开他们的眼界。华国锋曾率团出访过东欧,回国之后也成了派团去现代国家考察的支持者。

过去几百年里,中国人也曾去过西方,并为中国带回了新思想。例如,19世纪的翻译家王韬从伦敦回国后,曾著文大力推崇中国可以从西方现代化中学到的东西。[1] 相比之下,1970年代末的特点在于,身居要职的干部们一起出国考察,并且在邓小平和华国锋的坚定支持下,他们得以大规模地采用所学到的东西。

邓小平访法归国和毛泽东去世之后,将出国愿望压抑已久的干部们终于有了新的机会。多年来一直告诫群众资本主义如何悲惨的官员们,开始争先恐后地亲自去看资本主义国家,已退休的老干部也争相走出国门。在毛泽东去世和"四人帮"被捕后,出国考察的安排工作已经花费了几个月的时间,到1978年这些准备工作完成后,很多高级干部第一次有了出国考察的机会。这一年里有13名副总理一级的干部出访约20次,共访问了50个国家。[2] 数百名部长、省长、第一书记及其部下也加入了出国考察的行列。同日本的岩仓使团一样,他们回国之后也对所见所闻异常兴奋,对国家的前景踌躇满志,并且打算派更多的考察团进行细致的考察。

邓小平在1978年底总结出国考察的作用时高兴地说:"最近我们的同志去国外看了看。看得越多,就越知道自己多么落后。"[3] 在他看来,这种对落后的认识是使改革获得支持的关键因素。因此,1978年12月2日,他告诉那些为他起草启动改革开放政策讲稿的人,"基本的要点是,必须承认自己落后,我们的很多做法都不对头,需要加以改变"。[4] 出国考察使很多高层干部更加相信邓小平的看法是正确的:中国必须改弦易辙。

1978年中国所派出的最高级别的代表团,是当年春天组织的

4个考察团,他们分别去了香港、东欧、日本和西欧。从1978年3月9日到4月6日,以中联部副部长李一氓为团长、乔石和于光远为副团长的代表团出访南斯拉夫和罗马尼亚。[5]他们考察了工厂、农庄和科技部门,回国后就中国可以采用的做法提出了一些具体建议。[6]但更加重要的是,这次访问之后,中国领导人不再把南斯拉夫称为"修正主义"——这是毛泽东批判脱离正确道路的社会主义国家时使用的骂名。中共领导也同南斯拉夫共产党恢复了关系。[7]这些变化扩大了中国能够考虑的改革范围;现在可以借鉴东欧的改革经验,不会再被指责为思想不纯了。

国家计委和外经贸部的干部于1978年4月至5月访问香港,评估了它在金融、工业和管理方式领域帮助中国发展的潜力。这些干部探讨了在临近香港边境的广东宝安县建立出口加工区的可能性,这种加工区从国外运进原料,用中国的劳动力进行加工后重新出口,既无关税也不受任何限制。没过几个月,国务院就正式批准建立这个加工区,这就是后来的深圳经济特区。当时广东存在着实际的治安问题:每年都有成千上万的年轻人逃往香港。邓小平1977年视察广东时有人向他谈到这个问题,邓小平说,出路不是用更多的铁丝网和边境哨所强化治安,而是集中精力发展广东经济,这样年轻人就会觉得没有必要再逃到香港谋生了。

国家计委的代表团从香港回来后,1978年5月北京成立了一个国务院下属的港澳事务办公室。外经贸部副部长李强也在1978年12月访港,以加强北京和港英政府的关系。他在香港期间促请港督麦理浩(Murray MacLehose)采取措施,使香港在中国的现代化中发挥重要作用。他还邀请麦理浩访问北京。在国务院官员访港之前,香港与大陆的交往受到很大限制,这次访问为使香港成为向中国输入资本和全球经济发展知识的主要渠道铺平了道路。

中国领导人对日本感兴趣,不仅因为它是获得现代工业技术的来源,还因为它提供了管理整个现代化过程的成功战略。上海市革委会副主任（相当于上海市副市长）林乎加率领的代表团于1978年3月28日至4月22日访问了日本，代表团成员来自国家计委、商业部、外贸部和中国银行。日本的特殊意义在于，它成功地克服了与中国当时面对的类似的难题。第二次世界大战结束时日本经济一片萧条，但在战后强大的中央政府领导下，日本经济迅速进步，很快就赶上了西方。在这个过程中，日本也从经济管制、中央计划经济、配给制和价格管制的战时经济，转向更加自由和更有活力的民间经济，其中消费产业是工业成长的主动力。

林乎加的代表团甫一回国，就向政治局汇报了"二战"后日本的经济进步：日本人大胆引进国外技术，利用外资，大力推动教育和科研。林乎加的考察团汇报说，日本政府和工商界都愿意提供援助和技术，帮助中国的发展。代表团推荐了各种项目，其中包括建设一个千万吨级的钢铁厂。尽管由于此后中日关系恶化，中国政府降低了日本对中国振兴的影响力，但这个代表团以及稍后邓小平10月的访日，使日本在资本、技术和工业管理方面对中国做出了实质性的贡献。

在1978年的所有出国考察中，对中国的发展影响最大的是谷牧所率的考察团于1978年5月2日至6月6日对西欧的访问。它和1978年11月的中共中央工作会议以及同年12月的三中全会一起，成为中国改革开放的三个转折点。

谷牧的出访和四化建设务虚会：1978年5—9月

在中国的经济领导人中，谷牧的地位仅次于李先念和余秋里。从1978年5月2日到6月6日，他率领一个高级代表团访问了欧洲5国——法国、瑞士、德国、丹麦和比利时。代表团成员在出国前听过简单的情况介绍，但他们对西方都了解甚少。这些备受尊敬的干部们在欧洲的所见所闻和学习到的东西，以及他们回国后在国务院座谈会上为中国勾画的新图景,使得这次考察产生了不同寻常的影响力。邓小平在1975年对法国的5天访问侧重于外交关系,只短暂考察了企业。与此不同,谷牧的访问为期5周,成员包括来自各个专业的干部,他们深入考察了对中国有用的技术和观念。谷牧回忆说,出行前夕邓小平在接见他时指示说,要"广泛接触,详细调查,深入研究问题……也看看他们的经济工作是怎么管的。资本主义国家先进的经验,好的经验,我们应当把它学回来"。[8]

谷牧代表团的20名成员是由华国锋指定的,[9]出访成员中至少有6名部级干部,包括农业部和水利部副部长,还有广东省省委书记。就像岩仓使团成员一样,之所以选定这些官员是希望他们回国后领导不同的经济部门。[10]

谷牧副总理是个经验丰富、广受尊敬的经济干部。1954年他从上海调到北京担任建委副主任后,一直是经济工作的最高领导人之一。在"文革"期间,他是仅次于李先念和余秋里的"业务组"领导人,为经济工作提供全面领导。他不但抓经济计划,而且分管科技。邓小平最初因谷牧在"文革"中得到重用而对他有所怀疑,但是看到谷牧是个干练而务实的干部,并支持现代化,邓便很快打消了疑虑。谷牧与复职的老干部和"文革"中发迹的人都能搞好关系。事实上,谷牧受到如此的尊重,在从欧洲考察归来后,他就被委以指导促进外贸和发展经济特区的重任。

谷牧的考察团动身时,中美关系能否正常化仍然悬而未决,但是中国与考察团出访的5个欧洲国家已经实现了正常邦交,这些国家在1970年代都曾派出高级代表团访华。因此,当中国的第一个国家级代表团出访这些欧洲主要国家时,谷牧一行也得到了最高规格的接待。除了比利时驻京大使有病在身,其他4国驻华大使都飞回本国,陪同中国代表团访问他们各自的国家。[11]

由于中国刚开始走出冷战的思维模式,谷牧代表团的成员以为他们会被当作敌人看待。虽然有出国之前为他们准备的情况简报,但东道主的友好和开放还是让他们吃惊。当时中国的大多数工厂等设施都是保密的，甚至对一般中国人也不开放，因此对于欧洲人愿意让他们参观工厂、办公楼、商店和几乎所有其他设施，他们无不感到诧异。[12]

考察团访问了5个国家的15个城市。他们参观港口，乘坐汽车、轮船和火车旅行。他们考察了发电厂、农场、工厂、商场、研究所和生活区。考察团在一些访问中分成小组，总共考察了80个不同的地点。[13]他们一路听取情况介绍，收集各种资料。[14]他们的重点是经济事务，因此会见最多的是经济专家，但他们也会见了外交官、政治家和军官。他们考察了制造硅片、光学仪器和化学制品的工厂。他们几乎没有观光时间，但还是访问了马克思的故乡特里尔，在考察德国资本主义成就的同时，也向共产主义的起源地表达了他们的敬意。[15]这些国家的机械化和自动化水平以及工人的整体生产效率给他们留下了深刻印象。瑞士的发电厂用计算机进行管理，戴高乐机场则用电子设备引导飞机起降，这些情景令他们震惊。而在不来梅港，中国代表团第一次见到被吊运到货船上的集装箱。这些国家的农业生产率之高也超出了他们的想象。就像几年前的邓小平一样，他们得出的结论是，中国需要专心学习科学技术。[16]

考察团的成员本来以为会看到工人受剥削的证据，然而这些国家普通工人的生活水平之高让他们大跌眼镜。广东省省委书记王全国在总结考察印象时说，"这一个月多的考察让人大开眼界。……所见所闻使我们每个人都感到吃惊。我们受到了极大的刺激……原来以为资本主义国家是落后腐朽的，走出国门一看，才知道完全不是那么回事。"[17]欧洲人愿意向中国提供贷款和现代技术，也让代表团成员大感意外。仅仅在一次宴会上，在座的一群欧洲人就宣布准备提供多达200亿美元的贷款。[18]他们还惊奇地看到，欧洲国家允许地方政府自主管理财政和征税，并对当地事务做出决策。代表团回国后认为，中国的财政过于集中，没有给党的地方领导人留出足够的工作空间。[19]

谷牧的代表团回国后,根据安排立刻向政治局会议汇报了出访情况,会议由华国锋主持,于下午3点召开。政治局委员们是如此之兴奋,他们决定晚饭后继续讨论,会议一直持续到夜里11点才结束。[20] 他们听过谷牧的汇报后,才知道中国与外部世界的差距是如此巨大。一些中国领导人有些怀疑对西方情况的汇报,但他们了解并尊重谷牧代表团的成员,知道这些人是可信的。由于多年来惧怕西方,他们对欧洲人热情好客的开放态度以及提供贷款和技术的意愿更是感到吃惊。谷牧知道他的同事们对资本家抱有疑虑,他解释说,欧洲人愿意投资是因为他们的工厂开工不足,因此想把产品和技术卖给中国。谷牧提出了外国人能够帮助中国改进生产的一些可能方式——补偿贸易、合资生产和外国投资,并且建议说,所有这些可能的方式都值得仔细研究。为了打消对谷牧在汇报中有所夸大的顾虑,最熟悉国外发展状况的老干部——叶帅、聂荣臻和李先念——都称赞谷牧的介绍既客观又清楚。这次汇报给政治局成员留下了深刻印象,他们一致同意,中国应该抓住机遇,立即行动起来。[21] 既然其他国家能够引进资本和原料从事出口商品加工,"我们为什么不可以?"[22]

在此后的十几天里,代表团把汇报材料整理成正式的书面报告,于6月30日提交政治局。邓小平单独接见了谷牧。他在见面时说,中国应当根据谷牧的所有建议,尽早采取行动,包括向国外借款。[23] 中国领导人决定首先集中力量抓纺织业,因为中国的布匹十分短缺,购买任何布料都要凭票。增加布匹的供应,可以向外界迅速展示对外开放的价值,获得对进一步改革开放的支持。况且由于粮食短缺,难以通过迅速扩大棉花种植来增加衣物的供给。因此谷牧主张抓紧引进化纤工厂,这样可以生产所需的合成纤维,就像日本、韩国和台湾、香港地区一样,用纺织和服装业推动中国轻工业的起飞。[24]

谷牧的出访使中国有了和资本主义国家开展合作的新愿望，但这不仅需要重新考虑具体的产业计划，而且要改变政府的规章制度，以便外国企业来华经营。西方资本家是否会利用中国对国际惯例的无知，占中国的便宜？这样的疑虑并未消失，但中国的领导人仍然大步前进。他们思考涉及所有经济领域的新问题：允许哪些中国企业跟外国人打交道？如何防止外国人占他们的便宜？如何将外贸融入中国的计划体制？如何决定哪些地方和单位可以接受贷款和技术？

明治时期的日本有宽松的时间，岩仓使团用了10多年才出版了21卷的《殖产兴业建议书》，作为产业发展的指南。与之不同，谷牧出访之后的几周之内，代表团就完成了报告，中国领导人立即组织了相关单位对考察的内容进行讨论。

报告完成后，国务院立刻召开了"四化建设务虚会"。会议从1978年7月6日一直开到9月9日，研究如何利用新的机会引进西方技术和资本。在开幕式上，谷牧作了关于他们考察过程的长篇报告，并谈了自己的一些印象。[25] 会议由当时主管经济的最高领导人李先念主持。与会者被告知，不要专注于过去的错误，要思考国家在未来应当做些什么。邓小平因为正忙于教育、科技和外交工作，没有出席会议，但他一直看会议简报，并在看过会议总结报告的草稿后提出了修改意见。[26]

不同于与会者被关在宾馆里数日的工作会议，务虚会在两个月里开了23次上午会。一向很少参加国务院会议的华国锋认为这些会议很重要，因此参加了其中的13次。[27] 会议当日的下午干部们回各自单位汇报上午的讨论，并准备其单位对会上所提问题的书面回复。务虚会让60名主管经济的部委代表介绍各自单位的整体工作和计划。这样一来，各单位能够了解其他单位的想法，但又不必对具体分配和生产指标进行争论；这些细节将在以后的计划会议上讨论。

曾在中国几乎对外隔绝的时期领导着经济工作的李先念，在9

月 9 日的闭幕会上宣布,中国已进入对外开放的新时期。他在务虚会的总结报告中说,中国不能再维持封闭的经济,为了加快发展,必须利用当前的有利条件,引进外国技术、设备、资本和管理经验。李先念进一步指出,如果中国人能够充分利用现在的有利条件,中国的现代化可以在 20 世纪取得重大进展。他宣布,为达到这个目标,从 1978 年到 1985 年要进口价值 180 亿美元的货物和设备。[28]

在 1978 年的夏天,参加务虚会的人刚刚开始了解全球经济体系,中国还未准备好进行市场化试验。但是在相对宽松的气氛下,与会者得以提出将在未来 20 年不断被讨论的所有重大问题:市场、放权、价格、外贸、微观和宏观管理等等。其中最紧迫的两个问题是:中国如何在不失控的前提下,扩大外贸和外国人的作用?如何既能调动个人、地方和外国人的积极性,又能保持对全国计划经济体制全面的控制?

在务虚会的讨论中所形成的对未来 10 年的展望,反映出谷牧出访带来的乐观主义和兴奋情绪。有些设想——例如,中国可以用出口石油的钱为进口新工厂设备买单——后来被证明完全不切实际。在前所未有的机会的鼓舞下,雄心勃勃但缺少经验的干部们要为国家抢回失去的 20 年的愿望不免超出了能力所及。不过,尽管存在过度乐观的倾向,务虚会的干部们并没有放弃政府管制。外国人仍然不能不受限制地进入中国的经济;外国人与中国的经济交往要通过与外贸有关的特定政府部门,由这些部门中会讲外语、对外国人有一定了解的干部来维护中国的利益。

在务虚会期间,乐观的与会者自然无意听取陈云——他代表了一批冷静谨慎的干部——所说的话。陈云自 1962 年受到排挤后一直没有官职,但是没有人比他更清楚盲目乐观的"大跃进"给经济造成的破坏,当时也没有人能比他更敢于给乐观情绪泼冷水。务虚会临近结束时,陈云得知务虚会上的一些发言后,对自己的老部下李先念说,会议应该延长几天,听一听不同意见。[29]陈云说,"从外国借钱是对的……但一下子借这么多……我们管不好。有些同志只看到外国的情况,没有看到我国的现实。我们的工业基础没法跟人家比,我们的技术能力也赶不上人家。他们只看到我们可以借钱……如果不注意平衡,只依靠国外贷款,这样做是不行的。"[30] 但是与会者都想大干快上,华国锋没有延长会期听取其他的观点。

邓小平没有参加务虚会,但他一直在看会议通报,对乐观情绪也未给予限制。当听说决定借价值180亿美元的技术和设备时,他随口说道,"怎么不借800亿?"兹比格涅夫·布热津斯基(Zbigniew Brzezinski)在务虚会两个月前曾与邓小平见过一面,他准确地观察到了邓小平当时的心情(见第11章),他对卡特总统说,邓小平很着急。

点燃星星之火,1978年9月13—20日

当年毛泽东谋划点燃中国革命时,曾写下著名的《星星之火,可以燎原》一文。与此相对应,胡耀邦说,邓小平的东北之行(1978年9月13日至20日)也点燃了将使中国发生巨变的星星之火,而这些变化就反映在当年秋天召开的中央工作会议上。[31] 或许他还应再加上一句,这些变化也包括邓小平登上头号领导人的位置。邓小平自己后来回忆说,他去各地为改革开放计划"点燃星星之火",有三个重要时刻。第一次是1977年11月在广州,他与叶剑英接见解放军和地方干部时,让他们搞活广东经济。[32] 第二次是1978年2月出访缅甸和尼泊尔时在四川停留,当时他与赵紫阳见面,讨论了农村和城市改革问题(在四川时,他曾嘲笑那些说农民养3只鸭子是社会主义,养5只鸭子就是资本主义的人。[33] 邓小平说,这种抱着僵化教条不放的人应该开开窍,贫穷不是社会主义)。第三次便是这次他出席朝鲜劳动党建党30周年庆典后归途中的东北之行。

在最后这次点燃星星之火的东北之行中,邓小平在东北三省(黑龙江、吉林和辽宁,日本人旧称"满洲里")停留了数日,随后又去了唐山和天津。他在这些地方呼吁更大胆地脱离毛的思想,不要囿于华国锋的"两个凡是"。邓小平去东北时,三个月前发表的《实践是检验真理的唯一标准》一文和"两个凡是"之间的争论刚刚热起来。就在邓东北之行的几周前,华国锋的宣传部长张平化去东北各地视察,要求干部拥护"两个凡是"。(后来邓小平在三中全会上获得更大权力后,张平化成为了最先被他撤职的干部之一,由胡耀邦取而代之。)因此,邓小平的东北之行其实是回应张平化意见的一种方式,他要鼓动人们在支持改革开放上做出更大胆的努力。由于华主席控制着北京的宣传机器,邓小平为了避免引起直接冲突,在北京时说话比较谨慎。但是在北京之外,他可以向更多的人讲话,言论上也较少保留。而且他这些非正式的讲话不必通过正式讲话的批准程序。邓小平在讲话中没有直接批评汪东兴,但他确实批了"两个凡是",支持了"实践标准",这等于间接地批评了华国锋的班子。中国那些有政治头脑的干部们认为,邓小平选择在东北开始点火自有道理,因为这里是他的支持者的根据地——辽宁的任仲夷、吉林的王恩茂和沈阳军区司令员李德生都最先宣布支持"实践标准"。

在吉林省党员干部大会上,邓小平批评了鼓吹"两个凡是"的人,说他们没有领会毛泽东思想的精髓是"实事求是"。邓小平说,马列主义并没有告诉中国革命者要农村包围城市,毛泽东能在军事上取得成功,是因为他使马列主义适应了当时的具体情况。邓小平说,同样,当外国人拒绝卖给中国货物时,发展外贸的条件还不成熟,但现在与外国改善经济关系的条件已经变得有利了。"四人帮"也许会把跟外国人改善关系说成"卖国",但是,高举毛泽东思想伟大旗帜的正确方式,正是适应这些变化,促进对外贸易。[34]

邓小平在辽宁时说,中国的领导人,包括他本人在内,必须承认我们辜负了十分有耐心的中国人民。深谙政治复杂性的人都听得懂邓小平的言外之意,所以邓无需再讲下面的话:"当'我们'辜负了人民群众,谁应该对此负责?是谁不愿做出改变来纠正错误?是谁相信凡是毛说过的话都是正确的?"他还指出,"我国的制度……基本上是从苏联照搬过来的。它很落后,只解决表面问题,造成机构重叠,助长官僚主义。……如果不能比资本主义国家发展得更快,就无法证明我们的制度的优越性。"不难断定,邓小平认为,在改变体制、为经济增长打下坚实基础方面,华国锋做得不够。

邓小平在东北期间还要巩固他在军队中获得的支持。东北级别最高的军事首长、沈阳军区司令员李德生,曾是邓小平在二野的部下。邓小平视察工厂、农村和部队时,他一直陪伴左右,因此两人有很多机会交谈。[35] 不过,邓小平对常来旅顺大连港视察的苏振华上将的个人忠诚有所担心。苏也曾是邓小平在二野的部下,但他并没有表现出足够的忠诚——1976年干部们被要求批邓时,他对邓的批判在邓小平看来超出了必要的程度。1978年4月湛江港一艘驱逐舰发生爆炸事故,造成多人死亡,邓小平认为苏振华——他是中国海军最高级别的领导和军队在政治局的代表——要对此事负责。苏振华在受到邓的批评后不久得到通知,华国锋从朝鲜访问回国时将在东北停留,于是想在大连举行一次有120艘军舰参加的海军检阅,作为欢迎华国锋到来的仪式。在获悉苏振华要用这种排场支持华国锋后,邓小平利用自己对军队的影响力取消了这次检阅。邓小平在视察东北期间,要确保军队中没有人再支持华国锋。为了做到这一点,他在视察期间和自己过去的忠实部下李德生密切合作。

邓小平一再对他的听众说,要结束对"四人帮"的批判,要把工作重心转向增加生产所需要做的事情。邓小平已经准备好为增加生产而工作,而听他讲话的人也可以肯定他决心承担起更大的责任。

中央工作会议，1978年11月10日—12月15日

在中共的官方历史中，1978年12月18日至22日的十一届三中全会被称为开始实行邓小平"改革开放"政策的会议。其实，三中全会仅仅是正式批准了11月10日至12月15日中央工作会议上经过热烈讨论后形成的决定。召开工作会议时距离毛泽东去世和"四人帮"被捕已经两年，对各种观点都可以重新展开讨论，人们不必再担心被指责为对毛泽东不敬。会议临近结束时，邓小平称赞这次会议说，它标志着我们党又恢复了畅所欲言的民主讨论传统。他说，这是自1957年（当时的"双百方针"鼓励自由表达）以来党的会议上最好的讨论。[36] 有人认为，它是自1945年中共七大以来最好的会议，还有人认为，它是1941年至1942年延安整风运动以来最好的一次会议。[37]

中央工作会议是由华国锋主席召集的，在他最初的讲话中，几乎没有迹象表明他意识到这次会议将对他本人意味着什么。他在11月10日宣布开会时说，会议的主要议题是农业和1979年至1980年的国家发展计划，还要继续讨论国务院四化建设务虚会的内容。他的会议计划，与邓小平一年前在广东军队会议上倡议的完全一致：结束对"四人帮"的批判，集中精力搞四个现代化。但是会议开始两天之后，华国锋的会议计划却被更广泛的政治讨论打乱了。

华国锋和邓小平都不曾料到，政治气氛会发生如此彻底而迅速的改变。邓小平在几周前就为会议准备好了讲话提纲，并安排胡乔木和于光远帮他做了充实。[38] 但是11月14日他访问东南亚归来后，听说北京的气氛已变，又让他的笔杆子为他写了一份完全不同的讲话稿。[39]

叶帅很快意识到环境的变化已经大大削弱了对华国锋的支持度。11月11日，叶帅和数位高级官员召开了一个重要的小型会议，会议内容甚至没有向工作会议的其他与会者公开。他们决定，华国

锋不能胜任担当最高领导权的工作。他不敢为老干部恢复工作，对他们委以重任，他没有得到高层干部的衷心拥护，而他们的支持对于领导党和国家至关重要。他们一致同意给予邓小平比华国锋更大的权力。但是他们反对单独一人就能做出重大决策的想法，同意让陈云重新进入政治局常委，与邓小平一起掌握党内实权。这一天稍后，叶帅与华国锋谈话，劝他准备一篇讲话，表示他也接受这些变化。关键的戏剧性一幕发生在 11 月 11 日到 25 日之间。当邓小平 15 日开始参加工作会议时，会议的焦点已从经济转向政治，而政治风向变成开始批判"两个凡是"。一些党内老领导后来评价说，就像遵义会议是毛泽东成为党主席的转折点一样，这次工作会议是邓小平崛起的一次决定性事件。[40]

参加这次工作会议的共有 210 名中共最高层干部。与会者中有很多党政军大员，包括中央各分支机构的负责人、各省级单位党委的两名最高领导和一些退居二线的德高望重的老干部，还包括一些能够提供宏观理论视野的党员。华国锋在致开幕词时宣布，会议原计划开 20 天，但也许要开得更长一些。最后，会议一直开了 36 天。与会者们把自己关在离中南海不远的京西宾馆，因此讨论在晚上、周末和正式会议之外都可以继续进行。[41]会议的形式——包括全体大会和分组会——以及把与会者关在宾馆中的做法，都与 1977 年 3 月中央工作会议的规定和方式一样，但是在上次会议的 20 个月之后，政治气氛已全然不同。

这种会议的形式便于所有与会者参与。除了四次全体会议之外，与会人员按地区分为 6 个组（华北、东北、华东、中南、西南和西北）。各组的与会者都要发表自己的意见，每天会有一份各组的会议简报分发给全体与会者。当某一分组要把它的观点写入报告时，成员以举手表决方式做出决定。[42]邓小平像政治局的其他常委一样，没有参加分组会，但他每天都密切关注着会议的报告。[43]

华国锋在会议开始时就意识到，很多与会者不满于"两个凡是"

和对1976年"四五"运动示威者的严厉批判，不满于他不愿为更多在"文革"中挨整的老干部平反。⁴⁴"四五"事件是个特别棘手的问题，华国锋已经做出的调整仍不足以使众多与会者满意——他早在1977年3月的上次中央工作会议上就承认，4月5日去天安门广场的大多数人都是为了悼念周恩来，然而，这次示威仍被贴着"反革命事件"的标签。1978年11月的大多数与会者对这种不公正的做法感到气愤。⁴⁵尽管华国锋再次表示，邓小平没有参与"四五"事件，但很多老干部认为，正是由于这个事件，邓小平才被再次打倒并为华国锋所取代。因此对该事件的评价在一定程度上也是对邓小平的评价，很多人坚持要对它重新评价，把它定性为一场"革命运动"。⁴⁶

华国锋在最初的讲话中着重于四个现代化，希望以此回避政治分歧，只讨论已经达成高度共识的经济问题。华国锋在开幕式上的讲话是精心准备的，为安抚他的批评者做了相当大的让步。他完全不提"两个凡是"。在说明了会议日程之后，他明确表示准备接受外国的贷款、技术和商品，将其作为经济计划的一部分，而这些都是毛泽东不曾准许的。他没有直接否定政治运动，但是他说，他曾慎重考虑过是否发动一场自上而下的对全社会进行动员的运动，但最后认为这要花费很多时间和精力，还不如用来解决国家面临的紧迫问题。华国锋还对与会者表示，他曾经指示在批判大会上不应当游街。⁴⁷很多希望推进改革、加快老干部复出的与会者也承认，尽管华国锋没有直接批判"文革"和阶级斗争，但他为结束这些运动里最恶劣的暴行做出了很大努力。在这一点上，邓小平也很难不赞同华国锋讲话的主调。

在11月13日下午召开的第二次全体会议上，当纪登奎副总理就农业问题发言时，华国锋在表面上控制住了局面。大多数与会者都曾有过负责农村基层工作的经历，亲眼见证过"大跃进"后的饥荒。虽然中共是依靠农民的支持才得以上台执政，但与会者深知由于政策失误,造成了大量农民被饿死,严重的粮食短缺仍在继续,宝贵的外汇需要用来进口粮食。参加会议的领导人必须面对忍饥挨饿的农民和六神无主的基层干部,处理这些灾难造成的后果。尽管中共把犯下这些令人痛心的错误的主要原因归咎于林彪和"四人帮",它仍难以免除实施这些决策的责任。干部们越来越愿意私下说出当时还不便公开讲的话:毛泽东要承担部分责任。[48]

在这种背景下,纪登奎的讲话让与会者感到农业政策的制定又恢复了诚实坦率的作风。他摆脱了那种浮夸吹牛、盲目乐观、空话连篇的语言,坦率而全面地强调了问题的严重性。他承认,国家的农业政策变化太快,难以预期,常常不符合各地的情况。与会者知道党必须解决仍然存在的粮食短缺问题,纪登奎提议,为了解决农业问题,要增加农业投资,改善种子和化肥供应,将农民可用的贷款数量翻一番,把粮食收购价提高30%。[49]

但是,纪登奎的开放态度和华国锋的安抚姿态,却不足以平复对华国锋的不满,这正是11月11日叶帅等人召开的小型会议的主题。很多与会者认为,华国锋已不再能提供党所需要的最高领导。例如,会议开始后不久,中南组的与会者就一致宣布,他们支持"实践是检验真理的唯一标准"。[50]11月11日,即分组讨论的第一天,很多与会者就群起反对华国锋和汪东兴阻挠进一步开展平反工作的做法。他们要求为那些已故的备受尊敬的干部正名,并让自己过去的同事恢复工作。

11月11日,三位威信很高的干部,陈再道、李昌和吕正操,在他们的小组中发言,要求为更多的人平反。这一天结束时气氛变得十分紧张。叶帅在当天劝告华国锋说,要么接受已经变化的政治情绪,要么做好被人抛在后面的准备。[51]华国锋很清楚自己别无选择。包括他在内的所有与会者都知道,赫鲁晓夫在1964年是如何被勃列日涅夫等人领导的政变赶出领导层的。

11月12日又有9人在分组会上发言,要求为华国锋和汪东兴此前拒绝纠正的冤案平反,其中最有影响的人是陈云。有的会议记录错误地认为,是他那篇由胡乔木润色的讲话改变了会议的气氛,其实在他讲话之前气氛已经发生了变化。在他之前,已经有人在小组讨论里提出了这一点。不过,陈云的发言利用人事记录,确实提供了全新而详尽的材料。陈云做人事工作几乎可以追溯到40年以前,这使他的发言更有分量。他在东北组的发言中,否定了华国锋把经济问题作为重点的做法。他反驳说,为了调动干部的热情做好经济工作,党的当务之急是处理好悬而未决的政治分歧。具体而言,受到错误批判的五类人,必须还他们以清白:

（1）以薄一波为首的在"文革"中受到批斗的61人"叛徒集团";[52]

（2）被错定为叛徒的1940年代自首的人,应予恢复党籍;

（3）1937年入狱的陶铸、王鹤寿等人,他们被毫无根据地定为叛徒;

（4）已故的彭德怀元帅,应当为他恢复名誉,将他的遗体安葬在八宝山革命公墓;

（5）1976年4月5日的天安门事件,中央应该肯定这次运动。

陈云还说,康生在"文革"中整了很多党的杰出领导人,断送了他们的前途和生命,虽然他已经去世,但仍应该为自己的错误承担责任。[53]

不难想象,陈云是带着某种情绪讲话的。但是他并非唯一带着强烈情绪发言的人,在所有的小组中,发言者们长久受到压抑的怒气都喷涌而出,他们强烈反对华国锋和汪东兴阻挠那些被冤枉的好干部回来工作。发言者能够对那些仍没有获准恢复工作的人感同身受,因为很多人都了解受到凌辱和肉体摧残是怎么一回事。在所有6个小组中,发言者一个接一个要求为受迫害的干部平反昭雪,并要求谴责已故的康生——他对许多人的死亡负有责任,而且,他的前秘书李鑫甚至当时仍在协助汪东兴阻止平反冤案。正是这种情绪,使人们对汪东兴乃至华国锋的不满之火越烧越旺。

中央工作会议进行的前几天，会议气氛就已经反映在了承担着维护北京治安责任的北京市委的行动中。林乎加在10月9日成为北京市委书记，取代了曾经负责抓捕"四五"示威者的吴德。他一上任就和北京市委开始考虑何时以及如何释放那些因参加"四五"示威仍被关押的人；甚至在中央工作会议之前，他们已经在准备可能发表的声明草稿。

林乎加也参加了中央工作会议，并且是华北组的组长。在叶帅与华国锋见面和陈云发言之后，他充分意识到气氛正在发生变化，并于11月13日召开了北京市委扩大会议；会后他便以北京市委的名义发布了一个公报，其内容远远超出华国锋有关"四五"示威事件不是反革命事件的让步。公报说：广大群众在1976年清明节聚集到天安门悼念敬爱的周总理……他们痛恨祸国殃民的"四人帮"犯下的罪行。这……完全是一次革命行动。对因此受到迫害的同志应当全部予以平反，为他们恢复名誉。[54]

北京市委属下、当时由林乎加负责的《北京日报》立刻刊登了这份公告。接着，出席中央工作会议的3位媒体干部——新华社社长曾涛、《人民日报》总编胡绩伟和《光明日报》总编杨西光，他们还同时兼任中宣部副部长——大胆地决定在各自的媒体上报道《北京日报》的文章内容。第二天即11月15日，《人民日报》和《光明日报》就以大字标题刊登了《北京日报》的消息："中共北京市委宣布1976年天安门事件完全是一次革命行动。"新华社也立刻宣布不仅群众从事的是革命行动，而且事件本身也是革命性质的。《人民日报》和《光明日报》又在11月16日转载了新华社的声明。

通常，如此重要的政治声明必须得到政治局的批准。但是这3位大胆的主编觉察到正在变化的政治气氛，未经上面允许就冒险采取了行动。[55]胡耀邦责怪他们3人不但不告诉政治局，甚至没有事先跟他打招呼。曾涛回答说，他们认为假如请示胡耀邦，他就要为这个决定承担重大责任。那还不如让他们来承担责任，先把它发表

出来再说。⁵⁶

公告的发表在会议上掀起一股兴奋的热浪。不难理解，林乎加会担心他的大胆举动将招来批评。11月16日，文章在两家报纸上登出后，他打电话问其中一个主编，那个头条新闻是由谁批准的。当得到答复说转载《北京日报》内容的决定只是由主编做出之后，林乎加说，他可以为《北京日报》的文章承担责任，但其他两个主编则要为自己报纸上的头条新闻负责。林乎加害怕华国锋会生气，又打电话给华国锋做出解释，并请求他谅解。让他大感意外的是，华国锋并没有责怪公告的发表。⁵⁷事实上，文章在报纸上发表3天后的11月18日，华国锋竟然为《天安门诗抄》这本歌颂"四五"运动参与者的新书亲笔题写了书名。报纸还印发了华国锋题写书名的照片。一向好奇且政治上敏感的北京人立刻明白了其中的含义：华国锋同意为天安门事件彻底平反了。华听从了叶帅的劝告：顺应正在变化的气氛，以免被人抛到后面。⁵⁸

11月25日华国锋按计划做了例行讲话。这篇讲话并不是检讨，而是宣布他接受党内的主流观点，并打算继续任职，即使这意味着他要代表与他先前赞成的意见完全不同的观点。他同意1976年的天安门"四五"事件是一场真正的爱国主义革命运动，对参与者要全部给予平反。

华国锋承认，他在毛泽东去世后继续对导致批邓的"右倾翻案风"进行批判是错误的。他建议，给1967年2月（"二月逆流"）因抵制"文革"而受到迫害的人平反，为他们恢复名誉；将彭德怀的骨灰安放在八宝山革命公墓；为陶铸案平反；摘掉给杨尚昆扣上的反党阴谋分子的帽子，恢复他的组织生活并重新做出任命；对康生进行批判。

华国锋承认，应当从事实出发，按照"实践是检验真理的唯一标准"的原则解决政治问题。⁵⁹他还承认，大多数与会者感到纪登奎关于农业的讲话仍不够充分。华国锋在讲话中也不再提大寨这个样板。他的讲话受到与会者的热烈欢迎。⁶⁰ 12 月 13 日他又做了一次讲话，承认自己也犯过一些错误。

通过对已经变化的政治气氛做出让步，并在一些问题上完全改变自己的观点，华国锋避免了一场内讧。⁶¹ 如他所说，他要维护党的团结。但是有不少人认为，由于气氛的决定性变化在当年夏天和秋天就已形成，并且在中央工作会议的前 3 天变得十分明显，华国锋其实没有别的选择。他被允许保留党主席、总理和中央军委主席的位子。

通常当新的政策路线被采用时，拥护以往路线（现在被称为"错误路线"）的人需要进行自我批评，宣布支持"正确路线"。然而，华国锋的一些亲密同事并没像他那样赶紧调头。时任党的副主席和中央办公厅主任的汪东兴就坚决反对为大批干部平反和打破毛泽东思想的束缚，他当时仍掌管着"专案"和宣传工作。老干部们认为，汪原本是作为毛的忠实卫士获得了他当时的职位；而他在两年前逮捕"四人帮"时所做出的重要贡献，又让他保住了这个本来就不应属于他的职位，并使他能继续在这个位置上阻碍进步。华国锋在 11 月 25 日接受了党内的大气候以后，有两名与会者确信风向已变，于是未经协商就开始点名批评汪东兴。他们斥责汪阻碍老干部复出，反对"实践是检验真理的唯一标准"，坚持"两个凡是"，讲邓小平的坏话。其他人也加入了批评的行列，将汪看成给受迫害的干部平反、摆脱僵化的毛泽东思想的最大障碍。

汪东兴拒绝做出口头检讨，不过他在 12 月 13 日会议结束时提交了一份书面检讨。⁶² 他承认自己在处理专案工作上犯了错误："我对纠正冤假错案重视不够，行动不快，工作不力。"他也同意遵照中央的决定，将中央专案组和"五·一六"专案组的材料转交中组部："我不能胜任自己的工作，……我恳求党中央免去我的这些职务。"⁶³ 吴德和李鑫也受到了批评，张平化则在三中全会之后不久就被撤职。吴冷西、熊复和胡绳这 3 个笔杆子——他们跟华国锋和"两个凡是"站在一边——受到了严肃但较为温和的批评。

华国锋和汪东兴暂时仍是中央政治局常委,华国锋的3个支持者——吴德、纪登奎和陈锡联——也留在政治局内。迅速崛起的头号领导人邓小平对工作安排做了一些改变,但是他决定,已经作了检讨的政治局和政治局常委成员不必撤换。[64] 他要避免对抗,以免让国内外的人知道中国正在进行权力斗争。

中央工作会议不但为邓小平取代华国锋提供了推动力,而且成为一个高层干部更坦率地检讨以往的错误、思考未来新路线的论坛。在小组讨论中,一个又一个发言人介绍自己应付粮食短缺的工作经历,主张国家有必要加大投入,彻底解决这个问题。对于许多领导人来说,这些讨论为他们提供了一个精神纾解的机会,他们可以公开承认自己过去不敢正视的失败,这些失败造成了他们亲眼目睹的大量苦难与死亡。即使他们把主要责任推给上级,自己也不能完全逃避责任;对许多干部来说,这是一个从未彻底愈合的伤疤。

有关农业的最大胆的发言之一,是胡耀邦在西北组的发言。他认为纪登奎的建议不足以解决农业问题,并仍然反映着思想上受到的禁锢。胡耀邦还大胆主张,政治和经济活动全部统一在公社这个单位是不行的。为了解决这个问题,党必须想办法提高农民和当地干部的积极性。他说,如果集体所有制管理不善,调动不起农民的热情,它也不可能有效率。[65] 这些话是在表明他的同事对于把农业生产队分解成生产小组的普遍支持。不过,当时的任何人,包括胡耀邦和万里(他当时在安徽试验在生产队下面搞更小的生产组)在内,都没有提到包产到户和解散公社的可能性。他们知道,这种讨论将在党内上层引起很大争议,动摇那些仍在试图维持集体所有制的地方干部的权威。[66]

参加分组会的人也讨论了各种经济问题。轻工业部长梁灵光(后出任广东省长)强调了政治稳定的重要。他提醒人们说,1949年以后有三个增长相对较快的时期：新中国成立后的最初几年、第一个五年计划（1953—1957）和"大跃进"后的调整时期（1961—1965），这些也正是政治比较稳定的时期。他还提出，应当优先发展轻工业，更好地满足对日用品的需求。他多少有些超前地认为，要让市场发挥更大作用。在他看来，应当引进新的生产技术，并降低出口税以增加出口。[67]

工作会议快要结束时，与会者转向了另一个共同关心的问题：哪些人应当增补进中央委员会、政治局和政治局常委。中央工作会议无权做出人事决定，但以后将做出这种决定的大多数人都参加了工作会议。由于邓小平不想撤换政治局和中央委员会的现任委员，因此与会者同意，为了在短期内补充新成员，只能扩大政治局。他们认为，以后只要有人退休或发现不合适的人，政治局的规模就会再次缩小。与会者接受了邓小平"只进不出"的意见，以及新委员应当是"敢做事"的人。[68] 西北组以举手表决方式推荐陈云、邓颖超、胡耀邦和王震进入政治局。[69] 在工作会议之后的正式会议上，这些推荐都得到了正式批准。

会议上普遍认为，在经济工作摆到第一位的时代，应当对陈云这位经济上最有智慧和经验的专家委以重任。陈云十分清楚，邓小平在外交和军事这两个重要领域里经验丰富，而这正是他所缺乏的。他说，就最高职位而言，邓小平是唯一合适的人。[70] 但是与会者热情推荐陈云担任党的副主席。

邓小平和陈云能够在工作会议期间团结一致，是因为两人都决心给老干部平反，为他们恢复工作。邓小平实际上成了集体领导的代言人，尤其是在外交方面；同时他已经和叶帅一起掌握着对军队的权力。但是，陈云获得了人事问题上的权力，几周之内又接过了对经济工作的领导权。就整体政治地位而论，也就是说，在决定政治大方向和挑选关键人选方面，陈云与邓小平平起平坐。

邓为改革开放做准备

当邓小平从东南亚回国时，工作会议已经开了5天，叶帅向他简单介绍了政治气氛的变化，建议他为自己的新工作做好准备。叶帅德高望重，论资格可以追溯至1927年的广州起义，但他从不贪图个人权力，现在则成了"拥立领袖的人"。叶帅深信，"大跃进"和"文革"的错误，是因为权力过度集中于一人手中所造成的。他促请华国锋和邓小平两人合作共事，一起领导党和国家。叶帅与邓小平见面时，邓小平同意应当加强集体领导，对个人宣传加以限制。[71] 华国锋也接受了叶帅的劝告，在党的政策内容上做出让步，并且同意由邓小平作为党的主要代言人。随即，没有举行任何公开的庆祝活动，按叶帅的建议，邓小平开始为自己的新角色做准备，而当时华国锋仍保留着党政军首脑的正式头衔。

在为新工作做准备时，邓小平必须让他的同事们放心，所以他要修改他在中央工作会议闭幕式和三中全会上的发言稿。邓小平与政治局常委见面，再次向同事们——他们都知道他跟毛的分歧——保证，他不会成为中国的赫鲁晓夫：毛主席为党做出了卓越贡献，党不应当像赫鲁晓夫抨击斯大林那样批判毛泽东。他还向他们保证，国家要继续团结在毛泽东思想的旗帜下。通过看每天的简报了解情况，邓小平观察到了中央工作会议上出现的急切的乐观情绪。这位老练的政治家提醒他那些资历较浅的同事不要"被胜利冲昏头脑"。他告诫说，中国不可能很快解决所有问题，不可以想当然地急于求成。[72] 还有一些难题只能留给下一代人解决。为了避免再次揭开"文革"的伤疤，他建议进一步研究此事。就像他过去多次讲过的那样，他再次建议首先看大局，然后再想局部；先讲大道理，再讲小道理。他说，在吸收外国投资和技术之前，首先需要国内的稳定。国家只有稳定了，才能实现四个现代化。[73] 因此至关重要的是，要避免让群众和外界产生中国存在权力斗争的印象。邓小平给政治局常委的这些意见得到了采纳，成为了党的观点。会议几天之后，他的讲话被印发给全体与会者。[74]

到12月2日，华国锋在所有重大政策问题上都做出让步之后，邓小平把坚定的改革派胡耀邦和于光远叫来，让他们负责准备他在工作会议闭幕式上的讲话，这也许是他一生中最重要的一次讲话。他当时正忙于完成中美关系正常化的谈判，同时也在准备对越南可能进攻柬埔寨做出强硬反应。不过，至少从1969年到1973年下放江西以来，邓小平就一直在思考这次讲话中所要谈到的问题。胡耀邦和于光远得到了另外一些实际起草人的协助，并且像通常一样，由胡乔木做最后的润色。[75]

邓小平很少为讲话写提纲，但是为了这次会议，他在12月2日拿出一份有3页纸、共计1600字的说明，他就讲话的风格、内容和要点，向负责起草的人交代了他的要求。他对起草人说，讲稿要简明扼要，句子要简短，听起来铿锵有力。他要说明中国是多么落后，多么需要改革。12月5日邓小平读过初稿后，又向起草人逐行逐句提出他的意见。12月9日和11日他又两次与起草人见面审阅新的草稿，并重复了同样的详细过程。

邓小平在讲话中并没有提出新的政策，因为他既没有时间，也没有人手做这样的准备。他向齐聚一堂的中共领导干部概述了他在新时代的思路。讲话反映着他对自己当时苦苦思索的一些大问题的想法：如何鼓励新思想，同时尽量减少保守派干部的抵制；如何既尊重毛泽东，又要摆脱他的路线；如何既保持乐观，又要避免以后的失望；如何既维护稳定，又开放经济；如何既给予地方干部灵活空间，又能维护国家的发展重点。

在他为了与讲稿起草人第一次见面而准备的提纲中，邓小平列出了7个主题：（1）解放思想；（2）发扬党内民主，加强法制；（3）向后看是为了向前看；（4）克服严重的官僚主义；（5）允许一些地方和部分企业先富起来；（6）在经营管理上"加强责任制"；

(7）研究新情况，解决新问题。第二次见面时，邓小平对起草人说，他决定把后面几个主题合并成一个，在最后的讲稿中只谈4个问题。

在12月13日下午中央工作会议的闭幕会上，邓小平一开口就直奔主题："今天我主要讲一个问题，就是解放思想，开动脑筋，实事求是，团结一致向前看。"邓小平称赞这次工作会议是1957年以来党内最好、最开放的一次讨论会。他说，要允许大家说出对真实情况的看法。"必须有充分的民主，才能做到正确的集中。当前这个时期，特别需要强调民主。因为在过去一个相当长的时间内……民主太少。……应当允许群众提一些意见，即使有个别心怀不满的人，想利用民主闹一点事，也没有什么可怕……最可怕的是鸦雀无声。"邓小平无论在当时还是任何时候，都没有提倡过不受限制的言论自由。事实上，当人们开始在离天安门不远的地方把自己的观点张贴到墙上几天之后，邓小平就在11月29日表示，"民主墙"上张贴的一些言论是错误的。

邓小平既要赞扬毛泽东，又要为脱离毛的某些政策留出空间，他说，"如果没有毛泽东同志的卓越领导，中国革命有极大的可能到现在还没有胜利。……毛泽东同志不是没有缺点、错误，……适当的时候作为经验教训总结一下……但是不必匆忙去做。"他再次重复了自己的观点，认为毛泽东犯过错误，他本人也犯过错误，任何想做事的领导人都会犯错误。他表达了党内高层的一种主流观点：中国的两次大灾难——"大跃进"和"文革"，是由于制度造成的，这种制度允许一人统治，容不下不同的声音。因此中国需要建立法制，这样的话一个人不管能力有多大，都不能由他一个人说了算。法制一开始可能不健全、不完善，但可以逐步使其变得公正合理。

邓小平实现现代化的战略，与毛泽东依靠精神鼓励搞"大跃进"的做法截然不同。他说："调动积极性不能没有经济手段。少数先进分子可以响应号召，但这种方法只能短时间内有效。"[76] 邓小平认为，必须建立一种制度，通过提拔和改善生活条件，奖励那些促进科技和生产力发展的人。邓小平还特别提出，要给地方干部更大的灵活性，让他们发挥主动精神。

邓小平说，集体负责论实际上是"无人负责"。他主张将责任落实到个人，同时承认为此必须给予个人权力。当他在1975年对下级干部说要敢想敢干时，干部们担心毛泽东会在政策上变卦；而他在1978年再说这些话时，听他讲话的人已经不必再为政策的变化担心了：他们觉得干劲十足，要努力为国家做事，即使在这个过程中会犯一些错误。

邓小平支持为"文革"中的冤案平反："我们的原则是有错必纠。"但他坚决反对人们向过去整过自己或自己亲友的人"算账"。为了避免冤冤相报，平反工作要快，不能拖泥带水。"但是，"他说，"搞清楚每个细节既不可能，也无必要。"不应纠缠于"文革"，因为他知道这只会造成分裂，可以让时间去解决问题："安定团结是头等大事。"对参与过打砸抢的人、帮派思想严重的人，绝不能重用。但是，对犯过错误但做了真诚检讨的人，要给他们机会。然而，邓小平也特别提到一点：党对那些今后再犯错误的人将更加严厉。[77]

邓小平试图提前考虑一些新政策可能带来的问题，并淡化那些将会对新政策不满的人的敌意。他知道不平等会加大——由于即将发生的那些变化的速度和中国人民的多种需求，"一部分人会先富起来"。但是他说，其他人以后也会有机会，先富可以帮后富。他告诫说，可能会出现一些他本人和其他领导人都不熟悉的新问题，但是要以党和国家的整体利益为重，要"不断学习"。[78]

邓小平虽然没有说得很具体，但是他打算开放一部分市场。他对同事们说，不要担心市场会带来经济混乱。他承认，在负责整体计划的人和获得更多自主权的地方干部之间会产生一些矛盾。利益冲突可能比以前更严重，但是他认为，从长远看，生产力的发展会使这些问题得到解决。[79]

为了对即将到来的很多变化做好准备，邓小平建议党的干部学习三种知识：经济学、科学技术和管理。他具体说明了应当如何评价干部：对经济单位的党委进行评价，主要是看它采用先进管理方法的情况，它在技术创新上取得的进步的多少，它的劳动生产率的提高和利润增长状况——部分是以工人个人收入和提供的集体福利作为衡量标准的。与会者急切地想得到在这种新环境下的更具体的指示。通常每次工作会议最后的重要讲话之后就会散会，但是这次邓小平讲话之后，会议又延长了两天，以便来自各个地区的小组继续讨论如何贯彻落实邓小平讲话中的新指示。[80]

邓小平讲话中的很多思想，对于西方的工商业管理者来说就像常识，其中一些思想甚至能从中国1949年以前和1950年代初及1960年代初较稳定时期的政策中找到来源。但是对于1978年领导国家的人来说，邓小平这些思想代表着从根本上摆脱毛泽东时代。与会者有理由期待，那个由大规模群众运动、阶级斗争、僵化的意识形态、英雄崇拜、高度集体化和全面计划经济所构成的时代终于结束了，中国开始进入可控状态。

三中全会，1978年12月18—22日

三中全会于1978年12月18日星期一在京西宾馆召开，而中央工作会议上周五刚在这里结束。在参加中央全会的委员中，有超过一半的人也参加了工作会议。但是参加全会的还包括全体中央委员——他们都担任党政军要职，而出席工作会议的则包括另外一些能够提供宏观理论视野的党内领导人。在星期一的上午和下午，没有参加中央工作会议的委员们在其他人到来之前，聚在一起阅读了邓小平、叶剑英和华国锋在工作会议上的讲话，以便能够统一认识。接下来的3天是中央全会的正式会议和分组会，担任组长的人与工作会议的分组会相同。

从某种意义上说，三中全会是中央工作会议精神的庆祝会，是

向中国民众和外部世界宣布新路线得到正式批准的仪式。通常全会的序号是与此前的党代表大会联系在一起的，但是十一届三中全会带来的变化是如此巨大，因此当中国人只简单说"三中全会"时，听者都很清楚所指的是哪一届三中全会。在中国人眼里，三中全会标志着使中国转型的"邓小平的改革开放"的开始。

按中央工作会议取得的一致意见，华国锋保留了他的正式头衔：党的主席、国务院总理和中央军委主席；邓小平则继续担任他的职务：国务院副总理、党的副主席和中央军委副主席。但是外国媒体和外交界像中国民众一样，很快就明白了副总理邓小平实际上已经成为头号领导人。早在 11 月 23 日，即华国锋 11 月 25 日讲话的前两天，香港记者就向到访的美国专栏作者罗伯特·诺瓦克（Robert Novak）说，"邓小平只是副总理，但他现在掌管着中国的集权政府。"[81]

在三中全会上收获最大的是陈云。三中全会之前他甚至不是政治局委员，在全会上他却成了政治局常委。全会最后一次全体会议正式成立了中央纪律检查委员会，陈云被任命为第一书记。他取代汪东兴获得了对需要平反的案件最后拍板的权力。不难理解，很多老干部的案件将在以后几年得到平反，使他们得以回来工作。

通常最高领导人都要在全会上作主题报告，但是由于华国锋是名义首脑，邓小平才是头号领导人，因此很难决定由谁来作这个报告。全会的组织者解决这种尴尬局面的办法是取消了报告，但他们实际上把邓小平之前在中央工作会议上的讲话看作是给党的工作定下的基调。虽然华国锋主持了最后的会议，但与会者的注意力都集中在那两个在全体中央委员面前相邻而坐，真正握有实权并且今后将领导国家的人物身上：邓小平和陈云。东北组的组长任仲夷说，就像遵义会议代表着毛泽东思想对教条主义的胜利一样，三中全会代表着党内民主讨论的优良传统对"两个凡是"的胜利。[82] 在会议结束时的讲话中，陈云用了另一个类似的说法，他认为就像延安整风带来了团结,使党能够在1949年以后领导国家一样,中央工作会议也带来了团结,使党能够领导国家实现四个现代化。[83]

没有加冕礼的权力交接

在世界政治史上,很难再找到这样一个例子:一个人成了一个大国的领导人,却没有任何公开、正式的权力交接仪式。邓小平在中央工作会议之前是党的副主席、国务院副总理和中央军委副主席,而在三中全会成为头号领导人之后,他依旧是党的副主席、国务院副总理和中央军委副主席。不仅没有为他举行的加冕礼或就职仪式,甚至没有公开宣布他已经登上最高职位。是哪一些奇特的环境因素结合在一起,导致了这种不同寻常的情况?它又会带来什么后果?

在三中全会期间,中国的领导层想避免让民众和外部世界产生中国正在发生一场权力斗争的印象。华国锋在1976年刚刚上台,最高领导层担心领导班子的突然变化会导致国内的不稳定,损害中国吸引外国资本和技术的努力。在此后的两年半里,邓小平确实把华国锋送到了一边,并成为了无可匹敌的最高领导人,但他是通过一个相对有序的过程一步步做到这一点的,因而没有使中国民众和整个世界感到不安。

党内高层没有给邓小平任何新的头衔,还因为他们担心一人大权独揽的危险。他们认为,"大跃进"和"文革"的灾难,就是由拥有全部正式头衔的毛泽东专断行使其不受约束的权力造成的。如果继续掌权的是华国锋,就没必要有这样的担心。在华国锋当政时,叶帅等人担心的不是他权力过大,而是他权力不够,很难有所作为。然而对于邓小平,他们就有担心的理由了。邓小平充满自信,做事坚决果断,稳健踏实,因此他们害怕邓有可能变得专断。于是给邓小平实际权力,却不给他正式的名衔,这种奇怪的安排能够运转,是因为大家都明白内情,也因为邓小平本人更感兴趣的是实权,而不是名衔。他愿意在没有正式名分的条件下接过工作，不要求公开张扬。

从1978年12月的三中全会到1979年12月，当邓小平为了党和国家的利益开始架空华国锋时，他和华国锋在公开场合的发言中谈起对方时相互都很尊重。他们都想实现国家的现代化，使中国变得强盛，也都愿意采取务实灵活的作风。但是在1979年华国锋毕竟仍是主席，而邓小平行使着非正式的权力，两人的关系变得特别尴尬。如果摊牌的话，邓小平的非正式权力足以压倒华国锋名义上的权威，但邓小平像他的同事一样，力求避免任何公开的不和。华国锋继续主持会议，在公开会议上仍然代表党和政府。不仅他自己是政治局常委，他的一些支持者也是常委。他拥有叶帅和李先念这两位老资格顾问的支持，他们担心一人独裁，主张集体领导。在1979年，用西方的话来说，华国锋是个不能当家的软弱的董事会主席，但他仍有一些支持者，他们的观点也不能轻视。邓小平当时还没有成为高踞于华国锋之上的头号领导人，他尚未配备好自己的团队和自己的统治架构。但是邓小平有权有势，又具备削弱华国锋权力基础的政治技巧。到1979年夏天，邓小平要收紧控制、建立更有效的统治架构时，便开始逐步削弱华国锋并终于让他靠边站了。

当三中全会上开始提升邓小平的权力时，离天安门数百米远的地方，示威者们正在往墙上贴大字报，他们直接或间接地支持邓小平，批判林彪和"四人帮"；有些人甚至大胆抨击毛泽东本人。没过多久，一些大字报甚至开始批评中共和邓小平。这些大字报不只让邓小平头痛，还迫使他处理一个在他担任头号领导人期间始终纠缠着他的问题：应当允许多大程度的自由？党和政府应当在哪里并且以何种方式为异见的公开表达划定界限？

第8章
为自由设限，1978—1979

"文化大革命"其实是一场"反文化的革命"，它攻击了旧文化，却并没有创造出新文化。红卫兵引用历史典故和历史故事，不但打击在位的干部，而且批判几乎所有的小说、故事、戏剧和文章。"文革"随着毛泽东的去世和"四人帮"的被捕而偃旗息鼓，很多多年不敢讲话的中国人十分渴望有畅所欲言的机会。有人想反击迫害过他们的人，有人要保护自己，还有人只是想诉说自己及其亲友蒙受的苦难。

有些党的领导人从这种被压抑的怨气中，看到了用来对付其敌人的机会。还有一些人并无政治目的，只想表达个人感情。但是，包括邓小平在内的对制度有全局思考的中共领导人担心，如果允许"太多的"自由，允许有组织的抗议，国家有可能再次陷入"文革"那样的混乱。在政治运动或大饥荒中本人或亲人受过苦的有数千万人。强烈的不满情绪不但针对欺压乡里的地方干部，而且针对上一级干部，因为他们都属于造成这种灾难的体制的一部分。在邓小平看来，中国社会如此庞大，人口众多，百姓十分贫穷且相互对立严重，在行为方式上明显缺乏共识，所以必须有一定的自上而下的权威。自由的边界能够放得多宽，而不至于使中国社会陷入1949年以前或"文革"式的混乱？在整个邓小平时代，这一直是造成分歧的一个核心问题。

在判断民众的批评浪潮在何种情况下会导致秩序崩溃这一点上,中共领导人并无共同的标准。因此,对于如何设定和维护这条界线,他们内部也难免发生分歧。主管科学、高教、青年事务和统战工作的干部,往往会代表与他们共事的人的观点,一般会赞成较多的言论自由。负责公共治安的干部则较为慎重,主张对自由进行更多的限制。宣传部门的领导者往往摇摆不定:其中有些人受过良好的人文和社科教育,愿意为自己和他人争取更多的自由;但在履行职责的过程中,很多人在传达和坚持这些限度时却变成了小暴君。

同时,敢于试探能够允许的公开讨论界线的人,一般说来都不是出身于地主和资产阶级的人。那些"阶级出身不好"的党外知识分子多年来已经被吓得噤若寒蝉,也没有站在公开批评的前列。实际上,在后毛泽东时代冲击言论边界的人,通常都是勇敢的年轻人、党员和老干部,或是有当权的亲朋好友能够为他们提供保护的人。

从原则上说,邓小平赞成扩大自由,他愿意在这方面采取实用主义的态度。但是由于他承担着维护社会秩序的最终责任,当他对秩序能否维持产生深切疑虑时,他会迅速收紧控制。三中全会以后,邓小平感受到了群众对于结束"文革"、开启改革开放新时代的广泛支持,因此他允许了两次重要论战的开展,这扩大了中国人的言论自由。这两次论战一次是在民众中自发产生并对公众开放的,它最初出现在离天安门广场不远的一道墙上,即后来广为人知的"西单民主墙",后又扩散到全国其他城市。另一次是党发起的论战,只局限于党内,它使一些知识分子和党内主管文化政策的领导干部走到了一起,探讨他们在新时期工作的指导方针。

"民主墙":1978年11月—1979年3月

在中国的村镇、城市小区以及公交车站这类人群聚集的地方,在宣传栏上张贴官方公告和报纸，是一种延续了多年的习惯。北京最受公众关注的地方，大概是天安门以西一千余米处的西单一面墙上的宣传栏。这道巨大的灰砖墙有三米多高，二百米长，它旁边是北京最繁忙的公交车站之一，有多路公交车交会于此，乘客熙熙攘攘。在"文革"期间，西单墙上贴满了批判刘少奇、邓小平等中共领导人——他们被称为"走资派"——的大字报。在1976年4月5日示威期间，墙上又贴了许多谴责"四人帮"、歌颂周恩来和拥护邓小平的大字报。

1978年11月19日，即中央工作会议召开不到一周后，在新的政治气氛下，报刊销售点还尚未开售的共青团杂志《中国青年》的完整一期，被一页一页贴到了墙上。共青团这个培养未来党员的部门，此刻站在了群众为扩大自由而努力的前线。这本共青团杂志在"文革"期间被关闭，几个月以前它成为最先获得复刊批准的杂志之一。在胡耀邦的鼓励下，共青团的干部把杂志第一期送厂付印，计划于9月11日发行。但是当时主管宣传的汪东兴看到打算刊出的内容后，立刻下令把它撤回。他批评说，杂志没有华主席的题词、没有纪念毛主席的文章，却有"童怀周"的《天安门革命诗抄》。

可是杂志编辑部的人员并不那么容易屈服。几天后的9月20日，一些杂志被送到了报刊销售点。[1]但是到了报刊销售点后，汪东兴马上又让人把杂志全部收回，不许再发售，并禁止它再发行。9月19日出现在西单墙上的，便是这一期被收回和禁止发行的杂志，这件事发生在北京市委决定给"四五"事件平反的4天之后。

张贴出来的杂志引起了巨大的关注。这份共青团杂志中的一些文章强烈要求为那些因参加"四五"游行仍在蹲监狱的年轻人平反。还有一些文章反对"两个凡是"，提出的问题不但涉及林彪和"四人帮"，而且直接涉及毛泽东。[2]不难理解，毛泽东的前贴身卫士和忠实的维护者汪东兴，为何会对这些批评感到恼火。

共青团的杂志张贴出来以后，几个大胆的人又开始张贴另一些材料，许多材料批评了1976年清明节的镇压。最初，一些路过的人对大字报连看都不敢看，更遑论张贴新的大字报。然而几天以后，并没有人受罚，尤其是有传言说邓小平支持张贴大字报的自由，于是人们变得大胆起来。经历了信息受到严密管制的十年"文革"之后，很多人仅仅是好奇。还有些人从过去的经验中知道，任何"错误观点"都可能引致惩罚和侮辱，甚至被下放农村，所以仍然心有余悸。然而随着新的大字报在西单墙上继续出现，那里开始弥漫着一种兴奋感。

有些人张贴诗词、简略的个人自述或哲学文章。有的大字报是用毛笔书写的，也有的是用钢笔写在笔记本纸张上的诗文。许多大字报出自年轻人之手，他们是高干子女，能窥探到当时正在举行的中央工作会议的气氛变化。还有一些贴大字报的，是因为突然获得自由而异常兴奋的年轻人，但他们一直生活在封闭的社会里，缺少经验和智慧去恰当地表达自己的观点。在"文革"时期，个人不敢检验自己的观点，群众运动并不能使他们在策略上变得成熟。此外，鼓吹自由民主的人，和他们的批评者一样，对国外的情况缺少体验，知之甚少。他们开始质疑毛泽东思想和马克思主义理论，又看到另一些国家在经济上远比中国发达，于是对西方民主表现出几近天真的信仰。[3]还有一些人写道，他们被灌输的一切——马克思列宁主义和毛泽东思想——全都是错误的。西单墙变成了闻名遐迩的"西单民主墙"，或简称"民主墙"，在最高峰时，每天有数万群众驻足于这道墙前。类似的墙也出现在全国其他一些城市中。

大字报写得激情洋溢。有些作者因害怕报复采用了化名；也有些人为了要求得到赔偿而采用真名实姓。一些偏远地区的人，也千里迢迢来到城里张贴他们的申冤材料。很多在"文革"中受过迫害或有亲人遇害的人，终于有机会诉说他们的遭遇。那些仍有亲友在农村、监狱或被监视居住的人，要求为受害者恢复自由。被迫害致死者的亲人，要求为他们的家人恢复名誉，以使他们自己能够脱离苦海。在1967年后下乡的1700万知青中，当时还只有大约700万人获准回城。[4]很多抱怨来自于那些失去接受高等教育或得到好工作的机会、仍在农村忍受贫穷的人。还有一些政治上比较老练的人，隐晦地提到党内正在发生的争论，抨击"两个凡是"，要求重新评价"四五"事件。

11月26日，即华国锋在中央工作会议上讲话、在"两个凡是"上公开做出让步的次日，邓小平对日本民主社会党委员长佐佐木良作（Sasaki Ryosaku）说，"写大字报是我国宪法允许的。我们没有权力否定或批评群众发扬民主，贴大字报。群众有气让他们出气。"[5]邓反问道："允许群众表达自己的观点，这有什么错？"[6]此外，叶帅和胡耀邦也表示支持群众用大字报表达他们的观点。

同一天下午，当《多伦多环球邮报》的约翰·弗莱泽（John Fraser）和美国专栏作家罗伯特·诺瓦克一起去看"西单民主墙"时，围在他们身边的数百人听说诺瓦克次日能见到邓小平，便让会讲汉语的弗莱泽将一些问题转告给诺瓦克，让他向邓小平提出。弗莱泽答应第二天下午向他们报告结果。当弗莱泽在约定的时间和地点回到"民主墙"时，有数千人已在等着听邓小平的答复。当听弗莱泽说到党很快要为彭德怀正式恢复名誉时，喝彩声响成一片。当他说邓小平表示"民主墙"是一件好事情时，人们又释然地报以欢呼。[7]

随着人群每天在西单墙前聚集，异常兴奋的中国人渴望了解情况，急切地与外国人交谈，向他们提出了一大堆有关民主和人权的既幼稚又极为真诚的问题。例如：你们国家由谁来决定报纸电台的报道内容？[8]多年来一直希望民众能表达自己的想法的外国记者，热情地向本国报道了"民主墙"前真诚的交谈和热烈的气氛。虽然中国的官方媒体不向中国人报道西单墙上的内容，但是它们通过美国之音和英国广播公司，又传回了中国。

西单墙前的群众一直很守秩序。但是几周之后，有些人开始贴出有政治诉求的言论,要求民主与法治。北京的公安干部报告民主墙附近有一些打斗情况发生,并担心那里有增无减的人群可能会威胁到治安。事实上,邓小平在11月底与佐佐木良作的谈话中就已经警告说,有些大字报的言论不利于安定团结和实现四化。但是,在民主墙出现一个月之后,当三中全会临近结束时,中国的高层领导仍然愿意支持用大字报表达意见的自由。例如叶剑英在中央工作会议的闭幕讲话中说,这次全会是党内民主的典范,西单民主墙则是"人民民主的典范"。[9]

中央工作会议结束前夕的12月13日,邓小平把他的政治研究室成员、也是为他写三中全会讲话稿的笔杆子之一于光远叫到一边,让他草拟一篇支持西单"民主墙"的讲话。他对于光远说,"有点儿反对的声音有什么坏处?"[10] 尽管《人民日报》没有报道西单的事情,但报社里支持民主墙的人在1979年1月3日发表了一篇大胆的社论《发扬民主和实现四化》,其中说,"让人说话,天塌不下来。……真正可怕的倒是听不到不同的声音。……害怕人民讲话,实际是软弱和神经衰弱的表现。……安定团结和发扬民主并不是对立的。"[11]

"民主墙"上的言论在1月中旬变得更加政治化。1月14日,一群人打出了写有"全中国受迫害的人"的旗帜,他们宣布"要民主,要人权",从天安门游行到中南海的大门口,这里是中共最高领导人居住和工作的地方。他们要进入大门,但被武装军人拦住。目睹这些抗议者的英国外交官罗杰·加塞德说,"那是我所见过的最愤怒的一群人。"[12]

还有一些群体开始自印杂志,向那些来看西单墙的人免费发放。1月17日,一群自称"中国人权联盟"的抗议者印了一份十九条宣言,要求言论自由、对党和政府领导人进行评价的权利、公开政府预算、允许旁听全国人民代表大会、允许与外国大使馆自由接触、为知青安排工作等。[13] 这些愤怒的抗议发生在邓小平出发访美的前几天，但邓小平并没有对此进行限制。他知道，如果他在访美前夕压制"民主墙"，这种做法会被西方媒体报道，有碍访问取得成功。然而，当2月8日邓小平从美国和日本回来后，他没有再让于光远给他看那篇支持民主墙的讲话稿。更重要的是，他根本未做过这次讲话。[14] 到3月时，"民主墙"上张贴了更多抨击中共统治的基本制度的文章。由于政府未加限制，人们变得更加大胆，他们开始批评整个中国共产党和中国的政治体制，甚至开始批评邓小平。3月25日，曾经当过兵的北京动物园职工魏京生，也贴出《第五个现代化——民主》一文。

大约就在这时，中国的对越战争（中国称之为"对越自卫反击战"）已经结束，邓小平可以把更多的精力转向"民主墙"和理论工作务虚会等国内事务（关于这场战争见第18章）。直到那时民主墙在政治上对邓小平一直有很大价值：它使群众能够有一个渠道表明他们反对"两个凡是"，反对"四五"事件的处理方式，反对毛泽东的错误，这为邓小平提供了更大的政治空间，使他可以实行新的路线，而又不必亲自参与这种批判。

邓小平刚刚接过权杖时，可能理论上认为民主很有吸引力；他鼓励在党内有更多的民主讨论。但是，当抗议者吸引了大批群众，开始反对中共领导的根本制度时，他断然采取措施压制了这种挑战。虽然华国锋是党的主席和总理，但决定压制批评的是邓小平。3月28日，北京市政府的干部根据正在发生变化的政治气候和邓小平本人的意见，发出规定宣布，"禁止一切反对社会主义和无产阶级专政、反对党的领导和马克思列宁主义毛泽东思想的口号、大字报、书籍、杂志、图片等材料"。[15]

就像在中国的帝制时代一样，维持秩序靠的是统一命令，对为首者要严惩不贷，以儆效尤。3月29日，即魏京生在"民主墙"贴出要求民主的大字报4天后，他就被抓了起来。此后，去西单"民主墙"的人一下子少了许多，只有少数大胆的人还在贴大字报。消息灵通的外国人估计,在随后几周里北京大约逮捕了30人——与1957年或"文革"时期有成千上万人被捕这一点相比可谓九牛一毛。没有关于死亡的报道。[16] 一些剩余的大字报被转移到了月坛公园,那里距西单太远,步行前往很不方便,游客相对西单也少得多。媒体开始发表批评"民主墙"上一些大字报的文章。在月坛公园也派了干部,查问想贴大字报的人的姓名和工作单位。[17] 西单的大字报在1979年12月才被正式禁止,但是"民主墙"在3月底就已寿终正寝。据于光远说,胡耀邦作为一名听话的干部公开支持了邓小平的决定,但是参加过理论工作务虚会公开讨论的干部都知道,胡耀邦个人认为允许更大的自由并不会威胁到社会秩序。

"民主墙"被禁时,普通群众中很少有人敢站出来抗议。[18] 虽然党内有很多人坚决拥护邓小平的措施,认为这对阻止"文革"式的动乱很有必要,但是也有一些党的干部,包括许多知识分子,对邓小平的决定深感不安。[19] 在于光远看来,邓小平从12月中旬支持"民主墙"到3个月后将其关闭,是毛泽东去世后中国的关键转折点之一。[20]

理论工作务虚会第一阶段

1978年9月底,叶帅担心"两个凡是"的拥护者和赞成"实践标准"的人之间的争论会造成分裂,于是提议开一个会,为党在文化教育领域的工作确立共同的基本指导原则。[21] 叶剑英对经济工作务虚会的成功记忆犹新,他认为通过对理论原则展开自由讨论,能够把进入新时期的中共领导人团结在一起。12月13日中央工作会议结束时,在得到其他领导人的同意后,华国锋正式宣布了召开理论工作务虚会的计划。[22]

务虚会的第一阶段从1979年1月18日开到2月15日,中间有从1月26日起的5天春节假期,主办者是中宣部和中国社会科学院。²³ 会议的具体方案完成时,高层领导对"实践标准"战胜了"两个凡是"已形成普遍共识。胡耀邦刚刚担任了宣传部长,主管宣传的汪东兴也做了检讨。负责筹备会议的人多是宣传领域内思想开放的自由派干部。胡耀邦在务虚会开幕式的全体会议上说明了会议的目的:检讨过去 30 年宣传领域的工作,就党如何支持对外开放和四化建设制订蓝图。他赞扬了"四人帮"倒台后在解放思想上取得的巨大进步,指出在倡导"实事求是"的邓小平的领导下,这两年的进步在最近几个月里有了新的收获。胡耀邦又说,会议的第一阶段一直开到 2 月中旬,将分成 5 个小组。²⁴ 第二阶段是规模更大的会议,有来自全国各地宣传部门的 400 多名领导人参加,他们将为落实第一阶段形成的共识制订计划。

胡耀邦为各小组选定的召集人大都是来自报社、大学、研究机构或宣传部门的一些思想开放的自由派知识分子。尽管有些与会者,如吴冷西和胡绳,思想较为保守,但在 5 个小组的召集人中,有四人——胡绩伟、于光远、吴江和周扬——都是稍早进行的"实践标准"论战中的活跃分子,这场论战间接批评了僵化的正统思想;5 人中的最后一个是跟于光远关系密切的自由派童大林。²⁵ 到会的两个最重要的高级干部是周扬和陆定一,1957 年反右运动期间他们在宣传部门担任要职,但后来他们都对反右运动十分后悔,因此成了大力主张扩大自由的人。参加务虚会的人来自全国各地。北京的会议之后,很多地方也各自召开了类似的会议。²⁶

会议开始时"民主墙"前已经如火如荼,但西单的"民主墙"是无组织无计划的群众运动,而理论工作务虚会则自始至终都做了细心的安排。此外,西单的大字报作者和读者都是在"民主墙"偶然相遇的陌生人,参加务虚会的160人则是精心挑选出来的党员,在一个月的时间里他们几乎天天都能相互交流,与"民主墙"上的大字报相比他们的讨论更加细致,反映着对党史和世界局势更全面的理解。尽管如此,这两个场合也有着共同的基础:即一种发自内心的愿望，要为新时期营造更加开放的思想气氛。这两个场合之间也存在着某种联系。《人民日报》副总编王若水是务虚会的成员之一，曾奉命汇报西单"民主墙"的情况。他去那儿看了之后，回来向务虚会的与会者汇报说，"民主墙"看起来气氛活跃而平和，大字报上的言论是诚恳的。[27] 另一些参加务虚会的人根据自己对"民主墙"的观察，也表达了类似的看法。

胡耀邦在主持务虚会时，力求同时得到华国锋和邓小平两个人的支持。他在理论工作务虚会开幕式上的讲话先请华国锋过目批准，并在讲话中赞扬了在华国锋领导下取得的成绩。邓小平正忙于出访美国和攻打越南的事，但是在1月27日，即邓动身前往美国的前一天，胡耀邦向务虚会传达了邓听取会议讨论情况汇报时的讲话，邓小平说，现在谁也不清楚哪一种民主适合中国，要对这个问题进行认真思考。他让胡耀邦组织一个二三十个人的班子，搞清楚相关问题，然后准备一篇论述民主实践的两到三万字的文章，在"五四"运动60周年时发表。邓小平说，文章要表明社会主义民主将超越资产阶级民主。[28]

务虚会上的气氛可以用《人民日报》前总编吴冷西的遭遇作为一个缩影。吴过去一直批评"实践是检验真理的唯一标准"，他被要求写一份检讨，但他的第一份检讨被判定为敷衍了事，他只好又写了一份。自由派正在占上风，但他们所采用的手法，与过去为支持"极左"事业而采用的通过批评和自我批评达到党内团结的做法相类似。与会者提醒吴冷西说，邓小平在1978年8月23日就明确告诉他，《毛选》第五卷的编辑工作要体现"实践是检验真理的唯一标准"的精神。吴冷西承认，他是因为不想损害毛泽东的威望才赞成"两个凡是"。他承认自己需要进一步解放思想。[29]

胡耀邦的会议开幕词鼓励与会者解放思想，畅所欲言，引起了热烈的反响。[30] 新的气氛突破了限制，使人们能以前所未有的坦率批评党内事务。与会者可以批评毛泽东时代的错误，思考可接受的新界线,以便提供更大的思想空间。

然而,从务虚会一开始,有些人就担心一旦政治风向有变,最高领导人再度变得保守,他们就有可能惹上麻烦。一个与会者说,不能再像1957年"百花齐放"时那样,要提供法律保障,使敢言者不至于受到惩罚。[31]

就像这类会议通常的做法一样,印好的会议总结材料被分送给未出席会议的高层领导。有些高层领导看过报告后批评说,会上的理论家们走得太远了。同时,香港和外国记者开始谈论"非毛化",这迫使中国领导人要证明他们没有这样做。有些领导人甚至担心,赫鲁晓夫实行的非斯大林化政策削弱了党的权威,理论家们有可能步他的后尘。[32] 党内的老干部们确实开始批评说,务虚会上的观点很危险,理论家们近乎在批评毛泽东时代发生的一切事情。一些在毛时代担任要职的老干部担心,对毛泽东日益高涨的批评有可能使自己也受到牵连。有些人开始怀疑,胡耀邦等人在务虚会上是不是在搞反毛反党的"修正主义"。

以某些老干部为一方,以"民主墙"和务虚会上大胆敢言的人为另一方,这些人之间的分歧被证明是难以弥合的。[33] 在1978年12月的三中全会上支持邓小平的陈云和李先念等人开始表示担心:对党的批评正在走得太远,有可能威胁到党维护纪律和秩序的能力。胡耀邦觉察到了保守派反击的危险,他警告与会者说,有些个人的批评超出了善意批评和党员行为准则的界限。在2月28日中宣部召开的新闻工作者会议上,胡耀邦又说,毛泽东虽然犯过错误,"但我们必须客观地承认毛主席的伟大贡献"。[34] 然而这些话并不足以阻止党内保守派继续批评他和务虚会。

务虚会第二阶段

3月16日,即中国军队打了一个月的仗后撤出越南的当天,邓小平在中央会议上对对越战争做出说明。此时他已经完成了访美和对越战争，因此能够重新关注国内的基本政治问题。他向与会者保证，总的形势是好的，有利于全国的安定团结，但是他警告说，也存在着一些隐患，因此必须坚定地高举毛泽东的旗帜。他警告说，不然的话，党本身也会受到攻击，这有可能导致对中华人民共和国的否定，对整个这段历史的否定。邓小平认为，为了维护安定团结，党应当把对一些历史问题——例如"文化大革命"——的评价先放一放。这位中国头号领导人提醒说，报纸对这个问题必须当心。[35]

邓小平看了务虚会第一阶段小组会的报告后，同意其他高层领导人的观点，认为党内理论家在批评中共和毛泽东上已经走得太远。毛泽东在1957年发动"双百"运动后感到知识分子的批评太过分，邓小平在1979年也觉得知识分子再一次走过了头。然而，他接受了毛在1957年进行反击的教训，不想做出过度的反应而失去知识分子的支持。与此同时，支持"民主墙"和务虚会第一阶段精神的人私下抱怨说，由胡乔木和邓力群监督起草的会议总结报告夸大了对党的批评，目的是为了刺激邓小平，让邓小平同那些要求更多民主讨论的人决裂。[36]邓小平对《人民日报》副总编王若水尤其气愤，他不但批毛，还让香港媒体发表了他的观点。像党的其他高层干部一样，邓小平始终认为，党内领导人的意见分歧不应当公之于众。

在准备务虚会的讲话时，邓小平再次咨询了胡乔木，胡也出席了第一阶段的务虚会。邓小平在3月27日与胡乔木、胡耀邦等人一起讨论了讲话草稿。邓小平想要允许比毛时代更多的自由，但他也希望确立一些原则，明确划定哪一些政治言论可以接受，哪一些则不可接受。他对胡乔木、胡耀邦和其他讲话起草人说，要提出四项基本原则，说明自由的界限。[37]虽然准备这篇讲话只用了两三天时间，但它不仅为务虚会第二阶段定了调子，而且成为此后20多年判断文章、书籍或电影在政治上是否违规的指导原则。

四项基本原则，1979年3月30日

在这篇重要讲话中，邓小平阐明了不容挑战的四项基本原则，在可接受和不可接受的事情之间划定了界限。写作不能挑战以下四点：（1）社会主义道路；（2）无产阶级专政；（3）共产党的领导；（4）马克思列宁主义和毛泽东思想。邓小平仍然承认，中国在某些领域可以向资本主义国家学习。他也承认，社会主义国家也会犯下严重错误，也会出现倒退，例如林彪和"四人帮"造成的情况。但是他否认中国的问题是由社会主义造成的；在他看来，中共统治之前的封建历史和帝国主义才是成因。中国的社会主义革命已经缩小了中国与资本主义国家之间的差距，而且还会继续缩小这种差距。此外，尽管允许"社会主义民主"的实践——这仍然是现代化的基础，但是为了对付反对社会主义及其社会秩序的敌对势力——包括反革命分子、敌特人员和犯罪分子——无产阶级专政仍是必要的。他说，就像现代化一样，民主化也只能逐步加以发展。[38]

如果邓小平认为有什么事物是神圣的，那就是中国共产党。党受到批评时他会本能地发怒，强调公开批评党是不能容忍的。他承认"毛泽东同志同任何别人一样，也有他的缺点和错误"，但是他认为，毛泽东思想是"半个多世纪中国人民革命斗争经验的结晶"。他说，历史不是由一个人创造的，但人民会对这个人表达崇敬。[39] "民主墙"和理论工作务虚会上泛滥的批评，能帮助邓小平弱化对毛泽东正统思想的坚持，不再死板地解释毛泽东说过的每一句话，为批评党在过去20年的错误创造了空间。但是，邓小平仍不想让自己以批毛者的面目出现，他仍要在公众面前维护毛泽东的伟大形象。

叶帅希望统一全党思想的目标未能达成，因为在自由派知识分子的愿望与正统派的担心之间的裂痕太大，难以用一团和气的辩论加以弥合。[40] 最终，邓小平还是要自上而下地强行贯彻统一——他发表了一篇强硬的讲话，并以国家权力作为后盾。邓小平经历过党

内分裂，并对此深恶痛绝，他深信，如不采取一定的强制措施，中国还不足以达成国家团结。在邓小平3月30日的讲话之后，务虚会分成12个小组，与会者就如何贯彻邓小平的指示讨论了3天。

作为一名遵守纪律的党员，胡耀邦于4月3日在务虚会闭幕式的讲话中表示完全拥护邓小平坚持四项基本原则的立场。[41] 但是，在务虚会第一阶段听过胡耀邦讲话的人都知道，胡耀邦本人更希望看到一个较为开放的社会，他相信国家不会因为人们更自由地表达不同观点而陷入混乱。[42] 尽管邓小平和胡耀邦都致力于现代化，仍然合作共事，但是在如何划定自由的界限上，他们的分歧却愈演愈烈，最终导致邓小平在1987年决定将胡耀邦撤职。

党内领导人固然理解邓小平的讲话，但对知识分子来说，隐含的信息是令人沮丧的：自由的范围已经收窄。"民主墙"未被正式关闭，但邓小平的讲话如同一盆冷水，文化领域真正做到百花齐放的希望也随之破灭。期盼更多自由的人，难以忘记"民主墙"那段热情洋溢的时光和理论工作务虚会上富有洞见的思想探讨。中国社科院和其他地方的知识分子不再多言，但很多人对新政策并不服气。

邓小平的四项基本原则所导向的新路线，也逐渐反映在官方的媒体上，而参加务虚会的人也开始努力适应新的政治现实。《人民日报》5月5日的一篇社论说，"有人认为民主就是可以为所欲为……但我们主张的是在集中指导下的民主。"[43] 下级干部按照更为收紧的新路线开展宣传。[44] 很多知识分子对自由受到的限制深感失望，但是与毛泽东在1957年的反右相比，邓小平的反应要有节制得多。邓小平知道要实现现代化，他需要知识分子的合作。四项基本原则宣布之后，知识分子在公开批评中共上变得更加谨慎，只有很少的知识分子受到批判、羞辱或被撤职。[45] 一些最著名的批评者获准出国居住，在国外继续发表言论。事实上，从1979年到1992年这个时期，大趋势是自由讨论的空间在不断扩大。虽然不满于那些随意管制言论自由的做法,但一般民众和知识分子也在不断寻机突破自己的自由界限。为言论自由设定一劳永逸的界限是不可能的。只要邓小平允许尝试新观念,让知识分子与他合作,他就得允许比1978年以前更大程度的自由。

在1979年10月底的第四届全国文学艺术大会上,邓小平尽力维持着自由与控制之间的这种微妙的平衡,采取的办法是支持或至少被动接受大多数知识分子,同时斥责那些他认为可能威胁到中共权威的批评。在准备大会的讲话稿时,邓小平的手下把稿子给了周扬一份——周在1970年代后期变成了为知识分子争取更大自由的带头人。周扬建议邓小平不要长篇大论,邓按照他的建议念了一篇简短的贺词,他赞扬了中国人民的艺术创造力,肯定了他们在1950年代取得的进步,批评了林彪和江青对创作自由的限制。他说,展望未来,他期待着文化领域的继续进步。他的讲话博得了文学艺术界人士的热烈掌声,包括那些仍对他的四项基本原则讲话感到不满的人。[46]不像1957年的毛泽东,1979年的邓小平并没有在知识分子主流中失去人心。很多私下抱怨政府任意做出限制的人,继续为四化积极工作。但是,在邓小平统治时期,到1992年他退出政治舞台为止,在自由的边界问题上他将面对持续不断的拉锯战,[47]这场拉锯战最终在1989年6月4日导致了一场悲剧。

第9章
苏联—越南的威胁，1978—1979

1977年夏天邓小平重新掌管国防和外交工作后，面对着两个最为重要的问题：一是对抗苏联和越南的威胁，维护国家安全；二是为争取外国对中国现代化的帮助打下基础。[1] 为了减少苏联的军事威胁，他努力加强与邻国的关系，阻止苏联的势力扩张。为了给中国的现代化争取帮助，他转向日本和美国。为了达成这两个目标，他在1978年1月后的13个月里出访多国，访问的国家数量超过了他一生其他时间到访国家的总和。在这些出访中，他改善了中国与亚洲大陆邻国的关系，使中国的开放程度超过了1949年以后的任何时期。他使中国不可逆转地走上了积极参与国际事务、全面交流思想的道路。这5次出访中，他去了缅甸、尼泊尔、朝鲜、日本、马来西亚、泰国、新加坡和美国。在这14个月里，邓小平还同日本签订了和平友好条约，与美国进行了关系正常化谈判，并将中国带入了一场对越战争。

邓小平担负起外交职责

1977年夏天恢复党内工作时，邓小平并不想主持外交事务。有一次他甚至说，他不愿承担这项工作，因为它太耗神了。可是中国需要邓小平主管外交,不仅因为 30 年来他几乎一直陪同毛泽东或周恩来接见外宾,而且他本人从 1973 年夏天到 1975 年底就在毛泽东和周恩来指导下负责外交事务。他的同事都认为,周恩来去世之后,在外交知识、战略思想、与外国领导人的个人关系以及既争取外国人的善意又坚定地维护中国利益这些方面,其他领导人都难以与他相比。中国的外交官可以具备有关其他国家和以往谈判的丰富知识,例如黄华——1976 年 12 月他取代乔冠华成为外交部长,[2] 但往往缺少做重大政治判断的自信,也没有足够的地位与外国领导人平等相处。

外交一向是中共最高领导人的核心工作。毛泽东和周恩来在外交方面都是世界顶级的战略家,他们充满自信,能够与外国领导人平等地打交道。在 1978 年以前,虽然中国仍然比较封闭,但他们都把外交视为大事,亲自承担着领导外交的工作。毛泽东会见外国人时散发着帝王般的自信,谈论哲学、历史和文学,纵论天下大势。周恩来在国内外会见外宾时,则表现得博学而儒雅,他态度亲切,体贴入微,对客人照顾得十分周到。他既谈大事,也愿意讨论细节。

像毛泽东和周恩来一样,邓小平对国家有着出于本能的忠诚,具有战略眼光和维护国家利益的坚定立场。也同他们一样,邓小平在会见外国人时,不但要完成既定的会谈内容,还会努力摸清来访者的性格和目的。但是,与毛和周相比,邓关注与中国有关的重大问题时更有系统性,也更加坦白直率。在会见外宾前,邓小平不接受口头的情况简介,他会阅读下属准备的有关来访者及其来访目的和应讨论议题的文件。像过去毛和周的情况一样,通常会有一名外交官先行会见外宾,由他把来访者的意图告知邓小平,邓小平再接见他们。

驻京外交官都十分尊重邓小平,认为他是个可以打交道的人。外国来访者也很喜欢邓小平,他机智、专注,讲话直言不讳,愿意解决问题。乔治·布什在 1975 年担任美国驻华联络处主任时经常与邓小平见面，他说，"他态度明确，讲话直率，使人不会误解他的意思。"[3] 黄华曾多次陪同毛泽东、周恩来和邓小平会见国外的来访者，他在谈到邓小平时说："他能很好地抓住主要问题，深刻理解并简单说明问题的实质，果断并且直截了当地做出判断和决定。"[4]

毛泽东对中国怀有过于宏大的、超越了现实国情国力的构想。邓小平与毛不同，他一向很现实，承认中国的弱点和落后。但是他也具备基本的自信：他知道自己代表着一个地大物博的国家，它有着悠久而伟大的文明史；他的力量不但来自他个人战胜重重挑战而取得成功的经历，也来自于他对国内和国际事务的全面了解。和苏联的一些领导不同，他无意讨好洋人。无论洋人如何摆出泰山压顶的气势，他从不自觉矮半截。相反，他在与外国领导人打交道时，把他们视为解决问题的伙伴，很快就直奔主题。由于没有心理负担，他便能既不畏强也不凌弱地坚决抵制他认为不符合中国利益的外来压力。

但邓小平并非总能展示这种自信。1974年他第一次访问纽约，在联合国大会发言时，他的讲话让人觉得拘谨而刻板，因为他知道自己的部下会把他的一言一行汇报给毛泽东。他在1975年时仍然很小心，因为在所有重大外交政策问题上他仍要得到毛泽东的首肯。邓小平也承认，周恩来的知识和经验远在他之上。但是毛、周去世之后，他就可以自主地与外国领导人谈判，不用担心他人的意见。1977年中，他重新主持外交工作后，延续了他在1975年的政策。但是在这一年7月之后见过他的外国官员觉得，他变得更加从容自信，更愿意就广泛的外交政策问题表明自己的看法。

从1977年7月到1979年底，他在同外国领导人会谈时总会恭敬地提到"华主席"。但是自从他1977年复出，外国客人就从未怀疑过他是中国外交政策的当家人。他不但是代表中国的谈判者，而且是伟大的外交战略家。虽然他也阅读外交官的报告，但在重大决策上，他更多依靠自己老到的判断力。他之所以能表现得轻松自如，是因为他对当下的问题与总体战略的关系有着可靠的理解,对自己和对手交涉的能力充满自信。在与外国人的会谈中,他逐渐形成了自己的独特风格:先说几句机智的开场白,对外国客人表示欢迎,然后迅速专注于他要讨论的议题,直率、明确、强有力地表明自己的观点。

以苏联为大敌

邓小平的战略分析起点和毛泽东是一样的:分清主要敌人,广结盟友与之对抗;分化敌人的盟友,使其疏远敌人。到1969年,苏联显然已经取代美国成为中国的主要敌人——这一年7月尼克松总统在关岛宣布,美国不会涉足亚洲大陆的战争;而3月和8月的两次边境冲突后,中苏关系依然剑拔弩张。

1975年美国从越南撤军后,苏联和越南便趁此机会,填补了美国撤军留下的空白。在邓小平看来这加剧了对中国利益的威胁。他的结论是,苏联决心取代美国成为全球霸主,越南则想成为东南亚的霸主。因此中国要与立场相同的另一些国家——美国、日本和北欧各国——形成对抗苏联的"一条线"。同时,中国要努力使另一些国家——比如印度——疏远苏联。

1977年邓小平复出时,苏联和越南正加紧合作,扩张它们在东南亚的势力,这让邓小平感觉到日益增长的威胁。越南允许苏联使用美国在岘港和金兰湾建造并留下来的现代化军港,这将使苏联军舰能够自由出入从印度洋到太平洋的整个地区。越南还建设导弹基地,装备了瞄准中国的苏制导弹。苏联则向基地运送人员和电子设备,为其提供技术支援。苏联沿中国北部边境驻有重兵,还预谋入侵阿富汗,而中国西部的印度也在跟苏联合作,这使局势变得更加危险。同时,越南已经控制了老挝,并且正在策划入侵中国的盟友柬埔寨。邓小平,像围棋手一样,认为这些国际变化等于是在不同地点布下棋子,欲将对手围而歼之。在他看来,中国正处在四面受敌的危险之中。

在所有这些事态的发展中,邓小平认为苏越结盟对中国的威胁最大,因此假如中国能对越南这颗棋子大胆下手,就能最有效地阻止苏联的包围。他说,越南人赶走美国兵之后,开始变得趾高气扬。1978年5月布热津斯基与邓小平进行关系正常化谈判时,邓小平对越南背信弃义的严厉谴责曾让他感到吃惊。1978年见过邓小平的另一个外交官也说,只要一提到越南,邓小平就不由自主地发怒。[5]

邓小平与越南的关系

无论从个人还是国家的角度来说,邓小平都有被越南出卖的感觉,因为中国曾为越南反抗美国做出了巨大牺牲,而50年来他跟越南人也有着深厚的个人交往。半个世纪以前邓小平在法国勤工俭学时,就与越南人一起参加了反抗法国殖民主义的斗争。邓小平和胡志明在1920年代初都在法国,他们两人当时是否见过面,已经无从考证,但邓小平1930年代末确实在延安见过胡志明。周恩来则在法国时就认识胡志明,1920年代中期他们还是黄埔军校的同事。邓小平在1920年代末被派往广西时,曾数次取道越南,得到过越共地下党的协助。在1940年代和1950年代初,邓小平和越南共产党人曾是争取共产主义胜利的革命战友,1954年以后他们却又成了致力于维护各自国家利益的政府官员。

邓小平的前部下韦国清将军也与越南渊源很深。韦国清曾在广西和淮海战役中供职于邓小平手下。他是广西壮族人,邓小平1929年在他的家乡建立过革命根据地。邓小平后来对新加坡总理李光耀说,1954年越南跟法国人打仗时缺少大规模作战的经验,中国派去的韦国清将军在指挥奠边府战役中发挥了关键作用;越南人打算撤退,但韦国清拒绝撤退。越南北方的防空任务也是由中国高射炮部队执行的。

邓小平理解中越关系的复杂性——因为国家利益发生了变化，需要用新的眼光重新考量。他知道，由于历史原因，不少越南爱国者把中国视为大敌。他很清楚，越南想从中国和苏联双方都得到尽可能多的援助，因为当时两国都极力想将越南向自己拉近。他还明白，尽管中国认为韦国清将军和中国志愿部队对奠边府大捷做出了举足轻重的贡献，但越南人仍然对中国感到失望，因为当他们在1954年日内瓦和会上为统一国家而努力时，中国没有为他们提供支持。[6]邓小平十分清楚，胡志明在1965年写下的遗嘱中说，越南要成为主宰印度支那的强国，而中国并不认同这种说法。[7]他还知道，中国从1972年开始牺牲中越友谊跟美国改善关系，这也让越南人心中不快。

但是，中国一向十分慷慨地帮助北越对抗美国。当越共总书记黎笋在1965年4月18日至23日访问北京，为了对付美国对北越不断升级的空中打击寻求帮助时，刘少奇主席对黎笋说，无论越南需要什么，中国都会尽力提供。在这次访问中，邓小平去机场迎接黎笋，陪同刘少奇与他会谈，又去机场为他送行。[8]此后，中国在国务院下面设了一个协调援助北越的小组，其成员来自政府的21个分支机构，包括军事、运输、建设和后勤等等。根据中方记录，从1965年6月到1973年8月，中国向越南共派出32万"志愿人员"，为其提供防空武器、军械修理、公路和铁路建设、通讯、机场维护、排雷、后勤等各种支援。最高峰时，同时驻扎在越南的中国军队达到17万人。据中方的报告，中国在越战期间的伤亡人数约为4000人，但有些中国学者估计伤亡者数以万计。邓小平在1978年对李光耀说，美国在越南期间，中国向越南运送的货物按当时价格计算在100亿美元以上，甚至超过了朝鲜战争时中国对朝鲜的援助。[9]随着援越规模的扩大，中国把自己的工程兵、防空炮兵和辅助物资也都运往越南。[10]

邓小平在1965年曾代表中国政府提出,如果越南人结束和苏联的关系,中方可以大幅增加援助,但是遭到了越南的拒绝。当美国加大对北越的轰炸力度时,越南人为了自卫,更多地转向苏联这个拥有高科技和现代武器的国家;在中苏争执中,苏联也利用这种实力向越南施压,使其向自己靠拢。

越南在1960年代中期不再批评"苏联修正主义",中国为了表明对越南与苏联加强关系的不快,从越南撤出了一个师,中越之间的嫌隙越来越深。当1966年周恩来和邓小平会见胡志明时,他们对越南人的抱怨有深切感受:胡志明说,中国军队的傲慢表现就像历史上的中国军队一样。邓小平回答说,驻扎在那里的10万中国军队只是为了防范西方可能的入侵,周恩来则提出撤回军队。[11]但是越南没有要求他们撤军,而中国继续向越南提供大量军需物资和武器装备。

胡志明能说一口流利的汉语,在中国住过多年,他努力与中国和苏联都保持良好的合作关系。但是1969年9月他去世后,中越关系开始恶化,中国的援助也随之减少,最后中国从越南撤出了军队。[12]而中国在1972年尼克松访华后改善了中美关系并减少了对越援助,越南人把这视为中国人背叛越南抗美战争的一个标志。[13]

美国人撤出越南后,苏联为重建这个饱受战火蹂躏的国家慷慨提供了大规模援助。与此相对照,在1975年8月13日,即美国人撤出越南后不久,身患癌症、面色苍白的周恩来在医院里对越南最高计划官员黎德寿说,中国已经无力为越南的重建提供大量援助。中国被"文革"搞得元气大伤,自己的经济也捉襟见肘。周恩来说,"你们越南人得让我们喘口气,恢复一下元气。"但是就在同一个月,中国其他官员欢迎了柬埔寨副首相的到来,并答应在未来5年为他们提供10亿美元的援助。[14]那时苏联正在与越南加紧合作,中国则与柬埔寨合作以阻止越南在东南亚称霸。邓小平后来对李光耀说,停止援越不是因为中国难以同苏联的援助数量一争高下,而是因为越南人要在东南亚谋求霸权。苏联很愿意支持越南的野心,它想从中渔利,但中国不想这样。

一个月后的1975年9月,越南最高领导人、越共第一书记黎笋率团访问北京,希望避免与中国彻底决裂。他们想得到中国的部分援助,以便对苏联保持一定程度的独立。处在毛泽东监督下的邓小平接待了这个代表团的来访。他和黎笋有着一样的目标,不要让两国的关系彻底闹翻。邓小平去机场迎接代表团,在宴会上致欢迎辞,与黎笋连续会谈,又去火车站为他们送行。[15] 他促成了一份在9月25日签署的协议,向越南提供一小笔贷款和为数不多的物资援助。[16] 假如邓小平在1975年以后仍然任职,他也许能暂时缓和越南人对中国由来已久的敌视和两国当时的分歧。然而在邓失势后,"四人帮"采取了更强硬的立场,要求越南谴责苏联的"霸权"。[17] 中国激进派的这种要求对黎笋来说太过分了,他拒绝签署联合公报,未举行常规的答谢宴会就离开了北京。[18]

一个月后黎笋抵达莫斯科,在那儿如愿得到了苏联长期援助的承诺。越南人原本不想完全依附于苏联,但它迫切需要为重建国家获得帮助。黎笋没有中国(或其他国家)做后盾去抵制苏联的要求,只好签署了支持苏联外交立场的协议。[19] 越南与苏联的这些协议把越中关系推向绝境,促使中国加强了与柬埔寨的关系。[20]

1977年初越南驻华大使说,假如邓小平重新掌权,他会更加务实地处理分歧,中越关系将得到改善。如果说中国在邓小平1975年下台后有什么外交政策的话,那么这种外交政策也只是充斥着革命口号,既缺少眼光,更不讲究表达技巧。[21] 激进派实际上切断了中越关系,把越南进一步推向苏联。邓小平失去外交控制权后不久,越南在1975年11月9日宣布召开政治协商会议,为南北统一做准备。其他共产党国家都发了贺电,唯独中国没有。1976年,东欧各国、朝鲜和苏联应越南的请求全都答应援助越南,只有中国除外。邓小平和黎笋维持两国关系的努力,在激进派的手里付诸东流。

毛泽东逝世和"四人帮"被捕后，有过一段中越两国领导人试图改善关系的短暂插曲。1976年10月15日，"四人帮"被捕后没几天，越南官员期望中国会采取更加友好的政策，为他们的下一个五年计划提供一定帮助，便向北京提出了提供经济援助的请求，但是却没有回音。1976年12月，有29个兄弟共产党派出代表团去河内参加了越共代表大会，而华国锋领导下的中国甚至没有对此邀请做出答复。1977年2月，邓小平复出前5个月，北京对一个来访的越南代表团简单地重申，以后不会再提供任何援助。[22]

中越冲突的前奏

如果邓小平在1975年底没有被赶下台，他也许能避免中越两国的彻底决裂。但是他在1977年7月恢复工作后面对的局面已经改变：苏越合作有增无减，中国和这两个国家的关系都已严重恶化。

邓小平复出的几个月前，越南的武元甲将军于1977年3月和5月两次前往莫斯科，与苏联签署了扩大双方军事合作的协议。[23]苏联开始向金兰湾和岘港的海军基地派出人员，这预示着苏联军舰不久将会游弋于中国的所有海岸。此外，在越南与中国和柬埔寨的边境地区，越南军队与两国之间的摩擦规模越来越大、越来越频繁。越南过去对加入经济互助委员会（共产党国家的经贸组织）一直迟疑不决，因为它要求越南放弃它所珍视的一部分经济自主权。但是在1977年6月28日，迫切需要重建经济但又没有其他经济援助来源的越南，同意加入经互会。[24]

与此同时，华人开始逃离越南。越共领导人在1975年夺取南方后，着手对经济实行大规模的集体化和国有化。他们在这个过程中开始打击南越的150万华人，其中很多是反对集体化的小商人。越南领导人担心，假如入侵柬埔寨或是与中国边境冲突加剧，华人有可能转而反对他们。他们发动了规模浩大的运动，把大批华人成群结队送往拘留中心，致使很多华人逃离越南。中国政府要求越南停止迫害当地华人，但越南官员置若罔闻。当1977年7月邓小平复出时，最终导致大约16万华人背井离乡的运动正在如火如荼地进行。[25] 1978年5月，中国中止了21个援越项目以示报复。[26] 邓小平后来解释说，当时中国已不相信能用更多的援助让越南疏远苏联。[27]

就像毛泽东和周恩来一样，邓小平从十分长远的角度思考问题。在1978年，中国所面临的威胁不是迫在眉睫的入侵，而是一种更大的危险：假如苏联继续扩大使用越南的基地，将导致苏联和越南对中国的包围。邓小平在向西方人解释这种局势时说，越南就像亚洲的古巴，它是中国旁边的一个基地，苏联能在这里布置它的军舰、飞机和导弹。就在十几年前的1962年，由于美国威胁动用其优势军力，苏联撤出了部署在古巴的导弹。然而苏联的军力远胜过中国，如果它把导弹部署到越南，中国无论如何也难以迫使苏联拆除它们。邓小平认为，在这些基地强大起来之前，亟须加强与其他国家的合作以对抗苏联和越南的扩张。

邓小平在出访的13个月里，只访问了一个共产党国家——朝鲜，其他7个全是非共产党国家。他首先访问了一直与中国关系良好、能帮助中国加强边境安全的几个国家。在他的5次出访中，前3个都是与中国接壤的国家。就像中国历史上的统治者一样，邓小平也需要靖边，但是为了对抗苏联和越南的攻势，他还要争取得到这些国家的合作。

之后他又出访了日本和美国。这两个国家最有助于中国的四化建设，其强大的军事实力也有助于遏阻苏联和越南。欧洲是能为中国现代化提供帮助的另一个重要地区，不过邓小平1975年的访法已经使中欧合作有了保障，与欧洲的后续安排可以由谷牧的代表团去处理，不需要邓小平再次出访。

出访缅甸和尼泊尔：1978年1—2月

邓小平接过外交工作后第一次出访的两个国家是缅甸和尼泊尔，它们与中国西南部有着漫长的边境线。中国和缅甸的共同边境大约有2170公里，与尼泊尔的有近1360公里。邓小平的首要目的不是与这两个国家签署任何具体协议。因为红卫兵曾使中国的所有邻国感到害怕，所以为了发展良好的合作关系，首先要修补好篱笆。有了更好的关系，与中国接壤的国家才会更愿意与中国合作，对抗苏联势力在该地区的扩张。

尽管对红卫兵的记忆犹存，缅甸和尼泊尔都与中国有较好的关系。例如，邓小平访缅时能够利用与该国将近20年的友好关系，这种关系相对而言没有受到"文革"的影响。中缅两国在1960年就解决了边界纠纷。1962年奈温发动政变后，缅甸一直孤立于其他大多数国家，但中国与它维持着密切关系，包括在建设发电站等基础设施项目上提供帮助。周恩来至少出访过缅甸9次；到1977年止，从1962年到1981年统治着缅甸的奈温将军先后12次访华。[28] 1969年中缅签署了友好合作条约，周恩来的遗孀邓颖超曾于1977年到访缅甸，邓小平本人则在北京两次接待过奈温。在其中一次访问时，邓小平敦促奈温加强与中国的附庸国柬埔寨的关系，当时后者已处在越南的压力之下。奈温访问北京一周后，便成了第一个访问柬埔寨的国家首脑。

邓小平在缅甸讲话时很谨慎，他恭敬地提到华国锋主席，甚至重复了以阶级斗争为纲的路线，但是就在这一年内不久以后，随着党内气氛开始脱离毛泽东思想以及邓小平个人地位的上升，这些说法就从他的讲话中消失了。邓小平相信，为了深化关系，访问其他国家时不应只跟政治领导人会面，还要表现出对当地文化和社会的喜爱。他在缅甸和不同社会团体的重要领袖交谈，通过参观著名的佛寺和其他场所，向当地文化表达敬意。由于佛教在中国也广泛传播，通过佛教显然可以形成文化纽带。他在讲话中强调中缅友谊源远流长,并且谈到两国对苏联和越南在东南亚的势力持有共同的观点。

奈温对中国继续跟缅甸和东南亚各地的共产党保持联系表示关切,而中国至今仍不打算切断这种联系,这个问题限制着中缅合作的范围。但是在邓小平访问之后,两国增加了文化交流,次年又签署了经济与技术合作协议。更重要的是,尽管缅甸继续奉行不结盟政策,但是在中国与苏越霸权的斗争中,它进一步偏向了中国。[29]

和缅甸一样,尼泊尔也给予邓小平热情的欢迎。在五六十年代,尼泊尔力求在印度和中国之间保持中立,但是英迪拉·甘地(Gandhi Indira)对尼泊尔采取强硬路线后,尼泊尔的比兰德拉国王(Birendra)转而向中国寻求支持。中国支持尼泊尔建立和平区,扩大对尼泊尔的援助,与尼泊尔开通直达航线,同意开展高层官员的互访。比兰德拉国王还在1976年6月访问了四川和西藏。

邓小平在尼泊尔参观了寺院、博物馆和一些历史遗迹。他谈到中尼两国两千年的友谊,重申了中国对比兰德拉国王建立和平区的支持。邓小平说,每个国家都渴望独立,他鼓励第三世界国家加强合作,对抗帝国主义、殖民主义和其他外来强权。他说,两个超级大国的相互对抗在南亚造成了严重的不稳定,但这种不稳定的局势对于这两个大国来说也仍然是不利的。中国将继续帮助尼泊尔维护国家独立。他不但避免批评印度,而且在尼泊尔传递出有可能打动印度的信息:中国将帮助该地区的所有国家奉行独立自主的政策。邓小平在为改善中印关系铺路,希望这有助于使印度疏远苏联。[30]

邓小平在1978年1月还没有充分的自主权,他不能过于背离毛的思想。就像在缅甸一样,他不但谈到要团结在以华国锋主席为首的党中央周围,并且表示要贯彻毛主席的"革命路线"和外交政策。[31] 还要再等上几个月,北京才能达成新的共识,使邓小平能够向阶级斗争说再见。不过,邓对缅甸和尼泊尔的访问十分顺利,有助于加强两国与中国的合作。

出访朝鲜，1978年9月8—13日

越南一旦和苏联联手，中国能否与亚洲另一个较大的共产党国家朝鲜维持良好关系、不使其变成另一个"亚洲的古巴"，就变得更加重要了。金日成能说一口流利的汉语，1945年回到朝鲜，之前曾在中国总共住了将近20年。他回国后继续与毛泽东和周恩来保持着密切关系，毛周则在朝鲜战争期间派出大量军队（"志愿军"）帮助朝鲜，并从东北为其提供后勤支持。朝鲜和越南一样，巧妙地利用中苏之争获取双方的援助，虽然总体而言它更偏向于中国。

邓小平与朝鲜的关系，得益于1953年他担任财政部长时开展过援助朝鲜战后重建的项目，也得益于他在1975年4月接待过金日成。[32] 朝鲜首都与北京的距离，相比于其他任何国家的首都是最近的，它和中国的关系也比与苏联的更为密切。1977年夏天邓小平复出后，接待的第一个外国官员就是朝鲜驻华大使。[33] 1978年华国锋出访了4个国家，邓小平出访了7个国家，但只有朝鲜是他们两人都去过的国家。作为两个共产党国家，中朝之间不但维持着他们政府之间的关系，还维持着两国的党和军队之间的关系，而中国利用了所有这些渠道。朝鲜战争期间并肩作战的两国将军经常会面，中共的中联部与朝鲜的同行也一直保持来往。

中国决定发展中美关系，而美国是对朝鲜的敌人韩国提供帮助的大国，这会深深触怒朝鲜。邓小平不久后将出访日本，后者是朝鲜长久以来的敌人，并且也在帮助韩国发展经济，这同样会引起朝鲜的严重关切。邓小平要应付的一个棘手问题是，与日美恢复关系时，如何尽量减少对中朝关系的伤害。邓小平不想让朝鲜更加靠近苏联。因此他决定，上策是事先向朝鲜人做出充分解释，不使他们事后感到意外。

邓小平为给两国关系加温做出了特别的努力，他以朝鲜最喜欢的方式向它表示尊重。朝鲜国土虽小，自视却很高，表现之一是，

它很在意出席每年国庆节庆典的外国官员的人数和级别。中国的"文革"已经结束,各国领导人纷纷恢复对北京的访问,金日成便搞起了"请帖外交",告诉那些计划访问北京的第三世界国家的首脑,他们如果来朝鲜访问也会受到欢迎。1977年有3位外国高级官员接受了金日成的邀请,即东德、南斯拉夫和柬埔寨的代表。[34] 金日成以宫廷式的排场接待了他们。柬埔寨的西哈努克亲王被单独安排在宫殿一般的住处;东德领导昂纳克(Erich Honecker)到访时,受到了他有生以来最隆重的欢迎。[35]

金日成为了1978年9月10日的建国30周年大庆,想方设法让外国高级官员来朝鲜出席庆典。邓小平在朝鲜访问5天,给足了金日成面子。他也是出席庆典的外国官员中级别最高的。金日成很高兴有这样一位中国高官接受他的邀请,在整周的群众大会上,一直让邓小平陪伴在身边。[36]

在朝鲜,金日成和邓小平进行了数次私下或公开会谈。邓小平解释了中国的严重经济问题和致力于现代化的必要性。当时朝鲜的工业在国民生产总值中所占比重高于中国,但已经开始落在正全力起飞的韩国工业后面。邓小平说,"必须把世界的尖端技术作为我们现代化的起点,最近我们的同志去国外看了看,越看越知道自己落后。"中国需要获得最先进的技术去改进它的工业能力。金日成是在苏联和中国的帮助下开始进行现代化的,因此他不难理解邓小平这些话。邓小平又解释说,中国好不容易才让日本同意了反对苏联霸权的条款。他还向金日成提到了他为中美关系正常化进行的秘密会谈的进展。[37] 在谈到苏联的危险时他说,为了避免战争,必须备战:只有这样苏联才会更加谨慎。邓小平提醒说,对苏联切不可姑息迁就。[38]

鉴于邓小平正在执行的对美对日政策,他的访问可以说相当成功。金日成没有和越南一起加入包围中国的行列,继续同中国保持着良好的合作关系。在以后的岁月里,金日成总是确信地对人说,邓小平是他的朋友。他甚至在一个东欧共产党领导人的代表团面前,替邓小平的经济和政治开放政策辩护。在这次访问中,邓小平完成了一项十分棘手的使命,否则朝鲜很有可能由于中国打算与它的敌国(美国和日本)交往,而疏远中国,靠近苏联。

在东南亚寻求盟友,1978年10月5—15日

在中国,划时代的中央工作会议定于1978年11月10日召开。但是邓小平认为,越南对柬埔寨迫在眉睫的入侵已经敲响警钟,这足以让他把参加工作会议和中美关系正常化谈判都放到一边,而要前往东南亚进行10天访问,以便为下一步攻打越南做好准备。

到1978年夏天时,中国认为越南正在策划入侵柬埔寨,而这一预测成为了中国采取行动的导火索。中国要支持柬埔寨这个它一直给予援助的盟友。让中国尤其感到不安的是,有更多的苏联"顾问"和装备抵达越南,支援进攻。美国官员估计,截止到1978年8月,在越南大约有3500名到4000名苏联顾问;10月中旬又有报道说,苏联的货船正在卸下飞机、导弹、坦克和军用物资。这对于邓小平来说已经够了。他决定,首先要立场强硬,现代化的和平环境只能等等再说。

越南从1978年7月开始轰炸柬埔寨,每天出动飞机多达30架次,9月份又增加到100架次。[39] 11月,中国领导人观察了越南的备战情况后断定,越南将在12月的旱季能够调动坦克时入侵柬埔寨。[40]

邓小平认为,做出强烈的军事反应是绝对必要的。他警告越南人说,法国和美国的军队在越南遭受重创后,就无心恋战了,但中国作为越南的邻国是可以在那里待下去的。然而越南人并没有把他的警告当回事。3年前邓小平对基辛格和福特说,希特勒入侵西方,就是因为西方领导人不愿意表明他们将做出强硬的军事反应。邓小平根据自己与苏联打交道的长期经验,认为谈判是没用的。他相信,

要让苏联停止在东南亚的扩张,就得采取强有力的军事行动。他打算"教训一下"越南,让它知道无视中国的警告以及向苏联提供军事基地,将付出多么沉重的代价。

越南的强权先扩张至老挝,后又伸向柬埔寨,这使东南亚的陆地国家也受到向越南屈服的压力。这些国家不想受越南的摆布,可是又觉得无力对抗有苏联撑腰的越南,更难以对抗苏联在该地区的进一步扩张。邓小平担心这些东南亚国家——马来西亚、泰国和新加坡——感到只能向苏越强权让步,从而损害中国的长远利益,因此他认为,努力让南亚各国疏远越南至关重要。

越南总理范文同在1978年9月出访东南亚,试图使东南亚各国对越南准备入侵柬埔寨给予谅解。尽管范文同未能与东盟签订友好条约,但东南亚各国已打算向越南的强权屈服,因为它们没有其他选择。邓小平在11月决定必须出访这个地区,阻止它们向苏联和越南的威胁低头。

邓小平启程前往东南亚访问时,已开始准备针对越南入侵柬埔寨的军事行动,但并没公布这一计划。即使越南攻入柬埔寨,中国也不会像朝鲜战争时帮助朝鲜那样出兵。邓小平担心陷入其中难以自拔。他决定以军事进攻的方式"给越南一个教训",拿下几个县城,表明中国可以继续深入,然后迅速撤出。这也可以减少苏联派兵增援越南的风险。越南将由此明白,苏联并不总是能靠得住的,因而要收敛在这个地区的野心。通过攻打越南而不是苏联,中国也可以向苏联表明,它在该地区建立武力的任何做法都是代价高昂的。邓小平抱有信心,中国军队尽管因"文革"荒废了军事训练和纪律,缺少战斗经验,仍然足以同更有经验、装备更好的敌人作战,并达成他的政治目标。中国军队撤出后,将会继续沿边境一带给越南军队制造麻烦。

幸运的是,邓小平于1978年11月5日出访东南亚的前两天,苏联和越南签订为期25年的和平友好条约,把两个国家绑在了一起。⁴¹ 这个条约给东南亚国家敲响了警钟，使它们更能接受邓小平的建议，合作对抗苏越的扩张。东南亚的领导人毫不怀疑邓小平掌管着中国的外交，他在外交政策上说的话，中国的其他领导人都会接受。

访问泰国，1978年11月5—9日

邓小平在11月5日抵达泰国，成为出访泰国的第一位中共领导人。泰国总理江萨（Kriangsak Chomanan）热烈欢迎邓小平的到来。

邓小平以泰国作为东南亚之行的起点，不仅因为中国对柬埔寨的援军要借道泰国，还因为和其他东南亚国家相比，中泰两国关系较好。泰国、马来西亚和印度尼西亚各有大约500万华人，三国领导人都担心华人更效忠于中国而不是自己的国家。中国在"文革"期间开始向这些国家进行无线电广播，鼓动当地人民闹革命，更加剧了这种担心。在邓小平出访时这种广播鼓动仍未停止，印尼的问题最为严重。但是，泰国的华人融入当地社会较深，泰国对华人有可能组成"第五纵队"的担心，要比马来西亚或印尼小得多。如果邓小平访泰取得成功，泰国有可能帮助说服其他东南亚国家同中国和柬埔寨合作，共同对抗越南的扩张主义。

泰国在历史上一直试图通过迎合大国——法国、英国或日本——的意愿来维护自身独立。邓小平认为，如果中国不明确宣示自己的利益，泰国很快就会偏向越南。邓小平很幸运，在他访问泰国时，当时的泰国领导人是美国的亲密盟友，因而他们不想讨好苏联和越南的强权，愿意与中国合作对抗越南称霸这个地区。

为了营造出访之前的泰国舆论，并且及时了解泰国的关切，邓小平在这年年初泰国首相江萨访华时，与他举行了几次会谈；10月初又在北京接见过一个泰国记者代表团。⁴² 在江萨访华期间，邓小

平对这位泰国总理说，他希望同东盟合作，与印尼和新加坡实现正常邦交。两位领导人对国际问题持有共同观点，原则上同意加强合作以对抗苏联和越南的霸权。[43] 邓小平还同意支持江萨的努力，使东盟能够保持和平中立。[44] 或许最为重要的是，邓小平6月在北京接见泰中友好协会代表团时，曾敦促泰国解决它与柬埔寨的分歧。一个月以后泰柬两国便宣布，原则上同意解决它们之间长期的边界争端并互换大使。[45]

11月邓小平在泰国与江萨的会谈中，再次表达了与东盟合作、与印尼和新加坡正式建交的愿望。他阐述了自己对苏联的全球野心和越南的地区野心的分析。他说，苏联在越南的军事基地不仅威胁到中国，也威胁着这个地区和全世界。在同江萨的一次私下会谈中——只有一名记录员和一名翻译在场，邓小平警告说，越南军队正在准备入侵和占领柬埔寨。泰国和柬埔寨有着漫长的边境线，所以很快也会受到威胁。江萨于是同意让中国使用它的领空为柬埔寨提供援助。[46]

对于泰国华人的忠诚问题，邓小平也再次向江萨做出保证。他说，中国鼓励海外华人成为居住国的公民，只要他们选择了泰国国籍，就自动失去了中国国籍。他进一步表示，他希望已经取得泰国国籍的华人遵守泰国法律，尊重当地风俗，与当地人民和睦相处；那些仍保留中国国籍的人要为泰中友谊和泰国的经济、文化和社会福利做贡献。[47] 在11月9日曼谷的新闻发布会上，相对于他和江萨的私下会谈，邓小平对可能发生的中越冲突不再那么直言不讳。他强调中泰两国共同对抗企图称霸的国家的必要性，尤其是加强中泰合作、维护东南亚和平与安全的重要性。他承认，中国和泰国共产党的历史关系不可能在一夜之间结束，但是他说，这不会影响到两国政府的关系。然而他也私下向江萨保证，中国将不再支持泰共。[48]

就像其他出访一样，邓小平出现在公众场合，并饶有兴致地参与当地文化活动。邓小平访泰期间,在这个九成人口是佛教徒的国家,他参加一个佛教仪式的画面在电视上播出。他还拜会国王夫妇,观看体育比赛和军事表演,并且出席了一个支持两国科技合作的仪式。[49]

马来西亚之行,1978年11月9—12日

对于邓小平来说,马来西亚是比泰国更严峻的挑战。马来西亚的领导人确实担心越南和苏联对这个地区的觊觎,然而他们更担心当地华人的活动。邓小平很清楚这一点,他不期望得到像泰国那样的热情接待。通过沿用传统的统战战略,他顶多希望抵消越南向马来西亚示好的努力,让马来西亚向中国更靠近一些。

接待邓小平的马来西亚总理侯赛因·奥恩(Datuk Hussein bin Onn)有充分理由担心当地华人及其与中国的关系。在1950年代,马来亚这片英国殖民地上的共产主义运动十分强大,以至于很多马来人担心马来西亚独立之后会被共产主义者接管。[50]1963年马来西亚取得独立后,马来人害怕拥有强大政党的华人可能主导他们的政府。为了避免这种情况,人口的75%是华人、当时仍是马来亚一部分的新加坡在1965年遭到遗弃,被迫变成了一个独立国家。此后马来人成为明确的多数,但华人仍然支配着经济和大学,并且他们强大的政党一直是侯赛因·奥恩的心头大患。

华人还与他们的祖国保持着密切联系。1969年5月爆发的种族骚乱一直持续了大约两个月,很多当地华人担心自己的前途,选择保留中国国籍。当邓小平1978年11月到访时,马来亚共产党仍很活跃,其中大多数成员都是华人,他们的总书记陈平有时会到中国避难。

和越南对马来亚共产党的态度相比,邓小平对马共的态度更为中立。但是邓小平也谨慎地避免过于疏远马共。例如,在他到访马

来西亚的两个月之前，越南总理范文同——尽管他也是共产党——向在镇压共产党武装斗争时牺牲的马来军人纪念碑献了花圈。邓小平同样想得到马来西亚的支持，而且中共也不再是个革命政党，因此邓小平本来可以采取同样的做法。但是他既没有献花圈，也没有谴责当地的共产党。邓小平向侯赛因·奥恩解释说，如果突然背弃过去的盟友，中国将难以吸引和维持海外的支持者。他说，中国政府希望与马来西亚政府合作，但中共将继续与海外的共产党保持联系，包括马来亚共产党。侯赛因·奥恩回答说，马来西亚难以接受这种做法，但邓小平的态度很坚决。[51] 因为他心中有数，马来西亚政府本来就不会全心全意与中国合作。并且他知道自己不能突然抛弃中国过去的政策和曾经与中国合作的人。[52]

中马两国在1974年正式建交时，周恩来曾宣布中国不接受双重国籍。邓小平重申了周恩来的政策。他说，已经取得马来西亚公民身份的华人就自动丧失了中国国籍，中国鼓励所有生活在马来西亚的华人尊重当地风俗。[53]

邓小平与马来西亚找到共同点的最大希望，来自于他支持马来西亚建立中立区的倡议。马来西亚领导人拉扎克（Tun Abdul Razak）在1971年提出了"和平、自由和中立地区"的建议，旨在维护该地区相对于冷战中的大国的独立。邓小平赞扬了这一倡议，敦促所有东盟国家团结一致，捍卫东南亚作为中立地区的理想，以抵抗越南的渗透和扩张。侯赛因·奥恩总理担心越南扩张的危险，也知道中国是马来西亚橡胶的重要进口国，因此同意邓小平的观点。尽管侯赛因只是间接谈到了越南的危险，但是他同意外国的入侵、干涉和控制都是不可接受的。[54]

在马来西亚的会谈中，邓小平并没有回避两国之间的问题，而是坦率承认这些问题的存在。访问结束时，侯赛因·奥恩在评价这种新的开放态度时说，邓小平的访问是进一步促进两国相互理解的重要机会，两轮会谈"十分有益"，他相信"两国关系将在未来得到发展和加强"。⁵⁵ 鉴于当时的环境,这是邓小平所能期待的最佳结果。

新加坡,1978年11月12—14日

邓小平很清楚,新加坡这个75%人口是华人的国家,并不想在它更强大的邻国面前显得过于亲中。邓小平也明白,新加坡作为一个只有200多万人口的城市国家,面对苏联和越南在该地区的扩张势力,只能适应强权的现实。但是他还知道,新加坡的李光耀总理对地缘政治的现实有着不同寻常的理解力,并且在东盟和西方政府都很有影响。因此,他希望李光耀帮助他说服东盟对抗越南,甚至说服美国在中越发生冲突时为中国提供帮助,或至少不给中国造成妨碍。

李光耀在1976年5月初次访华时,邓小平正赋闲在家,因此1978年11月12日邓抵达新加坡时,两个人是第一次见面。这两位背景迥异的卓越领导人都清楚对方的威望,他们互相尊敬,但也保持着一定距离。李光耀对中国的了解更多地来自于学习,而不是个人经历。他在一个英式家庭长大,接受的是英国而非中国学校的教育,是英国剑桥大学出类拔萃的法科学生。事实上,尽管他会讲4种语言,但他的汉语说得并不流利;他在与邓的会谈中讲英语,这既表示他不受制于自己的种族背景,也表示他首先效忠于新加坡。而邓小平只会讲一种语言,那就是带有四川口音的汉语。他比李光耀大18岁,是一个社会主义国家的领导人,李光耀则是一个资本主义国家的领导人。李光耀要应对选举,邓小平则要面对政治局。当他们见面时,新加坡已经取得了快速发展,是个秩序井然、干净整洁的城市国家,而巨大的中国仍然贫穷而混乱。中国的人口是新加坡的400多倍,但新加坡是东南亚的知识和金融中心,它有一个强势的领导人,具备超越其国土面积的影响力。邓小平和李光耀都态度谦和,希望淡化个人差异;李光耀事先简单了解了邓小平的习

惯，专门为他备好痰盂和烟灰缸（还在墙上专门安装了一个排烟管道）。但是邓小平也了解李光耀的习惯和过敏症，与他在一起时既不抽烟也不吐痰。

在会谈中，邓小平用了整整两个半小时来阐述苏联和越南的威胁。他不用笔记，像基辛格和周恩来一样，全凭自己的综合分析和长远历史眼光纵论地缘政治的大势。最让李光耀印象深刻的是，邓小平对苏联和越南的威胁给予严重专注，犹如芒刺在背。他说，苏联的军费开支占到国民生产总值的20%，比美国和欧洲加在一起还多。它的军队人数已达450万。俄国沙皇曾妄想得到一条南方通道，苏联领导人现在也希望向南扩张，首先在印度洋建立港口，然后控制往来于中东的海上通道。邓小平警告说，苏联为达到这个目标已经装备了750艘战舰，而且在迅速扩充它的太平洋舰队，同时苏联还到处寻找军事基地和寻求控制资源。但是，邓小平说，尽管战争看来不可避免，中国仍然决心对抗苏联的战略部署。

邓小平接着讨论了越南的动向。越南人有个由来已久的梦想，希望通过成立印支联邦控制老挝和柬埔寨，从而主宰整个东南亚。越南人已经控制了老挝，他们认为苏联的帮助对于统一印度支那这个当前目标是必不可少的。而中国则被视为这个目标的主要障碍。邓小平说，在这一背景下，即使中国继续援助越南，也不足以抵消苏联为它的霸权梦所提供的援助，反而会帮助越南的扩张。因此中国决定停止对越援助。[56]

当邓小平专注地谈论苏越霸权的危险时，李光耀问邓小平，中国会对越南入侵柬埔寨做何反应。邓小平只是说，这要看越南走得多远。李光耀从这种回答中推测，假如越南跨过湄公河攻入金边，中国肯定会做出军事反应。[57]

邓小平知道李光耀在美国政界很有名望，因而他表示说，希望李光耀能在他访美之前向美国转告中国十分担心越南入侵柬埔寨。李光耀后来确实这样做了。[58] 接下来邓小平讨论了地区关系的远景。

他特别讲到,中国让越南脱离苏联的条件尚不成熟,但在未来8到10年可能会出现更好的机会。后来的事实证明,邓小平的估计极有远见。

次日,即11月13日的上午,李光耀向邓小平说明了西方对苏联军力的不同估计。苏联的军力无疑是世界上最为强大的,并且还在增长中。尽管有的专家认为苏联已构成迫切的危险,但是也有人相信苏联已不堪重负。为了消除邓小平对新加坡欢迎苏联进入该地区的顾虑,李光耀解释说,新加坡的外贸以日本、美国、马来西亚和欧盟为主,对苏贸易只占其贸易量的0.3%(当时新加坡的对华贸易仅占其贸易量的1.8%)。

李光耀说,东盟各国追求的是经济发展、政治稳定和民族融合。使邓小平感到意外的是,李光耀告诉他,东南亚各国更害怕中国而不是越南。特别是,"文革"期间,中国的一些革命者曾经鼓动、支持东南亚国家的革命。李光耀说,东南亚人注意到,越南总理范文同向在剿共中牺牲的马来西亚人的纪念碑献了花圈,邓小平却没有。对于李光耀提出的改善中国和东南亚国家政府间关系的具体建议,邓小平说,他需要时间考虑一下。这让李光耀很意外,邓小平不同于他遇到的任何其他领导人,他在面对令人不快的事实时愿意改变自己的想法。[59] 但是,他不会考虑向剿共的马来西亚人献花圈这种事。他说,范文同是在出卖自己的灵魂。他接着又说,中国领导人说话是算数的,只要答应了的事情就一定办到。邓小平回国后,向东南亚国家"输出革命"的事情没有再发生。

当邓小平在11月14日离开新加坡时,这两位领导人已经形成了一种特殊关系。就像周恩来和基辛格的关系一样,他们能够相互尊重,并且默契交流。李光耀和邓小平都经历过与殖民主义做斗争的年代,并都在海外的殖民大国生活过。他们在各自国家的革命斗争中都是敢作敢为的领袖,也都知道怎样才能在乱局中重建秩序。虽然李光耀接受的是英国教育,但他学过中国史,能够体会邓小平的生活背景。他们都是坦率的现实主义者,对自己的国家忠心耿耿;他们年轻时便担当大任,坚信强势的个人领导之必要。他们深谙权力之道,在战略思考中考虑历史大势。在中国大陆以外,除了香港环球航运集团创建人包玉刚,没有任何领导人能够像李光耀那样与邓小平建立如此深刻的交往。邓小平和很多外国领导人关系亲密,但是他和李光耀的关系反映着一种更深层的相互理解。从邓小平的角度说,李光耀和包玉刚吸引他的地方,是他们在处理现实事务上都取得了非凡的成功,都与世界级的领袖有着直接交往,了解国际事务,能够把握大趋势,愿意面对事实,说话直言不讳。在李光耀看来,邓小平是他遇到过的印象最为深刻的领导人:邓小平对事情有深入的思考,出了问题时他会承认错误并加以改正。

邓小平赞赏李光耀在新加坡取得的成就,李光耀则欣赏邓小平处理中国问题的方式。在邓小平访问新加坡之前,中国媒体把新加坡人称为"美帝国主义的走狗",但邓小平访问新加坡几周后,这种说法就从中国媒体上消失了。取而代之的是,新加坡被描述为一个在环保、公屋建设和旅游方面都值得学习的地方。[60]李光耀和邓小平此后又分别在1980年、1985年和1988年数次会面。

邓小平出访新加坡的目的,是为阻止越南和苏联在东南亚的扩张争取支持,同时新加坡也给邓小平留下了深刻印象。他访问过纽约、巴黎和东京,对于这些地方比中国更加现代化并不感到奇怪。但是1920年他去法国时曾在新加坡停留过两天,这让他对新加坡在其后58年间所取得的进步大为惊叹,因为中国的经济和社会仍在贫困中挣扎。邓小平当时尚未决定在中国实行什么政策,但新加坡使他更加坚信中国需要进行根本性的变革。邓小平曾感慨道:"如果我只管上海,我也许能让它迅速改变面貌,可是我得管整个中国。"[61]

尽管邓小平看过有关新加坡的报告,但其中的信息主要来源于新加坡的左派。使他感到意外的是,他发现自己并未受到当地大批华人的热情欢迎,人们有自己独立的想法,不想屈从于中国。[62] 显然,新加坡当地的共产党人就像在中国大陆的一些党员一样,喜欢说一些北京爱听的话,因此他们的报告并不可靠。但邓小平要亲自了解当地的真实情况。结果他亲眼看到了这个城市国家社会发达,秩序井然,大大超出他的预料。一年以后对越战争结束时,邓小平在国内的一次讲话中,提到了他在新加坡看到的外国人开设的工厂的一些优点:它们向政府交税,提供就业机会,工人通过工作获得报酬。他说,不要害怕外国的资本家。[63] 邓小平觉得,井然有序的新加坡是一个令人向往的改革榜样,他准备派人去那里学习城市规划、公共管理和控制腐败的经验。

向东南亚华人示好

回国之后,邓小平要继续解决促使他出访东南亚的难题:苏联和越南的威胁。但是由于这次访问,他对海外华人的作用产生了更大兴趣,认为他们既可以为中国的四化做贡献,又可成为帮助改善中国与所在国关系的好公民。邓小平及其同事开始更加关注如何让海外华人为中国大陆提供资金和国外发展的知识,在邓小平看来后者更加重要。

在 1950 年代初,中国大陆有很多人因为海外的亲属关系而失去了土地和生意,有些人甚至丢了性命。很多幸存者在"文革"中再次受到迫害。一些海外华人因其大陆亲人曾受到的残酷对待而永远不能宽恕,但也有一些人的亲戚没有受到如此野蛮的对待,因而愿意利用机会为家乡做贡献;作为对他们的回报,一些建筑和医疗设施会以他们的名字命名。也有些海外华人看到了中国的商机。1978 年 10 月,邓小平出访东南亚的几周前,廖承志发起了对过去"四人帮"的"华侨政策"的大规模批判,显示了上层医治沉疴的努力。

廖承志对以往错误政策的批判，使邓小平等领导人能与过去的苦难拉开距离，致力于翻开历史新的一页。

邓小平也支持对在大陆受过迫害的华侨亲属做出赔偿。其中一些移居海外的人还被请了回来，重新住进他们以前被充公的房子。当这样的方法不可行的时候，很多人则因为失去工作和财产而得到了一定的补偿，往往是通过提供较好的工作和住房，以及给予其子女更好的教育机会。邓小平知道华侨的疑虑不会很快消失，但他着眼于长远，而他实行的华侨政策在他当政的时期和退下来之后一直未变。邓小平希望能同时与东南亚华人和他们所在国的政府搞好关系。因此当东南亚华人与所在国政府的冲突特别严重时，例如马来西亚的情况，中国很难挺身而出，为华侨争取公正待遇。但是中国跟越南的关系恶劣，因此当越南政府把华人大批赶进拘留营或驱逐他们时——这种做法导致大约16万华人逃离该国——中国政府给予了高调的批评。[64]

邓小平对东南亚的访问有助于增强中国的决心，要鼓励东南亚华人忠于他们所在的国家。邓小平访问后的两年内，中国对革命广播电台的支持停止了；中国政府和中国共产党都致力于同东南亚各国政府和执政党开展合作。这一变化也伴随着中共在内政上从革命党向执政党的转变。甚至于"海外华侨"这个说法也不再时兴，因为它有着海外华人终究也是中国人的含义。他们被改称为"华裔马来西亚人（或泰国人、新加坡人）"。

邓小平的东南亚之行促进了与该地区各国政府关系的改善。到1990年印尼和新加坡同中国建交时，中国已经与该地区所有国家有了欣欣向荣的政治、商业和文化交流。当时所有的东南亚国家都看到了与中国大陆做生意的好处，并且主要以正面的角度看待那些祖籍中国的公民——他们成了中国与他们居住国之间互惠互利的潜在桥梁。

解决问题，促进变革

邓小平对越南决定入侵柬埔寨做出的反应，鲜明地展示了邓小平时代很多变化的发生过程。邓小平是实用主义者，在遇到新问题时，他首先会尽量搞清楚症结所在，然后才决定如何应付。如果他的行动引发一些新问题，他会逐个加以处理。当邓小平看到苏联和越南扩张主义的威胁时，他决定为中国的军事反应做出准备；后来当中国军队的能力被证明有严重问题时，他又专注于提高军队的战斗力（关于中越战争见第18章）。在思考如何对付苏联和越南的威胁时，邓小平认识到他迫切需要东南亚邻国的合作，于是他安排出访这些国家，以便加强同它们的关系。但是到了那里之后他又认识到，为了争取这些国家的合作，必须逐渐停止中国对当地革命分子的支持，鼓励华人对其居住国的忠诚。为了对付苏联和越南日益增长的威胁，也是为了给实现四化寻求支持，邓小平还将要寻求深化中国与两个有能力遏制苏联的大国的关系，这两个大国便是日本和美国。

第10章
向日本开放，1978

邓小平在1978年10月出访日本，是要争取日本与中国合作对抗苏联和越南的扩张。但是他也清楚，除了美国以外，或许没有任何其他国家能像日本那样有助于中国的四个现代化。日本拥有现代技术和高效的管理；它在如何加快发展、扩大现代工业、从以管制为主的经济转型为更加开放的经济等方面都能为中国提供经验教训；它与中国隔海相望，是中国的近邻；并且很多日本人愿意向中国提供慷慨的帮助。邓小平知道，为了搞好中日关系，需要让日本人相信中国是稳定的，而且愿意成为一个负责任的合作伙伴。他还知道，他必须克服国人对于同过去的敌人合作将会产生的抵制。

在邓小平访日期间，随行的中国电影工作者所拍下的画面将有助于改变中国对战后日本的看法。他们制作的电影展示了现代的工厂和铁路，也展示了友好的日本人欢迎中国客人，并表示愿意为中国提供帮助的画面。邓小平知道，这些画面对一直接受仇日教育的中国民众十分重要，能帮助他们接受将日本人视为客人、雇主和老师——这项任务的艰巨程度不亚于说服日本为中国提供资金、技术和管理技能。日本在1894年甲午战争后夺取台湾，使其成为它的殖民地，自那时以来，它便一直是中国的敌人。1978年时那些40岁以上的中国人还对抗战的苦难记忆犹新；而且30年来中国的宣传机器或学校和单位大喇叭里的广播,让所有的中国人都知道一些日本军队的战争暴行。传播那些有关日本人侵华期间累累暴行的记录,是最有效地激发爱国主义的宣传方法。

作为根深蒂固的实用主义者,邓小平个人不难对国家利益做出冷静判断并采取相应的行动。他年轻时曾激烈抨击日本和其他帝国主义者。但是当他担任要职时,他会依据所看到的国家利益变化而审时度势。对于资本家和资本主义国家不懈地追求自身利益这一点,他不存有任何幻想;并且在与之合作时,他会坚决捍卫中国的利益。但是在1978年,日本和美国警觉到苏联的扩张,都想让中国进一步疏远苏联,这就为邓小平带来了一个可能合作的机会。

对邓小平而言,要说服中国那些充满激情的爱国者,让他们向日本学习,是需要政治勇气与决心的。尼克松总统之所以有政治基础来和曾是旧敌的中国发展关系,是因为他已向人们证明自己是坚定的反共派;同样,邓小平本人是参加过八年抗战的军人,他一样有坚实的政治基础,能够采取大胆的措施改善中日关系。

邓小平在访日之前首先要与日本谈成一个条约,以便为他的访问铺路。毛泽东和田中角荣首相在1972年匆忙地推动了两国关系的正常化,但此后中日关系一直停滞不前。毛泽东和田中没有处理建立使领馆、通商和促进民间交流等一系列必须解决的法律问题。在赴日之前,邓小平首先要着手解决这些问题。

中日和平友好条约

当邓小平1977年夏天恢复工作时,为了签订一个加强中日关系基础的条约而进行的谈判已经拖延多年,其中关键的症结是日本不愿接受中方将反霸权条款写入其中的要求,该条款规定两国同意不谋求在该地区称霸,也反对任何其他寻求称霸的国家。[1]中方谈判人员想让日本进一步疏远苏联,他们清楚这个反霸权条款会激怒苏联。1976年9月一名苏联飞行员驾战机叛逃到北海道，日本人和美国人一起分析了飞机的性能，并且拒绝将其归还苏联，从而导致日苏关系的恶化。不过，日本是一个贸易国家，当时它在境外进行军事行动的能力有限，所以尽量避免与任何国家全面对抗，尤其是在1973年石油危机以后，它不想跟一个石油储量丰富的国家对抗。

中方最初提议两国政府通过谈判签订一个和平条约，但日方回答说，它已在1952年与代表中国的蒋介石政府签订过《中日合约》。于是中国又提出建议，就像日本和其他许多国家所做的那样，两国签订一个和平友好条约。但是直到1977年这一思路仍未解决问题。田中角荣的继任者三木武夫首相和1976年12月取代他的福田赳夫首相都做出过努力，但日本右翼民族主义者拒绝与立场坚定的中方妥协。无论在国内和国外事务上，邓小平都对慢吞吞的民主议事过程感到不耐烦，他希望迅速解决问题。不过尽管日本人有国内政治的麻烦，他仍然和他们保持着交往。

在双方仍在僵持不下时，邓小平于1977年9月和10月分别接待了一些来访的日本政界领袖，中方认为他们对中国抱有同情，这些人中包括二阶堂进和河野洋平。邓与他们探讨了达成条约的可能性；[2] 同时，日本国内的各种商业团体和地方社团热心于增加对华交往，也在游说以更灵活的方式签订这样一份条约。[3] 前财政大臣福田赳夫是个聪明的前大藏省官员，曾经提出过由日本向东南亚邻国提供援助的"福田原则"，因而得到其他亚洲领导人的赞扬。福田在1977年11月28日组阁时任命园田直担任外相。作为中国的"老朋友"，园田直是最有可能与中国签订条约的官员。[4] 福田赳夫鼓励园田直与中国外长黄华举行谈判，早日解决阻碍签约的争议。[5]

从1977年末到1978年7月中旬，中日双方几乎不间断地举行了数轮有关条约细节的谈判，但反霸权的条款仍然是主要症结。1978年3月谈判出现了进展的迹象，日本似乎愿意接受一个稍作修改、措辞更为谨慎的说法。[6] 日方认为，如果写入一个缓和语气的条款,说明条约不针对任何第三方,苏联也许能够容忍。

1978年7月21日,在邓小平引导下正式谈判开始,双方举行了第一轮会谈。整个谈判总共进行了14轮。在随后的几轮谈判中,双方交换了若干次条约的修改稿。8月初的时候在北京的日方谈判人员已经充分相信,中国会在缓和条款语气上做出让步,于是园田直亲赴北京参加谈判。后来据日本外务省条约局副局长东乡和彦说,邓小平显然已经做出"政治决定",当黄华外长接受了日方的措辞时,"我们非常高兴,我在桌子下面和我的上司紧紧握了一下手"。采用缓和语气的反霸权条款措辞如下:"本条约不影响缔约任何一方对第三国关系的立场。"[7] 该条约于8月12日在北京由黄华和园田直签署。[8]

经过8个多月的谈判后,邓小平为何突然决定打破外交僵局,同意日本把语气缓和的条款写入条约?一方面是由于邓确实急于搞现代化,但当时与越南发生冲突的前景也使加速谈判变得更为迫切。此前两周的7月3日,中国政府宣布从越南撤回全部中国顾问。当时邓小平感到越南很有可能入侵柬埔寨,此事一旦发生,中国就要被迫做出反应。为了不让苏联插手,邓小平希望尽快加强与日本和美国这两个重要大国之间的关系。不出所料,苏联因这一条约而对日本感到不快,但是因为有缓和语气的条款,苏联容忍了它。[9]

这个和平友好条约并不需要中国高层领导人亲临日本参加签字仪式。不过对田中角荣1972年的访华,却本应有一位中国高层领导人回访,但6年来还没有哪位中国领导人访问过日本。现在很清楚,邓小平准备出访这个岛国了。

邓小平的成功访日,1978年10月19—29日

第二次世界大战结束后的60年里,有3位访问日本的外国政要给日本民众留下了具有震撼力的印象,并从根本上改变了他们看待对方国家的方式。在1960年代初,肯尼迪总统的弟弟罗伯特·肯

尼迪（Robert Kennedy）与日本的学生和普通民众团体进行了坦诚活跃的公开对话，这在日本民众对外国领导人的经历中是前所未有的。罗伯特·肯尼迪朝气蓬勃，胸怀年轻人的理想主义精神，真诚地希望服务于全世界的人道主义事业，对他人的观点表现出十分的尊重。他的访问加深了日本人对民主含义的理解，增进了日本对美国人的好感。[10]

30年后的1998年，另一个外国政要——韩国总统金大中——向1973年救过他性命的日本人表达谢意，给日本民众留下了同样难忘的印象。韩国中央情报局曾在东京绑架了金大中，把他放在一条小船上试图将他淹死，多亏一支勇敢的救援队他才获救。金大中试图克服韩国人对日本的敌意，他满怀真诚地用日语演讲，韩日两国不应当往回看，只应向前看，走向和平与友好的未来。他这一番话感动了日本的听众，在随后几个月日本和韩国的民意测验中，两国国民对于对方都表现出更加正面的态度。

在这两次激动人心的访问之间，邓小平1978年的访日之行在日本人民中间同样引起了震撼性的反响。在中国与这个相邻岛国2200年的交往史中，邓小平是第一个踏上日本国土的中国领导人，也是第一个拜会日本天皇的中国领导人。[11]邓小平说，尽管有20世纪那段不幸的历史，但两国有过两千年的友好交往，他愿意向前看，使两国走向友好交往的未来，这让日本人大受感动。他们知道日本的侵略给中国造成了多大灾难，非常想表达他们的歉意，伸出友谊之手。邓小平带着和解的精神而来，也带来了两国人民可以共同生活在和平友好新时代的希望。很多人觉得，"二战"结束30多年后，疗伤的时刻终于到来了。

邓小平访日期间，很多日本人对日本曾经给中国造成的灾难表达了歉意，日本政要也发誓绝不再让这种悲剧重演。邓小平接受了他们的道歉，并没有要求他们详述那些暴行。对于很多不同领域的日本人来说，帮助中国实现现代化，既是对日本人过去的行为表示忏悔，也是为中国的繁荣做贡献的方式，这种帮助本身就可以增加两国和平相处的机会。

邓小平访日时，几乎所有日本家庭都已经有了电视，他们的领导人代表国家向邓小平道歉时，民众也能感同身受。在中国虽然电视机尚不普及，邓小平访问日本工厂时拍摄的电影和照片，也能让中国民众看到日本人对邓小平的热情欢迎。此外，人们从影像中看到的那些新技术，也证实了中国其实还多么落后。

邓小平曾在1974年和1975年负责接待外国高层领导人，当时他所会见的日本客人，远多于其他任何一个国家。通过与日本代表团的个人交往，他知道各个阶层的日本人都对中国文化抱有好感。日本东道主一再向邓小平说，他们要感谢中国，它是日本文化——佛教、文字、艺术、建筑——的源泉，这在被日本人视为传统日本中心的奈良和京都尤其如此。在日本的10天访问中，邓小平会见了各行各业的人：政府领导人、执政党和反对党成员、大企业代表、不同社区的普通公民和媒体人员。他受到了很多人的款待，他们都是邓小平在1973年至1975年和1977年至1978年在北京接待过的人。邓向他们致以问候，称他们为"老朋友"，这是中国人对熟人的称呼。

邓小平于1978年10月19日抵达日本，当时他尚未成为中国头号领导人，但已被当作中国的代言人看待。[12] 邓小平在日本的行程安排得很满。作为一个对纪律严明深信不疑的前司令员，他对于东道主为其行程所做的精心安排，不可能不留下深刻印象。他们就像日本工厂里的质量控制工程师一样，对细节的关注无微不至。

10月23日上午，福田首相和400名日本人在赤坂迎宾馆大厅举行了欢迎邓小平的正式仪式，然后两人参加了中日和平友好条约批准书的互换仪式。出席活动的还有28位主要国家的驻日大使，但是按照中方的请求，苏联大使未获邀请。[13]

仪式结束后，邓小平在与福田举行会谈时打开了一包熊猫牌香烟，递给每人一支，气氛立刻变得轻松起来。邓小平说，"几年来我一直希望来东京访问，现在终于实现了。十分高兴和首相结识。"福田回答说，"近一个世纪来日中关系的不正常状态终于结束了。条约的目的是为了建立日中两国的永久友好关系。这是邓小平副总理下决断的结果。"福田说，他只了解战前的中国，希望有一天能再次访问中国，邓小平立刻答道，"现在我就代表中国政府邀请首相方便的时候访问中国。"[14] 他的东道主当场接受邀请，"我一定要访问中国。"然后福田谈到了要加强两国关系，邓小平笑着说，"日本也把穷人（中国）当朋友，真了不起。"[15]

园田直和黄华签署并互换了正式文件后，邓小平出人意料地给了福田一个热情的拥抱，福田显得有些尴尬，但很快就恢复了正常，将其视为善意的表达（邓小平通常对外国的共产党同志才会有这种举动）。邓小平说，和平条约将推动"两国政治、经济、文化和科技等各方面的交流……也将对亚洲和太平洋地区的和平与安全产生积极的影响。……中日两国要和睦，要合作，这是十亿中日人民的共同愿望，也是历史发展的潮流。……中日两国人民要世世代代友好下去"。[16]

邓小平还在皇宫花了两个小时与天皇共进午餐。为保证天皇能够与客人随意交谈，日方不会保留此类谈话的记录。但是邓小平后来说，他们谈得非常好。据在场的黄华外长讲，邓小平说"过去的事情就让它过去，我们要积极向前看，从各个方面建立和发展我们两国的和平友好关系"。黄华提到天皇用了"不幸的事情"这个说法，黄华说，这"相当于对战争损害做了间接道歉"。天皇和邓小平都表达了同样的观点：现在两国能够共享和平友好关系，要把它永远保持下去。[17]

当天下午邓小平与福田进行了90分钟的会谈，然后福田为邓小平设宴，大约有100名日本政界、经济界和学术界的重要人物出席，包括自民党总裁大平正芳、前外相藤山爱一郎和政坛新星、后来担任首相的中曾根康弘。福田在宴会的讲话中回顾了中日两国两千年的密切交往,然后说,"到了本世纪,经历了不幸关系的苦难。"这时他脱离讲稿补充说:"这的确是遗憾的事情。"中方把这看作是一种道歉。福田继续说,"这种事情是绝不能让它重演的,这次的日中和平友好条约正是为了做到这一点而相互宣誓。"[18]邓小平说,"我们两国之间虽然有过一段不幸的往事,但是在中日两千多年友好交往的历史中,这不过是短暂的一瞬。"[19]

邓小平对他的东道主说,他来日本有3个目的:一是互换和平友好条约的批准文件,二是向几十年来致力于改善中日关系的日本友人表达中方的感谢,三是像徐福一样来寻找"仙草"。日本人听后都笑了起来,因为他们都很熟悉徐福的故事。传说中,2200多年前秦始皇曾派他东渡扶桑,寻找能使人长生不老的仙草。邓小平又说,他所说的仙草,其实是指如何实现现代化的秘密。他说,他要来学习现代技术和管理。日本国会下院议长保利茂随后善意而风趣地说,最好的仙草就是良好的日中关系。[20]后来邓小平参观京都旧皇宫御所时,东道主对他说,"这里的文化,全是我们的祖先向中国学来,而后又以独特的方式培育起来的。"邓小平马上答道,"现在,这个位置[师生关系]颠倒过来喽。"[21]

邓小平对自己在国内的权威地位很自信,也熟悉他遇到的很多日本人,因而能轻松展示他的自然魅力与率真。当人群聚在他身边时,他意识到自己可以打动他们,他就像一位自知正在赢得听众的政治家一样兴致勃勃地做出回应。

邓小平在日本的主要向导是廖承志。在日本、香港和华侨事务上,他在北京与廖承志有多年的密切合作。廖承志比邓小平大4岁,很受日本人的喜爱。他们知道他生于日本,在日本念完小学,又就读于早稻田大学,多年来在北京接待了很多日本客人。廖承志的父亲廖仲恺是孙中山的重要接班人之一,1925年遭政敌暗杀身亡。廖承志像邓小平一样参加过长征,1945年成为中央候补委员。他对日本有直觉上的理解力，与日本人有密切的私人交往，在中国又享有很高的政治地位，无论他之前还是后来的中国领导人都难以与他相比。他是邓小平日本之行的理想旅伴。

在参观日本的现代化工厂时，邓小平意识到好的技术需要有效的管理，而出色的管理又同整个国家的制度联系在一起。他表示有兴趣学习日本的经验，即它如何从"二战"时期的政府指令性封闭经济向1950年代以来更开放和有活力的经济转型。他知道，日本政府在日本的现代化中发挥着核心作用，但又避免了僵化的社会主义计划。他们是如何做到的？邓小平对于在工厂、公共运输和建设项目中看到的现代技术也很着迷。他要想办法将现代技术和现代管理带入中国。日本的商人，尤其是日本侵华时期在中国住过的商人，很乐意为中国提供慷慨的帮助。

邓小平拜会了前首相田中角荣、参议院议长保利茂和自民党党魁大平正芳，然后又去国会参加了招待会。当时田中角荣正因洛克希德丑闻而被软禁，很多日本人都躲着他，但邓小平主动提出前往田中角荣的私邸拜会。他对田中说，他来日本的目的之一，就是向那些为发展中日关系做过工作的老朋友表达谢意的。他要感谢田中前首相为两国友谊做出的贡献，感谢他签署了《中日共同声明》。[22] 邓小平说，田中访华时他还在"世外桃源"里（指他下放江西的岁月），但是"我们不会忘记你为两国关系所做的贡献"。然后，邓小平正式邀请田中作为政府的客人访问中国。当天稍后，田中对记者说，《日中和平友好条约》所带来的两国的团结，是明治维新以来最大的喜事。他说，在他见过的外国领导人中周恩来给他的印象最深，"今天会见邓副总理，使我有当年会见周恩来一样的感受"。[23]

在1950年代和1960年代为维持中日关系发挥过作用的日本人，1978年时多已亡故。10月24日下午，邓小平和妻子卓琳在赤坂迎宾馆招待了这些人中仍然在世的几位和其他人的遗属——主要是在那个困难时期与中国保持交往的已故政治家的遗孀和子女。邓小平向他们表达了歉意,他说,他没有时间亲自去拜访他们每一个人;就像周恩来(1917年至1919年曾住在日本)一样,他想对日本朋友说,"饮水不忘掘井人"。他又说,即使在中日关系正常化之前,他们就相信两国总有一天能实现正常邦交。邓小平说,虽然他们不能分享今天的欢乐,但他们的努力不会被人忘记,他们的名字将永远铭刻于两国友好关系的史册,激励两国人民继续前进。[24] 邓小平还说,这些人,以及他们的遗孀及子女,都是中国的朋友,使中国人民更加"坚信中日两国人民一定会世世代代友好下去"。邓小平然后请他们常去中国看看。[25] 很多听到他讲话的人都感动得潸然泪下。

这天下午,日产公司总裁川又克二陪同邓小平,花了一小时时间参观了公司在神奈川的工厂,该厂刚在生产线上引进了机器人,号称全世界自动化程度最高的汽车工厂。邓小平参观了生产线,听人介绍说每个工人一年平均生产94辆汽车,邓小平说,这要比中国排名第一的长春汽车厂多出93辆。他在参观完日产公司后表示,"我懂得什么是现代化了。"[26]

次日邓小平再次与福田首相会面,出席了日本最主要的工商团体——经济团体联合会——举办的午餐会,稍后又召开了日本记者招待会,会见了祖籍中国的日本人,并主持了一个晚宴。出席经济团体联合会午餐会的有大约320家公司的执行官,超过了英国女王伊丽莎白来访时300人的纪录。[27]

邓小平在中国从未举办过记者招待会,而他在这一天成了第一位举行西方式记者招待会的中共领导人。来到日本记者俱乐部的记者大约有400人。邓小平首先谈了一些国家谋求霸权的危险和中日两国共同对抗霸权的重要性。不过,他也感觉到日本有强烈的中立主义情绪,因此他说,中国希望以和平的方式解决争端,中国为了搞现代化,其实也需要和平的环境。之后邓邀请记者提问。当有记者提出钓鱼岛归属的问题时,气氛骤然紧张,然而邓小平回答说,中日两国看法不同,对钓鱼岛的称呼也不同,不妨先把问题放一放,把它留给后人，他们会比今天的人更聪明，能够解决这个问题。在场的人如释重负，感叹邓小平有如此巧妙的回答。最后，在回答毛泽东"文革"中给国家造成的灾祸时，邓小平说，"这不是毛主席一个人的错，而是我们大家的错，我们很多人都犯过错误；我们缺少经验，缺少判断力。"他又说，"我们很穷，也很落后。必须承认这一点。我们有很多事情要做，有很长的路要走，要学习很多东西。"[28]

在回答有关"四化"的问题时，邓小平宣布，中国已经制定了目标，即到20世纪末要在"四化"建设上实现突破。为了达到这个目标，中国需要好的政治环境和正确的政策。"长得很丑却要打扮得像美人一样，那是不行的。"他说，"必须承认自己的缺点。我们是个落后的国家，需要向日本学习。"在被问及访日给他留下的印象时，他对日方出色的接待表示感谢。他说，他受到了天皇、日本工商业和各界人士十分友好的接待。又说，他与福田首相进行了很好的会谈，中日两国领导人以后每年都要见面。他说，访问时间虽然短暂，但他要让两国人民世世代代友好下去。日本人很希望听到这样的话，他的讲话结束时，全场起立为他鼓掌，掌声持续了好几分钟。[29]

一个共产党领导人首次举行记者招待会，为何能取得这样的成功？部分答案是，邓小平具备在国内向不同的人解释政策的长期经验。但是他的成功也来自于他对日本国情和观点的了解、谈到中国政策时的自信、承认中国有问题时的坦率态度、对日本的明显善意、轻松风趣的语言。此外，出席记者招待会的人普遍认为，邓小平对日本的访问标志着一个历史性时刻。日本为它所造成的可怕悲剧道了歉，并立誓帮助中国的现代化，日本人希望这次访问能开创两国和平友好关系的新纪元。[30]

次日，新日铁社长和日中经济协会会长稻山嘉宽陪同邓小平乘气垫船（当时在中国闻所未闻的一种快船）穿过东京湾，参观了新日铁的君津制铁所。君津制铁所是一个自动化钢铁厂，仅此一家工厂生产的钢铁量，就相当于当时中国全部钢铁厂总产量的一半。邓小平参观完工厂设备之后,立刻宣布他希望在中国也建一座君津这样的钢铁厂。事实上,在邓复出之前,以君津为范例的宝山钢铁厂已经在筹划之中。

邓小平乘坐新干线"子弹头列车"从东京前往京都,然后又参观了邻近的奈良和大阪。邓在关西地区的一家饭店走过一个充满喜庆气氛的房间,瞧见一个穿着漂亮白衣的女子,便问那里在做什么,当听说正在举办婚礼时,邓问道他是否可以看一看。一对新人很高兴他们的婚礼将成为国际新闻,愉快地摆好姿势和邓小平合影,旁观的人都觉得颇为有趣。

邓小平游览了有 800 年历史的京都,它的城市规划、艺术和建筑皆模仿唐朝古都长安。他在那里会晤了京都府知事、京都市长和当地的工商界领袖。然后他从京都乘专列去了奈良,这座城市也是依照中国样式兴建的,建城时间甚至比京都还要早。邓小平参观了按南宋寺庙风格建造的东大寺,与奈良市的官员共进午餐。

离开奈良这座古都,邓小平又去参观了松下公司在大阪的电器工厂,在那里会见了松下幸之助。上世纪 20 年代松下以制造自行车灯起家,带领他的企业不断成长,邓小平到访时松下已是全球领先的电器公司。就像许多日本企业领袖一样,松下也对日本给中国造成的巨大灾难深感内疚,他表示愿意帮助中国人改善生活水平,生产出质优价廉的电视机,让当时还买不起电视机的中国家庭也能看上电视。[31]

邓小平在松下不但看到了大规模生产的彩色电视机,还看到了尚未进入中国的传真和微波设备。邓小平知道松下幸之助的名望,称他为"管理之神",并请他把所有最新技术都教给中国人。但松下幸之助接下来的解释显然是邓的顾问未曾提醒过他的,松下说,像他这样的私人企业要靠开发的技术养活自己,因此不愿意转让最新的技术秘密。不过此后松下的工厂在中国发展迅速,也确实教给了中国人技术,并在 10 年之内就帮助中国实现了松下的梦想——

生产出中国民众能买得起的电视机。[32]

当晚，邓小平和大阪政府官员共进晚餐，在座的还有已故的高崎达之助的女儿。邓请她来是为了向她父亲的贡献表达敬意和感谢。高崎达之助曾与廖承志合作，在1962年签署了《中日长期综合贸易备忘录》，这个协议使两国得以互设贸易办事处，并且在1972年中日建交之前就能进行有限制的中日贸易和新闻交流。

日本广播公司（NHK）全程报道了邓小平参观工厂的经过，展示了一个精力充沛、观察力敏锐而又自信的邓小平。他充满好奇和热情，但并没有对他看到的日本新技术一味说奉承话。如果过于谦恭的话，他可能会受到"崇洋媚外"的指责，因此他得把握好分寸。在邓访日期间当记者问邓小平对新干线列车有什么看法时，他给出了完美的回答：只是简单地说了一句"快，真快！"——他既承认外国技术的价值，又没有伤害中国人的自尊。

日本领导人在邓小平访日期间的言行，对日本本国民众来说也称得上表现良好。甚至多年以后，年轻人在评价接待过邓小平的老一代日本领导人时，都将他们称为"大人物"——这个称呼的意思是，他们不同于后来那些陷于财政琐事和无聊的派阀之争的人。接待过邓小平的各界领袖（福田赳夫首相、园田直外相、日本经济团体联合会会长土光敏夫以及公司领导人稻山嘉宽和松下幸之助）都是大胆的计划者和建设者：他们引领一个荒芜破败、不敷温饱的战败国，将其建设成为一个在1978年时仍在快速增长的生机勃勃的国家。这些老一代日本领导人经历过第二次世界大战，对日本造成的灾难都有亲身了解。他们知道日本给中国造成的破坏无法弥补，但他们希望能让子孙后代生活在和平之中。他们愿意用他们的经验和技术创新帮助中国的现代化，而不是仅仅看重自己公司的利润。因此邓小平在重建自己的国家时，能够与这一代日本领导人交往，并向他们学习，因为日本从战争浩劫中复原时，他们自己也曾面对同样的挑战。

稻山嘉宽是在日本招待邓小平的一位重要的工商界人士，他从1957年就开始向中国出售钢材；到1971年，他的公司已在把武汉钢铁厂改造成为中国最现代化的钢铁厂上发挥了主要作用。他的一些雇员对他向这家过时的苏联式钢铁厂转移如此多的技术，而不是去建新厂赚钱而有所不满。稻山回答说，他很乐意改造这家工厂，因为1901年他的钢铁公司八幡制铁在日本开办第一家工厂时，铁矿石就是从武汉运来的，他很高兴现在能回报这个城市。[33]

稻山信奉"隐忍哲学"，对其他公司和国家非常大度，甚至不顾自己公司的利益，他为此而受到部下的批评已不是第一次。他并不想让自己的公司损失钱财，但他也想造福社会。他认为转移钢铁技术对韩国和中国有好处，给其他国家送去这样的礼物，与它们分享繁荣，对双方都有利。他甘愿冒着日本人所谓"自食恶果"的风险——即向中国转移技术，然后中国会把更廉价的产品再出口到日本，损害日本国内的生产基地。他表示，他相信中国的市场足够大，能够消化中国生产的钢材。在乘气垫船去君津的途中，邓小平和稻山在闲聊中得知他们原来是同年出生，稻山便问邓小平怎么把身体保养得这么好，邓小平说，因为他"只是一个丘八（兵）"。[34]稻山后来说，邓小平很感谢那些愿意帮助中国的人。

邓小平希望他的日本之行能推动在中国沿海地区建一座完全现代化的大型钢铁厂的计划，一年前稻山嘉宽和李先念副总理就曾讨论过这个项目。在当时世界上最先进的君津钢铁厂，邓小平参观了新型的连轧生产线和计算机控制技术，它后来成为上海北部的宝山的中国第一座现代钢铁厂的样板。邓小平说，为了管好宝山，需要日本人帮助中国人学习管理技能。他还半开玩笑地说，"如果学生做得不好，那就说明老师没教好。"[35]

邓小平访日之后，对"管理"一词的含义有了更深的理解，开始更频繁地使用它。他的同胞都相信毛时代教给他们的东西，认为西方工人受着剥削，邓对他们解释说，其实不是那么回事：日本工人挣的钱能够买房子、买车、买那些中国还根本没有的家电。邓小平在日本不仅看到了他过去只是读到过的东西,他还要学习日本人是如何组织工人、如何将他们的敬业精神和效率发挥到最大的,他将其总结为"管理"。他从日本之行得出的结论是:"一定要抓管理,光搞生产是不行的,还要提高质量。"[36] 百年以前,中国的爱国者坚持"中学为体,西学为用",邓小平用"管理"这个中性词提倡学习西方,并同时表明他对社会主义和共产党有着坚定不移的信念,这就使他既能够引进比技术更多的东西,又能减少中国保守派的抵制。他确实认为,社会主义也能运用现代管理,共产党也可以提倡现代管理。

日本媒体对邓小平访日的报道大力渲染了这次访问取得的成功,并加强了日中关系;中国的报道则比较正式和低调,但传递的信息从本质上说是一样的。在中国,邓小平访日的电影和照片使中国民众看到了现代化工厂是什么样子,使他们明白了中国多么落后,要追赶世界水平需要做多少工作。

访日的成果

在邓小平结束访日之前已经安排了一个经济代表团去日本进行更具体的考察学习,成员包括北京、天津和上海的主要经济官员。由邓力群担任代表团顾问,团长是国家计委副主任袁葆华,他们在邓小平离开几天后就抵达日本,在那里考察了一个月。考察之后代表团写了一个非常乐观的报告,概述中国应如何学习日本的经济管理。

考虑到读报告的中共领导人仍然深受马克思主义观点的影响,因此代表团的报告里解释说,日本对马克思所描述的早期资本主义做了重大修正。日本的管理人员聪明地学会了如何通过激励工人来获得利润,他们努力工作是因为他们得到的待遇要比马克思看到的那些受剥削的工人好得多。代表团回国后,邓力群牵头成立了新的协会,包括质量控制协会和企业管理协会,这些都是以代表团在日本考察过的协会作为样板的。根据考察中学到的东西,他们为各省负责经济工作的高层干部制订了培训计划,向他们讲授日本的做法,例如如何调整价格使其反映生产成本、如何依据市场需求而不是主观臆断的指令性计划来制定生产指标、如何依靠细致的生产过程而不是检验方式来实现质量控制。[37]一些中国的工厂打出了标语,强调学习日本管理体系和制订培训计划的重要性。

邓小平也启动了文化交流,使日本文化——电影、故事、小说和艺术——进入中国。比如日本的电影就很受中国观众的欢迎,这增进了中国人对日本人民的理解。邓小平知道,这可以为扩大中日两国的经济和政治交往打下坚实的基础。在邓小平领导时期,中国人对日本人的态度大为改观。

可以说,邓小平在为坚实的中日合作关系打基础方面取得了巨大进展。他访问日本之后,由于中国的紧缩政策限制了外国投资,有3年的时间商业交往受到了阻碍。尽管有波折,但在邓小平时代的大多数时间里,中日两国继续保持了良好的关系。

事实上,到1980年12月时中日关系已大为改善,使两国能够第一次举行内阁级的联席会议。[38]此外,黄华和日本外相伊东正义在该月还签订了协议,由日本海外经济协力基金(OECF)向中国提供条件优厚的长期贷款。从1979年到2007年,日本海外经济协力基金向中国提供的贷款多于它对任何其他国家的贷款,总计达到2.54万亿日元(按2007年汇率计算约合250亿美元)。[39]日本企业在中国各地设厂,日本贸易振兴会(JETRO,日本贸易振兴机构前身)在上海开设了办事处,它利用与日本企业广泛的关系网,寻找愿意对中国各部门的培训计划请求做出回应的日本企业。在邓小平时代的鼎盛期,日本在为中国的工业和基础建设提供援助方面所发挥的作用,超过了其他任何一个国家。

第11章
向美国开放，1978—1979

1977年8月24日下午，邓小平作为政治局常委正式恢复工作一个星期以后，就会见了美国国务卿万斯（Cyrus Vance）。邓小平希望能在任职的几年内完成一些大事，而这次会见的时间安排便反映出他将中美关系正常化看作重中之重。作为党的主席和总理，华国锋在次日也接见了万斯，但是美国官员知道与邓小平见面才是重头戏。

自从尼克松1972年访华以后，中国一直期待很快就能和美国建交，然而美国政治总是横生枝节，这已经让中国不耐烦地等了5年。被迫赋闲在家18个月后刚恢复工作的邓小平，特别希望推动两国关系正常化，而且他有理由认为万斯的到访能够为此铺平道路。水门事件早已过去，吉米·卡特总统在1977年2月约见了中国驻华盛顿联络处主任黄镇，他对黄镇说，"我希望我们能够看到关系正常化取得重大进展。"他还提出请黄镇看一场音乐会或话剧。[1] 此外，在邓小平会见万斯之前，罗纳德·伍德科克（Leonard Woodcock）到北京担任了美国驻华联络处主任，他得到卡特总统本人的授意，要进行中美两国关系正常化的谈判。

此前，当周恩来和毛泽东为改善中美关系而会见基辛格和尼克松时，双方的动机都来自苏联的威胁。邓小平在1977年会见万斯时，动机也一样。但是邓小平在1977年也开始思考如何在中国进行现代化。他知道,日本、韩国和台湾地区进行现代化时都大大得益于美国的科技和教育;他还发现,欧洲生产的很多产品,专利都是掌握在美国的私人和公司手里,所以即便是来自欧洲的技术帮助,也需要有美国的合作。因此,为了与美国建立联系,以帮助中国实现现代化,中美关系正常化是重要的第一步。

为了实现同美国建交这个目标,邓小平准备在很多问题上采取灵活的立场。然而在一个问题——台湾问题——上,就像毛泽东和周恩来一样,他有着不可动摇的"原则"。除非美国与台湾断交,终止《美台共同防御条约》,撤出全部驻台美军,他不会和美国建交。邓小平希望,随着《共同防御条约》的终结,台湾将别无选择,只能接受与大陆重新统一。不仅邓小平,很多美国官员也预期,这种情况会在几年内发生。

万斯的"开倒车",1977年8月

邓小平对万斯的来访抱有很高期待,美国政治却再次从中作梗。卡特曾告诉万斯,要为与北京在关系正常化上达成协议打下基础,但是当万斯动身之前去见卡特时,卡特却表示,他担心《巴拿马运河条约》(以结束美国对巴拿马运河地区的控制权)会因得不到国会足够的支持而无法通过。如果把承认中国这样有争议的问题和巴拿马问题同时提出来解决,支持台湾的强大游说集团会在国会动员足够的反对力量,让《巴拿马运河条约》泡汤。因此卡特认为,有必要把与中国关系正常化的问题先放一放,等到《巴拿马运河条约》有了结果再说。一旦巴拿马问题尘埃落定,国会对中美建交将会给予足够的支持。

万斯本人则认为,通过《战略武器限制条约》谈判缓和美苏关系,在当时是比美中建交更为迫切的任务,此事也占用了他很多精力。在万斯看来，如果美国在完成《战略武器限制条约》谈判之前就开始与中国进行关系正常化谈判，将会触怒苏联，从而导致条约谈判的流产。再者，由于卡特并不急于进一步行动，所以万斯觉得应该尝试在与中国的谈判中，能否为美国在台湾的官方存在方式这一点上争取到比中日建交时更好的条件。

万斯抵达北京之前，中国对他可能采取的立场就已经察觉到一些迹象。依照中方惯例，黄华外长首先会见了万斯，然后将万斯的打算转告邓小平，再由邓小平与他讨论关键问题。8月21日在与黄华外长见面时，万斯解释说，美国希望推动关系正常化，但要在台湾保留一些政府人员。他还说，美国愿意看到台湾问题的和平解决。

万斯预计中方会感到失望，却没料到他们会如此愤怒。次日上午万斯再次见到黄华时，黄华长篇大论地痛斥万斯关于美国在台湾保留某种官方代表的提议，甚至说要"解放台湾"，这是在暗示大陆在必要时准备动武。[2]

当天下午邓小平会见万斯时，他首先以开玩笑的语气提醒万斯，他们最后一次见面是在1975年他马上就要第三次丢掉所有官职的时候。邓说："我是个国际名人，不是因为我有多少能力……而是因为我的三起三落。"[3] 万斯后来承认，邓小平在会谈中一直"表现着中国人的礼貌"，但他严厉批评了美国的对台立场。

邓小平在会谈中首先纵论国际政治大局，重点是西方和苏联之间的力量均衡以及双方在非洲、中东和东欧的相对力量。他集中谈了两个问题，一是如何对付苏联的挑战，二是如何解决台湾问题。自从1974年他批评基辛格搞缓和以来，就一直责备美国对苏联太软弱。他尤其不满美国从越南撤军后对苏联采取的被动姿态。[4] 他指责美国关于苏联问题的第10号总统备忘录是在姑息养奸。第二次世界大战后美国让苏联控制了德国的三分之一，其实是让它控制了巴尔干地区，这又对南欧形成了巨大的影响。虽然他没有提到围棋，但他实际上是在告诉万斯，苏联已经在南斯拉夫布下棋子，也开始在奥地利布子,它还会在西欧其他地方布子。他对继续向苏联让步发出警告,"你们的结局将是敦刻尔克。"[5]

在台湾问题上,邓小平提到了两个文件:一份是福特总统在1975年12月讲话的要点,另一份则是基辛格的一个声明。邓小平让唐闻生把文件的内容大声念给万斯听。在这两个文件中,基辛格和福特都表示美国准备接受关系正常化的日本模式,在台湾只保留非官方代表。邓小平说,台湾是中国领土的一部分,美国现在占据着台湾,因此是在阻碍台湾与大陆的统一。他又说,美国要求中国不使用武力收复台湾,这等于是干涉别国内政。在回答万斯关于美方对台湾安全的关切时,他对万斯说,"中国人总比你们美国人更关心自己国家的事。"邓小平说,中国是有耐心的,不过美国也要清楚,中国不会让这个问题的解决无限期地拖下去。[6]邓小平批评万斯想在台湾保留官方人员的建议,他说,这其实是要搞一个"不插国旗的大使馆"。[7]但是他又补充说,如果美国仍想赖在台湾不走,中国也会等下去。[8]他最后说,"我只想指出一点,你们现在的设想是在开倒车……坦率地说,我们无法接受你的设想。但我们仍然寄希望于进一步的会谈。"尽管邓小平否定了万斯的立场,但当万斯在8月28日回到美国后,与他随行的官员还是想让美国公众对会谈有一个正面印象。他们对记者说,万斯成功地传达了美国的观点。记者约翰·瓦拉克(John Wallach)听了一位政府官员的解释后写道,中国将在台湾问题上软化立场。万斯费尽心机,也未能阻止瓦拉克的这篇不实报道公之于众,而该报道随之引起了极大关注。[9]邓小平当然不想在台湾问题上示弱或容忍这种误解,他愤怒地驳斥了瓦拉克的报道,称之为一派胡言。

邓小平仍想在对美关系上取得进展,因此他又开始尝试其他途径。邓小平认为万斯不是一个好的谈判对象,因此他力求让白宫参与谈判,由布热津斯基做他的谈判对手。他还直接诉诸美国的媒体和国会,为关系正常化寻求支持。当时中国刚刚开始走出孤立状态，中国大陆在美国还没有能和台湾人竞争的游说团体。事实上，中国驻华盛顿联络处几乎还没开始培养能够与国会或美国媒体打交道的人员。当时能够影响美国媒体和国会的最佳渠道，就是邓小平本人。他充分运用了美国人对中国的好奇心，以及他本人的直率、迷人的机智和旺盛的精力。9月6日，邓小平接待了一个以美联社行政总编凯斯·福勒（Keith Fuller）为团长的美国高级新闻代表团，其成员包括《纽约时报》的出版人亚瑟·苏茨伯格（Arthur O. Sulzberger）和《华盛顿邮报》的出版人凯瑟琳·格拉姆（Katharine Graham）。

在内容广泛的讨论中，邓小平谈到了各种话题，从林彪和"四人帮"时期遗留下来的问题，到派遣留学生接受先进教育、帮助中国摆脱落后状态的必要性，再到给予中国工人物质奖励的必要性。但是最重要的是，邓小平把注意力集中指向台湾问题。他坦言，万斯关于台湾问题的提议是在倒退，中国无法接受。要想实现中美关系正常化，美国必须废除与国民党的军事条约，与台湾断交，并撤出驻台美军。中国将尽量以和平方式解决台湾问题，但这完全是中国的内政，中国不会接受外来干涉。[10]

9月27日，邓小平又接见了共和党领袖、后来当上美国总统的乔治·布什。布什在1975年担任美国驻北京联络处主任时邓小平就认识他。邓小平对布什重申了他向万斯说过的话，强调美国的对苏政策是姑息养奸的政策。《人民日报》的官方社论里又补充强调说，"美国垄断资产阶级的某些头面人物已经忘记了慕尼黑的教训"。[11] 邓小平对布什说，在关系正常化谈判中，中国在台湾问题上没有让步的余地。[12] 民主党参议员特德·肯尼迪（Ted Kennedy）和亨利·杰克逊（Henry M. Jackson）是关系正常化的赞成派，他们也受邀访问北京。邓小平在1978年1月4日对肯尼迪强调说，他希望中美双方能尽快达成一致。他再次重申谈判的主要障碍是台湾，而台湾问题是中国的内政问题。不出北京所料，肯尼迪一回到华盛顿,便利用他和邓小平会谈一事,主张加快关系正常化的速度。1978年2月16日,邓小平又会见了参议员杰克逊,杰克逊的对苏强硬路线与邓小平不谋而合。与此同时,邓小平和他的外交团队也在继续批评美国对苏联的姑息政策,批评他们在推动中美关系正常化上裹足不前。

伍德科克大使于1978年初短暂返美时,公开表示他对关系正常化没有进展已失去耐心。在他接受北京的职务之前,卡特曾经给了他好几个内阁中的职位,都被他谢绝了。他同意担任驻华联络处主任,是因为他知道自己将能够推动美中建交谈判。1978年2月1日伍德科克在华盛顿对汽车工人联合会演讲时说,美国的对华政策是建立在"明显的谬论"上:"二战"结束以来美国一直承认国民党政府代表全中国,其实它只能代表一个小小的台湾岛。伍德科克指责美国政策荒谬的言论被广为传播,让他开始担心自己有可能会惹恼卡特总统,因为卡特仍在担心与苏联进行的《战略武器限制条约》谈判。但是当伍德科克在演讲不久后与卡特见面时,卡特私下告诉他,自己也同意他的看法。[13]

万斯担心的是,假如美国和中国开始进行关系正常化谈判,是否还能推动与苏联的《战略武器限制条约》谈判。与他不同,卡特断定他的政府既能推动与中国关系正常化的谈判,同时也能和苏联进行《战略武器限制条约》谈判。但是,另外一个潜在的障碍是美国与越南的关系。卡特政府中的一些人主张,美国应当对越南想与其建交的意愿做出回应,但是当时中越关系正变得日益紧张,因此看来美国只能在中国和越南中择其一来进行关系正常化谈判。卡特平息了这个争论,他说,与中国实现关系正常化更符合美国的利益,因此批准了首先进行美中建交谈判。但是他担心台湾在国会的游说团体会让谈判泡汤,因此坚持谈判要秘密进行,也就是说,谈判必须由白宫的一小批官员,而不是由国务院进行。为了准备建交谈判,卡特向北京派出了一名官员,此人对苏联的强硬立场以及加快美中建交的愿望与邓小平相同。这个人也正是邓小平最想要的谈判对象：国家安全顾问兹比格涅夫·布热津斯基。

布热津斯基取得进展，1978年5月

1977年11月中旬，布热津斯基和他的中国问题助手米歇尔·奥克森伯格（Michel Oksenberg）开始与中国驻华盛顿的代表探讨他在1978年初访问北京的可能性。他最初宣布，他访华的目的是就广泛的国际问题与中方进行磋商，而没有提到建交问题。[14]但是当中国驻华盛顿联络处被告知布热津斯基的访华意愿时，邓小平马上回答说，中国欢迎他的到来。布热津斯基立刻着手准备行程；只要美方一做好准备，邓小平就会接待他。[15] 1978年3月17日，即国会通过第一份《巴拿马运河条约》的当天，中国驻美联络处得到通知说，布热津斯基已在为出访做准备；4月19日，第二份，也是最后一份《巴拿马运河条约》签署后的第二天，布热津斯基便定下了出访日期。[16]卡特授权他为关系正常化的谈判铺路。从卡特总统的角度看，完成谈判的理想时间是1978年11月国会选举之后。他乐观地相信，成功签订了《巴拿马运河条约》之后，在与苏联达成《战略武器限制条约》和就中美关系正常化达成正式协议这两件事上，他都能获得国会的支持。

当卡特总统私下告诉国会两党领袖，他打算与中国开始建交谈判时，他们均做出了正面回应，他们相信这样做最符合美国的利益。然而这个问题在政治上仍很敏感，正如一位国会议员所说，如果这个问题被公之于众，他将不得不持反对立场。[17]布热津斯基在北京的会谈中将这种担心告诉了邓小平，他说"我想建议会谈秘密进行，不公布任何进展……这可以在我国减少一些政治麻烦"。邓小平回答说，"请放心，中国的保密条件要好于美国。"布热津斯基答道，"我认为阁下所言绝对正确，这也是谈判最好在北京而不是华盛顿举行

的原因。"[18]

万斯本人虽然担心中美会谈会惹恼正与美国进行敏感的裁军谈判的苏联，但他是一位服从卡特指示的忠实官员。他让自己的手下起草了一份美中关系正常化谈判的方案。卡特总统在1978年6月13日收到万斯的这份备忘录后，在上面亲笔批示："走漏风声会使全部努力毁于一旦。我们应当严格控制来往电报和谈判信息……避免就进展程度做出任何公开暗示。我不相信（1）国会，（2）白宫，（3）国务院或（4）国防部能做到保密。"就像过去的共和党人尼克松和基辛格一样，民主党人卡特、布热津斯基和万斯也都认为，即使在民主国家，严格的保密工作也是必要的。[19]就像基辛格在白宫时一样，白宫与北京之间高度保密的渠道，加强了白宫国家安全官员在人事和制度上相对于其国务院同行的影响力。[20]就邓小平一方而言，他也赞成利用白宫而不是国务院的渠道。

1978年5月21日，布热津斯基抵京后的当天上午就会晤了黄华外长。就像基辛格和周恩来过去的做法一样，布热津斯基和黄华就有关全球形势交换了意见，他们讨论了各大洲的关键问题，重点是苏联和西方之间当前的力量均衡。布热津斯基在回应黄华的讲话时说，双方在广泛的问题上看法一致，但是也存在着一些重要分歧：美国并不谋求建立霸权，它接受一个多样化的世界；美国也不认为战争不可避免；美国并没有纵容苏联，而是要在全球范围内与它展开竞争。布热津斯基知道，他们的会谈结果会被告知将在下午与他见面的邓小平，因此他对黄华说，卡特已经授权他表明，美国接受中国在台湾问题上的三个条件，但是美国保留做出以下声明的权利：应当和平解决中国大陆与台湾的争端。[21]

当天下午，邓小平与布热津斯基进行了两个多小时的会谈，晚饭后会谈继续。两人讨论了全球战略和为建交谈判打基础的问题。邓小平知道布热津斯基刚到北京，客气地对他说："您一路辛苦了。"布热津斯基则答道："我兴致很高。"邓小平和布热津斯基都坚定地阐明了各自国家的观点，但是布热津斯基后来写道："邓小平立刻把我迷住了。他精明而机警，理解力强，有很好的幽默感；态度坚定，直截了当。……我对他的目标感和使命感印象深刻。邓小平单刀直入。……中方直截了当讲明了他们的观点和想法。邓小平说，'理解中国并不难，……毛泽东主席是军人，周恩来是军人，我同样也是军人。'"（布热津斯基对此回答说，美国人也喜欢直来直去。）和邓小平的会谈让布热津斯基十分兴奋，5月26日他向卡特做了汇报后，卡特在日记中写道："兹比格……被中国人征服了。我对他说，他受到了迷惑。"[22]

在与布热津斯基的会谈中，邓小平想探明美国人有多大意愿与台湾断交。"问题仍然是要有决心。如果卡特总统在这个问题上已拿定主意，我认为它就比较容易解决。……你认为实现关系正常化需要做些什么？"布热津斯基解释说卡特决心取得进展，并且接受中方关于美国与台湾断交的要求，然后他提议双方在6月开始关系正常化的秘密谈判。邓小平立刻接受了这一建议，但他继续询问美国为落实台湾问题三原则会采取什么具体措施。邓说，"我期待着卡特总统拿定主意的那一天。"布热津斯基回答说，"我刚才对您讲过，卡特总统已经拿定主意了。"[23]布热津斯基没有细说美国会采取什么具体行动，只是再次重申美国接受三原则。他接着说，美国计划发表一个声明，强调中国大陆与台湾和平解决台湾问题的重要性。邓小平回答说，中国不反对美国发表这样的声明，但是"我们不能接受把它作为一个条件。台湾是内政问题，是基本的主权问题"。[24]布热津斯基由此断定，假如美国做出这样的公开声明，中方不会公开反对。布热津斯基还告诉邓小平，从7月开始伍德科克会准备与黄华进行一系列谈判，探讨是否能在双方都接受的条件下实现关系正常化。[25]

邓小平表达了他对苏联军事扩张的关切，并再次重申他的观点：美国对苏联威胁做出的反应还不够坚定。他谈到苏联和越南不断加强的军事合作，证据是武元甲将军最近分别在 3 月和 5 月初两次访问莫斯科。邓小平相信，使西方加强它在欧洲的军力符合中国的利益，因为这样可以促使苏联将亚洲的军队调往欧洲。像毛泽东和周恩来一样，邓小平说苏联的主要目标是欧洲而不是亚洲。为了使美国对苏联的行动做出更强硬的反应，邓小平有意刺激布热津斯基说："也许你们有点害怕冒犯苏联，是不是？"布热津斯基回答说，"我可以向您保证，我并不怎么害怕冒犯苏联。"邓小平继续紧逼，他指出了美国想跟苏联达成的《战略武器限制条约》将对美国产生的不利，并强调说："只要你们和苏联达成了协议，那一定是美国为取悦苏联做出让步的结果。"布热津斯基回答说："我愿意跟您打一个小小的赌，看谁在苏联更不受欢迎——是你，还是我。"[26]

布热津斯基还利用这次出访在北京和华盛顿的官员之间发展更密切的关系，中方也做出了积极的回应。他带来了几个不同政府部门的官员，由他们与中国的同行进行更具体的谈判。例如默顿·阿布拉莫维茨（Morton Abramowitz）就是当时借调到国防部的资深外交官，他和中国的国防官员举行了会谈，就他们各自对苏联的分析进行讨论。

在与布热津斯基的会谈中，邓小平敦促对方使美国放松对中国的技术出口限制。他提到了高技术进口的 3 个案例：美国的超级计算机、装有美国配件的日本高速计算机和扫描设备。在这 3 个案例中，美国企业都很想把产品卖给中国，却受到美国政府的阻挠。

邓小平在会谈中还暗示他有意访美。他说，他担任最高领导人大约只剩下 3 年时间了。布热津斯基断定邓小平对发展中美关系有一种紧迫感。他知道除非完成中美关系正常化，邓小平是不会访美的。为了表示对双方迅速完成关系正常化过程抱有信心，布热津斯基邀请邓小平到访华盛顿时去他家用晚餐。邓小平一口答应下来。[27]

布热津斯基也鼓励邓小平深化中日关系。布热津斯基访华后，邓小平快速行动，与日本缔结了《中日和平友好条约》。布热津斯基在回国途中也做出了他的努力，他在日本停留，向日本官员通报了美国要与中国进行实现关系正常化谈判的计划。布热津斯基回到华盛顿后，卡特虽然取笑他受到了中国人的迷惑，仍然断定访问取得了成功；谈判很快就会开始，关系也已升温：不久之后，美国要求北京停止对美国政策无休止的公开批评，中国马上就答应了。

为了继续向美国施压，使其加快建交步伐，邓小平在与布热津斯基会谈一天之后就对一个意大利代表团说，中国欢迎跟美国开展贸易和技术交流，但中国将优先考虑与其有正常邦交的国家。[28] 6月2日，即布热津斯基与邓小平会谈不到两周之后，黄华在华盛顿对万斯说，如果他想请邓小平访美，只有在完成关系正常化之后才有可能，所以双方得加紧工作，因为邓小平年事已高，年龄不饶人。邓小平在8月6日再次说——这次是对一个奥地利代表团——中国将优先考虑与那些同中国有正常邦交的国家开展贸易。[29] 中国驻华盛顿联络处主任柴泽民在9月27日又对布热津斯基说，中美关系正常化的谈判步伐太慢。[30]

教育交流的飞跃

由于中美两国有可能在几个月内实现关系正常化，邓小平立刻转向了他对两国建交最期待的领域：不是贸易，不是投资，而是科学。在邓小平看来，科学是实现现代化最关键的因素，而美国在这方面大大领先。幸运的是，他主管多个工作领域（外交、科技和教育）使他有权在三中全会之前就采取行动。在正式建交之前他不会向美国派遣留学生，但是一旦建交，他就准备将年轻的中国科学家派往美国深造。

在1978年3月的第一届全国科学大会上，中国政府自1950年代初以来首次对科学家们说，政府不但允许而且鼓励他们与西方的科学家交往。[31] 美国华裔科学家那些仍留在中国的亲属，曾在1949

年以后无休止的政治运动中受到迫害,现在则由政府为他们提供了更好的住房和工作条件。中国的科学家们也被摘掉了地主、资本家或右派的帽子。虽然他们所遭受的苦难和被迫中断的职业生涯是无法挽回的,但政府对他们过去受的苦进行了补偿,高层官员也确实向他们道了歉——尽管也建议他们说,见到西方科学家时不要谈及政府过去给他们造成的麻烦。

邓小平不但鼓励美国的华裔科学家访华,而且鼓励西方的所有科学家访问中国。对科学研究的普适性深信不疑的美国科学家很乐于回应邓小平。1978年7月6日至10日,卡特总统的科学顾问弗兰克·普赖斯(Frank Press)率领一个科学家代表团访华,这是有史以来美国出访国外的最高规格的科学代表团。普赖斯过去是麻省理工学院地震科学专业的教授,从1975年至1977年担任美国对华学术交流委员会主席,因此对于和中国的学术交流有着特殊的兴趣。邓小平对普赖斯的代表团谈到中国科学技术的落后状况,并对美国限制高科技出口表示关切。他也提到了中国需要外国投资。[32]

在邓小平讲话后的提问阶段,国家科学基金会会长理查·阿特金森(Richard Atkinson)问邓小平,他是否担心中国留学生叛逃。邓小平回答说,他不担心这种事。他说,中国学生不同于俄国学生,他们忠于自己的国家,即使去国外留学后没有马上回国的人,从长远来看仍是中国的一笔财富。当时普赖斯预计中国的政治领导人会像过去一样,继续严密控制科学家前往美国,对扩大科学交流也会十分谨慎。

邓小平却让普赖斯大感意外。邓建议美国立刻接受700名中国留学生,而他更大的目标是在未来几年接受数万名留学生。[33]邓小平希望马上就能得到答复,普赖斯将此事视为他的职业发展中最重要的突破之一,于是在华盛顿时间凌晨3点给卡特打电话并把他叫醒,请他同意马上让700名中国学生赴美,并在未来几年接待数量更多的留学生。卡特在担任总统期间很少被人半夜叫醒,但他给了普赖斯肯定的答复,尽管他很纳闷普赖斯为什么要把他叫醒,因为他觉得自己已经授权普赖斯答应这一类请求了。[34]

普赖斯的代表团在中国引起了极大的关注。《人民日报》很少刊登外国人的讲话,这一次却刊登了普赖斯在宴会上强调全球化发展益处的讲话。布热津斯基的中国政策副手、和邓小平见过14次面的奥克森伯格说,他从未见过邓小平在描述他对中国前景的展望时表现得如此求知若渴、专注而投入。[35]

事实上,除了尼克松总统的访华以外,普赖斯在北京受到了1949年以来美国代表团所能得到的最热情的款待。[36] 由于邓小平不会在两国正式建交之前派出留学生,因此中国的第一批大约50名留学生,是在1979年初两国关系正常化不久后才飞往美国的。他们心情热切,但又担心自己以后会不会像老一代人那样,因为自己的美国经历而遇到麻烦。在此后头5年的交流中大约有19000名中国学生赴美留学,而且这个数量将持续增长。

建交突破,1978年6—12月

布热津斯基访华后,中美两国开始秘密协商关系正常化谈判的架构。双方从一开始就认识到台湾问题是决定谈判成败的关键。万斯在6月28日将美方关于关系正常化谈判的建议电传给伍德科克,让他转交黄华外长:如果美国人民和台湾人民的文化与商业交往能够得以继续,同时中国和平解决台湾问题,那么总统准备在中国宣布的三原则框架内实现关系正常化。谈判将在北京每两周举行一次,依次讨论关系正常化之前需要解决的一系列问题。伍德科克还建议,在北京的例行谈判中,双方首先讨论关系正常化之后美国在台湾存在的性质和正式建交公报的性质。这就是说,双方首先处理比较容易的问题,以便使谈判取得进展,然后再处理更棘手的问题,例如美国的对台武器出售。他们的目标是在12月15日之前,即美国国会选举几周之后达成一致。[37] 第一次会谈于 7 月 5 日举行，历时 40 分钟，双方协商了程序，就各自对台湾问题的立场做了初步的一般陈述。[38]

在中国方面，邓小平虽一直关注着谈判过程，但直到最后才直接加入到谈判中。最初参与谈判的黄华外长在与美国人打交道方面经验过人。1936 年他曾带着埃德加·斯诺（《西行漫记》的作者）从北平去陕北见毛泽东。他在毛泽东、周恩来和邓小平这三位风格迥异的领导人手下都工作过，"文革"期间他一度是中国唯一的驻外大使。他对没有得到授权的事从不多言，能够如实传达邓小平的情绪，不管是愤怒还是善意。1971 年他赴纽约担任了中华人民共和国第一任驻联合国代表。[39] 在与美国关系正常化的谈判中，他有两个助手章文晋和韩念龙，二人都是擅长跟美国人打交道的出色外交官。

双方派到谈判桌上的都是一流团队。卡特选择伍德科克这个劳工领袖和专业调解人担任大使级的驻华联络处主任，是因为他很看重伍德科克的谈判技巧，还因为伍德科克在华盛顿政坛人脉甚广，不管他与中方可能达成怎样的协议，都将更易于得到国会的支持。伍德科克能利用他和华盛顿政治领袖的个人关系，协调那些一般官僚程序难以解决的政策问题。伍德科克有着强硬而可靠的劳工谈判人的威信，素有诚恳正直的名望。万斯国务卿把伍德科克称为"天生的杰出外交官"，说他具有"照相机般的记忆力、周全的思虑以及在这些谈判中起着关键作用的精准措辞"。[40] 国务院和白宫都对伍德科克十分信任，因此认为没有必要让一名华盛顿高层官员来回奔波。谈判开始时，伍德科克已在北京担任了一年的联络处主任，也得到了北京官员的信任，他们愿意接受这位谈判对象。

斯塔普莱顿·罗伊（Stapleton Roy）于 1978 年到达北京，接替戴维·迪安（David Dean）担任了谈判团队的副手。他在南京长大，其父是从事教育的传教士。他能讲汉语，精通中国历史，被视为国务院最能干的年轻专家之一。在白宫,卡特总统、副总统沃尔特·蒙代尔(Walter Mondale)、布热津斯基和米歇尔·奥克森伯格通过高度保密的渠道直接与伍德科克和罗伊联络。布热津斯基的中国事务助手奥克森伯格是一个大胆而视野开阔的战略家,也是一个有着无限好奇心与热情、熟谙中国问题的学者。在华盛顿,白宫之外只有几个官员是知情人,其中包括万斯和国防部长哈罗德·布朗(Harold Brown)。美方的谈判策略是在伍德科克提供的信息基础上由白宫制定的,白宫也同中国驻华盛顿联络处的柴泽民及其副手韩叙保持着接触,但谈判全部是在北京进行。

邓小平一直关注着黄华与伍德科克的谈判(7月5日,7月14日,8月11日,9月15日和11月2日)以及黄华生病期间韩念龙与伍德科克的谈判(12月4日),后来他又亲自与伍德科克进行了谈判(12月13日上午10点,12月14日下午4点和晚上9点,12月15日下午4点)。在谈判期间,邓小平继续会见美国官员,向他们解释中方的立场,并通过施压推动谈判。例如,7月9日,即伍德科克和黄华举行第一次会谈4天后,邓小平对众议院外交事务委员会主席莱斯特·沃尔夫(Lester Wolff)率领的美国国会代表团说,同意与台湾维持全面民间交往的日本模式,中国是已经做出了让步的。邓小平说,"我们会尽量创造条件,用和平方式解决这个问题。"他解释说,"实现关系正常化,对我们双方对付苏联都十分有利。"邓小平丝毫没有向沃尔夫暗示谈判已经开始。[41]

在谈判中,中方通常倾向于从一般原则开始,然后再转向细节。黄华在7月14日与伍德科克的第二次谈判中说,中方建议不再一次只谈一个问题,美方可以首先把全部重要问题都摆到桌面上,由双方做出一揽子的评估。此后几天,在华盛顿方面美方的意见分歧得到了解决,因为他们接受了伍德科克的建议,即为了给下一步会谈创造良好气氛,美方应当接受中国的提议。随后双方准备并互换了一些关于需要解决的关键问题的文件。在第三次会谈中,美方概述了同大陆关系正常化之后美国与台湾关系的性质：文化、商业和其他交往将会继续，但是不会派驻美国政府官员。

谈判中最大的难题是，美国是否继续向台湾出售武器。[42]美方明确表示它打算继续对台售武，但是每一次提出这个问题，中方都回答说，他们坚决反对。邓小平本来希望，只要美国同意停止对台售武，台湾会感到现实的出路只能是同意与大陆重新统一；他希望这件事在他当政期间就能很快实现。

在表明自己的立场时，中方坚持他们对《上海公报》的解释，即美国支持"一个中国"的政策。事实上，尼克松在签署《上海公报》时只承认了海峡两岸都坚持只有一个中国，美国对这种观点不持异议。9月7日，副国务卿理查·霍尔布鲁克（Richard Holbrooke）对韩叙说，美国卖给台湾的任何武器都仅仅是具有防御性质的。韩叙则回答说，"对台售武不符合《上海公报》的精神。"[43]卡特在9月19日会见中国驻美联络处主任柴泽民时对他说，"我们将继续与台湾开展贸易，包括有限地出售一些经过仔细挑选的防御性武器。"柴泽民说，"美国继续向蒋经国集团（1975年蒋介石去世后，其子蒋经国成了台湾的领导人）出售武器，这不符合《上海公报》的精神。"[44]10月3日黄华在联合国见到万斯时，又在事先准备好的声明中重申，继续把武器卖给"蒋经国集团"违反《上海公报》的原则。[45]

邓小平在10月初出访东京期间公开宣布，只要能够遵循日本模式，他愿意同美国实现关系正常化。中国反对美国对台出售武器的立场没有动摇，但是他说，他不反对美国和台湾继续进行经济和文化交往。

卡特和布热津斯基在10月底开始担心，尽管他们小心地限制谈判知情人的数目，倘若问题不能很快得到解决，走漏风声的危险将变得越来越大。布热津斯基告诉柴泽民，中国如果不抓住这个机会实现关系正常化，由于政治纠纷在1979年底之前将无法再对这些问题进行任何严肃的讨论。没过多久，美国就宣布与台湾达成协议，美国将继续向台湾出售 F–5E 战斗机,但不会出售更先进的战机。[46]

这时双方已经完成了大部分谈判,伍德科克在 11 月 2 日交给中方一份计划在次年 1 月公布的建交公报的草稿。然而中国国内正忙着应对在 11 月 10 日召开的中央工作会议上出现的戏剧性变化,因此直到 12 月 4 日才做出回应。[47] 邓小平本人在 11 月 5 日后一直在东南亚访问,14 日回国后又立刻参加了中央工作会议,正是在这次会议上他成为了中国的头号领导人。

11 月 27 日,即华国锋在中央工作会议上接受了对他的立场的全部批评,并实际认可了会议对邓小平担任头号领导人的共识两天之后,邓小平接见了正在亚洲访问的华盛顿著名报纸专栏作家诺瓦克。自从 1971 年周恩来在尼克松访华前夕接见詹姆斯·莱斯顿(James Reston)以来,这还是中国主要领导人第一次同意接受美国记者的采访。邓小平对诺瓦克说,中美两国应尽快实现关系正常化,这不但有利于两国,也有利于全世界的和平与稳定。诺瓦克向美国民众如实公布了邓小平的谈话内容,他的结论是,"我相信邓小平花两个小时与我在一起,是要向华盛顿传递一个信息,他要尽快实现关系正常化,不惜为此付出很高的代价。"[48] 诺瓦克当时并不知道邓小平不久就会访问美国,而这次访谈有助于美国公众对邓的到来有所准备。

12 月 4 日伍德科克与已成为外交部代部长的韩念龙(代替生病的黄华)的谈判,是 11 月 2 日后的第一次会谈。中方已经知道、但美国还被蒙在鼓里的一件事是,11 月 25 日后,邓的政策起了主导作用。12 月 4 日中方突然变得十分积极。韩念龙交给伍德科克一份中方宣布关系正常化的声明草稿,其中只对美方草稿做了稍许修改,并提出将 1 月 1 日作为公布声明的最后期限。韩念龙明确地说,美方如果发表声明,表示希望和平解决台湾问题,中方不会加以反对。会谈结束后,伍德科克正要起身离开,韩念龙对他说:"最后我想告诉您,邓副总理近日希望见您一面。我们会通知您确切的日期。"⁴⁹ 伍德科克在给华盛顿的分析报告中说，韩念龙仍反对美国对台售武，但他的结论是这个问题不太可能成为关系正常化不可逾越的障碍。由于美方不知道将与邓小平见面的确切时间，伍德科克让罗伊取消了一次预定的出访，以便能够随时和他一起去见邓小平。⁵⁰

同时，华盛顿时间12月11日下午（北京已是12月12日），邓小平会见伍德科克的前一天，布热津斯基在华盛顿接见了柴泽民，交给他一份经过修改的声明草稿，并对柴泽民说，美方准备接受将1月1日作为建交日期，美方邀请一位中国领导人在达成协议后尽早访美。当时华国锋的正式头衔仍在邓小平之上，美国估计中国会让华国锋或邓小平出访。布热津斯基还提前通知柴泽民，美国可能在1月与勃列日涅夫举行峰会。⁵¹

邓小平在12月13日星期二的上午会见了伍德科克，地点是人民大会堂的江苏厅。彼此寒暄了几句后，伍德科克交给邓小平4份只有一页纸的英文公报草稿。邓小平没有等待正式的译文，而是请译员做了口头翻译，在没有中文文稿的情况下便直奔主题，他显然不想拖延取得进展的时间。邓小平问，既然废除了美台防御条约，美国为何还要一年时间才从台湾撤军？伍德科克解释说，美国打算在1月1日与台湾断交，现在的条约规定终止条约要提前一年通知对方，尽管美国事实上打算在4个月内从台湾撤出军队。邓小平说，这个方案可以接受，不过他希望美国干脆删除所有提到第10条（其中规定终止防御条约要提前一年通知对方）的地方。他还表示，希望美国在这个期间不要向台湾出售武器，因为如果美国这样做了，"蒋经国就会翘尾巴，这将增加台湾海峡发生冲突的可能"。⁵²

邓小平注意到，公报的中文稿中有反霸权的条款，美国的稿子却没有。他说，美国的稿子令他满意，但是希望美方在共同声明中加上反霸权的条款，不然会让世界觉得双方存在分歧。伍德科克说，他会将邓小平的意见转告华盛顿并等待答复。邓小平同意1月1日是宣布关系正常化的一个好日子。

在答复美国向中国高层领导人发出的访美邀请时,邓小平说:"我们接受美国政府的访问华盛顿的邀请。具体地说,我会前往。"[53]当天下午,由于知道中美建交问题已基本得到解决,邓小平在中央工作会议上做有关改革开放的划时代讲话时,显得更加踌躇满志。

次日,即12月14日,伍德科克和邓小平预定在下午4点再次见面,但是伍德科克仍未收到华盛顿的指示。因为华盛顿那个小团队正忙得不可开交,他们在努力配合卡特的新计划,赶在次日即华盛顿时间12月15日完成关系正常化的声明。此前由于白宫的人员全力以赴,急于赶在1月1日前完成所有细节,其他官员开始怀疑他们是否正在搞什么名堂。卡特为了防止泄密突然惹恼国会,致使整个计划泡汤,遂决定加快行动,提前到12月15日而不是第二年1月1日宣布中美建交。正式公报将在关系正常化之后的1月1日公布。华盛顿那个秘密参与谈判工作的团队,需要努力在主要参与者之间取得共识,还要起草文件,筹划对付国会的策略,并考虑商业、军事和学术活动所必需的各种调整。为了赶上突然提前的新期限,他们正全力冲刺,已经被推到了崩溃的边缘。国务院的中国问题专家罗杰·沙利文(Roger Sullivan)也应白宫之邀向国务院告病3天,加入了白宫紧张忙碌的秘密工作,帮助准备所有必要的文件。

美方的北京团队也在忙得团团转。30年后,北京的美国大使馆搬进一座新建筑时,已有1000多名工作人员,但1978年的驻京联络处只有33人,而且其中只有几个人参与了这项高度保密的准备工作。[54]此外,就像华盛顿的团队一样,他们本来也预期在1月1日前完成所有关系正常化的谈判和文案工作,现在为了在12月15日这个新期限之前将一切准备就绪,他们需要全力以赴。

当邓小平和伍德科克在北京时间12月14日下午4点会面时,由于华盛顿的指示未到,他们只谈了关系正常化的日程表和邓小平未来的访美计划。邓小平接受美国加快宣布两国关系正常化的要求,并同意在 1 月 28 日这个美方认为方便的时间动身访美。然后两人休会,同意在伍德科克收到华盛顿的指示后,于当天晚上再次见面。[55]

在当晚 9 点的会谈中,邓小平和伍德科克讨论了对联合公报的措辞所做的一些微调,双方很快便达成了一致,并同意由章文晋和斯塔普莱顿·罗伊共同对措辞进行核查,以确保中英文文本的准确性和一致性。华盛顿接受了伍德科克的建议,同意中方列入反霸权条款的要求,因为《上海公报》中已经包含这一条款。会谈的气氛反映出双方都相信他们已经达成一致。伍德科克在给华盛顿的会谈报告中说,"邓小平对我们的会谈结果显然十分高兴,把它称为最重要的事件,还希望向总统、万斯国务卿和布热津斯基博士转达他的谢意。"伍德科克向华盛顿报告说,会谈"进行得一帆风顺"。[56]

与此同时,布热津斯基在与中国驻华盛顿联络处交谈时,吃惊地听到联络处主任柴泽民仍然认为美国已同意停止全部对台售武,他担心北京可能误解了华盛顿决心要继续售武的决定。[57] 美方答应邓小平的要求,在 1979 年不向台湾出售新的武器,但美国打算以后恢复对台售武。由于卡特、布热津斯基和奥克森伯格开始集中考虑如何向国会解释关系正常化协议,他们担心国会会立即将注意力集中到对台售武问题上。如果北京仍然认为未来不会再有对台售武,那么美国一旦宣布出售武器,将会给正在恢复正常化的美中关系造成严重后果。

风险之大不言而喻。在这个关键时刻,对邓小平宣称的不可动摇的"原则"的误解,足以使两国关系出轨。因此布热津斯发电询问伍德科克,他是否确信北京已经对继续对台售武表示谅解。伍德科克和罗伊马上拟好了电文,其中说,双方已把各自在军售问题上的立场明确记录在案。[58] 伍德科克回复布热津斯基说,他们此前已向中方讲明:"正式建交不排除美国人民继续同台湾人民保持一切商业、文化和其他非官方联系,我在 12 月 4 日已经就此向代理外长韩叙做了说明。"他在电文中又说，代理外长韩叙确实提出"明确反对建交以后向台湾出售武器"。收到伍德科克的电文后，卡特总统和布热津斯基认为，在邓小平是否明确理解了美国将在1979年以后继续出售武器这一点上仍存在疑问。于是布热津斯基又致电伍德科克，让他再去见邓小平，毫不含糊地表明，假如国会提出对台售武问题，他们出于政治原因不可能回答说1979年以后不再恢复出售武器。但是美国在出售武器时会有所节制。[59]

邓小平答应了伍德科克要与他再次会面的紧急请求。他们在北京时间12月15日下午4点见面时，伍德科克感谢邓小平愿意这么快就与他见面。他解释说，本着完全坦诚的精神，卡特总统"要有绝对把握不存在任何误解"。他接着宣读了白宫发来的声明，其中解释说，鉴于美国政治的需要，美方会继续对台售武。邓小平勃然大怒，但还是有所克制，他说，这完全不可接受。他发了十分钟的火，然后怒斥道，"为何又要提出这个售武问题？"伍德科克解释说，美方不想让总统在其声明中说一些让中国感到意外的话。邓小平接着说，"这是否意味着总统在回答记者提问时，会说美国将在1980年1月1日之后继续卖给台湾武器？"伍德科克答道，"是的，我们会继续保留这种可能性。"邓小平说，"如果是这样，我们不能同意，这实际上会阻止中国以合理的方式，通过与台湾对话解决国家统一问题。"他说，蒋经国会变得趾高气扬，"台湾问题将不可能和平解决，最终的选择就是动用武力"。[60]

这时伍德科克向邓小平保证，美国将极其慎重地处理这个问题。邓小平反驳道，中方早已明确表示不接受继续对台售武，他昨天就提到过这一点。伍德科克把责任揽了下来，他说，他本人大概有所误解。邓小平变得十分恼怒，伍德科克和罗伊严重怀疑邓小平是否还会同意关系正常化。

经过将近一小时的会谈和连珠炮一般的反对后，邓小平说，台湾是唯一悬而未决的问题："我们该怎么办？"伍德科克答道，他认为在关系正常化以后，随着时间的推移，美国人会接受台湾是中国的一部分，支持中国的统一——当时很多美国官员也和中国官员一样，认为这会在几年内发生。伍德科克说，头等大事是完成关系正常化。邓小平说："好。"话音一落，僵局随之冰释。

会谈结束时，邓小平提醒说，如果卡特总统公开宣扬对台售武，中方将不得不做出反应，任何公开争论都将有损于中美建交的重大意义。伍德科克向邓小平保证，美国将尽力让全世界认识到，中美建交的意义正如双方共同相信的那样极其重大。邓小平说，"好吧，我们如期公布建交文件。"邓没有再和其他任何中国官员协商，中美建交一事就这样尘埃落定了。

在美国继续对台售武的情况下，邓小平依然决定实现两国关系正常化。关于他本人在做出一生中这个最重大的决定之一时有何考虑，没有任何记录可考。但他知道，这个决定将使他最珍视的目标之一——在有生之年看到台湾回归大陆——的实现变得异常困难。那么他为什么还要同意呢？当时他刚刚在其势均力敌的同事中成为中国的头号领导人，他可能认为，实现中美关系正常化可以加强他在中国领导层中的个人地位。或许更重要的是，邓小平还知道，与美国实现关系正常化，会让中国更容易得到它在现代化建设中所需要的知识、资本和技术。布热津斯基几周前曾告诉柴泽民，美国政治提供了一个短暂的机会，如果他们不迅速行动，下一个机会就得等到1979年底了。多年以来，关系正常化的过程障碍不断，邓小平看到机会难得，他不想放过。

邓小平当时的另一个重要考量，是苏联从南部对中国日益增长的威胁。他当时相信存在着很现实的危险，苏联有可能进入越南，经由泰国和马来西亚向马六甲海峡扩张。他认为，高调展示中美合作可以让苏联变得更谨慎，还可以减少苏联对中国攻打越南可能做出反应的危险。邓小平还知道，勃列日涅夫想在他之前访问华盛顿，而与伍德科克达成协议很有可能使他抢在勃列日涅夫之前成行。邓小平做出了深思熟虑的决定,因为他知道自己没有足够的力量使美国既同中国建交,又停止对台售武。如果他想要关系正常化,他就得付出向美国对台售武做出让步的高昂代价。他并没有放弃统一台湾的目标。他会在中美建交之后,利用一切机会迫使华盛顿减少对台售武。

中美建交协议在北京和华盛顿同时宣布。北京时间12月16日上午10时,华盛顿时间12月15日晚9时,双方发布了联合公报:"美利坚合众国和中华人民共和国同意相互承认,并于1979年1月1日建立外交关系。"卡特总统向美国公众做出宣布。在中国,名义上仍然是国家元首的华国锋举行记者招待会宣布了这一决定。这条新闻在北京播出后,不论在民众中还是党内,都呈现出一派欢欣鼓舞的气氛。

蒋经国是在半夜被叫醒,得知即将发布公报的消息的,台湾人的愤怒一如北京人的欣喜。台湾官员及其在美国国会的朋友怒不可遏,一些保守派也跟着声讨打算与"共产党敌人"合作的美国官员。但是,文化差异极大的两个大国将携手建立一个更加和平的世界,这一前景无论对美国民众还是中国民众都很有吸引力。正如卡特总统本人所说,"我们本以为在全国和国会内部会发生严重对立,然而这并没有成为现实……整个世界几乎都是清一色正面的反应。"[61]

邓小平访美,1979年1月28日—2月5日

6个星期之后,邓小平和妻子卓琳、伍德科克和妻子莎朗以及邓小平的随行人员登上了飞往美国的波音707飞机。随行人员说,在这次长途飞行的大部分时间,邓小平处于清醒和警觉的状态,他既不阅读也不说话,只是沉思默想。从某种角度来说,邓小平一定感到极其愉快,他不但成功地与美国建交,而且从个人角度来看,他在第三次被撤职后又重新成为中国的头号领导人,而且即将成为

第一位作为美国国宾的中共领导人。

但是邓小平也肩负重任,他的这次出访极其重要。他在会见外宾之前,会用几分钟时间理清讲话的思路。现在他必须思考对很多人将要说的话。他会发表一些事先准备好的讲话,但很多讲话是即席发言,甚至没有提纲。并且他已经决定打越南,因而存在着苏联可能进攻中国的危险。如何确保美国与中国合作对抗苏联,又不让正在试图与苏联达成协议的卡特厌烦?关于越南问题他应当对卡特说些什么?为了推动中国的现代化,他要跟美国总统、国会和民众建立良好的关系,怎样做才最为有效?1月9日他曾对萨姆·纳恩(Sam Nunn)参议员率领的代表团说,他在美国不会讨论人权问题;他说,他对美国在人权问题上施压的方式是有一些看法的,但他不会提到它们。[62] 如果遇到亲台湾的示威者他该如何对待?应当如何应付西方的电视节目主持人?随行的33名中国记者每天都要向中国观众发回新闻和电视报道,他对他们应当说些什么?如何能够保持对美国的压力,使其减少对台售武,但又不至于引起美国官员的敌意?

万斯和他的班子为邓小平抵达华府做准备时,给卡特和其他接待邓小平的官员准备了有关邓小平和这次访问意义的简报。万斯在这份13页的备忘录中说,邓小平是一个"非凡人物——急躁、好胜、自信、坦率、直接、强硬、头脑精明"。万斯预测说,邓小平的目标大致包括:帮助卡特说服国会和美国人民接受中美建交;拓宽美中关系,使这些改变变得不可逆转;激起美国对越南的敌意。但是,缓和美中先前紧张关系的重要意义,远远不局限于这些个别的目标,它能够"对亚洲的政治与战略格局和全世界造成显著的影响"。[63]

在邓小平抵达之前,他的访问已经引起了公众的极大兴趣,超过了自赫鲁晓夫1959年访美以来的任何外国领导人。美国媒体上充斥着有关邓小平的各种报道:他复出的故事,他推动改革开放的决定,他要实现中美关系正常化的信念,以及他的这次美国之行。《时代》周刊1月份第一期将邓小平选为1978年的"年度人物",理由是他让一个封闭的共产党国家步入了新的开放之路。《时代》周刊承认华国锋仍是主席,但是把邓小平称为中国四个现代化的"建筑师"(architect)。《时代》不知道华国锋在中央工作会议上已元气大伤,将邓小平称为中国的首席执行官,华国锋则是董事会主席。

长期以来,美国民众对地球另一端那个神秘、封闭、古老的文明一直充满好奇。邓小平的来访提供了一道迷人的景观,引起的关注甚至超过了1972年尼克松的访华。这位性格开朗的小个子领导人,会更像是一个刻板教条的"共产党人",还是像美国人那样较为开放?美国工商界盯着中国这个正在开放的潜在大市场,展望能将他们的产品销往中国的前景,争着想得到出席国宴的邀请。想在中国设记者站的新闻机构也争相吸引邓小平及其代表团的注意。

访问开始时,卡特总统表现得像邓小平一样克制而严肃。他为中东带来和平的努力最初似乎大有希望,但此时已经化为泡影;他在民意测验中的支持率已经跌到了30%左右。他曾对公众和国会对他决定同台湾正式断交、和共产党大陆恢复正常关系做何反应表示忧虑。国会议员在谈判期间一直被蒙在鼓里,他们是否会对谈判没有征求他们的意见表示不满?卡特也很容易受到那些支持台湾的人的指责,因为他抛弃了老伙伴,而且在通知台湾总统蒋经国时采用了很不得体的方式——让美国官员在凌晨把他叫醒,告诉他当天稍后美国将宣布与台湾断交,与大陆实现关系正常化。

邓小平的访美安排进行得极快。他在1月28日抵达华盛顿,离12月15日两国达成协议只有不到6周的时间。双方为了使访问取得成功,都工作得加倍努力,而邓的此次行程总体上也一帆风顺。邓小平的飞机降落在安德鲁空军基地后,他转乘加长轿车前往首都的布莱尔饭店,美国政府的重要客人一般都下榻于此。美国的东道主知道邓小平有使用痰盂的习惯,便在布莱尔饭店里摆放了几个闪闪发光的新痰盂。其他的细节他们也考虑得很周到。在访问期间，他们不会把邓小平带到有军事设施或有不能卖给中国的技术的地方。为中国代表团提供的肉食不能是大块的，而要切成小片，使习惯于用筷子进食的官员易于取用。佐治亚州州长乔治·巴士比（George Busbee）问邓小平，他在美国有没有发现什么特别的事，邓小平半开玩笑地说，他没想到美国人居然每一餐都吃小牛肉——原来华盛顿和亚特兰大细心的东道主此前获悉邓小平爱吃的食物中有小牛肉，便连续几次晚餐都给他上小牛肉。结果，邓小平下一次进餐时，小牛肉就消失了。

美国的东道主担心安全问题，尤其是在开放的户外空间。在白宫草坪的欢迎仪式上，有两个人在记者席上大呼"毛主席万岁"，被保安官员迅速带离，邓小平则表现得若无其事。[64] 当时还没有能在建筑物入口处监测携带武器者的金属探测器，因此保安人员尽其所能万分戒备。还有一个担心是恶劣天气妨碍车队的出行。因此，除了华盛顿之外，在为邓小平访问而挑选的另外3个城市中，两个是气候温暖的亚特兰大和休斯敦，另一个是气温适宜的西雅图。选择亚特兰大顺理成章，因为它位于卡特的家乡佐治亚州。伍德科克曾在1月1日问邓小平，他访美时想看些什么，邓小平立刻回答说，他想看一看太空探勘设备和其他先进技术。[65] 他在休斯敦参观了美国航空航天总署的设施和最先进的油井钻探技术，然后飞往西雅图，波音公司正在这里生产中国刚刚开始购买的新型喷气式客机。他感兴趣的是生产，不是消费。除了在布热津斯基家中与客人一起用餐，他没有参观商店或访问私人家庭。在亚特兰大，邓小平参观了福特公司的一家最先进的汽车厂，为他导游的是过去他在北京接见过的亨利·福特二世。

在美国事务上，邓小平没有一个高级顾问对美国的理解能够达到廖承志对日本的精通程度，但是他有曾在美国生活数年的黄华外长和中国社科院美国研究所所长李慎之陪伴，后者对美国的历史和宗教都有深入研究；此外还有邓小平的主要译员冀朝铸，他年幼时在美国生活多年,曾经就读哈佛,直到1950年大学三年级时回到中国。[66]

在邓小平访美期间,中国驻华盛顿联络处(3月1日即将升格为中华人民共和国大使馆)的官员忙得不可开交,甚至无暇接听电话。这些中国官员都是在中国学的英语,缺少在美国的经验;各项工作,包括保安、后勤、与美国东道主的协调、准备祝酒词和讲话、应付大约950名西方媒体记者和33名中国媒体代表的要求等等,让他们不堪重负。他们为了把工作做好而紧张地忙碌着。

中国媒体对邓小平访美做了广泛报道。当时的中国平均每千人才有一台电视机,而且大多是在重要官员的办公室里,每台电视机往往都有一大群人同时观看。中国的城市当时只有一个电视台——中央电视台。邓小平的随行人员中不仅包括大报和新华社的记者,还有中国的首席新闻播音员赵忠祥,他在美国负责制作半小时的节目,每天行程结束后传回国内。此外,中国的一个电影摄制组制作编辑了一部纪录片,将于访问结束后在国内放映。对于许多中国人来说,邓小平的访美使他们有机会直观地看到美国,看到它的现代工厂、它的政治领袖和普通民众。[67]邓小平鼓励中国民众对美国的这种兴趣,他希望这有助于中国观众明白自己的国家是多么落后,多么需要变革。

在访美行程的前几天,邓小平仍然很拘谨。他一本正经,态度严肃,甚至挥手时也中规中矩。他没有举行记者招待会,也很少流露感情。

华盛顿

邓小平在1月28日抵达华盛顿并休息了几个小时后,便出席了在布热津斯基——邓的反苏和支持关系正常化的盟友——家中的非正式小型晚宴,这是去年5月他就答应了的。经过长途飞行之后,邓小平看上去难免有些疲劳,但据布热津斯基说,邓小平和妻子展示了出色的幽默感,邓还证明了自己反应敏捷。布热津斯基说,中国和法国的文明都自认为高人一等,邓小平答道,"不妨这么说,中国菜在东亚是最好的,法国菜在欧洲是最好的。"[68] 布热津斯基说,卡特要与中国恢复邦交时,遇到过美国国内亲台湾的游说团体的麻烦,他问邓小平是否在国内也有类似的麻烦。邓小平敏捷地答道,"我也有啊,台湾的 1700 万中国人就反对。"[69]

席间有人问邓小平,如果中国受到苏联的攻击,会做出何种反应。邓小平对在座的人——包括副总统蒙代尔、国务卿万斯、布热津斯基、米歇尔·奥克森伯格——说,中国有核武器,可以打到布拉茨克大坝、诺沃西比尔斯克,甚至有可能打到莫斯科。毛泽东曾说过中国能够打持久战把敌人拖垮,从核打击和外敌入侵中挺过来。邓小平对最坏的情况也有通盘的考虑。在这次非正式的交谈中,他很严肃地对布热津斯基说,他希望和总统有一个小范围的私下会晤,谈一谈越南的事情。[70]

第二天 1 月 29 日,邓小平在上午和下午都与卡特总统举行了会谈,午餐由万斯国务卿做东,晚上则是正式的国宴。卡特在当晚的日记中写道:"和他会谈很愉快。"[71] 卡特说,邓小平听得十分认真,也对他的讲话提出了一些问题。在次日上午他们的第三次也是最后一次会谈中,据布热津斯基说,卡特和邓小平坦诚而直率,他们的讨论更像是盟友而不是对手之间的会谈。

第一次会谈时邓小平请卡特先发言。卡特介绍了他对国际形势的看法,强调美国感到有责任帮助世界人民改善生活质量,其内容包括政治参与、免于本国政府的迫害、摆脱外来强权。轮到邓小平发言时他说,中国领导人过去认为最大的危险来自两大强权,但他们最近开始认为美国的危险要小于苏联。接下来当邓小平谈到苏联扩张主义的潜在危险时,他变得专注而且极其严肃。他承认中美两国现在结成同盟没有好处,但他相信两国应当密切合作对抗苏联的扩张。

邓小平将越南称为东方的古巴,是苏联从南部威胁中国的基地。在邓小平看来,苏联和越南已经建成一个亚洲集体防卫体系,威胁着所有周边国家。"中国实现全面现代化需要长期和平",因此中美两国应当协调行动,遏阻苏联。中国现在还不可能与韩国直接接触,但他希望朝鲜半岛南北双方能够举行走向重新统一的谈判。[72] 中国也可以同日本——他去年10月刚访问过那里——合作限制苏联的扩张主义。他在赴美之前也曾对《时代》周刊的赫德利·多诺万(Hedley Donovan)说,中国要同日本和美国一起对付俄国这头北极熊。[73]

下午的会谈——1月29日三次会谈中的第二次——快要结束时,邓小平再次要求与卡特举行小范围的私下会谈,讨论一个机密问题。于是卡特、蒙代尔、万斯和布热津斯基同邓小平和他的译员一起离开了在座的其他人,去了椭圆形办公室。在那里进行的一个小时的会谈中,邓小平以严肃而又果决的作风,说明了他要对越南进行惩罚性打击的计划。他解释说,苏联和越南在东南亚的野心造成严重威胁,这将以越南占领柬埔寨作为起点。邓小平说,必须打破苏联的如意算盘,适当地给越南一个小小的教训。卡特想让邓小平打消进攻越南的念头,不过他没有说反对此事。他表示担心,中国如果进攻越南就会被视为侵略者。他知道这将更难以争取到国会对中美合作的支持,尤其考虑到,维护和平正是他的行政当局为发展中美关系提出的理由之一。

次日邓小平又和卡特私下会晤,就中国进攻越南进行了最后的会谈。卡特向邓小平读了他连夜亲笔写好的笔记,解释他为何建议中国不要这样做的原因。卡特说,"中国挑起的武装冲突,将使美国对中国的普遍政策以及和平解决台湾问题的未来产生严重关切。"[74] 邓小平解释了他为何要坚持自己的决定,但是他向卡特保证,即使中国军队发动进攻,也会在10天到20天后撤出。邓小平又进一步坚持说,中国攻打越南的好处将是长期的。如果中国这一次不给苏联一个教训,苏联就会像利用古巴那样利用越南。(邓小平还预言苏联也会进入阿富汗,而苏联确实在 1979 年 12 月入侵了阿富汗。)然后邓小平和卡特回到众人之中。卡特注意到,邓小平在完成了他真正严肃的任务之后,又变得轻松愉快起来。[75]

美国和中国都担心苏联有可能介入中越冲突。邓小平访美后不久,美国官员就发出警告说,苏联如果开始利用越南的金兰湾作为海军基地,将是严重的挑衅行为。[76] 虽然卡特不支持中国打越南,而且后来将这一点通告了苏联,但是当中国在 2 月对越南发动进攻时,邓小平已经达到了自己的目的:使苏联对于站在越南一边变得更加谨慎,因为他们现在要担心美国有可能采取某种报复行动。

邓小平在华盛顿期间也希望落实向美国派遣留学生一事。然而卡特总统对学生交流却有自己的顾虑。他首先抱怨说,中国把外国在华留学生与中国学生隔离开来。邓小平解释说,这样做是因为中国大学的生活条件不好,想给外国人提供一个可以接受的生活环境。卡特接着又说,他不希望由中国来选择哪一些外国学生可以被接受。邓小平笑着说,中国足够强大,可以承受背景不同的学生,中国也不会将意识形态作为衡量是否接受他们的标准。他又说,对记者的外出采访活动仍要加以限制,但不会审查他们的稿件。

在最后的会谈中,卡特和邓小平签署了有关领事馆、贸易、科技和文化交流的协议。邓小平表示,假如美国和日本敦促台湾与北京谈判,美国减少对台军售,它们就能为世界和平做出贡献。他对卡特说,北京只有在两种情况下才会对台湾动武,一是台湾长期拒绝与北京谈判,二是苏联涉足台湾。[77]

据布热津斯基说,为邓小平举行的国宴大概是卡特入主白宫 4 年中最为讲究的宴会。[78] 据卡特本人说,在 1 月 29 日的宴会上,由于邓小平个头小,兴致又高,在他的女儿艾米和其他在场的孩子中间大受欢迎,双方似乎都十分愉快。[79] 邓小平的女儿在讲述自己的家庭生活时也说，父亲很享受儿孙绕膝的乐趣，尽管他说话不多。

卡特利用国宴的机会，善意地与邓小平谈起两人对外国在华传教士的不同观点。卡特过去当过教会主日学校的教师，年轻时曾把零花钱通过教会捐给在华传教士。他赞扬了传教士在中国发挥的作用，指出在华传教士中有不少好人，还提到他们所建立的学校和医院。邓小平回答说，他们很多人都想改变中国的生活方式，他承认一些教会学校和医院仍在运转，但是他表示反对批准恢复传教活动。卡特还建议邓小平允许发放《圣经》和信仰自由。当卡特后来访华时，他对中国在这两个方面取得的进步感到满意。

尼克松访华时邓小平还在江西的"桃花源"中下放，但邓访美时提出希望与尼克松见一面，代表中国人民向这位在恢复中美邦交上做出贡献的前总统表达谢意。卡特答应了邓小平的请求，同意两人私下见面，卡特也邀请尼克松出席了为邓小平举办的国宴，这是尼克松在1974年8月不光彩地离开之后第一次回到白宫。[80] 这次白宫之行后，尼克松给卡特写了一封周到的私人信件，表示支持卡特的建交决定，并就美中关系的未来提出了一些看法。[81]

国宴之后是肯尼迪艺术中心的演出，演出向全国电视观众做了直播，一位美国官员说它"大概是整个卡特当政期间最风光的一个晚上"。[82] 佐治亚的花生农场主卡特和军人邓小平，他们各自代表自己的国家，手拉着手站在一起。当他们被介绍给观众时，乐队奏响了《好想认识你》。[83] 包括艾米·卡特在内的一群美国儿童用中文演唱了几首邓小平喜爱的歌曲后，邓小平出人意料地走上台去吻了他们的额头。据蒙代尔副总统说，当时大厅里人人眼中闪动着泪光，他也许并没有夸大其词。[84]

在与内阁官员的会谈中，邓小平主要谈的是贸易问题。他在1月31日和他们的会谈中预言，如果中国能得到贸易最惠国地位（事实上是指正常的贸易关系），那么用不了多久，美国和中国大陆的贸易额（当时与美台贸易额差不多）就能扩大10倍。在与行政官员的会谈中，邓小平与美方达成了解冻中国在美资产和美国在华资产的协议。美方官员同意，除了将各自的联络处升格为大使馆，两国还将在其他城市设立两个领事馆。邓小平还和美方人员讨论了两国开通直飞航线需要做的事情。中方官员同意制订一个让美国媒体在华设立记者站的时间表。邓小平还参加了一些促进学术和科学交流的会谈。

邓小平并不完全明白逐步提升技术所需的过程，他也不完全理解私人公司要利用专利和版权收回其研发成本的考虑。邓小平才刚刚开始意识到这些复杂的问题，仍对此怀着过高的期望。他简单地宣布，他要的不是1970年代的技术，而是最尖端的技术。[85]

在与国会参议院的会谈中，他的东道主是参议员罗伯特·比尔德（Robert Byrd），在众议院会谈中接待他的则是众议院议长提普·奥尼尔（Tip O'Neill）。对奥尼尔谈到的分权制度，尤其是立法和行政部门为权力和影响力而相互竞争这一点，邓小平很着迷。他本人颇为喜欢奥尼尔，后来奥尼尔又应邓之邀去北京会晤了邓小平。但奥尼尔后来写道，邓小平绝不怀疑，至少就中国而言，分权制是一种十分低效的治国方式，是中国应当避免的。[86]

在邓小平与美国国会的会谈中出现的一个关键问题是，中国是否允许人民自由移民。美国国会在4年前通过了《杰克逊和范尼克修正案》（Jackson-Vanik Amendment），要求共产党国家允许希望移民的人自由离开，然后国会才能批准这些国家享有正常贸易关系。当国会议员逼问邓小平中国是否允许自由移民时，邓小平回答说，"噢，这事好办！你们想要多少？一千万？一千五百万？"他说的时候不苟言笑，国会议员们再也不敢追问下去。结果中国得到了豁免，得到了最惠国待遇。[87]

尽管做了精心准备，为美国的"中国通"而举办的一个招待会在地点选择上还是出了大娄子。招待会的举办地点是国家美术馆的东展厅，这座漂亮的建筑由著名的华裔美籍建筑师贝聿铭设计，之所以如此选择是为了彰显华裔美国人的作用。参加招待会的是关心中国的工商界、学术界和外交界人士，主办方是外交政策协会、美国国家美术馆、美中关系委员会、对华学术交流委员会、亚洲学会和美中商会。这是一次各界人士出席的盛大集会，其中很多人已经在香港相识，因为在中国对外开放之前，那里是政府、新闻界、商业界和学术界观察中国的主要中心。这是个喜庆的时刻，也是一个很多参加者为之努力并期盼已久的值得庆祝的日子。可是贝聿铭后来听说这次招待会请邓小平在那里讲话后，感到十分错愕，因为那个地方根本没有为公开演讲进行声学设计。事实上，当邓小平讲话时，尽管有麦克风，参加招待的人仍听不清他在说些什么，他们继续跟朋友们不时地相互寒暄。邓小平身边的人知道他不高兴，但他继续念自己的讲稿，没有流露出任何不快，仿佛是在对党代会上一群听话的、坐着一动不动的党员们讲话。[88]

亚特兰大、休斯敦和西雅图

在与华盛顿官员的会谈中，邓小平谈的是全球战略问题。但是在参观各地的旅途中，他则着重考察现代工业和交通，并鼓励美国商人对华投资、学术界人士促进学术交流、普通民众支持两国建立更紧密的联系。[89]在与工商界人士的交谈中，他强调中国有很多商品可供出口，用来购买他急于得到的技术。[90]在他停留的大多数地方都有挥舞着台湾"国旗"的抗议者，有些地方还有狂热的美国左派抗议邓小平投靠资产阶级，背叛毛的革命。不过大体而言，他的听众中洋溢着支持的气氛——其中混合着热情、好奇与善意。[91]

邓小平在访美期间没有举行公开的记者招待会，也没有在电视上现场回答问题。但是他给和他同行的美国记者留下的印象是，他平易近人，努力回答记者们和他在旅途中遇到的工商业人士的问题。他确实接见了主要电视台的4位主播。[92]其中唐·奥伯多弗尔是一位杰出的外交和亚洲事务记者,他在邓小平到4个城市参观时也一路随行。据奥伯多弗尔说,在华盛顿的前几日访问结束之后,邓小平就放松下来了。他在各地挥手向人群致意,并和他们握手。对于特殊的朋友,如在西雅图遇到的参议员亨利·杰克逊,他会送上热情的拥抱。奥伯多弗尔描述邓小平时说:"他的眼光中混杂着迷茫与兴奋,那更像是年轻人而不是老人的特点。"[93]

1月31日,邓小平在下榻的宾馆接受了费城坦普尔大学授予的荣誉学位,他在演讲中说,"坦普尔大学也以坚持学术自由而闻名,我认为这是贵校取得成功的一个重要因素。贵校为我这个信仰马克思列宁主义和毛泽东思想的人授予荣誉博士学位,就充分证明了这一点。……美国人民是伟大的人民,在短短的两百年时间里创造出了巨大的生产力和丰富的物质财富,为人类文明做出了杰出贡献。美国在发展生产的过程中积累的丰富经验,也可以让其他国家从中学习受益。"

在亚特兰大,邓小平迷住了卡特总统家乡的人们。尽管他只在那里待了23个小时,在几天内却一直是媒体上的主角。他在有1400人参加的午宴上发表了讲话,赞扬亚特兰大历史上的领导人在内战之后重建城市的表现。[94]他把这座城市的过去与中国的现在联系在一起:美国南方一直被认为是比较落后的地区,"但现在它已经成了领跑者。我们在中国也面临着改变我们落后面貌的任务……你们的伟大勇气鼓舞着我们的信心"。[95]亚特兰大的报纸刊登了一幅邓小平妻子卓琳拥抱艾米·卡特的照片,并报道了她在罗萨琳·卡特女士的陪同下,在华盛顿参观艾米的学校、一家儿童医院和华盛顿动物园的大熊猫的情况。[96]

伍德科克回忆说,在休斯敦,邓小平钻进了约翰逊太空训练中心一个复制的太空舱,他"很着迷……在这个模拟着陆的运载器中他非常开心,我想他大概愿意一整天都待在里面"。[97]在休斯敦以西37英里的西蒙顿牛仔马术表演中,奥韦尔·谢尔(Orville

Schell）报道说,"邓小平在他的助手、部长和翻译的簇拥下,就像小镇上的老练政客一样用力地挥着手。邓小平……走到围栏前……一个姑娘骑着马飞奔而至,把自己的宽边呢帽递给了邓小平,口哨和欢呼声在人群中响成一片。他们高兴地看到,邓小平像表演一样把他的新帽子戴在头上。他用这个简单的动作,不仅结束了中美两国30年的怨恨,也给了他的人民某种许可,让他们和他一起接纳美国的生活和文化……消除中国对西方根深蒂固的抵制。"[98] 在全美国,邓小平一脸笑容、戴着牛仔帽的照片,成了他访美的象征。它给美国公众传递的信息是,邓小平不但很幽默,而且不太像"那些共产党",而是更像"我们"。《休斯敦邮报》的头条标题是:"邓小平不问政治,成了得克萨斯人。"[99]

除了参观福特和波音的现代工厂、石油钻探设备和休斯敦太空中心,邓小平还乘坐了造型流畅的直升飞机和气垫船。在参观现代工业场所和航天中心时,邓小平及其随行人员进一步加强了他们访日时得到的印象:中国为了实现现代化,在组织与管理上必须进行巨大的改革。[100] 邓小平与摩天大楼和高速公路上川流不息的汽车一起,被展现在中国的电视屏幕上。

行程结束时,邓小平在西雅图说,"我们两国是隔洋相望的邻居。太平洋不应该是一道障碍,今后应当成为一条纽带。"[101] 在就要离开西雅图飞往东京时,邓小平患了感冒（伍德科克回忆说,"我们全都既兴奋异常,又筋疲力尽"）。黄华外长代他出席了最后一次记者和主编的早餐会。动身之前,在机场内——因为外边寒风中飘着细雨——举行的最后一次通报会上,因发烧而略带鼻音的邓小平说,"我们带着中国人民的友谊而来,满载美国人民的情谊而归。"[102]

星星之火,可以燎原

吉米·卡特在他的私人日记中写道:"邓小平的来访是我在总统

任内最愉快的经历之一。对我而言一切都很顺利,中国领导人似乎也同样愉快。"[103] 卡特对邓小平的描述是:"聪明、强硬、机智、坦率、勇敢、有风度、自信且友好。"[104] 卡特也感谢邓小平能够体谅美国的政治现实,没有强调两国关系的反苏基础,因为这样的言论将有损于美苏两国达成军备控制协议的努力。[105]

这次访问象征着两国将携手创造一个和平的世界,这对中美两国人民都有巨大的感召力。如果说访问的成功有赖于邓小平的个人特质的话,那么这些特质包括他为改善中美关系所做的真诚努力,他内心深处的自信,以及他担当这个特殊角色时的游刃有余。这些素质使他能够完全表现出自在、坦率和机智,以及在得到听众的赞赏时由衷的喜悦。一些敏于观察的中国人说,邓小平平时并不张扬自己,但一旦遇到挑战他就能充分振作起来,这正是他在美国的表现。

20 年前,苏联领导人尼基塔·赫鲁晓夫曾在美国刮了 13 天旋风。赫鲁晓夫个性张扬、固执己见且很爱热闹,邓小平显然与之不同。事实上,赫鲁晓夫的确更加惹人注目。他和邓小平都想开创与美国关系的新时代。邓小平较为拘谨,做事有板有眼,不愿改变自己的计划。[106] 但是,邓小平通过他所达成的交流计划以及同美国工商界的接触,为稳定的中美关系打下了更深厚的基础,这是赫鲁晓夫没有为苏美关系做到的。在各个城市听过邓小平讲话的美国商人,马上着手准备去中国寻找商机。在亚特兰大与他见过面的 17 位州长中,有不少人计划与当地商人组团访华。商务部长冉尼塔·科雷普斯(Juanita Kreps)、农业部长鲍伯·贝格兰(Bob Bergland)和能源部长詹姆斯·施莱辛格(James Schlesinger)也准备在未来几个月率团在各自领域内与中国拓展关系。国会议员们,即使很多过去批评过中国的人,也都争相加入访华的行列。赫鲁晓夫在访美 5 年后被赶下了台,而邓小平在访美后的 10 多年里一直担任中国的头号领导人,得以见证他在美国播下的种子结出累累硕果。

邓小平在访美期间,于 1979 年 1 月 31 日和国家科委主任方毅一起同美国签订了促进科学交流的协议。[107] 1979年初第一批50名中国留学生抵达美国,他们前途远大,但准备不足。邓小平访美后的一年里,有1025名中国人持学生签证赴美,到1984年时则有14000名中国学生进入美国大学,其中三分之二所学专业是自然科学、医学和工程。[108] 北大和清华这两所中国的顶尖级大学,被非正式地看作赴美深造留学生的"预科学校"。1979年标志着中断了30年的中美交往重新恢复,但是短短几年之内,中美交流的范围和规模就远远超过了1949年以前的水平。

美国国务院一些有头脑的官员,虽然完全相信美中恢复邦交的价值,但是对邓小平访美期间美国对中国的过度情绪化反应也表示担忧。他们担心美国政府和媒体向美国民众过度推销中国,就像他们在"二战"期间过度推销蒋介石一样;当时美中两国是同盟,美国民众对国民党内猖獗的腐败毫不知情。在邓小平1979年引人瞩目的访美行程之后,热情的美国人并不了解中国共产党仍在继续施行的与美国不同的制度、中美两国在国家利益上的分歧以及那些仍然妨碍着解决台湾问题的巨大障碍。[109]

邓小平访美对中国的作用,甚至比对美国的影响更大。邓小平的访问改变了美国人对中国的印象;而在中国,他的访问使中国人的思维方式和未来观发生了一系列巨变。邓小平访美使中国民众了解了现代生活方式,其作用甚至大于他对日本和东南亚的访问。中国电视上每天播出的新闻和邓小平访美期间制作的纪录片,展现了美国生活十分正面的形象——不仅是美国的工厂、交通和通讯,还有住着新式住宅、拥有各种现代家具和穿着时髦的美国家庭。一种全新的生活方式被呈现给中国人,让他们趋之若鹜。甚至连在北京的为数不多的美国人与中国人之间的藩篱也被冲破,相互之间到家里做客不再受到禁止。毛泽东当年说过对革命来说"星星之火,可以燎原"。中国在1979年以后也经历了一场革命,其规模和持续时间远远超过毛的革命。点燃这场革命的火星固然有许多,但其中迅速形成燎原之势的火星,当推邓小平的访美。

就像美国人对邓小平做出了过度反应一样,很多中国人也对邓向美国的开放做出了过度反应。有些中国人想一夜之间就能得到一切,没有意识到在能够享受经济增长的成果之前,中国需要做出多少改变。还有一些人急于引进中国的现实还难以适应的制度和价值观。在中国和西方道路之间找到适当的平衡并不容易,但是对外开放带来了中西的杂交优势和思想的复兴,它们随着时间的推移将重新塑造中国。

1979年2月结束访美时,邓小平对他的翻译施燕华说,通过这次访问,他已完成了自己的任务。最初施燕华并不明白邓小平的意思。无论在邓小平的随行人员还是与他会面的外国人看来,他显然很享受这次出访——这个看看外部世界、听人们对他说些恭维话的机会似乎很让他愉快。但这并不是他出访的目的。他出访是因为他要为自己的国家完成一项任务。他认为自己有责任改善与邻国的关系,向日本和美国进一步敞开国门。这既是为了遏制苏联,也是为中国的现代化争取帮助。现在他已经完成了自己的使命,履行了自己的职责,他可以转向另一些重要任务了。邓小平在当时的13个月里5次出访国外。虽然他又活了18年,但是从此再也没有迈出国门。[110]

第12章
重组领导班子，1979—1980

邓小平1978年12月成为中国的头号领导人时，他自己的领导班子还没有到位，也没有形成足以凝聚民众的有关中国未来的明确构想。当时，他要与仍正式担任党的主席和政府总理的华国锋及其在政治局的4个支持者分享权力。1978年12月，邓小平已步入权力结构的顶端，但这个权力结构并不是由他创立的。

邓小平不太在乎头衔，他更为看重建立一个能干的班子和组织，他能与之一起致力于中国的现代化建设。还要再用一年时间，他才能取得牢固的控制权，选出关键领导人，使他们和他的计划到位。在这段时间，他要削弱和清除华国锋及其支持者，用自己的班子取而代之，逐渐推进自己的纲领。他成为头号领导人后，还要想办法对付毛泽东去世后在党内仍然无处不在的影响。他在为自己的领导班子和中国人民制定新的路线时，要尽量减少一些人的抵触情绪——他们仍然崇敬毛泽东，指责邓小平是中国的赫鲁晓夫，要在中国搞"非毛化"和"修正主义"。

1979年春天，邓小平力求对某些担心邓小平可能大胆地推动开放的保守派有所安抚。军队和政府的很多高层干部对邓小平攻打越南的决策是否明智也有所疑虑，并公然表示他们担心邓小平正在背叛党,把国家带向资本主义道路。1979年3月30日邓小平关于"四项基本原则"的讲话,是很重要的一步,弱化了保守派的批评。但是,他还要与抵制他的势力周旋数月,才能牢固建立起自己的班底。

邓小平得到了强大的支持,但对他的抵制也很明显。例如,军队报纸《解放军报》在5月21日的一篇报道中说,许多部队单位抵制对"实践是检验真理的唯一标准"的讨论。据一些单位说,多达三分之一的军人不支持三中全会精神。有报道说,很多军人拥护华国锋,不是因为他本人的成就,而是因为毛泽东选定了他,因为他们认为华国锋拥护毛泽东的路线方针。[1] 城市精英倾向于批评毛泽东,但农村人普遍更愿意接受对毛泽东的崇拜。来自农村的军人尤其喜欢农村的集体制度,因为它给军属提供特殊照顾,很多人退役后有望在农村的集体单位就业,他们觉得邓小平的改革威胁到了这种制度。

为了对付这种压力,邓小平在1979年春天发动了一场运动,以巩固对"实践是检验真理的唯一标准"讨论的支持,他指示干部要"补一补课",以加强他们对他的改革路线的支持。在公开场合,邓小平并不批评毛,而是把那个时期的问题归到林彪和"四人帮"头上。为了维护党的团结形象,他小心地不与华国锋直接对抗,而是只批"两个凡是"。

虽然华国锋主席的权力已被削弱,他还是在5月18日开幕的五届全国人大第二次会议上作了政府工作报告。当时与会者都没有意识到,这是华在党或政府会议上的最后一次重要讲话。这次讲话后不久,邓小平觉得对党进行调整的时机已经成熟。

登黄山归来与党的建设

1979年7月11日,邓小平启程前往华北和华中,进行了为期一个月的出游。这次出游从登安徽省的黄山开始。黄山是中国的名山之一,在文学和历史上一向享有盛誉。邓小平于7月13日开始登山，两天后返回。对于任何一个75岁高龄的人来说，这种旅行都是令人惊叹之举。邓小平登山即将结束时歇脚的照片被广为传播，照片中的他卷着裤脚，拿着手杖，一副神采奕奕的样子。邓小平回到山下的住处时，迎候他的是他的盟友、安徽省委书记万里，后者曾解决过铁路运输的难题，如今正在为清除农村改革的障碍铺路。邓小平在黄山的住处也有记者在迎候，他对记者们说，"黄山这一课，证明我完全合格。"[2]

北京一些政治嗅觉灵敏的干部认为，邓小平登黄山，就像毛泽东著名的游长江一样，他要让人们看到一个健康的领导人，准备在国内政坛上大干一场。[3] 不过，毛泽东1966年7月畅游长江，是针对当时人们担心73岁的主席的健康而刻意安排的，且被中国的宣传报道过度渲染，精明的读者很难相信，年迈的毛泽东能够像宣传中所说的那样创下游泳速度的纪录。而邓小平登黄山则被当作一件平常事来看待，它给人留下的印象是他身体非常健康，要精力充沛地做一些事情。

邓小平要做的新工作是什么呢？党的建设——为关键岗位选出高层干部；选拔和培养新党员。登黄山几天后邓小平就在海军军委常委扩大会议上发表讲话，他说，国家面临的一个重大问题是准备接班人。[4] 邓小平说，中国的重要政治问题和思想问题已经得到解决，现在需要集中力量抓组织问题——要选拔和培养干部。三中全会确定了实现四个现代化这一政治的核心目标。邓小平在3月30日关于四项基本原则的讲话以及他对毛泽东思想的解释——实事求是——使思想问题也得到了解决。现在则要适时地确立标准来选拔和培养干部以形成领导班子，要先从上层开始，然后中层，最后是基层；要吸收和培养新党员。这次讲话后不久，邓小平又视察了上海、山东和天津，在这些地方召开了几次会议，鼓励当地党委制定培养人才的计划。

邓小平在选择党建的时机时，遵循着历史惯例。自中共建党以来,一旦一方在争论中获胜并巩固了权力,其领导人不但要选拔高层干部,还会开展吸收新党员的运动,使符合标准的人进入党内。1979年大多数老干部都已复职并身居要位,取代了"文革"中占据要职的军人和造反派。华国锋在1979年夏天时已经失势,不可能在党的建设中发挥重要作用。邓小平和他的老干部们处于当政地位,因此他们能够在培养哪一类干部上取得相当大的一致。

多年来,在党内斗争中胜出的一方,对于寻找哪一类新党员各有偏好——或革命者、或军人、或激进派。而邓小平需要的是能为四个现代化做贡献的人。具体说来,邓小平寻找的干部要有能力处理外贸、金融和技术问题,这又意味着吸收和提拔那些学历较高、掌握科技和管理知识的人。对于很多现代社会的领导人来说,这也许是不言而喻的事情,但在当时的中国,这意味着一种根本的转变。在毛泽东时代,"红"一向比"专"更重要。自1949年以来,大多数领导岗位都是由"红色背景"的人担任,他们多来自工人和农民,而1949年以前受过教育的专家,因出身于有财力供其上学的家庭,被贴上了出身资产阶级和地主阶级的标签。邓小平宣布,这些旧阶级已经消失,他需要有能力的人,不管他们是什么出身。为了给新的高层领导人让路,他要清除认同保守政策的政治局成员,首先是华国锋的4个拥护者——汪东兴、吴德、陈锡联和纪登奎。他向人们解释,这些人的解职以及对新领导人的选拔,是按照建设四个现代化的需要做出的。

虽然邓小平直到1979年底才宣布了为其领导班子的关键岗位所做的选择,但这一年的大多数时间,他都在进行思考、咨询和观察。除了为数不多的人事和军队职位外,他在选择领导人时,首先不是看他们是否对自己忠诚(对军队干部的任命见第18章)。他需要的是最称职的人,他坚信,只要他们素质高,忠于党,他就能与他们共事。邓小平不跟他任命的人发展私人关系,即使对提拔到高层的人也是如此。他跟他们交往愉快,但公事公办,甚至有些刻板。

他们是共同干事业的同志，而不是私人朋友。对于关键岗位，他选择那些致力于改革开放、才华出众、精力旺盛而且其才干是一步一步得到检验的人，而不是那些从下面突击提拔起来的人。[5]

邓小平对人有很好的判断力，但他还是花很多时间考虑人事任命问题。早在"文革"前的10年间担任总书记时，他就熟悉很多中层干部，这些人在1980年代已经成为党的高层领导。但是对于关键的任命，邓小平在做出决定之前会私下征求一些高层干部的意见，尤其是那些与被任命者有密切工作关系的人，听取他们的坦率评价。[6]

在邓小平的班子里，两个职位最高的人——陈云和李先念——并不是由他选定的。邓小平与陈云、李先念属于同一代人（分别出生于1904年、1905年和1907年）。他们早在1949年前就彼此认识，1950年代和1960年代初又都在北京在毛泽东和周恩来手下工作。作为公众人物，陈云和李先念不能和邓小平相比，但了解内情的干部把1980年代的权力结构称为"两个半"，意思是党内高层圈子认为陈云与邓小平大体旗鼓相当，李先念算半个"婆婆"。陈云虽然比邓小平小一岁，但是在1930年代中期以后的20年里，他的地位一直高于邓小平，在领导经济和处理历史遗留的人事问题上，他的权威无人可及。陈云从1962年到1978年受到冷落时，李先念则一直在周恩来手下负责领导经济工作。

比邓小平小10岁到20岁的那一代人几乎都没有上过大学，但邓小平选定的高层政治领导是尊重教育并能在工作中自我教育的人。邓小平为他的班子选出了3个他认为适合并相信有能力领导中国现代化的干部：胡耀邦（1915年生）、赵紫阳（1919年生）和万里（1916年生）。胡耀邦已证明他能领导中国科学院的科学家。赵紫阳在四川开展了很有前途的企业重组试验。万里对铁路秩序进行过成功的整顿。这3人又能提携那些了解中国在现代科技和工程领域所需的年轻干部，领导他们实行管理创新。尽管他们3人是为邓小平效力，但他们并不是朋友，而是致力于共同事业的同志，是严守党纪、贯彻党的政策的同事。尽管与胡耀邦或赵紫阳相比，万里和邓小平的关系更密切，但他也不把自己当作邓小平的朋友，而是他的忠实部下。对邓小平班子具有很大影响力的另一个人是邓力群（也生于1915年），他没有担任和其他人一样高的职位，但作为撰写讲话稿和党内文件的笔杆子，他能发挥很大影响，因为他有坚定的信念，而且得到陈云和王震的支持。邓小平班子里的另一位重要人物是胡乔木（生于1912年），他扮演着指导正统思想的特殊角色。在一个制度变化不定的时代，他们的个人背景、性格、倾向和工作风格，将对1980年代的走向发挥关键作用。他们都是头脑精明、经验丰富的人，已在党内担任了几十年重要职务。

从1980年到1987年胡耀邦下台的这段邓小平主政时期，用西方的话说，邓小平是董事会主席和首席执行官，胡耀邦和赵紫阳则在他手下分别担任党、政两大部门的执行总裁。党制定大政方针、主管自上而下各级部门的人事和宣传，政府负责各级行政管理。高级干部都兼任党政职务，工作往往重叠，但从原则上说，胡耀邦和赵紫阳在他们各自的领域里领导各项工作，准备提交给邓小平批准的文件，在党和政府中抓一线的落实，即所谓的"日常工作"。尽管当时困难不少，但很多干部后来都认为1980年代初是个黄金时代，当时最高层的干部齐心协力，发动并落实了中国的"改革开放"。

邓小平面对的难题是，在这个最高层的领导班子以下，由于"文革"造成的断裂，缺少经验丰富、训练有素的下一代领导人。邓小平把这种局面比喻为青黄不接——春末时分，去年的存粮已近告罄，而地里的庄稼尚未成熟，使口粮难以为继。他说，中国很幸运，一些老干部仍能工作，但迫切需要弥补这个断层，要抓紧让地里的青苗成熟起来，在三四十岁的人中间培养接班人。

邓小平让组织部列了一个名单，选出那些特别有前途、有可能提拔到高层的更年轻的干部。当这一年稍后名单交来时，邓小平和陈云很泄气，他们看到165人中只有31人是大学毕业。尽管邓小平认为不应把受过教育的年轻干部突击提拔到高层,但他认为,只要他们在各级岗位得到了证明,就应抓紧提拔他们。

1979年7月邓小平指示全国各级组织部,在上级领导的积极参与下,要在两到三年内培养出新的人才。[7]为贯彻邓小平培养接班人才的努力,从9月5日到10月7日在北京召开了全国组织工作座谈会。胡耀邦在会上做重要讲话,传达了邓小平关于接班人问题是国家面临的最迫切任务的意见。

邓小平就像其他中共领导人一样经常提到"培养"接班人。他们这种说法的含义是,除了选拔和提供正式培训外,还要亲自进行考察。任何单位的高层干部都要监督自己手下的年轻人的全面发展,鼓励他们读一些书,表现出对党的忠诚,在工作中取得一定成绩。

虽然人事决定要由各单位的上级领导做出,但党的各级组织部门也承担着重要职责,它们要搜集有关每个党员的人事材料,实施培训计划,把有关后备梯队的人员的材料报上级审查。

在忙于党的建设的同时,邓小平和其他领导人也要应付公众因"大跃进"和"文革"的灾难而对党的不信任。直到1979年底,中共不少领导人仍不承认他们对这些灾难负有责任,这使党在谈到其他问题时也不可能令人信服。6月的全国人大会议上决定,由叶剑英元帅在中共建国30周年前夕发表一篇重要讲话,努力解决这些问题。[8]

叶帅的国庆30周年讲话,1979年10月1日

邓小平在准备叶剑英元帅的讲话上发挥了重要作用。他指示起草人说,对1949年以后的历史要从整体上给予正面评价,但也要坦率承认"大跃进"和"文革"中的错误,因为中国人从自己的亲身经历中很清楚这些事情。要为中共历史提供一种大眼光,为未来提供新的方向感。讲话由胡乔木和大约20人的写作班子起草,总共九易其稿,每一稿都经高层领导人过目,由邓小平监督着整

个过程。⁹

叶帅是宣读这篇讲话的理想人选。他是有监督政府工作之责的全国人大的委员长，而国庆庆典属于政府而不是党的事。再者，他德高望重，没有个人野心；他与包括邓小平和华国锋在内的所有各方都保持着良好的关系；他从未受到过毛泽东的严厉批评，跟人们爱戴的周恩来有着众所周知的密切关系；他与军队关系良好。不过叶帅身体很差，他只能念讲话的前几行和最后几行，其他内容由别人代读。¹⁰

在这篇大约16000字的讲话中，叶剑英元帅讲述了中国共产党立足于中国自身的社会和历史特点，对苏联保持独立性，从而取得了胜利的故事。叶剑英回顾了中国经济的增长和公共教育的普及。他自豪地谈到党战胜了外来侵略；但也承认党在1957年错误地打击了太多的"资产阶级右派"；错误地吹嘘自己的成就，错误地刮起"共产风"，企图不顾现实去实现集体化的高级阶段。他承认"文革"是一个严重的政策错误，使林彪和"四人帮"等阴谋分子迫害了很多好人。他说，党为建设发达的社会主义制度的努力是不成熟的，它从自己的错误中获得了惨痛的教训，为了美好的未来，当前要努力建设"现代化的社会主义强国"。¹¹ 他在讲话中还强调了精神文明和物质文明同样重要，胡耀邦后来又对这个主题做了更全面的阐发。

叶剑英明确地说，国家犯下"大跃进"和"文革"这些错误时，正是毛泽东主政的时期。这是中国官方第一次公开承认——虽然不太直接——毛泽东要为这些错误承担一定责任。他承认，很多党的领导人"不谨慎了"，因此也要对这些错误承担部分责任："我们在1957年不谨慎了……在1958年违背了深入调查研究、一切新事物都要先试验后推广的原则。"关于"文革"，他说，"我们没有能够始终遵循前17年中所确立的正确方针……这使得我们后来付出了沉痛的代价，使本来可以避免的错误没有能够避免，而且犯得更严重了。"[12]

叶帅接下来就如何从毛泽东的错误中汲取适当的教训提出了指导意见。毛泽东在1927年以后为中国革命找到了一条正确道路,"从中国的实际出发……我们中国共产党人和中国人民把在中国革命中发展起来的马克思列宁主义称为'毛泽东思想'。"[13]他还赞扬了1956年由毛泽东主持召开的中共八大,毛当时宣布"革命时期的群众大规模的、急风暴雨式的阶级斗争已经结束";毛泽东还说,现在极为重要的事情是"团结全国各族人民,进行一场新的战争即向自然界开战,发展我国的经济和文化"。[14]

叶剑英的讲话得到了非常正面的反响。受过教育的人很高兴看到,中共终于能够正视自身的问题,迈向得到他们拥护的务实的方向。对于多年挨批的人来说,什么讲话也无法真正弥补他们的苦难,但是党能承认错误,尽管来得迟了一些,毕竟是传递出一个令人高兴的信息。这是一个重要突破,它使党能够结束空洞浮夸的口号,坦率地解决国家所面对的问题。[15]

着手评价党的历史

在叶剑英发表讲话之前,邓小平认为这篇讲话可以解决党的历史问题,对毛泽东作用的进一步讨论可以再拖几年。他担心进一步讨论毛泽东及其在中国历史上的地位,只能扩大他想结束的争论。更好的办法应该是致力于当前的工作。然而一大堆政策问题都与毛泽东的作用纠缠在一起,很多党内领导人都主张对党史做出进一步的评价。有人担心,如果不具体批判毛的一些思想观念,像"文革"这样的政治运动有可能卷土重来。叶剑英的讲话得到积极的回应后,邓小平的心情也平和了一些,他觉得至少可以对一些有争议的问题进行讨论,这并不会造成国家的分裂。他开始跟一些人商量,如何对党史做出更具体的分析。[16]

1945年第二次世界大战结束后，在中共即将进入新阶段时召开的第七次代表大会上，中共领导层根据新时期的需要总结了过去25年的党史。1979年中共走出了"文革"，就要进入一个新阶段，再次总结自身的历史经验也十分恰当。当领导层开始起草这个题为《关于建国以来党的若干历史问题的决议》的文件时，讨论难免集中到了如何评价毛泽东的作用这个问题上。

为了对党史进行评价，邓小平成立了一个由坚定的改革派胡耀邦牵头的小组，两个保守的正统思想捍卫者胡乔木和邓力群分别担任起草委员会主任和行政负责人。[17] 像通常一样，邓小平首先和起草人开会，向他们交代文件需要涉及的重大问题。他此后又会见了这个小组15次，对每一稿都仔细斟酌，每次都做出具体指示。华国锋在1979年夏天已开始失势，这使邓小平及其盟友比较容易取得共识，其中也包括对毛泽东的负面批评。即使这样，他们仍然需要一年多的时间才能完成对党的历史经验的全面总结。不过到1980年，邓小平进一步巩固了自己的控制权，并削弱了华国锋的权力基础，因而就可以更直接地讨论毛泽东的错误了。

为建立新领导班子做最后准备，1979年的下半年

华国锋在1979年夏天基本上已经靠边站。在邓小平与华国锋的工作有重叠的领域，邓小平干脆接了过来。确实，当美国国防部长哈罗德·布朗（Harold Brown）1980年1月访华时，华国锋主席已无权无势，他讲话时在场的中国官员继续在一边交谈，不把他的讲话当回事，而对于中国领导人来说，这通常是对尊严的严重冒犯。[18]

邓小平在1979年10月下旬会见了胡耀邦、姚依林和邓力群。他们为筹备定于1980年2月召开的五中全会，需要考虑很多大事。这次中央全会可以视为邓小平领导班子的起点，胡耀邦和赵紫阳将在会上当选要职，华国锋的4个主要支持者——汪东兴、吴德、陈

锡联和纪登奎——将离开政治局。邓小平还打算在这次全会上为刘少奇正式恢复名誉。[19] 此外，领导人要讨论恢复中央书记处的计划。

在这些重要会议上他们不必面对华国锋。按邓小平和李先念的建议，华国锋已于10月12日动身，去了法国、德国、意大利和英国。他不在时，国务院和政治局的会议都是由邓小平主持。当华国锋于11月10日回国时，五中全会的基本计划——包括将华国锋的4位支持者清除的计划——已基本就绪。[20] 一旦华国锋的支持者出局，赵紫阳和胡耀邦就位，邓小平推进有关历史问题的决议也就容易得多。

三中全会之后还不到一年，在1980年2月召开的五中全会上，邓小平已巩固了权力，并能够为1980年代制定议程，为协调上层工作调整党的结构，任命他的高层团队。用美国人的说法，邓小平的班底是从1980年初开始主政的。

为1980年代提出的"国情咨文"

1980年1月16日，邓小平发表了重要讲话《关于目前的形势和任务》，提出他为1980年代确定的主要任务，实际上是他关于未来10年的"国情咨文"。华国锋在1977年中共十一大的政治报告是以当时的政治斗争为重点，而1978年的十年规划则集中讲经济问题。邓小平在1978年三中全会上的简短讲话是改革开放的集合号；他在1980年1月的讲话则是毛泽东去世后第一个确定未来10年总体目标的重要讲话。

邓小平的逻辑简单明确，采用有助于实现四个现代化的政策：

> 全部重要工作的核心……是现代化建设。这是我们解决国际问题、国内问题的最主要的条件。一切决定于我们自己的事情干得好不好。我们在国际事务中起的作用的大小，要看我们自己建设成就的大小……我们的对外政策，就本国来说，是要

寻求一个和平的环境来实现四个现代化……这不仅是符合中国人民的利益，也是符合世界人民利益的一件大事。[21]

邓小平在讲话中承认，"现在，特别是在青年当中，有人怀疑社会主义制度，说什么社会主义不如资本主义。"中国应该如何显示社会主义的优越性？"首先要表现在经济发展的速度和效果方面。"[22] 当时几乎没有外国人能够预见到，一个由共产党领导的国家，其经济增长速度会在随后10年更遑论整整30年里，超过西方国家的增长速度。

邓小平再次提出了选拔干部的标准。他告诉干部们说，想登上重要岗位，就要具备专业素质。他还说，只有经济强大了，才能更加坚定地对抗霸权，实现统一台湾的目标："台湾回归祖国，实现祖国统一，我们要力争80年代达到这个目标。"[23] 他说，"经济上的发展也要比台湾有一定程度的优越，没有这一点不行。四个现代化搞好了，经济发展了，我们实现统一的力量就不同了。"[24] 邓小平要在10年内从经济上超过台湾和实现统一台湾的目标，事实证明是过于乐观了。然而，台湾在此后30年里取得的经济成就，完全取决于它跟大陆的经济关系，这在1980年几乎没人能想到。

实现经济现代化需要做些什么呢？邓小平提出了4个要求：（1）坚定不移的政治路线；（2）安定团结的政治局面；（3）艰苦奋斗的创业精神；（4）一支"坚持走社会主义道路的"、具有"专业知识和能力"的干部队伍。[25] 邓小平讲话的要点——坚定的政治路线和社会安定的局面——与他9个月以前有关四项基本原则的讲话，以及他作为头号领导人所始终坚持的立场是一致的。他在1980年1月16日的讲话中说，"还有各种流氓集团、刑事犯罪分子。还有同外国势力和台湾特务机关联系进行地下活动的反革命分子。还有公然反对社会主义制度和共产党领导的所谓'民主派'，以及那些别有用心的人……绝不允许宣传什么包括反革命分子在内的言论出版自由、集会结社自由。"²⁶ 但是，他也表示，要继续坚持百花齐放、百家争鸣的方针，放弃"文艺服从政治"这种口号，因为这种口号容易成为对文艺横加干涉的理论依据，然而他也警告说，"……但是任何进步的、革命的文艺工作者都不能不考虑作品的社会影响。"²⁷

为了降低自1978年12月以来产生的过高期望，邓小平也谈到了未来艰苦奋斗和保持开拓精神的必要性。在经受了20年的苦难之后，很多人更多地根据愿望而不是现实去制定目标。日本首相池田勇人的10年国民收入倍增计划，刺激了日本1970年代的经济增长，邓小平对此事念念不忘，但是他也深知"大跃进"制定无法达到的目标所带来的严重挫折。因此，他不但慎重地征求中国专家的意见，而且征求世界银行等外国专家的意见，然后才确定了他认为现实可行的目标。²⁸ 邓小平逐渐相信，从1980年到2000年中国的收入能够翻两番，因而他开始宣传"到本世纪末收入翻两番"的口号。当后来看到实现这个目标有一定难度时，他又悄悄将"收入翻两番"这个说法改为"国民生产总值翻两番"——这是个更容易达到的目标。但是他提醒民众，中国在未来10年没有财力成为福利国家。

1978年三中全会以后，邓小平深知，很多省级领导干部急于投资和发展，对陈云等人限制增长的"调整政策"（见第15章）感到不快，但是他在1980年仍然支持这一政策。邓小平提醒那些不满足于目前现代化速度的"某些同志"说，与过去的年代相比，1978年至1980年期间已经取得了多么大的进步。

实际上，邓小平在描述执政党的理想角色时，听上去更像一个西方的企业主管，而不是一个毛泽东的信徒。他说，中国要努力"提高劳动生产率，减少不合社会需要的产品和不合质量要求的废品，降低各种成本，提高资金利用率"。²⁹ 在权衡"红"与"专"哪一个对于干部更重要时，邓小平重申了他过去已经表明的观点："我们要逐渐做到，包括各级党委在内，各级业务机构，都要由有专业知识的人来担任领导。"邓小平提醒说，"'文化大革命'期间入党的新党员中,有一些是不合格的。"他用对党的强力肯定,结束了他的"国情咨文":"没有党的领导,就没有现代中国的一切。"[30]

2月29日五中全会最后一天,邓小平表达了他对党的期待:提供高效的领导。他的口吻就像一个军人出身的工厂经理,他说:"开会要开小会,开短会,不开无准备的会……没有话就把嘴巴一闭……开会、讲话都要解决问题。……集体领导解决重大问题;某一件事、某一方面的事归谁负责,必须由他承担责任,责任要专。"[31]

凡是了解邓小平的人,对于他要维护社会安定的决心不会感到意外。公开攻击是不能容忍的:使红卫兵能够在1966年公开攻击别人的"四大自由"(即大鸣、大放、大辩论、大字报),在修改宪法时应予废除。邓小平对他所说的党内民主的含义做了解释:党员有意见可以提出来,这有助于解决问题;党的领导听取各种意见后,一旦做出决定,党员就要执行。邓小平清楚地说明了应当如何对待不听话的党员:"不够格的党员"就要开除。[32] 邓小平的观点在1980年已经成型,在他当政的整个时代,这篇讲话都可以作为对他的政策的令人信服的概述。

就职典礼:五中全会,1980年2月23—29日

在1980年2月23日至29日召开的五中全会上,中央委员会正式批准了邓小平及其盟友在1979年最后几周做出的决定。支持华国锋的政治局重要成员汪东兴、吴德、陈锡联和纪登奎受到正式批评,从政治局"辞职";陈锡联和纪登奎也丢掉了副总理职位。汪东兴和陈锡联是真正的激进派,但吴德和纪登奎骨子里并不激进,他们只是作为有经验的党的领导人,长期以来为求自保而顺应激进派罢了;他们的政治命运戛然而止,是因为他们1976年4月5日镇压了在天安门向周恩来、邓小平表达敬意的示威者。

邓小平的3个主要支持者胡耀邦、赵紫阳和万里接手要职。胡耀邦成了党的总书记。华国锋名义上仍是总理，但赵紫阳成为实际上的总理，开始主持国务院日常工作。万里成为事实上的副总理，并担任国家农业委员会主任，这为在全国农业生产中实行包产到户铺平了道路。他们两人的副总理职务在4月的国务院常务会议和8月的全国人大常委会会议上得到正式批准，同时，在2月已经离开政治局的纪登奎和陈锡联，被正式免去副总理职务。

这次全会事实上相当于胡耀邦和赵紫阳开始主持党和政府日常工作的就职典礼。大多数政治局委员现在都是邓小平路线的热情拥护者。此事的重要性不在于正式投票，因为这种事极少发生。政治局常委其实也极少开会。但是常委的人事变动在上层形成了一种新的政治气氛，使下边的干部很快意识到上级将要采取新的政策路线。因此在五中全会之后，下级干部更仔细地解读邓小平和胡耀邦在重要会议上的讲话和文件，他们不必再两边下赌注，不必再密切关心华国锋说些什么了。

除了在五中全会进入最高层的干部，一些有能力并且致力于改革的老干部也出任高层职务。邓小平将那些在"文革"时期靠打击富有经验的老干部而得到升迁的干部，从领导班子的关键岗位上清除出去。对军队中的某些重要职务，邓小平使用与他有着特殊信任关系的二野部下。但是除此之外，在领导背景各异的党员上，他对自己的能力有足够的信心，因此认为不必要求个人忠诚。他领导的不是一个帮派，而是全党，只有那些没转变立场接受他领导的"文革"受益者除外。

邓小平不需要对宣传部做出具体指示。五中全会上的宣传干部，包括主要媒体（《人民日报》、新华社、《光明日报》和党刊《红旗》）的总编，都根据邓小平的会议讲话，撰写反映其观点的社论和文章。邓小平因长期身居要职而严于律己，在判断自己的讲话会被人如何解释方面很有经验，所以他一向讲话慎重。

对于高层发出的信号，下面的人都会十分认真地加以研究。某个省委书记来到北京后，通常先要在书记处找一个熟悉邓小平眼下关心的事情的可靠熟人交谈。各部委和各省也都有一个不大的政策研究室，其主要任务之一便是随时了解和掌握高层领导的最新想法及其对本部门或本省的意义。上边发的文件如此之多，下级干部不可能逐字逐句地阅读。各单位政策研究室的工作，就是让单位上司及时了解哪一条指示最重要，邓小平、胡耀邦总书记和赵紫阳总理下一步要做些什么。这使本单位的领导核心对于如何做不会惹麻烦，如何向中央争取资源，可以做到心中有数。

1980年初的这些人事变动，使邓小平得以更有效地处理日常工作，推动一些可能受到毛派分子拖延或阻碍的计划。为刘少奇平反的僵局很快就被打破。刘少奇从1945年到1966年一直是仅次于毛泽东的二号人物，后来毛泽东把他打成叛徒和走资派。虽然他已在1969年去世，他的冤案却是有待平反的最重要的案件。邓小平在五中全会上宣布，为刘少奇平反不一定批判毛泽东。但是给刘少奇平反所造成的效果使党员为修正对毛泽东的历史评价、承认他的错误做好了准备，也使为很多与刘少奇有密切工作关系的中共老干部平反变得更加容易。[33]

五中全会还恢复了1966年被撤销的书记处。书记处重建之后，领导着各部门一小批领导的政治局要员在那里都有自己的办公室。实质上，书记处成了协调党的日常工作的首要机构。书记处每周都要开例会，在国务院办公的赵紫阳总理也会参与其中，在党和政府之间做一些协调工作。

五中全会的变化有助于减少政治局会议的矛盾，使全面改革的道路更加畅通。新的领导班子的巩固，使邓小平能在随后几个月内就做出指示解散各地农村公社，实行包产到户。五中全会也为1980年底完成对党的历史评价、解除华国锋的所有职务铺平了道路。

告别毛泽东时代和华国锋，1980年秋至1981年6月

邓小平究竟何时决定让华国锋靠边站，至今没有公布可靠的记录。邓小平对毛泽东如何拿掉干部有过多年观察的经验，从1978年12月到1981年6月，他有条不紊地逐步削弱了华国锋的权力基础，据此有理由推测他事先是有战略考虑的。即使1978年12月时他还没有排除华国锋的明确计划，他当时至少已经在考虑，如何在不引起同事震惊和避免公开斗争的情况下，逐渐减少华国锋的权力。

邓小平在1980年2月，让赵紫阳接过了总理的工作。华国锋在1980年5月出访日本时已没有多少权力，但他的出访可以让外界放心，中国没有因权力斗争而分裂。[34] 1980年8月华国锋正式辞去总理一职。此后，在始于1980年11月初的几次政治局会议上，尽管存在严重分歧，最后还是做出了撤销华国锋党中央主席和军委主席的决定。这一决定在1981年6月正式宣布。

以评价毛泽东作为焦点的中共党史评价，也与解除华国锋职务同步进行。这两件事有着天然的联系：华国锋曾肯定毛泽东的所有政策和指示，甚至包括那些毛泽东铸成大错时的政策和指示，而对毛泽东时代更诚实的评价已使这些错误大白于天下。评价党史的工作，在1979年叶剑英的国庆讲话后不久便已开始，当时邓小平广泛征求意见，以便全党在评价毛泽东上取得共识。[35] 在叶帅讲话的十几天后，邓小平成立了一个以胡耀邦为首的小班子，这个班子于1979年10月30日召开了第一次会议。

至少从1956年开始，邓小平就在严肃思考如何对待毛泽东的问题；这一年他去莫斯科出席苏共二十大，而赫鲁晓夫在大会上谴责了斯大林。邓小平多年来有很多机会认真思考这个问题，尤其是"文革"期间他下放江西的3年半时间。邓小平年轻时极其敬佩毛泽东，几十年忠诚地为他工作，却被他抛弃了两次，受到公开批判。他的长子由于毛泽东的红卫兵而造成下肢终身瘫痪。如果说他对毛

无怨言,那不合情理;尽管邓小平性格刚强,但他也有常人的爱憎之情。不过,在对待历史问题上他并不显露任何个人感情。

评价毛泽东的过程,延续了邓小平长期一贯的理性分析:如何既能维护党的权威,又让手下的高级干部摆脱毛的路线。1980年8月,评价工作仍处于初期阶段的时候,邓小平就对记者法拉奇(Oriana Fallaci)说,"我们不会像赫鲁晓夫对待斯大林那样对待毛主席。"[36]当1980年10月出现争论时,邓小平对起草人做出指示,"对于毛泽东同志的错误,不能写过头。写过头,给毛泽东同志抹黑,也就是给我们党、我们国家抹黑。"[37]最后的文件对毛泽东表达了充分的尊重,因此不会损害那些包括邓小平在内曾与毛泽东密切共事的人的权威。但是决议要解释为何现在应当为毛泽东整过的干部恢复工作,也要对否定毛时代的高度集权化和阶级斗争做出正当说明。

文件的第一稿于1980年2月完成。据说邓小平对它并不满意,他把胡耀邦、胡乔木和邓力群叫去,建议他们:(1)要对毛主席的历史作用做出积极评价;(2)本着"实事求是"的精神,说明毛在"文革"中的错误;(3)得出一个全面的结论,使人民能够团结一致向前看。在这三条中,第一条"最重要、最根本、最关键"。[38]不管他本人因毛泽东的批判和决定受过多少罪,他对起草人说,要讲清楚党和人民必须继续坚持毛泽东思想。在毛泽东手下挨过批的很多高层干部的复出,以及"民主墙"对毛泽东的大量批评,意味着在核心层有很多人支持批评毛泽东。因此,邓小平公开表明他的立场,他要捍卫毛泽东的重要性,但不会回到过去的路线。[39]每一次他公开讲话,都抱怨最新一稿没有充分承认毛主席的伟大贡献。

例如,邓小平在1980年6月27日说,稿子还是写得太消极。他不但让起草人更多突出毛泽东支持过的正面事情,而且要求他们承认毛泽东的错误首先是由于体制和制度的原因。邓小平接受了胡乔木的看法,起草人别无选择必须承认"大跃进"的错误(与"文革"

不同，邓小平是"大跃进"的积极参与者），但他坚持认为，起草人在谈到"大跃进"时，要先讲明这个时期的一些积极成就，然后再承认缺点。[40]

为了在人民群众中取得广泛共识，形成团结而不是对立的局面，邓小平指示说，要让北京和各省的高级干部都有机会给草稿提意见。于是，政治局通过了最新的修改稿后，中央办公厅于1980年10月12日将它发给大约4000名高级干部，让他们提意见。他们的意见经过汇总之后，交给起草人做进一步的考虑。[41]实际上，把中央党校的1500名学员也算在内，总共有大约5600名党内高层成员参加了草稿的讨论。有些人直言不讳地要求更严厉地批评毛泽东。早在1967年2月就敢批评"文革"的谭震林说，毛泽东的做法违背了他自己的教导。但是当黄克诚——他自己的上级彭德怀挨批时，他也受过严厉批判——在一次重要会议上为毛泽东的贡献辩护时，其他人很难再要求更加严厉地批毛。

虽然草稿的修改和审议仍在继续，但是到1980年11月底时，主要的讨论便已结束。1981年3月24日，当邓小平与陈云商讨后期的最新一稿时，陈云说，要多讲新中国成立以前毛泽东的作用，这更能突出毛的积极贡献。陈云还说，应特别重视毛泽东的理论贡献，强调马列主义和毛泽东思想。邓小平接受了陈云的意见，并转告给了起草人。[42]

这些广泛的讨论，反映着高层干部是多么重视毛泽东的名誉问题，因为毛在历史上的地位，决定着他们自己的政治前程和他们亲属及同事的待遇。尤其值得注意的是，在这些评价中，毛泽东与刘少奇、彭德怀的分歧不再被认为严重到需要用"两条路线的斗争"来形容。这让每一个人有了喘息的空间，尤其是那些受害者的亲友，他们感谢这种措辞上的改变。

最后定稿的文件里处处可见对毛泽东思想以及对毛泽东这位无产阶级革命家的贡献的歌颂，但也批评了他在"大跃进"和"文革"

中所起的作用。例如,"大跃进"的问题是"由于毛泽东同志、中央和地方不少领导同志在胜利面前滋长了骄傲自满情绪,急于求成,夸大了主观意志和主观努力的作用"。"文化大革命""让党、国家和人民经历了建国以来最严重的挫折和损失。它是由毛泽东同志发动和领导的"。[43] 文件只是笼统地谈到了毛的错误,但邓小平说,15年之后将有可能对毛泽东再做一次评价。他这样说的意思似乎很清楚,党如果在1980年过于严厉地批评毛泽东,有可能造成分歧,削弱人民的支持;若干年以后,党能够与现在的情绪和人事问题拉开距离,也许有可能对毛泽东进行更加具体和坦率的评判。[44]

就像苏联对斯大林的功过三七开评价一样,对毛泽东的功过的评价也应合乎历史状况。毕竟毛泽东自己也承认犯过错误。邓小平指出,"文化大革命"期间,毛泽东错误地估计了形势,采用了错误的方法,这些错误给党和国家造成了严重损失。1981年3月19日起草工作接近尾声时,邓小平对有关"文革"期间毛泽东作用的讨论表示满意。

邓小平深知,必须让群众放心,评价毛泽东和华国锋的过程是在有序进行的,同时也要向世界表明,中国没有发生破坏性的"权力斗争",没有出现"非毛化"。正是在这时,他同意接受意大利记者法拉奇的采访。法拉奇是采访高层领导人的全球最著名的记者之一,一向以言辞犀利、准备充分、能提出一些令人头痛的尖锐问题而闻名。邓小平乐意接受她的挑战。8月21日上午的采访进行得十分愉快,邓小平在采访结束时开玩笑说,"我们吃饭去吧,我的肚子已经开始闹革命了",他还提出两天后再次接见她。

在法拉奇第一次见到邓小平的两周以前,北京已经发出通知,要减少在公共场所悬挂毛泽东画像和诗词的数量。因此法拉奇的提问便以"天安门上的毛主席像是否会保留?"作为开始。邓小平回答说"永远要保留下去"。他解释说,毛泽东犯过错误,但是跟林彪和"四人帮"的罪行不同,与他的成就相比,他的错误是第二位的。

他说，毛泽东思想仍然提供了重要的指南，尽管毛在晚年接触实际少了，违背了他原来提倡的思想。当法拉奇问到"大跃进"的错误时，邓小平答道，那不是毛泽东一人的错误，而是与毛泽东一起工作的所有人犯下的错误，他们都有份。[45] 当她问到毛泽东选林彪做接班人一事时，邓小平说，领导人为自己挑选继承人，是封建主义的做法。邓小平的意思很明确：毛泽东选华国锋做接班人也是不对的。在问到将来如何避免"文革"这类事情时，他解释说，党的领导人正在改进各项制度，以便建立社会主义民主和法制。[46]

很多领导人在回答法拉奇的尖刻提问时会变得十分烦躁，邓小平却应对自如。后来法拉奇回忆自己漫长的采访生涯时，将她对邓小平的两次采访作为自己的得意之作。钱其琛外长这两次采访时也在座，他还参与过邓小平的其他很多次会见，他也把邓小平在这两次采访中的表现作为邓小平最精彩的表现之一。[47]

1979年5月之后华国锋就不再经常公开露面。在1980年9月7日五届人大第三次会议上，华国锋作了最后一次重要讲话，他没有明说阶级斗争已经结束，但他确实表示，阶级斗争已经不是主要矛盾，党不应再搞大规模的阶级斗争。在经济问题上，他的讲话与当时党的政策一致：他支持陈云提出的调整要求，强调农业和轻工业的重要性。[48] 提交全国人民代表大会的一些文件，如"指导原则"，实际上也有力地批评了华国锋的领导。

在一次政治局常委的会议上，常委们讨论了党的文件中是用简短的6行文字对1976年以后的时期做一总结，还是用较大的篇幅对这4年做出更详细的评价，后一种做法难免包括对华国锋的批评。华国锋当然反对具体说明这4年的细节。与会者同意先把篇幅较短的一稿发给其他领导人讨论，看看他们反应如何。[49] 相当多的领导干部都批评华国锋在阻止邓小平复出上起的作用，主张用篇幅更长的稿子。最后邓小平同意文件应包括对那4年的讨论，这可以使解除华国锋职务的理由更加明确。[50] 于是篇幅更长的内容成了定稿的一部分。[51]

在 1981 年 5 月下旬的政治局扩大会议上，大约 70 名与会者最后通过了决议的修订稿。起草人员作了一些细微的修改后，最后一稿被提交六中全会，并在 6 月 27 日获得通过。它将在 1981 年 7 月 1 日建党 60 周年之际向全国公布。[52]

在 1980 年 11 月 10 日至 12 月 5 日连续召开的 9 次政治局会议上，是否免去华国锋党中央主席和军委主席这两个主要职务，成了争议最大的问题。当时辩论的内容十分敏感，以至于党史研究者在 30 年之后仍无缘看到大部分记录。不过，一份关键性的文件，即胡耀邦在 11 月 19 日的一篇有关讲话被公之于众。从这个文件中可以清楚地看到争论的大致轮廓。

胡耀邦在退休后说，他最愉快的几年就是在华国锋手下的那段岁月。但胡耀邦在 1980 年是受命就免去华国锋职务做出说明的人。胡耀邦在有关这段历史的说明中首先承认，党和人民绝不会忘记华国锋在逮捕"四人帮"上做出的贡献，尽管他夸大了自己在这一成就中的作用：由于"四五"示威运动后形成的政治气氛，逮捕"四人帮"并不是难事。胡耀邦又说，毛泽东去世后，华国锋继续执行毛泽东错误的阶级斗争路线，他没有广泛征求意见，就迫不及待地出版了《毛泽东选集》第五卷。毛泽东在世时，华国锋有时也不同意毛的看法，甚至被毛批评过（他曾被毛批为"满脑子都是生产"），但是毛泽东去世后，他却用"两个凡是"加强个人权力。胡耀邦还批评华国锋搞个人崇拜，给自己添加光环。最后，胡耀邦回忆说，他在"四五"事件后非常失望，因为从那时起直到 1977 年 2 月 26 日，他一直无法得到与华国锋交谈的机会，而且直到 1977 年 3 月 14 日之前他也不能随便看望邓小平。

据胡耀邦称，陈云（华国锋一直不让他回来工作，直到三中全会的气氛形成，促使华国锋不得不这样做）说，从毛泽东去世直到 1977 年 3 月，华国锋对待老干部都非常粗暴。尤其是他拒绝为

1976年4月5日的天安门事件平反,害怕老干部复出干扰他的统治。胡耀邦说,叶帅和李先念几次劝华国锋让邓小平回来工作,陈云和王震在1977年3月的工作会议上也表示同意,但华国锋仍然拒绝这样做,而是只依靠少数几个人,包括汪东兴、纪登奎、吴德、苏振华和李鑫;对于党内事务,有时直到最后一刻还把其他干部蒙在鼓里。华国锋还追求经济的过快增长。胡耀邦承认,这不是华国锋一个人的错误,也是邓小平和他本人的错误,其实,当时只有陈云认识到了那些计划太冒进。[53]

在1980年底,在讨论党史时,叶帅就不赞成强调毛泽东晚年的错误。他觉得,为国家利益计,必须比邓小平更坚定地维护毛泽东的威望。他更愿意将责任推到江青和林彪身上。在叶剑英看来,两个问题是纠缠在一起的:在一次政治局会议上,叶剑英生动地回忆说,毛泽东去世前不久,他去向毛表达最后的敬意,毛向他招了招手。虽然毛已说不出话,但他知道毛想说什么,他希望叶剑英能够支持华国锋,帮助他走上领导岗位。(然而当时一直陪着毛泽东的毛远新说,根本没有这回事。[54])据说,叶帅认为华国锋应当保留职位,邓小平可以继续做他的工作,但名义上仍要受华国锋的领导。

但是最终,政治局大多数人都赞成华国锋辞职,把权力集中到邓小平及与其共事的人手里。这一系列政治局会议一结束,在1980年12月5日一份供内部传阅的文件中,政治局宣布,将建议六中全会接受华国锋辞去党中央主席和军委主席的职务,由胡耀邦接替他出任党中央主席,邓小平接替他的军委主席一职。华国锋将担任党的副主席和政治局委员。[55]

一些干部相信,叶剑英自1976年起辅佐华国锋,此时仍对他抱有同情,但没有证据表明叶剑英公开反对过华国锋去职。他接受了政治局对华国锋做出的决定。[56]邓小平成为中央军委主席之后,叶帅便选择了不再与他分担这项工作,而是回到广东的老家。他的儿子叶选平已在那里担任广州市长和广东省副省长,他可以在广东安享晚年。叶帅出席了六中全会的开幕式,但是在会议正式通过党史决议和批准华国锋辞职的过程中,他没有留在会上参与讨论。叶帅于1986年去世。

政治局经过这些激烈辩论后最终形成的决议,措辞直截了当而又严厉:华国锋同志制造和接受对他自己的个人崇拜。……1977年、1978年两年中,华国锋同志在经济问题上提出一些左的口号……造成了国民经济的严重损失和困难……[虽然]华国锋同志也有一些工作成就,但十分明显的是,他缺乏作为党的主席所应有的政治和组织能力。而且每个人都很清楚,不应当任命他担任军委主席。[57] 华国锋的政治生命结束了。虽然他被允许在1981年6月的六中全会之后继续留在政治局内,但他因受到的指责而丧失颜面,因此极少出席党内高层的会议。

不论对华国锋的下台还是对党的历史评价的过程及结果,邓小平都有理由感到高兴。华国锋在没有发生公开权力斗争的情况下下了台。在党的历史评价中邓小平把握住了一种微妙平衡,既对毛泽东给予充分赞扬,以免削弱党的权威,又批判了毛泽东在"大跃进"和"文革"中的作用。党内高层对毛泽东在晚年犯有严重错误形成了基础广泛的共识,这使邓小平能够踏上新的征途。这条征途不会为毛泽东所赞成,但邓小平相信,这对中国是有利的。

邓小平时代
1978—1989

第13章
邓小平的统制术

邓小平无法忍受别人会感到陶醉的个人崇拜。[1] 与毛时代形成鲜明对比的是，公共建筑里基本不摆放邓小平塑像，人们家中也几乎见不到悬挂他的画像。很少有歌颂他成就的歌曲和戏剧。他也从未担任过党的主席或总理。学生们确实要学习邓小平的政策，也会引用他的名句，但并不需要花时间背诵他的语录。

然而，尽管不搞崇拜，也没有令人敬畏的头衔——他的职位不过是党的副主席、副总理和军委主席，邓小平却对权力的各个重要层面行使着有效的控制。他充分运用个人声望，大胆地创建了一套运作良好的体制，把一个国家建设得强大繁荣。他究竟是如何取得这一惊人业绩的呢？如果说毛泽东像一个高居云端的皇帝，博通文史、签发诏令，那么邓小平更像是一个总司令，审慎考察着自己的作战计划是否得到正确部署和落实。

权力结构

邓小平在宽街的家中办公，那里位处中南海的东北方向，到中南海驱车用不了10分钟。随着听力渐差，他很难参加会议。他的听力问题是由无法治愈的神经退化疾病和不时出现的耳鸣所致，这造成了神经性失聪和耳内异响。² 他的听力在 1980 年代后期恶化，讲话者必须对着他的左耳大声说话。这也使邓小平认为，把时间用在看文件上要比出席会议划算。他更喜欢读会议报告、听机要秘书王瑞林讲述会议的情况；王瑞林代表邓小平出席会议、跟其他高官的机要秘书会面以了解他们的看法。

邓小平的作息很有规律。他 8 点用早餐，9 点到办公室。妻子卓琳和秘书王瑞林为他准备好要阅读的材料，包括大约 15 份报纸、从外国媒体翻译的参考资料、一大堆来自各部委和各省党委书记的报告、新华社搜集的内部报道以及送交他批准的文件草稿。为了解最新动向，邓小平主要依靠书记处和中共中央办公厅整理的情况汇总。邓小平阅读时不做笔记。文件在上午 10 点前送达他的办公室，他当天就会批复。他不在办公室留下片纸，那里总是干净整洁。

陈云要求自己的机要秘书每天为他选出 5 份最重要的材料，邓小平则要浏览所有材料，以便自己决定哪些需要仔细阅读。读过材料并对其中一些做出简要批示后，他把全部文件交给王瑞林和卓琳，由他们把他圈阅或批示过的文件转交相关干部，再将其余文件归档。邓小平圈阅或批示文件就是他领导全党工作的方式。对一些文件他简单地写上同意，还有一些文件他会送回，要求做进一步加工和澄清，或提出再做研究的指示。

在上午 3 个小时的阅读时间里，邓小平很少会客，但中间他会花 20 到 30 分钟到院子里散步。在家用过午饭后，他一般会继续看材料，有时会让干部来家中见面。如有重要外宾来访，他会到人民大会堂的某个房间会见他们，有时也与他们一起用餐。

邓小平自早年起就享有一种声誉，他善于区分大事小事，将精力集中在能给中国带来最大变化的事情上：制定长期战略；评价可能决定长期目标成败的政策；争取下级干部和群众的支持；宣传能体现他想实行的政策的典型。在一些重要但复杂的领域，例如经济或科技领域，邓小平依靠其他人去思考战略，然后向他说明不同的选择,最后由他拍板。在另一些问题上,例如国防、与重要国家的关系和高层干部的选拔,邓小平会花更多时间摸清他在亲自制定战略时需要知道的情况。自1952年就担任邓小平机要秘书的王瑞林,在向外界说明邓小平的意见时十分慎重,避免加上自己的理解。很多干部认为毛远新刚好相反,他在1975年末到1976年初向外界解释毛泽东的意见时,往往用自己强烈的成见去渲染甚至补充毛泽东要他向其他干部传达的意见。王瑞林对任何事关党或政府的事都避免做出自己的解释,尽管他与邓小平悠久的关系使他更像是邓家的一员。王瑞林不事添油加醋这一点对邓小平来说很重要。有时在一些重要问题上,为使外界准确知晓他的想法,邓小平会写下主要观点,让王瑞林传达他的书面意见。

总书记胡耀邦是党务的执行官,总理赵紫阳则是政府事务的执行官,他们将所有重要问题交邓小平最后定夺,但多是以书面形式,很少亲自前往。胡耀邦主持中央政治局常委会和政治局例会(但主要是书记处会议),赵紫阳主持国务院的会议。陈云和邓小平很少参加这类会议,均由机要秘书代为出席。赵紫阳在其口授的回忆录中说,他和胡耀邦更像是大秘书而不是决策者,但他们要负责抓落实。邓小平确实保留着拍板的权力,但通常他不会事必躬亲;他定大政方针,让胡耀邦和赵紫阳以自己认为最好的方式去落实他的指示。在做出最后决定时,邓小平会考虑政治气候和其他主要领导人的意见。虽然他做事独断而果敢,其实也受到政治局成员中的整体政治气氛的限制。

1980年,政治局由25名委员和两名候补委员组成。其内核——即权力强大的政治局常委会——有7名成员。一般认为,政治局中较年轻的成员是政治局常委的潜在候选人,常委会成员从政治局委员中产生。[3]1980年代初的政治局常委是华国锋、叶剑英、邓小平、李先念、陈云、胡耀邦和赵紫阳。年迈的叶帅很少参与实际工作。陈云和李先念只在大事上表明意见,党的日常决策权主要掌握在邓小平、胡耀邦和赵紫阳手里。每个常委和一组特定的政治局委员有自己的办公室秘书，他们隶属于书记处，负责收集材料、起草讲话、处理文件，并充当常委和其他高官之间的联络员。即使观点不同，邓小平治下的政治局也是个相对有纪律的组织，能够听从他的指示。

华国锋担任党主席时经常召开政治局常委的例会，邓小平则很少召集常委开会。当赵紫阳问他何以如此时，他说，"两个聋子〔邓小平和陈云〕能谈什么？"邓小平要做的是分工明确。他很清楚，建立新的组织结构，要比把一两个领导干部派到不配合其政策的旧组织更容易控制权柄。中央书记处恢复后，成了一个处于他明确控制下的全新机构。邓小平把这个为全党提供最高领导的新神经中枢安排在中南海北门内，让他亲自任命的胡耀邦负责，领导党的日常工作。政治局成员在书记处都有自己的办公室，他们在这里召开例会。中共中央办公厅是一个更大的行政单位，负责起草和传达文件，处理北京党中央各单位和省一级党委的来往，书记处则要小得多，它只为最高领导服务，就像一个党的内阁。

胡耀邦主持书记处的会议。虽然他也要主持政治局和政治局常委会，但邓小平建立起自己的领导班子后，常委会很少开，政治局一个月也开不了一次会。赵紫阳作为总理也会参加书记处的会议，但邓小平、陈云、李先念和叶剑英不亲自与会，而是让他们的机要秘书代为参加。机要秘书对自己所代表的人都十分了解，这一群机要秘书可以进行坦率的交流，避免了领导人本人因排名、权力或面子等顾虑而可能引起的问题或尴尬。

邓小平的见解有助于形成共识，但在书记处对问题进行深入研究之前，他一般不会做出最后决定。一旦在重要问题上达成共识，书记处就会拟出文件在常委中传阅。常委们会在文件上画圈表示同意，或是做出简短批示，在后一种情况下，文件会送回书记处进行又一轮修改。最后，由邓小平"拍板"批准一项决策或文件的最终措辞。

有些高层官员，大多是政治局以下官员，被任命为书记处书记。与秘书不同，他们都有管理权。政治局成员以及这些书记处书记下面都有一个"领导小组"，负责协调某些系统的工作[4]。比如彭真领导着管政法的领导小组，万里领导着管农业的小组，宋任穷的小组管人事，余秋里的小组管工业和运输项目，杨得志的管军事，胡乔木的管党史和意识形态，姚依林的管经济计划，王任重的管宣传，方毅的管科技，谷牧的管外贸和投资，彭冲的管长江三角洲地区（上海周边）的工作。[5]

其他最高层领导人有时会不同意邓小平的决定。最初，邓小平也不得不与陈云商讨经济问题，因为陈比他懂经济，且陈的意见在其他领导人中享有很高权威。在军事领域，叶剑英退到一边之后，邓小平再也感觉不到还有谁的意见能对自己有所制约。在军事和外交方面，邓小平有几十年的经验，对自己的想法充满自信，因此很少向别人让步，尽管在具体事务和起草文件上需要借助于专家。即便其他领导人不同意邓小平做出的决定，他们也会遵守党纪，不会公开表达异议。

邓小平可以同他的机要秘书王瑞林随意交谈，他与胡耀邦和赵紫阳的关系则要正式得多，他也很少单独会见他们。胡和赵有相当大的自由按自己认为恰当的方式处理公务。邓小平通过他们提交的书面文件，借助于王瑞林的补充，去了解他们的观点。

邓小平偶尔也跟与他年龄相近的老干部见面，如杨尚昆、王震和薄一波，他与这些人是几十年的老相识。这一由多年知交组成的小团体有着高度的个人信任，使邓小平能够对政治气氛和人事问题做出更可靠的估计。邓小平与杨尚昆有着特殊关系，他们同为四川人，邓小平担任总书记时他是中央办公厅主任。杨尚昆也是邓小平和军队之间可靠的联络员。邓小平与给他写讲话稿和起草文件的笔杆子，尤其是胡乔木和邓力群，也有着比较随意的关系。相比胡耀邦和赵紫阳，邓与他们交往时更为轻松。

邓小平用不少时间准备每年的中央全会,因为这种会议能在两百多名正式中央委员和一百多名候补委员中统一思想。他用更多时间准备每5年一届的党代表大会,因为它能在更长的时间内使人数更多的党代表统一思想。在筹备这些重要会议时,邓小平会与胡耀邦和赵紫阳一起工作,列出他要涉及的重大问题的议程,然后让他们和胡乔木等人一起领导文件和讲话的起草。对于邓小平的重要讲话,在讲话之后通常会进行新一轮的编辑加工,作为能传之久远的历史档案收入他的《文选》。

像其他高层领导人一样,在最寒冷的一、二月份,邓小平一般会去较温暖的地方住上几周。夏天他会去海滨城市北戴河避暑,那里是高层领导人休假并进行非正式交谈的地方。但是对邓小平来说这些"休假"其实也是处理党务的机会。例如,1984年他在广东和福建的经济特区过冬时,肯定了它们取得的成就,把它们确定为沿海发展的样板(见第15章)。在1988、1990、1991和1992年,邓小平视察上海等地,推动了加快上海市发展的计划。

随着年龄的增长,邓小平找到了一些保持体力的办法。他利用书面文件处理大多数事务,避免参加劳力耗神的会议。他的大多数电话都由王瑞林处理。邓小平在接见外国要员前不要求别人口头通报情况,虽然部下们希望他对来访者的最新活动有所了解。只要不是会见大人物,邓小平通常在家里和家人一起用餐,晚饭后他一般会放松下来,和孩子们一起看看电视。他关注新闻,对体育也有兴趣,每周会有一两次请人来他家打桥牌。但是他与牌友、甚至与家人都不怎么闲聊。[6]邓小平有"不爱说话"的名声,即便是在家里。[7]邓小平晚年时尤其注意保存体力,而会见外人时,人们则看到他机警、活泼,甚至热烈。

除非在正式场合发言,邓小平讲话一般不需要笔记,而能讲得条理分明。通常他唯一的笔记就是他讲话的主题以及他所要诉诸的人群。1985年过了80岁以后,他避免做需要精心撰写、编辑和陈述的长篇讲话。除了1992年南方谈话等少数例外，他的讲话不再被加工成有标志意义的长篇文件。

邓小平的家人觉得他亲切宽厚、言谈风趣，但在家人之外，他不是一个和蔼可亲的人。同事和其他人都对他敬重有加，却不像对胡耀邦或当年对周恩来那样爱戴他。他们知道，在紧要关头，邓小平会做他认为最有利于国家的事，未必考虑这样做是否有利于自己的手下人。实际上，有些人觉得与周恩来和胡耀邦相比，邓小平待人就像对待工具，视其是否有用。邓小平16岁离开家乡后再没有回去过，他以此清楚地表明，他要报效的是整个国家，而不是任何地域、派别或朋友。他既不心机复杂，也不怀恨报复，尽管也有极少的例外。下属认为他是一个严厉、急切、要求高但讲道理的监工，他们怀着敬畏与他保持距离。他是献身于事业的同志，不是可以违背组织的需要的仗义朋友。[8]作为最高领导人，邓小平行为一贯、统制方式始终如一。

治国和改革的指导原则

作为有12年戎马生涯的军事领导人，邓小平很看重权威与纪律。置身高位、参与治国后，他更看重国家的权威，因为他知道自鸦片战争后的一百年里，中国领导人在维护治国所需的权威上是多么艰难。1950年代担任领导人时，他对毛泽东神一般的权力有亲身感受，他知道这种权力能成就什么。然而他也看到，当这种权威在"文革"期间丧失时，再想做成事又是多么困难。作为头号领导人，他知道仅仅靠法规并不足以让群众服从他——中国还不是一个公民对法律具有发自内心的普遍尊重的国家，而其部分原因又在于长期以来公民们总是看到领导人在随意改变法律。邓小平就像中共领导层的其他同事一样，认为群众不仅需要在学校，而且需要在一生中不断接受宣传，要对他们进行"教育"，使之理解为何要遵守一定的规矩。而这种"教育",需要辅之以人们对最高领导人一定程度的敬畏,以及对于胆敢蔑视权威可能给个人和家庭带来的后果的惧怕。

邓小平知道,他绝无可能让群众对他产生像对毛泽东那样的敬畏。但是,他对如何维持自己的权威也心中有数。他在担任头号领导人时已经享有个人威望,其基础是他有 50 年担任中共领导人的资历、他过去的功绩、毛和周曾把他作为可能接班人的培养,以及他为国家做出正确决策的能力。直到 1981 年,毛泽东的形象一直有着强大的影响,为维护自己的权威,邓小平必须表明对毛主席的尊重。但是,在 1981 年他除了把毛的基本思想定义为"实事求是"而被人们接受,还做出了承认毛泽东 1958 年以后所犯错误的党史决议,这么一来,即便他在某些问题上背离了毛的观点,邓小平也足以维持自己的权威。

邓小平支持"党内民主"的观点。对此他的理解是:领导人要倾听"建设性意见",以减少犯严重错误的危险;然而,根据"民主集中制"原则,一旦做出决定,党员就要执行。

邓小平认为,发展经济可以加强党的权威和他个人的地位,这种估计被证明是正确的。当 1983 年至 1984 年经济迅速平稳发展时,邓小平的权威几乎不可撼动。当经济问题严重时,例如 1980 年代后期,中国陷入严重通货膨胀,社会上人心惶惶,邓小平的地位也因之受损。

邓小平从未提出过统制原则,但是翻阅他的讲话、参考他部下的看法以及他实际做过的批示,还是有可能总结出一些可视为其统制模式的基本原则:

言行要有权威性。邓小平当过十多年严厉的军事领导人,他懂得如何让风趣的谈话也能透出威严。做重要讲话之前,他会和其他重要领导人及正统思想的捍卫者一起为讲稿把关,使他确信自己的讲话是在传达党的声音。

决定一旦宣布，邓小平不会承认错误、削弱自己的权威。在外国客人面前他可以很放松，但在党内他绝不会轻易拿自己的权威冒险，他这样做的时候，会表现得十分坚定。

捍卫党的地位。1956年邓小平在莫斯科亲眼目睹赫鲁晓夫对斯大林的全面批判损害了党的权威，他决心维护中共的尊严。如果他断定某些批评危及中共的尊严或伤及他的领导地位，他会严加限制。如果批评得到很多人的响应，他会做出更强烈的反应。当邓小平认为赞扬西方式民主之类的思想具有严厉批评中共的意味时，他会为维护中共的权威而做出坚决的反击。

邓小平不会公开迫害批评者，但是对于他认为威胁到社会秩序的人，他也一向毫不手软。他支持判处江青死刑；像王若水、刘宾雁、方励之这些批评中共的党员，哪怕他们做出过贡献，他也会毫不留情地将其开除出党、撤销职务。

坚持统一的命令体制。邓小平不相信行政、立法和司法三权分立能在中国行得通。他认为统一的命令体制更好用，效率也更高。中国也许可以有初级的分权制度，党的代表大会具有准立法功能，书记处有行政功能，纪检委有监督党员的准司法功能。但是在邓小平的领导下，还是单一的强大权威说了算。

牢牢掌握军队。和毛泽东一样，邓小平努力保留他本人和党对军队的控制。当华国锋有拉拢军队的迹象时，他立刻采取行动切断他与军队的联系。即使在放弃了其他职务后，直到1989年11月以前，他一直保留着中央军委主席一职。在他担任头号领导人的整个时期，他通过他的忠实支持者杨尚昆来确保军队高层的支持。邓小平任命真正效忠于他的人——他过去在二野的老部下——担任北京军区司令员一类关键职务，他们反过来又能保证没有任何异议团体敢于挑战他在党内的权威。

得到群众的支持后，再做出重大政策的突破。邓小平力求避免草率提出有可能引起很多高层干部和普通群众抵制的政策。他最有争议的措施之一是解散农村人民公社，但他在1979年并没有公开赞成解散公社。他仅仅说，在农民饿肚子的地方，要允许他们找一条活路，即使是保守的反对者也难以批评这种观点。看到饥饿的农民因实行"包产到户"而产量大幅提高的报告后，他让人们广泛宣传这些成就。在很多地方传出成功的报道，即包产到户得到广泛拥护后，他才在1980年5月宣布支持这种做法，甚至这一宣布也不是广而告之。他仍然谨慎地表示，只在得到群众拥护的地方推行家庭联产承包制度，而实际上他有充分的理由相信这种做法会迅速铺开。

根据长远目标做出短期决策。邓小平在1978年成为头号领导人时已经70多岁了。他经历过无数变故，他领导的国家有两千多年的历史，他自然会对国力的盛衰持一种长远眼光。邓小平上台后，不必面对短期选举，因此他能着眼于长远目标，例如从1980年到2000年让国民生产总值翻两番，或在21世纪中叶使中国成为小康社会。他也能为香港和台湾提供回归之后实行一国两制、至少50年不变的政策。在考虑制定年度或五年计划时，邓小平也把它们放在长期目标的视野之内。

采用有助于实现长远目标的政策。邓小平搞四化的努力一旦得到普遍拥护，他就能为实现这个目标的政策争取到广泛支持。他培养和聘用专家，用受过良好教育的年轻人取代上了年纪、没受过多少教育的人。他大力精简吞噬着推动中国现代化所需资源的党政军臃肿的官僚队伍。邓小平为缩减军队和党政官僚的规模耗费了大量精力,因为这一政策受到不愿退休者的强烈抵制。邓小平也认识到,很多新的计划必须逐步加以实行。他知道提高教育水平需要数十年时间,他必须为实现每一个目标定出标准。

邓小平很清楚,在新就业岗位出现之前取消国营企业,将造成严重的社会乃至政治问题,所以他决定把关闭缺少竞争力的国营企业先放一放,等到有了更多就业机会再说。他知道,强迫那些在革命中打过仗的老干部退休会遇到广泛的抵制,他愿意动用有限的财政,为同意退休的人提供优厚的待遇,包括住房和休闲设施,一些高干甚至可以继续使用公车。完成了这些困难的转变之后,他才开始建立法定退休年龄的正常制度。

邓小平大大扩展了有才华的年轻人得到深造的机会,提高了学者的地位,允许知识青年从农村返城。他很快就设立了计划,使445万工作素质有待提高的"专业技术人员"得到再培训;成立了人才交流中心,鼓励受过教育的人把档案存放在那里,以方便人才流往最需要的地方。[9]

邓小平愿意采取一些过渡措施,但他心中始终想着长远目标。1981年"文革"后的第一批中国大学生毕业时,邓小平继续实行毕业生分配制度,把大学生安排到指定的关键岗位。直到1980年代末,邓小平才允许大学毕业生自主择业。

邓小平不认为在1978年就能预见到哪些制度最有利于中国的现代化。他授意赵紫阳成立研究机构,研究各地采用的截然不同的体制。如果试验取得成功,他会鼓励人们尝试在其他地方是否也能奏效。

正视令人不快的事实。邓小平认为,掌握真实情况十分重要。在"大跃进"期间,浮夸报告使灾难变得更加深重。邓小平会通过不同的渠道验证自己得到的信息,然后再对它的真实性做出判断。即使这样他也会存一份戒心,愿意找机会亲自看一看。邓小平尤其愿意听取他所选定的一部分官员的意见,如杨尚昆和他的机要秘书王瑞林,他们能够对他实话实说。他也仔细听取外国人向他介绍他们在中国看到的情况。

邓小平不但避免夸大他认为中国从长远看能取得的成就,而且尽量降低地方干部和普通群众对短期内所能取得的成就的不切实际的期望。此外,他接受专家的劝告,中国不应急于发展大型重工业部门,而应首先集中力量搞好轻工业。

做事果敢。用中国人的说法,邓小平能做到"举重若轻"。陈云和在军队中与邓小平共事13年的刘伯承相似,以办事慎重而闻名,属于"举轻若重"的人。陈云注重细节,尤其是在经济问题上,比邓小平要细心得多。但是在邓小平看来,想在打仗之前搜集到敌方全部情报的指挥官难免要贻误战机。邓小平确实用很多时间分析自己的决定的潜在后果,但在重大问题上,他往往愿意在摸清全部事实之前就大胆推进。

推进、巩固、再推进。邓小平认为,对于遇到严重阻力的问题,最有效的办法是不断施加一定的压力,然后等待事情得到巩固后再继续向前推进。[10] 例如,1980年代初他认为与苏联恢复正常关系的时机未到,但仍在这个问题上取得一些有限进展,直到苏联因过度扩张而不堪重负、愿意与中国恢复正常关系。

加强团结,减少分歧。邓小平接手的中国是一个因深刻的内在冲突而饱尝痛苦的国家。1940年代末、1950年代初地主被消灭,连续不断的残酷政治运动在"文革"中达到顶点,留下很多"你死我活"的敌对情绪。此外,这些斗争遍及每一个村庄和工厂,这意味着受迫害者或其子女往往要和迫害过他们的人一起工作。

邓小平当政时面对的最基本的问题之一,是如何减少受迫害者的亲友想寻机"算账"的欲望。他经常利用自己身居大位的资格,鼓励人们让过去的事成为过去，专心干好自己的工作。他也经常用"不争论"一语。他把很多有争议的问题放到一边，认为不妨把难题留给后人去解决，他们可能有更聪明的解决办法。他还全力支持胡耀邦清理"文革"中的冤假错案，为受害者恢复名誉，对遭受物质损失的人给予补偿。

避免宣传过去的恩怨。邓小平指示说，对"文革"可以做一般性的公开讨论，但不要纠缠于细节，这只会揭开伤疤，加重过去的敌意，很可能重新造成冤冤相报。"文革"期间受到错误批判的干部都平了反，但邓小平建议，给他们恢复工作时不要加以渲染，以免让过去的斗争死灰复燃。

通过试验避开保守力量的抵制。党内很多保守的领导人害怕出现资本主义企业。但是当毛泽东时代被迫上山下乡的青年人大批回城时，邓小平和其他官员担心他们找不到工作会造成大的社会动荡。由于当时的财政捉襟见肘，政府无力在国营企业中扩大就业，因此允许家庭搞"个体户"，以免造成大批人失业。马克思在《资本论》中有资本家雇用8个人就是剥削的说法，这被解释成亲自参加劳动的创业者雇用7人或7人以下就不算资本家。个体户便如雨后春笋般迅速发展起来。邓小平得到陈云的同意后说，"看看再说"。最初企业主对雇7人以上十分小心，但是看到政府并不干预，其他企业主便起而效尤。邓小平并不与人争论，他只提到"傻子瓜子"，这是由安徽一个目不识丁的农民及其雇工加工的十分著名的瓜子。"你解决了一个'傻子瓜子'，会牵动人心不安，没有益处。让'傻子瓜子'经营一段，怕什么，伤害了社会主义吗？"[11] 邓小平聪明地解释了中国为何要进行个体户试验，在恰当的时机对保守派做出一点不屑的表示，既机智地避免了意识形态之争，又鼓励了更多就业，使更大的私营企业得以立足。

用大白话解释复杂而有争议的问题。邓小平做出基本的政策决定后，会用人们喜闻乐见的俗语对之加以解释。这些机智通俗的说法不但使人难以反对政策，还能让人觉得邓小平平易近人。他并不是第一个运用格言俗语、使之与他的名字联系在一起的中央高层领导人，但他运用得很广。他的"猫论"——"不管白猫黑猫，捉住老鼠就是好猫"——就是一种很有创意的方式，它为减少毛泽东意识形态的重要性赢得了广泛支持，它意味着干实事要比遵循某种意识形态更重要。如果他直接说"意识形态不重要"，将会引起极大争议，而他的"猫论"会让人听后付之一笑。（事实上，有些企业家甚至生产和销售以猫为主题的装饰品。）另一个说法是"让一部分人先富起来"，它有助于降低很多想在改革后快速致富的人的期望值，在改革惠及每个人之前打消人们对致富者的嫉妒。它也是一个承诺，一部分人富起来之后，政府会努力让更多的人致富。"摸着石头过河"也是鼓励试验的一种方式，它承认在新形势下不应指望所有的政策都能奏效。

在解释基本原则的讲话中把握好平衡。遵照中共的传统做法，在重要的政策性文件中，邓小平专注于使他的计划保持稳健的中庸之道。他时常批评极端主义的做法，既批左又批右，既批"封建思想"又批"资产阶级思想"。此外，在向群众说明重要政策时，邓小平认为更有效的办法是做出解释，讲明大局和行动的长期目标，而不是直接命令。

避免派系，选拔能干的官员。一些下面的干部认为，选择跟自己有特殊关系的人作为同事更安全，例如背景相同、同乡或受过同样教育的人。据说北京的三类人有着融洽的关系：（1）"团派"，即过去在共青团工作过的干部；（2）"太子党"，指中共高干子女，其中一些人还有同窗之谊；（3）"秘书帮"，指给高级干部当过秘书的人。但邓小平愿意跟所有这三类人共事,只要他们能干、忠于上级、不搞帮派活动。他鼓励其他人也这样做。

研究和营造"气氛"。邓小平作为头号领导人,在政策的选择上有相当大的灵活性,然而他也受制于北京最高领导层的政治气氛。邓小平在大胆采取行动时,要做到让其他高层干部完全支持他。当然,在一定限度之内邓小平可以通过他的讲话、行动以及他所支持的人去营造气氛。但是他在讲话时通常只讲大原则,不会触及细节。最高层的官员,那些政治局里的人,对国家的问题有足够了解,对于哪些事可以做或至少可以接受,都会形成自己的看法。在重大问题上,例如如何看待毛泽东的威信、废除城市和农村的集体制度、摆脱计划经济、允许外国人在中国自由旅行等等,在邓小平感到政治气候完全有利之前,不会采取行动。

按照民主集中制原则,包括高层干部在内的每一个人都会对当前的政策和领导人表示坚决支持。因此即便高层干部也不易搞清楚,什么时候其他人对当前的政策和领导人产生了严重怀疑,从而确信需要做出改变,例如1978年底对华国锋及其政策就发生过这种情况。由于高层干部在重要政策问题上从不公开表达不同意见,因此各省都在北京设有办事处,这些干部要窥探可能发生政策变动的迹象,猜测省里正在考虑采取的某些行动是否会被认为正确或至少可以容忍。即便是邓小平,为了把握这种气氛,不但要依靠阅读各种材料做出敏锐判断,还要依靠敢于向他说出令人不快的真相的人,如邓力群、杨尚昆、王震、王瑞林和他自己的子女。

最高层的气氛一向复杂而微妙,因为它的基础是心照不宣的默契,而不是直接公开的讨论。转变高层气氛的重要因素,大概莫过于现行的政策、战略和领导人正在取得的成果。如果事情的效果不错,政策或领导人就会获得支持。如果事情搞砸了,人们就会躲避,以免与失败有染。例如,每年年底公布的经济结果会影响到有关现行经济政策和对其负有责任的干部的评价。大多数高层干部都赞成在某些地方搞试验，假如试验取得成功，邓小平等人就会觉得可以放手加以推广。

不消说，对于政策取得了多大成功、将来的作用如何，不同的干部有不同的眼光，其中一些人比较保守，一些人比较开明或包容。邓小平努力维持足够数量的少数人、最好是多数人的支持，至少是接受。在他感到某些问题上存在着强烈的反对意见，即便是出自极少但具影响力的少数人，那么，他在提出重大创议之前也会想方设法争取他们的合作，或至少让他们消极接受。如果做不到这一点，他会推迟采取坚定的立场，直到气候变得更加有利。

说到底，民主集中制要求每个人必须加入合唱，表态支持具体的政策。对于他们认为适当的政策，他们会给予认可，因为跟得不紧有可能吃亏。在邓小平看来，成功的领导人不仅要决定正确的长期战略方向，还应当知道如何去营造"气氛"，如何适时采取大胆的步骤，在干部群众都愿意跳上甲板时迅速采取行动。

第14章
广东和福建的试验，1979—1984

1977年11月11日，邓小平在广东商议在北京召开中央军事委员会会议的计划时，有人向他汇报了年轻人试图越境逃往香港的问题。每年都有成千上万的年轻人冒着生命危险从陆路或水路逃往香港。北京过去一直认为这是个安全问题，因此在20公里长的边境上全部架起铁丝网，派数千警察和部队在这一带巡逻。试图外逃的年轻人被抓住后，就被关进边境附近的大型拘留中心。邓小平一向有着坦率承认令人不快的事实的作风，他听过汇报后说，用警察或军队解决不了问题。边境两侧生活水平的差距才是症结所在；要想解决问题，中国就要改变政策，改善边境这边的人们的生活。[1]

在广东的会议上，当地干部还抱怨外汇短缺，而外汇是引进外国技术和保证建设项目的前提。邓小平支持这样的观点：为了赚取外汇，可以成立两个农产品加工中心（一个在毗邻香港的宝安县，那里后来成为深圳的一部分；另一个在靠近澳门的珠海），加工新鲜果蔬输往香港。他知道当地的农产品剩余有限，说，可以由外省提供一些用于出口的产品，还说，广东可以建一些现代化饭店和其他旅游设施以赚取更多外汇。当时，一些地方干部想恢复当地的手工业，但邓小平没有提到出口工业产品的前景；那时几乎还没有生产出口产品的工厂，也还看不到允许外国公司来建厂的可能。外国

投资仍不被允许。²

邓小平广东之行后,北京对发展广东的兴趣高涨起来。随着政府开始考虑购买外国技术,官员们更加关注外汇短缺的问题。知情的计划干部知道,由于没有找到新油田,他们想在1973年石油危机后出口高价石油的希望已经破灭。从1978年4月10日到5月6日,在华国锋的全力支持下,北京国家计委的一个代表团来到广东,探讨如何增加出口。³这些谷牧领导下的官员鼓励当地和邻近的福建省的干部发展旅游业,建议成立出口加工区,将外国货物和机器运进来,经当地劳动力加工后再运出去。⁴

1978年4月国家计委代表团鼓励广东进行创新后,刚上任的广东省委第二书记习仲勋来到广东,为中国向世界经济敞开大门做准备。习仲勋离京之前,热心于家乡发展的广东人叶帅对习仲勋说,要想得到海内外广东人的真心合作,首先要给1950年代早期因受到地方主义指责而蒙冤的干部平反。⁵1978年底习仲勋已取代韦国清将军成为省委第一书记,按叶帅的建议采取了行动。同时杨尚昆也来到广东任省委第二书记,帮助习仲勋制定广东省的改革计划。杨尚昆和习仲勋合作愉快,与习一起为建立出口加工区做准备。⁶

习仲勋刚到广东时需要学习很多东西。他上任前刚刚摆脱了政治乌云,仍然沿袭着当时搞阶级斗争的官方政治路线。在最初与当地干部开会时,他重申了北京的官方路线:逃港者是在走资产阶级路线,应当给予惩罚。一个大胆的当地干部说,边界这边的广东人没白没黑地干活仍然吃不饱,逃到香港后用不了一年,就能得到他们想要的一切。习仲勋当即宣布开除这个干部。这人回答说,不必了,他已经辞职了。会后习仲勋又听取了其他人介绍的情况;他们也向他讲述了邓小平去年11月来广东调查时的态度。第二天与另一些干部开会时,习仲勋主动做出检讨,向那个当地干部道歉并挽留了他,而且发誓要搞好边境这一边的经济。不久,习仲勋就成了大力支持广东发展的人,为改善当地经济和繁荣出口不知疲倦地争取北京的帮助。[7] 习仲勋原籍陕西，但1989年退休后他选择住在广东。他的儿子习近平生于1953年，2008年当选为国家副主席。

习仲勋在1978年12月开完三中全会——邓小平在这次会议上成为头号领导人——回到广东后，向当地干部通报了改革开放的新政策对于广东的意义。30年来广东干部一直受到北京的冷遇，因为对于这个靠近外海、毗邻香港的地方，北京总是担心它的地方主义、资本主义旧习和安全风险，压制它的工业发展。现在，急于促进出口的北京，终于愿意为广东干部提供他们盼望已久的机会：发展地方工业。

1979年1月6日，即三中全会刚过两周，北京就为习仲勋开了绿灯，让他准备一个广东接受外资的方案交北京正式批准。邓小平在1977年11月的建议中只要求加工出口农产品，而这个方案则是要建立制造业，生产用于出口的工业产品。习仲勋立刻召开了为期两周的会议，为起草这个方案做准备。与台湾隔海相望的福建也得到了与广东相同的地位，不过当时台湾还不允许与大陆开展贸易，因此广东将先走一步，让福建稍后再以同样的方式发展出口工业。就在习仲勋和当地干部准备这个方案时，谷牧被任命为新成立的部级单位特区办公室的主任，负责协调广东和北京的工作。谷牧担任这个新职务后数次前往广东，协助习仲勋等地方干部为广东得到的特殊地位做准备。谷牧熟知外贸和基建，他在北京的声望，他对改革开放的信念，以及他解决问题的能力，使他成了一个很得力的中间人。[8]

1979年1月31日，即三中全会刚过一个月，李先念批准了香港招商局局长袁庚提出的外资第一案。为满足香港繁荣的建筑业对废旧金属的需要，袁庚打算拆解不再运营的旧船，把拆下来的金属卖给香港建筑商。他想为这个项目找一个地点已有多年，无奈香港人多地少，于是他建议将地址选在宝安县深圳最西边的蛇口。

袁庚的方案是为广东创新释放出的一个完美的探测气球。拆旧船无须建设新工厂，可以立刻上马。更重要的是，袁庚的公司名义上是"外企"，但他本人早年就加入中共，在广东和北京都有很深的资历。他是宝安县（其中的一部分后来成为深圳）人，国共内战时在当地的共产党游击队里打过游击。1949年后他任职于北京的中联部，后又去交通部主持国际联络工作。香港招商局原为清末朝廷成立的公司，后被共产党接管，隶属于交通部，在香港有独立的分公司，袁庚担任负责人。

李先念所批准的袁庚方案就是由交通部报给李先念的。交通部部长曾生也是宝安县人，抗战期间就是袁庚在游击队里的上级，后又在交通部担任他的上司。袁庚本想在深圳西南部的蛇口要一块小地方，李先念却给了他一块大得多的地皮，这使袁庚的生意可以不限于拆旧船。蛇口由此成为中国第一个允许境外直接投资的地方，也是中国第一个允许境外人士对位于内地的公司进行决策的地区。对于中国领导人来说，这是一种很安全的"外资"方式，但仍然是一个突破，它为其他境外公司在大陆获准成立企业敞开了大门。国家的计划干部中有一些反对的声音，他们担心给广东这么多自由会干扰国家的整体计划，不过广东干部的观点还是占了上风：不给予更多的自由，他们就无法吸引境外公司来建厂。

1979年4月初习仲勋在北京的中央工作会议上说，广东和其他省份一样，缺少足够的自主权有效开展工作。他大胆地说，如果广东是一个单独的国家，几年之内就能起飞，但在现在这种处境下，什么改变都难实现。另一些高层干部十分清楚中国的经济计划过于集权。华国锋像邓小平一样赞成给广东更多自主权以发展出口，他向习仲勋保证，会给予广东吸引外资必不可少的自主权。[9]

习仲勋和广东的领导班子于1979年4月17日带着方案草稿赴京，在最后定稿前与邓小平等人做了进一步讨论。习仲勋及其同事根据谷牧的建议提出，允许广东全省实行特殊政策，使其能够采取灵活措施，吸引生产出口商品所必需的外资、技术和管理方式。国家为工厂提供必要的土地、运输设备、电力和劳动力,提供外国人所需的饭店、餐厅、住房和其他设施。北京中央政府支持广东和福建两省,除了一般工作外,集中精力抓好广东的三个经济特区(毗邻香港的深圳,与澳门接壤的珠海和广东东北部沿海地区的汕头)和福建的一个经济特区(厦门)。

邓小平完全支持这个方案。他对习仲勋说,"还是叫特区好,陕甘宁(延安时期对陕西、甘肃、宁夏的简称)开始就叫特区嘛!中央没有钱,可以给些政策,你们自己去搞,杀出一条血路来。"[10]邓小平这番话,是在直截了当地答复广东一行人在北京提出的请求:如果不给钱,给权,我们自己筹钱如何?[11]

在跟习仲勋谈话时,邓小平同意,要让广东和福建享有灵活性,以便吸引和利用祖籍广东、福建的海外华人的资金。广东的方案于1979年7月15日得到批准,成为中央第50号文件,它同意给予广东和福建吸引外资的"特殊政策和灵活措施"。[12]按邓小平的建议,这些地区称为"特区"。[13] 4个特区于1979年8月26日正式成立。考虑到国家计划的复杂性和计划干部的抵制,如果不是有邓小平、华国锋、谷牧、习仲勋等人的决心,很难想象这一系列安排能够在三中全会后仅仅7个月内即告完成。

邓小平的试验及其批评者

20年来中国一直在搜集80多个国家所建立的出口加工区的有关资料。这些国家设立的加工区旨在绕开繁琐的进出口规章,输入生产所需要的原料,用当地廉价劳动力生产产品后再将其出口,不必经过一般的正规进出口程序。在中国,直到1978年,建立出口加工区的努力一直得不到必要的政治支持。从1979年开始,广东毗邻香港的地区实际上变成了加工区。

但是,邓小平不仅把广东和福建的特区看成出口加工区,他还有更大的考虑。他要建设的是工业、商业、农业、畜牧业、房地产和旅游业完备的综合性大都市。[14] 这些特区可以对各种办事方式进行灵活的试验。现代管理制度不但能改善中国的企业，而且可以为党政机关所用，使之变得更有效率。1980年5月16日中共中央和国务院下发的第41号文件说，4个特区将"实行不同于其他地方的制度和政策。经济特区将主要受市场调节"。[15]

邓小平得不到在全国范围搞这种试验的支持，但对于保守的人来说，反对这种试验更不容易。这是因为在一地进行试验、成功之后再加以推广的思想，早就是中共惯用的智慧。[16] 例如，在四川、江苏、浙江就尝试过工业管理方面的改革。但是邓小平允许在广东和福建的外资企业使用自己的用工和管理制度，这种试验远远超出了其他地方的尝试。蛇口进行的投票选举试验，大大早于其他地方的村民选举。广东比任何地方更适合做实验室。邓小平鼓励经济特区进行市场、工业、建筑业、劳动力、金融和外汇方面的试验。[17] 由于广东处在风口浪尖上，也就成了反对者攻击的目标，他们担心中国变成资本主义国家，外国帝国主义者会卷土重来，社会主义计划体制受到破坏。广东也成了反对资源流向沿海地区的内地省份的批评对象。

西方人，甚至一些中国的批评者也说，邓小平是在搞资本主义试验，只是不叫这个名称罢了，但邓小平并不这么看。他决心扩大市场，他个人对私人企业没有意识形态上的反对意见，他同意竞争是工商业的动力。然而他也要让中共牢牢掌握控制权，防止资本家左右中国政治，他要保留土地公有，维持国有企业的重要作用，继续国家的经济计划。邓小平说，中国不会变成资本主义；钱进不了他邓小平或华国锋的腰包。[18]

即便是那些对外国"帝国主义者"没什么记忆而只是从党的宣传中有所耳闻的年轻干部，对财大气粗的外国资本家可能的所作所为还是感到紧张。为何中国在摆脱了外国帝国主义30年以后，现在又要把帝国主义者请回来？国营和集体企业的领导知道，中国的企业在1930年代如何被外国企业的扩张挤垮，他们害怕中国的企业难以与资金雄厚、更加现代化的外国企业竞争。干部们担心，在国际贸易中经验丰富的外国资本家会暗藏祸心，利用国际法律设下圈套，在中国取得垄断权。邓小平以十分谨慎的方式，向公众解释他的理念。他和别人一起批评对外国制度亦步亦趋的人。他小心地不提外国文化更加优越，只说可以在有限的范围内向外国文化学习：中国可以学习外国的"现代管理"。但是，对"现代管理"的学习有很大的包容性，事实上可以广泛学习各种观念和制度，而又不会惹恼那些坚信中国文化或"中国精神"更优越的爱国主义者。

开放广东、福建和其他沿海省份的决定，很快导致了工业从内地向沿海地区的大批转移。从1966年到1975年，遵照毛泽东要避免边境附近国家安全受到威胁的政策，中国有一半以上的投资被用于"三线建设"，货物和人员都去了基础设施很差的边远地区。[19] 但是在1979年2、3月反击越南之后，邓小平认为外来攻击的危险已大为减少。中国的计划干部也明白，在工业发展和国际贸易方面沿海地区占尽天时地利，那里交通便利，有更好的基础设施，拥有大批专家和较低的成本。1979年广东的出口仅占全国出口的12%，而到了1980年代后期，随着出口的增长，中国每年有三分之一以上的出口来自广东。[20] 邓小平承认，广东和福建有可能先富起来，但是他宣布，这些先富起来的地区以后也要帮助其他地区致富。

北京那些试图维持细致有序的计划体制的干部力求控制广东的货物进出，然而他们面对的却是广东的灵活政策造成的梦魇。广东从国外赚到了更多的钱，可以高价购买货物，这刺激了其他一些省份把完成本省计划所必需的物资转运到广东。据估计，给予广东和福建灵活政策的决策至少涉及64家中央政府的单位。在指导各地的计划与广东相互协调的干部中，有来自国家计委、外交部、财政部、国家建委和物资部的人。[21] 广东的干部在1979年说服了北京的领导，广东与外国公司签订的协议不必事先交北京审批，尽管仍要报送中央。但运往广东的国有物资数量增长并不需要北京有关部委批准。[22] 由于市场变化无常，计算不同的税种变得极为复杂，于是北京同意广东每年将税收一次性上缴国库。

中国的南大门

特区的一个可能地点是上海，1930年代那里企业林立，住着大约30万外国人，是亚洲最国际化的城市。作为当时亚洲的主要金融和商业中心，上海遥遥领先于香港。它也是亚洲重要的工业中心，只有极少数日本城市超过它。但是在1978年，中国的计划工作者们担心把上海搞成试验区风险太大：它是中国主要的工业中心，对国家财政的贡献大于其他任何地方。如果上海的工业和财政收入受到负面影响，那将是中国的灾难。出生于上海的陈云也担心，上海屈从于洋人的"买办习气"仍然很重，他反对把上海搞成试验区，这个意见占了上风。

广东和福建不同于上海，它们没有多少工业，即使走了弯路也不会有多大风险。它们的沿海地区靠近东南亚和香港，因此1949年后被认为有安全风险，北京在1978年以前一直限制那里工商业的发展。此外，即使与外国资本家的交往会造成精神污染，由于两省地处边陲，也不至于影响到北京的党中央。更重要的是，移民东南亚和世界各地的华人多来自广东和福建两省，他们会讲当地方言，很多人仍然与这些地方保持着密切的私人关系，一些人对吸引新的投资会大有帮助。

邓小平在1978年10月访日时曾说，他来日本是为中国的现代化寻找"仙草"的。假如有一个地方能找到让中国起飞的"仙草"，这个地方就是香港。从1979年到1995年的直接对华投资中,大约有三分之二来自或至少经由香港这个中国的"南大门"。[23] 北京希望东南亚和美国等地的"海外华人"前来投资,但更想得到中国声称拥有主权的港、澳、台的同胞的投资。当时,不把台湾计算在内,官方估计在中国大陆以外大约有820万祖籍广东和500万祖籍福建的华侨。[24] 两省在寻找投资时,这些人是争取资金的首选目标,虽然也欢迎其他来源的投资。1978年后回国的人大多数都是通过"南大门"返回他们在广东和福建的故乡。当时台湾和大陆还没有直接贸易,还要再等将近10年,台湾才允许居民去大陆旅行。

邓小平允许广东敞开大门,香港就成了投资、创业和外界知识的来源。香港遍地都是企业家,包括1948年中共军队攻取大陆后逃过去的成千上万的人。在1949年以前,香港一直是把中国与外部世界联系在一起的贸易中心。中共掌权后关闭了边境,使香港经济也受到打击。当时一些从上海和宁波逃过去的企业主,在香港建立起纺织业和全球航运业。到1960年代时香港已成为国际领先的金融中心。1970年代,早年在香港生活,后去英美、加拿大或澳大利亚留学的有才华的年轻人开始回到这座城市,他们熟知现代金融、高科技和国际市场。因此,香港在1970年代末为中国提供了一些当年苏联绝对稀缺的东西——它是一块企业家的风水宝地,而这些企业家十分熟悉西方的最新发展,与中国大陆有着相同的语言和文化,而且很乐于提供帮助。

在邓小平着手改革的最初几年,香港和大陆之间的大门只打开了一部分。进出这道大门并不总是很顺利。边境检查仍在继续,中国居民多年来很难得到出入境签证。很多非法逃港的人、或边境另一边有亲属的,也根本不想再跨过那道边境之门。1949年以后,内地和30年来急速发展的香港之间存在着日益扩大的社会差距,弥合起来并非易事。1980年代初期,香港商人言谈之间会把边境另一边的内地人称为不知现代世界为何物的乡巴佬。广东人和福建人见到来自香港的亲属或同乡，会忌恨他们派头十足、财大气粗，因为他们这些大陆的亲戚仍在受穷受苦。即使是大陆官员，当时的生活水平也仅在温饱之上，他们看到衣着光鲜、洋洋自得的香港商人带着一班干练的人马，拥有现代技术和全球关系网，也不免满腹狐疑。但是，仍有不少香港企业家热心于帮助家乡，利用中国这个几乎无限广大的市场。没过两三年，通过这个南大门的人流、卡车和资金，便从涓涓之水变为汩汩溪流，然后又变成了滚滚洪流。

在邓小平时代，广东和福建的干部，尤其是经济特区的官员，从香港这个大都会的人们那里学到了不少东西——通过日益开放的电视、报纸和个人交往，通过他们在广东开办的工厂、饭店、餐馆和商店。在1980年代初的广东街道上，仅凭外表和举止就能分辨出两种人，打扮时尚的人来自香港，另一些人则是土生土长的大陆人。然而这种差别逐渐消失了，到1992年邓小平时代结束时，许多广东南部的大陆人和香港居民已经难以区分。

从1978年到1980年代初，中共在香港的组织——新华社、中国银行、华润集团、工会、"爱国学校"和"爱国"商人——是大陆官员了解香港形势的主要依靠对象。但到1983年邓小平开始接见更多的香港商业领袖——如船王包玉刚——时，代表大陆的那个小群体已经基本完成了他们作为联络员的特殊使命。

在香港工作的中共党员不属于香港社会的主流，他们缺少接触香港精英的渠道，而现在北京急欲得到后者的合作。北京和广东的干部开始绕开香港的共产党同志，直接与香港的主流领袖接触。1982年，邓小平把一名前省委书记许家屯派往香港，担任中共在香港的最高代表，许和邓本人及北京高层均有直接联系；他到港后开始直接和香港精英接触。

对于香港的工厂主来说，大陆的开放可谓恰逢其时：由于香港劳动力短缺，工资和成本上升，他们已经开始在国际市场上失去竞争力。而边境另一边低成本的劳动力，不但能够挽救香港服装厂、玩具厂和电子元件厂的厂主，还可以为他们提供广阔的机会。转变迅速出现，而且往往令人吃惊：据香港报载，香港一些工厂的工人早上到了工厂时发现，全部生产设备一夜之间就被运到了边界线另一边的村庄，那里已经建起了新工厂。在1960年代和1970年代香港繁荣期掌握了先进建造技术的香港建筑公司，突然发现在边界线另一边有着无穷无尽的机会。

欧洲和北美的商人在1970年代和1980年代初去中国时，通常都会取道香港，先乘火车到广州，再从那儿飞往其他目的地。动身前往大陆之前，他们会向香港商人了解情况，而后者有时会成为他们的合伙人或在中国大陆的代表。外国人受到本国法律的禁止不能行贿，便通过受限制较少的香港代理人为自己在广东的生意铺路。台湾商人由于其当局在1980年代初禁止与大陆通商，也通过香港的合作伙伴与内地做生意。邓小平开放连接广东和香港的"南大门"的试验，使这里成了外来投资、技术、管理技能、观念和生活方式进入中国的最重要通道。

中国到1980年代末时已经更加开放，内外交往扩展到包括北京在内的中国其他许多地方。香港商人与大陆打交道时使用的语言，就反映着这种交往的变化过程。在1978年后的最初几年里，香港和广东之间的交际语言是粤语，这是通行于香港和广东很多地方的一种方言。然而到1980年代末时，中国很多地方都越来越开放，于是普通话渐渐成了新的通用语言。深圳和珠海的很多居民来自北方，他们只说普通话，不讲粤语。香港继续扮演着重要角色，粤语也在继续使用，但是香港商人要与全国的合作伙伴交往，于是他们也开始学说普通话。这种语言上的变化反映着从地区性试验逐渐变为全国范围的对外开放的过程。

广东和福建的起飞

在广东和福建获得特殊地位后的 30 年里，中国的出口增长了一百多倍，从 1978 年的每年不足一百亿美元增加到一万多亿美元，其中超过三分之一来自广东。1978 年时广东没有一家拥有现代生产线的工厂。30 年后来到广东南部的人，却可以看到摩天大楼、世界级饭店、高速公路和滚滚车流。

从广州到香港之间的整个珠江三角洲都发生了巨变。在 1980 年代，这个地区的村镇（过去的生产队或公社）迎来了一些小制造商在此地建造工厂，他们先是来自香港，后来是台湾等地。到 1980 年代末时，从香港到广州 160 多公里的路段上，道路两旁的工厂已经连成一片。[25] 1979 年时毗邻香港的深圳只是一个有两万居民的小镇，20 年后的深圳市则已经扩展到了周边农村地区，人口接近一千万，而且还在迅速增加。虽然没有确切的数字，到 1992 年邓小平退休时，估计有一亿人次涌入广东的沿海地区，其中不少人后来又返回家乡，但也有数千万人留在了那里。

习仲勋和杨尚昆设法使北京批准了一系列导致广东经济起飞的措施，但是从 1980 年到 1985 年间领导广东经济起飞的却是省委第一书记任仲夷。他的搭档梁灵光省长以前是轻工业部长，被派到广东帮助其发展轻工业。邓小平退出后，就像全国人民感谢邓小平搞了改革开放一样，广东人也感谢任仲夷的大胆领导。多年以后胡锦涛视察广东时，曾专程去看望已退休 20 年的任仲夷，向他表达敬意。

根据 1982 年 1 月的一份文件，涉及 3000 万元以上的轻工业项目和 5000 万元以上的重工业项目，广东必须报送北京批准。[26] 由于突破额度而受到北京指责时，任仲夷会巧妙地规避，说那不是一个项目，而是恰好相互关联的若干个项目，而每个项目都在上限以内。任仲夷的部下喜欢他为广东发展与制度斡旋的热忱以及他敢于为他们撑腰的勇气。其实任仲夷自己就曾说过,他在广东的任务是做一个变压器,电流(广东的政策资源)来自北京,他要使其符合当地需要。广东干部的说法则是"上有政策,下有对策"。

得到任命的省级领导人在赴任之前,很少受到最高领导层的接见,但任仲夷和省长梁灵光却应邀与邓小平单独见了面,此外还去拜会了华国锋、万里、陈云和叶帅。邓小平与他们见面时说,他们的任务是为未来探索一条出路。邓小平了解广东的地方主义问题造成的强烈情绪,关于如何对待这个过去遗留的问题,他向任仲夷和梁灵光说了自己的看法:不可能完全不谈过去,但要全面地看问题,不要纠缠于小事。邓小平说,只要在新的岗位上拿出适宜的政策,工作就能顺利进行。邓小平还表示,他希望广东和福建的干部能够用自己的经验为其他地方提供指导。万里在会见他们时则大胆地说,如果北京的指示不适合地方的情况,他们就应当做符合当地需要的事。[27]

广东的试验走在最前面,很容易被人批为搞资本主义。对于那些害怕资本主义,不愿看到对其他各省同样有吸引力的广东试验被推广到全国的人,任仲夷和他的一班人便成了他们的靶子。任仲夷手下的干部为他的机智所倾倒,佩服他做出战略选择的能力,但是最为赢得他们忠心的,还是他在北京的批评面前敢于承担责任。

即使没有来自北京的政治压力,干部们也感到难以勾画一幅全新的路线图。例如,在研究广深公路的建设时,他们担心预算有限,也无法想象汽车增长速度如此之快,便错误地采取了谨慎策略,决定建一条双车道高速公路,结果没过10年就被一条八车道的高速公路所取代。政治上的顾虑以及缺少经验,也使得一个十分敏感的领域(即如何与外来商人打交道)产生了不少失误——他们既想吸引外商前来投资,又不想被人指为对外来资本家示弱。最初,他们不知道如何确定税收减免的合理数字、需要多少地方基础设施、应当如何进行计价,以及哪些当地产品在国外有市场,因此犯了很多错误；还有些当地人办事拖沓，甚至欺骗境外投资者。此外，新工厂的建设速度超前于相关管理规章的颁布，结果新规章并不总是奏效。因敢闯敢干的地方领导走得太快，把较为谨慎的官僚抛在后面，结果反过来验证了持怀疑态度的保守派的噩梦，这类情况时有发生。

试验的教益

广东和福建的干部发现，为了吸引外资设厂，必须建立"一站式"的决策中心。早期的外来投资者为了安排电力、运输、建材和劳动力，拿到各种批文，必须跟不同的官僚机构打交道，这让他们不胜其烦。到了1980年代中期，最能吸引外来公司的地区都是那些对政府机构进行重组、将决策集中的地方，这使地方官员在一个办公地点就可以做出所有关键决策。

在如何向外来投资者收费方面，人们也获得了不少经验和教训。最初，地方政府对如何在市场经济中计算成本几乎一无所知，索取的费用往往不是远远高于就是大大低于国际标准。过了几年后，他们对海外市场的价格找到了感觉，开始定出更为适当的价格。由于前来打工的劳动力数量几近无限，劳动力成本仍然大大低于多数工业化程度较高的国家。

此外，为争取投资而相互竞争的地方干部早就发现，如果不让外来投资者得到他们认为合理的投资回报，他们就会另寻他处。最初，干部们听说运到海外的产品能卖高价，于是也向外国人开高价，认为不这样做就是让中国劳动力受外国资本家剥削。但是渐渐地，中国官员开始接受国际市场的价格，认识到即使工人所得比在海外销售产品的商人少得多，对政府和工人仍然有利。

做到信誉牢靠也是一个学习的过程。地方干部认识到要想留住外方合作伙伴，使其扩大投资，就必须讲求信誉。外国投资者希望确保在出现问题时可得到公正解决，中国的干部便以签订协议、引入法律程序等方式予以保障。地方干部发现，过去几年做得好的地方，都是尊重协议的地方。这其实并不奇怪，如果外国投资者感到一个地方的干部队伍靠得住，能在早期野蛮的、不讲章法的中国市场上解决不可预期的问题，必要时还能在解决问题时发挥创造性，他们当然愿意继续投资。在外资公司工作的当地经理也学会了按时完成任务是多么重要，学会了如何有效管理多重任务。还有一些管理人员学会了现代会计制度——如何编制进度表、如何计算成本、如何使用计算器和后来的计算机。

香港的建筑师和建筑公司曾在1960年代和1970年代香港建筑业的繁荣期掌握了建造摩天大楼的技术，他们也开始向广东的合作伙伴传授如何在内地组织和管理这类项目。他们还同时带来了现代建筑设备，并教当地工人如何操作。

消费服务业是中国迫切需要发展的另一个领域。在实行对外开放和引入市场之前，国营商店只卖品种单一的必需品。商店的营业员对顾客十分冷淡；他们公开表示既然报酬少得可怜，他们不想傻乎乎地卖力。香港商人经营的广东第一家现代饭店——白天鹅宾馆开张时，为了做好生意，从香港带来营销经理和服务人员，由他们传授饭店的清洁保养、有效组织以及如何满足顾客的愿望。饭店的餐厅立刻引来大批消费者，另一些餐馆为了与之竞争，也开始提供不相上下的服务。

来广东的工厂和商店打工的农村人，很快就学会了守时以及如何在工作中与他人协作。拿计件工资的人学会了如何在给玩具填充海绵或为各种消费品安装零件时提高效率。他们养成了洗手和其他卫生习惯。他们平生头一次跟来自天南海北的工友一起工作，这也使他们的眼界变得更为开阔。他们学会了现代技术和流行时尚，这些知识很多来自于他们生产的那些先是为出口、后来又转而内销的电子产品和服装。温饱有了保障后，他们学会了如何使用电视机、洗衣机、微波炉和空调。姑娘们追逐香港的时尚，学会了如何使用化妆品，如何梳理新发型。[28] 通过给家人写信或是时间长短不一的返乡，这些农民工成了当地另一些向往现代生活方式的人效法的样板。[29]

在世界各地设有工厂的索尼公司联合创始人盛田昭夫曾说过，一般而言，没有现代工业的国家，其官僚机构也效率低下，但是一旦采用了现代工业的效率标准，这些标准会逐渐渗透到政府之中。按国际标准，当时的中国政府机关仍然效率低下，人浮于事。但是，中国工商业一旦提高了效率，包括邓小平在内的一些党政领导也会效仿同样的效率标准。

广东的进步不能简单地用"开放市场"来解释，因为有很多存在着开放市场的国家并没有取得广东那样的进步。不如这样说，在广东，不到10年前还在大搞阶级斗争的中共组织，已经变成了推动现代化的有效工具。党维持着全面的纪律，鼓励学习与竞争，而香港地区和日本也迅速提供了帮助。给予广东和福建的特殊政策、特区所特有的自由空间，使这些地方成了培养人才的孵化器，这些人才将在大都市的现代工厂、商店和办公室有出色的表现。从这些企业学到的知识，很快就从广东扩散到了其他地区。

先行者面对保守政治逆风

广东和福建的试验一经开始，两省的干部就不断感到来自北京的政治压力。虽然被赋予了向前闯的责任，但处在前途未卜的环境中，他们需要富有想象力地在无章可循的条件下完成任务，这就使他们很容易受到那些担忧变革的正统派的批评。北京各部委发出的一个又一个指示，最后都会加上一句广东和福建"概不例外"。当时广东和福建的干部必须尽力保持一种微妙而危险的平衡，既要做好吸引外资的工作，又要避免被人指为卖身投靠外国帝国主义。为鼓励外国公司前来办厂，应当给它们多少减免税优惠？如果允许一家合资企业生产某种产品,是否也应当允许它生产其他没有得到批准的产品?有些出口商品是否可以内销?

由于在公私利益之间并无严格界限,这可能会诱使当时仍然很穷的地方干部利用职权中饱私囊。能否接受外企的宴请?能否接受外企商人新年送的红包?能否用公司的车上下班或接送孩子上学?包括香港公司在内的境外公司在广东设厂可以得到激励,可是谁知道有些公司是不是广东人为了得到税收优惠而成立的"假外资"公司呢?正统派的干部总是伺机阻挠脱离计划经济的做法,压制改革派与外企合作的热情,他们要找到可供批评的行为并非难事。

其他地方的干部怀着忌妒之心,也在寻机批评广东干部的做法。有人向北京抱怨说,他们本省同样迫切需要的物资,却必须送给广东和福建。有些嫉妒的干部想方设法拖延对广东的供应,乃至广东为确保国家调拨给它的煤炭能够到位,不得不向各转运中心派出数百名干部,以确保计划用煤已经装车。

一些北京高官对党纪在"文革"中受到的破坏已有认识,他们对赚钱机会可能会进一步侵蚀党的纪律更是深感忧虑。若要严明党纪,还有比批评广东和福建一些先行者更好的办法吗?陈云一向对维持计划体制的有效运转、维护党纪极为关注,他在1981年12月22日的讲话中承认,"要看到特区的有利方面",但是他接着说,"也要充分估计到特区带来的副作用。"[30] 10天以后,他在一次省委书记会议上说,有4个特区就够了,不要再搞新的特区了。[31] 一个月后他又说,"现在搞特区,各省都想搞,都想开口子。如果那样,外国资本家和国内投机家统统出笼,大搞投机倒把就是了,所以不能那么搞。"[32] 陈云还担心特区设边界线会使问题复杂化。他尤其反对特区单独发行货币,因为担心特区货币会对投资者更有吸引力,从而削弱人民币的地位。

陈云处事坚决,但很少动怒。在他为数不多的几次公开发火中,有一次就是在听说广东发生的严重丑闻之后。[33] 当时有成千上万名党员参与了引进外国商品、帮助建厂和销售产品的活动,走私、行贿和腐败成了严重问题。作为中纪委书记,陈云对广东干部的违反党纪案件进行了严肃调查。他批评广东和福建的高层干部没有采取措施阻止这些现象的发生。

邓小平超然于纷争之外,不为受审查的干部说话。作为总书记的胡耀邦却一直跟推动改革的地方官员保持着密切联系。1980年1月,当地方干部因走私面对压力时,胡耀邦前往珠海特区,支持那些因阻止走私不力而受到指责的干部。几个月后他从一份来自蛇口的报告中得知,对超额完成指标的职工给予奖励的制度受到北京官员的阻挠,便对谷牧做出批示,要确保蛇口能够自由开展工作。当他看到另一份报告说北京官员阻碍蛇口的道路建设时,再次向谷牧做出批示,要制止那些部门的干预。据广东的干部说,胡耀邦总是全力支持他们,想方设法提供帮助。

1982年1月14日中央书记处召开会议,第一次就特区问题进行长时间讨论时,陈云批评了普遍的腐败现象。胡耀邦没有对陈云公开表示异议,但他在讨论结束时说,"特区只能前进,不能倒退。"[34]

广东省委、经委和纪检委的高层干部都是由北京任命的,次一级的省干部则由省里的领导任命。北京的官员担心下面串通一气封锁消息,因此要求所有的次一级干部都须向中央汇报有关省级领导人的情况,包括负面情况。这些广东干部虽是奉命行事,却被当地同事称为"打小报告的"。

广东的两个干部,王全国和薛光军,无论从个人关系还是职责上说,都有理由让北京的计划派充分了解广东的问题。副省长王全国同时兼任广东省计委主任,他来自河北,之前在提拔省长时没能如愿。按照常规,当选省长的人应是像王这样的中央委员,但任仲夷为了获得当地大批干部的全力支持,选择了早年在当地打过游击、本人不是中央委员的副省长刘田夫。1981年广东开会贯彻陈云的调整政策时，王全国给北京写信说，任仲夷在会上强调邓小平的改革开放要求，不提陈云关于紧缩的讲话。[35]

广东省委委员薛光军也向北京汇报了广东的腐败问题。延安时期薛就在中央组织部陈云手下工作，内战时期在东北也是陈云部下。薛直接联系陈云，向陈云投诉说，广东在搞资本主义；走私、贿赂和腐败问题正愈演愈烈；广东的干部没有采取足够的措施控制这种局面。[36] 建设新工厂的工作已经开始，但与此同时广东仍苦于财政短缺，外汇不足。北京抱怨广东对外汇和关税的征缴管得太松；广东则抱怨说，它没有得到足够的煤炭，北京没有建设足够的运输设施以满足它在三中全会之后日益增长的需求。[37]

1980年10月任仲夷到任广东时，正值陈云在大力推行调整政策，减少新建项目，减轻通货膨胀压力。而广东为吸引外资而扩大基础设施的努力，难免会加剧原材料紧张，带来通货膨胀压力。尽管任仲夷从个人角度十分尊重陈云，内战时期他也在东北做过陈的部下，但是他认为自己在广东的第一职责是吸引外资，为广东的快速发展做贡献。

"二进宫"

1981年底，北京官员对广东和福建经济犯罪的愤怒已经达到顶点。邓小平给胡耀邦做出书面指示说，北京要派一个小组去广东查清情况，并警醒全体党员注意有关问题。1982年1月5日，陈云提出了一份严厉打击走私活动的报告，由其领导的中纪委下发；作为回应，邓小平在报告上批了"雷厉风行，抓住不放"八个字。[38]

邓小平的试验遇到了压力。他决定冬天——1982年1月20日至2月9日——去广东度假。[39] 他说自己是去广东休息的，既不想听报告，也不想谈工作。其实他还是用了一个半小时仔细听取了任仲夷对广东、尤其是深圳和珠海的真实情况的汇报。邓小平对任仲夷说，他认为中央在这些地方实行开放政策是正确的，"如果你们广东也认为正确，就把它落实好。"⁴⁰ 尽管邓小平的广东之行及其与任仲夷的见面，表明他十分在意改革试验，但他没有用公开支持任仲夷来表明自己的立场。⁴¹

邓小平去广东时，在北京的陈云于1月25日把姚依林和另一些计划干部叫去，提醒他们"大跃进"时期贪大求快造成的后果。他说，各省都想搞经济特区，如果允许这样做，外国资本家和投机分子又会冒出来。⁴² 一些干部也进一步加大了批评经济特区的火力，认为特区有可能变得像解放前帝国主义者控制下的通商口岸城市的租界。

当任仲夷和刘田夫奉召进京参加2月13日至15日的中纪委会议时，形势到了紧要关头。地方官员把奉召进京称为"进宫"（指帝制时代地方官员进京接受训斥）。⁴³ 会议要求两人对何以未能阻止走私和腐败做出解释，并且警告他们改进工作。任仲夷按要求做了自我检讨。他还从广东带了68个人来京，意在表明广东干部在推动改革、严肃对待走私问题上是团结一致的。会上，另一些北京干部也加入了批评的行列，甚至上纲上线，说广东正在出现阶级斗争，资产阶级正在从中渔利。⁴⁴ 还有人说，这种形势关系到更大的政治和意识形态问题，这让广东的官员意识到问题的严重性。

离京之前，任仲夷私下请教了他在北京的重要支持者胡耀邦，问胡他回广东后该如何向广东的部下和工商业界传达北京的意见，他担心一旦把北京的严厉批评、尤其是阶级斗争的说法传达下去，很可能会窒息广东的经济活力。胡耀邦告诉他，传达什么不传达什么由他自己决定。任仲夷回到广东后召开了省委常委扩大会议，传达了北京对走私问题的担忧，但是他没有将北京的愤怒和盘托出，也没有提阶级斗争。他说他们确实犯了一些错误，要加以改正，要终止不法活动。但他又说，"不要搞运动，也不要指责哪个人。要坚决反对个人牟利，但也要坚定地支持改革开放。我作为省委第一书记要承担责任,我的下级就不必了。"任仲夷的部下十分感激,因为他们知道,假如不是任仲夷愿意承担责任,保护大家,广东的试验很可能出现大的倒退。[45]

中央书记处的办公会从2月23日开到25日,讨论任仲夷在控制走私、腐败和贿赂上的失误。任仲夷和刘田夫省长抵京后,在开会之前即与胡耀邦和赵紫阳做了一次长谈。支持广东改革的胡和赵向任仲夷解释了对他们的批评。胡耀邦让任仲夷写一份新的检讨,任仲夷答应了。刘田夫对这份检查进行了修改,加大了自我批评的力度,任也接受了。

在"二进宫"的正式会议上,到会的党政干部比第一次还要多,批评也更加严厉。中纪委的一名干部说,广东发生了咄咄怪事,广东的干部却见怪不怪。另一名干部说,广东的领导是在"放羊"。还有一名批评者说,反腐败斗争就是阶级斗争。任仲夷做了深入检讨,但他和刘田夫也解释了广东为解决这些问题所做的努力。当两人请求不要取消给广东的特殊政策时,赵紫阳和胡耀邦保证说,政策不会变,但广东必须更严厉地打击走私和腐败。[46]

"二进宫"并没有使事情了结。北京的两次会议后,从4月到9月,谷牧用大部分时间在广东搞调查。[47] 中纪委也派出一队人马,由一名老干部、中纪委副书记章蕴带队,在广东进一步调查了两个月之久。两个月后章蕴得出结论说,任仲夷等人确实为解决问题做了很大努力。

邓小平一直在阅读各种会议报告,但也一直避免公开表示支持广东和福建。不过,当他看过章蕴的报告,看到报告做出了实际上有利于广东的结论后,立刻把报告送交政治局。政治局于1982年12月31日发出的第50号文件肯定了广东打击经济犯罪的工作。文件还引用了陈云的结论:"特区一定要搞,但也要不断总结经验,确保把特区办好。"邓小平没有动用个人权威就成功保住了试验。广东的干部们也长舒了一口气。[48]

直到离职之前，任仲夷一直处在北京的压力之下，但他继续推行改革，维持着快速增长的步伐。[49] 1985年任仲夷到了70岁的退休年龄。一般来说做出过类似贡献的地方干部会被要求延期退休，但任仲夷还是光荣退休了。[50] 相比之下，福建省委第一书记项南的命运则要糟得多，他受指控要对福建晋江制售假药案负责。尽管北京的某些人总是批评任仲夷和项南，但他们在广东和福建实行的开创性政策不但仍在继续，而且扩大到了其他地方。

向14个沿海城市扩大试验，1984年

在将广东和福建的政策推广至其他地区之前，邓小平一直耐心等待着有利的政治气候。中纪委在1982年12月肯定了广东的努力后，对广东的敌意开始消散，这使邓小平得以在1983年6月说，"现在，大多数人都在谈论经济特区的很多好事情。"[51] 邓小平鼓励北京的干部亲自去深圳和珠海看一看，他知道一目了然的进步会令他们印象深刻。此时，党内对邓小平改革开放政策的普遍支持已形成一股强大的动力；而一度导致人们广泛支持调整政策的诸多问题也开始消失。食品供应充足，经济发展迅速，财政不平衡的情况好转。1984年广东的出口额超过1000亿元，比1978年增长238%。[52]

1984年1月24日，邓小平在冬季"假期"乘专列到达广州。他用两周时间视察了广东和福建，包括4个经济特区中的3个——深圳、珠海和厦门，还视察了中山和顺德这两个珠海附近发展迅猛的县。[53] 他出行之前就对特区的发展持积极观点，但在他听取当地的报告、亲眼看过之前，仍然持慎重态度，不轻易表扬。深圳的摩天大楼和现代化工厂让他十分兴奋，他肯定了矗立在深圳市中心一块大广告牌上的袁庚的标语："时间就是金钱，效率就是生命。"[54] 视察完深圳和珠海回到广州后，他才说："深圳的发展和经验证明，

我们建立经济特区的政策是正确的。"在深圳,几平方公里的土地上高楼林立,这一在 1978 年的中国前所未见的景观,使深圳已经具有了现代西方城市的风貌。

1984 年时电视刚开始普及,数百万中国人得以在电视上看到邓小平视察中所见的高大建筑和工厂。邓小平在视察广东和福建后宣布:"现在看,开放政策不是收的问题,而是开放得还不够。上海要搞十多个大饭店,国外海外的人可以独资搞。"[55] 他说,宝钢二期工程今年就可以上马,不必等到下一个五年计划。有关邓小平视察广东和福建的成功经验的报道,对当年晚些时候正式宣布开放沿海城市和进行体制改革的决定构成了有力支持。

当邓小平说"建立经济特区的政策是正确的"时,他并没有为地方干部辩护。事实上他所要表达的意思是,走私、贿赂和腐败不是政策本身的结果,而是政策实施中的问题,应当加以遏制。正统派批评广东和福建那些执行邓小平政策的领导人,但只是成功地排挤了他们的打击对象,并没有使政策发生变化。邓小平关心的不是个别官员的命运,而是把对外开放计划扩大到沿海 14 个城市和其他地区。这件事他做得既漂亮又成功。

回到北京不久,邓小平在 2 月 24 日把胡耀邦、赵紫阳、万里、杨尚昆、姚依林、宋平等人找来,为宣布开放另外 14 个沿海城市的政策做准备。邓小平在谈到经济特区的建设速度时说,建筑工人都是从内地城市来的,他们的效率要归功于合同承包制,报酬多少全看他们的劳动表现。邓小平强调了经济特区在学习国外技术和管理手段上的优势。他说,各地都立刻实行高工资一时还难以办到,但是应当允许一些地方先富起来。[56] 他又说,由于深圳有了新的就业机会,很多跑到香港的人现在又回到了深圳。他然后指示姚依林和宋平把他的话转告陈云。

此后两个月里,中央书记处和国务院着手准备了一份文件,并于 5 月 4 日下发。文件宣布把开放政策扩大到 14 个沿海城市,每个城市都可以采取符合当地情况的政策。[57] 在协调与广东、福建的关系上富于经验的谷牧，被指派协调北京和14个沿海城市的关系。这种扩大特殊政策的做法，表明了广东和福建在发展现代工业和积累外资上取得的成功得到了公开承认。当然，也证明了其他地区希望获得同等待遇的压力确实存在。

为了安抚内地干部，文件还宣布，沿海地区要帮助内陆地区，为后者提供原料、财政支持和人员培训。

还有干部批评说，交给广东的任务是培育高新技术，它却把重点放在发展低技术的劳动密集型工厂和服务业上。干部们很想让中国迅速步入高新技术领域。为了促使这些新开放地区提升技术，避开陈云在1982年1月提出的暂停新建经济特区的建议，1984年的13号文件规定将新的开放城市称为"经济技术开发区"，入驻的外国企业应当引入技术更先进的产业。[58]

事实上，当时的广东还缺乏能够马上引入高新技术的技术和管理人才，外国公司来华投资也主要是为了利用劳动力成本低廉这一比较优势。即便如此，为了平息批评意见，还是出台了关于如何设立和管理14个沿海经济技术开发区的若干指令，包括十二届三中全会《关于经济体制改革的决定》。虽然这些文件白纸黑字，地方干部却并没有把它们当作有明确约束力的法律文件。他们相信，这些指令反映的仅仅是北京支持更高程度的开放和更灵活的吸引外资策略的意愿。他们的判断无疑是准确的。

开放14个沿海地区的决定让广东和福建的干部如释重负，他们把这个决定视为对他们政策的肯定。但是把特殊政策扩大到其他地区也给他们带来了新问题，就是竞争加剧。过去外国人和海外华人大多在广东和福建投资，如今他们增加了在其他地方的投资。不过，总体结果却是充足的外来投资源源不断。到1980年代后期，不但广东和福建特区附近各县蒸蒸日上（尽管增长率略低），而且广东的经济特区——深圳、珠海和汕头——的腾飞也仍在继续。汕头经济特区扩大到了整个市区的范围。随着台湾在1980年代后期的开放，来自台湾、东南亚和美国的投资不断增长，临近台湾的厦门特区也开始繁荣起来。

邓小平大有理由对广东的成功试验扩大到其他地区感到满意。1984年10月，邓在一个高级干部会议上说，他在这一年办了两桩大事，一桩事是用"一国两制"的办法解决香港问题，另一桩事就是开放了14个沿海城市。[59]

广东成了新的"大寨"

"文革"期间，大寨是毛泽东为全国树立的走向社会主义农业高级阶段的伟大样板。如今，广东并没有被正式树为样板，但它作为推进现代化的事实上的楷模而享誉中国。全国各地的干部，通过各种报告会、广东经验研讨会、广东考察之旅，或对在广东工作或学习过的干部的走访等了解广东。尤其是，很多北京高干冬季应邀去广东旅行游玩——广东人请他们是为了获得支持，而他们回到北京和其他北方城市后，就会讲述在广东的所见所闻。

过去，普通民众了解大寨是通过课堂和工作单位，通过书籍、宣传课、墙报、广播喇叭或前往参观。现在，人们了解广东和深圳的发展主要是通过在家看电视，而这些电视大多来自广东的生产线。过去普通人去大寨，是因为被鼓励这么做；现在人们了解广东，却不是为了显示意识形态的正确性，而是因为真想知道那里发生了什么。如果说有什么问题的话，那问题也仅仅是那个榜样过于强大，在其他地区还没有条件复制广东、福建试验的时候，那些地方的人们就已经满怀憧憬、迫不及待。因此北京部分人并不鼓励学广东，反而试图抑制人们恨不得马上复制广东经验的愿望。

很多先前被香港引入的西方做法，而今通过南大门进入广东，随后又传播到中国其他地方。例如，当广东在佛山附近建造了全国第一座收费大桥时,那里的干部被批评说,这是一种用收费还债的资本主义做法。可是没过几年,发债与收费就成了筹资兴建大桥与高速公路的惯用做法。1983年广东成为中国第一个不再为多种食品——如稻米和鱼类——定价的省份。这些商品的价格先是大幅上涨,随着人们对市场做出反应,增加了产量以后,价格也随之回落。还有一个例子是广州引入了出租车。直到1980年代初,几乎所有的中国汽车还都属于某个工作单位,由单位的司机驾驶;自广州从香港购买了一些旧出租车后,它成为中国运营商业出租车的先驱。没过几年,中国所有大城市都有了自己的出租车服务。

1987年11月的第六届全国运动会成了广东新角色的标志。在举办运动会的广州新建体育场里,电视大屏幕、扩音喇叭和其他技术都是以1984年洛杉矶奥运会为样板的。这次盛会展示了广东的建筑、制造、服务业和组织能力方面在改革开放时期所取得的种种进步。多年前曾长期在广东工作的赵紫阳总理回到广州,在全运会上做了简短发言,赞扬广东为全国树立了新的高标准。全运会的管理成了1990年亚运会的样板,也成了中国申办2008年北京奥运会的跳板。[60]

在整个1980年代,广东的变化步调一直领先于全国其他地方,激励着中国各地的干部继续尝试现代化的新路径。邓小平很好地利用了广东,把它作为全国其他地方仿效的标杆。1992年邓小平退休前所做的最后一次政治姿态,也是回到广东,向人们做出保证,在中国的现代化过程中发挥了关键作用的南大门将继续保持开放。

第15章
经济调整和农村改革，1978—1982

邓小平推进经济现代化时喜欢讲"摸着石头过河"。其实，以往50年的经历已经使他对如何过这条特别的河形成了若干信条。其中之一便是必须坚持党的领导。在邓小平看来，戈尔巴乔夫从政治体制改革入手，分明是误入歧途，因为"他将失去解决经济问题的权力。经济问题解决不了，人民会把他撤职的"。[1] 邓小平喜欢成功，而且对如何使中国取得成功持有独到的见解。他要中国人学习世界上所有的成功经验，不管它们来自什么制度、发生在什么地方。他要掌握国内的真实情况，不想听"大跃进"时期那种造成严重问题的浮夸报告。他认为人需要物质刺激，需要看到实实在在的进步才能保持干劲。他坚信，经济繁荣靠的是竞争，不但追求利润的经济生产者和商人如此，希望为当地带来进步的干部也是如此。

邓小平明白实现四个现代化的过程十分复杂，他也知道自己缺乏研究全部细节的耐心。他本人在经济事务上不是战略高手，不像在外交和军事领域那样——在外交和军事领域，他固然会征求多方意见以掌握当前形势，也会阅读专家报告，但是他自己就能把问题吃透，无须依靠他人而能运筹帷幄。但是在经济问题上，他需要有人充当中国的战略家——核查细节、确定问题、提出和评估不同的选择、设计可能的行动路线。对于这些重要的职能，他先是依靠陈云，后来依靠赵紫阳,但他保留着最后拍板的权力。他通过平衡经济及其他考量,解决重大经济问题上的政治分歧。他还承担着向公众解释经济政策的责任。

建设派和平衡派,1978—1981

1978年12月邓小平成为头号领导人时,刚刚回到最高领导层的陈云提醒人们注意经济中的潜在危险:经济增长的前景难以把握、预算失衡、购买外国技术远远超出了中国外汇储备的支付能力。在这个充满未知数的新时期,许多领导人都试图为经济出谋划策,各种意见众说纷纭。不过,当最高领导层汇总各种观点时,不同的意见逐渐形成了对立的两极。一方以建设派(the builders)为中心,他们热衷于引进新的工厂和基建项目;另一方以陈云为首,可以称为平衡派(the balancers)*,他们行事谨慎,力求资源能被用于所有国家重点项目。

从1977年开始,一些建设派领导人着手选择可供引进的外国工厂,使其在中国安家落户。随着经济的开放,这些项目负责人利用1950年代中国引进苏联新型工业和建设项目的经验,从日本和西方寻找各种方案。建设派看到日本和"四小龙"(香港、新加坡、韩国、台湾)采用西方技术建设新设施,取得了世界上最快的增长率,也想如法炮制。1978年谷牧访欧之后,引进外国工厂的呼声越来越高,上层干部,主要是主管工业和交通运输的部委,在那些想使项目落户当地的地方干部的支持下,列出了未来几年希望获得的各类工厂项目的清单,然后派干部去欧洲选择可以提供技术和资金的合作伙伴。

---

* 为合乎作者本意,本书将"the builders"、"the balancers"直译为"建设派"、"平衡派",不采用"改革派"、"稳健派"的译法。——中文版编者注

谨慎的平衡派集中在财政部、国家经委、国家计委和各大银行。与其他国家处在同等位置的人相似，主管财政的官员把平衡预算、确保有足够的外汇偿还外债、控制通货膨胀等视为自己的责任。在制定经济计划时，他们尽力保证重点经济领域能够得到必要的原料、技术和人力，保证消费品不至于短缺。[2]

和华国锋一样，邓小平内心里属于希望看到快速进步的建设派。他喜欢项目管理者，因为他们能在逆境中完成重大项目，让人看到切实的进步。

邓小平成为头号领导人时，最著名的项目管理者群体是从1950年代开始就在一起共事的"石油帮"，邓小平在1952年到1966年担任分管能源和重工业发展的副总理时曾与他们亲密合作。"石油帮"的头号人物余秋里因领导开发大庆油田而得到过毛泽东的表扬，但他在"文革"中被打成"邓派"成员。[3] 1975年邓小平负责国务院工作时，余秋里继续被任命为国家计委主任。毛去世后余秋里继续担任这一职务，华国锋也是依靠他领导从国外进口工厂设备的工作。

在1960年代和1970年代，余秋里和其他项目管理者面对着巨大的困难。在发达的经济体中，新项目的管理者可以依靠别人提供必要的设备和基础设施，而中国的项目管理者必须自行应付未经训练的工人、设备缺陷、零部件短缺、能源不足和所需供应拖延等各种问题。成功的项目管理者都是集奉献、坚毅和机智于一身，能够应付各种难以预料的问题的人。

毛泽东去世后，随着华国锋开始推动经济发展，项目管理者的工作量骤增。国家计委、国家建委和其他相关部委的干部忙得团团转，他们要确定优先引进的技术、与国外公司谈判、为工厂选址、计算所需原材料的数量、做出运输和人事上的安排。此外，很多干部是在"文革"离职多年后刚返回工作岗位的，而邓小平在1975年启动的整顿和选拔新领导班子的工作尚未完成，因此他们仍然要在政治斗争中与那些"文革"时提拔起来的大势已去的无能干部周旋。自毛去世后,以余秋里为首的项目管理者就开始仓促地编制打算引进的技术清单,他们确实无暇认真分析引进工厂并使之运转所必需的步骤。

毛去世后不到一年半,华国锋不顾平衡派提出的问题,根据余秋里等项目管理者开列的清单,向五届全国人大提交了大约120个大型建设项目的清单。[4] 这些项目预计需要124亿美元,超过中国全年的出口总值。华国锋宣布,这个计划要求每年经济增长率在10%以上。[5] 他在1978年2月称,这些计划符合他的十年规划。这个规划也可视为邓小平1975年所提规划的一个自然结果。[6]

华国锋交给余秋里的一项具体任务是开发新油田,以期从1973年石油危机后的高油价机会中获利。华国锋的设想是,生产更多的石油,通过出口石油赚取外汇,支付全部进口项目。然而事与愿违,尽管付出了艰苦的钻探努力,并没有发现新的大油田。

在选择和引进项目的热潮中,各部委和地方官员的项目意向清单,很快就成了与外国公司签订合同的基础。后来批评华国锋的人说他是在搞"洋跃进"——向部下施压,仓促上马各种计划,想通过显示他所带来的经济进步来巩固自己的权力。他的支持者则反驳说,华国锋是在困难条件下尽心尽力,加紧为中国建立现代工业。

邓小平完全支持余秋里,且和他同样热衷于引进外国工厂。1978年中,平衡派无力抵挡进口现代项目的热潮,转而向陈云寻求支持,尽管陈云当时还不是政治局委员。国务院经济工作务虚会召开3周之后,未被邀请到会的陈云给李先念写信,表达了他对过分热衷于向外国借钱和引进工厂的一些同志的担忧。在他看来,他们没有首先保证中国能够提供落实这些计划所必需的训练有素的人力、基础设施和配套工业。陈云建议扩大务虚会的范围,使不同的意见都能得到充分讨论。然而,会议的组织者并不想这样做。在当时,关于国家未来是否会具有对那些计划中的新项目的偿付能力,人们普遍持乐观估计，陈云是唯一对此提出公开质疑的高层领导人。[7]

1978年12月，当党内高层依赖邓小平提供全面领导并具体主管外交和军事事务时，他们依赖陈云提供高层人事问题和经济政策方面的领导。他们相信，陈云能一如既往地提供最好的经济建议，他是新时期领导经济工作的头脑最清醒的人。

1978年12月10日，陈云在中央工作会议东北组的会上发言，对已经波及党内最高层的失控的狂热表示担心。就像大人管教过度兴奋的孩子一样，他列举出十年规划中存在的问题。他语气中透着威严，暗示他已经知道自己就要进入中央政治局。他说："要循序而进，不要一拥而上……材料如有缺口，不论是中央项目或地方项目，都不能安排。"[8]

三中全会之前，邓小平一直站在"大干快上"这一边，但当陈云于1978年12月发出缺少周密计划的警告后，邓转而支持陈云。1979年1月6日，三中全会刚结束两周，邓小平把与他共事的主要项目管理者余秋里、康世恩和谷牧叫来，对他们说，陈云提出了"一些很重要的意见"，他们应该降低一些计划指标。要避免外贸债务过重；在制订计划时首先要核实并确保必要的原材料供应；要优先选择投资回报快、能扩大就业的项目；为了避免陷入债务，实施项目之前要先积累资本。[9] 简言之，那个时候的邓小平完全支持陈云的稳健立场。（陈云后来责备华国锋草率签订引进项目的合同引发了诸多问题。）

为什么邓小平会从支持建设派转而支持以陈云为首的平衡派呢？邓认识到新时期的经济必须有一个稳固的基础。当年12月得出的年度经济数据已经反映出问题的严重性。当时只有40亿美元的外汇储备，而且出口赚取的大多数外汇收入已被预付，[10]却已经签订了超过70亿美元的购买外国设备的合同。这种失衡比起10年后的外贸数字固然微不足道，但在当时却高得足以让谨慎的官员感到害怕，因为他们已经习惯于较小的数字，并且担心这种债务会成为资本主义国家手中的把柄。当时陈云在党内享有崇高威望，邓小平也愿意与他站在一起反对华国锋。但同时还有一件事影响了邓对于经济的考虑：他正在准备几周后进攻越南，这将使财政状况进一步紧张，削减其他开支当为明智之举。

到1979年3月，陈云收集了更多数据，做了更多分析，准备系统地提出建议，以削减引进外国工厂的合同，降低未来几年的经济指标。他的一些方案，甚至是其中的用语，都跟他在"大跃进"后的恢复时期所推行的紧缩政策极其相似，但他没有用过去的"紧缩"一词，因为它听起来太消极，而是用了"调整"一词。3月14日对越战争已近尾声，陈云和李先念可以对它的花费做出估计了，于是他们提出了在未来两到三年间进行调整的方案。他们建议在国务院下面成立一个新的机构，即财经委员会，负责监督经济计划和财政工作。陈云被任命为这个委员会的主任，而过去几年里负责经济工作的李先念将担任副主任，在他这位过去的导师手下工作。

陈云对他的同志们解释说，他的健康状况已大不如从前，只能做一些最必要的工作。他会提供全局性的指导，但是他在过去几十年里所做的具体工作，只能靠手下人去落实了。被任命为财经委秘书长、负责日常工作的领导人，是陈云最为器重的经济干部姚依林。

在1979年3月21日至23日的政治局会议上，陈云对调整方案的必要性做了说明：

> 我们国家是一个九亿多人口的大国，百分之八十的人口是农民。我们还很穷，不少地方还有要饭的。大家都想实现现代化，但问题是我们能做到什么？我们需要的是均衡发展。搞建设，必须把农业考虑进去。想生产更多的钢，问题是1985年搞6000万吨钢根本做不到。电跟不上，运输很紧张，煤和石油也很紧张。有些人笑话谨慎的人，让人觉得似乎他们是专门主张搞少钢的，而且似乎愈少愈好。哪有这样的事！确实，我

们需要借外国人的钱,需要外国人的技术,但是人民银行有多少钱还账,你有把握吗?必须有把握还上钱才行。究竟需要多少钱,没有很好计算。地方工业跟大工业争原料、争电力。搞"三个人饭五个人吃",不能持久。我们在工作中是犯过错误的,我们仍然缺少经验。要我做工作,我只能量力而为。[11]

陈云对计划的基本态度是平衡:平衡收支、平衡贷款和偿付能力、平衡外汇收支。他还要平衡在消费品和生产资料上的投资,平衡重工业和轻工业、工业和农业。1978年重工业在中国的工业产出中占到57%,轻工业只占43%。[12] 像很多干部一样,陈云认为自1958年以来经济一直处于失衡状态,食品和消费品为重工业做出的牺牲超出了人民的承受能力。在他的指导下,1980年重工业只增长了1.4%,轻工业增长了18.4%;1981年重工业下降了4.7%,轻工业增长了14.1%。[13]

宣布调整政策后不久,在1979年4月5日至28日召开的无锡会议上,地方干部和各部委官员都抱怨中央的经济计划控制得太严。陈云也愿意让下面的市场有一定的灵活性,但他坚持以计划为主。这难免让那些希望在当地建新厂的人感到不快。一个天津代表的发言反映了会议的主要情绪:"我们正情绪高涨,现在却突然提出要进行调整,这是在泼冷水,打击我们的热情。"[14] 胡耀邦向地方干部们保证说,中央仍然希望推动工业发展。赵紫阳则表示支持调整,他解释说,调整能够为以后的改革和发展提供必要的条件。谷牧的欧洲之行曾让人欢欣鼓舞,但此时他也加入其中,解释了调整的必要性。赵紫阳和谷牧一开口,会议气氛也随之发生变化,地方干部不情愿地同意了支持调整的会议报告。[15] 邓小平也像赵紫阳一样解释说,为了给今后的发展创造稳固的基础,调整政策是必要的。

受到调整政策约束的地方干部想出各种对策,避免使投资和开支降到陈云所希望的水平。当时,陈云的工作受到他本人生病的拖累。1979年10月24日他在杭州做了结肠癌切除手术,在医院一直住到12月4日。回到北京后,他又住院复查,从5月20日住到29日。到1980年后期他重返工作时,预算赤字大增,为新中国成立以来最多的一年。问题之严重使陈云痛下决心进一步加强管制,也使他争取到了包括邓小平在内的更多干部的支持。赤字的增加不仅是因为对越战争的支出,还因为对农民提高了粮食统购价,减少了农业税,以及重新安置下放农村的返城人员所产生的开销。此外,中央政府为刺激地方积极性,开始允许各省和地方企业有更多自留资金,这一战略也减少了中央政府的财政收入,[16]这给各省带来了极大的激励,但陈云认为严重的预算赤字已敲响警钟,潜伏着灾难性的后果。[17]

在1980年的下半年,陈云和平衡派处于攻势,且得到邓小平的支持。在9月的全国人大常委会上,赞成加快工业发展的人受到批评,被认为执行的是"文革"期间"错误的重工业政策"。[18]

为加强平衡派的势力,邓力群于1980年秋天在中央党校开课,分4讲介绍了陈云的经济思想。他大力推崇陈云,以至于有人指责他要搞个人崇拜。邓力群说,1949年以来陈云的政策建议都是正确的。"大跃进"错在哪儿?错在不听陈云的劝告。现在错在哪儿?也错在没有充分采纳陈云的明智之见。全面落实调整政策至关重要。[19]

平衡派还抓住渤海湾钻井平台倾覆事件做文章,指责余秋里和康世恩试图隐瞒这次导致70名工人死亡的事件的真相,这成了后者被撤销行政职务的前奏。其实,作为有经验的专家,余秋里和康世恩很清楚要为自己的所作所为承担责任,因此比敦促他们扩大项目的政治领导人更为谨慎。余秋里早在1978年2月的全国人大会议上就警告说,中国很难再增加石油出口,因为近几年并没有找到新油田,即使找到新油田,从发现到投产也需要3年时间。[20]钻井平台倾覆后,余秋里全面解释了事件的过程和原因。甚至与陈云关系密切的李先念后来也承认，余秋里为不应当由他负责的事情承担了责任。[21]

虽然余秋里的国家计委主任一职被撤销，但仍被留在政治局。况且，邓小平仍然器重余秋里，并运用自己和军队的联系，安排余秋里担任了解放军总政治部主任。但是，到1980年后期，陈云已经使主张对新项目和新基建收紧财政控制的干部牢牢掌管了经济工作。[22] 相应地，陈云的支持者王丙乾担任了财政部长。[23] 余秋里的替代者则是陈云的长期盟友姚依林，姚因其管理能力和经济知识而广受尊敬。[24]

1980年10月28日，为回应对十年规划的批评——是十年规划导致了不进行认真分析、单凭愿望开列项目单的后果，邓小平接受了陈云的观点，不再制定十年规划。有关长期经济发展的讨论只集中于制定五年计划这一更加慎重的过程。[25]

1980年11月为1981年定出了很低的增长目标：3.7%，基建资金从550亿元削减到300亿元。有些人反对说，这种限制会浪费宝贵的时间，陈云反驳道："鸦片战争以来耽误了多少时间？再'耽误'3年时间有什么了不得？"他说，1949年以后延误中国进步的最大原因是盲目冒进的"左倾"错误。[26] 当时陈云对制定第六个五年计划（1981年至1985年）草案掌握着牢固的控制权，对预算和赤字进行了严格控制。[27]

到1980年结束时，陈云和平衡派已牢牢把握着中国的经济政策。这一年的年底陈云发表了支持严格执行经济调整的重要讲话。12月15日，在一系列政治局会议接近尾声时，邓小平说："我完全同意陈云同志的讲话。"他又说，陈云的调整政策得不到切实的贯彻，是因为"全党认识很不一致，也很不深刻"。为了克服这个问题，必须"去掉不切实际的设想，去掉主观主义的高指标"。[28] 简言之，华国锋要对不切实际的计划负责，而邓小平和陈云团结一致，邓小平支持陈云更深入地贯彻调整政策的努力。

紧缩带来了另外一些问题：邓小平必须向外国人做出解释，中国为何撕毁引进工厂和设备的合同。北京有权对付失望的地方干部，但撕毁与外国公司签订的合同将会影响到外交关系，让外界在很长一段时间里质疑中国政府的信誉。

这个问题给中日关系带来的麻烦尤其严重，因为全部合同中有近一半是跟日本公司签订的；日本商业界在与中国交涉时保持着克制，但撤销已签订的协议还是让他们感到恼火。早在1979年3月第一次减少开支时，与日本签订的大约27亿美元的合同就被冻结。[29] 尤其是宝山钢铁厂项目的推迟，对很多相关的日本公司造成了巨大的负面影响。1980年10月底，就在中国正式宣布推迟合同之前，和日本保持密切关系的姚依林被派往东京，以使日方对暂停合同的宣布有所准备。但是安抚日本高层领导人，将事情摆平，却是邓小平的任务。

邓小平难免要失去他在1978年10月访日之行中赢得的善意。与日本人在类似情况下的表现不同，邓没有谦恭地道歉，而是直截了当地承认中国缺少经验，犯了错误，现在遇到了困难局面，无力为原来要购买的全部货物付款，也没有做好使用那些可能购买的工厂设备的适当准备。但是邓小平向日本人保证，中国愿意对蒙受损失的日本企业给予补偿；从长远看，待中国有了进一步发展，做出更好的准备后，愿意再恢复购买。

1980年9月4日邓小平向来访的日本外相伊东正义做了解释。[30] 这次访问之后，政府于1981年1月13日公函通知宝钢取消计划中的二期建设。此后第一个会见邓小平的日本要员是前外长大来佐武郎，这位中国的"老朋友"应谷牧之邀于2月份来到北京。他见到邓小平时，邓小平承认中方过去对石油产量过于乐观。大来佐武郎表现得彬彬有礼、恭敬有加，但转达了日本政府要求得到充分解释的声明，以及日本企业界的强硬态度——取消合同将严重影响中国在国际商业界的信誉。[31] 大来佐武郎回国后解释说，那些本来有可能及时提供专业知识的中国官员之所以没能发挥作用，主要是由于"文化大革命"的缘故。[32]

与大来佐武郎会见之后，邓小平又会见了一些人。3月18日他会见了土光敏夫，德高望重、生活朴素的土光敏夫已届85岁高龄，是日本最大的商业协会经团联的终身会长。[33]4月14日他又会见了古井喜实率领的日中友好议员联盟访华团，[34]并谈及推动太平洋共同体的日本前首相大平正芳。邓对这些人说了大体相同的话：中方缺少经验，犯了错误，但打算日后恢复合同。

很多日本企业只好咽下苦果，以便不至于损害未来和中国的业务关系。此外，日本政府也增加了新的贷款，帮助已在执行的项目得以继续。大来佐武郎担任日本海外经济协力基金（OECF）的领导人后，为这种支持提供了一个具创新意义的核心范例。作为政府机构，海外经济协力基金为促进日本出口提供财政援助，具体做法是把钱借给另外一个国家，使其能为第三国提供援助。大来佐武郎所做的第一项安排，是把钱借给澳大利亚，使之向宝山运送铁矿石和高品位煤炭，从而消除了妨碍项目继续进行的关键障碍。1981年秋天，宝山项目一期得以在较小规模上恢复进行。到1982年秋天时，宝山的建设工地又热火朝天地干了起来。[35]1985年5月完工时，它成了中国第一家大型现代钢铁厂，为之后的工厂树立了榜样。[36]在它建成之前中国的钢产量不及日本的四分之一，而在30年后，宝钢和其他类似的钢厂使中国每年的钢产量达到近5亿吨，大体相当于日本或美国钢产量的5倍。[37]

一些有头脑的中国官员相信，陈云对急躁的邓小平提供了必要的平衡。他们承认，中国刚开始现代化探索时先冒进后紧缩，是一件很不幸的事。但是他们认为，陈云的调整政策十分必要，如果邓小平当初能够更多地听取陈云的意见，1980年代后期的一些问题也许可以避免。

虽然调整政策随着1982年9月的中共十二大而结束，但是作为调整政策一部分的一项重要计划仍在继续,即计划生育。陈云长久以来一直认为,以资源条件而论,中国的人口太多了。1978年12月的一份中央文件承认,人均粮食消费甚至略低于1957年,农村的人均年收入不到60元(按当时汇率为39美元左右)。当时的外汇中有大约12%要用于购买粮食。[38]毛泽东在世时,尽管采取了一些教育手段,提供避孕工具,但计划生育进展不大。1980年12月20日,作为调整政策的一部分,李先念向以姚依林为首的国家计委提交了一份实行计划生育的重要文件。随后便于1981年1月4日出台了第一号文件,要求干部"运用法律、行政和经济手段,鼓励一对夫妻只生一胎"。[39]一胎化政策在城市地区无条件执行,但是由于政府没有钱为农村提供养老福利,因此允许第一胎为女孩的农村家庭生第二胎,以便父母上了年纪后能有一个儿子照顾。

世界上没有哪个社会实行过如此严厉的节育政策。吊诡的是,毛泽东在城乡建立的强大基层制度,变成了实行计划生育新政策的武器,而计划生育是受到毛泽东强烈反对的。一胎化政策在城市地区实行后,大多数城市家庭都选择了只要一胎,有两个以上孩子的农村家庭也不是很多。

邓小平在1979年3月23日宣布,他坚决支持计划生育政策,而李先念等人已在落实这项政策。在向民众解释这项政策时,邓小平像通常一样先讲大局。他说,为了减少粮食进口,增加国外技术的引进,在本世纪末使人均收入大幅提高,这项政策是必要的。[40]在此后的几次讲话中,邓小平也一再讲到同样的观点。[41]就像对待其他有争议的问题一样,邓小平为避免陷入困境而表现得很谨慎,他没有提出具体措施,而是借助于著名科学家和统计学家的工作和权威的科学分析,对计划生育的必要性做出说明。调整时期实行的这项政策不但在邓小平时代一直继续,而且他退休后的十几年里仍在执行。

万里和农村改革

中国在1978年仍然没有足够的粮食养活自己的人口。从1955年开始实行、此后又进一步升级的集体化农业改进了水利灌溉系统,但也带来了大规模的饥馑。"大跃进"之后缩小了集体单位的规模,增加了化肥的供应,使粮食产量有所上升,但粮食短缺依然严重。

三中全会时,有些干部已经主张进一步缩小劳动单位的规模,但高层的气氛仍然是坚决支持继续实行集体农业:当时的干部急于改善管理,提供良种,使用更多的化肥和农业机械。在三中全会上,农村实行包产到户的话题仍然属于大忌。公社和大队干部维持集体制度也有既定的利益,因此他们也不愿意承认集体化实际并不成功。一些党的领导人甚至担心,如果允许土地私有,贫苦农民最终会沦为佃户,剥削佃户的地主会重新出现,1949年以前的农村问题会卷土重来。还有些人认为,农村的党组织也会被大大削弱。

1962年,陈云在向毛泽东提出包产到户的方案之前,曾私下问过邓小平是否支持这种做法,邓小平表示会给予支持。但是,假如邓小平在1978年提出这样的建议,很可能会面对他在"文革"时受到的指责:"走资本主义道路的当权派"。那么,邓小平如何能够既允许进行包产到户的试验,又能应付政治上的反对呢?突破来自于正在领导安徽的万里。

1977年6月,大约在邓小平恢复工作的同时,华国锋任命万里担任了安徽省委第一书记。[42] 万里在安徽的前任仍然坚持毛泽东所支持的高度集体化的观点;饥馑仍在蔓延。[43] 安徽农村人口占绝对多数,是当时全国最穷的省份之一。

万里于1977年8月一来到安徽,就用十几天时间视察该省的主要农村地区,对当地干部进行观察和谈话。[44] 目睹普遍的贫困现象让他感到心碎。村镇到处都是面容憔悴、缺衣少食、住房简陋的人。有些地方甚至连木头桌子也没有,只有泥砌的桌子。正如万里对他的孩子们说的,他不禁要问,共产党掌权已经这多么年了,为什么情况还是如此糟糕?[45]

万里到安徽之前,中央已经向国务院农村发展研究中心做出指示,对安徽滁州地区几个仍然有人饿死的县进行调查,就解决粮食短缺问题提出建议。万里在他们数月的调查研究和他本人亲自走访这个地区的基础上,领导起草了解决安徽农村问题的"省委六条"。这一方案建议:(1)生产队根据自身条件,只要能完成生产任务,可以把一些地里的农活安排给生产小组甚至个人;(2)上级要尊重生产队的自主权;(3)减少给生产队和个人下达的定额;(4)实行按劳分配,放弃按需分配;(5)粮食分配的决策要兼顾国家、集体和个人利益;(6)允许生产队的社员种自留地,在当地集市出售自己的产品。[46]文件没有直接批评几乎神圣不可侵犯的集体制样板大寨,万里只是不提它而已。他知道陈永贵(大寨的英雄,当时仍是主管农业的负责人)会把"六条"视为资产阶级路线。[47]

当万里提出"省委六条"时,全国的政策仍然明令禁止包产到户,万里不能反对这项政策。但是,邓小平和一些官员看到了安徽省委在万里领导下制定出的"六条"后,立刻肯定了这一试验的价值。[48]邓小平此后在1980年说,在有严重饥荒的贫困山区,要允许农民自己想办法免于饥荒。左派知道邓小平是要允许把农业生产下放给贫困山区的农户,却很难反驳他让农民想办法免于饿死的说法。

1977年11月,万里在安徽的县委书记会议上发表讲话,讨论了贯彻"省委六条"的问题。会议的规模很大,开得很正规,足以让那些担心如果跟着万里走,政治路线一变就会被批为搞资本主义的人打消顾虑。万里态度坚定,明确宣布"任何妨碍生产进步的做法或政策都是错误的"。干部要依靠实践找出最好的办法,要充分发挥创造性,不要怕犯错误。万里本人的信心、他愿意承担责任的勇气、他在1975年解决徐州铁路困局时表现出的魄力,给了干部们向前闯的信心。[49]尽管仍然心有余悸,政策还是得到了贯彻,万里于1978年初允许各地继续缩小生产单位的规模。有些地方，例如饥荒仍很普遍的凤阳县，实行了包产到户。[50]

不久之后，邓小平从缅甸前往尼泊尔访问时途经四川，到四川后的第二天（1978年2月1日），他对四川省委书记赵紫阳讲了万里在安徽农村施行六条政策取得的成功。[51] 其实赵紫阳已经允许生产队"包产到组"，只是没把这一步骤向北京全面汇报罢了。邓小平鼓励赵紫阳允许下面进行类似万里在安徽的大胆试验，赵紫阳遵照邓的意见，很快提出了在四川农业生产中实行分散承包的"十二条"。[52] 赵说，基本核算单位可以是生产小组，但他不像万里走得那样远，没有允许包产到户。[53]

生产小组取得的夏粮大丰收让安徽的干部欢欣鼓舞，他们在1978年秋天到处宣传自己的成就，努力消除与支持大集体的干部的争执。1978年秋天在苏州举办的中国农业经济学会的会议上，一名来自安徽省农业政策研究室的干部鼓起勇气说，不应当盲目学习大寨榜样，政府不应当搞这么多政治运动，干扰地方的经济创新。[54] 但是另一方面，仍然主管农业的陈永贵副总理指责万里暗中搞包产到户。报纸上也批评万里反对学大寨，搞资本主义复辟。但是试行分散经营权的地区取得的丰收使万里有了信心，而且他也很快就在党内赢得了支持。1978年11月受到陈永贵的批评时，素以敢作敢为著称的万里回答说，"你说自己是从大寨经验出发，我看大寨不过是个'极左'典型……你走你的，我走我的……你别把自己的观点强加于我，我也不把我的观点强加于你。谁对谁错，咱们不妨走着瞧。"[55]

华国锋靠边站之前一直支持大寨样板，主张通过引进良种、使用更多的化肥、水泵、拖拉机和其他农机促进农业生产。他的目标是5年内让每个大队都有一台大型拖拉机，每个生产小队都有一台小型拖拉机。[56] 1975年邓小平仍在台上时批准的18个大型化肥厂，在1978年已全面投产。华国锋继续建设大型化肥厂，到1982年时全国化肥产量已是 1978 年的两倍。从 1978 年到 1982 年，农村的用电量也翻了一番。但是，华国锋对这些措施在农业上的积极作用的预期过于乐观了。邓小平不反对华国锋的工业支农的想法，但是他认为，建立成功的中国农业体系，也需要通过分散经营调动农民的积极性。

1978 年 12 月的三中全会仍然支持大寨样板，这使安徽的干部担心他们以后会受到批评。[57] 三中全会以后不久，陈永贵便不再担任主管农业的副总理，但他的继任者王任重仍然支持学大寨。1979 年春，这位新上任的副总理给《人民日报》总编胡绩伟写信，请他协助阻止生产队下放权力的做法。随后一系列反对进一步放权的文章便相继发表。政治局的多数成员也仍然十分谨慎，不想改变立场。[58]

在这种气氛中，万里十分怀疑自己容忍进一步放权的做法能否得到上面的支持。在 1979 年 7 月 18 日的一次会议上，万里把陈云叫到一边询问他的意见，陈云私下对他说："我举双手赞成你。"万里也问了邓小平的看法，但邓小平当时仍不想公开支持他，回答说，"不必陷入争论，你这么干下去就是了，就实事求是地干下去。"[59] 争论虽然在升温，万里却有陈云和邓小平悄悄为他撑腰。在北京的一次会议上，当一位农业部副部长批评包产到户的做法时，万里反唇相讥："看你长得肥头大耳，农民却饿得皮包骨，你怎么能不让这些农民想办法吃饱饭呢？"[60]

安徽试行包产到户的地区在 1979 年又取得了夏粮丰收。在安徽待过一段时间的前新华社记者吴象在北京高层的鼓励下，对这些成就进行了报道。邓小平在 1992 年回顾自己 1979 年至 1981 年的活动时说，他知道当时仍有很多人反对包产到户，甚至给它扣上"搞资本主义"的帽子。他没有批评这些人，而是等着让结果说话。人们逐渐认识到了新政策的好处，没用几年这种尝试就变成了全国性的政策。[61] 确实，据估计，截止到 1979 年底，农村一半的生产队把劳动下放给了生产小组，有四分之一与农户签订了承包合同。

1980年初万里为了得到胡耀邦的支持,对他说,不能只让下面的人偷偷地实行包产到户,他们需要得到上级领导的全力支持。万里提议胡耀邦召集省委书记开一个会,对这项政策公开给予明确支持。[62]

直到1980年9月省委书记会议前夕,邓小平才同意把农业生产分散到户。1980年5月31日他把胡乔木和邓力群找来,表示自己支持包产到户,并让他们把他的意见宣传出去。很多地区很快就开始了包产到户,但当时仍有一些地方干部不清楚邓小平的立场。邓小平向他的两个笔杆子提出的要求,实际上标志着毛泽东启动的农业集体化结束了。毛在1955年7月31日的著名讲话中说,"在全国农村中,新的社会主义群众运动的高潮就要到来。我们的某些同志却像小脚女人。……目前农村中合作化的社会改革的高潮,有些地方已经到来,全国也即将到来。"[63]

邓小平1980年5月31日在与胡乔木、邓力群的讲话中避免提及毛泽东当时那激动人心的号召,他说:

> 农村政策放宽以后,一些适宜搞包产到户的地方搞了包产到户,效果很好,变化很快。安徽肥西县绝大多数生产队搞了包产到户,增产幅度很大。……有的同志担心,这样搞会不会影响集体经济。我看这种担心是不必要的。……有人说,过去搞社会改造,速度太快了。我看这个意见不能说一点道理也没有。……如果稳步前进,巩固一段时间再发展,就可能搞得更好一些。……从当地具体条件和群众意愿出发,这一点很重要。[64]

邓小平深知党内某些人的反对,他没有向很多听众表明自己的观点,因为其中一定会有毫不留情的批评者;他只告诉两个笔杆子,让他们把他的意见传播给广大群众。

在邓小平谨慎理性地对他的笔杆子说明自己的观点4年后,中国大多数农村都实行了农户经营,农业产量飞速提高;邓小平讲话30年后,他所实行的体制仍在强有力地运行着。

政策变化也伴随着人事变动。在1980年初的十一届五中全会上,邓小平建立了他的领导班子,由胡耀邦和赵紫阳领导国家,万里担任了副总理、农委主任和分管农业的中央书记处书记。作为国家农委主任,万里得到邓小平的同意后,将农户经营的样板推广到了全国。反对包产到户的领导人华国锋、陈永贵和王任重,在1980年9月分别被正式免去总理和副总理的职务,宣传部门也开始批评大寨样板是"极左"的表现。

1980年夏天万里开始准备支持新政策的正式文件并于同年9月下发。在讨论农业问题的省委书记会议上,万里找来在农业方面极有威望的专家杜润生,杜是国家农业委员会副主任,后任中共中央农村政策研究室主任,兼国务院农村发展研究中心主任。杜润生在发言中分析了安徽的成果,然后各省的省委书记发表了各自的观点。最强烈的反对声音来自黑龙江,那里有适合种植旱地作物和采用机械作业的大片农田,分田到户并不容易。那里的一些地方选择了不实行包产到户。

对于农户经营应当采取的形式也有不同意见。最终选择的"包产到户"方式保留了土地集体所有制,允许地方干部为每户规定一定的生产指标。在和农户签订的合同中,由村干部具体规定农户要种植的作物种类和向政府上缴的定额。合同中规定,地方干部同意为农户提供土地和农机,收获之后农户上缴一定数量的粮食和其他作物作为回报。如果农户不再有下地干活的足够劳力,村干部可以把土地转包给其他农户。"家庭联产承包责任制"一词是由杜润生提出的,跟其他提法相比,它可让正统派放心,集体仍是承担责任的一级地方单位。[65] 从北京当局的角度来看,这种制度保证了国家对粮食、棉花和其他作物的需求能够得到满足。农户可以按自己的方式种地,只要按合同交够了数量,剩余产品便可以自用或拿到集市上出售。

根据省委书记会议的文件和讨论，万里和手下的人起草了第75号文件，于1980年9月27日公布。[66]文件的起草十分认真，它允许农村集体将生产责任分散到户，尤其是那些需要防止饥荒发生的特别贫困的地区。到1981年10月，全国有一半以上的生产队选择了某种形式的包产到户。到1982年结束时，98%的农户都与生产队签订了某种形式的承包合同。[67]

为动员农民参加大型公共项目和集体农业大生产而在1958年成立的公社，于1983年10月根据中央35号文件被正式解散。作为三级集体所有制（公社、大队和生产队）中最高一级的公社当初把经济和政治功能集于一身，它被解散后，政治功能转移到乡镇政府或大的行政村，公社的工厂和其他经济单位则变成了独立的"集体"企业。

化肥产量从1978年到1982年也翻了一番，1979年粮食收购价提高了20%，这都有助于提高粮食产量和农民收入，尽管不像承包到户的作用那样大。[68]农民收入在1978年到1982年大约翻了一番。[69]

一些观察家认为包产到户的想法是农民自己的发明；但事实上很多干部都知道这种想法，有些干部甚至从实行集体化以来就一直在考虑它。更确切地说，如果让农民在家庭生产和集体农业之间选择，他们绝大多数都会选择家庭农业。怀疑家庭农业的干部也逐渐改变了立场。1987年的中共十三大对宪法做了修改，确保农户享有无限期的承包权。[70]

取消集体制度实行农户经营之后，要用几年时间对供需做出调整，稳定全国有效的农作物生产销售体系。在几年时间里，农业专家每年都要起草处理这些问题的文件，如农业组织、农机、增加农业生产投入等等。这些文件每年1月初作为中央政府一号文件公布。在1982年的一号文件中，包产到户和类似做法都被认为仍然属于

"社会主义"的性质,意识形态之争也随之结束。

实行包产到户后,粮食生产持续快速增长。到1984年时粮食产量就超过了4亿吨,而1977年时还只有3亿吨。1981年以后,粮食供应的增长导致政府鼓励农户改种蔬菜、水果和经济作物。据官方估计,1977年到1984年的人均粮食消费从195公斤增加到了250公斤,猪肉、牛肉和禽蛋的消费增长得更快。[71]

政府对1984年的大丰收完全没有准备,结果是没有足够的仓库收储粮食,一些地方政府没有足够的资金收购打下的全部粮食,只好给农民打白条。在此之前,政府由于担心城里人的不满,没有把从1978年开始多支付给农民的价格转移给城市消费者。这种补贴给政府预算造成了紧张。从1984年开始,政府才将这种成本转移给城市消费者。1985年1月1日政府宣布,不再义务收购农民打下的粮食。种地的农民在1985年因担心卖粮拿不到全款而减少了粮食种植面积,使这一年的粮食产量下降了2800万吨,降幅为7%,但比刚开始实行包产到户的1980年仍高出6000万吨。1985年以后经过几年的调整,粮食生产又恢复到1984年的水平,使农业产量保持了稳定,而1989年的产量再次超过1984年的峰值,此后一直维持在较高的水平上。[72] 这时粮食产量已很充足,于是政府取消了粮食配给制,消费者已能够买到他们需要的任何粮食。

包产到户并不是包治农村百病的灵丹妙药。有些地方,尤其是有大片旱地、不种稻米只种小麦和高粱等作物的东北地区,那里的农民使用拖拉机耕种大片田地,这是单个农户无法做到的。这个地区的一些地方选择了保留集体农业。在集体制度下,经营得很好的生产队能够为没有家人照看的老弱病残提供一定照顾。但是由于公社的消失,为基层社区提供福利变得很困难。25年的集体化农业造成了破坏性的后果,走极端的情况下更是如此。但农村集体化也比较容易扩大灌溉体系,发展扎根于集体所有制的强大的地方党组织——在包产到户之后,这种组织并未消失。[73]

除了结束粮食短缺、提高农民收入之外，包产到户也导致了经济作物的增加，如棉花、亚麻和烟草。1981年时中国是全球第4大棉花进口国，4年后它开始出口棉花。农户愿意卖力干活以完成他们答应的粮食生产指标，这使年轻人可以去乡镇企业打工。农民也进城叫卖农副产品，从而改善了城市消费者的食品数量和质量。即使反对取消集体化农业的干部也发现，他们的妻子儿女很高兴能有更多选择，市场上有了质量更好的蔬菜、水果、鸡肉和猪肉。在1980年代，随着冷冻和运输条件的改善，蔬菜、肉类和水果的品种继续迅速增加。千百万农民脱离了贫困线。增长的收入又为正在扩张的轻工业提供了销路。不过，除了城郊地区，大多数农民一般说来仍比城市居民穷很多，卫生保健和教育水平都相对落后。

1981年完成了包产到户的转变之后，邓小平继续关心着每年农村政策的调整，但他投入的精力和参与程度，已不像1978年到1981年他亲自过问的去集体化（de-collectivization）过程那样多。邓小平让万里告诉农村的地方干部，他们要允许农民想办法解决饥荒问题，然后他又让人宣传取得的成果，由此达到了他要缓解中国粮食短缺的目标。邓小平对家庭农业并没有意识形态上的信念，他允许这样做，是因为它能解决粮食问题和农户的生计问题。为了达到这一目标，他不得不去集体化农业。邓完成了这个艰巨的政治任务，既没有在党内引起破坏性的分裂，也没有使自己变成正统派干部攻击的靶子。群众对农村改革的成果普遍充满热情，无论是获得了更多的自由和收入的农民，还是享受着更多种类的食品供应的城市消费者。这大大加强了对进一步改革的支持。

乡镇企业

邓小平在1987年与南斯拉夫官员会谈时说，"农村改革中，我们完全没有预料到的最大收获，就是乡镇企业发展起来了，突然冒出搞多种行业，搞商品经济，搞各种小型企业，异军突起。"[74] 邓小平并没有启动乡镇企业的试验，但这符合他的治国理念：只要是行之有效的事，就给予支持。它也与赵紫阳的研究班子的建议相吻合：继续实行计划经济体制，但只要市场不干扰计划，就让市场发展。

1982年撤销公社后，公社的小工厂和商店自动变成了由刚成立的乡镇政府领导的企业。公社的小工厂依靠人力和原始机械，除了拖拉机和水泵之外，这些机械几乎都是在当地制造的。由于交通体系很落后，公社企业要自己修理拖拉机，维修用于灌溉农田的水泵。有些公社的工人编织藤条篮子，还有一些小铸造厂和机床被用于制造犁锄等简单农具，供水牛、小型拖拉机或青壮年使用。很多乡镇有简陋的食品加工厂，用来打稻米、生产酱油、烘干瓜果或腌制蔬菜。一些公社有简陋的砖窑，烧制低品质的砖块，也有混凝土厂，用沙石制成供当地使用的水泥预制件。一些村子有生产或缝补衣服的缝纫机。丘陵和山区地带的乡镇采集中药材制成简单的中药，很多乡镇挖坑沤制有机肥，有的地方还有简陋的小化肥厂。[75]

虽然乡镇企业不在计划之内，但它们发展成长的条件已经成熟。公社的小工厂因公社取消而成为乡镇企业后，不但在一定程度上脱离了公社的管理获得了独立，而且不再受公社地域的束缚，可以随意生产产品，按自己的愿望把它卖到任何地方。不同于国营工厂，它们有适应需求的灵活性；也不同于仍受着雇工不得超过7人这种限制的个体户，它们被看成"集体"性质，在意识形态上更易于被接受，因此规模也不受限制。公社社员干活没有积极性，在生产队分给自己的地里干活的人则很卖力，这就减少了种地所需的劳力，有更多的农村年轻人可以去乡镇企业打工。随着棉麻和烟草一类经济作物产量的增加，乡镇企业可以把这些收成转化成棉制品、帆布、烟草等各种产品。

境外涌入的投资也为乡镇企业的增长提供了动力。在整个1980年代，乡镇企业一半以上的产量来自5个沿海省份：广东、福建、浙江、江苏和山东。[76]而这些省份的投资和技术又是来自香港、台湾和海外华人（见第14章）。广东的很多乡镇企业引进外国技术，与当地官员合作，建设日益现代化的工厂，为国际市场制造产品。简言之，正如杜润生所说，取消公社，政企分开后，过去的公社企业便能像经济动物一样行动，对市场需求做出反应了。到1980年代中期时，面对政府要求国营企业提高效率的压力，一些国企甚至把合同转包给乡镇企业，让它们帮助自己完成生产计划。

与国营企业相比，乡镇企业有很多优势。国营企业，包括基础产业、运输业、公用事业和国防工业的所有企业，要按年度计划生产一定数量的产品，有固定的人员编制，工资分成若干等级。原材料的购销价格都由政府规定，以反映计划中的轻重缓急。简言之，国营企业缺少灵活性，而乡镇企业完全可以对市场条件做出灵活反应。此外，国营企业要为全体职工提供很多福利：住房、劳动保障、医疗和子弟学校等等。乡镇企业可以使用年轻的劳动力，不必向老职工提供高报酬和福利支出。1978年只有2830万人在农村的集体企业中就业，到1992年邓小平退下来时，乡镇企业雇用了1.058亿人；1978年农村集体企业总产值是490亿元，1992年邓小平退下来时，乡镇企业的产值是17980亿元，几乎增长了40倍。[77]公社集体企业在1978年的全国工业产值中只占9%，1990年乡镇企业已占到25%，1994年更是达到了42%。[78]

乡镇企业也开始与国营企业争夺原料和人力。例如，在长江三角洲地区，国营企业的工程师正常工作日在厂里按计划从事生产，周末则赶到上海以西不远的无锡、苏州和昆山的乡镇企业干活，那些企业的效率远高于一般国营工厂。

到1980年代末时，乡镇企业消耗国有企业所需原料，小型乡镇企业浪费了本可以被国有企业更有效利用的燃料，轻装上阵的乡镇企业的竞争使国营企业更难以赚钱和为老职工及退休职工提供福利，这些情况已经让陈云感到不满。于是国家计划和财政部门的平衡派开始要求对乡镇企业加强监管，防止它们从国营企业吸走太多的资源和人力。

个体户

乡镇企业独立于政府，但仍受制于地方干部的领导。与个人所有的私营企业相比，乡镇企业被视为"集体企业"，更易于被中共的正统派所接受。但是，对于各类适合于个体企业提供的服务和产品，社会上存在着巨大的被抑制的需求。1955年至1956年实行了集体化之后，城市私有企业被消灭。因此当1970年代开始改革时，人们很想经营饭店、便民店、修理铺和出售各种商品的小商店。邓小平和他的同事知道城市需要小型私营企业，但是，如何才能让保守的干部同意恢复这种小企业呢？

答案是迫切需要给年轻人找到工作以免他们在城里闹事。到1978年失业人数已达数千万，而从理论上讲社会主义社会已经消灭了失业，甚至使用"失业"一词在当时都很敏感，因此没有工作的城市青年是在"待业"。在1977年后的最初几年，配给制使知青很难擅自回城，但是随着农民在市场上出售的剩余产品越来越多，城市家庭不需要配给票证也能想办法养活他们的返城子女了，于是有越来越多的知青开始悄悄返回城市，虽然他们回到城里也找不到工作。再者，从1977年开始，在农村考上大学的青年可以回城读书，仍留在乡下的人心生妒意，也开始设法悄悄回城。

在1978年和1979年，估计有650万年轻人从农村回到了城市。[79] 到1980年代初，估计共有2000万知青和工人——他们大多数原来是城市居民——回到了城市。由于国家财政十分紧张，国营企业没有钱雇用他们。到1979年，有关"待业青年"犯罪的报道有增无减，让领导人愈发感到不安。因此，邓小平就像过去以饥荒作为理由允许农民"自己找活路"一样，他在1979年也利用城市青年日益增长的犯罪率说服其他领导人,让这些年轻人做"个体户"。[80] 只要自食其力,不剥削他人的劳动,就应当把他们看作劳动者而不是资本家。邓小平说,应当允许他们开饭店、修理铺或其他"个体企业"。于是在1980年初,城镇开始涌现出小商店和小食品摊。

但是,如何区分个体户和资本家呢?马克思在《资本论》第四卷中讲过一个有8名雇员的雇主是在剥削他人劳动的例子。因此活学活用的北京政治领导人建议,只要个体户雇工不超过7人,而且自己也从事劳动,就应当被视为"劳动者"。

一旦得到允许,个体户便如雨后春笋般涌现出来,城镇里出现了各种小摊:理发的、修鞋的、磨刀的、修自行车的、卖饮料小吃和各种手工艺品或小商品的。有些地方只允许这类活动在晚上营业,于是变成了"夜市"。国务院在1981年7月颁布了指导个体经营发展的管理条例。地方政府开始就经营地点做出规定,并要求他们进行登记。城市服务业的复兴就像包产到户一样大受欢迎,无论对于能挣钱养活自己的人,还是能得到所需服务和商品的消费者都是如此。

1982年,由于发现有些个体户雇工超过8人,立刻引起了争论。但邓小平说,怕什么呢,难道这会危害到社会主义?[81] 他用了一个朴素的例子来说明自己的态度:如果农民养三只鸭子没有问题,那他又多养了一只鸭子就变成资本家了?给私营业主能雇多少人划出界线在当时仍是相当敏感的问题,需要由邓小平和陈云这样的人亲自拍板。邓小平对陈云说,如果公开讨论这个问题,会让人担心允许私营企业的政策有变。因此他建议"雇工问题,放两年再说"。一些企业害怕树大招风,但也有一些企业在继续发展壮大。这段时间邓小平继续避免公开表态,他的策略是允许私营企业发展,但不使其引起舆论上的反对。在1987年的中共十三大上,中共干部正式同意了个体户可以雇用7名以上的员工。邓小平用他的改革方式又一次赢得了胜利:不争论,先尝试,见效之后再推广。

第16章
加快经济发展和开放步伐，1982—1989

到1982年，陈云的紧缩政策已取得了成功，但有意思的是，这使邓小平更有理由推行让中国经济加速发展的政策。1980年中国的预算赤字高达财政收入的11.7%，到1982年已降至2.6%。外汇储备在1980年仅有40亿美元，到1982年已升至140亿美元。此外，1982年的粮食产量为3.54亿吨，比上年增长了9%。经济的实际增长率则达到7.7%，几乎是4%这一预定数字的两倍。[1]

关于增长率的讨论，1981—1983

到1981年，邓小平重新考虑了放缓增长率的经济调整政策问题。他开始谈论到2000年工农业产值要实现翻两番。他在一次会议上问道，如果要使国民生产总值从1980年到2000年翻两番，需要多快的增长速度。早已对此做过计算的胡耀邦立即回答：年均7.2%。[2] 但是由于陈云、姚依林和掌控着各计划部门的谨慎的干部们限制着基建投资的规模，1981年的经济增长只有5.2%。

有一次，邓小平含蓄地提出这样一个问题：中国实际增长率与计划增长率相差那么大，这是不是有用？陈云则回答说，生产超过计划目标没有问题。事实上，在陈云看来，制定比较低的目标而后超越，比制定高目标要好。因为下面的干部正干劲十足，如果目标定得太高，他们会冲劲过大，超过经济能够承受的限度。结果会造成供应短缺和通货膨胀，很快就会导致混乱，并使增长受阻。

1980年底，在讨论下一年的年度计划时，陈云的支持者姚依林说，尽管可以力争达到5%，但1981年可能实现的最高增长率是4%——而从长远看可能达到的最快增长速度是年均6%。胡耀邦则尽力维护邓小平的目标，于是他反驳说，如果是这样的话，所有关于到2000年翻两番的讨论就毫无意义了。[3] 在1981年12月的全国人大四次会议上讨论"六五"计划（1981—1985）和1982年的年度计划时，有关增长速度的分歧是如此严重，乃至全国人大既没有通过年度预算，也没有明确"六五"计划的增长目标。[4]

1982年12月上海全国人大代表团去陈云在上海的冬季寓所看望他时，他用黄克诚的一个比喻来说明自己的观点：经济"就好比一只鸟，鸟不能捏在手里，捏在手里会死，要让它飞，但只能让它在笼子里飞。没有笼子，它就飞跑了"。对于那些想使经济更加开放、更快增长的人来说，陈云这种"鸟笼经济学"成了阻碍市场发展的过时思维的象征。陈云后来解释说，他所说的管制是指宏观调控；鸟笼可以是一国一省，在某些情况下也许比一国还大。[5]

尽管陈云的批评者有时会让人觉得他反对改革，但事实并非如此。陈云支持赵紫阳在四川率先进行的让企业自负盈亏的改革；他赞成中央在原材料采购和产品销售方面给予企业更大的自由；他并不反对在农村实行包产到户，并支持在工商业领域放松管制，让下级干部有更多的自由进行探索；他还同意在价格上要有一定的灵活性，使一些当时仍由计划管理的小商品转而进入市场交易。他也想让经济保持活力。[6] 但是陈云认为，自己有责任维护计划体制的良好秩序，使重点工业部门得到它们需要的资源，并确保通货膨胀不至于失控。在这些问题上他表现得很固执。

中共十二大（1982年9月1日至11日）的大多数文件都是由

谨慎的计划干部起草的。但在邓小平的坚持下，大会接受了到世纪末让工农业生产总值"翻两番"这一目标。邓小平坚定地重申，计划增长率大大低于实际增长率不是好事。[7] 陈云则再次强调未来20年的经济建设应当分为两个阶段，前10年用较温和的增长打基础，后10年再谋求更快的增长。[8]

经过修订的"六五"计划在全国人大会议上获得通过，它反映着谨慎的计划干部的胜利。未来5年的年均增长目标被确定为4%到5%。同期的基本建设投资为230亿美元，与第五个五年计划相比几乎没有任何增长。投资的重点是能源和交通运输，同时也将增加教育、科学、文化和卫生保健的支出。

胡耀邦认为他能够为现代化做贡献的最佳方式之一，就是走遍全国所有县市，给地方干部打气。他听取他们反映的问题，尽力消除发展经济的障碍。根据他对农村的视察，胡耀邦确信各地有能力发展得更快。针对陈云所主张的1980年代增长要慢一些，以便为1990年代更快的增长打好基础，胡耀邦回应说，现任的领导人应当在1980年代全力以赴，以免给1990年代领导经济工作的人留下不切实际的目标。在陈云和支持他的谨慎的计划干部看来——甚至包括赵紫阳在内——胡耀邦竭力支持地方干部的做法都过于随心所欲，而且他对遏制通货膨胀也没有给予足够的关注。

国内生产总值增长率

年份	1978	1979	1980	1981	1982	1983
增长率	11.7%	7.6%	7.8%	5.2%	9.1%	10.9%

数据来源：Jinglian Wu, *Understanding and Interpreting Chinese Economic Reform* (Mason, Ohio: Thomson/South-Western, 2005), p.362.

胡耀邦在各地的视察使他和陈云发生了冲突。虽然两人在平反错案上曾经合作得很好，而且胡耀邦对陈云也仍然很尊敬，但陈云对胡耀邦的意见越来越大。在1983年1月12日一次讨论年度计划的会议上，邓小平再次指出，1981年开始的"六五"计划仍把年增长率定为3%到4%，可是实际增长率比这高了一倍多。

邓小平再次问，计划和实际情况差别如此之大，这合适吗？计划干部回答说"这样不会坏事"。[9]邓小平于是采用他的典型风格，既要避免对抗，又要让他的战略占上风。面对他所不赞同的党内共识，邓小平的对策一贯是："不争论，大胆地闯。"

赵紫阳，改革构思

陈云在1980年同意赵紫阳应当有个班子研究新时期的经济问题，他承认此时已不同于他建立计划体制的时期了。赵紫阳刚来到北京时赞成陈云的经济调整政策，陈云因而也支持赵紫阳让企业经理有更多自主权和在农村实行包产到户。在更普遍的意义上，陈云也很欣赏赵紫阳"讲北京话"的努力，欣赏他愿意放弃多年来形成的地方领导人的思维方式，转而关注全国经济大局。

赵紫阳希望避免政治斗争。虽然身为总理，但他并不干涉陈云和谨慎的计划干部领导计划经济的日常工作，而是和他的智囊团一起在常规的官僚体系之外，专注于如何引导相对封闭的经济变得更加开放这一重大问题。自然而然地，当赵紫阳和他的班子在北京待了两三年后，他在智囊团的帮助下形成了对于经济发展方向的新观点，而邓小平也会转向赵紫阳征求意见。此时邓小平已经对陈云和谨慎的计划干部领导下的缓慢增长失去了耐心，他开始离陈云而去，转而借助于赵紫阳及其智囊团，让他们提供基本经济政策的指导。赵紫阳直接同日本顾问、世界银行召集的各国经济学家和经济官员展开合作，为中国应当如何进行转型构建思路。当时尚无任何社会主义国家成功地——并且没有造成严重动荡地——从计划经济转型为可持续的、开放的市场经济。因此，当世界银行官员和来自世界各地的著名经济学家来到中国时,最重要的会谈都是与赵紫阳进行的。赵紫阳虽然没有接受过正规大学教育,但外国人对他的学识、求知的好奇心、掌握新观念的能力以及分析水平都留有深刻印象。[10] 美国著名经济学家弗里德曼(Milton Friedman)1988年访问北京时,与赵紫阳的会面原本预期为半小时,但这次只有赵紫阳、弗里德曼和翻译在场的会谈却整整进行了两个小时。弗里德曼在谈到赵紫阳时说,"他对经济形势和市场如何运行都很有洞见。"弗里德曼把这次会见描述为"令人着迷"。[11]

赵紫阳的智囊团之一是一个小型的(30人)中国农村发展问题研究组,它在农村改革中发挥了关键作用。它最初是一个由一群很有见识的青年才俊组成的讨论小组,他们在"文革"期间"下放"农村多年,对农村的情况有深入了解。1981年11月它成为中国社会科学院农村经济研究所下属的独立机构,[12] 此后又并入国务院农村发展研究中心,参与过制定包产到户政策的工作,后来每年都为中央起草有关调整农村政策的一号文件。[13]

赵的另一个智囊团是经济体制改革委员会,它是为研究根本性的体制改革而成立的。由于它能就改革官僚部门建言献策,一些官僚对它有可能提出的建议很敏感。它最初是中国科学院下属的一个体制改革研究小组,1980年改为"国务院经济体制改革办公室",受赵直接领导;1982年5月更名为"国家经济体制改革委员会",升格为部级单位。在赵紫阳的领导下,它到1984年已有大约100名官员。[14] 最初由中组部派到赵紫阳手下任总理秘书的鲍彤,此时开始成为赵紫阳班子的主管。

向国外学习

1978年6月23日,邓小平在听过教育部派遣留学生计划的汇报后说,要把出国留学生的人数增加到几万人。邓认为,中国要想快速实现现代化,就必须学习和采用在国外已经证明为行之有效的思想观念。苏联人由于害怕"人才流失",不太愿意让有才华的学者和学生出国,毛泽东则对西方紧闭国门,甚至蒋介石也曾担心一些最聪明的年轻人会很快流向国外。然而邓小平对于人才流失从来不担心。正因为如此,在向发达国家学习现代化的秘诀这一点上,除了日本和韩国外,没有任何发展中国家能够在广度和深度上与邓小平领导下的中国相比。而由于中国庞大的人口基数,它在学习外国的规模上很快就超过了日、韩两国。

邓小平派官员出国考察、邀请外国专家成立研究国外发展的机构、鼓励翻译外国文献——所有这些举措都规模宏大。日本和韩国的领导人担心国内的公司会被外国公司的竞争压垮,邓小平则不同,他鼓励外国公司在中国建立现代化工厂,帮助培训中国的管理者和工人。他充分利用那些能够帮助中国了解国外发展的海外华人。最重要的是,他鼓励年轻人走出国门到海外留学。从1978年到2007年的30年间,有超过100万的中国学生出国留学。到2007年底,其中大约有四分之一已经学成回国。[15] 为了学习外国经济发展经验,邓小平同意由赵紫阳会见经济学家;他本人更喜欢跟科学家,以及包玉刚、松下幸之助和大卫·洛克菲勒这样的成功商业领袖交谈,从他们那儿获取如何使中国进步的想法。他还会见从事过国家经济计划工作的外国人,如日本的大来佐武郎和下河边淳。从1979年初开始,中国的资深学者每隔几天就出版一期报告,即《经济研究参考资料》,概述对中国经济有重要意义的国外发展状况。而出国的代表团也会撰写考察报告,上呈给国家领导人。

在中国研究国外的经济发展经验方面,没有任何机构发挥的作用能与世界银行相提并论,而世行在中国发挥的作用也超过了它所帮助的任何其他国家。[16] 1980年中国大陆取代台湾重新获得在世行的中国席位后,世行行长罗伯特·麦克纳马拉(Robert McNamara)访华,为发展双方的新关系铺路。麦克纳马拉说过,没有中国的世界银行不是真正的世界银行,他顶住了美国政府要求放缓中国加入世行的压力。中国官员当时仍然担心外国会为自身的目的利用中国,但是麦克纳马拉的独立态度使他们相信,世界银行并不代表任何单个国家的利益。

麦克纳马拉与邓小平会面时,邓对他说,中国未来与世行的关系中,观念比钱更重要。邓说,中国的现代化是必然的,但通过与世行合作中国能发展得更快。在讨论世界银行驻华首席代表的人选时,邓说,他不在乎首席代表是哪国人,他只希望是一个最胜任的人。[17]

邓小平会见麦克纳马拉后,中国与世行的关系发展迅速。一个月后的 1980 年 5 月 15 日,中国通过世行的投票表决正式成为其成员国。世行的多数成员国是在 1945 年它成立之初就加入的,世行对他们的了解已经有多年的积累。但中国是个巨大的国家,而且取代台湾之前又与世行没有交往,因此世行在向中国提供贷款之前,必须首先对中国经济建立起更好的了解。1980 年 10 月,世行做出了一个在其历史上首创性的决定:它组织了一个由 30 位世界级专家组成的团队,前往中国进行为期 3 个月的考察。这些专家的研究特长包括中国经济、农业、工程、卫生和教育等各个领域。中国也组织了一个与之相对应的专家队伍和他们一起工作,其中就有后来担任总理的朱镕基。朱是自愿加入中方团队的,因为他将之视为学习的好机会。

邓小平本人的支持使中方团队的成员不必再担心将来可能受到向外国人泄密的指控。为了增强双方的信任,避免被中方猜忌有不可告人的动机,世行人员在中国期间没有举行任何未邀请中方参加的会议。中方团队及其在北京的上级深知他们被委以打开国门的重任,他们热切地希望弄清中国需要面对的独特问题。世行团队也清楚他们在中国对外开放中扮演的历史性角色,同时意识到这是个了解中国的特殊机会,因此也努力与中方建立良好的长期合作关系。这个考察计划是世行到那时为止承担过的最大的针对单个国家的研究项目。世行当时还没有像后来那样变成一个庞大的官僚机构,因而给予它的下属团队相当大的自主权去适应当地需要。麦克纳马拉访华后不久,会讲汉语的菲律宾华人林重庚(Edwin C. Lim)被任命为世界银行中国项目的首席经济学家。他是哈佛经济学博士,有在东南亚和非洲为世行工作的经历;他也是1980年世行团队在中国的实际领导者;1985年世行在中国设立驻京办事处后,他出任该办事处的首任驻华首席代表,并一直任职到1990年。他把中国和世行在1980年代的特殊关系描述为"天造地设"。[18]

在中国的3个月里,世行团队与负责经济工作的中方官员进行会谈,还到地方进行实地考察。尽管中方负责接待的是财政部,但他们有机会和所有主要经济部门的官员会面,其中既有"建设派",也有"平衡派"。国家计委和国家统计局官员在中方团队中发挥着重要的领导作用。中方官员都没有受过西方经济学理论的训练,但他们有管理计划经济发展的经验。西方专家中很多人也都在发展中国家工作过,因此与中国东道主一样,更为关注具体制度环境下的实际情况,而不是学院派经济学家所提供的理论性解释。

世行团队返回后,根据与中方所做的联合研究撰写了一份报告。报告讲述了1949年后的中国经济历史,介绍了中国的政策,并对中国经济中适合或不适合做出政策改变的领域做了认真区分。在1981年3月完成这个三卷本的报告后,世行人员立刻与中方进行讨论,并在6月提交世行董事会,为后者做出给中国第一笔贷款的决定提供参考。除了中国的专家外,赵紫阳和其他高官也读过这份报告;后经中国政府批准,该报告得以公开发行。

当时首先面临的大问题是,如何在维持中国经济运行的同时,使它转向更加开放、更少管制的体制。世行报告建议中国要更加注重利用价格,从价格入手促进更有效的投资决策,推进更灵活的对外贸易。它还建议让国内人口更加自由地流动,使劳动力的使用变得更有效率。但是它也主张价格变动和其他改革都不宜操之过急。

这个团队不主张全面迅速的市场自由化或私有化。对于中方人员来说，参与这项研究，使他们有机会了解具有全球发展经验的经济学专业人士的视野，并学习用新的眼光重新审视自身的体制。

中国成为世行成员后双方谈判达成的第一笔借款是对高等教育的援助。邓小平一向重视培训，因此这个结果并不令人意外。在贷款之外，世行还设立了专门计划，帮助培训即将处理各种经济问题的中国专家。在这方面，中国与世行的经济发展研究所合作，由后者每年举办人员培训课程。世行还在联合国开发计划署、继而在福特基金会资助下，在牛津大学设立了为期一年、专门培训中国经济学家的项目。从1985年到1995年，这项计划培训了将近70名经济学家，其中大多数后来都身居要职，领导着中国的经济发展。福特基金会还资助中国经济学家在美国学习。作为对中国的进一步援助，世行还利用它与全球经济学家无可比拟的关系网络，应中国要求组织不同领域的专家进行会谈。

1980年代初，中国负责调整经济体制的官员最初想从东欧国家寻求改革模式。他们首先关注的是南斯拉夫，1983年又将兴趣转向匈牙利把不同部门的所有计划都合为一体的"全面改革"。中国派出两个代表团访问匈牙利，研究它的改革规划，匈牙利也派了一批人到中国介绍他们的改革经验。熟悉匈牙利问题的人认为，中国应当使用更多的经济手段取代行政手段，进一步向地方放权，并允许更加多样化的所有制形式。匈牙利和日本一样，也采用了以确定产出指标为主的"指导性计划"，逐步摆脱从前的指令性计划——即提前为各产业部门精确规定具体的生产投入。[19] 然而，在探讨东欧经验的同时，一些中国官员也开始怀疑，东欧模式是否能够解决中国面临的复杂问题。

1982年8月应中方请求，世界银行将东欧和其他国家既有理论眼光又有实践经验的著名专家召集到浙江省的莫干山，探讨社会主义体制改革的整体问题。中方人员以薛暮桥为首。来自波兰、捷克斯洛伐克和匈牙利的东欧知名经济学家——包括弗拉吉尔兹·布鲁斯（Włodzimierz Brus）——分别介绍了他们的观点。会上进行的讨论和会后组织的外国顾问对中国各地的考察，大大加深了人们对东欧改革模式是否适用于中国的疑虑。东欧专家此前的结论是，如果只进行局部改革，会造成对下一步改革的抵制，因此必须一次性地进行全面改革。可是，中国的农村改革已经呈现出似乎不可逆转的积极成果，因此没有必要急于进行一揽子的全面改革。会后东欧的学者们去中国各地考察，开始同意中国东道主的观点，即一次性大胆进行改革的东欧模式在中国行不通，因为中国太大，各地情况千差万别。中国唯一切实可行的道路是逐步开放市场和放开价格，然后再进行渐进式的调整。与会者的观点先汇报给赵紫阳并获得了他的认同；然后再上报给邓小平，邓也支持赵紫阳关于渐进改革而不是一揽子改革的意见。

1983年，取代麦克纳马拉于1981年担任世界银行行长的克劳森（A. W. Clausen）访问北京。邓小平对他说，他认为世行1981年的报告很有意思，也很有用。随后邓请世行帮助评估中国到2000年生产总值翻两番的可行性。速度问题似乎一直是邓小平的中心问题。他希望经济尽可能快地增长，又要避免"大跃进"的危险；他担心中国的干部像过去那样盲目乐观，所以要听听外人的意见。他希望世行再次承担一项研究，根据全球经验对中国未来20年实现这一目标考虑不同方案。应邓小平请求，1984年世行再度派出人员齐备的代表团前往中国，仍由林重庚带队。依据中方合作者、世行人员及相关顾问的研究，世行于1985年发布了一份报告。这份报告对制定"七五"计划（1986—1990）起了重要作用。[20] 它的结论是，20年内翻两番的目标是可行的。这无疑让邓小平感到放心。报告认为，中国通过重点抓工业生产，或者通过促进包括服务业在内的各部门平衡发展，都有望实现这一目标；中国选择了以工业作为重点的道路。

1984年召开了又一次由中青年经济学家参加的莫干山会议，讨论价格改革等问题，但这次会议世行人员没有参加。[21] 会议的结论是支持价格双轨制，即一轨价格适用于国家计划内产品，另一轨价格则要适应市场的变化。完成定额的国营企业可以将超额部分以市场定价出售。这样一来，很多企业会转而以市场为导向从事生产，而在向市场转型的过渡期又可以依靠计划内价格获得一定的稳定性。有些世行官员批评价格双轨制，因为这会给国营企业的干部制造迅速牟利的机会，他们可以用计划价格购买商品、再以高价在市场上出售。但中国高层官员认为，他们有把握用行政处罚手段控制住腐败。

1985年，在邓小平取得政治上的胜利后，中国官员再次请世界银行召集专家，为中国从管制经济转型为由市场发挥更大作用的经济提供指导。中外专家在一条名为"巴山轮"的船上开了一个星期的会。在这条从重庆沿长江顺流而下、经三峡抵达武汉的轮船上，他们进行了正式和私下的紧张讨论。世行召集的西方人中，有诺贝尔经济学奖得主吉米·托宾（Jim Tobin），他介绍了运用宏观经济手段、尤其是通过调节需求控制市场的可能性。弗拉吉尔兹·布鲁斯和首次访问中国的雅诺什·科尔奈（János Kornai）则介绍了东欧在调整中央计划经济体制的过程中出现的问题。会议结束时，早已对东欧模式在中国的适用性持怀疑态度的中方与会者进一步确认，社会主义经济中的结构问题——如允许业绩不佳和重复生产的企业继续生存的"软预算约束"——是计划体制内在的普遍性的问题。这标志着中国结束了对采用东欧改革模式的探讨，转而以更强的意愿接纳市场的作用。

会议之前中方尚未充分理解的一个关键问题是：如何采用其他货币和财政手段来调节市场，以避免中国人一向认为的资本主义制度所固有的大起大落。托宾的发言使他们相信，可以运用宏观经济手段调控市场体系。会后，中国经济学家在引入宏观调控手段的同时，对继续扩大市场作用也更加胸有成竹。

由于会议之前通货膨胀已很严重，中国很快采用了从这次会议中得到的主要教益：即运用宏观调控驯服通货膨胀。赵紫阳总理看过会议报告后接受了这一结论，经邓小平认可后便开始着手实施。

1980年代初期，中国领导人在探讨东欧经验和利用世界银行顾问的同时，也在研究日本经验。尽管日本是世行成员国，但它与中国主要以双边的方式进行合作，而合作规模则超过中国与任何其他国家。中国对台湾地区和韩国的现代化经验也有兴趣，但中国大陆直到1980年代后期才与之有直接交往，因此它们在1980年代初的经验对当时的中国没起到太大作用。

邓小平1978年10月访日之后，大来佐武郎于1979年1月到访北京。作为一位经济规划官员，他在帮助亚洲国家经济发展方面极富经验。他此行要与谷牧探讨成立日本顾问团的计划，还要在更广泛的层面上探讨日本在中国发展中可能发挥的作用。大来佐武郎出生于辽宁省大连市，工程学出身，曾在日本经济安定本部扮演过核心角色。这个部门曾经为日本经济在"二战"后脱离战时经济管制和对抗严重短缺提供指导。1955年后安定本部并入日本经济企划厅，后者负责为日本经济提供指导性计划。大来佐武郎与谷牧商定，在当时中国正在进行的经济转型过程中，他将率领一批有经验的日本官员同以马洪为首的中方官员每年举行一次会谈。1979年12月大平正芳首相访华时，当时已担任外相的大来佐武郎陪同来访。邓小平对大来开玩笑说，你当了外相，还能继续给中国当顾问吗？确实，大来任外相期间，这些会谈一度短暂地中止，但在他卸任后很快于1980年7月恢复。日本国土厅前任长官下河边淳也是大来佐武郎的日本顾问团成员，他向中国介绍了日本政府如何通过建立制度及保障必需的资源，推动各地区均衡持续地发展。[22]这个顾问团与中国经济官员的会议一直持续到1992年。

1979年初，中国效法日本成立了两个机构：质量管理协会和企业管理协会。这两个协会在北京为地方干部开办培训班,再由这些干部为各自地区的工厂经理培训工业管理,传授他们从日本人那里学到的观念。[23] 尽管这些培训计划的作用难以具体评估,但是对中国那些习惯于办事慢吞吞的工厂经理和工人来说,这些榜样的存在,加之官员的大力鼓动,确实促成了生产效率和质量控制的改善。

1980年代,日本为中国提供的援助和在中国开设的工厂多于其他任何国家。日本的在华工厂为中国树立了标尺,用以衡量中国在实现高效工业生产上取得的进展。中国在学习现代科技上主要盯的是美国,但中国工厂引进的新生产线中来自于日本的数量最多。池田勇夫首相在1960年代提出的"国民收入倍增计划",成了邓小平要求工农业产值在20年内翻两番的动力。自1974年以来,邓小平会见的日本代表团也多于其他任何国家。

中国经济官员在访日期间看到,消费需求成为日本工厂的生产动力,从而减少了国家作为工业产品分配者的功能,这给他们留下了深刻印象。结果是,生产消费品的中国工厂也得到指示,要求他们直接征求当地商业网点的意见,了解消费者愿意购买什么产品。[24]

尤其令中国官员印象深刻的是日本通产省的一项重要职能:它分析如何才能使不同产业的日本企业获取在国际市场竞争中所需的资源和技术,然后让企业发挥其自身的主动性来开发创新产品,以此推动整个国家的快速发展。邓小平访日期间,不但对日本企业内部的高度计划性感到惊讶,更让他吃惊的是这些计划手段远比中国更灵活、更能对市场变化做出反应。例如,通产省一方面会为大公司提供鼓励和支持,但同时也会让他们为争夺市场份额而相互展开激烈的竞争。

中国在1980年至1981年施行的经济调整政策,导致很多与日本签订的合同被取消、使日本公司与中方的合作被放缓(见第15章)。但1982年最困难的调整步骤完成后,中日关系又得以复苏。

1982 年 5 月底至 6 月初赵紫阳访问日本，除了寻求进一步投资和技术咨询外，也是为了恢复日本人对中国经济的兴趣。[25] 日本通产省下属的日本贸易振兴会在中国设有若干个办事处，它们研究中国经济，辅助日本公司在中国当地发现蕴涵商机的领域，也为中国各个工业部门的经理和技术人员提供培训。

到 1980 年代中期，国外机器设备的引进已经带来了巨大变化。所谓"手工业式的重工业"，即工人光着膀子向炼钢炉填煤、用大铁锤把金属锻造成型的景象，被宝山钢铁厂里具有连铸设备和电子控制系统的现代氧气转炉所取代。现代生产线取代了用机床逐个加工机器零件的工人，工业产出大幅增长。合资企业中与外国同行一起工作的中层管理人员学会了使用现代电子设备、运用最新的现代管理技术，也为增长的大潮做出了贡献。其中一些管理人员运用他们在外企学到的技能创办了自己的企业。1980 年代计算机在西方采用后，在中国企业中也迅速得到普及。

由日本、欧洲、中国香港和台湾地区的公司（从 1980 年代后期开始）引入的新设备和新体制对经济增长所产生的累积作用，至少与北京领导层进行体制改革的影响同样巨大。中国新的开放政策实际上是从国外引进了工业革命、信息革命和消费革命。

邓小平的经济攻势，1984 年

当经济运行良好时，邓小平更易于获得加快改革开放所需要的政治支持。当经济出现通货膨胀之类的问题时，谨慎的平衡派则会获得更大的势力，使他们得以收紧计划的缰绳，对抗通货膨胀压力。1982 年和 1983 年经济增长开始加快，通货膨胀也得到了控制。不但粮食增产，而且纺织这一消费工业的重要部门也有了可观的增长，导致布匹配给制的结束。依据官方数字，农民的人均收入从 1978 年的 134 元增加到了 1984 年的 355 元。[26]

在1983年6月26日至30日举行的中央工作会议上，邓小平高调提出要将投资比重提高到国家计委所建议的水平之上。[27] 1983年12月，邓小平说，对可能发生的事情进行科学预测是不可能的；如果只讲稳定就很难取得进步；没有一点闯劲，就不可能实现经济翻两番。[28]

在这种有利的气氛下，邓小平准备扩大开放其他沿海地区。1984年1月他去广东和福建视察时宣布，经济特区的政策已经证明是成功的（见第14章）。电视镜头把深圳取得的令人瞩目的建设成就传播到全中国，为民众接受同年底其他沿海地区的开放打下了基础。

1984年5月，国务院发布了《关于进一步扩大国营工业企业自主权的暂行规定》。这个授予国营企业更多自主权的方案基本上是由赵紫阳智囊团的成员拟定的。文件提出要运用包括价格和税收在内的宏观调控手段管理经济活动。长期以来支持给予企业更大灵活性的赵紫阳，也进一步扩大了企业在完成政府定额后参与市场的自由。

邓小平在1982年9月开始使用"有中国特色的社会主义"一说。这个宽泛且模糊的巧妙概念完全符合邓小平的基本思路：即扩展可以被接受的意识形态框架，使国家能够采取行之有效的政策。邓小平利用这个概念来推动其扩大市场、在工商科教领域进行全面改革的目标。[29] 在1984年9月3日至10日的莫干山会议之后，采用价格双轨制的国营企业，获准扩大了对市场价格的使用。这使国企经理把更多精力放在能为企业带来更多利润的市场上，由此他们在计划体制仍为经济提供稳定产出的同时，也学会了市场经济。[30]

在1984年国庆节，邓小平获得的民众支持达到了整个邓时代的最高峰。在那一年的国庆游行中，北京大学的学生游行队伍中打出了一条写有"小平您好"的横幅。这是一种发自民间内心的友好问候，而街道两旁的群众也自发加入到"小平您好"的行列中。这句话和这个场景，和17年前红卫兵遵照上面的指示高喊"毛主席万岁"表达崇敬的做法形成了鲜明对照。1984年的这些学生自发地表达了全国人民的感情,他们感谢邓小平结束"文革"动乱,克服粮食短缺,改善了他们的生活,终于带领国家走上正轨。而且就在一周之前,邓小平签署了香港和平回归中国的协议。

国庆节十几天之后,邓小平充分利用这种高涨的民意,促使中共十二届三中全会批准了《关于经济体制改革的决定》,这是当时对经济改革最全面的阐述。它既包括宏观理论分析,也概述了为全面扩大市场铺路的措施。《决定》采纳了邓小平"有中国特色的社会主义"的说法,宣布社会主义和资本主义的根本区别不在于搞不搞计划经济,而在于是否实行公有制。社会主义的目标不是平均主义,而是共同富裕。领导起草这份文件的赵紫阳达到了邓小平要求的目标:明确解释为何社会主义能够接纳市场改革。

《决定》宣布,将逐步减少政府定价,进一步发挥市场定价功能。[31]这个文件大大鼓舞了那些希望得到更大灵活性的各部委干部。邓小平在全会上讲话支持这一文件时指出,准备文件和斟酌用词上的大量艰苦工作都是别人做的,但他同意文件的全部内容。邓小平说,文件最重要的内容是"尊重知识,尊重人才"。他重申了实行开放的基本论点:中国历史表明,只有国家开放,才能取得重大进步。邓小平承认,开放难免会带来一些问题,但他表示有信心解决这些问题。[32]

陈云在三中全会上没有公开批评《关于经济体制改革的决定》,但是在1984年的几次会议上,陈云对一系列数据都表示反对:1984年基建投资大幅增加33%,国民生产总值增长15%,零售价格指数则上涨9%——这是自改革以来最高的数字。[33]确实,通货膨胀已经令民众极为忧虑。[34]

市场的扩大也要求政府对税收体制进行调整。1984年10月,在经过试验后,政府在全国范围实行新税制,用缴税的方式取代了原来的利润上缴("利改税")。在原来的制度下,政府为企业安排全部生产指标和税收，缺少促使企业提高效率的任何经济刺激。而在新的制度下，每个企业完全自负盈亏；企业完税后管理者可以留下税后利润，这就刺激了各地企业提高效率。而且，无论私营企业、国营企业，还是合资企业都可以采用这个新的制度。不过，因为新制度运行之初工厂管理者缺乏经验，中央财政收入在最初的7年里并没有增加。[35]

1984年底公布的数据让陈云深感担忧。1985年2月18日的政治局扩大会议，正值邓小平南下广州，陈云批评了严重的预算赤字、超额使用外汇储备和严格控制开支的失败。他做出结论说，计划优先于市场的政策并没有过时。[36] 陈云利用年底的数据，想把大胆向前闯的政策拉回来。各省领导人被召集起来开了一系列紧急会议，结果是大规模削减基建、银行信贷紧缩、严控涨工资和外汇使用。[37] 按照中国标准而言的严重通胀，甚至使赵紫阳也转向了加强控制和限制投资。面对这种大气候，邓小平最后也加入了给过热的经济降温的努力。[38]

陈云和他的支持者公开了与走私、倒卖外汇、投机倒把和与色情有关的案件。陈云很清楚，北京的各部委都在向经济特区进行非法投资，这使执行党的纪律变得更加困难。[39]

此外，1985年夏天中纪委通报了海南干部为促进当地发展滥用特权、将进口汽车卖给内地牟取暴利的走私案。[40] 谷牧宣布，国家只会优先发展14个沿海开发区中的4个——上海周边、天津、大连和广州。[41] 在对特区不断升温的批评气氛中，甚至邓小平也不得不改为守势。他对自己1984年初提出的经济特区政策加以限定说，如果特区被证明并不成功，那就只当是一次试验好了。[42]

在1985年9月18日至25日为制定"七五"（1986—1990）计划的基本政策而召开的中共全国代表大会上，陈云宣布经济增长目标应当定为不超过6%或7%（大约是1984年或1985年增长率的一半），尽管实际增长率可能要高一些。他又说，应当限制乡镇企业夺走国营企业所需要的资源,他还警告说,如果不加以限制,将会造成能源的严重短缺和交通运输的瓶颈。[43]

这种新气氛中邓小平提出要反对资产阶级自由化,加强"教育",让干部更好地抵抗腐败和违法乱纪。邓小平说,他完全支持把"七五"期间的增长率定为7%,这得到了政治局常委的一致同意。其实他对这个数字没什么不满,因为他心里清楚,由于过去两年的高增长率,只要一直保持7%的年增长,还是可以轻松实现让国民生产总值到2000年翻两番的目标。[44] 但是批评邓的人仍然认为,如果邓在1984年不那么急躁,情况可能会更好;也许可以避免伴随着中国经济过热而产生的通胀和腐败问题。

通货膨胀的恐慌与反击,1988年

正如陈云在1980年至1981年的经济调整政策为邓小平加快发展和改革铺平了道路那样;陈云在1985年至1986年的紧缩政策再次为邓小平继续向前闯提供了条件。1987年2月,在为即将于秋天召开的中共十三大制定指导路线时,邓小平直接提出:"[过去]讲以计划经济为主,现在不要再讲这个了。"[45] 在1987年同一些外国领导人会谈时,邓也表示要在自己退休前留下一个更加开放的市场。

经邓小平同意后,赵紫阳在1987年十三大上的重要讲话中使用了"社会主义初级阶段"这个说法。这又是一个巧妙的概念,使邓小平和赵紫阳可以对正统派说,他们坚持社会主义,没有放弃社会主义高级阶段的目标。但他们补充说,高级阶段可以拖到一百年之后。"不再以计划为主"和"社会主义初级阶段"这些新提法为继续向市场经济前进提供了框架。赵紫阳宣布,"商品交换"要遵循"价值规律",价格由价值决定;商品供应不足,价格就会更高。赵的讲话还明确允许私营企业雇用7人以上。赵紫阳又说,将来股东可以分红。[46]

1988年初，邓小平决定要大胆推进改革，取消对更多商品的价格管制。正如他在5月中对朝鲜人民武装力量部部长吴振宇所说，中国人民的生活水平已经有了改善，能够承受一定程度的物价上涨。[47] 5月底召开的政治局会议（5月30日至6月1日）批准了全面改革物价和工资的计划。邓小平多年来一直在了解物价改革的重要性，他知道市场价格是建立市场经济的关键。他对同事说，"长痛不如短痛"。长期以来不断有人告诉他，即使物价上涨也只会是暂时的，市场的力量可以让更多的供应者进入市场，价格自然会回落。

邓小平此举的另一个考虑是有增无减的腐败，而价格双轨制正是腐败的制度性原因之一，正是双轨制使一些干部能够以国家规定的低价获得物资，再按市场上的高价转手卖出。因此，结束国家计划价格将可以消除腐败的这个根源。[48] 于是邓小平像一位无畏的战士一样决定义无反顾地取消物价管制，宣布要在三到五年内完成物价改革。7月份烟酒价格放开，导致价格猛涨了200%以上。[49] 但这并没有挡住邓小平闯关。

邓小平的经济顾问警告说，进行物价改革的时机不对，因为在通胀压力之下，很多商品已经供不应求。[50] 在放开物价之前必须在供应上有所准备，以防物价暴涨。邓小平没有被这个警告吓住。在北戴河的一次政治局会议（1988年8月15日至17日）上，对是否取消物价管制进行了激烈辩论。邓小平最终占了上风，政治局同意他的全面放开物价的计划。这次会议刚结束，《人民日报》就在8月19日公布了这一决定。社论一发表，已经疲于应付通货膨胀的城市居民立刻陷入惶恐。人们纷纷取出银行存款疯狂购物，以防未来价格上涨。商店的东西一售而空；群众也开始上街示威。

邓小平深知对党的政策随意改变会削弱党的权威，因而他自担任头号领导人以来一直坚决反对公开宣布任何决策变化。可是这一次他别无选择。民众的情绪太强烈了，邓小平只好接受国务院8月30日做出的放弃取消物价管制计划的决定。这一次政策上的出尔反尔,是邓小平自 1978 年 12 月重新上台以来,在改革举措上最富戏剧性的倒退。

邓小平对于从长期来看此项改革的必要性的估计是正确的——既然要向市场经济转变,就必须在某个时候放开物价。后来朱镕基选择在 1990 年代放开了物价,当时通货膨胀压力不大,民众也已适应了物价的温和上涨,因此更易于接受物价改革。朱镕基设法避免了硬着陆,他的政策被认为是极大的成功。

作为军人的邓小平多年练就的本领是:他知道如何重整旗鼓。1988 年 9 月 12 日,邓小平把赵紫阳、李鹏、胡启立、姚依林、万里、薄一波和乔石——改革者和谨慎的计划者兼而有之——叫到家中商量物价改革问题。他承认,"现在的局面看起来好像很乱,出现了这样那样的问题,如通货膨胀、物价上涨,需要进行调整,这是不可少的。但是,治理通货膨胀、价格上涨,无论如何不能损害我们的改革开放政策……要保持适当的发展速度。"[51] 邓小平虽然只能选择在放开物价管制上做出让步,但是他清楚地表态,他对整个改革方案仍然深信不疑。

民众对放开物价的反应也削弱了赵紫阳的地位。虽然这一次赵并不赞成取消物价管制,但他曾有过放开物价的先例,也曾允许通货膨胀的压力超出陈云认为明智的程度。通过研究其他国家的经验,他认为一定的通货膨胀有助于加快经济增长。然而,当时中国通货膨胀的速度已经大大高于 1949 年以后的任何时期。1988 年官方的零售价格指数比 1987 年高出 18.5%,1988 年下半年的零售价格指数则较前一年上涨了 26%。很多经济学家认为,其他数据显示的通货膨胀率甚至更高。[52]

谨慎的计划派完全不同意赵紫阳在 1987 年和 1988 年初所做的允许通货膨胀加速的决定。在 1988 年 9 月 26 日至 30 日召开的十三届三中全会上,赵紫阳因为年初导致通胀失控的政策而受到了批评。他同意为自己的错误负责,承认年初时用来指导决策的一些假设是错误的,而通货膨胀问题没有解决是因为经济过热和需求总量过大。[53] 有人认为应当撤销他的总书记职务。赵设法保住了总书记的位子,但陈云给了他一些有关经济政策的训导。1988年10月8日陈云尖锐地批评赵紫阳说,绝对不能搞财政赤字,货币流通量已经太大。此外,应当一直保持经济的均衡发展,不然就会引起混乱。[54] 这些警告听上去十分严厉,但与1983年陈云批评胡耀邦不同,它不是在公开的大会上做出的。此后经济决策权转交给了李鹏,他在1987年11月被任命为代总理,1988年3月成为总理。

赵紫阳虽然承认了错误,但还没有做好彻底丢卒保帅(邓小平)的准备。他没有明确公开地宣布放开物价的决定是由邓做出的。据知情的中共官员说,尽管邓小平此后继续支持赵紫阳担任总书记,但两人的关系有所紧张,因为高层官员和群众都认为邓小平要对物价失控负责。

	增长率(%)	零售价格指数(%)	消费价格指数(%)
1988	11.3	18.5	18.8
1989	4.1	17.8	18.0
1990	3.8	2.1	3.1

数据来源:国家统计局。转引自 Jinglian Wu, *Understanding and Interpreting Chinese Economic Reform* (Mason, Ohio: Thomson/South-Western, 2005), p. 369。

8月份以后,谨慎的计划派又主导了经济政策。国务院于1988年9月24日颁布文件,宣布今后两年的工作重点是"改善经济环境"。熟悉陈云在1979年至1981年的经济调整政策的人,都不会对1988年谨慎的平衡派掌权后采取的经济政策感到奇怪。1988年不再进行任何价格调整,企业和工作单位被告知不得涨价。一直以远低于通货膨胀率的水平支付利息的中国人民银行做出保证,在必要时将存款利率与通胀挂钩。各地被要求缩小基建规模。[55] 投资受到压缩,物价也被严加管制。银行信贷受到严格控制,暂停向乡镇企业贷款。朱镕基1990年代控制通货膨胀时力求实现软着陆,但陈云在1988年底终止通货膨胀的胆略,却并不亚于邓小平取消物价管制的气魄。不出所料,1988年底出现了硬着陆。这从随后几年的增长率骤降中即可看出。

1988年至1990年期间在经济管制和政治决策的双重作用下,国民生产总值的增长率从1988年的11%骤降至1989年的4%,工业增长率从15%下跌到5%。1990年最后一个季度零售价格指数的增幅降至0.6%。[56] 消费支出停滞不前,失业人数上升,很多城市出现了骚动迹象。计划派仍然致力于减少财政赤字,然而由于税基太窄,预算赤字实际上不降反升。但是,尽管有这些令人不安的经济指标,在因放开物价而引起强烈反对之后的3年里,邓小平一直未能在党内争取到足够支持,向紧缩政策发起挑战。

中苏改革的比较

社会主义计划体制最先是由苏联采用的,之后又进入中国,旨在帮助后发展国家追赶已经实现工业化的地区。它使中国能够积累资本,并将资源用于最优先的领域。就像早期苏联的情况一样,这种计划体制使中国得以在1950年代推动重工业的发展。但是到1970年代时,中苏两国的经济都远远落后于更开放、更具竞争力的体制。然而,当1991年苏联和东欧的国家政权相继解体时,中国却能自豪地宣称,它在1978年以后取得了年均10%的增长率。是什么因素使中国在1980年代的表现远优于苏联和东欧?

中国与苏联相比具备很多优势。它有漫长的海岸线,可以利用比陆路运输更为便宜和方便的海洋运输。过去两百年来,移居香港、台湾地区和东南亚、西方的华人及其后代有2000万之众,他们可以作为资本和知识的来源为中国所用。此外,中国大陆潜在的巨大市场吸引着世界各地的众多商人,他们愿意为中国的发展提供帮助,以便今后能够进入这个有 10 亿消费者的市场。政治动机也发挥了部分作用:中国在 1978 年实行开放政策后,很多西方国家想使中国进一步疏远苏联,愿意向中国慷慨提供资金和技术,欢迎中国的学生和游客。

地理和种族的同质性也对中国的成功起着重要作用。由于稻田耕作的性质,中国包产到户的政策使农民种地的热情空前高涨,农业产出大幅提升,这在拥有广阔的旱地、更宜于采用大型拖拉机耕作的苏联是不可实现的。与各种少数民族超过人口一半的苏联相比,人口中 93% 为汉人的中国也更容易达成国家的团结。苏联由于在过去一百年里不断扩展到广阔的新区域,新纳入的少数民族一直在积极或消极地抵抗着苏联的统治。与此相比,中国对它目前的大部分疆域都已经统治长达两千多年,它也没有通过占领反抗其统治的国家来进行过度扩张。

中国的统治者从国家的悠久历史中形成了中国乃是文明中心的信念,而苏联的领导人长久以来一直觉得苏联大大落后于西欧各国。再者,中国大陆与其周边区域——日本、韩国、新加坡以及台湾和香港地区——有某些共同的文化特征,而后者不久前已成功转型为富裕的现代国家或地区,可以作为效仿的榜样。

然而,不论中国有哪些内在的固有优势,邓小平在关键性问题上做出了与苏联领导人截然不同的选择,而邓的选择在刺激经济增长方面被证明要成功得多。[57] 首先,他坚持共产党的权威。苏联的戈尔巴乔夫希望通过废除苏共的垄断权力建立一套新的治理体系,而邓小平有一个从未动摇过的信念:当初按苏共模式建立的中国共产党,应当保持作为中国唯一统治者的地位。在他看来,只有中共能够提供在中国进行稳定统治所需要的忠诚、纪律和信念。邓小平相信,中国需要单一的执政党领导国家,他的这一信念与 20 世纪中国的另外三位主要领导人——孙中山、蒋介石和毛泽东——一脉相承。

但是邓小平也务实地面对需要做出的改变。他知道他在1978年所继承的中共臃肿而僵化，无法提供现代化所需要的领导力。他确信党的很多资深干部，尤其是在"文革"的政治斗争中发迹的人，是不足以领导现代化的无能之辈。他没有把他们大批清除出党，因为这样做会带来破坏，导致党的分裂，使党不能专心处理国家面临的真正问题。但是他确实悄悄地把他们赶下了最重要的岗位，将位置留给那些有能力领导现代化的人。邓在为高层领导岗位选拔人才上十分用心，而且鼓励下级干部也这样做。这些领导班子选定之后，就会给予他们相当大的空间使其进取。

邓小平的做法是步步推进，不搞"大爆炸"（"big bang"，亦称"休克疗法"）式的一步到位。俄罗斯在1991年后听从了某些经济学家的建议，以"大爆炸"的方式迅速开放市场。与之相反，邓小平根据世行推荐的专家建议，接受了突然开放市场将导致混乱的观点。很多把制度视为理所当然的西方经济学家所不理解的事，他却深谙其中的道理：要建立全国性的制度，并为之配备能够适应当地文化与环境的体制、规章、法律和训练有素的人员，这是一项费时而又至关重要的工作。中国缺少必要的经验、规章以及精明的企业家或私人资本，不可能突然转向市场经济。邓小平知道，19世纪的日本和后来的其他东亚经济体，都花了几十年时间来建立使其可以追赶西方的制度。他如果突然解散现有的国营企业，必然引起大范围的失业，这从政治和社会角度都是难以承受的。因此他让陈云等人维持旧体制的运转，提供一个稳定的经济基础，同时允许市场逐步发育，使人们获取经验，让制度适应更加开放的经济。邓小平没有强制推行新的体制——包产到户、乡镇企业或私营企业，而是让地方开展这类试验，然后宣传成功的经验，让其他地方按自身条件加以采用。

邓小平全部改革战略的支撑点，是他坚定地相信中国必须从观念到贸易向外部世界全面开放。苏联领导人对于允许外国商人和企业在苏联办厂十分谨慎，也不敢放手派遣大批苏联学生去海外留学。邓小平知道，外国人和归国留学生带来的变化有可能使中国面对艰巨的调整问题，但是他坚信，一个国家只有保持开放才能最好地发展。他的一些同事担心外国人和各种外国做法会把中国搞得晕头转向，但邓相信中共足够强大，能够对事态加以控制。邓大力支持派遣官员和学生出国、翻译国外的书籍和文献、欢迎外国顾问和商人来华。有人害怕外国人的竞争会危及中国的生活方式和利益，他对此类批评也有充分的准备。他认为外国公司的竞争非但搞不垮中国经济，反而能使中国人的生意越做越强。他也不担心出国的人会有很大一部分留在国外，因为他相信他们会继续帮助自己的祖国。

中国在1970年代和1980年代巨变式的对外开放过程，并不完全是由邓小平启动的。事实上，毛泽东在1969年的中苏冲突后率先打开了国门，周恩来和华国锋又延续了毛所开创的路线。然而，邓小平的独到之处在于，他使国门大开，接纳外国的观念、技术和资本，其程度大大超过了他的前任。无论经历了何种挫折，他一直掌控着这个扩大开放的艰难过程。他把自己对中国潜力的深刻信念传播给国人，并运用高超的技巧穿越政治险阻，开启了中国历史上的一个新时期。在邓小平的领导下，中国人愿意放下架子，承认自身的落后，不断向外国学习他们所能学到的一切。

第17章
台湾、香港以及西藏问题

纵观中国帝制时代的历史,每当一个朝代衰落时,广袤的边境地区就开始试图摆脱中央的控制。而在豪强兴起建立新的朝代后,对这些地区的统治又会被收回和加强。随着中国最后一个王朝大清国在1890年代的衰落,朝廷大员李鸿章面对西方列强,被迫签订了不平等条约,将中国一些沿海领土的控制权转让给西方国家。1895年甲午战败后,李鸿章将台湾割让给日本,1898年又与英国签订了租让香港新界的法案。因而,李鸿章被视为对洋人卑躬屈膝的卖国贼,是中国历史上最受诟病的官员之一。就像过去改朝换代的豪强一样,毛泽东收复了晚清政府丢掉的大部分中国领土,包括上海、青岛等地,但他却未能收回台湾和香港。这个重任落在了邓小平的肩上。[1]

和过去的统治者不同,毛泽东得以利用电台、电影、报刊等现代宣传机器,为实现爱国主义目标获取民众支持。他尤其擅长动员中国的年轻人,使他们对自己国家的伟大文明曾经遭受的屈辱义愤填膺。中共领导人一旦为了赢得民众支持而鼓动起民族主义感情,就没有任何领导人可以选择背叛民众被激发起的这种情绪,邓小平也不能例外。所以邓上台之后,便把收复台湾和香港视为自己最神圣的职责之一。

1979年1月，邓小平在成为头号领导人不久后便宣布，中国对台湾和香港拥有主权和最终控制权，但允许这些地方享有高度自治。这一政策的基本思想是由周恩来提出的，但在邓小平当政的1982年得到了深入而系统的阐述，正式成为"一国两制"的政策。这项政策允许香港和台湾在50年甚至更长的时间内继续保留不同的社会制度。

谋求统一台湾

即使知道美国与中国恢复邦交仍会继续对台销售武器，邓小平依然决心在自己掌权时期实现台湾与大陆的统一。[2] 收复台湾的重要性并不来自地缘战略的考虑，而是因为这个岛屿由大陆的死敌所统治，让人痛苦地想到中共仍未彻底结束内战。更令人恼火的是，台湾作为一个强烈的象征代表了当年瓜分中国的帝国主义者所带来的百年耻辱。

1979年1月1日是中美正式建交日，其时正值邓小平担任头号领导人几周之后。邓在元旦讲话中申明了收复台湾的重要性。他列出3个主要目标：(1)实现四个现代化；(2)中美关系正常化；(3)将台湾回归列入工作日程。[3] 几天后，他又对参议员萨姆·努恩（Sam Nunn）率领的美国参议院代表团说，中国不排除使用武力收复台湾，否则就等于捆住自己的手脚，使和平解决台湾问题变得不可能。[4] 邓小平的理由很容易得到中国人的理解，在他们看来，如果没有美国支持，台湾为避免被军事占领只能选择与大陆统一；因此，美国维持对台关系对和平解决台湾问题构成阻碍。1980年1月，邓小平在说明未来10年的主要目标时，再次将统一台湾作为目标之一。[5] 在与美国进行关系正常化谈判时，邓预期台湾将在几年内回归大陆，当时甚至伍德科克也这样认为。

历史上的先例也为邓小平提供了实现这一目标的希望。郑成功被刚建立的清朝打败后，率领明朝余部逃往台湾；22年后的1683年，当时统治台湾的郑成功的孙子同意台湾重归大清管辖。1949年蒋介石被中共打败后，也逃到了台湾。邓小平希望他在莫斯科的同窗、蒋介石之子蒋经国"总统"也会遵循郑家的先例。1979年元旦的全国人大《告台湾同胞书》宣布，如果台湾回归大陆，中国将尊重台湾的现状。邓小平也对萨姆·努恩的代表团说，如果台湾回归大陆，它可以保留自己的社会制度一百年不变。台湾必须降下自己的国旗，但可以保留军队。[6]但蒋经国得悉邓小平的建议后，却做出了挑衅性的回应：他重申了增加军事预算、加强军力并最终光复大陆的意图。[7]此外他也继续坚持台湾的"中华民国"代表全中国，立法院委员则是中国所有省份的代表。

同时，美国国会使局势变得更为复杂，它于1979年4月10日通过了《与台湾关系法》，使蒋经国大受鼓舞。该法案旨在调整美国与台湾的贸易、交往和其他领域的一系列相关条约。由于台湾政府不再是全中国的正式代表，这是必要的一步。但是，《与台湾关系法》的内容和精神超出了对具体条约的调整，它反映了很多反对美中关系正常化的国会议员的情绪。在中美关系正常化谈判期间，国会一直被蒙在鼓里，基辛格和布热津斯基一心想与中国恢复邦交，很少考虑台湾的安全，也未能充分预见到美国国内支持台湾的政治势力之强大。[8]美方在1978年12月的一个深夜把蒋经国叫醒，告诉他几小时后将宣布与中国大陆正式建交这一做法，被国会认为具有侮辱性，加强了国会要帮助台湾的决心。国会中不少人得到过台湾慷慨的资金支持，或是与对台出售武器的公司有来往，他们认为正常化过程没有以任何方式顾及到忠实的台湾朋友。法案要对美国的轻慢行为有所纠正，它要求美国向台湾提供必要的自卫武器，并宣布，以和平手段之外的任何方式解决台湾问题都将引起美国的严重关切。

《与台湾关系法》的精神在美国政治中的含义是：美国忠实于它

的盟友。但是它违背了与中国谈判的精神,有人甚至认为它违背了1972年《上海公报》的精神,美国政府在该公报中承认"海峡两岸的全体中国人都坚持只有一个中国,台湾是中国的一部分"。后来被国会议员们视为重要的问题——台湾是民主的一面旗帜,它尊重人权,实行法治——在1979年时还谈不上,因为当时台湾当局仍在实行戡乱法,用压迫手段控制反对派,为此受到人权活动家的批评,后来这些批评则以更大的规模指向中国大陆。

《与台湾关系法》的通过让邓小平怒不可遏。邓小平并不关心《与台湾关系法》在法理上是否站得住脚,他担心的是它的政治影响。该法案使他曾经为之奋战多年并为此牺牲了数万战友的政治使命——结束国共内战和恢复对台湾的控制权——变得更加困难,甚至在他有生之年都不可能实现了。邓小平尤其反对的条款是,美国将继续向台湾出售"足够的防御性武器,使其能够维持充分的自卫能力"。美国承诺提供军事援助,断送了邓小平原本具有的说服台湾自愿回归大陆的影响力。

为了增加与台湾达成协议的可能,邓小平还能做些什么呢?除了通过外交渠道表现其"顽强好斗"的一面,邓小平还邀请美国国会议员访华,向他们直接陈述中方的观点。1979年4月19日,邓小平对美国参议院外交关系委员会主席弗兰克·丘奇(Frank Church)说,《与台湾关系法》不承认只有一个中国。他又说,该法有协防台湾的条款,这违反了中美建交最基本的前提。(邓小平后来表示,《与台湾关系法》的颁布比售武本身问题更为严重。[9])

比《与台湾关系法》更让邓小平懊恼的是罗纳德·里根竞选总统。里根发誓要给台湾以"尊严",包括谋求与台湾建立正式关系。1979年8月22日,里根的竞选搭档、副总统候选人乔治·布什前往亚洲,会见了愤怒的邓小平。陪同布什访华、后担任驻华大使的李洁明(James R. Lilley)在回忆他们的会谈时说,"这是一次特别不愉快的访问"。布什想让中国放心里根不会实行"两个中国"的政策，但是在会谈中邓小平的助手带来了最新的新闻简报，其中包括一次里根记者招待会的报道，里根在这次招待会上说，台湾是一个国家，美国应当恢复与台湾的外交关系，为台湾的自我防御提供所需要的一切。邓小平说，"他又在搞这一套。"[10] 他接着又说，"里根不止一次说过，他支持与台湾建立官方关系……不管在其他国际问题上有何观点和立场，假如里根的言论和共和党的政纲得到贯彻，这必将损害中美关系。"邓小平还宣布，如果共和党继续支持台湾，他将被迫起来维护"十亿中国人民的利益"。布什尽量软化美国的立场，但据李洁明说，"邓小平仍然没有消气。"[11]

里根当选总统后，由于他蓄意让美台关系升温，卖给台湾更多的先进武器，邓小平两年前访美时形成的中美之间的密切关系逐渐被中方日益增长的不满所取代。邓小平希望能与美国建立更密切的关系，他也想让美国帮助中国搞现代化。但是他认为台湾问题对中国极其重要，假如美国给予台湾官方承认，他不惜让中美关系倒退。邓在这个问题上态度极为坚定。当时一位美国官员说，那时跟中国打交道，就像徒手掰蛤蜊那么困难。

1981年1月4日，里根宣誓就职的前几天，邓小平会见了共和党参议员特德·史蒂文斯（Ted Stevens）和"二战"期间援华的美国空军飞虎队英雄陈纳德将军的华裔遗孀陈香梅，向他们摆明了自己的态度。他知道陈香梅是台湾的朋友、里根就职委员会的成员，他警告她说，假如美国鼓励台湾独立，将会给中美关系造成严重后果。邓告诉客人，他希望看到中美关系向前发展，但是中国对里根的一些言论感到忧虑。他说，他知道竞选人在大选前说的一些话与当选后的实际做法会有所不同，不过因为美国有一家报纸断言只要美国采取反苏立场，中国便有求于美国，对此他必须做出澄清。他承认那家报纸所说的一点，即中国确实是个穷国，但除此之外该报纸的言论全是错误的：中国靠自己的力量取得了独立，它绝不会低三下四有求于人，它会坚持自己的观点——就算美国采取坚定的反苏立场,中国也不会在台湾问题上忍气吞声。他进一步警告说,如果里根向台湾派驻私人代表,中国将把这视为正式的官方决定,这既违反《上海公报》,也违反《中美建交公报》。如果美国不能正确处理这些微妙的关系,邓小平说,中国准备让中美关系不是回到1970年代,而是倒退到1960年代的水平。他下了最大的决心,不能让里根与台湾达成协议,否则将使收回台湾从长远看变得更为困难,他让他的客人清楚地知道,中国将静观里根的一言一行。[12]

中国对里根总统将把台湾视同为一个国家的担心,因中国驻美大使柴泽民得以出席里根的总统就职仪式而减弱。柴泽民曾威胁说,如果受邀的台湾代表到场,他将拒绝出席仪式。最终台湾代表并未到场,中国把这看作一个积极的信号。[13] 不过,邓小平仍然深为关切里根与台湾的关系。

邓小平随后又想对台湾实行一系列胡萝卜政策,以增强对它与大陆改善关系的吸引力。中国在廖承志的领导下拟定了一个说明对台政策的新文件,并在1981年3月向英国外相卡灵顿勋爵(Lord Carrington)出示了文件的草稿。1981年9月30日,这份文件由叶剑英元帅在国庆节前一天的公开讲话中正式发布。让叶剑英来做这件事,是因为早年国共结成统一战线时他供职于黄埔军校,在国民党中有不少老朋友。叶剑英的"九点建议"包含以下内容:

- 谈判将在中国共产党和国民党之间进行;
- 双方应当为"三通"——通邮、通商、通航——创造条件;
- 欢迎台湾人民来大陆投资经商;
- 统一之后台湾将享有高度自治,可以保留它的军队;
- 台湾现在的社会和经济制度,包括私人企业和财产权,将保持不变。[14]

但是台湾没有做出任何回应,中国和里根政府的关系依然紧张。邓小平知道,使用军事手段跟有美国撑腰的台湾对抗毫无胜算,于是他继续运用自己手中的另一件武器。他威胁说，中国将减少甚至结束中美合作。在得知美国打算向中国大陆出售部分武器时，邓小平回答说，如果这意味着美国要提升向台湾出售武器的级别，中国不会接受这笔生意。

里根手下的国务卿黑格（Alexander Haig）应邓小平之邀于1981年6月访问了北京。6月16日邓小平会见黑格时重复了他对其他人说过的话：中国希望中美关系顺利发展，但是假如不能正确处理对台售武问题，则可能造成中美关系的停滞甚至倒退。[15] 他还对黑格说，中国同意与美国恢复邦交时，美国曾表示会逐渐减少对台售武，但后来并没有这样做。中方要求美国全面停止向台湾出售战斗机。如果美国不减少对台售武，他准备与美国断交。黑格相信，为确保中美合作对抗苏联，必须做出让步，于是向邓小平保证说，在可以预见的未来美国只会继续向台湾销售"经过仔细挑选的防御性武器"。[16]

邓小平向黑格表达了他的强硬观点3天后，里根总统会见了应邀前来华盛顿讨论台湾和中国大陆关系的新加坡总理李光耀。李光耀在回答里根的问题时说，他认为以台湾的安全状况并不需要美国拟售的FX-15战斗机。会谈结束时，里根请李光耀给台湾地区的领导人蒋经国捎信，告诉他美国难以满足台湾的全部要求，台湾现在不应当提出对高技术武器的要求，但里根总统也不会扔下蒋经国不管。数日之后，李光耀就把这个口信带给了蒋经国。[17]

与此同时，邓小平和部下继续向美国施压。黑格访华后不久，当时美国国务院的中国问题资深专家、驻华大使恒安石（Arthur Hummel）收到了中国外交官交给他的一份照会，其中提到，美国继续对台售武将会给双方战略合作造成严重后果。邓小平在8月底接受香港报纸采访时再次警告说，北京已经为中美关系恶化做好了准备。在10月的墨西哥坎昆峰会上，赵紫阳总理对里根总统说，中国希望与美国合作对抗苏联，但台湾问题仍是这一合作的障碍。

同样是在坎昆会议上,外交部长黄华告诉黑格国务卿,中国要求得到一个明确日期,在此期限之前售台武器的数量和质量不可超过卡特当政时期的水平,他还要求每年逐渐减少对台售武,并确定一个具体日期完全停止。一周后黄华外长又转达了邓小平的要求,即在中美军事合作谈判结束之前,美国不能与台湾达成任何出售武器的协议。美国接受了邓小平的要求,黑格答复黄华说,美国不同意为停止对台售武规定一个时限,但是向台湾出售的武器将是"有限的和有选择的",并且不会超出卡特政府时期的水平。[18]

为了表明北京对美国未减少对台售武的不满,赵紫阳不但拒绝了里根发出的庆祝1972年《上海公报》发表10周年的访美邀请,甚至没有对他的信给予答复。中国按杀鸡儆猴的古训,以荷兰向台湾出售两艘潜艇为由将中荷外交关系降级。1982年1月,美国派助理国务卿约翰·霍德里奇(John Holdredge)出访北京,以防关系进一步恶化。[19]霍德里奇一行人受到的接待十分冷淡,但是当霍德里奇告诉中方官员美国决定停止向台湾出售FSX战斗机后,中方又变得亲切起来。然而霍德里齐还肩负着自己的使命:在美国决定向台湾出售哪些武器系统之前,和北京就中美关系的框架达成更宽泛的协议。霍德里奇带来了一份框架协议的草稿,但中方认为它过于含糊其辞,没有对他们关心的问题做出回应。北京方面要求,为使谈判继续,美国必须不再向台湾运送任何武器。[20]这相当于已经划出了中方的底线。1982年最初几个月,中国媒体仍不断抨击美国干涉台湾问题,中国认为这是它的内政。

为了打破这种紧张关系,里根总统致信北京,建议让副总统乔治·布什——他与邓小平和其他一些中国重要官员有着良好的关系——出访亚洲时顺道访华。中方没有当即做出答复,直到布什已经访问了几个亚洲国家后才通知美国,北京欢迎布什来访。布什在抵京后的最初几天发现,北京对售武问题依然态度强硬。随后邓小平请他前去会谈。会谈过程中邓提议和布什去旁边一个房间单独交谈一刻钟,只允许恒安石大使和翻译在场。一小时后,布什和邓小平达成了非正式谅解,后被纳入美国限制对台售武的文件。邓小平知道已经得到了他所期望的最佳结果:美国不会停止对台售武,但对售武做了限制——而随着美国对台售武的减少,邓小平可以乐观地认为,从长远看台湾终将回归大陆。这次谈话之后中方对美国的责难便消失了,气氛也变得轻松起来。[21] 一年多来像一位军人那样以强硬姿态气势汹汹地教训美国官员的邓小平,又变成了一个幽默风趣的合作伙伴。[22]

邓小平和布什在会谈中达成的谅解,成了恒安石和中方同行之间进行具体谈判的基础,并形成了《关于美国对台售武的中美联合公报》(1982年8月17日签署)。该协议对美国售台武器做出限制,明确表示美国"无意侵犯中国的主权和领土完整……无意执行'两个中国'或'一中一台'的政策"。公报还规定,向台湾出售的武器"在性能和数量上将不超过中美建交后近几年供应的水平……美国愿意逐步减少对台湾的武器出售,并经过一段时间达成最后的解决"。[23]为了安抚台湾及对《公报》持反对意见的国会议员,里根总统邀请30位参议员和众议员开了一个情况介绍会,向他们解释为何这一协议并未伤害台湾。

8月17日公报一公布,邓小平就邀请恒安石与他非正式会面。在和蔼的交谈中,邓小平祝贺恒安石达成了协议。这份《八一七公报》,连同1972年2月27日的《上海公报》和1979年1月1日的《中美建交公报》一起,成为美中关系的3个基础文件。[24]此后直到天安门事件为止,它为中美关系提供了稳定的基础。它也为里根总统1984年4月下旬为期6天的中国之行铺平了道路,使他成为两国建交后第一位访华的美国总统。里根访华期间与邓小平进行了3个小时的友好会谈。邓在解释了中方的对台立场后,请里根从中方观点考虑问题,不要因为蒋经国而本末倒置。[25] 里根感到这次访问很愉快,他说邓小平"看起来不像共产党"。[26]

在1980年代中期,邓小平对自己能在"去见马克思"前解决台湾统一问题仍存一线希望。他和蒋经国有私交,两人在1926年曾是莫斯科中山大学的同学。1985年9月20日邓小平会见李光耀时,知道李不久前曾见过患有严重糖尿病的蒋经国,就问他蒋经国对接班人问题是否有所安排。李光耀回答说他没法说谁最终会接蒋经国的班。邓小平则说他担心蒋经国去世后台湾会发生混乱,因为那里有部分势力想跟美国和日本合作,寻求台湾独立。邓小平随后请李光耀转达他对蒋经国的问候以及两人见一面的建议。没过一个月,李光耀就飞到台湾捎去了这个口信。然而蒋经国有着多年与共产党打交道的痛苦记忆,他说他无法相信他们,拒绝了会面的邀请。[27] 此事过后,已届81岁高龄的邓小平再没多少理由指望自己能解决台湾问题了。他唯一能做的,就是阻止台湾做出任何走向独立的举动,为他的继承者有朝一日重新控制台湾铺路。

两年后的1987年,蒋经国在病榻上废除了实行已久的戡乱法,使反对党合法化,从而为台湾的民主化打下了基础。他也第一次允许台湾人民去大陆探亲,但不能直接前往,而是要绕道香港。台湾人很快就开始前往大陆探亲,并在那里做起了生意。由于很难区分是否在大陆有亲戚,因此不久后便允许所有台湾人前往大陆。邓小平欢迎台湾人来大陆探亲和做生意,他把这视为走向最终统一的步骤,尽管在他生前也许不再可能实现。邓小平的说法是,"实现国家统一是民族愿望,一百年不统一,一千年也要统一的。"[28]

收回香港主权

1975年5月25日,邓小平陪同毛泽东会见了1970年至1974年担任英国首相的爱德华·希思(Edward Heath)。毛泽东当时表示,解决香港问题的时机还不到,他指着旁边的邓小平和另一些年轻干部说,"这个问题让他们去解决吧。"[29]

邓小平1977年复出后对香港问题产生了浓厚兴趣。然而，1977年在与叶剑英元帅共同前往广东时，他们的讨论重点并不是收回主权，而是香港能为大陆的现代化提供什么帮助。邓小平很清楚，中国可望在金融、技术和管理领域大大得益于香港。即使中国收回主权后，也要让香港继续保持繁荣。眼下的任务是减少"文革"期间红卫兵的行为给香港商人造成的恐惧和反感。"文革"中的红卫兵不但迫害港人住在大陆的亲属，而且还涌入香港，让港人心惊胆战。[30]

邓小平在1978年4月成立了国务院下属的港澳事务办公室和以廖承志为组长的领导小组。廖承志可以说是这个职务的不二人选，他的家乡在惠州附近一个小村庄，距香港只有20多公里。另外他与香港和日本都有很深的渊源，他1940年代后期曾在香港居住，其堂妹是香港首席大法官的妻子。

廖承志最初的任务之一是筹备和召开"文革"后的第一次港澳问题会议。这次会议开了将近一个月，主题是放弃导致港人疏远大陆的"极左"政策。最初的工作重点是改善内地与港澳工商界的关系。

北京在提到香港时，长期以来习惯称"港澳"，仿佛说的是一个地方。对于邓小平等中国领导人来说，澳门这块隔珠江三角洲与香港相望的葡萄牙殖民地只是个小地方，相对而言并不重要，其经济活力来自于香港；况且，虽然与葡萄牙的租约到1999年才到期，澳门实际上已处在大陆的控制之下。葡萄牙在1967年和1974年曾两次提出将澳门归还中国，北京已与葡萄牙达成协议，大体勾画出了归还澳门的方案。北京担心这个决定会对极不稳定的香港民意造成负面影响，因此一直对协议保密，公开的说法是还没有做好收回澳门的准备。对邓小平而言，"港澳"指的就是香港。

从1949年到1978年的冷战期间，香港一直是中国与外界沟通的最重要窗口。港英当局允许共产党和国民党在这里共存、甚至相互搞谍报活动，只要他们不公然开启战端，能让港英殖民政府维持法律和秩序即可。[31] 北京利用香港这个地方赚取外汇,进口技术,获取外部世界的信息。但是直到 1978 年以前,这个窗口只开了一道缝,大陆与香港的关系仍受到极大限制。大陆原本可以切断对香港的饮水和食物供应,但即使在"文革"期间它也没有这样做。1960 年代俄国人对中国批判修正主义听得厌烦,便恐吓香港人说,假如中国真反修,它不妨证明给世人看看,把家门口那块帝国主义的殖民地收回去。北京则回答说,香港属于历史问题,要等到适当的时机才会加以解决。北京对香港的战略是"长远打算,充分利用"。[32]

为了解决"收回香港主权"的问题,邓小平要认真进行准备,1978 年他还没有筹划处理这件事的路线图。当时邓小平仅仅提出了中国将维护香港繁荣的一般性保证。然而,廖承志在 1978 年 8 月 19 日遵照邓小平的指示,对一批香港客人保证说,香港可以长期保留它的现行制度,中国不会在香港搞群众运动。[33]

1978 年 11 月,尽管邓小平正忙于出访东南亚以及为成为头号领导人做准备,他还是抽空接见了香港船王即当时香港最有名大概也是最有钱的商人包玉刚。[34] 让邓小平赏识的不仅是包玉刚的成功,还有他对国际商业界第一手知识的掌握、对见过面的世界各国政要的敏锐观察力、对香港商业精神的直率赞扬、他的务实作风以及希望为中国现代化提供帮助的真诚态度。在中国大陆以外,没有任何家庭能像包玉刚的家庭那样与邓小平一家人形成密切关系。[35] 1978 年 11 月,邓小平和包玉刚专门讨论了香港商人在中国现代化中能够发挥的作用。

1978 年 12 月,对外经贸部部长李强被派往香港,考察香港能为大陆,尤其是广东的现代化提供哪些帮助。李强在访港时首次宣布,中国将接受外商投资,欢迎贷款。李强还邀请香港总督麦理浩访问北京。邓小平知道港督麦理浩会讲汉语,在伦敦很有威望,与中共驻港代表也有不错的工作关系。他还知道,对于香港在 1997 年之后的命运,最终还是要跟英国人认真磋商。[36] 在口头邀请麦理浩之后，中方又发出了正式的邀请函，这是由一位中国部长写给港督的第一封信。麦理浩认识到中方这种姿态的历史性意义，他说，"鉴于中国现代化计划的大背景，这是一个严肃的倡议。人人都同意，我当然应当走一趟。"[37]（关于香港在"四化"中作用的更多内容，见第14章。）

1920年邓小平赴法国时乘坐的轮船曾停靠香港，当时他就对香港产生了兴趣，1929年至1931年他被派往广西领导城市暴动时曾取道香港，在那里住过数月，对香港有了更多了解。[38]邓小平对殖民历史有大致的了解：香港岛在1842年鸦片战争后割让给英国，1860年又割让了大陆的一小块地方九龙，北边的"新界"则于1898年租借给英国99年，将于1997年到期。邓像中国的其他爱国者一样认为所有3个"条约"都是不合法的，都是在中国无力抵抗之际被强加的"不平等条约"。

从1949年到1978年，中共在香港维持着一些自己的组织，在普通港人中也有为数不多的追随者。[39]共产党对所有其他人，包括国民党、英国人和美国人，都怀有极深的猜疑，但是大多数港人害怕给自己找麻烦，像对待瘟疫一样躲避政治。中共的新华社香港分社在当地出版报刊和图书，向大陆提供有关香港和世界各地的公开或机密报告，外交部也派有驻港官员。中国银行香港分行负责照顾大陆的商业利益，华润集团则代表外经贸部和中国地方政府做生意。中国在香港也有自己的零售商店、情报组织、左派学校和工会。这些组织在写给北京的报告中一味吹嘘中共在香港得到的支持，这使邓小平等领导人低估了香港华人居民事实上对英人统治的满意程度。其实，大多数港人都害怕刚搞过"文革"的中国会对香港干出什么名堂。[40]

1979年3月24日麦理浩与邓小平见面时，一些英国外交官已经开始猜测，1997年需要把租约到期的新界归还中国时，英国将不得不放弃对整个香港的主权，因为香港新界以外的地方无法作为独立的行政单位存在。但是当时的北京政权——它刚刚走出"文革"，完全缺乏治理一个现代资本主义城市的经验，还留有在1950年代消灭大陆所有私营企业的记录——怎么可能提供维护香港稳定和繁荣所需要的明智领导呢？不仅香港的外国商人，甚至香港华人也疑虑重重。港英官员和很多普通市民都希望，即使英国人在1997年放弃主权，中国也应当允许英国官员继续管理香港。[41]

在去北京访问的途中，英国官员已知道邓小平一定会谈到香港能为中国现代化提供什么帮助。但是让他们感到意外的是，邓小平在对麦理浩的开场白中就提到了香港的最终命运问题。他宣布，两国商讨解决方案必须以香港是中国的一部分为前提，但是直到下世纪相当长的一段时期，香港仍可继续保留资本主义制度，尽管大陆实行社会主义。[42] 3年以后邓小平才正式提出"一国两制"的政策，但是在这次最初的会见中，他已经向麦理浩说明了这项政策的要点。

麦理浩和随行的中国问题专家意识到，如果向邓小平提出1997年后能否仍由英国继续管理香港，无疑会使他动怒。于是他们决定间接谈及这个问题，提出如何给那些要签订15年以上租约的人提供保障，因为这些租约在1997年之后仍然生效。出于同一思路，麦理浩还提到在1997年之后的局势尚不明朗的情况下，香港投资者对从事新的贷款、抵押和其他投资活动的担忧。麦理浩建议，把规定1997年租约到期的官方文件用语改为"只要英国继续管理这一领地"。据陪同麦理浩的柯利达（Percy Cradock）说，邓小平显然没有理解商业上采用的15年租约与有关新界的99年政府租约之间有何区别。[43] 邓小平一直避免就租约问题表明看法，但是他说投资者可以放心。[44] 在回答英方对大量中共干部将被派往香港的关切时，邓小平立刻回答说，中国会采取措施避免这种问题发生。

麦理浩返港后没有公开北京会谈的细节，但他转达了邓小平保证中国不会损害投资者利益的信息。港人得悉此说后如释重负，而中国更加开放的气氛给他们造成的印象，香港媒体有关三中全会之

后邓小平领导中国走上更加务实的道路的报道,也加强了他们这种感觉。第二年香港股市和房地产价格飙升。⁴⁵

接下来的几个月里,又有一些英国高官飞到北京与邓小平和其他中国官员会谈,华国锋也在11月访问了英国。所有英国官员都向中国同行表达了同样的基本观点:应及早做出有关香港的决定。然而邓小平仍未准备好着手进行谈判,他只是一再重复他对麦理浩讲过的话:香港在1997年之后可以保留它的制度,中国会保护投资者的权益。⁴⁶

1980年12月的政治局会议解决了对毛泽东的历史评价问题,这为邓小平处理香港问题提供了一个重要突破口。这一进展意味着,他不必再担心那些反对收回主权后允许香港保留资本主义制度50年不变的正统派。在配备好以胡耀邦和赵紫阳为首的新团队后,邓小平有理由相信,他的领导班子能够具备管理一个现代资本主义城市的能力。

1981年初,邓小平同意开始就香港前途进行谈判。里根1981年当上总统后,邓小平知道自己不可能在台湾问题上很快取得进展。此时把工作重点转向香港,可以使那些对中国政府在收复台湾上表现软弱感到不满的爱国青年转而关注收回香港主权的斗争,而邓小平在这件事上稳操胜券。中国在边境一侧有大量驻军,英国在香港的一小批军队不可能进行有意义的抵抗。中国还控制着香港的食物和用水。此外,中国在1981年初已经和包玉刚等香港商界领袖建立了工作关系。当初为解决台湾问题提出的"一国两制"政策,可以很容易地用来为香港问题提供框架。如果在安抚港人方面取得成功,这甚至可能有助于减少台湾民众对统一的恐惧。

港澳办公室于1981年3月在北京召开了讨论香港前途的会议。⁴⁷在这次会议上,外交部副部长章文晋传达了邓小平的观点:不收回香港,我们将无颜面对祖宗、面对十亿中国人民和子孙后代、面对第三世界的人民。在章文晋传达邓小平的意见后,问题迎刃而解,谁也不敢再提在新界租约期满后让英国继续管理香港的事了。[48]

虽然英国不太可能派出军队保卫香港，但当时正值英军考虑出兵福克兰群岛（阿根廷称其为马尔维纳斯群岛），中国不能排除英国对香港有可能做出同样举动。邓小平一向会做最坏的打算，并解决了英国一旦出兵中国该如何应对这一问题。9月中旬，在玛格丽特·撒切尔到访北京一周前，邓小平与李先念等人见面时说，中国要准备把使用武力作为保卫香港的最后手段。

邓小平下定决心完全收回香港主权后，中国官员立刻开始准备文件草稿，供中国内部讨论在1997年之后如何统治香港。邓小平也阅读有关香港的报道，并会见了更多香港商界领袖。例如，亲北京的港商作为人大代表在北京出席全国人大会议期间，邓小平专门与他们见面，交流有关香港的看法。[49]

与其他中国官员一样，邓小平也担心从1979年到1997年这段时间里英国有可能留下"一些毒丸"，使中国在1997年恢复行使主权后的统治问题变得复杂化。英国有可能让英国公司参与大型公共项目，花光香港的资产，使政府债台高筑。港英政府有可能大量批租土地，不给中国人在1997年之后留下多少收入来源。港英政府还可能为政府官员加薪，使中国在1997年之后难以平衡预算。当时，邓小平还没有预见到他和其他干部后来才意识到的另一枚毒丸：用"民主"改革削弱政府的权力。

1981年12月21日至1982年1月6日的统战会议提出了北京对香港前途的基本立场。这次会议结束后不久中英就开始了初步的谈判，1982年1月6日英国外交大臣阿特金斯（Humphrey Atkins）会见了赵紫阳总理。在这次会谈中，北京首次做好了开启谈判并讨论具体问题的准备。赵紫阳对阿特金斯说，香港仍将是一个自由港和商业金融中心，中国将保证香港继续繁荣。访问结束时两国宣布，作为对华国锋主席1979年11月访英的回访，玛格丽特·撒切尔首相将于1982年秋天访华，同时双方将开始进行富有诚意的谈判。⁵⁰1982年3月邓小平正式批准了1月的统战会议提出的基本方案，并把它提交给党中央。

此后几个月里，邓小平多次参与有关香港问题的讨论，包括与香港大约12个团体或个人的会面，其中有包玉刚和另一位长期跟大陆友好的商人霍英东。⁵¹在会见英国官员时，邓小平发誓，1997年后将把政治权力交到港人手里。一贯强调培养接班人的邓小平说，在剩下的15年里，香港的商业界、教育界和文化界领袖要推荐一些有前途的香港"爱国"青年，让他们立刻开始准备1997年之后接手不同领域的职务，以保证平稳交接和稳定繁荣。⁵²邓小平会见的重要客人之一是香港大学校长黄丽松，该校是香港高等教育的领头羊，在培养未来政府官员中发挥着重要作用。

在1982年4月6日接见前英国首相希思时，邓小平引用了1月会议提出的十二条，十分具体地表明态度：香港仍将是一个自由港和全球金融中心；它将由包括英国人和其他国家人士在内的香港人自己管理。它将由商人来领导，将容纳来自所有社会阶层的人。它将叫作"中国香港"，但一切商业活动照旧进行。邓小平对希思解释说："我们的新宪法有规定，允许建立特别行政区。"⁵³

撒切尔首相访华

玛格丽特·撒切尔首相在1982年6月份的福克兰群岛战争取得决定性胜利后不久，于9月22日抵达北京。这次胜利使她变得过于自信，这让她的顾问爱德华·尤德（Edward Youde）等人感到担心。他们并没有强有力地向撒切尔夫人解释清楚，想让邓小平允许英国在1997年后继续保留对香港的主权是多么不可能。英国外交部的两位主要中国问题专家珀西·柯利达和艾伦·唐纳德（Alan Donald）为了避免对抗，确实试图解释清楚邓小平的决心。⁵⁴然而自信的"铁娘子"撒切尔夫人错误地以为，中国拒绝考虑英国在

1997年后继续保留主权只不过是一个可以谈判的条件。[55] 撒切尔夫人在北京首先会晤的是赵紫阳总理，但赵在与撒切尔见面之前就对香港记者说，中国当然要收回主权，主权交接不会影响香港的繁荣稳定。他把这一基本立场首先透露给新闻界，意在向撒切尔表明这种观点不容谈判。邓小平会见撒切尔夫人时也表达了同样的观点。[56]

9月24日上午，"钢铁公司"邓小平和"铁娘子"撒切尔见面，两人进行了两个半小时的会谈。撒切尔夫人后来把这次会谈描述为"生硬粗暴"。不过参加会谈的英国官员证实，撒切尔夫人过于夸张了与邓小平之间的对抗，事实上对抗的感觉仅仅来自会谈后撒切尔夫人对媒体的讲话以及中方的反应。据英方参加会谈的人说，撒切尔夫人的讲话既雄辩又富有魅力，尽管如此，邓小平所拥有的几乎不受限制的权力也给她留下了深刻的印象。[57] 邓小平在开场白中宣布，中国将在1997年收回主权，将支持香港的繁荣，并希望能够得到英国政府的合作。[58] 但撒切尔夫人回应说，在英方看来，根据3个条约香港是属于英国的，这些条约在国际法上都是有效的，只有经双方协议才能做出变动。她说，英国在过去150年里学会了如何管理香港，成效很不错。她又说，只有在做出保证香港繁荣稳定的安排后，才能谈到主权问题；只有英国的统治才能够为香港的繁荣稳定提供保障：没有英国的这种保障，商人不会再愿意投资。不过撒切尔夫人确实做出一个让步：假如能就香港的管理权做出令人满意的安排，她可以考虑向议会提出有关主权问题的建议。因此双方应当通过外交渠道开始谈判，寻求达成令人满意的协议。

邓小平断然拒绝了她的建议。[59] 他说，有3个主要问题：主权；中国在1997年后如何治理以维护香港繁荣；中英两国政府如何共同避免在1997年之前发生大的混乱。他说："主权问题不是一个可以讨论的问题，中国在这个问题上没有回旋的余地。"他说，他不会做当年签订不平等条约的李鸿章。主权就意味着完全的主权。为了维护香港1997年后的繁荣,香港目前的政治制度和大多数法律将继续有效。中国会和香港人民进行广泛协商,制定出对投资者——包括英国投资者——有利的政策。但是,让英国政府或商业界满意也是有限度的。邓小平警告说,如果港英政府在1997年之前挑起严重对抗或从香港撤走大批资金,中国将"被迫不得不对收回(香港)的时间和方式另做考虑"。邓小平确实表示,他要与英国合作,他同意双方应当立刻通过外交渠道进行磋商。[60] 但是他又补充说,如果双方在两年内无法就主权移交达成满意的协议,中国将单方面宣布自己的政策。[61] 驻北京的外交官大都知道邓小平常用吐痰来强调重点;在场的人看到,邓小平和撒切尔会谈时,不时往痰盂里吐痰。[62]

撒切尔夫人与邓小平结束会谈走下外面的台阶时,被一名记者的提问分神,脚下一滑导致膝盖着地。这一插曲被电视镜头捕捉到并在香港的晚间新闻播出,后又在香港电视上反复播出。这个画面给人的印象是,撒切尔夫人受到邓小平强硬姿态的震慑,差点磕了个头,幸亏有身边的柯利达搀扶才没有跪下。[63]

后来撒切尔夫人谈到邓时,仍然给了他正面的评价,认为他非常直率但并不粗鲁。撒切尔夫人离京前举办的答谢宴会上,由于邓小平要去出席为金日成举办的宴会,赵紫阳总理成了主宾。撒切尔在宴会讲话中以更为和解的姿态对赵紫阳说,会谈使她对中国有了更清晰的看法。她用了一句中国的成语,"百闻不如一见"。[64]

由双方代表拟定的撒切尔夫人与邓小平会谈的公报中说:"两国领导人在友好的气氛中,就香港前途举行了深入会谈。双方领导人表明了各自对这个问题的立场。双方同意把维护香港的稳定与繁荣作为共同目标,将在访问后通过外交渠道开始举行谈判。"[65] 与邓小平不同,撒切尔夫人对英国在香港发挥的历史作用感到自豪,而且确信以往的条约具有合法性。离开中国前,她在英国广播公司的采访中说,"如果签约一方对[现存的]条约或协议说,'我不同意,我打算违约',那么你也很难相信他们会尊重新的条约。"当她在香港的记者招待会上重复这些话时，英国外交部的中国问题专家听得不寒而栗，因为他们知道这些话会毁掉他们一直以来与北京达成的善意。不出他们所料，中方对此大发怨气。在撒切尔夫人访华后的一周里，香港股市下跌了25%，恒生指数从6月的1300点跌至10月的772点。[66]

撒切尔夫人访华后中英谈判被推迟了，因为中方坚持谈判协议的前提和基础必须是中国1997年后完全收回主权，而撒切尔夫人不愿意接受这一条件。随后中国发出了警告：1983年2月底英国被告知，中方有关1997年后香港政策的单方面方案草稿已接近完成。实际上，假如不谈判，中方将在1984年9月宣布它自己的香港前途方案。[67]北京的柯利达大使和港督尤德十分担心中方会向6月份召开的全国人大提交他们的单方面方案，于是在3月初飞回伦敦与撒切尔夫人协商。此时香港股市再创新低，乃至撒切尔夫人也开始相信中方不会在主权问题上让步。为了打破僵局，柯利达建议撒切尔夫人致信赵紫阳总理，说明她可以重申她在北京说过的话，但在措辞上稍加改动为：假如能够做出让香港人民满意的安排，她"准备向议会建议移交主权"。撒切尔夫人接受了这一建议，此信于1983年3月9日发出。由于此信没有满足中方关于谈判之前必须就主权问题达成一致的要求，中方没有立刻做出答复，过了两个月才同意开始举行谈判。邓小平后来对出席全国人大的香港代表说，他在谈判议程的顺序上松口，是为了让英国人摆脱尴尬局面。双方就下一步谈判达成的日程是：第一，有关1997年后维护香港繁荣稳定的安排；第二，1997年之前的安排；第三，主权问题。第一次谈判于7月12日举行，距撒切尔夫人访华已经过去了10个月。[68]

为了给谈判做准备，同时与香港各界的重要人物建立联络，并培养将于14年后接管香港的官员，邓小平认为北京必须向香港派出一名级别更高的党的干部。这位派往香港的高官应该被授予相当大的自由，使他能够与香港各界有影响力的人士公开对话，并直接向北京的最高层汇报。邓小平需要的人要了解北京的想法，要能跟香港的领袖人物平等相处，还要有信心向大陆高层提供全面而坦率的报道。他想到的一个人选是许家屯。

1983年邓小平携家人去上海过春节时，顺道走访了附近的江苏，江苏省委书记许家屯一路陪同。邓小平之前并不了解许家屯，尽管1975年邓在全国进行整顿时，许家屯先是在南京、继而在江苏全省的整顿工作中发挥了关键作用。他们在1983年春节见面时，本来的安排是许家屯用20分钟向邓小平汇报江苏省的发展情况，结果谈话持续了两个小时。在许家屯的领导下，江苏的国民生产总值在过去6年翻了一番；他们见面时江苏的工农业产值在全国首屈一指。作为临近上海的沿海省份，江苏也开展国际贸易，许家屯是率先允许发展市场的人。

在邓与许家屯春节见面后不久，胡耀邦便向他提议由许家屯担任香港的新职务。得到邓小平同意后，1983年4月胡耀邦通知许家屯要把他调到香港全面负责大陆与香港的关系，为1997年的过渡做准备。[69]1983年6月30日，中英第一轮谈判结束后不久，许家屯被正式任命为中共中央港澳工作委员会党组书记，并被派往香港工作。许家屯的重要职责之一，是挑选香港有影响的人士，邀请他们访问北京，他们在那儿将有机会见到邓小平。[70]

为赴任做准备的许家屯前往北京拜访了他后来要在香港问题上与之打交道的领导人——除邓小平外，还有李先念、赵紫阳、胡耀邦、杨尚昆、万里、姬鹏飞和胡启立。他发现他们全都敏锐地意识到，必须对驻港的中共组织进行大刀阔斧的改造才能领导香港的过渡。当时的中共组织成员多是广州当地人，他们习惯于重复左派口号，几十年来一直在批评香港商界和政界领袖。这群人在思考香港的未来时也缺乏想象力。即使在这种情况下，许家屯最终还是将香港的共产党创造性地转变成了一个新团体，使它能够培养富于想象力和亲北京的新成员，这些人将在1997年管理他们的故土香港。

这些培养中的领导者未必是党员,但他们愿意与新的中共精英合作。

许家屯赴任前拜访的干部中也包括廖承志,但他在许家屯上任前的 6 月 10 日便不幸去世。后来邓小平宣布由李先念和赵紫阳负责香港事务。在北京处理香港问题日常工作的是前外交部长姬鹏飞,香港则由许家屯负责。

许家屯在香港的正式身份是新华社香港分社社长。他以这一身份出席公开场合,但他的权力却来自他的中共港澳事务委员会书记一职,这也是公开的秘密。他的抵港引起了极大关注,因为他是迄今为止派驻香港的最高级别的中共官员。过去的新华社香港分社社长都是有外交部背景的广东当地人。许家屯讲普通话,他的上任表明现在香港已被中央领导人视为国家大事。[71]

许家屯离京赴香港之前,诺贝尔奖得主杨振宁对他说,他应当让大陆增加对香港的理解。杨由于常在香港过冬,与当地知识界关系密切。作为回应,许家屯聘请杨振宁的弟弟杨振汉在香港组建了一个不大的独立思想库,为中国官员分析及解释香港的经济及学术形势。许家屯还把中国社会科学院的学者带到香港,以便增进北京对香港及其在世界经济中的地位的了解。

许家屯到达香港时,恰逢中英第二轮谈判即将开始,他要做的第一件事就是帮助北京的中方谈判人员了解当地情况,为下一轮谈判做准备。最初很多港人怀疑许家屯要加强中共对香港的控制,对他持有戒心。但是许家屯的开放态度和了解香港的真诚愿望赢得了他们的信任。他传递了这样一个基本信息,中国将在 1997 年后收回香港,但是不必为此担心,一切都会保持原样。[72] "1997 之后会是什么"这个谜语在当时的港人中间不胫而走,谜底只不过是"1998"。许家屯参观学校、银行和公司,经常在各种集会、庆典和体育活动中讲话,与穷困市民交谈,参观各种类型的机构。他实际上成了影子港督,而且确实被人非正式地称为"总督"。在新华社驻港分社的总部,他挑选了一些有前途的当地人加入他的团队,使团队人数从 100 人增加到大约 400 人。他把他们分成不同的小组，派去了解香港政府各个部门和新界的每个民政事务处。他们使许家屯能随时了解所有领域的动态。在接管之前的 15 年里，他们成了名副其实的"见习政府"。[73] 那些能证明实力的人有望在 1997 年后担任重要职务。

许家屯抵港 3 个月后返回北京，向赵紫阳和李先念汇报了香港的整体气氛、经济状况和当地中共官员的素质。他的观察让北京的领导层感到意外。香港的中共党员长期习惯于投北京之所好，总是大唱赞歌，说港人如何反帝，如何热切期盼大陆来解放香港。即便那些想讨大陆欢心的港商也说，港人是多么热情地期盼中共领导的前景。许家屯却大胆说出了令人不快的事实，他汇报说，港人对共产党有着不信任情绪，他们有时感到前途暗淡。[74] 他还说，香港华商的主流意见是，他们尊重港英政府和法治，怀疑北京是否有能力为香港提供良好的领导。此外，一些在 1949 年以后逃离大陆的香港商人认为不能相信共产党。他们见识过共产党在 1950 年代曾承诺善待与之合作的工商界人士，然而后来却没收了他们的企业。[75] 许家屯的报告让李先念深感不安，他说，要把重新赢得香港的民心作为头等大事。[76]

许家屯的报告如同醒脑剂，但它并没有改变邓小平要收回主权的全面计划。在无果而终的第二轮谈判后，中国公布了为 1997 年后的香港制定的 12 条原则，意在提醒英方谈判人员，如果在 1984 年 9 月之前达不成协议，中方将单方面准备自己的方案。1983 年 9 月 10 日，经过第三轮仍陷入僵局的谈判之后，邓小平会见了英国前首相希思。他对希思说，英国想用主权来换治权的策略是行不通的。他说，他希望撒切尔首相和英国政府采取明智的态度，不要把路走绝了，因为任何事也阻挡不了中国在 1997 年收回香港主权。邓小平希望，英国在下一轮谈判中应该改变思路，和中国一起制定出保证平稳过渡的方案。[77]

第四轮谈判仍然没有取得进展,随后港币币值跌至历史最低水平,商店出现了抢购潮,大量资本开始从香港流向海外,有钱的家庭纷纷在加拿大等地购置房产。很多人认为,这是香港自第二次世界大战以来最严重的危机。柯利达征得撒切尔夫人的同意后,建议在一个有条件的基础上,探讨中方提出的应该在1997年后做些什么的问题。在第五轮谈判中,中方对英国表现出一定灵活性感到高兴,但仍然怀疑英国是在耍花招,谈判依然没有取得多少进展。[78]

柯利达在第六轮谈判中表示,英国真诚希望搞清楚中国在1997年以后的政策,如果能做出令人满意的安排,英方愿意在1997年之后放弃治权。这成了谈判的转机。第六轮谈判之后,中共的媒体不再抨击英国的立场。现在轮到中方提出他们的方案了,但是他们在第七轮谈判中尚未准备提出新建议。从1984年1月25日至26日展开的第八轮谈判开始,双方的会谈变得更有成效,英方提供了他们如何治理这个全球化城市的详细分析,中方把其中的很多内容纳入了他们的文件。[79] 随着谈判的进行,虽然双方尚未就主权问题具体达成一致,但中国将在1997年收回主权这一点上已经日趋明朗。

第十二轮谈判之后,英国外交大臣杰弗里·豪（Geoffrey Howe）飞到北京,在1984年4月18日跟邓小平会谈了两小时。邓小平强调了一些基本的关注,例如如何阻止英资公司和港英政府从香港撤资,如何阻止港英政府批租土地。邓小平建议双方成立一个联合机构,随时了解香港在1997年之前的形势;成立一个北京、伦敦和香港官员的联络小组,共同处理一切问题。邓小平对豪外相明确表示,虽然香港的制度在1997年之后不会改变,但中国将在香港派驻军队。[80] 他为此也做出了一些程序上的让步,希望由此可以在9月之前达成协议并且得到英国议会和中国全国人大的批准。

豪在从北京去香港时,第一次公开承认了政治上敏感的香港人早就明白的事情:"想达成一个能让英国在1997年后继续治理香港的协议是不现实的。"虽然港人情绪低落,有些人甚至感到意外,但商业界还是松了一口气,不确定因素终于被排除了。[81]

然而,显然不是每个人都明白了邓小平的具体意图。1984年5月25日邓小平会见香港的全国人大代表时,许家屯告诉他,一些干部说了一些不符合他的政策的话。前国防部长耿飚对香港记者说,1997年后中国军队不会驻扎在香港。邓小平听后勃然大怒。他立刻接见了出席全国人大的香港代表和采访大会的香港记者,向他们澄清任何可能的误解。邓小平说关于将来不在香港驻军的言论不是中央的意见。中国会向香港派驻军队。既然香港是中国领土的一部分,为什么不能驻军?[82]邓小平很快又在电视上极为清楚地表明了他的观点:1997年后中国将在香港驻军。香港的大众媒体一向把邓小平视为务实的温和派,这次却被他的强硬讲话搞得灰心丧气,不过,这个问题逐渐离开了人们的视野。中国在1997年确实向香港派出了部队,不过他们很少离开军营,他们的存在从未引起多大关注。

1984年,香港正在等待《联合声明》的公布时,3位香港行政局成员飞往北京,表达了很多港人对中国治理香港能力的关切。邓小平在1984年6月23日接见了他们,他开门见山地说,他欢迎他们作为个人来北京谈一谈、看一看。邓小平的意思很清楚:他不承认香港行政局拥有决定香港未来的任何权力。一些香港和英国的官员曾想搞一个"三条腿的凳子",让港、英、中三方都有代表,然而邓小平担心这会让谈判变得复杂而缓慢,他明确表示,谈判只能在英国和北京之间进行。

在会见中,行政局首席非官守议员钟士元表示,他怀疑中共下级干部是否具备处理香港复杂问题的能力。邓小平厉声答道,这种观点无异于说只有外国人能管好香港。他说,这种态度反映了殖民地心态的影响。邓小平接着对这些人说,他们应当好好了解中国人民和中华人民共和国。他向他们保证,香港的资本主义制度将保持

50年不变。他又说,作为爱国者,要尊重中华民族,支持中国恢复行使主权,不要破坏香港的繁荣稳定。他说,这与相信资本主义、封建主义甚至奴隶制无关。他还指出,在收回主权之前还有13年时间,中央和香港行政局议员一样关心这段时间的稳定。邓小平提到殖民心态后,3位香港行政局的议员不再争辩。其中的邓莲如甚至主动表示,自己也是中国人。[83]

为避免英国在剩下的时间转移香港财富给社会造成麻烦,邓小平提议成立一个由中、英、港三方组成的联合委员会来处理1997年之前的问题。英国担心这会影响他们有效治理香港的能力,没有接受这种分散权力的做法。1984年7月,副外长周南向柯利达和高德年(Anthony Galsworthy)提出另一种选择:成立一个没有实权的中英联络委员会以方便沟通。这一想法得到了双方的同意,于是双方开始着手起草最后文件。经过从1983年7月12日到1984年9月6日的22轮谈判后,《中英联合声明》终于出台。

邓小平在1984年7月31日会见英国外交大臣杰弗里·豪时,双方就《联合声明》达成的正式协议已是呼之欲出。刚从北戴河度假归来的邓小平皮肤黝黑,神采奕奕。140年来,中国的爱国者一直想收回香港主权,但始终没有成功。邓小平在英国的合作下和平达成了这一目标,当然中国很好地运用了自己的底牌。邓小平甚至说了撒切尔夫人几句好话;他说,双方的协议"为世界树立了一个解决国与国之间历史遗留问题的榜样……戴高乐将军结束了法国的殖民统治,现在我们可以说,玛格丽特·撒切尔首相结束了英国的殖民统治"。在庆贺《联合声明》的聚会上,邓小平开玩笑说,他对身边围绕了这么多英国骑士感到高兴。一位英国官员记录下了邓小平的话:"我们认为英国人民和英国政府是值得信赖的。请转告你们的首相,我们希望她能来签署协议;请转告你们的女王,我们希望她能来中国访问。"这位英国官员又说,邓小平不但态度和蔼,而且既热情又彬彬有礼。[84]次日,双方正式同意成立联络组,分别在北京、香港和伦敦开会。

豪外交大臣随后从北京飞往香港，率先宣布了已经达成协议的消息。他向香港市民宣布，香港将在1997年移交给中国，他们可以放心，香港会继续保持其现有的社会和经济制度，他手上的具有法律约束力的文件将保证香港继续实行自治。香港和伦敦的媒体都做出了积极反应，民众也如释重负，充满不确定性的时期终于结束了，他们相信内容详尽的协议为香港的繁荣稳定奠定了牢固基础。豪在香港讲话的当天，香港股市出现了自撒切尔夫人两年前访华使股市大跌以来的单日最大涨幅。[85]

随后由英国外交官卫奕信（David Wilson）和中国外交部官员柯在烁率领的团队花费了很长时间来敲定协议的细节。9月26日，伊文思（Richard Evans）大使和副外长周南正式签署了最后文件。中方在附件中详细列出了有关保留在港英政府工作的外国人和当地官员的12项计划。文件还同意保留现行的法律和司法制度、国际金融中心、海运系统和教育体系。中方同意这些基本条款将保持50年不变，而英国在1997年之前一直对香港承担责任。[86]10月3日邓小平会见香港国庆观礼团时再次向他们保证，北京的政策不会改变。[87]12月18日撒切尔夫人飞到北京，在次日简短的仪式上，她和赵紫阳分别代表两国政府签署了《联合声明》。[88]

随着《联合声明》尘埃落定，中国开始转向制定《基本法》的工作，它实际上是1997年之后香港特别行政区的宪法。这部规定了未来北京和特区之间关系的基础性法律是由中方的一个委员会起草的，该委员会由来自大陆的36人和香港本地的23人组成。许家屯负责挑选香港的代表，为了争取那些可能反对中共统治的人，他挑选了香港主流社会中代表不同团体和观点的重要人物。起草委员会第一次全体会议结束那天，邓小平为表示对他们的支持，和其他高官一起接见了全体成员并合影留念。[89]

经过此后几年为起草《基本法》而召开的10次全体会议的协商，

所有重大问题都得到了讨论：特区首长的性质以及向谁报告工作；立法局如何形成；香港是否拥有终审法院；法院和行政部门的关系。起草人团体高度多元化，有着十分不同的观点，但是他们努力合作共事，因为他们深信维持香港的稳定与繁荣是他们的共同利益。很多香港的华商对西方式民主并不比北京的中共领导人更热心。但香港民众对中共将如何统治香港则十分担心，因此很多香港起草人都支持李柱铭，他是一名大胆敢言的律师，为香港力争更多的法律保障。香港的起草人尤其想确保香港高等法院——它因其公正性而在香港享有崇高威望——的裁决不会被北京的政治领导人推翻。为了增强港人对每一个决定的信心，中国领导人同意在每次全体会议后向大陆和香港的记者通报情况。[90]

虽然许家屯提醒过邓小平和北京的其他高层领导人香港民众对中共统治持有疑虑，但是港督尤德于1986年12月5日去世后的几周内，香港民众所迸发出的对英国统治的拥护还是让北京的领导人感到吃惊。尤德是个工作勤奋而又亲民的总督，他的离世使他成为港英政府最优秀的公务员的象征。他曾在乱世中维持着香港的安宁，因而他也代表了那些为这块殖民地的繁荣而建立了公正的统治制度的英国官员。香港有数十万人涌上街头悼念尤德总督，同时表达他们对其他曾在此任职的英国官员的敬意。很多港人怀疑，1997年后统治香港的官员能否保持现任政府的水平。

邓小平意识到港人的情绪很不稳定。1987年当港人对回归的恐惧达到高点时，他为了安定人心，未准备讲稿就亲自到《基本法》起草委员会第四次全体会议上发表了讲话。有随行人员带着痰盂来到会场。他首先说，"我有三个毛病，喝酒、吐痰、抽烟。"[91] 他说，中国坚持社会主义和共产党领导的信心不会动摇，否则可能保不住现在的经济发展势头，这反过来对香港也不是好事。他说，但是中国仍会继续致力于改革开放。香港基本的政治和管理制度将保持50年不变。他又说，香港一直以来的制度就既不同于英国也不同于美国,不适合完全采用西方的制度搞三权分立。他然后具体说明了港人可以期待的个人自由:1997年以后仍会允许香港人骂共产党,但是假如把言论变成行动,打着民主的旗号跟大陆对抗,北京就不得不进行干预。不过只有在发生严重骚乱时才会动用军队。[92]邓小平的讲话直截了当,正是港人所希望听到的。这番讲话缓和了他们的担忧,甚至结束了有关三权分立的所有讨论。[93]

1989年2月16日在广州举行的起草委员会第8次全体会议上,对即将公布的《基本法》草案进行了最后表决。每个委员都要对《基本法》的159条逐条进行投票。有几名委员已经去世,但是出席会议的51人中至少有41人在草案的每一条上签了字。邓小平次日接见了起草委员会,祝贺他们取得的成功。他把他们的文件称为"富有创造性的杰作"。[94]1989年2月21日,《基本法》的初稿被公之于世。[95]

在讨论过程中,起草委员会中两名亲民主的委员李柱铭和司徒华试图让行政长官和立法局议员由公投产生,但未获得成功。最后全国人大常委会保留了对《基本法》的最终解释权,北京有权任命行政长官、派驻军队和对影响外交及国防的问题做出决定。香港有权保留它的政治制度50年不变。它仍将是一个开放的自由港;可以发行自己的货币,享有言论自由,包括批评共产党的自由;保留它的法院系统和当地法律,只要不影响中国的安全和外交,它有权做出终审判决。主张在香港实行全面民主的李柱铭和司徒华认为,《基本法》是对香港人民的背叛。但是在北京领导人看来,"一国两制"的政策给予香港的自治权,远远超过了任何西方中央政府给予它所统治的地方的权力。[96]《基本法》公布后,在中国大陆和香港都得到热情接受。

可是,表决刚过4个月,香港的乐观气氛便被天安门广场的事件彻底断送了。成千上万有经济能力的港人购买海外资产,送孩子出去留学,争取外国公民身份。"六四"之前进展顺利的中英关系也迅速恶化。⁹⁷当香港商界领袖包玉刚和李嘉诚在"六四"后不久拜会邓小平时，邓依然态度强硬，没有做出任何让步。他说，对英国政府一定要硬碰硬。⁹⁸

许家屯在 1990 年 1 月被周南取代。许当时已经过了 70 岁的正常退休年龄，过去在沟通北京与香港方面成就卓著，但 1989 年以后，他无力再起到同样的作用。周南会讲英语，曾经作为外交部官员处理香港事务，他所受到的约束要严格得多，并以照本宣科的方式忠实传达北京的意见。几周后许家屯逃往美国，在那里获得庇护权并撰写了自己的回忆录。

"六四"之后不久，中英关系杰出的问题化解者柯利达秘密出访北京，旨在避免两国关系的破裂，这与斯考科罗夫特（Brent Scowcroft）及时密访北京以期减轻美中关系受到的损害如出一辙。尽管天安门事件造成局势紧张，中国外交部长和政治局委员钱其琛与英国外相赫德（Douglas Hurd）仍在继续密切接触，力求克服《基本法》中一个已经成为争论焦点的难题：香港立法会议员的公选人数。天安门事件数月之后，1990 年 2 月 13 日至 17 日《基本法》起草委员会的第 9 次和第 10 次（也是最后一次）全体会议对《基本法》进行了最后表决，全国人大于 1990 年 4 月 4 日通过了《基本法》。⁹⁹

在天安门事件之前，中英两国曾共同努力想实现一个所谓"直通车"方案，即建立一个能够顺利延续到 1997 年之后的政治架构。在邓小平退出政坛的 1992 年，英国派了一名重要政治人物彭定康（Chris Patten）出任香港新总督。此前在 1987 年至 1992 年担任总督的卫奕信像他的前任们一样，是一名熟悉中国的外交官。天安门事件引起的骚动之后，卫奕信尽力保住了受到中国官员批评的香港新机场等项目，同时悄悄扩大选举范围，支持要求更多自由的人。尽管气氛紧张，他仍能以专业的态度与中国同行维持着工作关系。¹⁰⁰

彭定康则采取了完全不同的方式。他在上任前没有去北京；作为总督他高调鼓吹扩大自由，增加民选官员的数量。他没有接受外交部资深官员柯利达的意见，后者认为彭定康忽略了中英之间的某些默契。彭定康在整个任职期间与中国官员的关系都极为对立。1997年中方接收香港后，否定了彭定康的改革，他们谴责英国政府在统治行将结束时通过彭定康搞民主改革，是想强迫中国接受英国自己在统治香港的150年里从未实行过的政策。喜欢彭定康的人说，他尽了最大努力表达香港人民的愿望，为了自由勇敢战斗，他在这一过程中给香港人带来的民主经验，在1997年之后仍是引领他们前进的火炬。香港和北京批评彭定康的人则指责他是在谋取私利；他回到英国后名声大振，成了一个为自由而战的人，而那些留在香港的人却要收拾他在香港和内地之间造成的麻烦。

一些香港居民认为，是彭定康断送了"直通车"，因为他在香港搞的民主改革并没有延续到1997年之后。但是从更广阔的视角看，尽管有彭定康任内造成的争议，直通车还是存在的。邓小平通过《联合声明》和《基本法》建立起来的制度，确实如他所说得到了落实。中国始终遵守着邓小平的承诺，允许香港的资本主义和法律制度毫无中断地继续存在，允许"港人治港"。大陆城市变得更像香港了，而不是相反。香港居民可以继续公开批评中共，出版这一类的报刊杂志和书籍。香港民选官员的数量增加了而不是减少了。管理权移交之后，香港仍像过去一样是一个国际大都会、一个崇尚言论自由和尊重法治的城市。

邓小平经常说，他希望自己能活着看到香港回归，但是他在1997年2月19日去世了，当时距中国恢复行使主权仅差几个月。如果他能活到1997年6月30日，他无疑会为自己在创立"一国两制"政策中所起的作用感到自豪。"一国两制"使香港重新成为中国的一部分，尽管它保留了另一种制度。邓小平也会同意钱其琛外长对那一天的描述："主权交接仪式的一整天都在下雨，但是我相信普天下所有中国人都会觉得，这是为中国人洗刷耻辱的一场雨。"[101]

遏制西藏的自治要求

邓小平在 1978 年底成为头号领导人后，希望设法改善北京领导层与藏人的关系。为此他试图与一个他认为可能帮助实现这一目标的人重新建立联系，此人便是当时与 8 万流亡藏人一起住在印度达兰萨拉的达赖喇嘛。邓小平给恢复接触设了一个很低的条件：1978 年 11 月 28 日，即华国锋屈服于中央工作会议的新气氛 3 天之后，邓小平对长期向外界传播中共观点的著名记者亚奇·斯蒂尔（Arch Steele）说，"达赖喇嘛可以回来，但他要作为中国公民……对于台湾和西藏的上层人士，我们的要求就一个：爱国。"[102] 同月，邓小平为了表示他同达赖喇嘛接触的诚意，下令释放了一批西藏的犯人。

邓小平知道，完全消除藏汉对立是不可能的，但他想恢复 1956 年以前北京和西藏之间那种比较和平的关系。1956 年是关键的转折点，这一年在四川藏区开展了"民主改革"，其后发生了骚乱，并在 1958 年蔓延至西藏当地，直到 1959 年才结束，当时一些最好战的藏人翻山越岭逃往印度北部，定居于达兰萨拉。

毛泽东在 1950 年代曾与藏民建立了相对良好的关系，他在 1951 年让刚满 16 岁的达赖喇嘛在统治西藏上享有相当大程度的自由。和汉人聚居的中国其他地方相比，在只占人口 7% 的少数民族地区，毛泽东愿意暂缓对控制权的掌控。而与对待其他少数民族相比，他也愿意给藏人更多的耐心，希望能争取到达赖和其他藏族领导人的积极合作，最终建立起社会主义制度。当达赖及其追随者在 1959 年逃跑时，毛泽东甚至下令中国军队不要向他们开火，希望最终能让达赖回心转意。

1950 年 5 月中共军队进入西藏（后来成为西藏自治区）的东部后，毛泽东把西藏领导人请到北京，与汉族官员签订了"西藏十七条协议"。据此协议，西藏接受中央对西藏的政治控制，但允许藏人一定程度的自治，藏人可以从事他们的宗教活动、保留寺院、使用自己的语言、维持自己的风俗。[103] 该协议确立了一个框架，规定藏人接受中国的主权，但中央同意达赖喇嘛无限期治理西藏本土（即后来的西藏自治区），大约400万藏人中有一半居住在这里。毛泽东同意，只有在西藏本土的宗教和贵族精英同意的情况下，才会对自治区的社会和宗教进行变革。"西藏十七条协议"之后，达赖喇嘛领导的藏人仍然可以征税、调解纠纷、使用自己的货币，甚至保留他们自己的军队；共产党则控制着外交、军事和边防。在进行社会主义改造之前，西藏在1950年代保留了很多清王朝作为其宗主国时的特点。

1954年至1955年，达赖喇嘛去北京出席了第一届全国人民代表大会，他在北京时会见了毛泽东和其他领导人，与他们建立了亲密的关系。毛泽东等中国领导人也以极大的敬意对待达赖，因为他不但是宗教领袖，而且是与北京签订了正式协议的西藏地区政府首脑。当时，达赖喇嘛同意成立一个以他为首的自治区筹备委员会，也同意将军队减少到1000人并不再使用自己的货币，尽管事实上最终西藏的军队规模并未被减少，而毛泽东也允许西藏继续使用自己的货币。1949年至1950年，中共在中国的大多数地区都成立了过渡政府，并在一两年内建立了正式政府。1956年4月16日，已从北京回到拉萨的达赖喇嘛以隆重仪式欢迎北京代表团的到来，他们将帮助建立临时政府的框架，并计划在两到三年内变成正式政府。[104]

中央政府与藏人之间的麻烦爆发于1955年以后，这一年全国各省领导人被要求加快农业集体化的步伐。毛泽东说，在条件成熟的少数民族地区也要开展包括集体化改革在内的"民主改革"，但在西藏暂不实行。西藏本土以外的200万藏人大多居住在四川、云南、青海和甘肃等地。四川领导人搞了一个计划，不但要加速实现农业集体化，而且开始在四川的藏民和其他少数民族聚居地区实行"民主改革"。1956年，四川藏区开始实行集体化改革，包括没收一些寺院。当地发生了骚动,尤其是在集中了大多数四川藏人的康巴藏区。由于康巴的报复和劫掠事件一向层出不穷,当地几乎每个藏民家中都有枪支并知道如何使用,因而这里引发的流血冲突尤为严重。康巴藏人最初取得了成功,但很快便被更强大的人民解放军击败,于是他们在1957年到1958年带着武器逃入西藏。1957年正值冷战高峰,美国中央情报局开始在科罗拉多训练一小批康巴人,然后派他们潜回西藏搜集情报。[105] 北京要求达赖喇嘛将康巴人送回四川,但被达赖所拒绝。印度早先曾邀请达赖去印度定居,于是1959年3月达赖率领众多骁勇好战的藏人翻山越岭逃往印度。此后的两三年里又有藏民追随他而去。

1979年邓小平成为头号领导人后,他在争取藏人积极合作时所面对的困难要远比1950年代的毛泽东严重。1959年以后北京向西藏派去大批中共干部,此举激起了当地的不满。"文革"期间在中国大多数地方,红卫兵都被视为进行革命运动的小将,而在西藏,由于红卫兵捣毁寺院和喇嘛庙、破坏艺术品,他们的行为则被看作汉族青年对西藏文化的毁灭。

1979年之后,邓小平力求弥合"文革"在西藏以及其他地方造成的创伤。他理解藏民对其宗教领袖达赖喇嘛有着极虔诚的崇拜。他知道达赖喇嘛被藏民看作观世音菩萨转世,因此被视为一个神。十三世达赖喇嘛去世后,一个两岁的男童在1937年被认定为转世灵童,于是成为十四世达赖喇嘛。他精研西藏文化,后来成了极其虔诚而又博学的人。邓小平1978年时希望通过藏族中间人与达赖喇嘛建立联系,达成一定的和解,减少中共干部和藏民之间的对立。

邓小平本人在1950年代和1960年代就与西藏有过交涉。1951年派往西藏取得军事控制权的中共军队,就是邓小平麾下的西南军区和西北军区。当时藏族军队过于弱小,几乎没有进行武装抵抗。1950年代担任总书记期间,邓小平既贯彻过毛泽东对西藏本土较为"宽大"的政策,也执行过在四川等地的藏人中间搞集体化的政策。

1978年，有很多原因促使邓小平努力减少汉人与西藏少数民族之间的对立。更加安定的民族关系可以加强藏人与全国的纽带，形成一个堡垒以对抗苏联可能对西藏的渗透；可以减少因藏族反抗汉人而触发其他少数民族连锁反应的风险；可以减少因为不断与藏人冲突而给国家资源造成的紧张。大概最重要的是，当邓小平要为实现现代化而与西方搞好关系时，良好的汉藏关系可以缓解外国人对中国处理西藏问题的方式的批评。邓小平在1975年12月会见美国福特总统时，福特就提到过达赖喇嘛。他在1977年9月27日会见乔治·布什时，布什不但特别关心西藏和达赖喇嘛的命运，而且提出去西藏访问的请求。由于布什是"中国的老朋友"，邓小平特准布什成行。[106]

1978年底邓小平开始联络达赖喇嘛的中间人。居住在印度的8万藏民最不认同汉人统治；他们成分复杂，达成一致并不容易，而且与留在中国的很多藏民相比，他们更不愿意在重要问题上做出妥协。印度北部达兰萨拉的这个流亡团体试图成为全体藏人的代言人，并且采取强硬的反华立场。

邓小平和达赖喇嘛沟通的最佳渠道是达赖喇嘛的胞兄、会讲汉语的嘉乐顿珠。邓与嘉乐顿珠的会面是由新华社香港分社第二社长李菊生安排的，李之前在香港已经与他接触过几周。邓小平在会见嘉乐顿珠时说，他希望达赖喇嘛能回来看一看西藏，如果愿意也可以留下来。达赖喇嘛也可以先派代表，回来考察一下国内的形势。邓小平答应嘉乐顿珠，在达赖喇嘛回来之前，中国需要做一些政治工作。[107]

1979年3月17日，邓小平会见嘉乐顿珠几天后，新华社宣布"西藏自治区司法机关决定对所有参与过[1959年]西藏暴乱的人给予宽大处理"。[108]同日，在召开了西藏4个地区的会议之后，宣布为"文革"期间受到错判的许多西藏干部平反。但是邓小平在推动和解时依靠的是西藏中共干部的报告，因此他并不清楚达赖喇嘛在全世界的巨大影响。在1979年8月会见美国副总统蒙代尔（Walter Mondale）时，邓小平对他说："至于达赖喇嘛，这是一件小事……达赖是个无足轻重的人物。"邓小平又说，达赖想建立一个独立的国家，这不过是空想。[109]

当时邓小平有理由期待西藏的局势将得到改善。他会见嘉乐顿珠后就做出了安排，由达赖喇嘛派达兰萨拉流亡者代表团回来考察形势、会见当地干部。在此后几个月里，又有两个达兰萨拉的代表团访问了中国。然而，给邓小平出主意的汉族干部严重低估了藏民对汉人的抵触情绪和达兰萨拉藏人的到访可能激起的反应。流亡藏人的一个代表团访问青海省时，受到当地大批藏民的欢迎，这让北京的官员既吃惊又尴尬。为避免再有不愉快的意外发生，汉族干部马上去问西藏自治区党委第一书记、前将军任荣这个代表团访问拉萨时会发生什么情况。任荣预言不会出任何问题。然而，事情完全出乎他的预料。

任荣的误判导致了他被胡耀邦撤职。胡指示让任荣离开西藏，以免影响与藏人搞好关系的努力。取代任荣的是另一个同为将军出身的汉人阴法唐，他不久就成了邓小平在西藏的得力助手。阴法唐在西藏工作了20年，十分关心西藏的建设，从党委书记一职退下后仍留在当地帮助建设学校。

达兰萨拉藏人的3个代表团来访的效果与预期的相反。邓小平本来以为，在中共的领导下，西藏自1959年以来取得了相当不错的稳定局面和经济发展，流亡藏人代表团在西藏的所见所闻会给他们留下正面印象。然而恰恰相反，他们更加严厉地批评中国对待藏人的政策。

尽管3个代表团的访问暴露出问题的严重性，邓小平仍然努力弥合与藏人的分歧。他继续执行修复西藏寺院和其他文化设施的政策。他指示新上任的总书记胡耀邦及副总理万里率领重要代表团访问西藏，力求修复汉藏关系。

经过一两个月的准备后,胡耀邦率领一个800人的代表团在1980年5月22日抵达西藏,将于次日参加毛泽东在1951年作为怀柔政策提出的"西藏十七条"签署29周年的庆典。胡耀邦花了一周时间了解情况并与当地干部座谈后,在一个5000人大会上发表了激动人心的讲话,与会者多数为藏族干部。他在题为《努力建设团结、繁荣、文明的新西藏》的讲话中说,"我们的党让西藏人民受苦了。我们十分难过……西藏人民的生活没有得到显著改善,我们难辞其咎。"他提出了6项任务:(1)让西藏人民成为自己生活的主人;(2)减轻经济负担,三到五年内对西藏人免税,免征购;(3)农业生产实行承包到组;(4)努力发展农业和畜牧业;(5)促进教育,着手筹办西藏大学;(6)加强汉藏团结,把大多数汉族干部调离西藏,培养更多当地藏族干部。[110]

胡耀邦的讲话是改善北京和西藏关系的一次大胆努力。胡耀邦讲完话后,会场上对他这位新来西藏的英雄报以热烈的掌声。胡耀邦表现得十分诚恳,他真诚地看待西藏面临的问题,并说明了将来改进工作的方式。在1987年下台之前,胡耀邦一直支持与西藏和解的政策。

在胡耀邦去西藏之前,分布于各省藏区的军工厂垄断着藏民所喜爱的毡帽、皮靴和其他货物的生产。胡耀邦的西藏之行后,军队的垄断被打破,西藏政府下属的工厂也得到允许生产这类产品。在胡耀邦1980年访问西藏后的几年里,在提拔藏族干部、改善藏民生活水平方面都取得了一定进步。1978年时西藏的干部中只有44.5%是藏人,1981年这一数字上升到54.4%,1985年时达到60.3%。[111] 寺院获准接纳少量僧人,藏语得到了正式认可,对祈祷、朝拜和各种宗教仪式的压制也减少了。

在那些努力维持西藏秩序的汉族干部看来,胡耀邦的政策是在批评他们对藏人过于严厉。为了给当地藏族干部让路,一些汉族干部被调到其他地区,仍留在西藏的汉人并不满意胡耀邦的政策;汉族干部得到命令不但要学藏语,还要倾听藏人的意见,这使他们难以保持维护政治秩序的权威。负责西藏治安的汉族干部特别担心藏人的喇嘛庙,它们在获得更多的自由之后,成了西藏民族主义的温床和组织藏人反抗的中心。(据1950年代末期的数字,在西藏自治区的全部200万人口中有15万僧人。)北京那些谨慎的干部也像西藏的汉族干部一样,高调批评胡耀邦没有认识到在外国人支持下的西藏"分裂分子"的危险。[112]

达兰萨拉的流亡藏人所要求的自治程度比台湾得到的条件尤有过之,这是进一步加剧了紧张关系的另一个因素。他们要求在西藏实行不同于中国其他地方的政治制度。他们还要求建立"大西藏",将中国的所有藏区合并成一个政治上的新自治区。即使在最开明的北京干部看来,这些要求也大大超出了他们认为合理的范围。因此,谈判毫无结果。

共产党在1980年代给予藏人比1950年代更多的自治权,允许当地藏民使用自己的语言、服饰,在人民代表大会中有一定的代表。此外中共允许藏人比汉人多生孩子。藏人上高中和大学的录取分数也低于汉人。但真正重要的决策权掌握在拉萨的中共干部手中。

另一个难以克服的分歧是,流亡藏人要求把西藏的疆域扩大到其他省份的藏人居住区。藏人在7世纪曾控制着几乎和当时中国一样大的区域,此后一些较小的藏民社区便一直保留在四川、青海、甘肃和云南各省。即使是最开明的汉族干部,也反对这种藏人对疆域的巨大扩张。

达赖喇嘛看了他派去考察中国藏人状况的3个代表团的报告,在胡耀邦的西藏之行后,他于1981年3月23日致信邓小平说,"我们必须通过更好的相互理解,发展藏汉人民的友谊。"但是他又说,"实际上有90%以上的藏人都生活在焦虑之中。这种情况并非自然灾害所致,而是人为的。"[113]北京需要一些时间才能对此做出答复。

北京的官员拖了4个月,直到1981年7月29日胡耀邦在北京会见嘉乐顿珠时,才表明了他们对达赖此前来信的观点。胡耀邦在1980年去西藏时被授予相当大的自由度,以赢得藏人的善意。但是这次会见的情况不同:他接到的指示是传达中国的新政策,要对西藏的分裂活动加强控制。胡耀邦向嘉乐顿珠列出了北京欢迎达赖回来的具体条件:达赖喇嘛可以享有1959年之前的政治地位和生活待遇;他要住在北京而不是西藏,但可以访问西藏;他可以担任全国人大副委员长或政协副主席。

流亡藏人知道,接受这些条件可以使达赖喇嘛得到荣誉地位和一定的宗教自由,但并不拥有政治权力,因此他们拒绝了。达赖喇嘛决定不回国。邓小平要促成双方更亲密、更积极的关系的努力落空了。但他和达赖喇嘛都不想把关系搞得更僵。达赖在当年10月派了一个谈判小组前往北京,这个小组虽然也未能弥合分歧,但避免了达赖喇嘛和北京领导人公开决裂。[114]

1981年至1982年的沟通失败后,邓小平把西藏问题放到了一边,直到1984年中国市场化进程得到更广泛的民众支持,这为处理西藏问题提供了新的前景:经济增长和西藏与其他省份不断加深的联系——其中也包括市场联系——将成为新的着眼点。1984年2月27日至3月6日——第一次西藏工作座谈会4年之后——北京召开第二次西藏工作座谈会(正值邓小平在广东宣布经济特区的政策是正确的),肯定了进一步开放西藏的政策。在此之前,获准去西藏的游客和外地商人寥寥无几,而在这次会议之后,商人可以几乎不受限制地去西藏做生意。邓小平希望,通过把藏人与全国的经济联系在一起、加快西藏的经济发展,能像其他地方一样,增加藏人对政府的拥护。他确实把发展西藏经济放在了全国重点工作中很优先的位置。中央鼓励富裕的省份为西藏提供财政援助、派遣懂经济的干部帮助推动西藏发展,由此加强西藏和各省政府的联系。

作为减少分裂主义危险的一种努力,1985年有4000名西藏的优秀中学生被送到其他省份的学校以获得更好的教育机会,俾使西藏和全国其他地方进一步联系在一起。1984年北京与西藏流亡团体也举行过若干次会谈，但未取得任何进展。

这些会谈失败后，达赖喇嘛为打破与北京关系的僵局，试图通过向西方寻求支持对北京施压。他向各国派出信得过的年轻人介绍西藏的境况，例如洛地嘉日被派往华盛顿，数十年间都在推动藏人的事业。然而这些年轻人没有一个能与达赖喇嘛本人的影响力相比。达赖喇嘛会讲英语，能够以他深邃的信仰打动西方人，让很多西方人觉得那正是他们在自己物质化的日常生活中失去的品质。达赖喇嘛的名望，使只占中国人口0.3%的藏人引起西方世界的极大关注，超过了中国任何其他少数民族，包括那些人数远多于藏族的少数民族。不过，尽管有外国对达赖喇嘛的普遍支持，没有任何外国政府正式承认西藏。而在中国政府看来，达赖喇嘛偶尔高调承诺愿意接受中国对西藏的主权，却不愿意达成对他有约束力的协议。中国逐渐认为他因受制于流亡印度的8万极端分子而没有任何谈判的空间。

达赖喇嘛在争取欧洲人、美国国会议员、人权活动家和外国非政府组织的支持方面所取得的成功，使西藏的一些僧人变得头脑发热，他们大胆施压要求更多的自治。1987年9月27日，达赖喇嘛在美国国会人权委员会的听证会上讲话后不久，拉萨僧人的示威演变为一场骚乱。很多藏人乐观地以为，他们在西方人的支持下能够强迫中国政府让步。然而恰恰相反，北京的官员进一步加强了管制。1988年6月达赖喇嘛在欧洲议会演讲时重申藏人应当有权决定与西藏有关的一切事务，没出几个月，拉萨就在12月又发生了一次严重骚乱。1989年的诺贝尔和平奖颁发给了达赖喇嘛，也让西藏僧人大受鼓舞，再次导致中共领导人收紧控制。

达赖喇嘛在国外的成功使得一些西藏僧人的反抗有增无减，这促使中国领导人想方设法利用外国团体孤立达赖喇嘛。在西藏，僧人日益增多的反抗导致中国官员强化西藏的治安力量，对寺院实行更加严厉的管制。

中国官员指责外国人权团体的援助是出于削弱中国的目的。当外国人批评中国不给予藏人更多自治权时，有的中国官员则反唇相讥，说他们的政策要比美国当年驱逐和消灭美洲土著居民的做法人道得多。

邓小平和达赖喇嘛无法解决他们之间的分歧，但双方都想避免全面冲突。1988年初北京释放了数位因从事政治活动而被捕的僧人。中国在1988年4月宣布，只要达赖喇嘛愿意放弃争取独立的做法，他就可以回西藏居住。达赖喇嘛则继续说，他接受中国的主权，他希望以和平的方式使西藏人获得更多自由。

1989年1月，邓小平为了控制骚乱，向西藏派了一名新的党委书记——胡锦涛。胡锦涛和不同的干部谈话，但其基本目标反映了邓小平的政策：发展经济，扩大汉语教育，加强外部联系，和一些藏人展开合作，保持对分裂主义活动的严密控制。1989年春天，在北京学生示威的同时，西藏再次发生了骚乱，对此胡锦涛宣布实行戒严。

1989年初，当西藏的另一位宗教领袖、在藏人中信徒人数居第二位的班禅喇嘛去世时，又出现了一线希望。达赖喇嘛接到了以宗教领袖身份前往北京参加葬礼的邀请。北京的判断是，达赖总体上比藏人流亡团体态度更灵活，邓小平或许可以在达赖喇嘛来访时与他启动有益的会谈。但是达兰萨拉的流亡团体明白北京的领导人想拉拢达赖，说服了达赖喇嘛不要前往。这次邀请被拒绝后，邓小平和他后来的接班人便放弃了与达赖合作的努力，使打破僵局变得遥遥无期。有观察家认为达赖喇嘛错过了一次在消除分歧上取得进展的良机。此后，虽然达赖喇嘛数次派代表去中国磋商，但双方都没有在基本立场上让步。

1980年代中期以后形成了一种一直延续至今的藏人、北京和西方之间互动关系的非良性循环，但是，藏人和汉人都很清楚始于

1980年代中期的对外部市场的开放以及对西藏的经济援助给西藏带来的长期后果：生活水平的改善和经济独立性的衰落。在1950年代，定居拉萨的外地人多为北京派去的中共汉族干部和军队。1980年代中期以后，居住在拉萨的外地人几乎全都是商人，他们都想利用中国对西藏的经济援助所带来的商机。很多人是来自邻近穷困省份的回族或其他少数民族。过去外地人几乎从来不住在西藏的农村，但是到了1990年代末，外地人的数量大有超过藏人之势。[115] 由于越来越多的藏族青年为了自己的前程而学习汉语和接受汉族教育，无论是藏人和汉人都能看到，长远的趋势是将有更多的藏人学说汉语、上汉族学校、接受汉族文化的方方面面，并融入外部的经济，虽然他们不会放弃自己的藏族身份和忠诚。

流亡藏人与北京领导人的僵局一直在持续，前者决心建立拥有真正自治权的大西藏，后者则相信通过发展经济、推动藏人接受汉族的教育和文化，将使西藏进一步融入全国的经济和文化。一些外国人和北京领导人之间的对立也在继续，前者想帮助藏人得到更大的自治，后者则因为中国的崛起而对阻止外国人这些做法的能力变得更加乐观。

第18章
为军事现代化做准备

1977年夏天邓小平复出后,开始着手和叶剑英等老干部一起为中国军队的现代化打基础。然而未过一年这项工作便被推迟,因为他断定国家安全受到严重威胁,必须立刻准备对越南采取军事行动。1979年3月对越战争结束后,他认为近期再发生军事冲突的可能性很低,因此对现代化军事装备的大规模投入可以继续推迟,以集中力量搞民用经济。但是邓小平确实重新恢复了他在1975年启动的军队改进工作:军队裁员;招募受过更好教育的军人;全面加强纪律和训练。这样一来,等到他退休的时候,中国不但能具备更强大的经济基础,而且会有一支更精干、更加训练有素的军队,这支军队将有充分的准备,可以更好地运用那些将在邓退出舞台之后装备的现代武器。[1]

在1977年,邓小平表面上仍要服从尚任中央军委主席的华国锋,但实际掌管军队的是他和叶帅这两位中央军委副主席。华国锋当过公安部长,但是除了抗战时参加过游击队、林彪事件后担任过广州军区政委外,并未实际在军队工作过,缺少领导军队的经验。以军事经验、知识、在军队高层中的威望而论,他都无法与邓小平或叶帅相比。因此,1981年6月当华国锋正式靠边站,邓小平成为中央军委主席时,这不过是正式承认了自1977年以来邓和叶已在领导着军队的事实而已。² 军事政策并没有发生任何变化。

邓小平并不回避中国军队的问题。他说，"指挥现代化战争，包括我们老同志在内，能力都不够。要承认这个现实。"³ 他知道中国在军事技术上已经大大落后，需要调整其战略以应付主要对手苏联。他还知道，林彪时期把军队干部派到地方任职，分散了对军事问题的注意力。

在邓小平失去权力的18个月里，他对军队的担心并不是"四人帮"会建立稳固的势力，因为他们只在张春桥领导的解放军总政治部有一些根基。这段时期让他感到不安的，是浪费了本来可用于整顿和改善军队的两年宝贵时间。1975年邓小平和叶帅任命的军队领导人并未完成他们早先确定的裁军目标：原计划是于1976年底之前裁减26%，但实际军队人数只减少了13.6%。⁴ 毛泽东去世后，邓小平曾直言不讳地谈到毛泽东时期给军队造成的问题，尽管他将其归罪于林彪。

邓小平在1977年分管的工作包括军事、科技、教育和外交，这使他理所当然地重视提升军队的科技水平。他在两年前就提出要把教育和训练放到具有战略重要性的高度来认识，但当时他没有机会加以落实。在1977年8月23日的中央军委座谈会上，他重申了这一观点并强调其重要性。他所指出的提高教育和训练，不仅是指加强纪律和政治教育，也是要让军队领导人认识到，他们需要怎么做才能改进自身的专业技术知识、进行军事演习以准备与拥有现代技术的敌人作战。⁵

邓小平和叶帅在1977年继承了以彭德怀为代表的一批军队领导人的遗志，这批人在1950年代就曾试图建设一支更加专业化的军队，但这个目标从未得到毛泽东的完全认可。⁶ 彭德怀过去曾想得到苏联的技术援助。邓小平在1977年很清楚西方不愿意出让尖端军事技术，但他一直抱有希望，至少能从西方获得民用技术的帮助，这也可以间接帮助军事现代化；甚至能在不放弃独立的条件下获得一些军事技术。

为了达到建立一支专业化军队、逐渐为其配备现代装备这一目标,邓小平和叶剑英首先要撤掉那些已经变得"软、散、骄、懒"的人,为老干部建立退休制度,为裁军提供一个框架。同时,他们还要大力加强军事训练和演习,以确保精简后的军队的战斗力。[7]

邓小平和叶帅要为每个军事单位选定一个领导班子,让他们致力于把解放军改造成一支更加现代化的军队。邓小平希望招募教育水平较高的年轻人,包括能够在新技术的发展过程中不断吸收学习的大学生。为了选拔能干的年轻人,他采用了包括笔试在内的一套录用标准。

军事院校是提升训练的核心。邓小平说,军事院校要聘用优秀教师,他们不但要有很高的学术素养,还要有意愿来熟悉实际作战条件,其工作精神能为学员树立榜样。[8]1977年8月23日邓小平对中央军委说,部队过去是在战斗中得到锻炼,根据战场表现提拔干部。"现在不打仗,你根据什么来考验干部,用什么来提高干部,提高军队的素质,提高军队的战斗力?"[9]

明治时期的日本领导人认为,现代化不仅要学技术,还要进行"启蒙",邓小平也同样认识到有效的军事现代化需要新的眼光和全面的知识基础。因此军队开始向一小批有才华的入伍青年教授外语,并随同国内第一批留学生派到国外。他们学习的不是军事专业的课目,而是更广泛的课程,如管理、科技、国际关系等等。

同时,对臃肿落后的军队进行裁员仍是头等大事。1977年12月军队裁员的新方案准备就绪,中央军委批准通过了《关于军队编制体制的调整方案》,其中描述了现代军队需要什么样的体制。在1978年3月20日由解放军总政治部主持召开的座谈会上,邓小平宣布了让50万部队干部转业的计划。[10]

在三中全会上成为头号领导人之后,邓小平于1979年1月2日第一次向军队发表讲话,他在中央军委召开的高级干部座谈会上坦率地说：

> 我们军队成堆的问题……不是这个人那个人的问题，而是机构臃肿，人浮于事。这才是最根本的。现在这种臃肿的状况，使好多事情办起来不便利。一个指挥机构打麻将有五六桌，你怎么办事呀！……我们的军队名誉也搞坏了一点。……我现在实在想当顾问，……但现在不可能。我希望1985年当顾问，真的，不是假的。有什么不好啊？还可以多活几年。无非是没有秘书，车子还是有坐的。……干部年轻化，首先是一些老同志要反对，原则拥护，具体反对。[11]

在消除军队的臃肿问题方面，邓小平取得了显著进展。他在1975年着手启动这项工作时，中国的军队人数是610万人，1979年降为520万，1982年又下降到420万，到1988年时只剩下了320万。[12] 裁军工作在1978年底因准备打越南而中断，而战争过后的几年内仍未能恢复，因为仍要派驻军队在中越边境参与小规模的军事冲突。

攻打越南：1979年2月17日—3月16日

1978年夏天，苏联和越南不断加强合作，使中国官员担心越南军队可能利用便于调动摩托化部队的旱季进攻柬埔寨。越南在1977年7月已经占领了老挝，而12月就将进入旱季。

邓小平曾对美国人说，为遏阻苏联的扩张，必须展示不惜一战的决心。如果中国对入侵柬埔寨的行为不做出强硬反应，苏联和越南就有可能自信地以为它们可以扩张到泰国和马六甲海峡。如果越南打算入侵柬埔寨，苏联很可能会送去更多的人员和军事装备帮助它进行侵略。邓小平坚信，中国必须对越南入侵柬埔寨做出强硬反应。

然而邓小平并不想出兵柬埔寨；他认为这会让中国陷入代价高昂的战事而难以自拔，乃至对这个地区的事态失去控制力。他更希望打一场"速决战"，就像1962年中国军队在中印边境取得的成功那样。他想迅速而短暂地攻入越南，向越南和苏联证明继续扩张将付出难以承受的代价。

中国很多高层的军方和文职官员都怀疑攻打越南是否明智。有些人觉得，中国刚开始搞现代化，把建设现代工业亟须的稀缺资源挪作他用并不明智；有人担心中国军队尚未做好适当准备；还有人从原则上反对进攻一个共产党友邦；有人认为军事攻击将导致越南长期敌视中国。

还有一些官员担心，这有可能把苏联的庞大军力拖入冲突。邓小平本人则相信，苏联当时处在与美国谈判"战略武器限制条约II"（SALT II）的最后阶段，不太愿意因卷入亚洲的陆地战争而使谈判破裂。[13] 但是考虑到可能带来的巨大风险，邓小平征求了其他老干部对苏联可能干涉的看法。陈云做了仔细评估后认为，苏联在中苏边境——这是最有可能进攻中国的地方——的部队兵员严重不足，进攻中国需从欧洲调兵，而这得一个月才能完成。陈云的结论是，如果作战时间很短，苏联插手的机会极少。

听了陈云的评估后，邓小平宣布作战时间不会长于1962年攻打印度（33天）。只打地面战，不动用空军。[14] 邓小平知道当时越南飞行员在训练上强于中国，况且中国也没有接近越南的机场。再者，避免空战可减少苏联介入的机会。邓小平仍然很担心苏联可能做出的反应，他从靠近中苏北部边境的伊犁撤走了大约30万中国平民，并命令情报人员密切监视苏军在边境地区的一举一动。[15]

邓小平遭到了中央军委其他成员的普遍反对，因为他们觉得中国军队没有做好作战准备。人民解放军还没有从"文革"的破坏中复原，纪律涣散，训练不足。除了1978年在边境线上与越南有1100多次小摩擦之外，中国军队自1962年中印边境冲突以来从未打过仗,而越南军队却跟法国、南越和美国军队打了几十年仗。他们还拥有苏制现代装备,而且苏联在1975年美国越战失败后一直为越南提供大量经济援助。[16]

最终,邓小平的权威和他认为必须对苏越威胁做出强硬反应的信念,胜过了其他人的顾虑。北京的一些干部相信,邓小平发动并具体指挥了这场战争是为了使他自己在掌权后加强对军队的个人控制。还有人认为,邓小平知道美国因为与日本和韩国是盟国而向它们无偿提供技术,所以他要向美国表明中国打越南就是要与苏联划清界限,不存在与苏联人修好的可能。尽管没有可靠的证据来证明邓小平到底如何权衡这些不同的考虑,但有一点是清楚的,邓小平对越南的野心很恼火,他对苏联在该地区的扩张深感担忧。

广州和昆明两大军区与总参谋部研究了增加边境驻军的可能需要。但是直到1978年9月的中央军委会议之后,他们才开始制定对越作战计划。[17]在这次中央军委会议上,首先由总参谋部的情报部门通报了中越边境军事摩擦增加的情况,两个相邻的军区——广州军区和昆明军区得到命令集结兵力为打越南做准备。从11月23日开始,空军、海军、总参作战部和情报部的高级将领开了为期一周的会。会后,东北、华北和西北的军区全部进入一级战备状态,严密监视苏联可能的军事反应。

11月,11个大军区中有10个军区的军队开始向靠近越南的边境集结,这些军队多数来自广州和昆明军区。中越边境长达1300公里,大约一半位于云南境内,由昆明军区管辖。另一半在广西,由广州军区管辖。中国军队被部署在整个边境线上,就像国共内战和朝鲜战争时一样,中国军队向越南边境的调动都是在夜间进行,以便做到出其不意。美国方面估计参战军队至少45万,其中包括在中国境内提供后勤支援的人,越南的估计则是60万人。[18]

12月8日,中央军委下令广州和昆明军区在1979年1月10日前做好进攻越南的准备,广州军区司令员许世友在12月11日开始部署部队。不久后的 12 月 21 日，许世友在邻近越南的广西南宁设立了总指挥部，在那里和他的部下制定了具体的进攻计划。[19]

同时，中央军委预计越南即将入侵柬埔寨，因而在 12 月 20 日召集了一个座谈会，由军队领导人细致评估了越南的动向，并审查了进攻计划。不出所料，12 月 25 日越南的 12 万大军入侵柬埔寨，并在 12 天后占领了金边。

除了为进攻越南做准备外，邓小平还做了外交努力。他分别于 1978 年 11 月和 1979 年 1 月向李光耀和卡特通报了进攻越南的计划。1979 年 2 月初访美回国途中他在日本停留，把进攻越南的打算告诉了日本人，劝说日本不要向越南提供财政或其他援助。他在东京时还会见了美国驻日大使迈克·曼斯菲尔德（Mike Mansfield）。邓小平知道他能影响美国国会的观点，便把已经对日本和卡特说过的话又对他说了一遍：越南和苏联计划包围中国，中国打越南是要给它一个教训。[20]

在筹划进攻越南前的那段日子，邓小平忙于中央工作会议、三中全会、与美国关系正常化以及为承担头号领导人的责任做准备，但是他仍抽时间领导了与对越战争相关的外交和军事准备工作。战事一开始，他每天都深度投入到军事指挥之中。约翰·刘易斯（John Lewis）和薛理泰后来研究邓小平在打越南中发挥的作用时得出结论说，"无论是这次进攻的战略思考还是战争目的及规模的确定，都是来自邓小平本人。他选定自己最高级的战将担任战场司令员，动员相关各省支援战斗，批准作战细节，下达作战命令。这是一场邓小平的战争。"[21] 在整个战事期间，邓小平一直提供全面的领导；有人说他对中国军队的调动熟悉到排级。[22]

就像中国的许多司令员一样，邓小平想打一场歼灭战。当年打淮海战役时，军队的目标是把国民党军歼灭在长江以北，同样，邓小平想迅速攻入越南，以速战速决的方式歼灭越南军队的大部，这次决定性战役可以使越南威胁中国的能力拖后许多年。越南的军官曾跟中国人密切合作抗击美国,对这种战略自不会感到意外,他们迅速将主力部队从中越边境撤到河内附近,而他们在柬埔寨的军队则按兵不动,让熟悉当地地形和居民的地方部队和民兵与中国人周旋。

中国军队选在越南进入旱季、中苏北部边境乌苏里江上的冰开始融化之后进攻越南,此时苏联军队无法从北部利用冰面越境进攻中国。[23] 2月9日至12日召开的中央军委会议做出了进攻决定,2月13日邓小平会见了他的柬埔寨盟友西哈努克亲王。2月16日,在距发动进攻只有17小时时,由华国锋主持会议,邓小平向中央高层干部通报了作战计划。[24] 由于华国锋难以摆脱参与作战准备过程的干系,因此即便发生严重问题,他也无法批评邓小平。

2月17日黎明,大约20万中国军队从分散在整个边境的26个地点同时向越南境内发起进攻。进攻之前中国就在边境不同地点发动袭击以分散越南的兵力。中国要用优势兵力集中夺取俯瞰5个越南省会城市——谅山、高平、老街、河江和老山——的山头,他们预计几天之内就能攻下这些地方。

邓小平的这次军事行动发生在一个战略时刻:不到3周之前他刚成功地出访美国,并在日本作了短暂停留。邓小平的出访使苏联担心美国可能向中国提供情报;假如苏联采取行动,美国有可能支持中国。勃列日涅夫甚至给卡特打电话,想让美国保证不会暗中帮助中国。但是卡特向他做出保证后,勃列日涅夫仍然疑心犹在。[25]

中国军队一攻入越南后就发现,越南人的有效抵抗超乎他们的预料。参战的中国军队都被安排了具体任务,然而他们缺少情报,与上级通讯不畅,无法迅速采取行动。各部队之前的协调也很差,供给线拉得太长,只好派一部分军人回到中国搞物资供应。中国军队用炮兵支援部队推进,试图集中优势兵力对付抵抗。然而与抗日战争和国共内战时不同,那时共产党军队能依靠当地老百姓的帮助,而越战中的越南当地民众却在为越南军队提供情报和后勤支援。

中国预计一周内拿下全部5个省会城市，但直到开战3周后他们才攻下谅山。而最惨烈的战斗就发生在谅山附近，中国军队在这里集中兵力要取得对通向南边河内的要道的控制权，向越南人表明他们可以威胁到越南的首都。中国军队人多势众，决心坚定，确实攻下了5个省会，但伤亡人数远高于越南。据估计，中方在战斗中有25000人阵亡，37000人受伤。

3月6日攻下谅山后，中国立刻宣布取得胜利并开始撤军，并在撤退过程中尽量破坏越南的基础设施。邓小平曾保证，战斗不会长于1962年33天的中印战争。中国军队从越南撤军始于6日，3月16日完成撤军行动，距开始进攻时不过29天。[26]

在进攻越南之后的宣传中，无论对内对外，中方都把它称为"自卫反击战"。中方说，这是对自1978年开始越南人在边境多次袭击做出的回应。驻扎在边境地区并要对付越南人袭击的军官以及他们的上级，都不难理解"反击战"的必要。还有些中国官员也像邓小平一样，为越南不顾中方警告，对华人进行迫害和驱赶感到愤怒。但是也有一些中国高级军事将领从未对这场战争表示支持。

邓小平声称中国已经给了越南一个教训，但西方的军事分析家有不同评价。[27]中国军队从11月到次年2月匆忙开战，意味着它没有做好充分准备。中方的指挥和控制功能薄弱，而且缺少准确的情报。具体说来，两大军区的指挥部在越南作战时缺乏相互协调，互相不了解对方的行动，它们分别给下级单位下达任务，却不知道另一方的下级单位在做什么。解放军很难为它的表现感到自豪；有些司令员抱怨说，应当允许他们一直打到金边，夺取全面胜利。军队的很多将领，虽然没有公开说出自己的观点，但他们完全反对打这场仗，他们觉得中国受到的包围还没有危险到非要发动这次进攻。[28]

但是，无论在党内还是对外国客人，邓小平都说中国完成了它所宣布的攻占5个省会城市的军事目标，更重要的是达到了整体战略目的,即向苏联和越南表明,苏联在这个地区进一步扩张要付出难以承受的代价。李光耀认为,"西方媒体认为中国的惩罚行动是失败的。但我相信它改变了东亚的历史。越南人知道了如果他们越过柬埔寨再进攻泰国,中国将会发动攻击。苏联人不想在亚洲一个遥远的角落陷入长期战争。"[29] 事实上,苏联9个月后对阿富汗的入侵确实给自己造成了沉重的负担,因此,即使中国没有进攻越南,此后苏联在东南亚扩张的危险也变得很低了。

中国军队的官员试图低估战争的成本,但1979年的国防经费支出是223亿元,大大高于1978年和1980年;与越南接壤的省份所承受的负担使这场战争的成本更高。西方分析家估计,仅战争的物质成本一项就高达55亿元。[30] 外交人员关心的则是另一种成本:这次进攻使中国难以站在一个有原则的立场上批评西方干涉别国内政。国内批评对越战争失败的意见未见公开,而中国和越南在1990年代恢复关系时一致同意不再提过去的冲突。[31] 官方的三卷本《邓小平军事文集》收录了他从1978年到1979年的26篇讲话,其中只偶尔提及中国的对越战争,但没有一篇讲话与这场战争直接有关。[32] 有些中国人把攻打越南称为"中国最后的战争"。鉴于中国没有关于这场战争的公开讨论,不妨把它称为"中国被遗忘的战争"。

没有证据表明邓小平对攻打越南是否明智表示过怀疑。但战争之后,邓小平确实利用军队在越南战争中的糟糕表现强化了他自1975年就开始的工作:让无能的军官退休,严肃纪律,增加军事训练,使用教育程度更高的军官。他指示解放军认真分析战争中暴露的弱点。中国军队终于开始正视美国军事分析家指出过的很多问题:战争前后情报质量低下,各单位之间通讯不畅,装备质量差,军队领导没有能力提供全面协调。[33]

战争之后,邓小平对到访的美国参议员杰克逊(Henry M. Jackson,绰号"铲车")说,他要杀一杀越南人的气焰,继续教训一下他们膨胀的野心。[34] 此后几年里，至少有 14 支师级部队被选派轮流驻守于中越边境附近老山的中国一侧。[35] 越南则在它的北部边境驻扎了 80 万军队以防中国进攻。越南人口只有中国的大约二十分之一，它在此后 10 年为保卫其边境耗费了大量资源。

在此期间，中国不断通过边境骚扰来训练自己的军队，冲突的规模偶尔能达到动用一个师的兵力。在 1980 年代，中国大多数步兵部队都曾被轮流派往边境参与小型冲突。有军事分析家指出，让中国军队与世界上最骁勇善战的地面部队打仗，为它们提供了极好的训练。大量中国军队的驻守也使苏联在为越南提供更多援助时变得更加谨慎。

越南对较弱小的东南亚国家的威胁，加强了后者与中国合作对抗这种威胁的愿望。越南的侵略行为也导致东南亚各国加强了东盟组织的合作。[36] 当越南在 1984 年夺取柬埔寨一条通往泰国的要道而威胁到泰国的安全时，中国发动了自 1979 年以来最大的一次边境攻击，迫使越南人撤退。[37] 邓小平在 1979 年攻打越南以及在中越边境不断进行的军事活动，增强了其他东南亚国家抵抗越南野心的信心，他们知道中国会像帮助柬埔寨和泰国那样帮助他们。

就像下围棋一样，邓小平要阻止苏联和越南占据空间围住中国，同时又要护住自己的眼位。他在 1984 年尽力护住了眼位，阻止了越南进入泰国进而染指重要的马六甲海峡。在邓小平看来，到 1980 年代初时，包围中国的威胁已经被消除。

越南对柬埔寨的占领和中越边境不断的军事摩擦让它不堪重负。早在 1979 年 8 月邓小平会见来北京访问的美国副总统蒙代尔时就已经看到了这种可能。他对蒙代尔说，"越南现在的处境还不算太难，不会接受政治解决。或许，越南人的麻烦多到无法承受时，他们就会接受了。"[38] 他对蒙代尔说，越南背着沉重的双重负担，它要占领柬埔寨，又要在中越边境维持一支 60 万到 100 万的大军，越南人迟早会认识到，苏联不可能满足他们的所有请求。

邓小平的话是有远见的：1988年越南从柬埔寨撤走了一半军队，第二年又撤出了其余的军队。越南未能实现它称霸东南亚的野心。邓小平退休时越南已不再威胁东南亚各国，而是开始谋求与诸国建立友好关系。1980年代初，正是由于越南对这个地区的威胁才导致东南亚各国加强东盟的合作。有意思的是，1990年代越南自己也开始努力与东盟改善关系，并在1995年被接纳为东盟的成员国。

减少苏联的威胁

毛泽东曾说过，战争是不可避免的，邓小平有时也重复毛的这个说法。但在解放军从越南撤兵后，他有理由变得更加乐观：中苏开战的危险本来就不大，在他的努力下又进一步降低了。早在1977年12月邓小平在中央军委全会上讲话时就说过，由于苏联仍在忙于扩大它的战略部署，美国则处于守势，因此"可以争取延缓战争的爆发"。[39]进攻越南时有一点已经变得很清楚——中国决心捍卫它在东南亚的利益，这使苏联不敢在东南亚贸然与中国对抗。东欧的问题、漫长的中苏边境线、再加上邓小平打越南9个月后苏联对阿富汗的入侵，这些事已经让苏联人疲于应付，而且由于中国已同美国实现邦交正常化，苏联领导人拿不准如果它进攻中国，美国是否真的会袖手旁观。

邓小平通过展示中国的决心，打消了苏联急于在越南建立军事基地的想法，他接着又开始进一步减轻与苏联的紧张关系，以便能够集中精力发展经济。[40]短暂的对越战争刚结束，邓小平就指示外交部长黄华"就悬而未决的问题与苏联进行谈判，改善两国关系，签署相关文件"。[41]中国从越南撤军刚过两周，黄华外长就在北京会见了苏联驻华大使谢尔巴科夫（Yuri Scherbakov），提议就两国关系正常化举行新的一轮会谈。[42]从1979年4月到10月中旬，中苏两国为改善两国关系举行了5次副外长级的会谈。中方在这些会谈中表示，希望讨论在两国关系正常化和两国的贸易与科学文化交流中存在的阻碍。[43]

1979年8月29日第一个中国代表团赴苏联之前，邓小平指示说，代表团要向苏联转达改善中苏关系的两个条件：一是苏联要从蒙古撤出军队，二是不帮助越南占领柬埔寨。邓小平还建议双方同意不在边境地区驻扎军队。他指示王幼平，中国代表团不能示弱，不要急于达成协议。他说，来个马拉松比赛很好。[44]

从1979年9月25日到12月3日，中国代表团与莫斯科的对手举行了数轮会谈。对于中方一直立场坚定的两个条件，苏联并没松动，但两国20年来第一次举行的这些谈判是在友好气氛中进行的，苏联给予了热诚的接待。双方一致同意，苏联将派代表团去北京做进一步的会谈。[45]

莫斯科会谈几周之后苏联入侵阿富汗，使苏联代表团出访北京被推迟，但也进一步降低了苏联进攻中国的可能。苏联入侵阿富汗后不久，邓小平加上了中苏关系正常化的第三个条件，苏联必须从阿富汗撤军。要等到将近10年以后苏联才打算同意这三个关系正常化的条件，但邓小平并不着急。他已经达到了他的短期目标：减少与这个他认为最危险的超级大国发生冲突的危险，使中国可以集中精力发展民用经济。[46]邓小平在1980年3月的一次重要讲话中说："冷静地判断国际形势，多争取一点时间不打仗还是可能的。"[47]不久之后邓小平说得更具体，他说，中国有能力在未来10到20年内避免战争的危险。[48]

邓小平为缓和中苏关系紧张所做的努力使苏联更容易以同样的姿态做出回应。1982年3月24日，勃列日涅夫在塔什干讲话中承认了中国是社会主义国家，并表示愿意与其改善关系。邓小平对这种语气的变化很快做出了反应，他指示钱其琛外长对这一讲话做出积极的回应。邓小平断定，苏联要极力赶上美国的军力发展，又占领着阿富汗，它感到缓和中苏关系符合它的战略利益。[49]勃列日涅

夫在不久后的 11 月 10 日去世时，邓小平指示黄华参加了他的葬礼，这是他要与苏联修好的又一个姿态。⁵⁰

除了与苏联谈判之外，邓小平还试图把美国拉进来以降低苏联和越南扩张的危险。他知道美国当时没有兴趣卷入亚洲的地面战争。为了不使苏联称霸越南附近的海域，如果能让一家美国石油公司在那里钻探石油，岂不是一着妙棋？1979 年 1 月之后，作为经济调整政策的一部分，中国减少了与国际石油公司合作的计划。1979 年 3 月 19 日，中国的一个石油代表团访美期间仅签订了一份合同，而合作方就是美国的阿科（ARCO）公司。它是唯一一家提议在海南和越南之间钻探石油的美国公司。中国授予阿科公司在南中国海的一个区域专享的勘探权，那里距越南的飞机航程只有不到 30 分钟。既然有一家美国大公司在近海搞石油项目，邓小平有理由预期苏联对越南港口的使用会更加慎重。中方在中国军队撤出越南 3 天后签订了这份合同。

邓小平还要确保中美安全合作能引起苏联的注意。当装载着监视苏联核武器动向的美国飞机降落在北京机场的停机坪时，中方让飞机停靠在苏联航空公司的飞机旁边，有意使苏联明白那是什么设备；当这些设备运往靠近苏联边境的新疆时，中方故意不加隐瞒，意在让苏联不敢对中国贸然发起可能把美国牵扯进来的攻击。

和美国的军事合作

邓小平从未表示过他有跟美国结盟的考虑，就像过去的毛泽东一样，他希望中国在安全问题上完全独立。但他确实想通过中美合作获得更多现代军事技术。事实上，1979 年 1 月邓小平会见卡特总统时，就提到过从美国转移军事技术的可能性。从中国进行越战准备直到作战期间，卡特都显得并不愿意合作，但邓小平从越南撤军后，有关这种合作的会谈有所升温。邓小平没有表现得很急迫，但每次有机会他都会提到分享军事技术的问题。美国注意到了这一点：当邓小平在1979年8月底会见美国副总统蒙代尔，对于美国决定不向中国提供高速计算机感到失望时，蒙代尔答复说，美国准备了一份能向中国但不能向苏联出售的技术的清单。[51]

蒙代尔极为成功的访华之后，美国决定派国防部长哈罗德·布朗（Harold Brown）去北京讨论安全问题。这次访问计划是帮助推动技术转移的进程，尽管美国不会向中国出售尖端武器，但同意以个案方式考虑出售若干军事设备——苏联在1979年12月入侵阿富汗，这支持了那些希望通过加强美中合作向苏联施压的人。1980年1月国防部长布朗抵达北京时，中方已研究了美国在武器出售方面的相关决策程序，搞清楚了美国考虑向中国出售技术的范围。中国向美方提供了他们希望得到的技术的清单，并同意以商业方式评估具体的个案。为了强调美国在向中国实施技术转移上的积极考虑，布朗举出了向中国提供陆地卫星D型（Landsat-D，一种收集自然资源信息的卫星）的例子，美国后来把它提供给中国而没给苏联。在这次会谈中虽然取得了一些合作上的进展，但中方并不想依靠美国的安全保护伞。他们仍然拒绝美方关于增加磋商和军舰互访的建议，不接受两国建立热线电话。[52]

国防部长布朗对邓小平解释说，苏联过去一年的一些行动在美国民众眼中是负面的，美国目前正加大国防投入，加强太平洋舰队，在中东增加兵力部署。邓小平在1978年5月就曾对布热津斯基提出意见，认为美国未对苏联的举动做出足够的回应，他在1980年1月又向布朗表示，他赞成美国现在更积极地应对苏联的威胁。但是邓小平说，"如果这事做得更早一点，那就更好了……我个人的判断是，西方长期没有对苏联的行动做出有效的反应。"他说，他不反对与苏联签订条约，但是这对限制苏联没有多大价值："对付苏联只有一种方式"，就是展示武力。邓小平在会见中还提到另一些问题。他很高兴美国现在开始向巴基斯坦提供援助，这是他早就主张过的。他认为各国应当向阿富汗提供帮助，使其成为苏联的泥潭，就像他自己在边境牵制住越南人一样。他婉转地提醒布朗中国在购买战斗机方面的兴趣，说："我不会再提购买 F-15 或 F-16 战机的事。"但他补充说，"技术转移的范围太窄了。"[53]

副总理兼中央军委秘书长耿飚被选定回访华盛顿。耿飚在江西苏区、长征、抗战和内战期间一直在军队工作。1950 年至 1965 年他担任过大使（在斯堪的那维亚、巴基斯坦和缅甸），任职时间长于其他任何中国外交官。1980 年 5 月耿飚在华盛顿与卡特总统以及万斯国务卿的继任者艾德蒙·马斯基（Edmund Muskie）会面，但他的主要东道主是国防部长布朗。他和布朗国防部长探讨了假如苏联从中东向印度洋和东南亚方向扩张，中美两国对苏联威胁作出有效反应的具体方式。耿飚的言论反映着邓小平的观点，他说，中国在边境一带成功牵制了 60 万越南军队，这既削弱了越南控制柬埔寨的能力，也阻止了越南控制马六甲海峡的图谋。

耿飚完成访美之行时，两国间的技术交流开始起步，在战略问题上也有了更广泛的合作基础。作为这些会谈的成果，后来有了向美国派出中国军事院校代表团和军事后勤专家的安排。高层次的美国陆海军官员也回访了中国。[54] 中美两国的军队交流在 1980 年代迅速增多，包括中美国防部长的互访，向中国的技术转让和武器出售，以及学术专家和考察代表团的互访。虽然这些互动无法跟美国与日本和韩国军事交流的层次相比，但双方确实形成了良好的工作关系。这些交流因 1989 年的天安门事件戛然而止，直到 20 年后也未能完全恢复。

推迟军事现代化

在邓小平认为同苏联交战的可能性减少后，他开始不再把国家资源投向军事现代化，而是转向其他三个现代化，尤其是陈云倡导的优先领域——农业和轻工业。军事现代化可以等一等再说。1979年3月19日,中国从越南撤军3天后,邓小平在中央军委科学技术装备委员会的会议上说:"看来,世界大战10年打不起来,不必那么急。现在军队的数量也太大,首先要把规模缩小……不要项项都搞,要集中搞几项。"[55] 邓小平眼光长远,但他或许还是低估了——尽管中国发展迅速——中国现代化所需的时间。他谈到要在2000年实现现代化。

然而军队高层并没有那么多耐心。很多人自1950年代以来就等着获得现代军事装备,而他们屡屡失望,先是因为"大跃进"和"文革",现在则是因为邓小平要先搞民用经济。邓小平必须对失望的军官一遍遍做出解释,为什么首先发展民用经济、再搞军事现代化是符合国家利益的。邓小平有深厚的军人背景,因而他大概是当时唯一一个具有权威、决心、政治技巧能避免这些军官对政策发起严重抗议的领导人。

在1979年和1980年初这个关键时期,邓小平仍然担任总参谋长,身边是一群既对过早退休的前景不快、又对新武器研发将被拖后的消息不满的将军们。此后,接任总参谋长一职的杨得志,也接过了继续解释为何要推迟军事现代化先搞好民用经济的责任。杨得志承认,"广大官兵……希望迅速改变我们的经济、军事技术和装备落后的状况……这种感情是完全可以理解的。但是……国防现代化迅速取得很大进步是不可能的。"[56] 曾短暂担任过国防部长的耿飚和1982年被邓小平任命为国防部长的张爱萍(1975年后一直主管军事科技工作)也得向不满的军队干部解释邓小平的战略。张爱萍在1983年3月说得直截了当:"军队要考虑其他部门的需要……把预算严格控制在有限的资金所能允许的范围以内。"[57]

因此,整个1980年代中国政府不断减少军费在预算中所占比例。尽管中国的数据不完整——因为它不包括军事工业的收入和预算外收入,但根据官方数字,军费开支从1979年开始改革时占国民生产总值的 4.6% 不断下降到 1991 年的 1.4%。[58] 1980 年代，中国购买外国武器的花费只及越南的六分之一、台湾地区的一半，但中国的人口却分别是越南的 20 倍和台湾地区的 50 倍。[59] 此外，考虑到 1980 年至 1989 年的通货膨胀，美国分析家估计这 10 年的国防预算名义上增加了，但军队可以使用的资金其实是下降了。[60]

邓小平的军队领导班子

所有中共领导人都不断说"党指挥枪"，但毛泽东和邓小平很清楚，在关键的权力斗争中军队主要领导人的忠诚至关重要。因此邓小平既要通过正式制度控制军队，也要抓个人控制。他对自己未被任命为总理没有强烈的怨言，但在制度上获得对军队的控制权却十分重要。1980 年 12 月华国锋靠边站后，邓小平成了中央军委主席，这一职位使他对军队事务掌握着无可挑战的控制权。1987 年邓小平放弃了党的副主席和副总理的职务，但他一直保留着中央军委主席一职，直到 1989 年秋天才把它转交给江泽民。

华国锋正式卸去中央军委主席一职（1980 年 12 月）后，邓小平任命杨尚昆担任了中央军委秘书长。杨尚昆也是四川人，比邓小平小 3 岁，1956 年到 1966 年邓小平担任总书记时他是中央办公厅主任，与邓有过密切的工作关系。长久以来达成的信任感使他与邓交往自如。杨尚昆在 1982 年 9 月被提拔为负责日常工作的中央军委第一副主席。他是一名出色的管理者，实际上成了邓小平在中央军委的代言人，他代表邓小平的观点，向邓小平汇报军委其他成员的看法。邓小平相信杨尚昆能管好军队，这使他得以脱身去处理其他问题。

1980 年 2 月，邓小平完成权力过渡，遂辞去总参谋长职位，将军队的日常工作交给了杨得志。杨得志在打越南时曾指挥昆明军区的军队，对邓小平忠心耿耿。1982 年邓小平任命张爱萍担任国防部长，由于林彪坠机后国防部长一职的权力被削弱，又任命张担任了中央军委副秘书长。1975年张爱萍在邓小平手下工作时曾经卓有成效地搞过军事科技计划。他对研发高技术武器的战略意识和卓越管理能力，使他成为为中国军队遴选重要项目、为高技术研发打基础的最佳人选。

扩大国防战略

邓小平从毛泽东那里继承的国防战略，严重依赖于两种极端方式的结合："人民战争"和核武器。"人民战争"是指动员地方民众骚扰和消耗装备更精良的入侵之敌，这在抗战时期曾被有效地用于对付日本的长期占领。它也使苏联在1969年进攻中国时不敢长期占领，而且这确实仍是让苏联不敢再发动进攻的一种有效方式，从而使苏联进攻的可能性变得更低。由于缺乏雄厚的经济基础，毛泽东不能指望在所有领域实现军事现代化，所以他把资源集中用于他认为最关键的领域：导弹和核武器（中国于1964年试爆第一颗原子弹，1967年试爆第一颗氢弹）。[61] 毛给自己的继承人留下了一个不大的核武器库，它在数量和技术质量上都无法与美国或苏联相比；还有一些中程导弹和卫星技术（中国在1970年发射了第一颗卫星）。[62] 导弹、卫星和潜艇的研发在"文革"期间普遍受到保护。[63] 尽管如此，中国的军事技术在"文革"时期只取得了有限的进步，大大落后于互不示弱而有巨大军事投入的美国和苏联。

邓小平上台时，苏联在远程战机和导弹上取得的进步，使毛泽东从边境迁往内地的"三线"工业顿显其防御能力不堪一击。但和过去的毛泽东一样，邓小平相信即使敌人拥有占优势的军事技术，"人民战争"和核武器的威胁可以降低中国受到攻击的可能性。但是中国也要针对苏联的技术进步做出调整。[64] 邓指示中国军队要做好准备，打一场"现代条件下的人民战争"——这一概念由淮海战役的功臣、后来领导研发先进武器的粟裕于1977年提出。在1980年秋天的一次会议上，中国的军事领导人开始就中国的战略指导路线形成了共识，即不再被动地诱敌深入，而是准备进行更为积极的防御。[65] 军事科学院院长宋时轮在1981年6月比较具体地阐述了"现代条件"的含义。在受到全面军事入侵的情况下，就像毛泽东时代一样，要用人民战争去消耗敌人。但是宋时轮说，还要有另外一些对策，因为中国不能放弃城市，还因为现代技术需要更长的供应线、对工业基地的保护、陆军和空军等多兵种的协作、更强的专业化。因此，（1）解放军要用阵地战阻击敌人，使其无法深入中国腹地；（2）不但要以步兵，而且要用包括空军在内的多兵种对抗敌人；（3）要准备保护战场之外漫长的后勤补给线；（4）军队应当放弃毛泽东时代由政委承担的政治工作，把这些工作移交地方，军队只集中精力完成军事任务。这些分析并不是由邓小平提出的，但是他支持解放军为了适应这些"现代条件"，而对现有指导思想、体制、训练和征兵方案进行调整的努力。[66]

改革开放之初，中国并没有参加美国与苏联的专家投入大量精力开展的那些关于如何阻止核战争的复杂讨论和计算。但到了1980年代中期，赴国外攻读西方战略思想的研究生和青年学者陆续回国，开始向国内介绍这些更加深奥的新知识。自从发展出核武器以后，中国一直在计划获得二次打击能力。随着新知识的引入，现在他们拓宽了思路。中国不再只强调"人民战争"和核打击，开始考虑发展能防止战争升级为全面核冲突的有限核打击和战术核武器的可能性。[67]

邓小平从毛泽东那儿继承下来一支海军，它规模很小，而且已经完全过时。1975年邓在毛手下主政时，苏振华领导的海军提出过一个新的发展计划。1978年之后，由于对外贸易尤其是石油、无烟煤和铁矿石进口的大幅增长，中国的计划干部开始更加关心保障中国海上运输线的安全。中国还开始了在渤海湾和南海扩大海上能源的勘探，这使得保护有争议海域的勘探成为必需。[68] 但是当中国开始考虑发展应对这些新挑战的能力时，邓小平却要求有所节制。他在 1979 年 7 月对海军干部的讲话中，仍对发展海军的计划做了限制，他说，海军的作用是防御性的，旨在保护中国近海，中国没有任何称霸的野心。[69]

甚至在十分优先的军事领域——导弹、卫星和潜艇——重点也仍是放在技术研发而不是大规模的生产上，只期望在必要时能够迅速生产更多武器。1980 年中国试射了第一枚洲际弹道导弹，并在不久后开始部署。早在 1958 年就开始了研制核潜艇的工作，1982 年成功试射了第一枚潜基弹道导弹。[70] 在邓小平时代，这类系统的部署一直以适度的规模进行。[71] 邓小平时代结束后，针对李登辉 1995 年试图搞台独的举动，此类研发和生产的步伐愈发加快。

1984 年之后，由于苏联在阿富汗越陷越深，与美国的军备竞赛也让它不堪重负，中央军委正式表达了邓小平本人早先得出的结论：与苏联发生全面战争的危险性很低。邓小平在 1985 年中央军委的讲话中总结了他对全球性威胁的看法，他说："过去我们的观点一直是战争不可避免，而且迫在眉睫。"他说，只有两个超级大国有能力发动大战，但不用担心，它们都"受到了挫折，遭遇了失败，因此都不敢动"。[72] 这使邓小平可以继续压低军费开支，把资源用于发展民用经济。

尽管与超级大国发生全面战争的危险已经减少，但邓小平和他的同事担心，随着两极世界被多极世界所取代，小范围战争的危险却在增加。日本、印度、越南、韩国和欧洲加强了它们在世界舞台上的经济和军事地位。因此解放军要把计划和训练的工作重心放在中国周边地区的小规模冲突上，与和超级大国的全面战争相比，中国的军力更适合应付这一类冲突。大军区经过裁军之后从 11 个减为 7 个，它们要针对边境地理和气候以及潜在对手的性质进行计划和战备。军队为此提出了要求，要用更多资金研发适合地区战争的关键技术，如坦克、大炮、航空电子设备以及指挥和控制系统。军事战略家在制订计划时的指导思想是邓小平所偏爱的速决战。他们仔细研究了其他国家运用这种战略的经验，尤其是英国在福克兰群岛（即马尔维纳斯群岛）的作战和以色列对黎巴嫩的入侵。快速反应可以使其他国家和世界舆论来不及对结果做出反应。[73]

精简军队

1980 年 3 月 12 日，邓小平在确立领导地位后不久，向中央军委常委说明了他对军队问题的整体看法。他说，军队面临四个问题。第一，"消肿"；第二，改革体制；第三，训练；第四，加强政治思想工作。"军队要提高战斗力，提高工作效率，不'消肿'不行。……减少军队人员，把省下的钱用于更新装备，这是我们的方针。如果能够节省出一点用到经济建设上就更好了。……我们这次精简，主要是减少不必要的非战斗人员，减少统率机构、指挥机构人员。最主要的是减少干部。"[74]

中共领导层早就在考虑为军界和政界的高级干部规定强制性退休的年龄，但一直未能建立这种制度。邓小平说："要有退休制度……军队干部的退休年龄要比地方干部小一些，因为军队要打仗。"[75] 退休是个很麻烦的问题。干部没有任期限制，他们因为"对革命的贡献"而有资格意识。虽然所有重要的军事决策都是由邓小平拍板，但他花费时间精力最多的还是裁减军队老干部的问题。邓小平解释说，就军费而言，"世界各国军费用到人头上的并不多，主要是用在装备上。我们有一个很不好的情况，主要是人头上花钱多。我们指挥机构的人太多，战斗部队并不多"。[76] 实际上，邓担任头号领导人期间，在几乎所有军队干部会议上都会谈到退休问题。

在整个 1980 年代，邓小平继续从事着他在 1975 年开始的工作，让干部搞出新的裁员编制表，然后落实政策，堵上那些精明的干部为规避政策而发明出来的一切漏洞。他鼓励地方单位为军队的退休老干部和服完正常兵役的人安排工作。为了使退休更具吸引力,他情愿让他们保留很多在军队中享有的特权——住房、用车、医疗,甚至优厚的收入。邓在1982年成立中央顾问委员会后,军队中的很多老领导成了该委员会的成员。

1985年6月召开的中央军委扩大会议提出要将解放军裁员100万,有人认为这会削弱军队的战斗力,使中国在冲突中处于劣势。邓小平回答他们说,在发生战争的情况下,为了使部队有效地作战,缩小规模也是必要的。[77] 但是他要保留很多召之能战的老兵作为预备役部队。大规模的军队裁员始于1985年,到1988年基本完成。从1980年到1989年,地方单位在上级的要求下总共为154万名军人提供了地方上的职位。[78] 1982年农村公社制度的终结,使很多过去能为复员军人提供机会的职位也随之消失。[79] 为了帮助复员军人就业,邓小平提出由军队提供更多的职业培训,使军人退役后能在地方经济中发挥作用。[80]

为了给复员军人找到就业机会,邓小平提出了特殊培训课程。他在1980年3月对中央军委常委说:"我建议组织各种训练班进行训练,训练什么呢?就是准备到哪个行业就专门学习哪一行的业务。"[81] 邓小平还继续他在1975年开始的恢复和扩大军事院校的工作。其中顶级的院校是1985年9月成立的中国国防大学,用于培养有前途的军官。1980年3月邓在中央军委扩大会议的重要讲话中说,"不打仗,部队军事素质的提高就得靠训练"。但是与美国和苏联军队相比,中国针对高技术战争开展的部队培训计划仍处于早期发展阶段。[82]

军工企业的"军转民"

邓小平成为中国头号领导人时,深知生产大多数军用装备的地方工厂和直接受军队控制的军工企业都是靠政府财政过日子。这些企业效率低下,无法生产能够与先进的军事大国相媲美的武器装备。因此他关闭了效率低下的工厂,并对另一些工厂加强监督使其提高效率。

为达到这些目标,邓小平鼓励地方军工企业和军队工厂生产更多有市场竞争力的民用产品。邓甚至在三中全会以前就提出了这种战略,他说,中国应当摆脱严格划分军事与民用产品这种无效率的苏联模式。[83] 新政策要致力于满足受到抑制的对基本消费品的需求,减少政府的财政负担,为那些原本可能会下岗的人继续提供就业岗位。

这些企业受到的竞争压力反映在大量工厂的关闭上:从1979年到1982年,接近一半的地方军工企业要么关门,要么开工率大幅降低。[84] 1980年代后期仍在开工的企业成功地转向了民品生产,尤其是电子消费品,但也生产其他各种商品,如钢琴、冰箱、洗衣机、婴儿车、猎枪,甚至客机。[85] 为了使军工企业对市场做出更好的反应,很多企业获准成为不受政府控制的营利性公司。[86] 1978年,与军工相关的国营企业生产的军品占其全部产值的92%,民品只占8%。到1982年这些工厂生产的军品比重下降到66%,1992年邓小平退下来时又进一步降至20%。[87]

此外,邓小平还要求军队把部分设备和技术转向民用经济。例如,邓小平在1984年11月1日中央军委召开的座谈会上提出,军用机场可以向社会开放,海军港口可以军民两用。随着新政策的落实,部队单位把食堂变成了餐馆,招待所改为酒店,供应中心成了商店,军队医院向地方开放,接受平民付费看病。从1985年到1990年,军队企业的产值增长了700%。[88]

为单一军工向多样化转变提供机会的另一个领域是农业。军队的国营农场受到鼓励开展多种经营,在市场形成后把其部分产品在地方食品市场上出售。由于军队占用着数量可观的土地,它们也把土地出租给开发商和其他政府单位或企业,甚至成为这些企业的股东。当外国公司寻找设厂地点时,很多部队农场用它们价值不菲的地产作为资本入股,成立可以得到西方技术的合资企业。[89]

军转民的商业活动使部队干部有机会改善单位的住房、医疗和娱乐设施,对离退休人员也可以提供住房补助和其他好处。军事单位赚了钱,甚至普通士兵的生活条件也得到了改善。[90]这些新的收入来源可以使官兵也成为邓小平改革的利益相关者。

邓小平面对的最大问题之一,是让内地的地方军工企业和军队工厂适应新的市场经济。处于中国腹地的工厂运输成本太高,几乎不可能让它们变成能够在开放市场上与沿海企业竞争的营利性企业。1978年时一半以上的国防工业位于内地的"三线工厂",这是当年毛泽东为降低受到外来攻击的威胁而迁过去的。现在中国已经与各国建立了和平的关系,有些工厂或至少是工厂的一部分,获准搬回沿海地区,这使它们不但能减少运输成本,而且可以更好地利用商业机会、外国的技术和管理方式。[91]例如,为军队生产电子产品的内陆工厂在深圳成立分支机构生产收音机、电视机、计算器以及其他内销和外销的电子消费品,这样既可以更快地引入外国技术、打入民用市场,还可以把新技术转移到仍留在内地的工厂。

在1978年,中国的军事技术远比民用技术先进,但是邓小平很关心技术军转民的"溢出"作用,也关心国外发达的民用技术如何向中国的军事工业"溢入"。例如,邓小平很想学习日本"二战"后如何迅速将军事工业转为民用工业。[92]但是他也从日本的经验学到了利用"溢入"效应。1978年6月28日至29日,他建议中国学习日本在"二战"后对造船技术的利用:日本通过生产过程的转型在民用船舶制造上取得了巨大进步,使日本不但能造船,而且能够为海军建造现代军舰。[93]

1982年中共十二大后,大批军企转为民企身份,并获得了在市场上赚钱的机会,这一变化在 1985 年以后有助于减小军队的规模。例如,大批铁道兵和工程兵成了铁道部和首都建筑公司的下属单位。在 10 年内把深圳从一个小镇变为大城市的过程中发挥了重要作用的地方建筑公司,主要就是由过去军队的建筑单位在军转民之后成立的。

在这些变化发生之前,制订科技规划相对容易,然而向国际民用技术开放所导致的复杂性却要求全新的更为广泛的协调能力。1982 年一个新的机构"国防科工委"成立了,以便为规划民用和军用技术的迅速发展提供全面协调。1986 年又制订了"863 计划",协调民用和军事先进技术的研发。[94]

1980 年代军队运作的商业化是个混乱无序的过程,它对试图控制这一过程的官僚机构而言无异于一场噩梦。但它最终也带来了邓小平所设想的很多好处。它减少了对政府财政的需求,满足了受到压抑的消费需求,使企业变得更有效率,改善了军官和普通士兵的生活条件,为复员军人提供了就业机会,使民用技术的进步及生产效率的提高能够被应用于改进军工生产。尽管如此,这仍然仅仅是个开始。虽然邓小平在 1980 年代对国防工业和军企的调整取得了一定进步,但军企从内陆地区向沿海的转移、克服官僚作风和提升人员水平的过程仍需多年才能完成。

不论军队商业化有多少好处,把军队与私人利益搅在一起,也造成了腐败和贪婪的机会,背离了军队奉献于自身使命的精神。很多军队领导人对非法敛财的行为以及这种行为对爱国主义战斗精神的侵蚀深感担忧。被这些问题困扰了几年之后,较下层的军事单位收到了禁止参与商业活动的命令。然而较高层的、专业化的商业活动仍在继续。尽管有很多解放军企业以失败告终,也有一些在改革开放早年成立的合资企业发展得非常成功,少数企业后来还成了世界级的国际公司。

军队现代化的基础

1991年的波斯湾战争使中国领导人看到，外国的军事技术在1980年代取得了多大进展，中国已经变得多么落后，而邓小平在这个时期却限制军事预算，将资源转向民用经济。但是，通过把军事冲突的风险控制在低水平上，邓小平成功推动了经济的快速增长，也没有危及国家的安全。

然而，在1995年，当邓的接班人面对李登辉可能会宣布台湾独立这一切实的可能时，他们断定这一危险已足以促使中国必须做好军事准备，不仅要攻打台湾，还要阻止美国在可能的冲突中支持台湾。中国需要阻止美国的军舰、飞机和军队接近台湾，以增加美国武力干涉的成本。从1995年开始，由于江泽民在军事现代化方面所做的努力，军费的增加远高于国民生产总值的增加。中国的军事现代化很快就超出了阻止美国接近台湾所需要的能力；由于中国的能源要依靠海上通道，中国也开始发展海军，致力于成为一个全面的军事大国。邓小平给接班人留下了一支规模更小、教育水平更高、对现代战争的要求理解更深刻的军队，以及一个更强大的民用经济与技术基础，使他的接班人得以继续致力于军事现代化。

第19章
政治的潮起潮落

1980年8月18日,一个中国公民对中共干部做出了严辞批评,堪称邓小平时代最辛辣、最全面的批评之一。他指责他们"滥用权力,脱离实际,脱离群众,好摆门面,好说空话,思想僵化,墨守成规,机构臃肿,人浮于事,办事拖拉,不讲效率,不负责任,不守信用,公文旅行,互相推诿,以至官气十足,动辄训人,打击报复,压制民主,欺上瞒下,专横跋扈,徇私行贿,贪赃枉法,等等"。这个公民是谁?邓小平。[1] 他和毛泽东一样,也希望确保中共干部一如既往地得到人民的支持。

当邓小平在1980年8月说这番话时,东欧的共产党正在失去人民的支持。他讲话前一个月,波兰团结工会发动了规模最大、持续时间最长的罢工。很多中共领导人最初同情团结工会,认为工人应当有自己的组织,但他们也担心,不知如果中国工人罢工会发生什么情况。邓小平和胡耀邦试图打消干部们对出现类似混乱的担忧,他们说,中国的领导层不同于东欧,没有屈服于苏联不得人心的要求。此外,中国从十一届三中全会开始的改革受到了广大人民的欢迎。[2] 但是邓小平和胡耀邦也非常担心,所以他们决定要降低这类问题在中国发生的风险,他们要扩大自由,使人民有机会对干部表达合理的意见,努力解决使群众有意见的问题。

邓小平 8 月 18 日的讲话是他对允许更多自由的一次高调表态。在讲话中，他对民主做了积极评价。他没有走到主张实行投票选举或改变中共角色这一步。事实上，他用"资产阶级思想"、"极端个人主义"和"无政府主义"一类套话批评了西方民主。但是，邓小平将批评的锋芒主要指向了"封建主义"——"极左"思想的代名词——及其对敢讲话者的迫害。他主张扩大自由，要求党的领导人倾听批评意见，这使知识分子产生了期待，以至于多年以后他们仍把这篇讲话视为希望的灯塔。

讲话过了几周后，波兰的乱局仍在持续，中共上层的气氛也开始发生变化。领导层担心邓小平给了抗议者太多鼓励，中国的局势也有可能很快像波兰一样失控。邓小平讲话刚刚一个月，胡乔木给胡耀邦总书记写了一封长信，希望明确支持对骚乱做出更坚定的回应。胡乔木的信也反映了陈云的观点，虽然陈云从前当过上海的工会领袖，但他在江西苏区时就对工人说，现在是无产阶级掌权，工会的主要任务之一是增加生产。胡乔木在信中警告说，独立的工会可以使异见分子团结在一起，造成大麻烦。

胡耀邦没有给胡乔木答复。他仍然相信波兰给中国的真正教训是必须加快改革开放。[3] 然而风向已变。10 月 9 日，胡乔木的信发出两周后，中央书记处将此信稍加修改后下发各单位。中宣部部长王任重指示说，不要再讨论邓小平的 8 月讲话。在 1980 年 12 月 25 日中央工作会议的闭幕会上，邓小平也宣布进行政治改革要慎重。[4]

邓小平对 1980 年波兰罢工的反应，类似于 1956 年毛泽东对匈牙利和波兰起义的反应。先是允许开放言论，意在帮助改正官僚体制中最严重的弊端、争取那些感到需要有所改变的批评者。但是一旦发现对党的敌意威胁到了党的领导，就要进行压制。邓小平知道，毛泽东在 1957 年开展无情的反右运动断送了知识分子的拥护，因此他在 1980 年试图走温和路线，要让知识分子继续积极支持现代化。

邓小平没有像 1957 年的毛泽东（在邓的帮助下）那样开展打

击知识分子的运动。但他显然压低了调子。在 1980 年 12 月的讲话中，邓小平没有直接否定自己 8 月的讲话，他继续从正面使用"民主"一词，但他仍旧坚持"民主集中制"，即党的决定一旦做出，党员就要执行。此外，胡乔木的信下发后，邓小平小心地不再像 8 月那样宽厚，他重申坚持"四项基本原则"的重要性。邓并没有放弃进行政治体制改革的想法，但只有在断定时机成熟后他才会重提此事，而这个时机直到 1986 年才到来。

老干部退休

在 1980 年 8 月 18 日的讲话中，邓小平还谈到了另一个容易引起分歧的问题："[老同志] 现在第一位的任务，是帮助党组织正确地选择接班人……让比较年轻的同志走上第一线，老同志当好他们的参谋。"[5] 当时还没有关于退休年龄的规定，很多老干部在找接班人的问题上拖拖拉拉。他们在事业高峰期赶上"文革"，被革职近 10 年，因而认为自己为党的事业做出了个人牺牲，现在终于能让他们发挥渴望已久的作用，但剩下的时间又没有几年了，因此不想放弃权力。

此时中共还没有为高级干部建立全面的退休政策。如何处理下级干部的退休事务不是问题：上级干部制定规章，下面执行就是。麻烦在于如何对待北京的高层领导人。这就需要制定有关退休的一般原则，党的领导人能够达成共识，但是棘手之处在于细节：中国正进入一个关键时期，需要这些老干部训练和培养新一代接班人，如何处理这几百名老干部的退休问题？

在 8 月 18 日的讲话中，邓小平对他的计划做了说明。成立一个地位很高的中央顾问委员会，让老干部担任荣誉职务，继续享受与职务挂钩的各种特权。老干部不难看出邓小平是要让他们变得"有名无权"；早在 1975 年 7 月邓小平就对军队的退休问题提出过类似方案。后来，政治局的老干部确实变成了中顾委的核心成员。

此时，邓小平本人也打算在几年内退休。8月讲话的几天后，记者奥琳埃娜·法拉奇（Oriana Fallaci）问他是否会辞去副总理职务，邓小平说，"不但我辞职，我们老一代的都不兼职了。……过去……实际上存在领导职务终身制，……[这个]制度上的缺陷在60年代还看不出来，那时我们还年轻。……所以我们说，老同志带个头，开明一点好。"⁶

几周以后，邓小平又对老一代不"开明"表示气恼。12月25日，在为筹备六中全会和十一大而召开的一次为期10天的会议结束时，邓小平说："中央在最近一年中多次强调，老干部要把选拔和培养中青年干部，作为第一位的、庄严的职责。别的工作做不好，固然要做自我批评，这项工作做不好，就要犯历史性的大错误。"⁷

1982年2月中顾委正式成立，邓小平希望其成员辞去（在党和政府中的）正式职务。规定中顾委成员要有40年的党龄和领导经历，邓小平是第一任主任。⁸中顾委的全部172位成员保留全薪、级别和各种待遇，但不再在正式决策部门任职。⁹邓小平宣布，中顾委只会存在10年到15年。他解释说，之所以成立中顾委，是因为它的委员拥有过渡期所需要的特殊革命经验。

但是邓小平也确立了在这些老革命辞世后将取消中顾委的原则。以后所有的职务也都会有任期限制。中顾委按原定计划于1992年解散，它给了老干部荣誉地位，减少了他们的权力。

《苦恋》和文化限制

胡乔木在1981年7月请邓小平拍板决定，刚拍摄完成的电影《苦恋》是否可以公映。提请邓小平注意是因为它的内容很有争议性，而且有可能成为近年来最热门的影片之一。这部影片根据同名剧本拍摄，电影剧本《苦恋》于1979年9月刊登在《十月》杂志上,讲述一名艺术家在日占时期被迫逃离中国,在海外过了一段好日子后,1949年决定回来报效祖国。因为有海外经历,这名艺术家总是受到怀疑与迫害,但他始终忠于自己的国家。艺术家的女儿打算出国时,他不愿让她走,失望的女儿对父亲说:"你爱这个国家,苦苦地恋着这个国家,可这个国家爱你吗?"两人谈话后不久,这位艺术家死在逃避红卫兵迫害的路上。在邓小平观看的电影版本中,父亲思考着女儿的问题,在雪中蹒跚而行,最后倒地而死,他的身体在雪地上留下了一个大大的问号。

邓小平看过电影后说,它"只能使人得出这样的印象:共产党不好,社会主义制度不好"。他承认电影拍得不错,但这只能使它更加危险:"这样丑化社会主义制度,作者的党性到哪里去了呢?"[10]邓小平的这个结论,为那些试图对"文革"受难文学进行区分的宣传干部提供了一个指导原则。[11]给整个党抹黑的要予以禁止,只反映某些个人不好的可以放行。

邓小平想制造一种比毛泽东时代更自由的气氛,因此剧本作者白桦尽管受到批判,邓小平仍允许他留在党内。当时,另一位著名的报告文学作家刘宾雁以生动的第一手资料写下有关腐败干部的文章,邓小平也允许他保留党籍。甚至胡乔木这位正统思想的捍卫者也说,中央的文件要放弃"文学为政治服务"这种让很多知识分子反感的说法,他的替代说法是"文学为人民和社会主义服务",这扩大了可以接受的作品的范围。[12]

但是,描写过去的小说数不胜数,要把可允许的作品和不能允许的作品截然分开是不可能的。分歧依然严重。邓小平批评《苦恋》十几天后,在中宣部召开的思想战线问题座谈会上,邓力群和胡乔木试图借助邓小平对《苦恋》的评语,筑起一道抗击批评共产主义和共产党的文学作品的强大防线。但同样是在这次会议上,1950年代的"文艺沙皇"周扬却发表了赞成文艺多样化的讲话,讲话令人振奋,受到与会者的热烈欢迎。"文革"期间受过冲击的周扬,如今倡导的是他 25 年前作为"文艺沙皇"会批判的文学。他在座谈会上问,是让文艺变成死水一潭好呢,还是让它成为滚滚长江好?他自问自答:当然是滚滚长江好,尽管会带来一点儿泥沙。

与会者对周扬的热烈支持使胡乔木处境难堪,他承认同志们有不同观点。但他坚持说,反对"资产阶级自由化"——这是他本人、邓力群和邓小平在整个 1980 年代用来批评那些他们认为过分迷恋西方自由的领导人的概念——是一项重要的任务。[13]

陈云对胡耀邦的批评

另一个战场针对的是胡耀邦给予地方干部灵活性的做法,这场斗争因陈云在 1983 年 3 月 17 日批评胡耀邦而达到顶峰。1983 年 1 月赵紫阳出访非洲 11 国,为期一个月,胡耀邦接过了赵紫阳在政府中的部分工作。胡的作风比赵紫阳随意得多,例如,他知道煤炭短缺后,便跑到矿区鼓励人们尽其所能增加产量。他没有考虑到采煤时可能发生的问题,比如对环境的严重破坏,也没有预料到私人矿主经常不采取最基本的安全措施,结果发生了许多矿难。在慎重的计划工作者看来,胡耀邦是个不守纪律的鼓动家,他不充分考虑行动的后果,也不严肃看待他们精心制定的经济计划。

陈云听到胡耀邦不够尊重经济计划的汇报后很不高兴。他在 3 月 14 日把自己的意见告诉了邓小平。[14]第二天邓小平便把胡耀邦、赵紫阳和胡乔木叫来,批评了胡耀邦不严谨的领导方式。[15]1983 年 3 月 17 日在中央政治局常委和书记处召开的联席会议上,赵紫阳没有点胡耀邦的名,但严厉批评了他的活动,认为这干扰了有序的经济管理。胡耀邦的友人认为赵的批评大大超出必要,尽管赵后来对此予以否认。[16]

在 3 月 17 日的这次会议上,陈云还谈到了 10 个问题:

(1) 1980 年提出调整经济是对的,没有调整就不会有今天这样好的形势；

（2）2000年之前的这个时期要分成两个十年，头十年是打基础，后十年振兴。如果前十年不谨慎，后十年就困难了；

（3）可以利用银行贷款或出售黄金暂时弥补预算赤字，但不能持续出现赤字；

（4）必须严肃看待各部委，尤其是综合部门有关经济形势的意见；

（5）说第一个五年计划期间的156个项目走了弯路是不对的；

（6）与李先念协商后在1973年至1974年购入的黄金储备是必需的，不算多（陈云当年年初做出的购买黄金的决定被视为一项极为明智的决定，因为此后十年黄金价格暴涨）；

（7）国家计委要从各部委和地方集中资金，搞重点建设；

（8）中央书记处和国务院对财经工作都要管，但重点在中央财经领导小组；

（9）对乱上项目、乱用基建投资的现象，必须制止；

（10）中央书记处（当时由胡耀邦领导）对经济问题要研究，但方法要改进，特别要了解综合部门的情况。

仍然支持胡耀邦的邓小平显然对陈云批评胡耀邦感到不安，会议一结束邓小平就说，今后由赵紫阳领导的中央财经领导小组全面负责经济工作，其他人不要插手。[17]

反对精神污染及其反响

1983年初，敢言的自由派理论家再一次从哲学角度主张扩大思想自由的范围，令正统派担心共产党的权威受到了那些不把对党的忠诚视为最高信仰的人的挑战。《人民日报》副总编王若水在1983年1月写道："社会主义的人道主义……意味着坚决抛弃十年内乱期间的'全面专政'和残酷斗争；抛弃把一个人神话而把人民贬低的个人崇拜；坚持在真理和法律面前人人平等，公民的人身自由和人格尊严不受侵犯。"[18] 不久后，在3月7日中央党校纪念马克思逝世100周年的会议上，周扬也表达了自己的观点，他说，不但资本主义社会存在着异化，如果缺少民主和法制，干部滥用权力，社会主义社会同样存在异化。胡乔木和邓力群试图阻止发表周扬的讲话，但它还是刊登在3月16日的《人民日报》上，引起了巨大反响。[19] 将人道主义和异化视为普遍原则的观点，在邓小平等中共领导人看来是对党的最高权威的根本挑战。在西方观念中，超验的神可以批判世俗统治者，但这并不是中国的传统。

邓小平没有匆忙终止一切有关人道主义和异化的讨论，但他在1983年9月份决定对宽松的气氛加以限制。他让胡乔木准备一篇讲话，对他称为"精神污染"的观点采取了更强硬的路线。[20] 邓小平承认社会主义社会也存在各种问题，但是他宣称，根据马克思的理论，"异化"是指工人因为其劳动受到追逐利润的资本家的剥削而产生的一种感受，因此在社会主义社会并不存在这种问题。邓小平主要针对的是那些攻击中共权威的人。[21]

邓力群批评胡耀邦把爱国主义放在共产党之上，但邓小平本人并未区分两者的先后。假如让邓小平表达自己的看法，他也许会说，在数百年的时间跨度内爱国主义会绵延不绝，但至少近几十年内没有什么可以取代共产党，对党的完全支持是绝对必要的。邓小平说，有些人充满狂妄的野心，对这些人必须撤职和开除出党。基本问题是什么？"党的纪律松弛，甚至保护了一些坏人。"邓小平的解决办法是，思想工作者要帮助教育人们"正确看待过去，理解当前，坚定对社会主义和党的领导的信念"。[22] 北京的干部知道，就像陈云在3月份的讲话一样，邓小平的讲话也包含着对胡耀邦含蓄的批评，因为胡耀邦一直主张为知识分子扩大自由的范围。

1983年10月12日，在十二届二中全会上，邓小平把批评扩大为一场全国范围的反对精神污染的政治运动。邓小平很不愿意搞政治运动,这会打乱正常工作,让所有可能受到批评的人产生对立情绪,可是他又找不到政治运动以外的办法去遏阻"精神污染"。这是邓小平1978年上台以来发动的第一场政治运动。但是为了避免重蹈过去政治运动极端化的覆辙,邓小平一开始就警告说:"过去那种简单片面、粗暴过火的所谓批判,以及残酷斗争、无情打击的处理方法,绝不能重复。"[23]

当一些局级负责人开会讨论如何反驳"人道主义"以及社会主义同样会存在"异化"的观点时,农村问题的重要顾问杜润生问他们是否知道"异化"的含义。大多数人承认不太清楚,杜润生对他们说,那么你们怎么能让农民明白什么是异化?杜润生说,在农村搞这种批判运动是很荒谬的。万里也认为不应当在农村搞这种运动。赵紫阳说,不要让运动干扰经济。方毅则认为不应让运动干扰科技领域的工作。当时任总政治部主任的余秋里很快就阻止了在军队中开展这场运动。这些干部成功地限制了运动的范围。邓小平既觉得有必要限制对党的批评,又知道对政治运动存在着普遍反感,他想在这两者之间达到平衡,因此没出一个月他便让这场运动偃旗息鼓了。1984年1月3日,胡乔木在一篇长文中对异化做出权威阐述,基本上结束了这场运动,但此文也为言论自由设定了界线。[24]

在很多知识分子心中,邓力群要对这场运动负责。结果是他退居守势并做了自我批评。他被批评为又一次反右运动的始作俑者。[25] 其实邓力群也认识到反精神污染的斗争没有达到目标,他在1984年3月14日对胡乔木说,"反对精神污染将是一场长期的斗争。"[26]

为了让那些被已经终止的运动灼伤的知识分子放下包袱,从1984年到1985年邓小平采取了比较宽容的态度。王若水得以继续撰写人道主义的文章,甚至在1984年1月受到批评后,他仍在香港发表了一篇文章为自己的立场辩护。直到1987年夏他才被开除出党。

邓小平限制反精神污染运动的宽容态度使作家们受到鼓舞,他们再次信心大增。1984年12月29日至1985年1月5日中国作协召开第四届全国代表大会，会议组织者竟然敢不邀请胡乔木和当时仍是中宣部长的邓力群到会。胡启立在会上发表讲话，照本宣科地表达了党要反对资产阶级自由化的观点，但他到会的事实本身就给了与会者一定信心。不出预料，胡耀邦与会、加之会议没有制止直言不讳的批评让正统派感到不满。大胆的作家们选出被胡乔木和邓力群批评过的、1930年代就已成名的小说家巴金担任作协主席。著名报告文学作家、过去的右派、也是对党的知识分子政策最敢言的批评者之一刘宾雁当选副主席。刘宾雁利用这次会议批评了那些在反精神污染运动中攻击过他的人。

这类言论激怒了正统派。1985年1月2日会议仍在召开时，得知会议进展的邓小平把胡耀邦叫去做了一次私下谈话，要求他对这些风气加以控制。[27]

作协会议对中共权威的放肆挑战让邓小平十分恼火。在邓小平看来，胡耀邦在争取知识分子的人心上过于宽宏大量，却未能使党的纪律得到加强。此外，胡耀邦的宽容使邓小平显得像是一个专横的、过分严厉的专制主义者。[28]

同时，为了让正统派和知识分子取得一定共识，胡乔木协助胡耀邦起草了一篇发言稿（《关于党的新闻工作》），由后者在1985年2月8日中央书记处的报刊工作会议上发言。[29]这篇讲话稿的基调是保守的，但胡乔木试图在正统派和知识分子之间取得平衡。胡乔木写道，既要反对精神污染，又要避免使用或尽量少用"精神污染"这种说法。[30]据说邓小平对胡乔木改变调子以及在限制对中共权威的挑战方面做出让步也感到不满。[31]

在这种更加自由的气氛中，30年前被打成右派的著名报告文学作家刘宾雁于1985年3月发表了《第二种忠诚》一文。他在文中对两种党员做了对比，一种党员对上级领导唯唯诺诺，另一种党员具有良知、献身于党的理想。刘宾雁这篇文章深深触动了那些曾经为是否执行党在"大跃进"和"文革"时期的政策而受到内心煎熬的人。一贯坚信党的纪律至关重要的邓小平认为刘宾雁的观点是在挑战党的领导,结果,刘宾雁在1987年被开除出党。但是邓小平并不是一个好报复的人。他在1988年允许刘宾雁和王若水出国。同时,邓小平也完全知道邓力群的所作所为产生的影响,于1985年7月撤去了邓力群的中宣部部长一职,取代者是当时在家乡贵州担任省委书记的朱厚泽。[32]

朱厚泽不能完全控制中宣部,因为那里有许多正统派。熟悉中宣部的干部说,谁当了中宣部部长谁就会变得保守,因为他的职责是维护党的正统思想——但只有朱厚泽是个例外,他宣布了新的"三宽政策":宽松、宽容、宽厚,这让希望表达不同意见的党员为之一振。

朱厚泽在"文革"之前和"文革"期间都挨过批,但由于他在领导贵州这个落后省份上取得的成就,被选定为有前途的省级领导人,1978年中央党校重新开学后他参加了第二届为期一年的培训班,而当时领导中央党校的人正是胡耀邦(朱在党校的同学之一,是2002年成为中国最高领导人的胡锦涛)。朱厚泽到北京上任后,支持思想开放的、有创造性的著名作家王蒙担任文化部部长。[33] 邓力群等正统派理论家认为,朱厚泽允许方励之、王若望和王若水等人享有更多自由,会让事情变得更糟。[34] 他们担心这终将导致混乱。朱厚泽的做法让一部分知识分子欢欣鼓舞,却让邓力群及其支持者心灰意冷。

邓小平继续做着一件几乎不可能办到的事:既要坚持党的纪律,又不彻底疏远知识分子。在1985年9月18日至23日举行的全国党代表大会上,邓小平将社会主义的积极力量与资产阶级的自私自利做了比较。[35] 他说,通过保留土地公有制和企业国有制,中国能够"消除资本主义……所必然产生的种种贪婪、腐败和不公正现象……资产阶级自由化的宣传,也就是走资本主义道路的宣传,一定要坚决反对"。³⁶ 但是他仍然试图阻止对知识分子的全面批判。他说："我们仍然坚持'双百'方针，坚持宪法和法律所保障的各项自由，坚持对思想上的不正确倾向以说服教育为主的方针，不搞任何运动和'大批判'。"³⁷

准备交接班，1985 年

1985 年到来之前，邓小平为了解决已经拖延了一段时间的上层交接班问题，提议在 1985 年召开党的第十三次代表大会，这比规定的时间 1987 年提前了两年。实际上在 1985 年 9 月 18 日至 23 日召开了一次特殊的"党的全国代表会议"，宣布了重要的人事退休与对潜在接班人的任命。出席会议的共有 992 名干部，规模几乎和党代会一样大。³⁸ 由于会议没有选举中央委员的正式权力，因此在 9 月 16 日，即代表会议开幕之前召开了中央四中全会以接受辞职，又在代表会议闭幕后的 9 月 24 日召开五中全会宣布了新的任命。没有人公开讨论过邓小平的交接班问题，但是这个问题在 4 个月前的 5 月 10 日胡耀邦接受陆铿——过去的右派、香港半月刊《百姓》的副主编——采访时，就已经有各种传闻了。

此外，当陆铿问胡耀邦"邓小平为何不在自己身体尚好时就把中央军委主席一职交给你"时，胡耀邦没有断然否认他想从邓小平手中接过这一可以使他成为第三代领导人的关键职务，而是回答说，邓小平一句话就能解决军队的问题，我得说五句。³⁹

邓小平虽然让胡耀邦知道他正在考虑退休，但他不想让别人催他退休。他要按自己的步调行事。他知道胡耀邦过于我行我素，不能充分考虑全盘计划的平衡，因此已经失去陈云等人的支持。在他们看来，胡耀邦以他的宽容大度赢得了一些知识分子的人心，却把限制知识分子的任务留给别人去做。胡耀邦的对手私下轻蔑地称其为"蟋蟀"——"瘦小，机灵，总是上蹿下跳。"⁴⁰ 胡耀邦的支持者以为，胡耀邦可能确实差一点在党的代表会议上被任命为中央军委主席，只是他没接受罢了。[41]

在党的代表会议上没有明确讨论接班问题，但在很多与会者看来，邓小平当时已经决定让比他年轻15岁（而胡比邓年轻11岁）的赵紫阳作为主要候选人。赵紫阳在城市经济改革上成绩斐然，而且他不疏远正统派领导人，具备领导人的气质。邓小平很少公开表扬哪一个干部，但是他在会议期间接见几位作家时公开表扬了赵紫阳，还特别提到他拥护四项基本原则。[42]

在代表会议之前的四中全会上，总共有64名担任中央委员或候补委员的老干部宣布退休，约占全部委员的五分之一，其中包括9名政治局委员。这64人中有61人都过了67岁。其中一人是政治局常委叶剑英，由于没有提名其他人取代他，政治局常委的人数从6人减为5人，除了邓小平以外，还有陈云、李先念、胡耀邦和赵紫阳。

在选拔新的高级官员时，主要的考虑一是年龄，二是受教育程度。由政治局和书记处操办的选拔过程十分慎重，从1985年5月份开始持续了数月。在中央委员会新当选的64名委员中76%有大学文凭，平均年龄50出头。政治局实际上以那些老干部的更年轻、教育程度更高的追随者取代了他们本人。

在这些较年轻的新高干中，58岁的李鹏和57岁的胡启立，被视为总理和总书记的潜在人选。水利工程专业出身的李鹏确实在1987年11月当上了代总理，后来又成为总理并且一直干到1998年3月。胡启立毕业于北京大学物理系，1980年至1982年任天津市委书记，后回到北京担任中央办公厅主任和中央书记处书记。他会讲英语，眼界开阔。[43] 他于1951年毕业后在北京大学当了5年共青团书记，1977年清华大学恢复教学后他成为校党委副书记。

在当选候补委员的年轻干部中，还有江泽民和胡锦涛。他们在1985年后能够出席政治局会议，只要党认为他们有前途，不犯大错误,就有望登上更高的职位。

邓小平要求新当选中央政治局候补委员的年轻干部和其他新领导人学习老干部们建设党、团结国家,至今仍在为四化努力工作的精神。他要求他们为人民服务,求真务实,公私分明,学好马列,研究和适应不断变化的新情况。[44]事实上这些新的领导人成了老干部的学徒,他们会受到培养和考验,以便将来担任更高的职务。

政治改革,1986—1987

1986年6月10日,在与赵紫阳、余秋里和万里等人开会时,邓小平谈了3个需要处理的重要问题:农业、外汇和政治改革。这也是1980年以来他第一次谈到政治改革。邓小平说:"1980年就提出政治体制改革,但没有具体化,现在应该提到日程上来。不然的话,机构庞大,人浮于事,官僚主义,拖拖拉拉,互相扯皮,你这边往下放权,他那边往上收权,必然会阻碍经济体制改革,拖经济发展的后腿。"他又说,必须精简政府机构和人员,减轻国家财政的沉重负担。[45]

时机似乎终于成熟。1985年的巴山轮会议标志着经济体制改革基础研究的结束,需要进行一些政治体制的变革以配合新经济体制的发展。1980年时邓小平及其身边的干部担心中国会发生类似于席卷东欧的示威。1986年,他们则为亚洲新的一波民主示威浪潮感到紧张。继年初将马科斯总统赶下台的"人民力量"运动之后,这股浪潮已驱使蒋经国在邓小平召开6月代表会议的3个月前宣布要研究政治体制改革。若在此时向国内外公众表明大陆和台湾一样开放,岂不是明智之举?

在对待抗议活动时,邓小平像其他中共领导人一样,既要严加控制,同时也想消除民怨的根源。随着有关示威活动的消息四处传播,邓小平继续向中国民众解释说,社会主义公有制优于资产阶级民主；他指出资本家剥削工人，实行三权分立的国家难以及时做出决策。但是邓小平也决心走在群众运动的前面，适时进行政治改革。因此他做出指示，要认真研究各种政治体制，搞清楚哪一些体制持久，哪一些体制垮台及其中的原因。

选择一位能在实施未来政治体制改革中担当重任的人成为政治体制改革研究小组的领导人，是顺理成章的。假如胡耀邦是邓小平的接班人，那么他自然会是这个小组领导人的合理人选。然而邓小平在1986年5月告诉胡耀邦，在定于1987年秋天召开的十三大以后他将卸下中央军委主席一职。不出邓小平所料，胡耀邦回答说他也会从总书记的位子退下，邓小平说，胡可以继续工作，但发挥的作用要小一些。邓小平解释说，是否让胡耀邦担任中央军委主席或国家主席，到时候再说。[46]

此时，赵紫阳已被指派全面负责为党的十三大准备文件。很多人预计他大有机会在十三大之时成为主持日常工作的最高领导人。邓小平在1986年9月又让赵紫阳负责研究政治体制改革，人们估计他有可能负责领导未来的政治改革，因为他和他的智囊团已经研究过各种经济体制。他在领导研究经济体制上的经验，使他很适合思考与经济变化相配合的政治改革。

1986年6月28日，邓小平在政治局常委会议上指示说，在筹备将于一年后召开的十三大时，中央书记处必须制定一个计划，用一年时间研究政治体制改革，然后提出行动纲领。他提醒说，"不搞政治体制改革，经济体制改革也搞不通。"[47]他的部下要在1987年7月拿出文件初稿，在8月或9月召开的七中全会上进行讨论，以便最后一稿能在10月的中共十三大上公布。[48]

在为研究政治改革设定进程时，邓小平强调党政职能分离的必要性，这是他早在1941年就赞成的观点。[49]事实上，1980年代当时那种党政重叠的制度是在1950年代形成的，旨在解决一个现实问题：中共掌权后政府中仍有一些高级干部不是党员，因此每个政府部门都成立了党组织以确保党的控制。但是到了1980年代几乎所有担任重要职务的政府官员都是党员，因此很多人觉得没有必要再保留党的监督。此外，很多人认为党多出来的一层监督使各部委或各省领导人无法以及时、灵活的方式协调各自单位的工作。理顺政治体制，正当其时。[50]

于是，赵紫阳根据邓小平的指示，在1986年9月中旬成立了"中央政治体制改革研讨小组"，成员有胡启立、田纪云、薄一波和彭冲。这个小组配备了一班人马，下设政治体制改革办公室，赵紫阳给政治局常委邓小平、陈云、李先念和胡耀邦写信提出了人选名单。按邓小平的指示，他在信中阐述了政治体制改革的目标：为现代化服务，为长治久安提供保障。鲍彤被任命为政改办主任，他在1980年由中组部派去为赵紫阳工作。[51]

虽然邓小平所希望的政体改革的目标范围相当有限，但他给了赵紫阳很大权力，让他研究各种政治体制，听取国内不同专家、团体的意见。前《人民日报》记者吴国光是政改办的成员之一，他后来在普林斯顿大学写的博士论文就是以1986年至1987年的中国政治改革作为题目，他指出了邓小平和赵紫阳的政体改革观的不同。邓小平希望通过高度积极的人员提高管理效率，赵紫阳则想更大范围地减少党在经济和社会单位中的作用。但是，即使是邓小平较为狭小的目标，也需要政治改革的研究者思考提高人员士气的方式，作为探讨这个问题的小组成员，他们自然而然地开始思考何种机制能让下级表达意见。[52]

从1986年11月到1987年4月，政改办和不同的干部专家一共组织了30多次研讨会。[53]虽然报告的定稿需要邓小平批准，但赵紫阳和鲍彤有权力选择参加会议的专家。他们所选的专家包括了解东欧国家的政改、西方政治史和1949年前后中国政治体制的人。政改办评估了党、政府和全国人大的作用，听取了处理过不同地区实际问题的地方干部的意见。研讨小组还致电中国驻世界各国的大使馆，让它们收集有关不同政体的信息。新华社和中共驻港机构也协助搜集了世界各国政治实践的信息。虽然之前讨论经济体制改革时邀请了很多外国专家，但并没有请他们参加讨论敏感的政治体制改革问题。

研讨会的发言者对于"政治改革"的涉及范围持有不同看法。"政治改革"一词自然而然地吸引了怀抱希望的知识分子和学生，他们响应邓小平的号召，对政治体制问题进行了广泛的讨论。他们谨慎地重复着邓小平对效率的强调，但是也有知识分子提出了一些远超出行政效率的问题，如中国社会科学院政治学研究所所长严家其。

1987年1月，在学生示威受压、胡耀邦下台、反对资产阶级自由化运动开始后，赵紫阳请胡乔木和邓力群参加了政治改革研讨小组的会议，以便让思想正统的老同志也能在讨论中充分表达意见。[54] 新的气氛限制了有关政改的讨论，但并未使其停滞。赵紫阳在1987年2月4日提议加强工会的独立作用，给其更大的活动空间以代表工人利益。薄一波还记得在1949年前后的一段时间，工会曾受到鼓励发挥更大力量抵制资本主义趋势，因此他预期党在未来会重新鼓励独立工会，以限制新的自由市场经济中的企业主。研究者也讨论了改变全国人大的可能性，希望人大转变为一个能够代表不同观点进行有意义讨论的权力机关。[55]

邓小平在1987年3月与喀麦隆总统保罗·比亚（Paul Biya）的会谈中说，政治体制是否健康，要看政局是否稳定，是否有益于国家的团结和人民生活水平的提高，生产力能否持续发展。[56] 他没有提到扩大自由或倾听民众的声音。但是邓在1987年4月28日跟赵紫阳见面时明确表示，虽然要继续批判资产阶级自由化，他希望继续考虑政治改革。赵紫阳对收紧的政治气氛有所担心，请求邓小平同意重印1980年8月邓支持政改的讲话，邓小平答应了这一请求。

邓小平在审阅赵紫阳十三大报告的草稿时指出："我们的改革的主要目标，是保证行政机构的工作效率，不受外界太多的干涉……

在民主的问题上不要感情用事……民主只是手段,民主应该同法制结合在一起。只有依靠法律,我们才能有一个稳定的环境。"[57] 听过邓小平的意见后,赵紫阳在 5 月 13 日发表了有关中共十三大筹备工作的讲话,这次讲话标志着反资产阶级自由化运动的结束,表明十三大将把政治改革计划列入会议内容。

学生运动和胡耀邦的去职

1986 年春天,菲律宾的"人民力量"运动把腐败的马科斯总统及其妻子伊梅尔达赶下了台,由此触发东亚各国的学生示威。中国在 1980 年初只有大约 350 万台电视机,随着电视机产量的爆炸性增长,到 1985 年初已超过 4000 万台。[58] 1986 年的中国电视观众从电视上了解了国内外大事,包括蒋经国在 1986 年 9 月允许反对党的合法存在。

1986 年的学生示威活动是自 1976 年"四五"运动以来出现的第一次大规模学生示威。1987 年 5 月 29 日,在学生示威渐趋平静几周之后,赵紫阳对新加坡副总理吴作栋说,中国实行对外开放后,过去跟外界没有多少接触的学生缺少判断是非的能力,看到美国和日本更发达,有些人便得出错误的结论,主张中国应当全盘西化,不理解这在国情十分不同的中国是不可能的。赵紫阳承认一些学生得出这种结论不足为怪,因为在 1978 年以前社会主义制度确实有一些失误。他批评有人放松了党对游行示威的管制,[59] 但他并没有提到要为此负责的人——胡耀邦。

在整个 20 世纪,中国的学生示威大多发源于北京,可是这一次却始于安徽省省会合肥以及相邻的南京和上海,起因是国际知名的天体物理学家、时任中国科技大学(位于合肥)副校长的方励之在这些地方发表的演讲。方励之是一名充满活力的演说家,不管他在哪里发表激进言论都会听众如云。

如果方励之只是一名普通的知识分子，不会有很大的影响。然而方励之是十分杰出的科学家，是中国试图培养的知识分子的楷模。他16岁考入北京大学物理系，后来成为中国最年轻的正教授。1986年夏末正值他在普林斯顿大学高等研究院访学数月后归国，无论走到哪里都会吸引一大批热情的追随者。当时还不是互联网时代，但听众把他的讲话录音和讲稿向各地的朋友传播。1986年10月4日方励之在中国科技大学讲话之后，爆发了大规模的学生示威。

在12月8日胡耀邦主持的中央书记处会议上，胡为了安抚学生，承认大学的条件确实有待改善——这成为后来正统派批评他对示威学生太软弱的理由。第二天是1935年"一二·九"学生爱国运动的纪念日，武汉、西安和合肥的学生再度走上街头。虽然中国的电视台未做报道，但学生们热切地收听了"美国之音"和英国广播公司有关示威的新闻。

邓小平在搞四个现代化之初就有言在先，一些人会先富起来。但在大多数学生看来，先富起来的却是最不该致富的人——贪婪的个体企业老板和腐败的官员——而不是品行正派、勤学多年以后为国家利益而工作的干部。学生的生活条件往往很糟糕，8个人挤在一间狭小的宿舍里。他们之所以能通过录取率极低的高考必是经过多年的艰苦学习。考上好大学的优秀学生，对靠关系得到更好的机会、过着优裕生活的高干子女感到愤愤不平。[60] 此外，当时仍不允许大学毕业生自主择业，而是由国家分配工作，进行分配的部分依据则是分管学生工作的政工干部所写的评语。很多学生觉得别无选择，只能去讨好这些政工干部，而在他们看来这些人往往专横跋扈、不学无术。[61]

在方励之点燃了唤醒学生的星星之火后，示威活动蔓延至北京和其他大约150个城市。各地领导人承担着控制学生运动的责任。12月18日，示威蔓延到上海，江泽民市长出现在大批学生面前。他一开口讲话就有学生发出质问，还有些学生根本不把他放在眼里。

于是他停下讲话,请学生中间的一些人上台陈述自己的观点。学生讲出自己的观点后,江泽民说,同学们对西方和中国的差别缺乏足够的了解,你们对西方民主的了解都是通过翻译过来的东西,你们应当直接从外文材料去更多地了解民主。然后他用英语背诵了一段林肯的葛底斯堡演说,这让很多学生大为折服。此后几天,由于学生们忙于期末考试,同时上海市政府宣布任何示威都要事先得到批准,学生游行也随之结束,没有发生任何意外。[62] 江泽民在北京高层领导人那里得了高分,他们赞赏他平息了示威而没有发生冲突。

12月27日,邓力群、王震、胡乔木、彭真、薄一波、余秋里和杨尚昆被召集到邓小平家中汇报学生运动的情况。他们说,形势十分严峻。[63] 在邓小平等一些老干部看来胡耀邦有严重缺点,未能很好地控制学生运动。邓小平认为,无论对学生运动还是对胡耀邦的领导职务,最好立刻采取行动。过去他没等到党的十二大就让华国锋靠边站,这一次他也不想等到十三大再让胡耀邦下台。

邓小平知道让胡耀邦下台会带来麻烦,因为胡耀邦得到广泛的群众支持。把胡耀邦撤职也会让人们怀疑邓小平当初选择胡耀邦是否明智,就像毛泽东和林彪翻脸使人怀疑毛泽东当初对林彪的判断是否明智一样。邓小平也知道,在献身改革、争取知识分子和地方干部的热情支持上,没有哪个人比得上胡耀邦。邓小平在1986年5月曾问过邓力群对胡耀邦和赵紫阳的看法,至少从那时起他就开始考虑替换胡耀邦的问题。但邓没能预见到对胡耀邦的撤职会在仅仅两年后胡去世时引发那么大的骚乱。

1986年12月30日,邓小平把胡耀邦、赵紫阳、万里、胡启立、李鹏等人叫来,宣布必须结束对学生运动的宽容态度。他对他们说:"凡是闹得起来的地方,都是因为那里的领导旗帜不鲜明,态度不坚决……要旗帜鲜明地坚持四项基本原则,否则就是放任了资产阶级自由化。"胡耀邦意识到自己要对"态度不坚决"负责,他知道递交辞呈的时候到了。

邓小平接着批评方励之说：

> 我看了方励之的讲话，根本不像一个共产党员讲的。这样的人……要开除。……我们讲民主，不能搬用资产阶级的民主，……美国的当权者，他们实际上有三个政府……对内自己也打架，造成了麻烦。这种办法我们不能采用。……反对资产阶级自由化至少还要搞20年。民主只能逐步地发展，不能搬用西方的那一套……搞资产阶级自由化，否定党的领导，十亿人民没有凝聚的中心。[64]

1987年1月1日的《人民日报》社论强调了四项基本原则的重要性，抨击了资产阶级自由化。这使群众对随后胡耀邦在这两个问题上受到批评有了心理准备。次日，胡耀邦正式提出辞去总书记一职。邓小平同赵紫阳、薄一波、杨尚昆、万里和胡启立几个高层干部做了沟通，他们都同意接受胡耀邦辞职。邓小平然后让他们组成一个委员会，作为筹备十三大的领导班子，并告诉他们在对胡耀邦进行公开批评前，马上在1月8日组织一次"党内生活会"。[65]邓小平选择在把胡耀邦的问题提交政治局扩大会议之前，用"生活会"给他定案。

从1982年到1986年，每年的中央一号文件都与农业有关，但1987年1月6日发给全党的一号文件的内容却是邓小平关于处理学生示威的指示要点。邓小平说，反对资产阶级自由化的斗争关系到国家的未来，必须态度坚决。对拒不接受"教育"的人要做出严肃处理。[66]没过几天示威就停了下来，没有任何有关死人的报道。[67]

邓小平在1月6日也见了胡耀邦一面，通知他要召开批评他的"党内生活会"。在组织这些会议期间，邓小平指示党内干部要"软处理"。[68]他说，不要搞成路线斗争，也不要提"团派"，开会不是为了打击报复。[69]但是，胡耀邦在上层干部、地方干部和知识分子中间毕竟有众多追随者，邓小平认为，为了消除胡耀邦的影响，有必要对他的问题做出详细而全面的说明。邓力群被请来起草这个批胡的文件。同时赵紫阳也与胡耀邦见了面，通知胡说，允许他保留政治局常委一职，但他要对次日召开的批评会做好精神准备。赵紫阳还劝说他，如果再发生学生示威，一定要坚定公开地表明反对立场。[70]

1月10日至15日，在由薄一波主持的、根据邓小平的要求召开的"党内生活会"上，有二三十名高层干部对胡耀邦进行了批评。邓小平和陈云两人地位太高不宜到会参与批评，李先念人在上海，也没有参加。有人说，如果叶帅没有死（他于1986年10月22日去世），他会保护胡耀邦。

胡耀邦在会上首先做了自我检讨。他承认自己未能承担起责任，按邓小平的指示阻止学生示威。"自1986年11月以来，小平同志曾就这次10年来最大的学潮给我做过3次指示。"此外，他知道自己会在哪一些具体问题上受到批评，对每一个问题都做了严肃的交代，他承认自己有错误，但也试图做出辩解：

• 关于他未能坚持四项基本原则："我确实讲过一些话，也抓过一些事，但没有严格把握这些基本原则。"

• 关于资产阶级自由化："我不认为这个问题很严重，我觉得只要干好工作，问题自然会得到解决。"

• 关于精神污染："小平同志讲过之后，我没有及时采取正确的措施制止一些错误言行。"

• 关于培养干部接班人问题："党中央，特别是一些老革命，一再要求我培养好接班人，大胆提拔德才兼备又有经验的同志。对此我是坚决拥护的。我在提拔和安排干部上从来没有以自己为中心，总是集体开会讨论。我没有提拔过有私人关系的人或支持过小圈子……但我也犯了一些错误。"

• 关于外事活动："一定要特别慎重。负责接待外宾的部门请我见陆铿，我没有拒绝，这是个错误。我在同他谈话时……没有断然否定他的一些说法。"

• 关于"思想"："我犯错误的主要原因是，'文革'之后，我在思想斗争中总想维护安定，担心出乱子。我把精力主要用于防左，没有防右，……把一些次要的事情看得太重。……在长期任职之后，我变得过于兴奋急躁……不能冷静听取别人的意见。"

• 关于答应下面的事太多："我从来没有批准过超出自己职权范围以外的事。"[71]

胡耀邦对随后受到的猛烈批评完全没有准备。邓力群对胡耀邦的详细批评占去了1月12日整个上午和次日的半个上午，总计5个多小时。邓力群一一列举了胡耀邦的"错误"。他说，胡耀邦最大的失误是对四项基本原则和反精神污染斗争关注不够。他没有做到团结全党；他主要使用跟自己观点相同的人；在重要的人事任免上没有充分征求老领导的意见。[72]

赵紫阳在1月15日也对胡耀邦提出了批评。赵紫阳说，胡耀邦虽然大公无私，但是也有弱点。"他喜欢标新立异，搞些噱头。他不服从纪律……如果他有更大的权力，问题就会更大……为什么他对刘宾雁、王若水这种放肆的人那么宽容？他大概是想在国内外树立一个开明形象。"赵紫阳又说，"耀邦同志不遵守纪律。如果条件有了变化，小平同志和陈云同志不在了，我是无法继续与他共事的，那时我就要辞职了。他不管你常委会怎么定的，党代会怎么定的，或过去怎么定的，他想怎样就怎样。"[73]胡耀邦对这些话很吃惊，他没有想到赵紫阳会这样批评他。胡的朋友也觉得赵紫阳确实是在"落井下石"。[74]1989年后，赵紫阳曾表示，虽然他和胡耀邦有分歧，但他对胡的批评并不过分，他和胡耀邦对改革有着一致的看法，能够合作共事。他说自己"没有对胡耀邦落井下石"。

15日上午的"党内生活会"结束前，胡耀邦做了最后的检讨，他表示要为自己的全部错误承担责任。

1月16日政治局召开了更加正规的扩大会议,与会者包括中顾委的17名老干部,没有参加"党内生活会"的陈云表明了他的意见。他说,他在1980年完全支持提拔胡耀邦担任总书记的决定。但是1980年至1981年这段时期他观察到胡耀邦领导的书记处并没有把工作做好。胡耀邦让100多个部级单位向他提交报告,却不解决要害问题。此外,他到下面乱跑,一个星期就能跑22个县,没有把精力用在他本应深入研究的主要问题上。他也没有定期召开政治局会议和常委会议,而即使是为了搞好党内民主,也应当定期开会。陈云又说,他在1983年3月批评过胡耀邦以后曾希望胡耀邦能改正错误,可是胡耀邦显然没有完全理解他的意思。选拔干部应该选来自五湖四海的能人,胡耀邦却只选自己圈子里的人。选拔干部要考虑"德才兼备",但"德"(对党的忠诚)是第一位的。不过陈云强调说,解除胡耀邦的职务要遵守党内程序,这一点十分重要。[75]

胡耀邦被解除了总书记一职。赵紫阳仍然担任总理,但接替胡耀邦成了代总书记。赵紫阳说,他不想当总书记,他更适合担任总理,但与会者确实普遍认为赵紫阳在经济工作上表现出众,因此没有太大争议就通过了让他担任代总书记的决定。这些决定后来得到了中央全会和十三大的正式批准。胡耀邦仍保留着党员和中央委员的身份,而且名义上暂时仍是政治局常委,但事实上他完全靠边站了。

一些思想开明的党员担心,胡耀邦下台后正统派可能会取得控制权、放慢改革开放的步伐。但是,继续领导党的日常工作的"五人小组"——赵紫阳、杨尚昆、薄一波、万里和胡启立——都亲近邓小平,愿意听从他的领导。[76]邓小平和赵紫阳都坚持改革开放不能变。[77]

胡耀邦的秘书在1月17日告诉胡的家人说,胡耀邦现在身心交瘁,要在中南海勤政殿休息一段时间,他要求家人不要去看他。两周以后,胡耀邦回到家中。他让助手收拾好他过去10年里的讲话、报告和各种文件,在家里花了3个月阅读这些材料。他在家里也看电视,重读马列全集的一些章节。他很少会客,也几乎不参加党的活动,但他出席了解放军"八一"建军节的庆祝活动、七中全会和中共十三大。

1月19日中央印发三号文件,列举了解除胡耀邦职务的原因:[78](1)他抵制党为反对精神污染和资产阶级自由化而做出的努力,纵容全盘西化的要求,导致学潮的发生;(2)没有充分坚持四项基本原则,只批左,不批右;(3)在经济工作中鼓励经济过快增长和消费,造成经济失控;(4)在政治工作中经常违反程序;(5)在外事活动中说了一些不应该说的话,例如在毫无准备的情况下就邀请3000名日本青年访华;(6)经常不遵守党的决议,未经中央授权就讲话。[79]

三号文件还附有胡耀邦本人的检讨摘要。他在检讨中承认自己犯了严重错误,给党、国家和人民造成了重大损失。不过他没有说自己对思想的宽容态度导致了"精神污染"、资产阶级自由化或学生示威。三号文件中还说,邓小平、陈云和李先念这些老干部只要身体健康,今后仍会继续为其他干部——这是指总书记和总理——提供指导。3月和5月又印发了三号文件的补充文件,对胡耀邦担任领导期间的问题做了更具体的说明。[80]

在一些自由派干部看来,像胡耀邦这样为国家辛勤工作、大公无私的人,其治理方针本可行之有效,却被他忠心效力的人罢了官,是一场悲剧。[81]和邓小平一起工作过的另一些干部则认为,假如胡耀邦继续在台上,社会秩序将荡然无存,因为胡缺少维护党和国家的权威所必需的坚定立场。他们感谢邓小平精心安排,没有给党造成损害就撤掉了胡耀邦,保持了党内高层的团结,使邓小平的改革得以继续。两年后胡耀邦去世时,这两种分歧严重的观点再次交锋,并且造成了更加可悲的后果。

胡耀邦下台后,邓小平还数次邀请胡耀邦去他家打桥牌,都被胡婉言谢绝,只有一次例外:1987年12月30日,即胡耀邦得知自己要被解职那天的整整一年后，他接受了邓小平的邀请。邓问胡对自己的问题是不是想通了，胡耀邦没有回答。[82]

反资产阶级自由化，1987年

胡耀邦下台后，邓小平多管齐下，加强他认为在胡耀邦领导时期日益松弛的党内纪律。为了减少胡耀邦的影响力，邓小平公开胡耀邦的"错误"，并把批评中共但一直受到胡耀邦保护的一些追随者撤职。邓小平还意在遏制对人道主义、自由、民主等西方观念日益广泛的渴求，他认为有人利用这些观念来挑战党的最高权威。

邓小平亲自主持的1月16日政治局扩大会议上，宣布了要开展批判资产阶级自由化的运动。邓小平还同时宣布，要继续实行全面改革和对外开放。[83] 1月28日春节前夕发布了中央4号文件《关于当前反对资产阶级自由化若干问题的通知》，对即将开展的运动做了说明。[84]

受到胡耀邦保护的知识分子——方励之、刘宾雁和王若望——被开除出党；朱厚泽在3月也被撤销了中宣部部长一职。刘宾雁为自己辩解说，他的报告文学批评的是一部分中共干部，并不是在攻击党，但有些高层干部认为，他的批评以及对人道主义理想抱"更高忠诚"的呼吁使人们对党产生了消极印象。还有不少人虽然未在媒体上遭批判，但受到了内部批评，包括中国社会科学院政治学研究所所长严家其和一些大学行政干部中的党员。[85]为避免在知识分子当中造成严重的消极反应，邓小平宣布运动只限于党内。

邓小平试图在主管宣传工作的高层干部中加强纪律，要求他们维护社会主义理想。3月29日中央印发了一个改进报刊与出版工作的文件，然后便出现了一篇又一篇批判资产阶级自由化的文章，广播也在不停地宣传同样的内容，包括批判主张个人主义和腐化堕落的西方思想。[86] 媒体还歌颂爱国主义，赞扬中国人民的创造精神和科学成就。[87]

中共十三大：赵紫阳主政

邓小平很清楚，毛泽东至死不放弃权力造成了极大危害。所以他决心建立一种新的模式，对高层领导人的任期要有限制，到期就退休。

在1987年10月25日到11月1日召开的中共十三大上，邓小平辞去了所有党政职务，退出了中共中央委员会、政治局和政治局常务委员会，但保留了中央军委主席和国家军委主席的职务。[88] 其他老干部别无选择，也只好从正式职务上退下。陈云获准取代邓小平成为中顾委主任，第一线的工作则交给了赵紫阳。

党的十三大是赵紫阳亮相的大会。邓小平知道，为了使接班人有效行使领导权，必须给他相当大的活动空间。除非邓小平认为事态紧急，赵紫阳就是当家人。把胡耀邦解职后，邓小平让赵紫阳放手筹备并领导了十三大。赵紫阳在5月13日的报告不但标志着反对资产阶级自由化运动的结束，也是赵紫阳为期半年的全力以赴地领导十三大筹备工作的开始。[89] 为使西方民众对此变化有所准备，赵紫阳在1987年9月25日接受了美国电视节目主持人汤姆·布罗考（Tom Brokaw）的采访。在聚光灯下，赵紫阳对自己将在一个月后的党代会上正式成为新的第一线领导人显得踌躇满志。[90]

赵紫阳虽然成了当家人，但他仍是在邓小平划定的范围内做事。他坚持四项基本原则，反对资产阶级自由化，表明自己对进一步推动对外开放和经济改革的信念。邓小平长久以来一直赞成党政分家，赵紫阳也紧跟这一路线。尽管如此，赵紫阳还是获得了相当大的活动空间，因为邓小平甚至陈云都清楚，在赵紫阳的领导下经济和政治体制都会继续发生变化。

1987年5月29日，在绿灯亮起的两周以后，赵紫阳对新加坡总理吴作栋说，他正在为十三大准备一个政治改革纲领，改革的长期目标是"建设高度民主的社会主义"。赵紫阳说，这个过程需要保持政治稳定，也将经过很长时间才能成功。改革要循序渐进，一个省一个省地进行。赵紫阳说，将来党不会再插手政府事务，党内将会有高度的民主。[91]

　　为了反映各级干部的意见，文件总共修改了8稿。9月27日邓小平看过文件后决定不再做任何修改，只是简单地批示说："看了，没意见，写得好。"根据赵紫阳的指示，文件以《建立健全社会主义民主政治》作为标题提交给十三大。邓小平在大会前夕发表简短讲话，表明他完全支持这个报告。[92]

　　像邓小平一样，赵紫阳也力图回避会引起争议的观点。十三大的文件既支持继续改革开放，也避开了容易引起争议的具体问题。赵紫阳选择了"社会主义初级阶段"作为主题，这是这个概念第一次系统性地被党的代表大会所采用。它的好处是既可以让那些社会主义意识形态的拥护者继续坚持中国最终将走向社会主义的信念，又给予了那些相信市场的人发展生产力所必需的自由空间。当有人问到这个初级阶段会持续多长时间时，赵紫阳说，"社会主义现代化的大体实现……至少需要上百年时间。"[93]

　　实际上，赵紫阳是将社会主义高级阶段无限期地拖后，他要让那些希望经过短期整顿后党会再次迈向社会主义高级阶段的人打消这种念头。十三大为经济体制提出了"有计划的市场经济"这一新说法，反映了市场正在变得更加重要，这与过去宣称计划优先的文件相反。国家调节市场、市场引导企业、详细硬性计划的作用将持续下降。要建立劳动力、技术、信息和房地产市场。赵紫阳说，长远目标"是建立高度民主、法制完备、富有效率、充满活力的社会主义政治体制"。报告为进一步改革提供了方向：

（1）实行党政分开，减少党在领导政府事务中的作用。各级党委不再设立不在政府任职但又分管政府工作的全职书记。

（2）进一步下放权力。

（3）政府各单位要明确职责，减少职权的重叠。

（4）提拔、降职和奖惩要以工作表现作为依据，培训、工资、福利和退休的权利都要有法律加以保障。

（5）在关系到地方群体的问题上，政府要与地方干部进行协商并向群众告知结果。

（6）加强"社会主义民主"，要允许各种群众组织，如妇女、工会和其他团体，表达他们所代表的群众的意见。要加强民族区域自治，大力培养少数民族干部。

（7）加强社会主义法制。[94]

大会还批准了一些程序上的改革。为了能更及时地了解情况，中央委员会全会将从一年一次改为一年两次。政治局会议的重要决定将不再保密，而要在媒体上公布。对工厂、学校、医院、企业的党组织进行精简，使这些单位能够更加自主地做出有关自身工作的决定。

在十三大召开前的几个月里，赵紫阳全面负责人事上的变动，但在选拔过程中老干部其实仍发挥着重要作用。政治局的新常委赵紫阳、李鹏、胡启立、乔石和姚依林都不是极端派。姚依林被公认是精明能干的管理者，得到陈云的强烈支持。好在胡启立和乔石都坚定地支持改革，这就保证了赵紫阳在常委中能成为改革的多数派。和两年前党的全国代表大会一样，选拔标准强调教育背景、领导业绩和相对年轻。经过这次人事变动后，政治局委员的平均年龄降低了5岁。

另外，十三大的中央委员会的产生，是中共历史上第一次差额选举，因此就排除了最不受欢迎的候选人，保证了当选者至少拥有其他人最低限度的支持。大会第一轮投票时，候选人比实际名额多出 10 人，因此得票最少的 10 人落选。邓力群便是落选的 10 人之一。[95] 随着邓力群离开中央委员会，他的主要工作单位书记处研究室也被解散。

十三大避免了正统派和改革派之间的尖锐分歧。两个最具争议的干部——总书记胡耀邦和他的批评者邓力群——都被撤职，这使中间派更容易齐心协力继续推动市场改革和温和的政治体制改革。实际上，正统派和改革派所争论的关键问题在十三大之前的几年里就已经转向更开放、更多的言论自由和更多的市场改革。赵紫阳在十三大上进一步推进了这一转向，尽管斗争仍在继续。邓小平让他认为过于宽容的胡耀邦离开领导核心，并没有破坏中共上层的团结。赵紫阳坚持邓的四项基本原则，推进邓的经济和政治设想，邓有理由希望在自己退出之后，赵将有效地引导中国走向改革的下一阶段。

▲ 1952年秋,陈云和邓小平在登山途中休息。(《邓小平》,第271页)

▲ 1978年12月,邓小平和陈云在十一届三中全会上启动改革开放。(《邓小平》,第104页)

▲ 1978年7月，邓小平同胡耀邦谈话，明确支持和肯定真理标准问题的讨论。(《邓小平画传》，下册，第320页)

▲ 1978年10月,邓小平访问日本。(《邓小平画传》,下册,第338页)

▲ 1979年1月1日,与美国驻华大使伍德科克举杯庆祝完成中美关系正常化谈判。(《邓小平画传》,下册,第357页)

▲ 1979年7月，邓小平登黄山途中小憩。(《邓小平画传》，下册，第394页)

▲ 1981年,瞭望中国西部辽阔的土地。(《邓小平画传》,下册,第427页)

▲ 1984年2月,和领导农村改革的万里到北京十三陵种树。(《邓小平》,第111页)

▲ 1979年1月,接见香港总督麦理浩爵士,开启有关香港前途的谈判。(《邓小平画传》,下册,第472页)

▲ 1984年12月19日,与英国首相撒切尔夫人签署有关香港未来的中英《联合声明》。(《邓小平画传》,下册,第478页)

▲ 1979年1月底到2月初,邓小平和夫人卓琳出访美国。这是中华人民共和国成立后中国领导人对美国的第一次访问。图为邓小平和美国总统卡特在白宫阳台上。(《邓小平》,第210页)

▲ 1979年2月，在美国得克萨斯州的牛仔竞技表演现场戴上牛仔帽。（©Bettmann/CORBIS）

▲ 1974年8月，邓小平70寿辰时和家人合影。前排左起：邓朴方、卓琳、邓小平、夏伯根。后排左起：邓质方、邓楠、邓榕、邓林。(《邓小平》，第290页)

▲ 下海去。(《邓小平画传》，下册，第615页)

▲ 1980年代末。打桥牌。(《邓小平画传》,下册,第612页)

▲ 1984年1月，在广东省长梁灵光陪同下，视察第一个经济特区深圳的建设。(《邓小平画传》，下册，第501页）

▲ 1984年2月,邓小平会见美国乔治城大学战略与国际问题研究中心代表团时,提出"一个中国,两种制度"。(《邓小平》,第119页)

▲ 1989年2月26日,邓小平会见美国总统布什时说,中国的问题,压倒一切的是需要稳定。担任翻译的是后来的驻美大使和外交部长杨洁篪。(《邓小平画传》,下册,第576页)

▲ 1992年1月，南方之行期间在珠海，和群众在一起。(《邓小平画传》，下册，第633页)

▲ 1997年2月,联合国安理会为邓小平去世默哀一分钟。(《邓小平画传》,下册,第649页)

邓小平时代的挑战
1989—1992

第20章
北京：1989

从1989年4月15日到6月4日，在举世瞩目之下，成千上万的中国青年人走上北京和其他城市的街头。4月15日胡耀邦骤然离世后的最初几天，示威者绝大多数还是涉世不深的年轻人，他们要向这位刚离世的他们尊敬的领导人表达敬意。他们最初开始集会时，秩序井然，并未给交通造成干扰；最初他们也没有政治纲领。然而，随着示威日益扩大，要求变得越来越强烈，内容上也越来越激进，示威者与当局的紧张关系不断升级。冲突在6月4日达到顶点，军队在这一天采取清场行动，恢复了秩序。

当时邓小平已84岁，他没有去街头会见示威学生，也没有插手中共每天做出的反应。但是他一直关注着局势的演变，是最终的决策者。他并不赞同示威者的言行，他们都是他所推动的改革开放和为经济增长提供基础的政治稳定的受益者，而现在他们正在威胁这种稳定。

邓小平试图避免东欧发生的事情在中国重演，那里因政治领导人向民众的要求让步而导致了失控。邓小平想避免流血。但是他从一开始就相信必须坚定立场，尤其是在胡耀邦追悼会之后，他更加直接地掌管着党对示威者的反应。他要确保干部能够落实他认为恢复秩序所必需的措施。

在6月4日之前，无论何人，不管是中共领导人、知识分子还是学生领袖，事实上都无法阻止愈演愈烈的乱局。党内领导层的分裂，对中国当时能容许什么样的自由形式的分歧，曾为革命浴血奋战的老干部和习惯于舒适生活的学生之间的观点差异，担心通货膨胀与就业的城市居民的不安全感，示威运动的浩大规模，以及学生领袖在控制其运动上的无能，国内外人们对示威者的同情，中国军队在控制群体事件上缺乏经验——凡此种种，使中共领导人在控制局面上一筹莫展。

中共老一代领导人在1949年以前参加的学生运动，有着良好的组织、经过周密思考的计划和纲领，到1949年时学生领袖们已经共同奋斗了多年。1960年代后期的学生有参加红卫兵的经历。但是1989年聚集成群的学生没有任何组织经验。能言善辩的演说家可以脱颖而出成为领袖，但他们缺少组织、纲领和确保服从的程序，因而没有代表其他学生与政治领导人进行谈判的基础。

部分市民没有和政府站在一起限制示威者，因为他们同情学生的批评。即使有些受到多年政治打压的老知识分子试图阻止学生采取激进行动，但实际上也赞赏学生们大胆表达他们自己不敢表达的观点。最初自发的和平悼念胡耀邦的行动，演变成了游行、政治辩论、露营、愤怒的示威、绝食和日益失控的冲突。

示威学生要求改善他们的生活条件，他们不满于自己既有能力又辛苦工作，得到的报酬却少于没有受过教育的企业主。不过他们也从1986年学生运动的失败中汲取了教训，即争取群众的支持对于他们的事业很重要。因此他们在1989年不再抱怨自己可悲的生活条件，而是采用了能引起民众共鸣的口号：民主、自由、更加人道和负责任的党、献身公益的干部队伍。

全世界的电视观众被这些青年人发自内心的温和诉求所打动，这反过来又让示威者更加振奋。驻华外国记者的工作长期受到中国官员的限制，因此热衷于倾听学生的要求。在4月15日之前，大多数学生们不敢跟外国记者公开交谈,然而在1989年春天的事件过程中,他们的胆子变得越来越大,记者们将他们的声音传播出去,为他们争取同情。

学生一方情绪高涨,不仅因为他们在国内外获得了巨大支持,还因为政府最初限制示威的努力以失败告终。当大批学生突破警察的封锁线时,学生和外国观察者都产生了不切实际的希望,以为政府最终会向他们让步。当时学生们很难想象政治领导人会动用人民解放军。

中国的领导层能够看到外国人的关注与支持在鼓舞着学生,认为示威有国内外的"幕后黑手"从中操纵。有关这些"幕后黑手"的传言在高层干部中间广为流传,并被一些人用来作为促请邓小平采取强硬措施的理由。

胡耀邦去世

胡耀邦从南方过冬返回北京后不久,出席了1989年4月8日召开的政治局会议。会议开始还不到一小时,他便因严重的心脏病发作而栽倒在地。紧急送往医院后他似乎有恢复的迹象,但在4月15日凌晨猝然去世。群众从晚7点的电视新闻中得知了他的死讯,次日的电视和报纸又发布了正式的讣告。这一消息令举世震惊,他的去世完全出人预料,引起了巨大的同情,甚至连一些强硬派也不例外。邓力群是1987年1月批胡的带头人,但这时他也赞扬了胡耀邦。他后来写道,胡耀邦从来不搞阴谋,胸怀坦荡,对人不抱恶意。邓力群还说,与胡相比,赵紫阳则曾经参与过阴谋,也整过人。[1]

群众能够长久被胡耀邦所感动,不仅因为他热情亲切,还因为他做人正派,对党忠心耿耿。他是知识分子的希望,曾为他们作过勇敢的斗争。他是他们心目中好干部的表率——有崇高理想,无任何腐败劣迹。他曾长期担任团中央总书记,能够与他所培养和提携的年轻人打成一片。然而他在 1987 年却被免职，因为他对 1986 年的学生示威太软弱。

骚动的根源

1989 年春天，在高层领导人中的政治分歧，加上邓小平逐渐退出对日常工作的领导，导致了相互冲突的信号和混乱。这种不确定的环境使得引发社会骚动的严重问题在下层进一步发酵和加剧。在 80 年代末，大多数学生更加关心的不是政治自由，而是他们个人的自由，如自主择业的权利。大学生们通过艰难的高考证明了他们的能力与勤奋，觉得有资格获得他们想要的工作。但是在 1989 年，由于重要的产业和政府机关缺少训练有素的大学毕业生，政府的政策仍然要求大学毕业生服从工作分配。由于每个学生的工作分配部分地取决于同学生住在一起的政治辅导员，有些辅导员被怀疑有偏向，有些甚至炫耀自己有能影响学生前程的权力。很多眼界开阔、思想独立的学生，对于要不断讨好辅导员深恶痛绝。对他们来说，"自由"就是使他们能够自主择业。学生们其实很少花时间讨论选举制度。

对普通民众来说，主要的担忧则是通货膨胀。党政机关工作人员和国企职工等拿固定工资的人，看到有钱的私人经商者炫耀其物质财富，推高市场价格，威胁到工薪阶层获得基本温饱的能力，这让他们感到不满。这个问题又因腐败而加剧：乡镇企业的从业者从政府和国有企业获取短缺的原料和资金以自肥；自主经营的企业家赚到的钱至少部分来自钻政府的空子。"官倒"想方设法把社会财富装进自己的腰包，遵纪守法的干部的收入却停滞不前。[2] 农民工开始纷纷涌入城市，也加剧了通货膨胀问题。

官方数字尽管低估了实际变化，仍显示 1987 年至 1988 年北京的消费物价上涨了 30% 以上，这使那些依靠固定工资、过去 30 年来一直有着物价稳定预期的家庭感到恐惧。此前为养老和以后生病而攒钱的节俭家庭，却痛苦地看到自己的存款在贬值。由于物价持续上涨，政府又声称要进一步放开价格管制，使不满变成了恐慌。

靠固定工资过日子的政府干部一向受到为社会利益而工作的教育。令他们愤怒的是，中国社会中最不道德的人，只为自己干活的人，和为谋取私利而攫取公共资源的人，如今能够出入高档餐馆，住好房子，穿着时尚，买得起摩托车甚至是汽车。没有哪个城市像北京那样，集中了如此之多拿工资的机关干部或将在毕业后靠固定工资过日子的大学生。这些人认为，国营企业应当用它的更多收入给职工加薪或至少提供更多福利。在1989年春天群情激奋的气氛中，甚至一些机关干部也冒险加入了示威，并且打出他们自己机关单位的旗号。不过，即使对于普通百姓来说，学生们反通胀、反贪官的口号，也泄放出了他们积蓄已久的情绪。

中国民众提到"贪官"时，并不是在说犯法的人，因为当时法制的观念不强；他们指的是那些利用别人没有的职务或个人关系谋取私利的人。对"官倒"怒不可遏的抗议学生要求公布他们的收支、他们拥有的别墅数目以及他们子女的金钱来源。[3]

对于国企职工来说，企业被迫进入市场后他们可能丢掉"铁饭碗"——即得到保障的工作和福利，这比通货膨胀还可怕。政府已经开始向亏损的国企施压要求其降低成本。一些企业甚至获准破产，引起了职工的恐慌。这对工人们有极其重大的利害关系，因为中国当时没有全国性的社会保障和医疗制度。大的国有企业很像美国的军事基地，不但是经济单位，而且是一个完整的社会，它们提供有补贴的住房和医疗，甚至职工子女的教育。对于国企职工来说，失去工作就等于失去一切。因此，自由市场会把国有企业淘汰出局的前景十分可怕。

在1980年代中期，随着经济的增长，很多农民工涌入北京和其他城市打工，尤其是机械的使用尚不普遍、需要大量人力的建筑业。但是1988年底为控制通货膨胀对经济采取的紧缩政策，使他们中的很多人失去了工作机会。很多失业后仍留在城里艰难度日的人,却看到"官倒"和大款们在炫耀自己的财富。总之,对很多人来说,市场力量带来的巨变让他们深感愤愤不平。

从悼念到抗议,4月15—22日

4月15日傍晚,在宣布胡耀邦去世几小时后,北京大学的一些地方就贴满了悼念他去世的大字报。[4] 次日,大约800名学生从学校游行到天安门广场,在广场中央的人民英雄纪念碑前向胡耀邦敬献花圈。警察对于从大学前来悼念的人并未进行干预。

随着广场上的人群越聚越多,悼念活动也开始有了政治意味。4月18日一大早,数百名学生穿过天安门广场来到人民大会堂,向全国人大常委会提出了几条要求,包括要求更多的民主自由,停止反资产阶级自由化运动,推翻1986年惩罚抗议者的决定,公开领导人及其子女的资产。当晚11点左右,数千名抗议者从天安门广场来到几百米开外的党政机关所在地中南海的新华门前。他们不断高呼口号,要求让他们进去。警察请求他们离开但遭到拒绝。人群一直坚持到次日凌晨4点,警察才终于将其驱散。自共产党1949年掌权以来,这是第一次有示威者要求进入中南海。正如李鹏所说,在4月18日这一天,示威的基调从悼念变成了抗议。[5]

中南海里很容易听到新华门外人声鼎沸,这使高层领导很快意识到事态的严重性。得知胡耀邦去世后匆忙从日本回国的李鹏,在采取什么措施上与赵紫阳发生了分歧。李鹏对赵紫阳说,要做出强硬的反应,作为当家人的总书记赵紫阳则认为,最好不要激怒学生,只要不发生打砸抢,采取强硬行动就是不明智的。[6]

4月21日的示威规模进一步扩大。[7] 为了使学生平息下来,国家教委主任李铁映指示大学的干部维持校园的各项正常活动,对学生的示威要加以限制。《人民日报》宣布禁止游行示威,并警告学生"不要把政府的容忍误以为是软弱"。但是学生们拒绝平复下来。4月22日胡耀邦追悼会那天,大约有20万人聚集在天安门广场,通过广播喇叭仔细聆听20分钟的悼词。胡耀邦的追悼会在人民大会堂隆重举行,遗体被送往八宝山火化。追悼会过后,3名学生代表跪在人民大会堂的台阶上,等了大约3小时要求见李鹏。他们后来抱怨说,他们受到怂恿,认为李鹏或另一名高级干部会出来见他们,但李鹏和其他官员称对此并不知情。[8]

"四二六社论"

学生悼念胡耀邦时,邓小平对他们没有采取任何限制措施。不论邓小平在胡耀邦掌权的最后几年如何批评他,胡仍然被认为是一个为改革开放做过贡献的忠诚干部。邓小平知道,压制学生的悼念活动只会激怒他们,就像1976年4月阻止悼念周恩来逝世点燃了抗议者的怒火一样。但是,悼念活动一结束,邓小平已经打算向学生发出警告。

按照早已确定的行程,赵紫阳出访朝鲜将从胡耀邦追悼会后的4月23日开始。他按照行程于4月23日从北京火车站动身前往平壤。李鹏为了平息他与赵紫阳有冲突的传言,去火车站送赵紫阳离京。赵紫阳对李鹏说,自己不在时李可以自行决定召开政治局会议。

赵紫阳等人希望,胡耀邦追悼会之后人群就会散去,然而他们并没有散去。就在赵紫阳离京的当天,尽管有不允许学生成立组织的禁令,来自21所高校的学生开会成立了"北京高校学生自治联合会",他们决定不能像1986年的学生那样轻易结束示威;现在这个学生团体要更加顽强。学生的组织者早先曾宣布将在5月4日以后复课,现在他们却推翻了这一决定,宣布将无限期延长罢课时间。

赵紫阳出国后,临时接过工作的李鹏知道责任重大,于是去咨询杨尚昆。杨尚昆认为,鉴于局势的严重性,应当向邓小平汇报。

当天傍晚李鹏和杨尚昆就向邓小平汇报了他们的看法,认为对抗议活动要采取坚决果断的行动。李鹏说,学生已经开始批评邓小平本人,而且还有一些令人不安的进展:新华门前的扭打;6万名学生仍在罢课的报告;交通受阻;有关试图推翻共产党和社会主义制度的"幕后黑手"的报告,这些都说明了问题的严重性。[9] 邓小平同意要对学生发出警告,说明他们行动的严重性。此后邓小平便深深卷入如何应对示威者的思考之中。

李鹏于次日召集政治局会议,听取了负责监视首都事态的北京市领导陈希同和李锡铭的汇报。有观察家认为,这两人由于害怕为可能出现的问题承担责任,夸大了示威的严重程度,使邓小平对实际情况发生了误解。但其他干部认为形势确实严峻,李锡铭和陈希同对天安门广场的情况的报告是准确的。

4月25日上午10点邓小平在家里与李鹏和杨尚昆会面,听他们汇报情况。李鹏在日记中说:邓小平在4月23日就决定了必须发出严厉警告。[10] 听完他们的汇报后,邓小平说,必须终止这场动乱——像波兰那样纵容示威活动的其他共产党国家,党的权力垮掉了。因此中国领导人必须明确坚定地结束动乱,控制住局势。邓小平还说,要立即发表一篇权威社论向学生发出警告。要告知北京地区的领导人坚定立场,并指示高校的党政领导把事态平息下去。[11]

邓小平对社论的内容亲自做出指示,就像通常做出重要决策时一样,他认真准备了自己的意见。胡启立受命负责起草社论,由笔杆子胡乔木定稿。社论于当晚在电台上播出,第二天即4月26日刊登在《人民日报》上。[12] 社论赞扬了大多数悼念胡耀邦的人,但也谴责一些悼念者有不当言行。社论说,一些示威者攻击党的领导和社会主义制度,甚至成立非法组织,试图向得到政府批准的学生组织夺权。他们参与罢课,导致试图推翻共产党领导的"动乱";他们打着民主旗号破坏中国式的民主。不制止这场动乱就会导致社会混乱。斗争是严肃的,要立刻解散一切非法组织,禁止非法游行。

对任何造谣惑众的人要追究其刑事责任。[13]

政府指望社论能够镇住学生。然而令人失望的是，结果却适得其反，学生领袖非但没有退缩，反而动员了更多的学生加入他们的行列。

战线随着"四二六社论"的出现拉开。示威领袖把一些领导人视为他们的敌人。示威的规模越来越大，轻易便能突破警察的警戒线，因为警察被告知反应要有节制，以免造成流血。[14]但是，领导层也不愿有丝毫动摇，不肯撤销"四二六社论"，因为他们担心这将削弱党的权威。虽然李鹏等官员放弃了最初不愿与学生对话的态度，但他们在会见学生时仍坚守防线，未能缓解局势。

李鹏和赵紫阳的分歧，4月29日—5月12日

面对规模日益扩大的群众示威给政府和党造成的压力，高层领导出现了两极分化。害怕混乱的一方认为必须加紧控制，另一方则相信应该对学生的要求采取更宽容的态度。李鹏是前一派的象征，赵紫阳则代表后者。李鹏的日记中每天都记录着对赵紫阳的批评，他说邓小平在1988年秋天之前就已经对赵紫阳处理经济工作的表现有所不满。邓还不满赵紫阳在政治上软弱，没有坚定支持反对资产阶级自由化的运动；并且不愿意为恶性通货膨胀和群众对放松价格管制的反应后果承担全部责任。[15]相反，赵紫阳则说，局势是在他出访朝鲜以及李鹏向邓小平汇报了示威可能带来的威胁之后恶化的。邓小平和其他党内元老以及公安力量都支持李鹏。

李鹏是个稳重的干部，他学水利工程出身，有尽责有效的行政官员的名声。他是革命烈士的后代和周恩来与妻子邓颖超的众多养子之一，这使他有着特殊身份。事实上，他想必具有很高的才能，才得以通过严格的筛选去苏联学习先进科学知识，但他在领导人中间并不以才华著称。他表达个人见解时总是态度谦逊，对党十分忠

诚，工作勤恳而投入——无论老干部们的指示多么不受欢迎，他总是乐于依照他们的意愿行事。他的固执而又谨慎的性格，与胡耀邦或者赵紫阳形成了鲜明对比。

当4月25日邓小平向李鹏说明他认为很有必要发表一篇社论时，邓的讲话要点也被送给了还在平壤的赵紫阳，他在一间挂着黑窗帘的密室里读了邓小平的意见后，立刻发回电报说："我完全同意邓小平同志对目前的动乱问题做出的决策。"李鹏在日记中强调，赵紫阳对社论是同意的，但其实赵紫阳只同意了邓小平4月25日的讲话，而不是根据讲话写成的《人民日报》4月26日的社论。

5月1日，赵紫阳从平壤回国两天后主持召开了政治局常委会，研究如何应对纪念五四运动70周年时可能发生的示威。他主张发表一个声明，表明党支持加强民主，提高政治生活的透明度，以适应时代的变化。但李鹏认为政府的头等大事是稳定。他批评了非法组织和谣言的散布。他坚持认为，如果放任这些年轻人，中国就会发生大倒退。

5月3日和4日，赵紫阳在两次重要的公开讲话中坚持主张要正面看待学生的要求。

在5月4日亚洲开发银行年会的讲话中，赵紫阳也努力向外国投资者保证，中国的社会和经济秩序没有陷入混乱，学生示威很快就会得到控制。赵紫阳在讲话中承认，党内确实存在腐败问题，他将之归咎于社会主义法制不完善、缺乏开放性和民主监督。他重申学生是爱国的。

此时，香港媒体特意点出了赵紫阳讲话和李鹏与学生对话的差异，并开始推测两人之间的分歧。负责向高层汇报示威情况的北京市委书记陈希同是站在李鹏一边的，他后来在7月6日向全国人大汇报"反革命暴乱"时说，就在李鹏准备更加强硬时，赵紫阳却摆出了谅解的姿态。陈希同与李鹏和邓小平站在一边，批评赵紫阳5月4日的讲话背离了"四二六社论"精神。陈希同说，很多和他一样的基层干部正在努力控制违法乱纪的学生,他们觉得自己被赵紫阳的讲话出卖了。他们正在试图使学生让步,在他们看来赵紫阳则过于同情学生。

为戈尔巴乔夫的访问做准备和绝食抗议,5月13—24日

对于邓小平来说,戈尔巴乔夫从5月15日至18日对北京的访问是中苏关系的一个历史转折点,也是他个人的一次胜利。两个最大的社会主义国家之间长达30年的疏远即将结束,关系正常化露出了曙光。早在80年代初,邓小平就提出了中苏恢复正常关系的三大条件:苏联从阿富汗撤军;将军队从中国东北边境附近撤离;越南人离开柬埔寨。他之前曾估计,苏联因战线拉得太长,需要调整自己的外交政策,这一估计已被证明是正确的。戈尔巴乔夫同意了所有三个条件,将按照邓小平的条件前来北京访问。这是邓小平一生成就的顶峰之一。为了这次胜利,他准备做一个热情的东道主,欢迎世界各地的记者前来共襄盛举。

随着戈尔巴乔夫访华的临近,全世界大批文字和摄影记者齐聚北京,准备全程报道这一事件。很少出国的美国电视新闻主持人拉泽尔(Dan Rather)也像其他西方知名播音员一样亲自来到北京。邓小平打算在戈尔巴乔夫到达之前,竭尽一切手段清空天安门广场,这样的想法是很正常的。赵紫阳5月4日的讲话后学生开始回到校园,因此有理由期待事态将有所好转。北京地区较为温和的学生已经用脚投票,回到了自己的教室。但是北京当地更激进的学生和外地来的学生仍然在广场上安营扎寨。

5月13日上午,离戈尔巴乔夫访华还有两天,激进的学生领袖正发愁如何让正在消退的运动保持活力,但他们相信戈尔巴乔夫访华期间不会动他们,于是宣布了一件中国示威传统里前所未有的事情:当天下午开始绝食。一千多名学生步行来到天安门广场,声

称政府若不答应他们的要求,他们就不吃饭。

大多数绝食者只喝饮料,也有假装坚持绝食、其实还吃东西的人。也有人因为不吃不喝,没过多久就晕倒了。他们为了激发斗志而抱定一死的决心,这使他们的斗争超越了现实政治并在群众中获得了道德上的优势。绝食者的电视画面引起了国内外的同情。一些指责学生阻断北京交通的旁观者也开始同情这些学生。政府官员在对待绝食者上行动很有节制。没有任何学生受到攻击或逮捕,政府在雨天给他们提供大客车避雨,为他们提供公厕,派人去清扫广场。医务人员在广场上治疗晕倒的人,把情况严重的人送往附近医院。据官方统计,从5月13日到24日,共有8205名绝食者被送往医院治疗。[16] 由于有良好的医疗照顾,没有一名学生死亡,但死亡的危险增加了示威运动的戏剧性。

绝食抗议完全出乎中央领导人的预料。5月13日,即绝食开始的当天,为此忧虑的邓小平会见了赵紫阳和杨尚昆。他说,这场运动拖得太久了,他要求在戈尔巴乔夫抵达之前清空广场。

5月14日,几位著名的知识分子意识到戈尔巴乔夫到访之前清场的重要性,同时也担心发生暴力冲突,因此尽他们最大的努力试图化解对抗。为了达成和解,他们呼吁政府承认独立的学生组织,但也敦促仍留在广场上的学生返回学校。[17] 他们劝解学生说,"民主是逐步建立起来的……要保持十分清醒的头脑……我们恳请你们充分运用学生运动最宝贵的精神即理性精神,暂时离开广场。"[18]

赵紫阳没有亲自来到学生中间,而是派统战部部长阎明复替他去了广场。阎明复在5月16日看望了学生。阎明复虽然身为中央书记处书记,但对学生的要求抱有同情。由于迫切地希望达成一致,他开诚布公地向学生们说出了党内的分歧。他答应次日再来见他们,并保证只要他们回到校园,就不会惩罚他们。阎明复甚至提出,为了保护他们,自己可以充当他们的人质。然而,他的努力并未奏效。

尽管参加绝食示威的学生是在争取民主，但他们自己也不遵守多数原则。举止大胆的学生领袖吾尔开希说，他们有一个协定，哪怕只有一个学生想留在广场上，运动也要继续下去。学生们一直举止得体，升国旗时会庄重地站起来唱国歌。来自社会的同情，也使他们坚定了绝不退让的决心。

戈尔巴乔夫访问北京

5月15日戈尔巴乔夫抵达北京那天，支持学生的人群再次增多。5月16日是邓小平会见戈尔巴乔夫的日子，政府在凌晨1点做了清场的最后一次努力。广场上的大喇叭广播说，政府正在与学生代表对话。官方的广播敦促学生考虑国家利益，停止绝食，返回校园。学生们仍然拒绝离开广场，而且有越来越多的人前来支持他们。政府别无选择，只好取消原定在广场举行的欢迎仪式，改在有重兵把守的机场举行了一个规模很小的仪式。邓小平和戈尔巴乔夫的会见地点是人民大会堂，示威者试图冲进去，在此过程中打碎了一扇窗户。

在绝食导致的纷乱中被迫改变欢迎仪式地点，这让邓小平和老干部们脸上无光，他们连自己首都的秩序都维持不了。不过，邓小平和戈尔巴乔夫的会谈进行得很顺利。在中国领导人中间，没有任何人像邓小平那样在中苏之争中扮演着核心的角色。他曾在1960年代初负责起草九评苏共中央的公开信，又在1963年访问莫斯科，代表中国与苏斯洛夫（Mikhail Suslov）交锋。但是，他也曾两次亲自为改善两国关系打下基础，一次是在1979年攻打越南后不久，另一次是1985年他请来访的罗马尼亚领导人齐奥塞斯库向苏联领导人转达了中国就中苏关系正常化提出的条件。中苏两国外交官之间的谈判一直持续到1989年2月，双方才就越南停止占领柬埔寨的联合公报的措辞达成一致，并宣布了戈尔巴乔夫访问北京、开创友好关系新时代的日期。[19]

邓小平精心地与美国官员保持沟通,以便不使中苏关系的改善损害中美关系。中苏双方一达成协议,邓小平立即在1989年2月26日会见了参加日本天皇葬礼后到中国进行短暂访问的美国总统乔治·布什。邓小平向布什保证中苏关系的改善不会影响中美两国的友好关系。他首先回顾了中苏关系史,明确表示中国不会与苏联发展出1950年代那样的亲密关系。他说,中国将继续加强与美国的关系,因为这符合中国的战略利益。[20] 5月份,就在戈尔巴乔夫到访前夕,他又派万里去消除美国和加拿大官员——包括在5月23日向布什总统——的疑虑,与戈尔巴乔夫的会谈不会损害中国与美国和加拿大的关系。中苏会谈之后,他派钱其琛外长向美国通报了会谈的内容。

5月16日邓小平与戈尔巴乔夫两个半小时的会谈中,钱其琛外长也在座。据他说,邓小平在会谈中兴致勃勃,甚至有些兴高采烈,因为他是按自己的条件弥合了与苏联的裂痕。邓小平和戈尔巴乔夫都是改革家;84岁的邓小平即将结束他的政治生涯,而58岁的戈尔巴乔夫才刚刚开始。邓小平毫无敌意地谈到过去与苏联的矛盾,他承认亲自参与过中苏之间的意识形态之争,但是他说,争论的双方讲的"全是空话"。[21] 他坦承"我们也不认为当时我们说的话都是对的"。邓小平不靠笔记,仅凭记忆就清楚细致讲述了跌宕起伏的中苏关系。他说,问题的原因在于苏联对中国不能总是做到平等相待。但是他又说,中国绝不会忘记苏联的援助为新中国打下了工业基础。邓小平同意结束过去的争论,放眼未来,使中国能够与各个邻国建立睦邻关系。戈尔巴乔夫对历史背景已有很好的了解,他言谈谨慎,表示赞同邓小平的看法,中苏作为邻国应当努力发展友好关系。[22]

邓小平对戈尔巴乔夫发表了具有全局性和前瞻性的讲话,但就在这一天,有大约200名绝食者被紧急送往医院治疗,广场上的绝食者还有大约3100人。邓小平很难忘记不断恶化的局势。

戈尔巴乔夫在5月16日下午会见赵紫阳时说,他已经见过邓小平,但现在见到赵紫阳总书记,全部协议才算是得到了正式认可。赵紫阳解释说,邓小平仍在工作,中国仍然需要邓小平的智慧和经验,"因此1987年的十三届一中全会郑重做出决定,在最重要的问题上仍要由邓小平同志掌舵"[23]。赵紫阳的支持者后来解释说,赵紫阳理所当然要纠正戈尔巴乔夫的印象,因为他与邓小平的见面也是正式的官方会见。赵紫阳后来也说,他是想保护邓小平的形象,而不是损害。然而李鹏在日记中提出了不同的观点,他承认赵紫阳的说法是准确的,但他认为赵紫阳在这种场合说出来,是想把1988年的经济问题和导致学生示威运动恶化的决策责任推给邓小平。[24]

全世界的记者聚集在北京,本来是要报道中苏和解的过程,却发现学生运动更加引人入胜。确实,广场上的大戏很快就使戈尔巴乔夫的访华黯然失色,不再是媒体关注的焦点。少数连续报道此事的外国记者说,大多数学生其实对民主自由了解很少,对如何实现这些目标也没有多少想法。

在戈尔巴乔夫访华期间,广场上的学生数量日见增长。5月18日尽管下雨,据国家安全部估计广场上大约仍有120万人。抗议活动也扩散到了其他大城市,另有大约20万学生从外地涌入北京,路途遥远的甚至要坐数天火车。有些学生认为自己是为正义而来,因此像"文革"期间的红卫兵"串联"那样要求免费乘车。原定于在人民大会堂举行的戈尔巴乔夫记者招待会,由于车队无法通过广场,最后一刻改在钓鱼台国宾馆举行。但是大批记者并没有去记者招待会,而是仍然留在天安门广场上。

戈尔巴乔夫的到访不仅标志着中苏关系的转折点,也是学生运动的转折点。在此之前,邓小平希望学生能够听从向他们发出的爱国呼吁,在戈尔巴乔夫抵京前离开天安门广场。对邓小平来说,按中国的条件结束中苏分裂是一件大事，绝不能放弃把天安门广场作为举行欢迎仪式的地点。可是很多学生却不肯让步。当时邓小平不想派军队进来，就是不想引发冲突、破坏戈尔巴乔夫的访华活动。但是，当学生们在戈尔巴乔夫访问期间顽固地占据天安门广场时，邓小平认为他们做得太过分了。

戒严令和赵紫阳离职，5月17—20日

在戈尔巴乔夫到达北京之前，邓小平已经在考虑如果学生不撤离广场的应急方案。后来，当戈尔巴乔夫结束访问，外国媒体的主要人员也都离开后，5月17日下午4点，邓小平召集政治局常委（赵紫阳、李鹏、乔石、胡启立和姚依林）和他在中央军委的联络员杨尚昆，决定下一步的行动。与会者都可以表达自己的看法。赵紫阳解释说，局势很严峻，每天仍然有30万到40万人在示威。他认为除非撤销严厉的"四二六社论"，学生们不会自愿离开广场。

听过其他人的意见后，邓小平说，解决全国的问题，必须先从北京开始，因为首都的任何骚乱都会影响全国。他们必须立场坚定。例如匈牙利的国家领导人做出的让步只会导致更多的要求。假如中国领导人也做出让步，中国就完了。邓小平又说，上海的江泽民在1986年采取果断的自上而下的措施关闭了不听指示的《世界经济导报》（有助于平息那里的学生示威），成功恢复了秩序。邓小平相信，现在也需要这样的果断措施。但是邓小平认为，现在北京的警察已不足以恢复秩序，需要动用军队。

李鹏和姚依林马上表示支持邓小平的意见，虽然胡启立也有些顾虑，但只有赵紫阳明确反对。赵紫阳发言时，有人提醒他少数要服从多数领导。赵紫阳回答说，作为党员他接受，但他仍要保留个人意见。[25]

会议一结束，赵紫阳就请他的助手鲍彤为他准备一份辞职信。

赵紫阳知道，这一决定意味着他官场生涯的结束。

当天晚上赵紫阳尴尬地主持了政治局常委会，在没有邓小平在场的情况下研究如何贯彻邓小平实行戒严的决定。赵紫阳在会上宣布，他不能执行戒严决定。

次日上午凌晨5点，赵紫阳来到天安门广场表达了他对学生的关切。赵紫阳拿着手提扩音器说："我们来得太晚了……你们说我们，批评我们，都是应该的。"他说，他也年轻过，也参加过游行，并不想后果会怎样。但他劝说学生放弃绝食，爱惜身体，以便积极参加"四化"建设。[26]这是赵紫阳的最后一次公开露面。

当杨尚昆得知赵紫阳要递交辞职信时，他劝赵紫阳将其收回，以免向公众暴露领导层内部已经公开分裂。赵紫阳拒绝主持宣布戒严的会议，但他确实同意收回辞职信。尽管没有辞职，但他以身体太劳累为由，请了3天病假。正是在这3天内实行了戒严。

从5月24日到26日，北京的党中央把各省的党委书记和省长以及香港和澳门的中共领导叫到北京，向他们解释了实施戒严的理由，以求得到他们的支持。但是正式处理赵紫阳的程序是在6月4日以后才开始的。

5月17日邓小平与政治局常委见面后，就迅速开始实施戒严的计划。第二天上午中央军委召开扩大会议，杨尚昆宣布了实行戒严的决定。19日上午9时半李鹏宣布戒严将从10点开始。[27]杨尚昆指示军队的司令员说，士兵即使受到挑衅也不要开枪。大多数士兵甚至没有携带武器。

戒严受阻，5月19—22日

中央和军队领导人坚信军队很快就能到达目的地，不会发生任何意外，因此甚至没有告知士兵假如遇到阻碍该怎么办，甚至没有为他们提供路线图，以便在道路被封堵时可以选择其他路线。学生们获悉军队正在进入京郊后,一些北京的学生回到了校园,但是有更多激进的学生,以及从外地来的学生(铁道部的报告说,从5月16日下午6时到19日上午8时,共有56000学生乘坐火车抵达北京)仍坐守广场。

不论广场上的学生还是高层领导,都没有预料到接下来的一幕:很多北京人蜂拥走上街头,彻底堵住了从东南西北各个方向进城的5万名军人,6条主要道路和其他小路概莫能外。

那天夜里皓月当空,将北京城照得如同白昼。外国记者看到人群涌上街头,第二天凌晨4点半,被学生控制的天安门广场上的大喇叭兴高采烈地宣布,各个方向的部队都已被堵住,无法到达广场。广场上的示威者欢呼雀跃。

士兵大多是农村青年,与城市大学生相比没有受过多少教育,远不如他们灵活,对自己遇到的事情毫无准备。外国记者报道说,他们中间有很多人显得手足无措。他们被告知不要对辱骂做出回应,不能造成流血。他们遵守了命令。士兵几乎都没有携带武器。学生们很快就组织起来,同被堵住的卡车上的士兵交谈。有些士兵既不了解情况也没有准备,显得有些同情学生们的诉求。[28]

李鹏在5月22日的日记中承认,军队在50个小时里无法移动。他又说,邓小平担心有可能"军心不稳"。对于邓小平来说,这成了一个严重的问题。有这么多青年人反对士兵们,军队还能维持秩序吗?士兵是否会受到学生的影响,失去遵守纪律的决心?有些士兵看上去又累又饿。[29]

5月22日星期一早上7点,部队接到了撤退的命令。然而开始撤离时却发生了混乱。有些市民认为军队只是想换一条路线进入市中心,因此继续阻止他们移动。不过到5月24日时,部队都已撤到市郊驻扎下来。戒严令并没有被正式取消,但是随着部队的离去,示威群众开始庆贺胜利。[30]

准备清场解决，5月22日—6月3日

5月20日一过，军队暂时撤退后，李鹏努力争取全国高层干部的支持。在5月20日以后几天的李鹏日记中，满是与全国各地领导人进行电话交谈的记录，他在电话中解释发生的事情，希望能得到他们的认可，并记下了他们表示拥护北京领导层的决定。[31] 据李鹏的记录，到5月21日时已有21位省级领导表示支持戒严。邓小平则一直忙于和其他元老协商，以确保得到他们的支持。陈云在这场危机中也支持邓小平，他说，坚定立场绝不后退，这一点很重要。[32] 邓小平也会见了李先念、乔石、彭真等老干部，以确保上层思想统一。

5月中旬万里正在北美访问。中央领导人通知他不要直接回北京，而是先去上海。5月26日凌晨3点万里到达上海机场，迎接他的是江泽民和丁关根，丁是政治局候补委员，向万里通报了形势。第二天丁关根根据北京的指示，向万里做了更全面的汇报，江泽民交给了万里一些由北京准备的文件，解释为何要让赵紫阳下台。

筹组新的领导班子

其实5月20日实行戒严之前，邓小平就在考虑新的领导班子，准备在恢复秩序后立刻向社会公布。在宣布免去赵紫阳职务之前，邓小平先花时间重申了1987年召开的十三大的决定，因为他要向群众表明赵紫阳所执行的政策仍会继续：不但要继续开放市场，而且要进一步扩大。外国公司正在进行的项目，甚至引起很大争议的海南洋浦项目（由日本商社熊谷组牵头），都要继续。另外还宣布，将要花大力气解决官场腐败问题。[33]

为了陆续赢得群众的拥护，邓小平需要与天安门事件无关的新领导人，并在军队占领天安门后向社会公布。5月19日实行戒严的前一天，邓小平、陈云和李先念就已选定江泽民做总书记；他们

打算在四中全会后立刻宣布对他的任命。[34] 邓小平表扬了江泽民的果断行动：他以巧妙的方式关闭了《世界经济导报》，而没有引起强烈反应。江泽民从1983年到1985年当过电子工业部部长，曾在1985年向邓小平汇报工作。邓小平、陈云和李先念冬季去上海度假时，江泽民作为市委书记接待他们，他们对他有了更深的了解。他作为较年轻的政治局委员工作了3年，因此熟悉中央的事务。此外，他立场坚定，致力于改革，了解科技，有处理外交事务的经验，这些都是邓小平认为领导国家所需的很重要的品质。

邓小平、陈云和李先念还在考虑新的政治局常委成员。天津市委书记李瑞环也是一位能干的改革派领导人，将让他进入政治局常委分管宣传，宋平既有经验，人缘也好，善于处理困难的组织问题，根据陈云的建议将进入政治局。李鹏已经证明能够坚定贯彻邓小平的意愿，将继续担任总理，姚依林仍担任副总理。新的任命将立即宣布，并在下一次中央全会上正式确认。赵紫阳将离开政治局。

决定了新的领导班子后，邓小平与政治局常委两个留任的人——李鹏和姚依林——见了面。邓小平耐心地向他们解释说，为了维护国家的秩序，需要新的面孔。他还鼓励他们采取切实措施打击腐败，向群众表明党的领导人在严肃对待这个问题。邓小平说，江泽民等新领导人上台后的头几个月，需要采取一些大力的行动来证明他们致力于改革的决心。邓小平认为江泽民不应该带着他在上海的班子来任职，相反地，他要求大家团结在江泽民周围，形成一个坚强的领导集体。新的领导班子一到位，邓小平就会宣布他彻底退休的打算。

江泽民并不知晓这些高层对他的未来角色进行的讨论。5月31日李鹏打电话通知江泽民立刻飞到北京，但没有解释理由。江泽民抵京后，李鹏对他说邓小平要见他。第二天邓小平便通知他已被正式指定为最高领导人。江泽民在北京私下拜见了另外两个元老陈云和李先念,并立刻开始为自己的新工作做准备。

江泽民的背景使他很有资格成为下一代领导人的人选。他生于1926年,经考试入读扬州中学和上海交通大学,后者是中国当时最好的工程类高校之一,这说明他智力不凡。他在上学期间学过一些英语和俄语,作为第一汽车制造厂的技术干部在苏联待了两年。他还学过一点罗马尼亚语。江泽民13岁那年父亲去世,他的叔叔——一个中共的革命烈士——成了他的养父,这一变化使江泽民本人有了革命背景。他于1949年之前加入中共地下党。他曾于1956至1962年在长春第一汽车制造厂(中国最大的工厂之一)工作了6年,在重工业领域有了坚实的基础。1980年后他在谷牧手下担任国家进出口管理委员会、国家外国投资管理委员会副主任兼秘书长,获得了改革开放方面的经验。他于1985年担任上海市长,次年成为市委书记,1987年成为中央政治局委员。

中共最高领导层在选拔接班人时偏爱出身中共革命者的家庭、特别是烈士家庭的人,因为他们在紧要关头能够靠得住,绝对忠实于党。邓小平需要完全投身于改革、了解改革的人,而江泽民正是这样的人。他所需要的人也必须能够果断娴熟地处理危机,江泽民在处理1986年学生示威和关闭《世界经济导报》时表现出了这种素质。邓小平所寻找的人还必须能与各种人搞好关系,而江泽民在上海和北京时,证明了他能够同其他干部和睦相处。在开朗的外表背后,江泽民其实是个聪明成熟的政治人才。虽然他没有在北京的权力结构内部工作过,但他利用在政治局的3年熟悉了党的领导人和中央事务,使他成为能够有效处理政治问题的公认的人才。[35]

强硬派学生的坚持,5月20日—6月2日

5月20日后,有越来越多的人蜂拥回到了广场,部分群众的

支持和对实行戒严的不满使他们士气高昂。虽然有些学生回到了校园，但不断涌入的外省学生填补了他们的位置。

5月29日晚，面对着毛泽东的画像，竖起了仿照美国自由女神制作的"民主女神"大型雕像。

同时，运动的基调也开始发生变化。据铁路官员估计，在这段时间有大约40万学生乘火车到达或离开北京，但到5月30日离京的人要多于到达的人。到5月底时，学生领袖开始限制记者接触普通示威者，以便对群众所能得到的消息进行控制。但是消息很难控制，因为学生本身就不团结。学生们无法就行动达成一致。为了取得最低限度的团结，仍留在广场的学生接受了如下誓言："我愿用我全部的生命和忠诚，誓死保卫天安门，保卫首都北京，保卫共和国。"

清场，6月3—4日

6月3日凌晨2点50分，迟浩田得到"用一切的手段"恢复秩序的命令。当时在北京的西方学者、很有眼光的墨宁（Melanie Manion）解释了其中的理由："即使为了控制骚乱而在6月3日清空街道，也极有可能无法结束抗议运动……抗议者只会暂时撤退，然后又会积蓄起更大的力量……6月4日动用武力，确实立刻一劳永逸地结束了这场运动。"[36] 很多观察者看到5月底广场上的人越来越少，认为不使用暴力清空广场也是可能的。但中央领导层不仅担心广场上的学生，而且担心国家权威的普遍弱化，他们断定为了恢复政府的权威，必须采取强硬行动。

此时距苏联瓦解还有两年，但是邓小平在1989年就坚信，苏联和东欧领导人没有为维护党和国家的权力做出足够的努力。在波兰，1989年4月4日的圆桌会议使团结工会取得了政治控制权，将总统一职改为由选举方式产生，随后便是共产党的解散。巧合的是，波兰定于6月4日举行大选，而中国军队则在这一天进驻天安门广场。曾在苏联留学的江泽民后来赞扬邓小平行动果断,使中国没有像苏联那样分崩离析。[37]

部队已经在京郊集结待命。[38]军队来自七大军区中的五个,不过所有军区司令员都表示赞成动用军队控制广场,因此并不存在大军区事后反对使用军队的风险。

邓小平在6月3日承认,即使天安门广场的秩序大体得到恢复,也需要几个月甚至数年时间才能改变人们的想法。他并不着急,觉得没有必要谴责那些参加绝食、示威或请愿的人。他命令军队只把违法者和试图颠覆国家的人作为目标。他告诉他们,这样做是为了继续改革开放,实现国家的现代化,中国需要和平稳定的环境。

在解释动用军队的理由时,邓小平承认需要进行政治改革,但是他也要坚持四项基本原则:坚持社会主义道路,坚持人民民主专政,坚持党的领导,坚持马列主义毛泽东思想。他说,如果让示威和贴大字报的现象继续下去,就没有精力把事情做好。他说,党的领导人要解释恢复秩序的决定,说服各级干部,让他们相信对抗议者采取行动是正确的。

在6月3日前的几天里,学生开始觉察到军队调动的一些迹象,6月3日之前,学生有几次用投票表决是否继续占领广场。大多数人都投票赞成留下,因为主张离开的人已经用脚投了票。但是在6月4日前的几天里,一些学生领袖试图与政府谈判。

6月2日夜里,街头传出了一些部队正在开进北京的传言。示威者及其同盟到处传话,军队试图进城时有很多部队车辆受到堵截、推翻甚至烧毁。领导人在6月2日估计会遇到示威者的一些抵抗,但他们低估了对抗的强度。据陈希同说,人们"围困并殴打解放军。……还有暴徒抢夺枪支弹药和其他军用物资。中央机关和一些重要部门遭冲击"。抵抗的规模和决心让李鹏十分焦躁,他第一次使用了"反革命暴乱"的说法。

6月3日下午6点半,广播和电视发布了紧急通告,为了保护生命安全,工人要坚守岗位,市民要留在家里。中央电视台不停播放这条通告,广场上的大喇叭也播出了同样的通告。

6月2日和3日,抗议的学生采用了他们自5月19日以来又加以改进的策略阻止部队进驻。数百名称为"飞虎队"的骑摩托车者向各个地点传送消息,告知部队的动向,使人们能够及时设置路障。当路障迫使领头的卡车停下来时,人们便一拥而上,割破轮胎或是放气,使卡车无法继续前进。然后人们又割断线路或拆卸零件,并且开始谩骂车上的战士,朝他们扔砖头石块,有些人还从卡车后面攻击他们。路障在一些地方很有效,不但挡住了第一批卡车,而且使后来出发的卡车也无法绕过前面受到破坏的车队。

在部队开始进入广场之前,广场上仍有大约10万名示威者。6月4日星期日凌晨1点军人开始从不同方向到达广场。

凌晨两点时广场上只剩下了几千人。

当部队步步逼近时,台湾流行歌手侯德健和另外的3个人于3点40分左右会见了戒严部队,协商和平撤离天安门广场。经过简短的谈判之后,解放军军官表示同意。凌晨4点广场关闭了灯光。之后侯德健立刻返回广场,拿着话筒宣布了他们达成的协议,让留在广场的学生马上离开。大约3000人跟随着侯德健匆匆离开了广场。4点半军队和军车向前推进,留下来的学生往西南方撤退。早上5点20分时大约只剩下200名示威者。他们被部队用武力赶走,到黎明之前的5点40分,正如命令所要求的一样,广场上没有剩下一个示威者。[39]

据一些传言说,广场上有人中弹,但政府发言人否认凌晨4点半到5点半之间广场上有任何人中弹,这是含蓄地承认了此前可能有人遭到射杀。[40]政府也不否认广场附近的长安街上有人中弹。很多人想搞清楚那天晚上的死亡人数,但各种估计数目出入极大。中国官方在6月4日过去几天后的报告中说死了200多人,包括20名军人和23名学生,大约2000人受伤。最初一些外国的报道说死亡数字很大，但后来都承认这是严重的夸大。

解放军和警察在清场之后，花了几天时间清扫示威期间遍地垃圾的场所并拆毁了"民主女神"像。虽然又与当地市民发生了少量扭打，但北京和天安门广场很快就恢复了令人不安的平静。

温室中的一代和被推迟的希望

参加1989年示威的学生和较年长的知识分子，就像中国历史上的文人一样，对国家的命运怀有一种很深的责任感，然而他们是温室中长大的一代，没有多少校园之外的经验。与40年代末的学生不同，他们没有用多年时间建立夺权组织；他们也不同于80年代初的学生，没有经历过政治运动和"文革"的斗争，也没有经历过上山下乡的锻炼。他们是他们这一代人中最有才华的学生，但却缺少人生历练，只接受过考试的训练。他们在中国最好的中学和大学里，是教育改革的受益者。

此外，这些学生成长的这个历史时期，并没有为独立的政治活动者提供空间，让他们组织并检验自己的思想。示威者不是政治组织的成员，只是一群人中的一分子，他们中的领导者如走马灯一样不断变化，参与者如一盘散沙。在运动中脱颖而出的人，不是因为他们展现出了杰出的判断力和战略规划能力，而是因为他们的即兴演讲和敢作敢为。

这些温室中长大的一代学生就像孙中山所描述的1920年代的中国一样：一盘散沙。赵紫阳的支持者和对手或许都想引导示威学生，但事实上他们都无法做到。学生们踏着自己的鼓点前进。甚至学生自己的领袖也只能鼓励聚集在广场上的示威者，但并不能控制他们。

那么，中国的学生为何不同于苏联和东欧的抗议者，在6月4日之后不再举行抗议活动了呢？很多学生逐渐相信，只有通过缓慢地建立基础，通过改善更多人的经济生活，通过加深人们对公共事务的理解，逐渐形成对民主和自由的经验，才能取得进步。甚至很多不是党员的学生也承认，领导人面临着国家失控的危险，只有共产党才能维持促进经济发展所不可缺少的稳定。很多人相信，尽管有腐败和自私的干部，但改革开放政策，以及它所带来的人民生活的改善，使延续共产党的领导要比其他选择更可取。他们希望，几十年的稳定和经济发展，能为自由社会形成一个更牢固的基础。同时，绝大多数学生运动的参与者都放弃了集体行动，一心追求自己的前程。

天安门意象的力量

天安门广场的事件在西方掀起的抗议声浪，远大于亚洲过去那些规模相近的事件。[41]

美国学者赵文词（Richard Madsen）提出了一个问题：西方民众为何对天安门事件做出如此强烈的情绪反应？他给出的回答是，这既与电视将事件戏剧性地同步展示给观众有关，也与学生认同西方理想有关。简言之，赵文词认为，北京的行为触动了人们的神经，因为它被解读成对经济、思想和政治自由终将凯旋这一美国神话的攻击。

在"文化大革命"期间，能去中国采访的外国媒体的数量无法与后来相比，尽管当时发生的野蛮行径所伤害的人数远远多于"六四"事件。让人啼笑皆非的是，邓小平使中国向外国媒体开放，却让外国记者能够把他在天安门广场的情况向全世界报道。

在 1989 年春天之前，外国记者在中国的活动和与中国人的接触都受到极大限制。干部们迫于不允许泄露"国家机密"的压力，也很少与媒体对话，即使对话也心存戒备。

因此，对于试图一窥幕后真相的外国记者来说，"北京之春"

为他们提供了一个千载难逢的机会。确实，对于大多数驻京的外国记者来说，报道1989年4月15日到6月之间的学生示威，是他们职业生涯中最兴奋的时刻。在这段时间里，他们不顾身体的承受能力，在他们国内的电视和平面媒体上报道这一幕令人激动的大戏。

同时，和记者们热衷于报道学生一样，学生们也热衷于使自己的观点让更多的人知道。很多记者事后自我批评说，他们像他们所报道的学生一样沉浸在兴奋之中，以至于看不到潜在的危险，未能让西方观众对后果有所准备。

到5月底时，西方的电视观众和报纸读者已经完全认同北京示威的学生，"民主女神"像尤其让美国人感到亲切，因为它显然是对自由女神像所代表的一切的渴望。他们感到义愤填膺，以至于情不自禁地夸大了恐怖的场面。6月4日之后，有关中国已处在内战边缘的说法，仍然频频出现在西方媒体上，甚至直到6月9日邓小平会见各大军区领导人时仍是如此。但对于客观的观察者来说，局势此时显然已经稳定下来。

在极力控制事态的中国领导人看来，靠近香港的南部城市中的酒店职员和房客，包括海外华人，他们所能收听收看到的外国媒体，都成了推波助澜的"黑手"。确实，很多中国人都热切收听美国之音（VOA）、英国广播公司（BBC）和美国有线电视（CNN）的报道。中国的专业记者羡慕那些能够报道他们所看到的事件的西方记者，在写自己的报道时也试图扩大他们自己的自由范围。

天安门事件之后，相信出于国家利益美国需要与中国政府合作的商人、学者和美国政府官员，很容易就受到跟北京沆瀣一气的指责。在冷战就要结束之际，很多敢言的美国自由派主张，我们的政策应当反映我们的价值观。要表达西方人对这些理想的信念，还有比谴责天安门事件的责任人更好的方式吗？因此，邓小平在6月4日以后所面对的敌意，还来自与示威者秉持同样价值观的西方官员。

假如？

如此一场悲剧，寻找悲剧直接原因的人将矛头指向邓小平等中共领导人采用一切必要手段清空广场的决定。批评的人说，假如他们在1989年4月26日没有以如此强硬的态度对付"动乱"，假如他们更愿意听听学生的意见，或者，假如他们能够用尽一切非强制手段，那么清空天安门广场就不会遭遇如此严重的阻力，造成生命的丧失。批评赵紫阳的人认为，假如他对学生少一些鼓励，以更果断的方式对待他们，假如他不那么关心自己"开明领导人"的形象，最后的悲剧也许能够避免。批评李鹏的人称，假如他没有拒绝与学生对话，拒绝体谅他们的关切，急于谴责他们，断然推出"四二六社论"，给他们贴上"动乱"分子的标签，缺少对学生的同情，那么悲剧可能就不会发生。批评陈希同和李锡铭的人则说，假如他们向邓小平等老干部汇报时没有夸大事态的严重性和外国势力卷入的程度，邓小平等老干部也许不会觉得只能做出强硬反应。

批评学生领袖的人说，假如他们不那样虚荣，不那么自视过高，对他们造成的危险那样无知，悲剧可能不会发生。还有人认为，假如学生和北京市民在5月20日没有阻挡试图以和平方式恢复秩序的部队，政府也许能够避免在两周之后强制清场。批评西方人的中国人认为，假如没有西方人对学生的抗议煽风点火，没有外国"黑手"试图颠覆中共和社会主义制度，示威活动绝对不会失去控制。

寻找深层的原因的人将矛头指向邓小平和赵紫阳在1988年放任通货膨胀上升和放松对消费品价格控制的决定，这个决定使群众感到不满和焦虑。还有人批评高层官员滥用权力和特权，让自己的亲友大发不义之财。有些保守派谴责市场改革走得太快，从而助长贪婪，导致了官场腐败。还有人相信，邓小平没有使国家更快地走向民主，才是那场冲突的最终原因。邓小平确实认为，处在"制高点"的干部有责任做出决定，尽管他们要倾听建设性的意见，但最终必须做他们认为国家长远利益要求他们做的事情。有些人说,假如邓小平进行更多的选举试验,削弱威权主义领导体制的禁锢,引入法治,惩治贪官,国家也许能够进步得更快,从而避免来自学生的挑战。

还有一些干部赞赏邓小平等领导人处理天安门示威的方式,他们认为,当1989年5月底天安门广场的形势开始失控时,他们采取的强硬措施是中国人民能够维护国家团结的唯一选择。很多干部认为,假如邓小平等领导人无法用和平方式的戒严恢复秩序,那么为了维护国家统一,他们别无选择。很多中国人把邓小平对北京学生骚乱做出的反应与戈尔巴乔夫和东欧领导人对付本国动乱的做法加以对比后认为,中国人民和中华民族今天的情况要好得多。他们坚信,中国仍然处在早期发展的阶段。他们也承认1989年悲剧的严重性,但是他们认为,假如邓小平在1989年6月未能终止持续两个月的混乱,中国有可能发生更大的悲剧。

我们都想找出这场悲剧的明确原因,然而事实是我们谁也无法断定,假如采取另一种做法会发生什么。再者这一事件才过去20年,对邓小平的决定造成的长期影响盖棺定论是不可能的。假如中国人民在未来岁月里获得了更多的自由,这条通向自由的路是否要比前苏联的道路少一些曲折?1989年春天的事件是不是一个重要因素?我们必须承认,我们不知道答案。

但我们确实知道的是,在天安门事件后的20年里,中国人享受着社会的相对稳定和经济的快速增长,甚至是奇迹般的增长。小规模的抗议不计其数,领导层对发生更大抗议的危险神经紧绷,但是中国在这20年里避免了大规模的骚乱。今天,亿万中国人的生活要比他们在1989年时舒适得多,与中国历史上任何时期相比,他们能得到更多的国际资讯和观念。教育水平和人均寿命也在继续迅速提高。由于诸如此类的原因,中国人对民族成就的自豪感远超上个世纪中的任何时期。

我们也知道,许多中国人对更多的个人自由和更能代表自身利益的政府仍然怀着深深的渴望。官场腐败引起的民怨自 1989 年以来有增无减。很多中国人担心，没有更加独立的媒体和司法制度，很难在控制腐败上取得进步。很多中国领导人显然认为，邓小平把经济的快速增长与老百姓拥护的增强联系在一起是正确的，但他们也担心一个终极的"假如"：假如在增长的步伐放缓之前，他们无法在解决这些问题上取得进展，那将会发生什么？

第21章
稳住阵脚，1989—1992

"六四"之后邓小平相信，为了重新赢得群众的拥护，党迫切需要立刻加快经济发展。然而，1988年的通货膨胀之后控制着经济政策的谨慎做法却在限制增长速度。苏联和东欧共产党受到的挑战也使很多中国人怀疑，共产主义在中国是否还有未来。

同时，西方的人权团体和海外中国留学生都支持中国的异见人士，西方政治家也对中国政府实行制裁。在西方人看来，在北京发生的事件，是比他们自己国家那些导致越南、柬埔寨等地大量平民死亡的决定更加恶劣的行为。西方人权团体开始向中国人宣讲自由和尊重人的生命。西方高官停止了访华，并对出口技术，尤其是军事技术加以限制。外贸和旅游业都蒙受损失。西方人沉溺于天安门事件的戏剧性场面，西方电视台不断播放捣毁"民主女神"像、试图孤身一人挡住坦克的青年人的画面——所有这一切只会加强外国政府的反华情绪。外国对异见人士的支持和对华制裁是难以消除的。

邓小平明白，外国对示威者的支持和对中国的制裁，使得在中国维持控制变得更加困难。他知道外国人的批评会在中国赢得一些追随者。但是在这个关键时刻，邓小平重新肯定了保持对外开放的重要性。在6月4日几天之前他打算让解放军采取他认为必要的措施恢复秩序时就说过:"我们要开放,不能收,要比过去更开放。"[1]为了重新赢得人们的信任,他说,必须干出点儿实事,要抓紧调查和惩罚腐败大案,不管涉及到谁。他重申了第三代领导人必须继续改革开放的政策。[2]

对首都戒严部队军级以上干部的讲话

"六四"过去几天之后,领导层仍忙于抓捕"动乱"分子、清理城市和恢复秩序。由于邓小平未在公开场合露面,很快就传出了领导层发生严重分裂、政府面临解体危险的流言。邓小平在6月9日打破沉默,向领导戒严行动的军级以上干部发表了讲话。讲话的部分内容在电视上播出,使民众在"六四"之后第一次看到一位高层领导人。邓小平感谢军队干部在恢复秩序中发挥的关键作用。他还利用这个机会对群众说,他们也应当感谢解放军的贡献,政府是稳定的,政策不会改变。

邓小平首先说,他要向在这场斗争中为英勇捍卫党和人民利益而牺牲的指战员和公安干警表示哀悼。他说,从国际大气候和国内小气候来看,这场冲突是不可避免的。邓小平说,幸运的是发生冲突时很多有经验的军队老同志还健在,他们有解决问题的能力和勇气。他承认有些同志不理解这次行动的必要性,但是他表示相信,他们最终会支持这一行动。邓小平说,麻烦在于一些坏人混在学生和围观的群众中间,他们的最终目的是推翻共产党,颠覆社会主义制度,建立一个资产阶级共和国,成为西方的附庸。邓小平问道:"以后我们怎么办?我说,我们原来制定的基本路线、方针、政策,照样干下去,坚定不移地干下去。"[3]他重申了四项基本原则的重要性:坚持社会主义道路,坚持人民民主专政,坚持中国共产党的领导,坚持马列主义毛泽东思想。[4]

对党的领导人的讲话

一周以后，6月16日，他又对中央委员会的领导成员说，由于他本人就要退出日常工作，新的第三代领导人要完成平息"动乱"的任务。要利用这次"动乱"，注意过去的错误并加以改正，但基本原则不能变。"只有社会主义才能救中国，只有社会主义才能发展中国。经济不能滑坡。……我们要用行动证明，我们的改革开放政策不但不会变，而且会进一步得到贯彻执行。"[5]邓小平再次肯定了党的战略目标是正确的，即从1980年到2000年使经济翻两番，到下个世纪中叶使中国成为中等发达国家。

在北京听过邓小平讲话的外国人说，他的语气沉着自信，对自己采取的行动没有丝毫悔意，对可能发生的情况没有惊慌。[6]邓小平似乎相信，6月4日制止"动乱"已经让反对势力安静下来，使党和解放军能够建立牢固的控制；他宣称，制止"动乱"为中国赢得了10年到20年的稳定。邓小平的顽强与坚定，让很多担心中国可能陷入内乱的人感到放心。

邓小平显示出自信：中国有1950年代和1960年代几乎与外界完全隔绝的经历，一定能够挺过1989年之后外国的制裁。他说，西方国家的政治变化很快，严厉的制裁最多只能延续几年。他认为外国商人会向他们的政府施压改善对华关系，以便他们能够进入中国市场；外国政府也会重新认识到需要中国的合作。中国要站稳立场，鼓励外国友人终止制裁，为好好利用将来的每一个机会做好准备。

邓小平的估计被证明是正确的：美国国务卿詹姆斯·贝克在1990年11月为使要求伊拉克从科威特撤军的决议在安理会获得通过，便与中国谈判达成协议，以布什总统会见钱其琛为条件来换取中国的支持。[7]虽然这个协议之后大多数制裁措施仍在继续，但此事向恢复中美工作关系迈出了重要的一步。

在6月的两次公开讲话后，邓小平很少再公开露面，有关他生病或去世的谣言不绝于耳，报纸不得不时常刊登声明予以否认。其实，邓小平在 6 月中旬出席了十三届四中全会，7 月初，会见了布什总统的特使斯考克罗夫特，随后便去了北戴河，那里是高层官员夏季疗养的地方。[8]

四中全会

天安门事件过去 3 周后，中央委员会召开了十三届四中全会。会议肯定了过去两个月为制止动乱采取的措施是必要的和恰当的。全会公报赞扬了邓小平等老干部面对动乱时发挥的作用，赞扬了军队和警察的贡献。全会还正式批准了高层的人事变动。赵紫阳被免去一切职务，任命江泽民为党的总书记，宋平和李瑞环得到提拔，与江泽民、李鹏和乔石共同组成了政治局常委会。新的领导班子表示，要继续沿着邓小平及其老同事开辟的道路前进。江泽民在全会的讲话中再次肯定了要坚持 1978 年 12 月中共十一届三中全会确立的目标：实行改革开放，推动经济发展。[9]

然而大问题依然如故：很多中国人想得到更多自由，而党内一些元老则毫不动摇，认为维持秩序必须收紧控制，如何弥合双方的鸿沟？对于了解邓小平的人来说，他采取的战略一点也不令人意外：他要推动经济发展，加强"思想教育"。

向江泽民交班

对于如何能使接班人维护团结，继续实行改革开放，邓小平有过很多思考。鉴于群众对"六四"事件的反应，他很高兴他们选出来的人与此无关，这可以让群众感到有一个新的起点。虽然江泽民在 6 月 4 日之前就来到了北京，但邓小平要确保江泽民的名誉不因亲自参与在北京恢复秩序的工作而受到影响，因此，直到 6

月 24 日江泽民在四中全会上正式当选为总书记，才宣布了对他的任命。[10] 邓小平在这时宣布自己的接班人，也是要向党和群众表明，他是按正常程序果断移交了权力，并不是在匆忙推出一个接班人。党内元老似乎也同意要有一个强有力的中心人物；虽然他们在 1978 年并未授予邓小平最高头衔，但是他们在 1989 年给予江泽民这种头衔，以便他能够得到作为有效的国家领导人所必需的权威。

在"六四"后的几周里，邓小平有理由对江泽民的表现感到满意。江泽民学得很快并与推选他的党内元老——除邓小平之外，还有陈云和李先念——建立了良好的关系。他表现出良好的政治直觉，并利用曾庆红为他出谋划策。曾庆红在党内政治中人脉极广，过去就在江泽民手下担任上海市委副书记，随他一起来到北京后，担任了中共中央办公厅副主任。曾庆红的父亲曾山在党内多年从事组织和安全工作，曾庆红通过他知道了很多党内的人事内幕；他母亲邓六金是延安幼儿园的园长，许多现在的领导人都是当年从那里出来的孩子。曾庆红很好地运用了他的个人关系网，协助江泽民在北京政坛上周旋。江泽民难以与根基深厚的邓小平相比，邓在北京有几十年的经验，对同事有广泛而深入的了解，所以江泽民要依靠曾庆红等精明的部下来处理好这些关系。

1989 年 8 月 17 日上午，仍在北戴河休养的邓小平把杨尚昆和王震叫来，他对他们说，他打算在 11 月的五中全会上把自己仍然担任的军委主席一职交给江泽民。[11] 党内领导人明白，这不仅意味着把军队的控制权交给江泽民，而且是交出了对中国的全部责任。

邓小平等人从北戴河回来后，又在 1989 年 9 月 4 日把党内的高层领导人——江泽民、李鹏、乔石、姚依林、宋平、李瑞环、杨尚昆和万里——叫到自己家中商量他的退休计划。刚开会，邓小平就提醒他们，他过去多次说过，自己最后的责任之一就是建立硬性的退休制度，使老干部能够自动把权力交给更年轻的领导人。邓小平向他的同事表示，退休年龄没有硬性规定是制度上的一个重大缺陷。邓小平说，假如他死在任上，有可能引起国际麻烦；最好还是在他仍然健在时交出职务。但是，尽管如此，他觉得自己仍可以通过会见他所熟悉的外国客人发挥一定作用。

邓小平指示说，预定于1992年召开的下一届中共代表大会要解散中央顾问委员会。这个由陈云担任主任的委员会，只是作为一个"利用老一代革命家智慧"的临时机构成立的。邓小平宣布，他在11月的五中全会上退休时，就像政府其他部门的退休过程一样，要越简单越好。[12] 邓小平然后说出了他的离别寄语：一定要让群众和外国人明白，中国领导人将坚持对外开放，这一点十分重要；他的接班人要维护党中央和国务院的权威，如果没有这种权威，中国就无法在困难时刻解决问题。[13]

邓小平还指示他的接班人如何应付西方仍在继续的制裁和可能的指责。他说，"概括起来就是三句话，第一句话，冷静观察，第二句话，稳住阵脚；第三句话，沉着应付。不要急，也急不得。要冷静、冷静、再冷静，埋头苦干，做好一件事，我们自己的事。"[14]

同日，邓小平又与中央负责干部谈了话，然后给全体政治局成员写了一封信。他说，

> 以江泽民同志为首的领导核心现已卓有成效地开展工作。经过慎重考虑，我想趁自己身体还健康的时候辞去现任职务，实现夙愿。这对党、国家和军队的事业是有益的。……作为一个为共产主义事业和国家的独立、统一、建设、改革事业奋斗了几十年的老党员和老公民，我的生命是属于党、属于国家的。退下来以后，我将继续忠于党和国家的事业。……改革开放事业刚刚起步，任重而道远，前进中还会遇到一些曲折。但我坚信，我们一定能够战胜各种困难，把先辈开创的事业一代代发扬光大。[15]

邓小平决心继续进行科学技术的对外交流和新技术的引进。他

知道华裔美国人有强烈的爱国心,尽管有天安门事件之后外国的制裁,他们依然愿意与中国保持联系,因此他邀请诺贝尔奖得主李政道访华。媒体在报道9月16日邓小平与李政道的谈话时,宣布了邓小平的退休决定。邓小平知道,"六四"之后民众惶恐不安,担心国家的命运。他也记得毛泽东在"大跃进"带来困难后曾一度隐退,有关他生病或死亡的谣言满天飞,为此报纸上有意刊登了毛泽东游长江的照片。同样,不管邓小平对"六四"之后中国的困难多么担忧,他与李政道的合影向世人展示出一副泰然自若的样子。在向公众公布的照片中,邓小平站在北戴河的海水里。在这场得到了充分宣传的会见里,邓小平对李政道说,"最近在北戴河每天游泳一小时。我不喜欢室内游泳池,喜欢在大自然里游泳。"他承认中国最近的事件使人警醒,但他接着说,"现在我可以肯定,经过动乱,中国的四个现代化和改革开放事业可以搞得更好。"[16] 邓小平的基本意思明白无误:他对中国的前途仍然很乐观,尽管有外国政客的批评,外国科技进入中国的大门仍然敞开着。

在11月7日的五中全会上,邓小平将中央军委主席一职交给了江泽民。杨尚昆成为第一副主席,他弟弟杨白冰取代他成为军委秘书长。政治局表彰了邓小平作为第二代领导人做出的伟大贡献。[17] 11月8日全会结束后,邓小平来到人民大会堂与他过去的同事合影留念。他们一个接一个地走上前来与他握手,然后他回到家中,与家人一起举行他的退休宴会,饭菜是由为他做了30年饭的厨师准备的。两天以后,《人民日报》发表了邓小平致中央委员会的信:"我感谢同志们的理解和支持,我衷心感谢你们接受了我的辞职请求。我衷心感谢全体同志。"[18] 邓小平退休的这一天柏林墙被推倒,但他的退休并没有引起任何麻烦。

邓小平把权力交给江泽民一年后,新加坡总理李光耀也指定了自己的接班人吴作栋。此后李光耀尽量约束自己不去干涉接班人的工作,但是他说,自己仍然是个守门员,如果出了问题,他认为自己仍然有责任为维护新加坡的成就做一些必要的事情。同样,邓小平也对李政道说,"我的第一愿望是完全退下来,但是如果出了乱子,我还是要管的。"[19]

邓小平把权柄交给江泽民后,不再为重大事情拍板。他已经85岁高龄,行动不便,听力也进一步下降,他把更多的时间用于休息,两三年前他还以做事专注著称,但现在已经做不到了。[20] 1989年11月以后,邓小平不再主导政治舞台,他不再参与问题的确定、大政方针的制定,做出最后决定或控制媒体内容。不过,他确实继续会见重要的外国客人,他仍能在全局性的重大问题上发挥影响——如果必要,他还会使用这种力量。

维持中美交流

天安门事件后不久,乔治·布什做了一件过去的任何美国领导人都没有对中共领导人做过的事情:他试图与邓小平通电话。布什总统也立刻宣布了暂停与中国的军事订单和高层交往,并为在天安门事件中受到伤害的中国人提供人道主义与医疗帮助。他在6月5日还接见中国留美学生,为他们提供政治避难权,并对他们那些受到迫害的中国同学给予支持。但是,与美国的舆论,尤其是主张严厉制裁的报纸相反,布什说,他不想为了中国政府的行动而惩罚中国人民。布什了解中美关系的艰难历程,他要避免将来有可能给恢复中美关系造成更大困难的任何对抗。他说,从长远看,继续接触能够加强中国内部争取更大自由的压力。几年后他回忆1989年的事件时说,"假如我没有同那个人[指邓小平]见过面,我也许不会那样自信地认为,我们在天安门广场事件后还应当同他们保持联系。"[21] 布什担任美国驻华联络处主任的时机(1974年9月26日至1975年12月7日)很有利:他是在邓小平开始接过周恩来会见外国领导人的工作不久后上任,而他离开北京时,恰好也是毛泽东再次让邓小平靠边站的时候。布什的中国问题专家、他担任总统后派去北京当大使的李洁明说,布什和邓小平"在70年代建立了一种不同寻常的亲密关系,部分原因是他们都预感到对方将是他们各自国家未来的领导人"。[22] 李洁明认为,事实上,在毛泽东、周恩来、尼克松和基辛格退出政坛后,邓小平和布什继续维持着过去的领导人为两国建立的工作关系。他们两人的关系轻松而友好:在1975年12月6日为祝贺布什离开北京转任中央情报局局长的告别宴会上,邓小平对他开玩笑说,"你是不是一直在这里搞间谍活动呀?"[23] 布什笃信私人外交,他会偶尔给邓小平递送信件。邓小平对这种私人交往方式并不做出回应,但他随时愿意与布什见面。[24]

邓小平成为头号领导人后,两人继续保持着联系。邓小平在1979年1月访美时,要求在休斯敦与布什进行私人会面,见面时邓小平把他仍然保密的攻打越南的计划告诉了布什。邓小平去得克萨斯时,布什也邀请他到母亲家里做客。后来,里根总统打算跟台湾建立正常关系时,邓小平和布什副总统努力不让中美关系出轨。确实,当两国关系变得十分紧张时,邓小平和布什的会谈使两国关系转危为安,从而为稳定两国关系的1982年联合公报铺平了道路。[25] 后来当布什准备竞选总统时,他的妻子芭芭拉去亚洲访问期间被遣往北京亲自将丈夫的打算告诉了邓小平。1989年2月,邓小平向布什坦率说明了中苏关系的改善和中国准备迎接戈尔乔夫访华。[26] 几年后,当布什在电视上被问及他遇到的最伟大的领导人是谁时,他先是说没有哪个人特别杰出,然后又补充道,邓小平是个不同凡响的领导人。

但是,当布什在1989年6月想与邓小平通电话时,邓小平并未回应。回应外国领导人的电话不合中国领导人的惯例。于是布什在1989年6月21日给邓小平写了一封亲笔信:

> 写此信时我心情沉重。我本想与您亲自讨论此事,但很

遗憾没有做到。首先，我是本着真诚的友谊写这封信的，因为我相信您一定知道，写这封信的人强烈地认为美中之间的良好关系符合两国的根本利益。……我写此信是想请您帮助维护这种我们双方都认为十分重要的关系。……我请您……记住我们这个年轻的国家的立国原则。这些原则就是民主和自由。……这些原则难免会影响美国人看待其他国家的事件和做出反应的方式。这不是傲慢自大的反应，也不是想强迫别人接受我们的信念，这仅仅是对那些原则的持久价值及其普遍适用性的信仰。[27]

布什接着又解释说，作为美国总统，他不得不实施制裁。"当朋友之间遇到麻烦时，例如现在的情况，我们必须想办法把它说清楚。……在我们这样一个开放的制度中，常常不可能做到事事保密；但这是一封没有副本的特殊信件，在我的私人档案之外没有任何副本。"[28] 布什在信中提议他向北京派出一名私人特使。

布什发出此信的次日，就收到了邓小平的回复。他说，他准备接待派来的特使。布什很清楚，"六四"刚过就派出特使会激怒美国民众，因此他对派特使一事进行保密，即使是美国驻北京的大使馆也没有接到通知。（中国方面对访问保密并无困难。）国家安全顾问斯考科罗夫特和副国务卿劳伦斯·伊格尔伯格（Lawrence Eagleburger）飞往北京，于7月2日会见了邓小平。在会见斯考科罗夫特和伊格尔伯格之前，邓小平对李鹏和钱其琛说，今天和美国人的会谈只谈原则，不讲具体问题；中国要改善与美国的关系，但中国领导人既不怕美国人，也不怕制裁，外交人员要牢记这一点。[29]

据陪同斯考科罗夫特的美国人说，邓小平亲切问候了斯考科罗夫特和伊格尔伯格，他说，"我把布什总统当作朋友，是因为自从我与他交往以来，我觉得他是个说话算数的人。……他很少说空话假话。"[30] 但是邓小平在评价中美关系时，态度仍很强硬，极其严肃。

谈及"六四"时,他说,那个事件"是一次地震,十分不幸的是美国人也涉足太深……美国对外政策的各个方面实际上是把中国逼入墙角。……那场反革命暴乱的目的是颠覆中华人民共和国和我们的社会主义制度。如果让他们得逞,就会天下大乱。坦率地说,这有可能导致战争"。邓小平接着谴责了美国帮助那些试图推翻中国政府的人,并且说,美国的媒体夸大了暴力程度,干涉中国内政。

邓小平把布什决定向中国派出两名特使看作一件好事。"看来仍有希望维持我们原来的良好关系。……我相信这是布什总统的愿望。我本人也有同样的愿望。但这种性质的问题是不能从两个人做朋友的角度加以解决的。"邓小平说,两国之间的分歧是由美国引起的,美国"在很大程度上侵犯了中国的利益。……解铃还须系铃人,这取决于美国不再火上浇油"。邓小平又说,中华人民共和国的建立是打了22年仗、死了2000万人才换来的,任何力量都无法取代中国共产党统治中国。这是一个感到他的国家的命运处在危险之中的人发出的严厉信息,他认为美国对中国的抗议者持续的支持加剧了这种危险。

斯考克罗夫特在答复时重申,布什总统坚信应当与中国维持良好关系;这样做符合美国的国家利益。布什也希望邓小平理解美国总统当时受到的政治限制。[31]邓小平回答说,请斯考克罗夫特转达"我对我的朋友布什总统的友情……无论我们两国政府之间在这个问题上谈得如何,只要他继续把我当朋友,我也会同样对待他"。[32]斯考克罗夫特试图向邓小平解释美国为何对个人自由有如此深的感情,但他适可而止。邓小平在会谈结束时说,他不同意斯考克罗夫特的很多说法,"为了结束中美关系的这段不幸插曲……要看美国采取何种行动。"[33]然后,据斯考克罗夫特说,邓小平就和他道别。

当时,美中关系受到的伤害之一是美国向中国提供军事装备的协议的连续性。从1983年到1989年期间,中美军方做出安排由美国向中国出售航空电子设备、导弹和鱼雷。其中最大一笔生意是F-8

战斗机的雷达系统;中国还购买了西科斯基公司的黑鹰直升机。对于处在当时经济发展水平的中国来说,这是一笔开支很大的订单。1989年以后,由于美国的制裁不允许向中国供应零配件,也包括西科斯基直升机的零件,使中国无法使用已经购买的许多装备。

从1989年到1993年,中美军方实际上没有任何高层接触。军方的交往在1993年恢复,但双方的信任关系从未恢复到1983年至1989年的水平。事实上,1989年以后,中国转而向苏联购买苏-27战机,从以色列购买军事设备和物资。中国不再愿意从美国购买任何重要的军事设备。[34]

天安门事件一个多月后,在7月14日法国召开的七国峰会上,主要问题不是是否制裁中国,而是应当采取多么严厉的制裁。与其他领导人相比,布什总统和日本首相宇野宗佑主张较温和的制裁。布什总统确实支持取消世界银行新的对华贷款,同意为美国的中国留学生提供永久居留权,但他反对采取他认为可能导致美中关系彻底破裂的更强硬的制裁手段。[35]

布什在7月28日再次致函邓小平,重申了他要维持两国工作关系的愿望。针对邓小平所说的"解铃还须系铃人",布什写道,他认为问题是由中国的行动造成的。邓小平于8月11日对布什做出了诚恳的答复,他对布什维护和发展两国关系的愿望表示感谢,但他再次表示,是美国在制裁中国,伤害中国的利益和尊严。他说,希望这种局面能够很快得到改善。[36]布什知道邓小平对美苏交往很敏感,他在答复邓小平时建议,12月1日布什和戈尔巴乔夫的马尔塔峰会之后,斯考科罗夫特可以飞往北京向他和江泽民通报会谈结果。

在这期间,由于美国和日本决定不派高级官员访华,邓小平接待了一些美国前官员。他会见了美国民主党特使伍德科克;还会见了前总统尼克松以及亨利·基辛格,后者其实担任着布什政府的牵线人。日本不存在强大的反对党或能够充当使者的前政治家,因此邓小平会见了与日本政府有密切关系的日本商界领袖。这些客人来到北京时，邓小平鼓励他们与他的接班人江泽民合作，但他仍然主导着关键性的会谈。

邓小平在1989年10月会见了美国前总统理查·尼克松，陪同他的是卡特的中国问题助手米歇尔·奥森伯格。尼克松强调说明了美国为何要对"六四"事件做出强烈反应，但双方也探讨了打破僵局的途径。邓小平说，中国处于弱者的地位，不能采取主动；他坚持认为，处于强势的美国应当首先迈出第一步。[37]

不到两周之后，11月10日，也是邓小平正式退休和柏林墙倒塌的第二天，他会见了美国前国务卿亨利·基辛格。邓小平向他保证，中国的改革开放政策将会继续。他请基辛格把他的一封信转交布什，其中提出了一揽子外交设想：（1）中国允许正在美国大使馆避难的异见人士、天体物理学家方励之前往美国，（2）美国取消一部分对华制裁，（3）双方设法签订一到两项重要的经济合作计划，以及（4）江泽民访问美国。[38] 几个月后的1990年5月，布什宣布批准给予中国贸易最惠国待遇以及中国已经同意让方励之离开美国大使馆出国。[39]

斯考科罗夫特和伊格尔伯格在12月10日第二次会见邓小平时，事情已经取得了一定的进展。斯考科罗夫特受命公布这次访问，美国有线电视则在12月18日爆出了前一次秘密访问的新闻。[40] 许多美国人仍然对"六四"事件深感悲痛，他们反对美国政府的代表秘密飞往这个共产党领导的国家，尤其是在布什宣布停止高层交往之后。[41] 但是布什和斯考科罗夫特着眼于两国的未来和两国领导人之间密切的个人关系，他们认为这次访问有助于避免与中国关系的破裂，这显然符合美国的战略、文化和经济利益。[42]

在第二次访问中，邓小平对斯考科罗夫特和伊格尔伯格说，他们来北京访问是一件好事，因为如果没有牢固的中美关系，也难以维护世界的和平与稳定。他又说，并不是中国在威胁美国，而是美国的政策威胁着中国；此外，如果中国发生更多的动乱，对全世界都有很大危害。邓小平用和缓轻松的语气，请斯考科罗夫特转告布什，中国有一个退休老人相信中美关系很重要，双方必须想办法解决问题。[43] 这次访问刚过，美国就宣布同意卖给中国 3 颗通信卫星，美国将支持世界银行向中国发放用于人道主义目的的贷款。不久之后，中国在 1 月初宣布北京解除戒严并释放 1989 年春天时被拘留的 573 人。[44]

在这些初步的变化之后，中美对话又陷入僵局大约一年。钱其琛外长抱怨说，美国已经失去了与中国会谈的兴趣。斯考科罗夫特则表示，中国领导人不再表现出灵活性。但双方都认为产生僵局的原因是东欧和苏联的动乱。

东欧和苏联的剧变

1989 年到 1991 年发生在苏联和东欧的政治剧变，再加上 1989 年春天北京的示威运动，使很多人怀疑中国共产党能否继续存在下去。柏林墙的倒塌、东欧国家共产党统治的结束和苏联的解体，让很多西方人兴高采烈，他们希望中国的民主派也能让共产党的统治寿终正寝。同时，中国领导层竭力控制住国内的问题。通过《参考资料》上每天从西方媒体翻译过来的材料，中国的官员要比一般群众更加了解真相。

让中国人和邓小平本人尤其感到震惊的，是发生在罗马尼亚的反抗中国的老朋友尼古拉·齐奥塞斯库及其妻子的日益高涨的群众运动，它在 12 月 25 日以两人被枪决而达到顶点。

12 月，罗马尼亚反对派运动的严重程度大白于天下之后，邓小平暂时停止了公开会见的活动。据官方的《邓小平年谱》，他在 12 月的前半个月有 6 次会见活动，但从 12 月 17 日——齐奥塞斯库下令向人群开枪的那天——到来年的 1 月 18 日（这一天他会见了香港商界领袖李嘉诚)之前,没有任何会见的记录。[45] 因此,在罗马尼亚危机期间的12月21日是江泽民接见了香港记者,以便平息港人的担忧,他们自"六四"以来对8年以后香港回归大陆时会发生什么一直忧心忡忡。和邓小平一样,江泽民要在紧张的局势中表现出镇静;他解释了中国的情况为何与东欧有着根本的不同。他说,中国共产党能够在1949年建立政权,是自己的军队而不是苏联军队取得胜利的结果;中国没有受到资本主义国家的包围,中国改善了人民的生活。江泽民解释说,在中国实行戒严不是为了对付不守规矩的学生,而是为了维护秩序。就像1957年时的邓小平一样,江泽民肯定了民主是一个可取的目标,但能取得多大的进展,取决于国家的政局稳定。[46]

邓小平在1989年底辞职后不再积极参与处理东欧和苏联问题,但是他不可能回避这些事态发展的后果。从1989年到1992年,他试图加强群众的信心,中国共产党不同于东欧或苏联共产党,她能挺过去。他没有预言苏联或东欧会发生什么事情,但他从1989年底开始使用"不管东欧或苏联发生什么"作为开头语,以表明中国的情况不同。邓小平坚信加快发展经济是保持人民拥护的关键,因此他一再表示实行能使经济不断进步的政策的重要性。

在一个特别敏感的日子,即1991年8月20日苏联保守派发动政变将戈尔巴乔夫软禁在克里米亚的一幢乡间别墅里的第二天,邓小平把高层领导人——不久前才从莫斯科回来的江泽民,还有杨尚昆和李鹏——叫到一起,让他们增强决心,团结一致做好工作,避免发生分裂。邓小平重申,尽管发生了动乱,由于改革开放取得的成功,中国能够顶住外部压力。他承认中国有可能波浪式前进,快速进步的时期之后会进入调整期。他还指出,世界形势的巨变给中国提供了前进的机遇,但是假如不抓住机遇,其他国家就会迎头赶上,又把中国抛在后面。最后,邓小平向他的同事再次保证,强调经济增长不意味着中国要忘记马克思、列宁和毛泽东。[47]

1991年10月5日，爱沙尼亚、立陶宛和拉脱维亚脱离苏联，开启了苏联解体的过程。几个星期之后，邓小平接待了硕果仅存的几个共产党国家之一朝鲜的领导人金日成。他对金日成说，中国仍将坚持经济上改革开放，同时也要坚持四项基本原则。为证明中国需要共产体制，他说，中国今年发生水灾时没有哪个国家能为中国解决问题。中国能够有效应对水灾，是因为有共产党的领导。[48] 1989年10月26日，邓小平就曾宣布对党的体系的信念，他对泰国首相差猜说，"中国搞社会主义，是谁也动摇不了的。我们搞的是有中国特色的社会主义。"[49]

尽管中国领导人在向民众报道苏东剧变时动作迟缓，但很快就根据新的现实调整了其外交政策。当巴尔干几个共和国宣布独立时，中国立刻给予承认；1991年12月25日苏联总统戈尔巴乔夫宣布辞职，俄国国旗取代了克里姆林宫上的苏联国旗时，中国很快就从外交上承认了俄国和其他独立国家。[50]

邓小平在试图说明苏联犯下的错误时宣称，苏联没有及时进行经济改革，高层领导人没有坚定地维护共产党。相反，苏联领导人与美国搞军备竞赛，钱花在了这种竞赛上，而没有用来改善普通民众的生活。苏联的领导层享受着优越的生活，但苏联人民并不是这样。在天安门事件之后的困难时期和苏联解体的时期，邓小平不断重复着一句口头禅："冷静观察，稳住阵脚，沉着应付，有所作为。"[51]

无论邓小平本人在"六四"后对中共的前途有何疑虑，没有记录证明他对中共有能力克服东欧和苏联政治体制崩溃带来的困难有过任何怀疑。他在公开场合总是表现得镇定自若，他相信中共能够挺过去，并最终取得胜利，经济也将继续增长。他记得自己3次受到批判，丢了官职，但每一次又都回来了。他见证过自己的部队打了败仗但取得了最后的胜利。他见证过中国在"大跃进"和"文革"之后的复原。邓小平在1989年"六四"之后的3年中，向公众展示着他的毅力、坚韧和十足的自信，在这种环境中能有如此表现的世界领导人并不很多。

对保守的经济政策失去耐心，1989—1991

党内的气氛不允许邓小平扭转1988年放开物价后为消除通货膨胀和民众恐慌而实行的保守经济政策。但是邓小平由衷地认为，只有经济的快速发展才能维持民众的支持以避免东欧和苏联的命运。从1988年9月26日的十三届三中全会正式开始实行的紧缩计划是当时政策的得意之作。为了结束通货膨胀，政府降低了增长目标和支出，减少了货币供应，收紧和强化了财政控制，努力消除财政赤字。此外，为安抚对腐败的民怨，政府发言人袁木宣布紧缩计划也包括禁止政府兴建楼堂馆所。[52]

富有经验的经济顾问薛暮桥为紧缩计划中的"整顿"政策提供了全面解释。他说，1984年之后，新的体制和宏观调控手段还没有到位，以价格、税收和信贷来调控经济的行政手段就被削弱了。随着权力的下放，地方政府和企业，包括乡镇企业，过快地扩大投资，造成原料和能源短缺以及基础设施不足的瓶颈，从而导致了通货膨胀，为避免后者的失控才采取了紧缩措施。[53] 李鹏总理在1989年底的计划工作会议上忠实地推进了紧缩计划，他说，党要集中力量提高质量标准，改善商品流通，加强党对政治和意识形态领域的领导。他提出，尽管实行紧缩方案，党仍然要继续推动改革。工厂的管理者要做好有关技术和生产的关键决策，中国要坚持实行对外开放政策。[54]

1988年实行的保守政策有助于缓解通胀压力、加强投资控制和预算平衡。当时预计，1989年到1992年这个时期结束时，一旦调整完成，便可以用较温和的步调重新开始各项改革——包括物价改革、企业管理权和所有权的分离、税制改革以及银行业改革。[55]

但是，1989年"六四"之后西方国家的制裁进一步限制了中国的经济增长，更何况经济官员还在继续实行谨慎的经济政策。即使很想与邓小平保持良好的个人关系的江泽民，在经济政策上也感到只能接受主流气氛，而这种气氛现在更有利于慎重立场的选择。结果是，国民生产总值的增长率从1988年的11.2%降至1989年的3.9%。为防止在这种急速的下滑中出现政治骚乱，没有让大城市的国营企业职工丢掉工作，工资也没有受到触动，但是在小乡镇和行政村一级，从1989年到1990年有将近2000万人丢了饭碗。[56] 这时邓小平想不顾一切加快发展以维持民众的支持，然而他在党内缺少足够的支持。

爱国主义教育

"六四"后几周的危机时刻过后，邓小平等领导人开始处理一个更大的问题，即年轻人对政府和共产党的疏远。在谈及导致"六四"事件的问题时，邓小平提到了没有对青年进行"教育"，他这样说的意思和毛泽东一样，是指政治教育。但是邓小平的这种教育观并不集中在"意识形态"上，他认为那种教育过于僵化；他要提供的是公民和道德教育。在"六四"之后这意味着什么？

为了赢得中国年轻人的心，需要用什么来进行宣传呢？答案似乎不言自明：爱国主义。[57] 强调西方帝国主义造成的百年屈辱史的爱国主义教育在1940年代就是宣传的主题，而且从未消失过。但是它在1950年代开始的社会主义建设中只起着次要作用，当邓小平在1980年代试图加强与西方的关系时，它已经趋于没落。然而在1989年之后，面对西方国家的制裁，出现了针对外国制裁的普遍的爱国主义反应。在很多西方人看来，对中国的制裁是抨击在"六四"中使用武力的中国领导人的一种方式，但是对于中国人来说，制裁伤害的却是全体中国人。就像抗战时期共产党人诉诸结合爱国主义和民族主义共同抵抗日本侵略一样，此时在爱国主义"教育"

把民族主义和共产党联系在一起,反过来说,批评共产党事实上就是不爱国。[58]

出现这种意识形态转变的时机很有利。在邓小平时代,正如学者本雅明·史华慈所指出的,有一种"对中国历史的逐步的重新肯定"。被毛泽东视为剥削者的地主和资产阶级是受批判的历史人物,而在邓小平时代逐渐被重新解释为"那个时代的进步力量"。换言之,在邓小平时代,更易于用较客观的方式研究中国历史了:过去被定性为阶级敌人的历史人物,又成了具有优秀或至少可以理解的品质的人。在1980年代末,甚至国共内战时的头号敌人蒋介石也开始得到更加同情的对待,虽然毛泽东使他的成就黯然失色。[59] 1989年之后,中宣部利用这种趋势,鼓励年轻人以中国历史为荣。[60]

正如一位中国知识分子在谈到中国思想状况时所说,即便在1980年代中国人批判自己的传统、崇拜西方时,"在叛逆的言辞背后……也跳动着新一代热血青年躁动不安的心,他们怀着急迫的使命感,要重新找回作为中国人的自豪。"[61]即使没有爱国主义教育,到1980年代末时很多中国人已经认识到,1978年开始实行对外开放以后,中国人过于美化西方了(就像一些宣传干部所说,有些年轻人认为"西方的月亮也比中国的圆")。但是随着中国的快速发展和现代化,中国人自然而然开始对自己的国家有了更多的自豪感。

"六四"之后外国人的制裁和批评,为邓小平及其同事提供了强化这种爱国主义的有效手段。天安门事件后的几周内,邓小平开始强调他的爱国主义教导。中宣部宣传了外国人的反华言论,使很多中国人,甚至包括激进的学生感到愤怒。西方国家阻止中国加入关贸总协定(1994年后改为世界贸易组织)的做法被广为宣传,将民众的怒火引向外国人对中国的偏见。外国拒绝向中国提供现代技术,被批评为不公正地阻止中国分享现代化成果。外国人批评中国对待藏族人、维吾尔族人和其他少数民族的做法,被反驳是外国列强削弱中国的阴谋。西方对台湾的支持和对中国主张南沙和东海岛屿主权的抵制，在向中国民众做出解释时，被作为遏制中国的证据。诸如此类的宣传取得了预期的效果。1989年后的几年里，当初激进的学生，也开始支持党和政府，他们喊出了反对外国人的口号，因为他们认为外国人是在不公正地指责中国。

在唤起年轻人的爱国主义方面，特别成功的一件事是，官方媒体巧妙地宣传外国人因"六四"事件而反对北京主办奥运会的言论。国家主席杨尚昆在1990年向国际奥委会宣布中国将申办奥运会后受到外国的抵制，这让年轻人怒不可遏。1989年时反政府的年轻人，很多现在又热烈支持政府有关中国受到其他国家苛待的说法。

在这些爱国主义教育的努力中，最有效者莫过于重拾抗战时期的反日宣传。当日本政客参拜供奉着日本在"二战"中阵亡官兵的靖国神社时，或是当极右翼政客否认南京大屠杀时，即使这种事在日本并没有多少人在意，他们的言论仍会被公布在中国的媒体上，引起强烈的反日情绪和对中国领导人的支持。

1991年底，中宣部还制订出一套更加系统的爱国主义教育方式——利用教科书、讲演和媒体。1991年11月发布了《充分利用文化遗产进行爱国主义和革命传统教育》的文件。后来又下发了《关于在全国中小学开展爱国主义教育的通知》。这两个文件的重点都是教育那些没有经历过抗日或内战的青少年。

天安门事件之后邓小平批评外国实行的制裁，没有记录表明他在1992年退休前反对宣传部门激发爱国主义的做法。中国存在着像东欧和苏联那样陷入分裂的危险，因此需要做出严肃的努力重新赢得年轻人的支持，爱国主义、经济发展和经济机会的增加，共同构成了解决问题的手段。但是，客观上鼓动排外情绪的做法也远远超出了邓小平所鼓励的范围，而且在他退出政坛后愈演愈烈。随着外国在1990年代逐渐减少制裁，中国必须在这种有排外之嫌的爱国主义与努力恢复邓小平在1977年以后建立的对外友好关系之间取得平衡。

第22章
终曲：南方之行，1992

一代人之前的1965年，毛泽东对自己不能全面控制北京的"资产阶级"政策感到不悦。他无法在中央党报《人民日报》上传播自己的观点，便在上海的《文汇报》上发表了一篇文章（《评新编历史剧〈海瑞罢官〉》），次日该文又由上海市党报《解放日报》转载。然后，71岁的毛泽东乘专列去了南方的杭州、韶山和武汉等几个城市，为1966年发动的"文化大革命"点火。

这个故事在1991年又重演了一次。当时邓小平对北京沉闷的经济政策也感到不快，可是他对这些政策又不能完全说了算。他不能在《人民日报》上表达自己的观点，便把它登在另一家报纸——上海的《解放日报》上。可是1991年这把火并没有点着，决心已定的邓小平在1992年又点了一把更大的火。他以87岁高龄，乘专列南下，先去武汉，然后是深圳、珠海和上海，他在这些地方成功点燃了扩大市场开放和加快发展的大火。

1988年通货膨胀引起的恐慌，北京1989年5月戒严失败后的危局，苏联和东欧政权的相继垮台……。这一系列事件使北京气氛高度紧张。谨慎的计划仍在实施，邓小平则吸引着大胆主张扩大开放、加快发展的人。在1970年代末和1980年代初，"建设派"大多是从事引进新工厂和新技术的中央干部，到1980年代末时，沿海地方政府已积累起自己的财富,形成了更强大的势力基础,使邓小平能够用来对抗谨慎的经济政策。

谨慎的计划官员认为,1988年的通货膨胀失控要对1989年的悲剧负责,因此他们更坚定地要把国家控制在他们认为唯一安全的轨道上。邓小平则认为,不加快国家的发展,共产党的统治就会陷入危境,因此他同样坚定地认为,只有加快发展和开放才能维持民众的拥护,使国家得以生存下去。[1]

邓小平受挫,1990—1991

1990年1月21日至2月13日邓小平在上海度假期间,已经在争取能使他压倒稳健派经济政策的政治力量。他在上海与当地负责人讨论了开发浦东的大项目。[2] 他知道上海的负责人急于开发浦东,但这必须得到北京的许可。浦东是上海境内一片大约500平方公里的区域,靠近地理位置优越的长江入海口。当时这个地区大体上仍是农村,易于进行开发,甚至早在上世纪初,孙中山就曾萌生出在浦东建一个大港口的念头。上海当地官员希望将它建成金融中心。[3] 尽管上海一直受到中央政府的制约,但是在长江三角洲一带,不但上海,而且邻近的江苏和浙江,工业已经有了实质性的增长。

邓小平对如何加快经济发展有着战略上的考虑。他知道,鉴于上海的巨大规模和人才储备,它的任何进步都将对全国的发展产生直接的积极影响,不但能够惠及邻近的江浙两省,而且还有长江流域的数亿人口。[4] 1920年代邓小平赴法途中,曾在上海停留一周,第一次体验了这个城市的活力;10年后他又在上海做了几个月的地下工作;1949年他曾短暂地参与中共对上海的接管。1980年代末,当他为冬季"休假"来到这座城市时,能够感受到生机勃勃的上海人有待释放的能量。即使不像邓小平那样头脑敏锐的干部也十分清楚,上海的领导人对1930年代上海作为商业大都会的优越地位怀有自豪感，而当时的香港不过是个无足轻重的小城市；1980年代中央为广东和福建率先进行试验开了绿灯，却没有让上海这样做，这使他们十分不快。上海的负责人并不讳言：上海有着比广东和福建的任何城市更高的教育、科技和工业水平。上海的领导人得到了群众的全力支持，是邓小平加快发展经济的强大同盟。

1984年，作为开放的14个沿海城市之一，上海也获得了一定的发展空间，但是从1984年到1990年，上海没有得到北京多少帮助，它的潜力几乎没有发挥出来。广东较易于得到外企投资：在不发达的地区建新厂成本虽然高，但尚可做到。然而，对上海巨大的旧工业进行改造，需要只有政府才能提供的资本来支持。上海肩负的为国家财政做贡献的担子如此之重，得到的支持却很少，这让上海的领导人感到不满，他们一直在要求北京改变政策。北京一些部委的领导也愿意向上海投资，因为他们已经开始担心正在失去对广东的控制，那里的财政收入主要来自外边而不是中央政府。假如北京为上海提供资本，国家的计划官员对上海的控制能力要比对广东大得多。

1988年和1989年邓小平在上海过冬时，曾经与江泽民和接替江担任上海市委书记的朱镕基做过交谈。朱镕基在北京担任国家经委副主任时邓小平就认识他，把他视为一个难得的人才，他既有充满自信的领导能力，又有发展经济的战略眼光和难得的改革魄力。1990年2月，邓小平会见了朱镕基和上海其他党政军干部，与他们讨论如何为当地的发展点火。[5]

2月回到北京后不久，邓小平对李鹏总理说："我已经退休了，但有一件事还是要给你讲一讲，你要更多地关心一下上海浦东的发展。"[6]两周后的3月3日，邓小平把江泽民、杨尚昆和李鹏叫来，向他们宣讲国际形势和国内经济："人民现在为什么拥护我们？就是这10年有发展。……假设我们有5年不发展，或者是低速度发展，例如百分之四、百分之五，甚至百分之二、百分之三，会发生什么影响？这不只是经济问题，实际上是个政治问题。"他又说，"要用宏观战略的眼光分析问题，拿出具体措施。……要研究一下哪些地方条件更好，可以更广大地开源。比如抓上海，就是一个大措施。上海是我们的王牌。"[7]

定于1990年12月25日至30日召开的七中全会将要研究五年计划和十年规划的草案。在会议前夕的12月24日，邓小平又把江泽民、杨尚昆和李鹏叫来，再次给他们上课，讲明加快发展的道理。他强调了在2000年以前让经济翻番的重要性，鼓励他的接班人不要害怕担风险。[8]邓小平重申，如果中国的经济增长不够快，经济停滞就会变成政治问题，而紧缩政策加上外国制裁的副作用，正在放慢经济增长的速度。邓小平认为，只有放弃保守的经济政策才能避免重蹈苏联和东欧的覆辙。[9]但是邓小平的课依然没有起多大作用。尽管他多次请求，七中全会仍然受到谨慎的稳健派主导，他们更加担心的不是增长速度放慢，而是经济过热。

邓小平于1991年1月28日乘专列去了上海，在那里一直住到2月20日。他既是为了冬季休养，也是想再次为经济增长点火。听过朱镕基的汇报后，他视察了航空和汽车工厂，还有将要成为世界第三大悬索桥的南浦大桥的建设工地。[10]邓小平重申他在1990年说过的话：1979年开放4个经济特区时没有开放上海，是他犯的一个错误，以及他希望能够利用上海的人才优势。他强调开发浦东不但对上海市，而且对整个长江流域都很重要。他说，金融——有意避免使用名声不好的"资本"一词——是现代经济的核心，中国想在金融领域获得国际地位，得靠上海。[11]

邓小平在1991年并未能使他的星星之火变成燎原之势。除夕时他和杨尚昆、李先念一起给上海负责人拜年的画面上了全国的电视，但并没有提到他要加快上海发展的努力。邓小平的意见甚至没有出现在《人民日报》上。不过，他在1991年也取得了两个小小的收获：他争取到足够的支持，把朱镕基调到北京担任副总理；他还让上海的报纸发表了几篇文章,尽管用的是化名。1991年3月和4月,上海的干部让《解放日报》根据邓小平不久前在上海的讲话,整理出了4篇系列文章。[12] 这些文章没有暴露与邓小平的关系,而是署名"皇甫平"(意思是"黄浦评论",又可指"辅助邓小平")。[13] 第一篇皇甫平的文章发表于3月3日,批评了"一些同志"把市场说成资本主义。文章说,计划和市场只是利用资源的两种不同方式,不是社会主义或资本主义的标签。政治圈里的人在猜测"皇甫平"的文章背后究竟为何人,但当时只有极少数人知道那是邓小平。

1991年10月,国家主席杨尚昆借纪念辛亥革命80周年之机,支持更加大胆地实行改革开放。[14] 为另一方说话的邓力群则在1991年10月23日的《人民日报》上撰文警告说,阶级斗争很尖锐,存在着"和平演变"——即用资本主义逐渐取代社会主义——的危险,这正是自由派梦寐以求的事情。[15] 1991年底,当干部们为即将召开的党代会做准备时,战线变得明朗起来。稳健派在11月25日至29日的八中全会上仍占上风,于是邓小平拿出了他的惯用手段:不把时间浪费在争论上,他要采取行动争取支持。

邓小平的南方之行,1992年1—2月

当邓小平的专列于1992年1月17日驶离北京站时,北京的其他中央领导并没有收到通知,甚至连江泽民也不例外。这次出行完全由武警部队一手操办。北京的其他领导人和南方负责接待他的干部只知道,邓小平夫妻、他们的4个子女(只有小儿子邓质方没有随行)及其配偶和孩子,一行17人,要出门散心观光,进行"家庭度假"。谁能反对这个老领导的家庭去度假呢?

邓小平南行的第一站是武汉,这里是华中地区的铁路枢纽,也是1911年辛亥革命爆发的地点。邓小平于1月18日上午抵达武昌火车站。尽管只是家庭度假之旅,但对待邓小平这样显赫的人物,

湖北省委书记关广富和省长郭树言还是前往站台迎接邓小平的到来。邓小平只在站台上停留了20分钟，时间虽短，却足以让他发一通脾气。邓小平说，"电视一打开，尽是会议，会议多，文章太长，讲话也太长，而且内容重复……你们要多做少说。……周总理四届人大的报告，毛主席指定我负责起草，要求不超过五千字，我完成了任务。……现在文件多如牛毛。"他提到这样的情况：省委书记去农村考察一个星期回来，文件就堆成了山，让他头痛。[16] 邓小平一向反对空话、长篇报告和不做认真准备的会议，他曾说过，"没有话把嘴巴一闭……会议和讲话是为了解决问题的。"[17] 发了一通脾气后，邓小平说出了他的要点："谁反对改革，就让谁下台。"尽管他是在向武汉当地的人说话，他的话也没有登在公开的媒体上，但很快就引起了江泽民的注意。两天以后江泽民对手下的干部说，要加快开放步伐，恢复对外开放政策，减少会议的数量。[18]

列车于当天下午抵达长沙火车站，邓小平花10分钟时间接见了湖南省委第一书记熊清泉等省级干部。邓小平听到1991年尽管有自然灾害，湖南还是取得了大丰收后十分高兴。但邓导师还是给他们上了一课：他指示熊清泉说，湖南"搞改革开放的胆子要更大一些……要加快经济发展"。[19]

1月19日星期一上午，邓小平在广州做了短暂停留后，与陪同他的省级领导一起，开始了对最有活力的特区——深圳和珠海——为期11天的视察。当地干部一周前才接到通知为邓小平的到来做准备，他们跑到邓小平要去的所有地方布置保安，安排包括痰盂在内的必要设施。他们只被告知要为接待他一家人前来度假做准备，但是当邓小平到达深圳时，他们已经收到在武汉和长沙与邓小平见过面的干部的详细报告，他们意识到，这并非一次寻常的家庭度假。[20]

广东省委书记谢飞、省委副秘书长陈开枝和其他几位省里的干部与一些当地干部一起在深圳为邓小平做向导。在迎接邓小平的干部中，有些人在1984年就接待过邓小平，他那次来时肯定了经济特区的成就。邓小平到达下榻的宾馆后休息了10分钟,然后与谢飞等人在宾馆的花园里散步。邓小平的女儿邓楠提醒父亲说,8年前他在这里题过词。邓小平随口便背诵出了他当年的题字:"深圳的发展和经验证明,我们建立经济特区的政策是正确的。"这引来高兴的东道主一片喝彩,他们把邓视为最强大的助推器,不同于那些试图限制他们投资的北京官员。

邓小平为了保持体力,只在每天上午游览3小时,然后与家人一起吃饭、午睡,下午休息。在当地一次外出游览时,家人看到用邓小平笔迹复制的"深圳"二字,女儿邓楠说,"你应该收利息,你有知识产权啊。"[21] 邓小平笑了。后来他们在仙湖植物园看到从成都运来的竹子,邓小平对当地导游开玩笑说,你们也要给四川支付知识产权费啊。[22] 邓小平这个玩笑是深有寓意的:人们都知道邓小平对西方要求中国支付大笔知识产权费的批评,邓小平提醒西方人说,其他国家模仿中国的火药和印刷术一类的发明,中国并没有为此收过费。但是邓小平也明白中国需要适应新的国际秩序。在视察深圳一家生产CD光盘的工厂时,他问他们是否从外国买了版权,并提醒工厂经理,"一定要遵守有关知识产权的国际规则"。[23]

在广东,邓小平到处都被喜欢和感激他的人团团包围。在1982年和1983年,他虽然最初没有为特区辩护,但是当1984年特区受到北京正统派的严厉批评时,他却表扬了特区。广东人有一个说法:遇到绿灯往前走,看到黄灯抓紧走,碰上红灯绕着走。然而在1992年,广东人仍然担心来自北京的黄灯和红灯,渴望看到绿灯。邓小平正在支持他们的事业,支持扩大对外开放和加快经济发展,反过来,他们成了邓南巡计划的啦啦队。

按照北京为"家庭度假"制订的官方原则,邓小平只带了一名记者和一名摄影记者,也没有举行记者招待会。但是当他开始视察深圳时,估计有50名到60名摄影记者紧紧尾随着他的"家庭度假",很多人甚至买了盒式录音机,以便能够捕捉邓小平的每一句话。[24]

邓小平心情振奋地观看当时在中国还不多见的高楼大厦，认真细致地视察新技术，听当地干部汇报情况。当地干部告诉邓小平，1984年时深圳的人均收入只有600元，1992年时已经达到2000元，他不可能不为自己加快发展的梦想可能变为现实的前景而欢欣鼓舞。在为鼓励加快发展的南行途中，当邓小平看着那些高楼大厦时，他也是在享受自己用改革开放政策所播下的种子结出的硕果。

邓小平来访的消息不胫而走，每当他从工厂和办公楼走出来时，都有大批普通市民在等着他。他在53层的深圳世贸中心旋转餐厅俯瞰了这座城市的新建筑，当他走出大楼时，有大批群众向他鼓掌欢呼。[25] 虽然邓小平有不善言谈的名声，但在女儿邓楠的帮助下——她不断凑到耳边，把他因耳聋听不清楚的话大声告诉他——他完全融入了与当地干部和充满感激的群众的交谈之中。在北京的许多干部眼中，邓小平是个严厉的司令员，深圳的群众却亲切地向他呼喊"叔叔好"、"爷爷好"，在他们看来，他热情机智，平易近人，对所有新事物有着浓厚的兴趣。

不过即使在公开场合，他也表明了自己的担心，他说，"左"的政策会造成可怕的后果，甚至会葬送社会主义。[26] 他警告说："要警惕右，但主要是防止'左'。"[27] 在与地方干部的坦率交谈中，针对那些把特区说成搞资本主义、受到外国人控制的批评者，他说，只有四分之一的投资来自外国人。他又说，中国在政治上控制着所有外国公司，可以确保它们对中国有益。他不仅不担心现在的外资水平，还主张增加外资数量，建立更多的合资企业：外国企业不但交税，还能为工人提供就业岗位和工资。[28]

与在北京参加党内会议的邓小平相比，已经退休的邓伯伯和当地干部的交谈要随意得多。邓小平心情放松，不拘一格，风趣的言谈常引起当地领导的共鸣。邓小平上了他的最后一堂课，他敦促干部们大胆工作，努力试验。他重复了他在各地说过的话：坚持改革开放；保持一个精干的政府；培养年轻人；少说多做。参观了世贸中心大厦后,邓小平在返回宾馆的大巴上再次谈到他的很多基本观点:计划不等于社会主义,市场也不等于资本主义。资本主义也有计划,社会主义也有市场。贫穷不是社会主义。要走共同富裕的社会主义道路;为了达到这个目标,先富起来的地方要多缴税,用来帮助落后地区。但各地的情况不可能很快拉平,不能搞"大锅饭",这会打击人们的热情。邓小平鼓励干部进行试验,敢于冒险,不要怕犯错误,有错改了就好。[29]

邓小平鼓励深圳在 20 年内赶上香港、新加坡、南韩和台湾这亚洲四小龙。他说:"新加坡的社会秩序算是好的。他们管得严。我们应该借鉴他们的经验,而且比他们管得更好。"听过有关深圳的贪污受贿和腐败问题的汇报后,邓小平说:"你们要坚持两手抓,一手抓改革开放,一手抓打击各种犯罪活动,两手都要硬。"[30]

在深圳度过 5 天后,1 月 23 日深圳市委书记李灏向邓小平介绍了他对司法体制加以改造、规范和扩充的计划。邓小平仿佛仍在担任国家领导人一样,表示完全同意这些想法,并鼓励李灏大胆落实。北京的很多干部批评深圳走得太快,但邓小平送给李灏的离别语是:"你们要搞快一点。"李灏是如何回答的?"我们一定会加快步伐。"[31] 邓小平的下一站是珠海,该市市委第一书记梁广大来到深圳,陪同邓小平一家人和省里的官员,乘船一小时跨过宽阔的珠江三角洲,来到了珠海。当船经过清代海关旧址时,邓小平再次提到他离职时叮嘱的要点:中国过去受到外国帝国主义的欺负,但那时代已经过去了,"落后就要挨打啊。我们已经穷了上千年,不能再穷下去了,如果不重视科学技术和教育,还要挨打"。[32]

广东省委书记谢飞和梁广大十分清楚,邓小平也担心日益加剧的经济不平等现象;他们知道他一直在鼓励先富帮后富。他们在船上告诉邓小平,一派繁荣气象的珠江三角洲地区正在大力帮助广东北部和西部的贫困山区。邓小平回答说,改革开放以来取得的进步,靠的是各地愿意搞试验的人的创造性,靠的是政府将行之有效的做法进行宣传、把各种新思想推广到全国其他地区的能力。[33]

澳门比香港小得多，也不像香港那样喧闹。与此相似，毗邻澳门的珠海比深圳小，也不像深圳那样繁忙。在珠海29层贸易中心的顶层旋转餐厅，邓小平和家人眺望了建设中的高楼大厦。就像在深圳一样，邓小平与群众热情相处。在珠海的一家工厂，有人估计他和上百人握了手；在大街上，保护他的警察不得不限制他走进人群和更多的人握手。

邓小平在询问当地居民时，想搞清楚沿海城市的经济发展能以多快的速度向偏远地区扩展，推测未来的发展对群众意味着什么。他已经能够看到很多迹象，各种消费品——自行车、洗衣机、收音机、手表等工业制品——正在走进农民家庭。[34] 他高兴地听到穷困地区的农民工在沿海地区找到了就业机会。海外留学青年回来报效祖国的报告也让他大受鼓舞。他得知富有创业精神的中国人所领导的工厂已经接近世界技术水平。他表扬了当地领导利用市场推动社会主义事业所取得的成就，而从中受益的社会主义制度又能使市场更加成功。他说，从集中人力抓紧办事这方面说，资本主义赶不上社会主义。他还指出，如果没有从1984年到1988年取得的进步，1989年到1992年这个困难时期的事情就不会那么顺利。

从珠海驱车前往广州的途中，邓小平在珠海以北的两个县——中山和顺德——停留了片刻，经济特区的活力向邻近地区的扩散作用也使这两个地方蒸蒸日上。在广州与省领导层交谈了一个小时后，邓小平登上列车前往上海，途中在江西东部的鹰潭做了短暂停留。[35]

到达鹰潭时，邓小平也在车站会见了当地干部，他们向邓小平汇报了去年的大丰收和抗击洪灾取得的成绩。邓小平对他们的工作给予表扬，但也对他们说，要多种树，这能防止造成洪灾的水土流失。邓小平还说，干部要走得更快一点，放开胆子进一步开放。邓楠这时插嘴说，父亲一路上老是在重复这些话；她又说，父亲很关心江西，60年前他就在江西苏区工作过，"文革"中又在江西生活了3年半。事实上，邓小平一路上讲了不少自己1931年在瑞金和会昌的往事。[36] 邓楠提醒父亲说，1973年2月19日，在经历了"文革"期间"下放"农村的岁月后，他们一家人就是从鹰潭踏上了返京的列车。[37] 如今他们从鹰潭乘坐列车前往上海，当他们抵沪时，邓小平在广东播下的扩大对外开放的种子已经开始结出果实了。

突破

邓小平在1990年和1991年未能让国家回到改革开放的快车道上，但是由于香港的媒体和珠海的一次会议，他在1992年取得了戏剧性的突破。

按照行程安排，邓小平没有举行记者招待会，但他在深圳的消息一传出，香港记者便蜂拥越过边境前来报道他的南行。1月22日，邓小平到达深圳3天后，香港的《明报》就爆出了他南行的消息和加快开放的意见。该报还说杨尚昆也在深圳陪同邓小平。敏感的香港读者立刻意识到，邓小平的南行并非寻常的家庭外出度假。

香港左派报纸的编辑仍记得很多同事因支持"六四"示威而被解雇，因此在报道邓小平的行程和讲话时忐忑不安，但他们仍然在1月23日同香港电视台一起报道了邓小平来到深圳的消息。广东南部有数百万人在香港电视台上看到了邓小平在深圳的部分画面。

北京那些站在谨慎的计划官员一边的宣传干部面临着艰难的选择：尽管邓小平南行的消息已在华南各地传开，但他们可以继续不动声色；或者承认这次南行，但尽量弱化邓小平对那些在改革开放上立场更保守的人的抨击。同时，邓小平的支持者，希望允许他们加快发展的南方当地干部，则愿意冒险把邓小平的意见传播出去。

由于邓小平在深圳和珠海引起的关注，一些媒体的负责人很难对他的南行佯装不知，但他们确实想这样做。2月3日，北京的电视台播出了邓小平和杨尚昆与上海领导人参加春节团拜会的消息，但只字未提他的深圳和珠海之旅或推动改革的努力。同一天，英文的《中国日报》登出一幅杨尚昆和邓小平在深圳拍摄的照片，但并未注明照片日期。2月4日，上海市委下属的《解放日报》的编辑很聪明，他们没有提邓小平南行，但在头版登出一篇文章赞扬邓小平解放思想的努力，这是得到三中全会批准的，也可以视为给上海要上马的大项目助力。[38] 不过，当时广东和上海的当地媒体都极想传播邓小平南行的消息，加之邓小平南行在华南已是家喻户晓，所以谁都无法阻挡外界知晓邓小平南行的目的。

中国出版的有关邓小平南行的书中没有提到珠海会议，官方的《邓小平年谱》中也没有相关记录。但是，会议的与会者和珠海的观察者所透露出的消息，从江泽民在会后几周内的反应中得到了证实。

江泽民的反应

江泽民并没有在春节给邓小平打电话的习惯，但是在2月3日，即邓小平离开珠海5天后，江泽民打电话给邓小平拜年。他后来承认，这次通话并非随意而为。[39] 此后江泽民便成了更大胆的改革者。

邓小平于1月31日到达上海，在那里休息了3周，与在特区时相比，他迈着更加从容的步伐视察了浦东的开发，审阅了他在深圳和珠海讲话的文稿。[40] 他还游览了刚完工的浦东大桥以及杨浦大桥的建设工地。[41] 他再次做了"自我批评"，说过去没有把上海建成特区是一个错误，但是他提出，上海现在起步可以利用它作为后来者的优势，从广东的经验中学习，能够把事情办得更好。

同时，由曾做过华国锋和胡耀邦秘书的郑必坚牵头的一个写作班子，写出一个对邓小平在深圳和珠海的讲话做了系统总结的稿子。他们先是拿到了广东干部准备的一份两到三万字的邓小平南行讲话纪要，和邓小平一起做了数次修改后，把它浓缩为一个七千字的报告。与邓小平在行程中的生动讲话相比,这个报告看上去官方色彩更浓一些,它在邓小平离开上海前完成。[42]

邓小平在上海停留期间,陈云也住在上海,但邓小平没有安排与他见面。不过杨尚昆主席和上海市委书记吴邦国亲自去给陈云拜了年。[43]像陈云这样老练的领导人自不难理解邓小平这些精心谋划的动作在政治上的微妙之处,也不难了解邓小平加快改革的努力所得到的军界的强力支持,以及浦东开发计划所得到的上海市委的热烈拥护。

邓小平10年来一直忙于工作,从未逛过商店,但是他有一天上午去了当时中国最大的零售商店——上海第一百货公司。他在这里可以看到琳琅满目的消费品,这与14年前改革刚开始时消费者在货架上看到的可怜的供应状况形成了鲜明对比,这只会使他对中国的进步感到更加自豪。[44]在女儿邓榕的帮助下,他给孙子们买了几支笔,作为送给他们的礼物。

当邓小平踏上回京的列车时,他有理由期待自己的南行达到了目的,现在江泽民要加快发展与改革了。[45]确实,从2月20日邓小平离沪回京到3月6日,《深圳日报》的人对邓小平会取得最后的胜利相当乐观,大胆发表了8篇详细报道邓小平南行的系列文章。[46]这些文章最终无法避免被全国的读者看到,当然也包括首都北京的人。

2月中旬,邓小平回京前几天,江泽民已经在公开说,他拥护邓小平进一步改革的呼吁。[47]江泽民通过从珠海得到的报告认识到,邓小平已经下定决心,大胆推进改革开放。江泽民从邓小平的南行中,能够看到他争取到了北京和地方重要领导人的很多支持。[48]

郑必坚整理出的邓小平特区讲话概要完成后,江泽民经政治局批准,把稿子发给了人数有限的最高层干部。与邓小平的即兴讲话相比,整理后的讲话稿已不那么咄咄逼人,但依然有力,直截了当。当党内领导层开始意识到邓小平南行所受到的关注并读过报告后,他们认识到邓小平尽管已经年迈,但他在发动一场决定性的战役,他的拥护者正在迅速增加。⁴⁹ 上海、广东等地的领导人希望加快市场开放，对其结果更加乐观，所以都站在了邓小平一边。即使没有邓小平的南行，外国制裁的逐渐取消和稳健派在降低通胀压力上取得的成功，也会使中国的领导层提高发展目标。

此时，江泽民及其同事已经开始让民众做好准备，他们要响应邓小平加快发展的呼吁。2月21日，即邓小平回京当天，《人民日报》刊发了根据郑必坚整理的讲话稿撰写的社论，题为《更大胆地进行改革》，⁵⁰ 社论仍然未提及已被香港媒体大肆报道了一个月的邓小平南行。但是一周后的2月28日，北京领导人下发了根据邓小平一周前的讲话写成的中央二号文件，在更多的高层干部中传阅。就像大多数党的文件一样，它措辞慎重，四平八稳，失去了邓小平最初讲话的力量与活力。文件的标题是《关于传达和学习邓小平同志重要讲话的通知》。它只印发给了全体中央委员和个别团体，例如中央党校的2000名学员和教师。⁵¹

在3月9日至10日的政治局会议上，全部15名政治局委员讨论二号文件时，形成了一致支持文件的意见。邓小平以地方干部的支持作为后盾奋力前行，他利用了香港媒体并动员军队的支持。但是他也依靠了经济领域传来的喜讯。不但通胀在陈云的努力下得到控制，工业也开始增长，出口强劲，外国开始放松制裁。经济扩张的气氛已经大为改善。

在政治局会议上，杨尚昆主席首先发言大力支持文件，江泽民随后也表示完全拥护邓小平的意见。⁵² 政治局一致肯定了邓小平南行讲话中加快改革开放步伐的观点，同意把它作为将在年底召开的中共十四大的核心内容。邓小平后来也同意将二号文件作为三卷本的《邓小平文选》的最后一篇文章。熟悉邓小平言行的人，不会对他的意见的基本思想感到意外：更大胆地实行改革和对外开放。

3月的政治局会议之后，邓小平南行讲话的要点就成了官方政策的指导方针。3月11日，政治局会议后的第二天，也是邓小平开始南行两个月以后，新华社终于正式报道了邓小平南行的新闻，并在相关社论中提出要更大胆地实行改革开放。但是直到3月31日，《人民日报》才终于"归队"，刊登了邓小平视察深圳的详细报道。

气氛的变化

随着邓小平南行的消息得到全面报道以及政策开始发生变化，邓小平的讲话也成了著名的"南巡谈话"。"南巡"是帝制时代皇帝巡视南方（指长江流域，不像邓小平南下那么远）时使用的说法。为了消除邓小平像个皇帝的印象，官方的说法换成了更为中性的"南方谈话"。

稳健派干部意识到了邓小平讲话得到的普遍拥护，勉强同意了反映邓小平讲话精神的文件。在3月20日全国人大的年度会议上，人大代表中间的政治气氛反映着邓小平南行带来的干劲。[53] 知识分子和军队干部利用已经变化的气氛，在各自单位向"左倾"思想发起了进攻。杨白冰在3月23日宣布，军队要"为改革开放保驾护航"，这是在明确警告那些拖后腿的人。

5月底，党中央印发了旨在贯彻邓小平政策的四号文件。文件宣布开放长江沿岸的5个内陆城市和9个边境城市，并宣布30个省会城市一律享有和经济特区同样的特殊政策。[54]

江泽民决心在邓小平的最后考试中过关。春季，在公开场合，他是进一步改革开放的大力鼓吹者。他仔细拟定了6月9日在中央党校省部级学员毕业班上的讲话。[55] 在这篇题为《深刻领会和全面落实邓小平同志讲话的重要精神，把经济建设和改革开放搞得更快更好》的讲话中，他全面说明了贯彻邓小平南行讲话精神需要做些什么，总结了邓小平自1978年三中全会以来的贡献。江泽民说，要加快改革步伐，把增长目标提高到每年9%至10%（当时五年计划的官方目标仍是李鹏在全国人大会议上所说的6%）。江泽民说，要大胆学习资本主义国家的先进经验，没有必要讨论改革姓"资"还是姓"社"。江泽民进而把这些想法概括为一个他估计能得到邓小平赞成的说法："社会主义市场经济"。[56]

6月12日，在做了这次重要讲话3天以后，江泽民去问邓小平，是否同意"社会主义市场经济"的说法，显然它是被打算用来取代"有计划的社会主义市场经济"的。邓小平说他喜欢江泽民的讲话，邓又说，"其实深圳就是社会主义市场经济"。江泽民的考试过了关。邓小平仿佛仍然是最后的决策者，他让江泽民把中央党校的讲话在内部传阅，如果反响好的话，可以作为十四大的主题。不出意外，反响果然不错。

陈云是谨慎的政坛元老，但也是一向拥护中央决策的严守纪律的党员，他接受了政治局关于加快改革开放的一致决定。1992年初他为过冬去上海住了数月，他看到浦东的进步，与负责开发浦东的上海干部进行了交谈。4月26日，陈云回京的前一天，听了上海市委书记吴邦国和市长黄菊的汇报，他不但赞成他们搞活上海的努力，而且让他们胆子更大一些。

大约3个月后的7月21日，陈云在纪念他的长期同事、一个月前去世的李先念的文章中写道，他和李先念从未去过特区，但是他们都认为这种试验是必要的，"我们要从特区的经验中学习，把它们办成功"。他说，他对深圳的现代建筑、它使出口增长远高于进口所取得的巨大成就印象深刻。他还说，"中国的经济发展变得规模更大，比过去更复杂，很多过去有效的做法已经不能适应当前改革开放的形势。新的形势要求我们不断学习探索，解决新问题。"[57]陈云一直在努力将通货膨胀降下来，使计划体制平稳运行。1992年，多亏他在1988年开始实行的紧缩政策，通胀得到了控制，出口克服了外国制裁的影响开始增长。陈云在他的毕生事业即将结束时，承认中国正在进入一个更加复杂的新时期。实际上他是给下一代领导人投了信任票，他们将带领中国走上另一条道路，这与他过去为之奋斗的道路大不相同。

到夏天时，邓小平已巩固了自己的胜利。地方干部获准提高投资比例，扩大对外贸易，沿海地区的试验也被推广到内地。邓小平可以把精力用于国家在今后几十年将面对的另一些问题了。7月24日，在看了为即将召开的十四大准备的文件草稿后，邓小平提出了几个有待思考的问题：农村体制；他本人在中国的发展中的作用；统治制度；国家安全。

关于农村政策，邓小平承认，包产到户和取消公社对于调动农民的积极性是必要的。但是由于新的农业技术的出现和发展，耕作小块土地的农户单靠自身财力无法提升技术，到一定时候仍然需要大的集体组织。邓小平建议领导人在这件事上不要操之过急，要等待农户主动要求改变体制。

在考虑自己的思想遗产时，邓小平说，领导人不能夸大本人的作用，要实事求是。推动改革开放是一个宏大而复杂的过程，没有哪一个或几个领导人能把所有的事情都想到。例如，谁也没有事先深入思考过依靠乡镇企业，它们却成了中国发展的重要因素。1978年以来中国取得的成功，是来自广大人民群众的经验。他本人的作用只是把这些发展做了总结，向更多的人推广。

关于统治和自由的问题，邓小平说，"民主集中制"仍是"最合理的制度"，要作为治国的基本原则加以坚持。领导人要想办法鼓励人们表达自己的观点，但是决定一旦做出，就应当服从集体决定。

邓小平还谈到中国的安全问题。他说，各国之间的势力均衡正在发生重大变化，仔细研究这些变化十分重要。在当前形势下，他认为中国可以继续缩小军队规模，但同样重要的是提高军队人员的素质，增强战斗力，准备好在必要时能够保卫国家。[58]

邓小平审阅并批准了江泽民将在十四大上作的报告。报告的核心内容是他南行时表明的观点：加快改革开放。

中共十四大，1992年10月12—18日

中共十四大像以往一样，对有关当前和未来政策的文件做了认真讨论，但它首先是对邓小平及其成功政策的公开颂扬——实际上，是为他的退休召开的欢送会。大会的主要发言，即江泽民所作的政治报告，充满了对邓小平及其政策的赞扬，这一政策将成为中国未来5年的指导路线——建设"社会主义市场经济"。当然，江泽民的讲话也反映着他的某种妥协。邓小平原来提出的年增长率是10%，江泽民的报告则建议把目标定为8%或9%，但这仍比李鹏早先提出的6%高出许多。[59]

江泽民不但赞扬邓小平是中国改革开放的总设计师，而且把他的观点上升到"邓小平理论"（在1997年的十五大上把"邓小平建设有中国特色社会主义理论"直接称为"邓小平理论"。由此得名。）的高度。知情人都清楚，邓小平是个实干家，不是意识形态宣传家；与共产党国家的很多领导人不同，他并不认为担任最高领导人必须成为理论家。但是对于江泽民来说，把邓小平的观点上升到理论高度，能够加强它的重要地位，使之可以与"毛泽东思想"平起平坐，让人们能够像干革命一样集中精力搞四化。

邓小平的功绩是，他提出了"有中国特色的社会主义"理论，采用了"社会主义初级阶段"的说法。邓小平"理论"正是按他所希望的样子完成的：它们为支持继续扩大市场的实用主义政策提供了意识形态的合法性。江泽民还重申了邓小平关于有些事情不要管它姓"社"姓"资"的观点。公有制仍然是主要的所有制形式，但要继续使国有企业变成更加独立的经济单位。要在试验的基础上引入股份制，不但要扩大商品市场，还要发展资本、技术、劳动力、信息和住房市场。科学技术不但是生产力，而且是第一生产力。[60]总之，这次大会是对邓小平基本观点的明确肯定。毛泽东的基本信念——阶级斗争和不断革命——在他去世之前就已经式微，并且随

着他的去世而消失。相反，邓小平的基本政策和人民的经济需求与愿望产生了共鸣，在后来的十几二十年里继续指导着政府的决策。

在天安门事件刚过去3年的这次大会上，江泽民像邓小平一样，更加强调稳定而不是政治改革。在十四大上，他没有再提赵紫阳在上次大会上提出的党政分开和党企分开。像邓小平一样，江泽民用严厉的措辞谴责了1989年的"反革命暴乱"，但他仍然坚持主要威胁不是来自右，而是来自左。[61]

虽然邓小平的精神主导着中共十四大，但直到大会结束时他才到场。邓小平进入会场时，走到江泽民身边站了大约20分钟，让电视摄像机拍下他们两人在一起的镜头；邓小平把衣钵传给江泽民，这条新闻传遍了全国，传向世界。[62] 江泽民已经表明要坚定地继续实行改革开放，邓小平现在表明他完全支持江泽民。从那一刻起，江泽民不再需要回头看邓小平是否同意；权杖已传到他的手里，邓小平等人现在把他称为党的第三代"领导核心"。[63]

在中共十四大之前不久，邓小平让他的长期盟友、与他一起南行的杨尚昆和杨白冰兄弟退了休。[64] 邓小平指定77岁的刘华清——他能听从江泽民的领导——和江泽民的盟友曾庆红取代了他们。[65] 邓小平早先曾对江泽民说："毛主席当家时是他说了算，我当家时是我说了算，如果你当家后也能说了算，我就放心了。"[66] 邓小平与杨尚昆和杨白冰关系密切，但是对于他来说，一个强大团结的国家领导班子要比私人友情更重要。他做了他所能做的一切，让江泽民获得能指挥一班人为国家提供有效领导所必需的全部权威。

邓小平退休前选出的接班人继续领导了国家20多年。在1997年的中共十五大上，江泽民再次当选为新一届领导人，他干完了10年任期，外加赵紫阳留给他的两年。尽管邓小平在1992年春天之前有一些担忧，但江泽民在天安门事件后的艰难时期，面对世人的怀疑和外国制裁，成功地维护了国家的团结并领导着国家。他坚定地执行着邓小平的改革开放政策，表现出杰出的政治才干。鉴于天安门事件和苏东各国政权崩溃后的各种不确定因素,江泽民能成功地掌舵稳步前行,堪称一项了不起的成就。

1992年6月,被邓小平在1991年调到北京的可信的经济领导人朱镕基副总理,兼任了新组建的经贸办公室主任,这个部门成了在监管经济工作方面权力最大的机构。[67]后来,1993年3月的全国人大会议上宣布了新的政府人事任命,李鹏再次当选总理,朱镕基成为第一副总理。朱镕基在管理经济上成绩卓著,尤其是他既克服了通胀压力,又没有使经济像1988年至1989年那样硬着陆。朱镕基在1997年中共十五大上成为国务院总理。

邓小平在十四大选定的政治局常委中最年轻的成员是胡锦涛,他成为继江泽民之后的接班人。那次大会时他只有50岁,比其他成员的平均年龄小8岁。胡锦涛努力争取其他老领导对他的继续支持,后来经中共十六大和十七大通过,他作为第四代领导人核心担任了两届总书记。这样,邓小平选定的接班人在1992年之后就得到了三届党代表大会的认可。

按邓小平的计划,中共十四大也标志着任期终身制的结束。为老一代革命家表达意见提供正式渠道——因此也缓解了他们从一线退下来后的心情——的中央顾问委员会被正式解散。此后,包括最高领导人在内的所有任命都有任期限制。1992年当选的另一些担任重要职务的干部,都是根据邓小平的人事政策——把在原来的岗位表现突出的人一步步提拔到更高的岗位——选出来的。

1992年当选的政治局委员,都是与邓小平的政策完全步调一致的人。进入政治局的两名政府部长——外交部长钱其琛和外贸部长李岚清——以外交事务和扩大对外开放作为本职工作。在1992年以前的政治局委员中,有一名代表内陆省份的成员,但他在1992年落选,新增的5名担任省级职务的政治局成员,都来自在邓小平开放政策下蓬勃发展的沿海省市:广东的谢飞、北京的陈希同、上海的吴邦国、天津的谭绍文和山东的姜春云。仍然留在政治局的北京的干部也都是来自沿海地区。这些资深领导人的年龄使他们不会忘记"大跃进"的失败。他们多数在 1960 年代早期就担任重要职务，在"文革"中受过冲击。1978 年之后他们成了坚定的改革者，决心贡献他们的余生纠正错误的政策，推动中国的现代化。

与这些人相比，江泽民手下后来成为第四代领导人的都不是老革命，而是在邓小平那一代领导人建立的体制下成长起来的好学生。他们出生在战争年代，却是在 1949 年后共产党的领导下接受的教育。他们年龄太小，没有赶上去苏联或东欧学习的机会；又年龄太大，错过了去西方留学的年代。他们上学时，西方的法学、经济学和商业管理这些学科还没有被引入中国，但他们在任职期间通过文件、会议和短训班的形式学习了这方面的知识。他们是既能干又眼界开阔的技术官僚，大多数人是学工程技术出身，接受现有体制并希望维持它的有效运转。作为一个群体，他们的优点是做事负责，与同事和下级都能搞好关系，不会挑战上级。他们没有经历过严重危机的考验，也不准备挑战现行体制。他们只是在邓小平那一代人建立的框架内，务实而勤奋地工作着。

南方之行的成果

	1991	1992	1993	1994	1995
国民生产总值增长率 /%	9.2	14.2	13.5	12.6	10.5
消费价格指数 /%	3.4	6.4	14.7	24.1	17.1

数据来源：国家统计局，转引自 Jinglian Wu, *Understanding and Interpreting Chinese Economic Reform* (Mason, Ohio: Thomson/South-Western, 2005), p. 373。

按照中共十四大和 1993 年 3 月全国人大会议把增长率定为 8% 或 9% 的政策，更多的地方投资和建设项目得到了批准。在邓小平

1992年南方之行后的几年里,中国取得了世界上史无前例的增长率,其规模也是前无古人的。实际上,从1992年到1999年,每年的经济增长率都超过了10%。

天安门事件后的1989年至1991年,外国直接对华投资陷入停滞,平均每年只有40亿美元;但是从1992年到1999年,由于中国的对外开放政策和外国制裁的逐渐减弱,每年吸引的外资平均为350亿美元。快速增长引发了又一轮经济过热和通胀压力,但朱镕基在1995年以软着陆方式控制住了这些压力。

允许一些指定的企业直接与外国公司做生意的决定,使对外贸易突飞猛进。在此之前,从事进出口的企业都要通过国营外贸公司进行交易,这使它们难以及时把握国外市场的机会。此外国营外贸企业也应付不了外贸的迅速扩张。不过,渐渐地,先是某些指定的企业被允许直接与外企做生意,然后这类企业的数量不断增加。在改革派实行新政策后,住房建设也开始腾飞。1995年以前,住房都是由工作单位或城市的干部分配,这一年之后政府放开了住房市场,国家雇员得以按补贴价买下自己的房子。由于私人房地产市场的建立和从建房中获利的机会的到来,新住宅的建设速度令人瞠目结舌。[68]

邓小平的南方之行并没有使谨慎的计划派和正统的意识形态宣传家闭口不言,但却使可以接受哪些目标和手段的争论再次转移了方向;不论有多么勉强,即使最警惕的计划派也开始逐渐接受让市场和外贸发挥更大作用。随着无数中国人从国内外市场中受益,改革开放成了不可逆转的政策,重新关上1978年后打开的大门已经不可能了。

记住邓小平

在20世纪后几十年的时间里,中国的不断革命断送了它的许多英雄。邓小平本人就经历过三起三落,但他在晚年要比任何一位同侪更幸运,他们中间的很多人结局凄惨甚至是悲剧。

邓小平知道,他对1989年天安门示威运动的处理方式,无论国内国外,很多人不理解。他们认为他有机会推动民主事业,却没有做出足够的努力。他没有解决腐败和不平等的这类根本问题。相反,为邓小平辩护的人则赞扬他敢于承担责任的勇气,他为维持国家的统一做了不得不做的事。

然而,不管对天安门事件的看法如何,很多人钦佩他以87岁高龄毅然踏上南行之路以确保中国在加快改革开放的道路上继续前行的步伐的举动。确实,在生前的最后几年里,邓小平看到了自己选定的接班人仍遵循着他所制订的政策,而这些政策推动着中国的进步。最后几年他是与家人一起度过的,并受到党和人民的爱戴。他引导中国完成了从落后、封闭、僵化的社会主义制度走向一个有国际影响的现代化经济强国的艰难过渡。假如中国人要感谢某一个领导人改善了他们的日常生活,这个人就是邓小平。在为改善如此之多的人民的生活做出的贡献方面,20世纪是否还有其他领袖能够与他相比?20世纪是否还有其他领袖对世界史产生了如此巨大而持久的影响?

邓小平曾说,他要让人们记住一个真实的他。他希望人们好好地记住他,但不想让人们像吹捧毛泽东那样为他大唱赞歌。毛主席自视为功高盖世的皇帝,邓小平则从不自视为"天子"。他只想让人们记住他是一个凡人,是"中国人民的儿子"。

邓小平最后一次公开露面是1994年春节。此后他的健康状况恶化,再也没有力气参加会议了。他于1997年2月19日午夜后去世,享年92岁,死因是帕金森氏综合症和肺部感染。[69]他要求自己的葬礼简单朴素。毛泽东的遗体经过处理后被安放在专门建立的毛主席纪念堂供人瞻仰。但不会有邓小平纪念堂。2月25日,大约一万名经过挑选的党员在人民大会堂参加了邓小平的追悼会。江泽民强忍着泪水念完悼词。[70]追悼会通过电视做了转播,有关邓小平生平的报道在此后数天一直占据了媒体的主要位置。按照邓小平的遗愿，他的眼角膜被捐出供眼科研究，内脏被捐出供医学研究，遗体被火化，骨灰盒上覆盖着中国共产党党旗。1997年3月2日，他的骨灰被撒入大海。

邓小平的历史地位

第23章
转型的中国

邓小平于1992年退出政治舞台时，完成了一项过去150年里中国所有领导人都没有完成的使命：他和同事们找到了一条富民强国的道路。在达成这个目标的过程中，邓小平也引领了中国的根本转型，不论在它与世界的关系方面，还是它本身的治理结构和社会。在邓小平领导下出现的这种结构性转变，确实可以称为自两千多年前汉帝国形成以来，中国最根本的变化。

邓小平时代发生的转型是由多种因素共同塑造的：高度发达的中国传统；中国社会的规模和多样性；当时世界格局的性质；共享技术和管理方式的全球体系的开放性；中国共产党的性质；无数具有创造力和勤奋工作的人们的贡献等等。但这种转型发生在一个过渡时期，当时这位最高领导人被赋予相当大的自由去引导政治过程，并拥有最终决定权，所以这一转型也是由邓小平这位领导者个人塑造的。当然，这一巨变的思想基础来自很多人，而且没有人完全预见到了事情将如何展开。我认为，邓小平也不是手持伟大蓝图、主宰着变革的设计师；事实上，这个变革的时代并没有清晰、完整、现成的设计。

不如说，邓小平是为转型过程提供全面领导的总经理。他把各种想法进行梳理和总结，用他的团队和群众所能接受的步调和方式展示给他们。他在最高层提供稳定的领导，使人们能够在经历巨变时保持信心。他的工作是选拔和指导一个团队，让他们齐心协力开创并落实各项改革。他是解决难题的人，努力找出有利于国内外相关各方的解决方案。他帮助培育起强有力的统治结构，使之得以在中国人努力适应迅速变化的新环境时保持控制。他在确定问题的轻重缓急、制定实现最重要目标的战略过程中发挥着领导作用。他向民众解释政策，以直白的方式讲明他们面对的整体形势和需要采取的具体措施。如果出现争议，他是做出最终决定的人，并尽量将可能导致国家分裂的分歧最小化。他支持对人们进行激励，也支持给人们提供建立在切实可行的基础上的希望，以免让人们以后失望。他赞成给各种专家——科学家、经济学家、管理者和知识分子——足够的自由，使他们能做好自己的工作，但是当他担心脆弱的社会秩序可能受到破坏时，也会限制他们的自由。在改善同其他大国的交往、与它们的领导人建立切实可行的关系时，邓小平扮演着核心角色。邓小平的全部工作都受一种深刻信念的指导，即采用世界最先进的科学技术与最有效的管理方式，将给中国带来最大的进步；而这一嫁接外国科技与管理的过程对中国既有体制所带来的震荡不仅是可控的，而且为了全体国民的福祉也是值得大力推行的。

无论中外，在邓小平谢幕之后长大的人，都很难体会邓小平踏上这个旅程时面对的是多么严重的问题：一个把全然不同的新思维拒之门外的国家；"文革"中受迫害者和迫害者之间的深刻裂痕；军队干部对裁军和减少军费的抵制；民众对帝国主义和外国资本家的敌视；城乡社会保守的结构；城市居民对接受两亿农民工的抗拒；以及因一些人依然穷困而另一些人先富起来所引发的纷争。

但是，当邓小平全面接手中国转型的工作时，也有一些极为有利的条件：他接过了由毛泽东统一起来的能够有效运转的全国性的政党和政府；他有很多经验丰富、像他一样赞同深刻变革的老干部共事；他上台时有一个开放的世界贸易体系，其他国家愿意与中国分享资本、技术和管理,并欢迎中国加入国际体系。

邓小平还有一些令人难忘的个人品质,使他得以引领中国的转型。很难说除他之外还有哪个人能如此成功地把一系列特质组合在一起:权威、丰富的经验、战略意识、自信心、人脉关系和领导中国转型所需的政治判断力。那么,邓小平领导的这一转型的性质到底是什么呢?

从亚洲文明的中心走向世界大国

帝制时代的中国从来不是一个全球大国,甚至不是全球事务的积极参与者。它只是亚洲的一个地区性大国。鸦片战争以前,在主导中国对外关系的"天下秩序"中,周边小的政治实体要向这个"中央帝国"的皇帝进贡。它们以这种方式承认中国文明相对于周边地区的优越地位。作为交换,中国允许这些政治实体享有自治与太平。[1]

中国皇帝极少有兴趣向亚洲大陆以外的地区扩张。在15世纪的短暂时期,中国的皇帝一度允许建造远洋船舶,7次派太监郑和远航,远抵中东和非洲东海岸。但后来的皇帝不但禁止这种远洋活动,而且禁止建造远洋大船。对他们来说,能够管好中国漫长的边境就够麻烦的,更不要说和远在海外的国家建立联系了。1793年当英国特使马戛尔尼来到中国提议通商时,乾隆皇帝说:"天朝物产丰盈,无所不有,……原不藉外夷货物以通有无。"[2]

在1839年到1842年和1856年到1860年的两次鸦片战争之后,欧洲列强迫使中国开放了部分沿海口岸,但中国政府几乎从来不想主动走到亚洲疆域之外。当工业革命使西方国家崛起时,作为一个国家,中国未能有效地应对挑战。由于中国回应软弱,让西方帝国主义列强主宰了对华关系,甚至主宰了中国沿海的产业和贸易。

毛泽东在朝鲜战争时关闭了中西交往的大门,结束了帝国主义对中国的影响。此后中国开始在共产主义国家中发挥一定作用，1950年代和1960年代一度在第三世界也有一定影响。1960年代与苏联关系恶化后，中国在共产主义世界的作用陡降。1978年以前，中国政府对境外事务的参与十分有限。例如，在"文革"期间很长的一段时间内，中国只派出一个大使，驻于埃及。

虽然毛泽东在1969年中苏边境冲突后开始向西方开放，中国在1971年也重新取得了联合国的席位，但是毛泽东在世时中国的大门仅仅打开了一条缝。毛去世后，华国锋也接受对外开放的做法，但只有邓小平才真正打开了国家的大门，领导中国积极参与国际事务。邓小平时代中国政府的领导人具备了足够的政治眼光与魄力去超越帝国主义时代的痛苦记忆，开始跟其他国家发展持久而积极的新型合作关系，从而使中国成为第二次世界大战后形成的世界新秩序中的一员。

在邓小平领导下，中国真正加入到了国际社会之中，成为各种国际组织以及由贸易、金融和各种公民交往活动所构成的全球体系中活跃的一员。中国成了世界银行和国际货币基金组织的成员国。中国开始在世界卫生组织以及其他领域所有重要国际组织的活动中扮演积极的角色。虽然邓小平退休近十年后，中国才加入世界贸易组织，但是申请加入的准备工作是从邓小平掌权时开始的。

中国在参与国际组织最初几年的工作是熟悉这些组织的实际运作。当时中国仍然是个穷国，首要任务是维护自身利益。到了邓小平接班人的时代，领导人才认识到国际体系对中国的好处，开始考虑中国作为国际体系和全球组织的参与者能够为加强这些组织做些什么。在中国加入世界银行和国际货币基金组织这一类机构之前，一些成员国担心中国的加入可能具有破坏性，会给这些组织的运行带来麻烦。但事实上中国的加入加强了这些组织，尽管它提出了自身的利益诉求；它遵守了这些组织的规则。

邓小平在1978年成为头号领导人时，中国的外贸额总共不到

100亿美元；30年后这个数字增长了100倍。1978年，中国促请美国接受几百名中国留学生；邓小平去世10年后，估计有140万中国学生在海外留学，大约39万人学成归国。³1992年时，中国已经在全球学术对话与全球贸易体系中长期扮演着积极角色，而最初的突破都是在邓小平担任头号领导人时取得的。

在邓小平时代，为适应新的全球角色，中国也经历了内部的变化，中国领导人将它称为"接轨"，这个说法来自1930年代中国轨制不同的铁路之间的对接。在1980年代，中国用这个说法描述为参与各种国际组织和全球体系而做出的调整。

1978年后的最初几年，中国开始与国际组织建立联系时，大力发展各种专门的机构，它们实际上成了对外交往的缓冲器。来华的外国企业被安排在特区之类的特定区域，并设置了与外企打交道的整套制度，这样就人为设置了一道围墙，阻止外国人与整个中国的接触。在华外国人只能与各地的政府、大学和大公司中的外事办公室打交道。例如，外事服务局负责管理在外企工作的国内员工。为了获得更多中国极为短缺的外汇，外国人被鼓励用他们的货币兑换"外汇券"，在指定的"友谊商店"购物，他们在这里可以买到普通中国人买不到的外国商品。国营外贸公司控制着与外国人的大量生意，大部分外国人在半年一届的广交会上购买中国商品。中国的外贸部在监督这些专门的"外事"机构与外国人交往的政府活动中发挥着重要作用，这些机构配备有懂外语并熟悉外国习俗的官员。

在1980年代末，中国的对外交往开始迅速扩大，超出了这些专门机构的范围。外国人的旅行不再局限于某些区域，更多的中国企业能够与外企直接做生意。以经济特区作为起点，后来扩大到1984年开放的14个沿海城市的很多做法，开始向全国传播。外国人蜂拥而至，使专门的"外事办"难以处理与之有关的全部事务。外事部门大多仍然存在，但其工作更多限于从事官方数据的收集。

在邓小平退休之前，中国的各类机构都开始为适应外国的常规而进行"接轨"。外贸企业要学习外国的法律、财会和组织方法。[4] 向外国教育机构输送留学生的大学和高中开始为学生设立入学考试和申请程序的培训计划。体育教练开始大力培养最优秀的运动员参加各种国际体育赛事。中国兴建了能够接待国内外游客的符合国际标准的旅游设施。为出口生产的商品,国内消费者也可以越来越多地买到。就像第二次世界大战后美国扩大学术和研究机构以加强其全球大国的角色一样,在邓小平时代,中国的学术和研究机构也有了极大发展,从而加深了中国对世界的了解。

邓小平在推动中国的全球化过程中,比印度、俄国和巴西这些大国的领导人更有魄力。这个过程在邓小平时代之后仍在继续,但是基本的突破在邓小平退休时已经完成。

党的集体领导

中国共产党在1956年就开始了从革命党向执政党的转变,可是毛泽东很快又再次将它领入革命。然而在1978年之后,经过老干部复出、不善治理国家的革命家的退出和新领导人的进入这个过程,在邓小平领导下,中共向将治理国家作为中心工作的政党转变。

美国的行政、立法和司法三权分立的制度,是由担心权力过度集中的领袖们设计的。而由毛泽东所设计、邓小平及其同事做了重大修正的体制,则是为了解决相反的问题:为动乱不已、举步维艰、地区差异巨大的中国提供统一的领导。与美国人不同,邓小平及其同事相信,最终决策应以最高领导层对全局的政治判断力为基础,这要比以法律规范政府行为的独立司法制度作为基础更有益于国家。他们认为,立法机构制定法律但不负责执行法律的体制,不如集立法与执行于一身的体制更有效率。

美国是由保留着独立权力的各州所组成,而中国千百年来一直有一个控制着地方的中央政府。毛泽东进一步加强了中央集权制,将其深入扩展至全国。邓小平则要拉住这种试图到处渗透的统治结构的脚步。他没有制定地方必须遵守的严密规章制度,而是建立了另一种体制:由上级选拔领导班子,授予他们相当大的独立性,只要他们的工作能使经济快速增长即可。

就像毛泽东时代一样,邓小平在北京建立的核心领导结构以政治局和书记处为中心。它通过领导班子网络与地方联系在一起,这些领导班子存在于每一级地方和所有的政府主要分支机构。每个领导班子不但负责本级党的工作,还要监督它下面的政府机关(或经济和文化单位)。这个班子要就全局性问题做出判断,并使其辖区内的工作为四化建设做出全面的贡献。

党的上级部门下达有关领导班子如何开展工作的规定,不断向每一级发布指示。它们也与下级召开会议,有时让下级领导参加上级的会议,或是派上级干部到下面视察。如果上级干部认为某个问题很重要,他们可以也确实会进行干预。但是对下面的监督很难面面俱到,因此领导班子在领导本级工作时,一般享有相当大的自由。

北京控制各省的关键手段,是任免领导班子成员的权力。领导班子的成员通常有任职若干年的期限,但随时有可能被上一级领导撤换。党的领导班子里各个成员负责不同部门的工作,对他们做出评价的依据,不仅是他们管理相关部门的工作表现,而且还有整个班子及其下级单位的表现。在邓小平时代和此后的20年里,这种评价主要基于领导班子对全国的经济增长做出了多大贡献。近年来一些次要标准也变得日益重要,如培养下一代干部、环境保护、处置社会骚乱和对突发事态的反应。[5]

就像邓小平一样,他的接班人也认为正确选拔、培养和监督干部能够使干部形成服务于国家整体目标的觉悟。由于下级干部对如何开展自己的工作享有很大自主权,因此在选拔和培养领导班子成员上相当认真。每一级年轻干部,假如他的整体思想能力、遇到压力时的可靠程度、判断力、与同事共事的能力以及服务于党和国家的献身精神可能会有不俗的表现,就有可能被选出来进行特别的培养、指导和考验。

各级干部的培养确实花费了大量时间。指导者的任务是向年轻的下级干部提供如何提高工作表现和技能的建议。最有前途的年轻干部可以陪同上级参加各种上面的会议和党内的非正式聚会。他们还会参加党校的培训班,组织上认为最有前途担任国家级领导人的干部,可以进京学习中央党校的课程;认为能够担任省市级领导职务的人,则去各自地区的党校学习。并不是所有党员——邓小平上台时中共有 3700 万党员——都能分享通过与上级干部的聚会或是成为党校学员而培养出来的同志情谊。进入党校学习的人不但能了解同届与上下届的同学,而且能结识来到党校的上级干部,后者会借助于党校干部的评价,对学员未来的任职进行推荐。虽然组织部的干部保存着人事档案,能够进行推荐,但各级领导班子的成员最终决定着他们的辖区内哪些人能得到提拔。

然而,让地方干部享受较多自由也存在着风险。邓小平建立的这种延续至今的体制,更重视结果而不是遵循规则,它所培养的干部要具有评估问题的全局观和创业精神,能够支持快速发展。但由于缺少上面的严密监督,很多干部不但能够想办法造福国家,而且也能关照自己与朋党并排挤其他势力。

这种党的领导班子体制并不是由邓小平所创,但他稳定了这种体制,使其工作更加专业化,把评价干部的基本标准从对政治运动的贡献变为对经济增长的贡献。这一基本体制被他的接班人沿用至今。

现代的精英治国

到邓小平退休时,年轻的中共干部为了证明自己的能力,首先必须考上较好的高中和大学。邓小平重视精英治国的做法在中国有着悠久的传统。中国是世界上第一个按考试成绩选拔官员的国家。

早在公元605年,隋朝便把科举作为决定那些有抱负的竞争者有资格成为朝廷官员的首要标准。但是自从邓小平出生的第二年,科举制便被废除了,直到他重新登上权力舞台,中国一直不具备足够的稳定性,领导人也没有政治决心为选拔官员重新建立一个全国性的精英主义基础。毛泽东还在世时,不可能把教育成绩作为选拔干部的主要标准。很多为中共事业做出贡献、登上高位的人,在1930年代和1940年代战火纷飞的革命时期根本没有机会上大学。此外,毛泽东认为"红"比"专"更重要,他喜欢工人农民甚于受过较好教育但"出身不好"的人(地主和资本家的子女)。因此,考试并未成为选拔和提拔干部的主要标准。实际上,1949年后,很多干部都是来自共产党军队或游击队的老兵,他们中间有文化的人很少。假如举行考试,他们和他们的子女不可能胜过"阶级出身不好"但受过更多正式教育的人。毛泽东去世后,邓小平大胆取消了"阶级出身好"这条选拔干部的标准,严格依照用入学考试来衡量的办法。根据邓小平在1977年采取的新路线,很多"阶级出身不好"的家庭的子女得以通过考试进入好大学并当上了干部。

事实上,邓小平在各级建立了一套高度竞争性的精英考试制度,从小学到大学直到官场。他的目标不是促进社会平等,而是挑选最有才华的人,为其提供最好的教育机会。初中(相当于美国的7到9年级)、高中(相当于美国的10到12年级)和大学都举行入学考试,考入竞争最激烈的学校的学生能够得到最好的教师和设施。

邓小平于1977年恢复的统一高考制度,并不是专门为选拔干部而设,而是一种为各行各业的大机构选拔最有才华的年轻人的制度。但是,所有被选为干部的人,都要首先在各级教育考试中证明自己。甚至在当上干部的人中间,出身名牌大学的最优秀的毕业生可以在中央机关就业,入读较差大学的人则要从较低级别的机关做起。随着大学毕业生的数量在1980年代末以后的迅速增加,从大学毕业生中选拔政府公务员时又增加了新的重要考试。

不过，一个人一旦成为干部，他的升迁便不再需要通过进一步的考试，而是根据他的工作表现。这种制度在邓小平的接班人那里也得到了沿用。

在1980年代中期，很多有抱负有才华的年轻人想通过"下海"经商取得成功，但是尽管存在这种有吸引力的职业选择，"干部"身份仍被人们所看重，这不仅因为它所提供的权力和经济保障，还因为那些被认为既能干又有志于服务社会的人深受中国人的敬重。由此可见，邓小平留给他的接班人的，是一种精英主义的干部选拔制度，它遵循着与帝制时代同样的通过考试选拔干部的原则。但是，这种制度，在内容和结构上又完全不同于科举制度。此外，这种体制也把精英治理的原则扩展到干部选拔系统之外，贯穿了各行各业的人才选拔与培训体系。

开放的全国性城市社会

中国自有历史记录以来直到1990年代，基本上是一个在方言和文化上有着巨大地区差异的农业社会。1949年以前，落后的运输系统使大多数商品只能在从当地乡镇市场步行可及的区域内生产和消费，很多人几乎一辈子都生活在这个范围之内。[6]1949年后对人口流动的严格管制，使此前就很有限的人口流动变得更加缓慢。在毛1976年去世时，农村人口仍然占到总体人口的80%以上，农村生活也受到村庄、家庭和集体的控制，很少与外界交往。在毛泽东时代，城市中的单位——如政府机关、学校、工厂和军队驻地——都是相对自足的大院，很多单位设有传达室，来客进去之前要向门卫报告。这些封闭的社区为职工及其家属提供基本必需品，如住房、食品、托儿所、学校、医疗和福利。居民很难在自己的工作单位之外得到这些服务。就像农村居民一样，大多数城市居民缺少更换工作的机会，几乎别无选择地只能服从各自单位的领导。流动受到限制、在农村和城市单位中对上级的依赖、与外界缺少沟通，这一切使生活变得死气沉沉。毛泽东鼓吹革命的意识形态，可是他对人口流动的控制，却进一步巩固了封闭的"封建"社会。

邓小平退休时，经济增长带来的新经济机会和他所允许的人口流动，已经使中国走上了从农业社会转变为城市社会的道路。在邓小平时代估计有两亿人迁入城镇，而且这一过程此后仍在快速进行着。预计到2015年，即邓小平退休20年后，估计将有7亿人，即一半人口将成为城市居民。邓小平退休时，90%的家庭拥有电视，使城市文化迅速进入农村。沿海地区年轻的农民工返乡探亲时，也从城市带回来最新的时装、家居用品、电子产品和他们在城里已经熟悉的食物。[7] 总之，农村地区在文化上也城市化了。

在1978年开始改革之后，城市的领导人担心农民的大批流入将使城市设施和食品供应不堪重负，因而保留了城市户籍制度，这种制度长期限制着人们是否能得到城市住房、就业和子女教育等各种服务。在1980年代初期，粮食和食用油的配给量几乎只能满足人们的基本需求，食品供应不足以养活进城投亲靠友的农民。但是在1983年以后，随着食品供应的增加，政府开始允许没有城市户口的农民进城。当时，沿海地区的出口产业能够吸收大量进城务工希望过上好日子的农村青年。在中国历史上，有过战乱和饥荒导致数百万人迁徙的现象，但从未达到1978年以后那样的迁徙规模。

在毛泽东时代，尽管缺少社会流动，仍然逐渐形成了一种深层的国家文化——中国人民的共同文化。到1960年代末时，很多城市家庭都有收音机，没有收音机的城市和农村家庭也能从广播喇叭里收听有关国家大事的新闻和一些音乐。更多的人能看到电影，分享共同的国家文化，人人都在政治运动中学习同样的口号和歌曲。小学的数量迅速增加，因此在毛泽东去世时，大约有八成年轻人识字。

邓小平时代教育体系不断扩张，在1980年代多数年轻人不但可以读小学,而且能念完初中。1980年代后期电视的快速普及,用普通话播送官方新闻的全国性电视频道的建立,大大扩展了民众共同的信息基础。到邓小平退休时,不但学校和政府机关,连国营企业和商店都已普遍使用普通话,大多数人都可以用标准的普通话相互交流。邓小平时代交通运输体系的扩展,使工业制品能在更广的地理范围内流通,从而扩大了外贸和内需的生产规模。1980年代以前中国只有很少商业品牌,但是到邓小平退休时,拥有得到国内外认可的品牌的工业产品已出现在全国各地。

随着城市里封闭大院的开放和各地人口的交融,地方差异逐渐被共享的国家文化取而代之。在1978年以前,当地人只吃当地饭菜是再正常不过的事。但是就像在20世纪后期,西方世界一些原本是只在某些国家流行的食品,比如比萨饼、甜甜圈(donuts)、硬面包圈(bagels)和寿司(sushi)成了国际食品一样,在1980年代和1990年代的中国,很多地方食品开始在全国流行。南方人学会了吃北方的标准主食馒头,北方人也开始吃南方人的标准主食米饭。同样,一些过去只有当地人观赏的地方剧种在全国都有了观众。邓小平退休后,更大规模的人口流动,手机、计算机和互联网的普及,使国家文化继续扩张。就像世界各地一样,中国人保留着对自己所属的村庄、县、方言群体或省份的认同感;少数民族成员总是认同于他们自己的族群。但是在邓小平时代,一种真正的国家文化的成长,以及对异域文化的更多了解,大大加强了人们对整个国家的认同。

当邓小平退出政坛时,大批在沿海地区打工数年的年轻人返回家乡,他们不但带回了沿海地区的商品,而且带来了使他们能够自己办企业、为内地建立新标准的观念和生活方式。这个过程加快了全国性城市文化的传播速度。虽然内地居民钱不多,但他们仍能紧随沿海地区居民之后买到一些产品,往往是以更便宜的方式生产的仿制品。可想而知,昂贵的商品,比如汽车,向内地扩散的速度要比小件消费品慢得多。但是在邓小平时代结束时，甚至这类商品也开始慢慢进入中国内地。可是在邓小平退休的1992年，符合国际一般舒适标准的农村住宅的建设才刚刚起步，农村地区的小学条件仍然大大落后于城市中较好的学校。

从农业社会向城市社会的转型，以及一种更强大的国家文化的发展，并非来自邓小平或他的同事的计划。邓小平确实想打破军队中的地域观念，使士兵能够服从来自其他地域的司令员。他也确实鼓励推广普通话教学，使各地居民能够与外地人交流。但是城市化和国家文化的成长并不是由计划所致，更多地来自城市中的新机会和城市生活对众多农村青年的吸引力。不过，这些变化一旦发生，官员便相应做出调整以适应正在变化的现实。他们开始改进地区管理，将城市周边的农村地区纳入管理范围，允许乡镇和县城在升格为城市时做出调整。

有意思的是，邓小平时代开始的开放性的流动，与毛泽东那种为社会设置重重障碍的所谓革命相比，对社会结构产生了更加深远的革命性影响。从以农村为主的社会向以城市为主的社会的过渡以及共同的国家文化的传播，是中国自公元前221年统一以来发生的最根本的社会变化之一。

乱象丛生的社会

中国在1980年代实行开放时，食品、医药、产品及工厂安全、劳动环境、最低工资、建筑规程等领域规则缺失。[8]在1980年代初，如果创业者得到一些可口可乐空瓶，再灌进颜色相似的液体，并不存在相关法律来禁止他把这种东西当作可口可乐或类似饮料销售。在19世纪的美国和欧洲，旨在保护民众、对公司的逐利行为加以限制的法律法规也是缓慢形成的。邓小平统治时期的中国，经历着类似于19世纪美国和欧洲的掠夺式资本主义，当时既没有反垄断法，也没有保护工人的法律。在 1980 年代的中国，当市场爆炸式地增长时，不可能立刻制定出适合中国国情的完备的法律法规；也不可能马上训练出执行这些法律法规的官员。从某些方面看，邓小平时代的中国类似于 19 世纪的美国西部，当时那里的地方法律和法院都尚未建立。就像美国尘土飞扬的偏远小镇里带枪的地方治安官一样，中国地方官员管理着地方市场：由于不存在健全的司法系统，法律由他们自己说了算。

从地方干部和商人的角度来看，这种无章法的状态有一个好处，就是和那些拥有合乎"法定诉讼程序"要求的精密法律体系的国家中的领导人相比，它可以使掌权的领导人更快地做出决定。当邓小平退休时，在西方受过训练的年轻法学家几乎为每一个重要的经济领域制定了法律法规，但地方官员的执行却远远落在后面，因为很多人认为这些规则过于复杂，也不符合他们的个人利益。在某些领域，例如必须与外方密切合作的对外贸易领域，中国很快就采用了国际规则和法律。随着经济交往从相互认识和了解的小群体扩展到更大的群体，开始涉及地区、国家乃至全球的合作者，这时便需要某些法律法规以便使协议能够得到执行，并培养起相关各方的相互信任。

"文革"之后，很多人仍然害怕受到搞资本主义的指责，邓小平在中国建立更灵活、更具活力的经济并非易事。窗子打开了，难免会有苍蝇和蚊子飞进来，他需要的是敢闯敢干的干部，他愿意承担让一些苍蝇飞进来的代价。邓小平的某些子女受到过利用个人关系为自己牟利的指控，但没有证据表明邓小平为自己或自己的家人敛财。

邓小平也知道，苏联和东欧的官员阻挠改革，甚至使其半途而废，就是因为他们看不到改革能给自己带来什么好处。邓小平要让干部致力于改革，为群众谋福利，因此政策允许一些地方干部先富起来，但前提是他们能为当地带来经济成功。邓小平很重视维护党的地方干部在群众中的威信。在邓小平看来,公开揭露为现代化做出切实贡献的干部所犯的错误,会让他们更难以开展工作。但是邓小平并不想保护激起民愤的干部,他会随时对因为无视公共利益而受到当地群众反对的干部进行严肃查处。死刑在中国的使用远比其他国家频繁,以便警告可能犯下类似罪行的人。

在当时的社会条件下,谋取私利的机会相当多。掌握土地的干部在批准土地使用权时经常收礼。国企"股份化"时,本单位职工往往能得到大大低于市场价格的企业股份。国企负责人在完成国家指标后,被允许在市场上出售产品,于是他们常常把大量精力用在这一类生意上。公家的卡车在完成本单位的主要工作后,可以跑运输做生意,以便改善单位职工的生活。就像俗话所说,毛泽东时代是一切"向前看",邓小平时代则是一切"向钱看"。

一些靠关系或特权发财的官员及其家属公开炫耀财富,例如美酒佳肴、汽车、高档服装或豪宅,这让反对腐败的人愤愤不平。经过勤奋学习通过考试并完成工作,真正有资格升迁的人,看到无能之辈因为跟当权者有特殊关系而得到了提拔或更多特权,他们也会怒火中烧。

中国的城市和公共场所的建设步伐要远远快于其他大多数国家。例如,在广州或兰州这样的城市,沿江十几公里的区域,政府在几年内就能拆掉全部老建筑,将其改造为公园。在地铁建设的高峰期,像广州和北京这类大城市能够在几年内以平均一年一条线路的速度建设地铁。有一些大学,例如拥有上万名学生的南昌大学和华东师范大学,能够在5年内就建起全新的校园,其中行政楼、教学楼、大讲堂、学生宿舍、教职工公寓、体育场馆和类似公园的校园空间一应俱全。有了这些令人瞠目的成功故事,在邓小平及其接班人看来,这些土地原使用者的合法权利不应妨碍他们所认为的最大多数人的利益。

对外国专利和版权疏于保护并非中国独有的现象。类似的问题也曾出现在日本、韩国、台湾和其他寻求使用国外最新技术的国家和地区。一些中国公司愿意尊重西方的专利和版权，支付费用，以不侵犯合作者利益的方式使用外国技术。然而很多中国企业并不这么认真。有些中国人在受雇于外企后会开办自己的公司，往往非法使用他们从外企学到的技术。甚至在执行法律比大陆严格得多的香港，也难以杜绝盗版歌曲和电影；复制的 CD、DVD 和唱片的售价仅相当于专利产品价格的零头，为从事此类非法行为的人提供了极大的利润空间。当外国公司和政府指责中国侵犯版权法，对其施加压力时，中国官员会赶紧查封生产和销售这类产品的企业，捣毁用于复制的机器。可是没过多久，另一些无所畏惧的中国企业又会在别的地方干起同样的生意。

有些中国工人的劳动条件，包括工作时限、车间环境和安全标准，往往比西方 19 世纪早期工业革命时可怕的劳动条件好不到哪里去。有些企业利用相关劳动法规的缺失，让工人住在拥挤的宿舍里，为他们提供的劳动环境也几乎没有安全或质量标准可言。[9] 对于数千万青年农民工来说，能在沿海地区的工厂生活和打工，虽然工作很辛苦，报酬也很低，但仍然比农村的毫无希望的贫困生活强不少。他们愿意超时劳动，甚至因为害怕被解雇而忍气吞声。

利用西方和日本的资本建立并由外国人管理的工厂，尽管也在使用廉价劳动力，但普遍提供了比当地企业更好的工作条件。很多外资工厂空间宽敞，通风良好，在炎热的夏季，室温会维持在室外酷热的温度以下。这类工厂普遍采用了有关工作日工时、劳动条件以及工人安全的标准，在克服最严重的超时工作的问题上也取得了可观的进展。在这些工厂里，一些来自贫困地区的年轻人也养成了现代生活的基本习惯，如守时、清洁卫生和遵守纪律等。[10]

有大批外国企业在中国建厂。截至 2000 年，美国商会在海外的最大分会是在上海，日本在海外的最大商会也在上海，其规模是美国商会的两倍。但上海的美国人、日本人和欧洲人的数量与台湾商人相比仍然微不足道。为何会有这么多境外商人涌向一个法规仍不健全、专利保护也很差的国家？吸引他们的是这里的勃勃生机：决策速度快，落实决策不必受复杂法律程序拖累，规模巨大的市场迅速成长。有些外国企业家抱怨自己被中方合作伙伴和当地政府所利用，但也有一些人发现，一定的法律保护，与精明的、善于解决问题的地方官员的可靠关系，向上级部门投诉的可能，这一切加在一起，足以提供诱人的机会，所以他们愿意为此承担任何可能的风险。

邓小平接班人面临的挑战

邓小平所带来的转型的一个结果是，在他退出权力舞台后他的接班人将在未来很多年面临一系列严重挑战。这些挑战包括：

为全民提供社会保障和公共医疗。在邓小平时代，政府雇员，包括大型国企的职工，都享受单位提供的公费医疗和福利，但这些职工只占全部人口的一小部分。[11] 政府预算的规模过小，根本不足以为每个人提供退休保障、医疗和其他福利。在 1980 年代末，随着市场作用的扩大，高收入人群能够购买良好的医疗服务并自己解决福利问题。但是广大群众仍得不到多少医疗和其他福利。

邓小平的接班人所面对的问题是，缺少这些福利的人怨声四起。因人口流动的增加所需要的保障措施，是单个的工作单位无法提供的，政府预算和合格医务人员的数量仍不足以满足日益增长的需要。随着农村公社的取消，农村不再存在能够及时提供急救和基本公共医疗服务的单位。随着住房的私有化和国企在开放的市场竞争中所面对的压力，连大的工作单位也不再能提供足够的福利。因此中国领导人面对的挑战是，增加合格的专业医疗人员的数量，更新设备，建立能够为包括边远地区的穷人在内的全体国民提供医疗和社会保障的体系——所有这一切都受到国家预算的约束。[12] 达到这个目标可能需要几十年时间，因此随之而来的挑战是，如何以使人觉得公平合理的方式分配现有的资源和设施。[13]

重新划定和坚守自由的界线。邓小平曾面对的最麻烦的问题，大概就是为自由划定界线，使其既能满足知识分子和一般民众的要求，又能让领导人维持社会秩序。天安门事件之后，民众普遍害怕要求更多自由，但这种胆怯不会永远存在。出版物数量的增多，互联网和移动电话的惊人扩张，使得对官方认定的危险思想的传播更加难以控制。

和邓小平一样，邓的接班人担心，如果容忍各种不同观点的自由表达，就会释放出公众反对声音的狂潮，再次导致破坏社会秩序的示威活动。中国领导人所面对的挑战是，如何找到能让民众感到合理而愿意接受的边界，然后想办法守住这条得到认可的界线。如今现代通讯技术日臻复杂先进，力图逃避控制的人又极具创造力，政治领导人能够做到控制民众的思想、避免发生变乱吗？

遏制腐败。邓小平在台上时一直赞成惩办腐败大案，但是当地方干部为了促进四化、加快经济发展而悄悄违法时，他并未严厉追究。邓小平接班人所面对的问题是，各级干部都在想方设法地捞外快。政府官员、医生和国企领导人都经常收红包。掌握着土地和建设项目审批权的干部不但直接拿好处费，还以低于市场的价格购买股份和资产，参加宴请，享用豪车。无论地方还是部队的干部，都会向有权提拔干部的人送好处。年轻人要给征兵的人送钱才能入伍。高层干部面对的挑战是，这些做法现在已到处泛滥，虽然不是所有人都如此，但众多干部或其家属牵涉其中，使克服这类问题变得极为困难。

保护环境。在邓小平时代，虽然他本人确实关心植树造林和扩大绿地，但普遍的贫困使发展经济的要求极为强烈，因而对经济增长的渴望完全压倒了对污染的防治。自邓小平时代以来，随着工业的巨大扩展，烟尘、水资源短缺、河流污染、酸雨、环境污染对健康的损害和食品污染等等问题有增无减，公众这方面的觉悟也在同步增加。官员面对的问题是，如何改变造成严重环境破坏的做法。一些贫困地区出现了极为麻烦的问题，那里的矿业和煤炭等其他资源的开采与使用造成了严重的环境破坏，但是要求这些做法延续下去的经济压力同样巨大。中国现在已经是温室气体的最大排放国，全国的道路上每年新增数百万辆汽车，重工业的发展很可能还会增加对煤炭的使用，中国将如何应对来自其他国家的批评？

维持统治的合法性。毛泽东靠打赢内战，赶走外国帝国主义和统一全中国取得了统治的合法性。邓小平获得合法性，靠的是在"文革"的混乱之后恢复秩序，以务实的方式处理国家面临的严重问题，实现了经济的高速增长。在这个新的时代，邓小平的接班人该如何建立自身的合法性呢？

邓小平的接班人受到压力的原因是，他们没有更加成功地阻止腐败的泛滥，也没有为解决不平等问题采取更多的措施。克服这些问题将来有可能变得更为困难：在全球经济危机中，中国面对的风险是，很大一部分人还没有机会享受早先经济增长时期带来的好处，经济就陷入滑坡，为了应对这种可能性，中国领导人必须从经济增长以外寻找合法性来源，抓紧在解决某些公众最关心的问题上取得进展：减少腐败和不平等，提供合理水平的普遍医疗和福利，想办法证明在选拔官员时是尊重民意的。

作为超级大国的中国：邓小平的遗产

在邓小平的领导下，中国出现了不同寻常的高速发展，他的最后一次努力——南方之行——使经济发展进一步加快。这种增长带来一个问题：当中国的经济规模开始与美国匹敌时，中国将如何作为？邓小平如果还活着的话，他会做什么？

邓小平认为，领土纠纷应当先放到一边，让更聪明的后人以和平方式加以解决。他所理解的大局是，不要对边界纠纷过于激动，重要的是和其他国家搞好关系。

邓小平相信，与邻国保持和睦关系，集中精力搞和平发展，符合中国的利益。他在1974年对法国的短暂停留和次年的国事访问中，加强了与欧洲的关系。他不但在1978年改善了中日关系，成为第一个访问日本的中国领导，而且支持推动文化交流以全面加强两国关系。他实现了中美关系正常化，通过成功访美加强了中美关系。他开放了与韩国的贸易，为他南方之行后不久两国建交铺平了道路。他最大的成就之一是，在经过30年的紧张关系之后，于1989年同苏联恢复了正常交往。总之，他改善了中国与每一个重要国家的关系。

1974年，作为第一位在联合国大会发言的中国领导人，邓小平说，中国绝不称霸，如果中国压迫和剥削其他国家，全世界，尤其是发展中国家，可以把中国视为"社会帝国主义"，与中国人民一道推翻它的政府。1991年8月，听到苏联领导人亚纳耶夫（Gennady Yanayev）对戈尔巴乔夫发动政变的消息后，王震给党中央发电报，提出中国应当表示支持亚纳耶夫的政变，邓小平回答说："韬光养晦，绝不当头，有所作为。"[14] 在邓小平看来，中国不应插手其他国家的内部事务。

在邓小平之后的年代，由于中国变得更加强大，中国的一些安全专家就像他们的美国同行一样，开始争论中国在强大之后应当继续韬光养晦，还是采取更强硬的立场。从2010年到2011年，经过几个月的争论——其中一些中国领导人主张更多采取攻势——后，讨论以赞成中国继续与各国保持和谐友好的关系而收场。人们无法预见中国未来的领导人将如何回答这个问题,但是假如邓小平还活着,他一定会说:中国绝不应当称霸,干涉别国内部事务,应当与各国保持和睦关系,要集中精力搞好国内的和平发展。

注　释

注释中的缩写

CYNP	中共中央文献研究室编：《陈云年谱（1905–1995）》（上中下册）（北京：中央文献出版社，2000）
CYZ	中共中央文献研究室编：《陈云传》（上下册）（北京：中央文献出版社，2005）
DNSA	Digital National Security Archive (Proquest in cooperation with the National Security Archive), The George Washington University, Washington, D.C.
DXPCR	Rong Deng, *Deng Xiaoping and the Cultural Revolution: A Daughter Recalls the Critical Years* (Beijing: Foreign Languages Press, 2002)
DXPJW	中共中央文献研究室、中国人民解放军军事科学院编：《邓小平军事文集》（三卷本）（北京：军事科学出版社、中央文献出版社，2004）
DXPNP-1	中共中央文献研究室编：《邓小平年谱（1904–1974）》（上中下册）（北京：中央文献出版社，2009）
DXPNP-2	中共中央文献研究室编：《邓小平年谱（1975–1997）》（上下册）（北京：中央文献出版社，2004）
DXPSTW	Yu Guangyuan, *Deng Xiaoping Shakes the World: An Eyewitness Account of China's Party Work Conference and the Third Plenum (November-December 1978)* (Norwalk, Conn.: EastBridge, 2004)
DXPWJHD	外交部档案馆编：《伟人的足迹：邓小平外交活动大事纪》（北京：世界知识出版社，1998）
FBIS	Foreign Broadcast Information Service
国史·第8卷	史云、李丹慧：《中华人民共和国史·第8卷：难以继续的"继续革命"：从批林到批邓（1972–1976）》（香港：香港中文大学当代中国文化研究中心，2008）
国史·第10卷	萧冬连：《中华人民共和国史·第10卷：历史的转轨：从拨乱反正到改革开放》（香港：香港中文大学当代中国文化研究中心，

	2008）
JPRS	Joint Publications Research Service
LPLSRJ	《李鹏六四日记》，未出版，可在 Fairbank Collection, Fung Library, Harvard University 查阅
LWMOT	"卡特政府对华政策口述史项目"（Carter Administration China Policy Oral History Project, Leonard Woodcock and Michel Oksenberg Tapes, Walter P. Reuther Library Archives, Wayne State University）
LZQ	程中原、夏杏珍：《历史转折的前奏：邓小平在1975》（北京：中国青年出版社，2003）
Memcon	Memorandum of Conversation
MZDZ	中共中央文献研究室编：《毛泽东传（1949–1976）》（上下册）（北京：中央文献出版社，2003）
SWCY	Chen Yun, *Selected Works of Chen Yun*, 3 vols. (1926–1949, 1949–1956, 1956–1994) (Beijing: Foreign Languages Press, 1988, 1997, 1999)
SWDXP-2	Deng Xiaoping, *Selected Works of Deng Xiaoping, 1975–1982* (Beijing: Foreign Languages Press, 1984)
SWDXP-3	Deng Xiaoping, *Selected Works of Deng Xiaoping, 1982–1992* (Beijing: Foreign Languages Press, 1994)
TP	Liang Zhang, comp., and Andrew J. Nathan and Perry Link, eds., *The Tiananmen Papers* (New York: PublicAffairs, 2001)
WYDXP	于光远：《我忆邓小平》（香港：时代国际出版有限公司，2005）
YJYNP	中国人民解放军军事科学院编：《叶剑英年谱（1897–1986）》（上下册）（北京：中央文献出版社，2007）
YJYZ	《叶剑英传》编写组：《叶剑英传》（北京：当代中国出版社，1995）
YJZGJSK	范硕：《叶剑英在关键时刻》（沈阳：辽宁人民出版社，2001）
ZGGCDLD	中共中央党史研究室：《中国共产党新时期历史大事记（1978.12–2002.5）》（修订版）（北京：中共党史出版社，2002）

前言

1. *SWDXP-3*, p.307.

导言：这个人和他的使命

1. 从 1931 年到 1997 年去世，邓小平一直使用"邓小平"这个名字。他父亲为他起的名字是"邓先圣"，他按私塾先生的建议改为"邓希贤"，这也是他上学和在法国时使用的名字。他去苏联时的名字是"克列佐夫"（Krezov），在莫斯科中山大学的名字是"伊万·谢尔盖耶维奇·多佐罗夫"（Ivan Sergeevich Dozorov）。1927 年回国后他使用了"邓小平"这个姓名。有人认为这个名字很适合他，因为他身材矮小，留着平头。他在 1927 年至 1931 年从事地下工作时还使用过一些化名。

2. 2001 年 3 月笔者对麦理浩手下外交官的采访。

3. 就像很多与邓小平名字联系在一起的格言一样，这个说法也不是由他首创。邓小平使用这一说法的最早记录是 1966 年 3 月 22 日。见 *DXPNP-1*，第 1902 页。

4. *MZDZ*，第 1674 页。

5. Benjamin I. Schwartz, *In Search of Wealth and Power: Yen Fu and the West* (Cambridge: Belknap Press of Harvard University Press, 1964). 关于中国帝制时代的历史及相关文献可参见 John King Fairbank, ed., *The Chinese World Order: Traditional China's Foreign Relations* (Cambridge: Harvard University Press, 1968); John King Fairbank and Merle Goldman, *China: A New History*, 2d exp. ed. (Cambridge: Harvard University Press, 2006); Jonathan D. Spence, *The Search for Modern China* (New York: W.W. Norton, 1990); Paul A. Cohen, *China Unbound: Evolving Perspectives on the Chinese Past* (Stanford, Calif.: Stanford University Press, 2002); Denis Twitchett and John King Fairbank, eds., *The Cambridge History of China* (New York: Cambridge University Press, 1978–); and Gungwu Wang, *To Act Is to Know: Chinese Dilemmas* (Singapore: Times Academic Press, 2002)。近年来对清代的研究也可参见 Mark C. Elliott, *Emperor Qianlong: Son of Heaven, Man of the World* (New York: Longman, 2009); R. Kent Guy, *Qing Governors and Their Provinces: The Evolution of Territorial Administration in China, 1644–1796* (Seattle: University of Washington Press, 2010); William T. Rowe, *China's Last Empire: The Great Qing* (Cambridge: Belknap Press of Harvard University Press, 2009)。关于孙中山见 Marie-Claire Bergère, *Sun Yat-sen* (Stanford, Calif.: Stanford University Press, 1998)。关于蒋介石见 Jay Taylor, *The Generalissimo: Chiang Kai-shek and the Struggle for Modern China* (Cambridge: Belknap Press of Harvard University Press, 2009)。关于中国革命，参见 Lucian Bianco, *Origins of the Chinese Revolution, 1915–1949* (Stanford, Calif.,: Stanford University Press, 1971)。毛泽东的传记参见 Philip Short, *Mao: A Life* (New York: Henry Holt and Co., 1999)。毛泽东的著作和讲话见 Stuart R. Schram, ed., *Mao's Road to Power: Revolutionary Writings 1912–1949* (Armonk,

N.Y.: M. E. Sharpe, 1992–2005），此书计划出版 10 卷，已出的 7 卷包括 1912–1941 年这个时期的文献。

6. 据代表团成员 Merle Goldman 提供给我的笔记。

第1章　革命者、建设者、改革者

1. 邓小平出生时，牌坊村这个小村落叫"姚坪里"，属于更大的行政单位"望溪乡"。后来它们分别改为"牌坊村"和"协兴镇"。见 *DXPNP-1*，1904 年 8 月 22 日，第 1 页。

2. 邓小平的女儿邓榕（毛毛）在 *Deng Xiaoping: My Father* (New York: Basic Books,1995) 中，记述了她的家庭背景。这部分内容也利用了我对广安县的两次访问，其中一次去过邓小平的家和当地的博物馆；还有与当地历史学家和邓榕的交谈，时间为 2002 年至 2006 年。

3. *DXPNP-1*，1915 年，第 5 页。

4. 同上，1919 年 11 月 17–18 日，第 7 页。

5. Geneviève Barman and Nicole Dulioust, "Les années Françaises de Deng Xiaoping," *Vingtième Siècle: Revue d'histoire,* no. 20 (October–December 1988): 19; *DXPNP-1*，1920 年 10 月 19 日，第 10 页。邓榕也讲述过父亲在法国的学习和工作经历，见 Deng Rong, *Deng Xiaoping: My Father*, pp.58–79。

6. *DXPNP-1*，1921 年 1 月 12 日，第 11 页。

7. 同上，1921 年 4 月 2 日，第 12 页。

8. 同上，1923 年 2 月 17–19 日，第 17 页。

9. 同上，1923 年 3 月 7 日，第 17–18 页。

10. 同上，1923 年 6 月 11 日，第 18 页；1924 年 2 月 1 日，第 19 页。

11. 同上，1924 年 7 月 13–15 日、16 日，第 19 页。

12. Marilyn Levine, *The Guomindang in Europe: A Sourcebook of Documents* (Berkeley, Calif.: Institute of East Asian Studies, 2000), pp. 90–93; Barman and Dulioust, "Les années Françaises de Deng Xiaoping," 30; interviews with Marilyn Levine, n.d.

13. Barman and Dulioust, "Les années Françaises de Deng Xiaoping," p.34.

14. 关于中国学生在法国的生活和活动的记述，见 Marilyn A. Levine, *The Found Generation: Chinese Communists in Europe during the Twenties* (Seattle: University of Washington Press, 1993); Geneviève Barman and Nicole Dulioust, "The Communists in the Work and Study Movement in France," *Republican China*, vol. 13, no. 2(April 1988), 24–39; Deng Rong, *Deng Xiaoping: My Father*。

15. Alexander V. Pantsov and Daria Alexandrovna Spuchnik, "Deng Xiaoping in Moscow: Lessons from Bolshevism," translated by Steven I. Levine，译稿现存 Fairbank Collection, Fung Library, Harvard University。Pantsov 和 Spuchnik 可以看到有关留苏

中国学生的全部苏共档案。另见 interviews Barman and Dulioust, "Les années Françaises de Deng Xiaoping," 34, n.d.。

16. Pantsov and Spuchnik, "Deng Xiaoping in Moscow."

17. Ibid., p. 12.

18. Ibid., p. 11.

19. Ibid.

20. Deng Rong, *Deng Xiaoping: My Father*.

21. Teng Hsiao Ping [Deng Xiaoping], "Economic Reconstruction in the Taihang Region," in Stuart Gelder, ed., *The Chinese Communists* (Westport, Conn.: Hyperion Press, 1946), p. 201.

22. 作者对太行山区党史专家的采访，无日期。

23. Jay Taylor, *The Generalissimo: Chiang Kai-shek and the Struggle for Modern China* (Cambridge: Belknap Press of Harvard University, 2009).

24. 中共中央文献研究室邓小平研究组编:《邓小平自述》(北京:解放军出版社，2005)，第1页。

25. 对这一过程的详细描述见 Ezra F. Vogel, *Canton under Communism* (Cambridge: Harvard University Press, 1969)。

26. *DXPNP-1*，第1065页。

27. 参见 *DXPNP-1*，1953年9月16日，第1133页。

28. Vladislav M. Zubok, "Deng Xiaoping and the Sino-Soviet Split, 1956–63," *Cold War International History Project Bulletin*, no. 10 (1997): 152–162; Jian Chen, "Deng Xiaoping and Mao's 'Continuous Revolution' and the Path toward the Sino-Soviet Split: A Rejoinder," *Cold War International History Project Bulletin*, no. 10 (1997): 162–182.

29. 关于邓小平在中共八大各项活动中发挥的作用，见 *DXPNP-1*，1955年8月17日，第1249–1250页；1955年10月14日，第1261页；1956年2月6日，第1272页；1956年8月10日–9月28日，第1303–1318页。大会文件见 *Eighth National Congress of the Communist Party of China* (Peking: Foreign Languages Press, 1956), pp.1–390。

30. *Khrushchev Remembers: The Last Testament*, trans. and ed. Strobe Talbott (Boston: Little, Brown, 1974), p. 253.

31. Ibid., p.281.

32. 对邓榕的访谈，2002–2006年。

33. Zubok, "Deng Xiaoping and the Sino-Soviet Split, 1956–63," pp. 152–162; Chen, "Deng Xiaoping and Mao's 'Continuous Revolution' and the Path toward the Sino-Soviet Split," pp. 162–182.

34. Roderick MacFarquhar and Michael Schoenhals, *Mao's Last Revolution* (Cambridge: Belknap Press of Harvard University Press, 2006).

第2章　放逐与回归

1. DXPCR, pp. 108, 117.
2. Ibid., pp. 106–115；另据笔者 2008 年 11 月访问这家工厂以及与工厂当地人交谈的笔记。
3. DXPCR, pp.133–147.
4. Ibid., pp. 148–154.
5. Ibid., p. 185.
6. 为邓小平和陈毅担任过翻译的冀朝铸曾对邓小平和陈毅做过比较。笔者在 2002 年 4 月、2006 年 11 月和 2009 年 4 月对冀朝铸的采访。
7. 2001 年 3 月和 2002 年 1 月对李慎之的采访。
8. DXPCR, pp. 120–132；巫猛、熊诚、李小川:《邓小平在江西新建县的日子》,《百年潮》2003 年第 1 期, 后收入杨天石编:《邓小平写真》(上海:上海辞书出版社, 2005), 第 55 页；另据笔者 2002–2006 年对邓榕的采访。
9. DXPCR, p. 179.
10. 2007 年 7 月作者对邓林的采访。
11. 笔者对邓榕的采访, 2002–2008 年。
12. DXPCR, p. 103.
13. Ibid., p. 181.
14. Ibid., pp. 140–145.
15. Ibid., pp. 191–194；2007 年 12 月作者对申再望的采访, 他是去看望邓家的李井泉三个子女之一。
16. 2007 年 7 月作者对邓林的采访。
17. 毛毛:《我的父亲邓小平：文革岁月》(北京:中央文献出版社, 2000), 第 223 页。
18. Benjamin Yang（杨炳章）, *Deng: A Political Biography* (Armonk, N.Y.: M. E. Sharpe, 1998), pp. 215, 267. 杨炳章是邓朴方在北京大学的同学。
19. 2002–2006 年间作者对邓榕的采访。
20. DXPCR, p. 244.
21. 史云、李丹慧:《国史·第 8 卷》, 第 197 页。
22. 中共中央文献研究室邓小平研究组编:《邓小平自述》(北京:解放军出版社, 2005), 第 125 页。
23. DXPCR, p. 192.
24. Philip Short, *Mao: A Life* (New York: Henry Holt, 2000), pp. 588–599.
25. 关于邓小平被告知不要再写信的事, 见 DXPCR, p. 187. 关于他所发的信件, 见 DXPCR, pp. 182–184。对林彪坠机前后事件的记述, 见 Harrison E. Salisbury, *The New Emperors: China in the Era of Mao and Deng* (Boston: Little, Brown, 1992), pp.

275–306。另见 Frederick C. Teiwes and Warren Sun, *The Tragedy of Lin Biao: Riding the Tiger During the Cultural Revolution, 1966–1971* (Honolulu: University of Hawaii Press, 1996)。Teiwes 和 Sun 认为林彪本想疏远政治，是毛泽东把他拖进了政治，林彪并没有偏离毛的政策，林彪死前最后一年的紧张关系是毛泽东为削弱林的势力而主动出击造成的。

26. *DXPCR*, p. 184.
27. 关于林彪坠机前一年毛对林彪的日益猜疑，见 Short, *Mao: A Life* (Henry Holt, 1999), pp. 588–599。
28. *MZDZ*，下册，第 1610、1616–1618 页。
29. 笔者 2002 年 4 月、2006 年 11 月和 2009 年 4 月对周恩来的翻译冀朝铸的采访。
30. *DXPCR*, pp. 191–192.
31. Ibid.
32. *DXPCR*, p. 242.
33. *MZDZ*，下册，第 1621 页。
34. Frederick Teiwes and Warren Sun, *The End of the Maoist Era: Chinese Politics during the Twilight of the Cultural Revolution, 1972–1976* (Armonk, N.Y.: M.E. Sharpe, 2007), p. 59.
35. 与 John Holdridge 的私人通信，无日期。
36. *DXPCR*, pp. 192–193.
37. 毛毛：《我的父亲邓小平：文革岁月》，第 222 页。
38. *DXPCR*, pp. 198–200.
39. Ibid., pp. 201–202.
40. 《邓小平同志的信：1972 年 8 月 3 日》，未公开，现藏于 Fairbank Collection, Fung Library, Harvard University。
41. *DXPCR*, pp. 209–210.
42. 史云、李丹慧：《国史·第 8 卷》，第 202 页。
43. *MZDZ*，下册，第 1650 页。
44. 史云、李丹慧：《国史·第 8 卷》，第 202 页。
45. *DXPCR*, pp. 214–239.
46. 舒惠国：《红色大地伟人行》，收入中共中央文献研究室编：《回忆邓小平》（三册）（北京：中央文献出版社，1998），下册，第 199 页。邓小平说："我还可以干 20 年。"
47. *DXPCR*, pp. 242–243. 江青后来说，她当初并不反对邓小平回来，而且是支持他的（Teiwes and Sun, *End of the Maoist Era*, pp. 180、202），但党史专家同意邓榕的观点，她认为江青反对让他回来。参见 *MZDZ*，下册，第 1650 页。
48. *DXPCR*, pp. 246–247.
49. Ibid., pp. 242–243.

50. *DXPNP-1*，1973 年 3 月 28、29 日，第 1973 页。

51. 同上，1973 年 3 月 29 日，第 1973 页。

52. *DXPCR*, pp. 244–246. 西哈努克宴会的情况见 *DXPWJHD*。

53. *DXPWJHD*，第 71–81 页；*DXPNP-1*，第 1974–1990 页。

54. *DXPCR*, p.210.

55. *MZDZ*，下册，第 1655 页。

56. Barbara Barnouin and Changgen Yu, *Ten Years of Turbulence* (New York: Kegan Paul International, 1993), pp. 248–249.

57. *DXPCR*, pp. 252–254; Richard Evans, *Deng Xiaoping and the Making of Modern China* (New York: Viking,1994), pp. 196–197.

58. *MZDZ*，下册，第 1661 页。

59. Teiwes and Sun, *End of the Maoist Era*, p. 97.

60. *MZDZ*，下册，第 1654 页。对这次大会更完整的记录见上注，pp. 93–109。

61. *DXPNP-1*，第 1976–1977 页。

62. *MZDZ*，下册，第 1661 页。

63. Evans, *Deng Xiaoping and the Making of Modern China*, p. 197.

64. Patrick Tyler, *A Great Wall: Six Presidents and China; An Investigative History* (New York: Public Affairs, 1999), pp. 159–164; William Burr, ed., *The Kissinger Transcripts: The Top Secret Talks with Beijing and Moscow* (New York: New Press, 1998), pp. 124–128.

65. DNSA, CH00277, Kissinger and Zhou Enlai, November 11, 1973. 该档案中的很多会议记录也见于 Burr, *The Kissinger Transcripts*。

66. DNSA, CH00278, November 12, 1973; DNSA, CH00284, November 14, 1973.

67. 基辛格本人后来对这些访问的记述见 Kissinger, *Year of Renewal* (New York: Simon and Schuster, 1999), pp. 136–166。很多带有评注的文件后收入 Burr, *The Kissinger Transcripts*。

68. *DXPNP-1*。

69. Salisbury, *The New Emperors*, p. 296.

70. Evans, *Deng Xiaoping and the Making of Modern China*, p. 197.

71. Teiwes and Sun, *End of the Maoist Era*, pp. 131–139.

72. Gao, *Zhou Enlai*, pp. 256–259、262.

73. *DXPCR*, pp. 264–265.

74. 2006 年 12 月作者对章含之的采访。外交部长乔冠华的第一个妻子去世后，她于 1973 年嫁给了乔冠华。

75. *DXPCR*, pp. 264–265.

76. Ibid., pp. 266–268.

77. 2002 年 1 月作者在中央党校对姜长斌的采访。

78. Kissinger, *Years of Renewal*, p. 164.
79. Ibid., pp. 869–886.
80. Ibid., p. 868.
81. Ibid., p. 164.
82. Ibid., pp. 163–164.
83. Ibid., p. 163.
84. 2007 年 12 月作者针对这次访问对邓小平的随行翻译施燕华的访谈。
85. 2006 年 10 月和 12 月作者对乔冠华妻子章含之的采访，她也是代表团的翻译。
86. *DXPCR*, pp. 268–270.
87. *DXPWJHD*，第 88–117 页。
88. 1974 年 11 月 4 日邓小平与美国大学校长代表团的谈话。我要在此感谢 Merle Goldman，她是代表团的一员，让我分享了她的笔记。
89. *LZQ*，第 1 页。
90. 同上，第 1–16 页。
91. *DXPCR*, p. 274.
92. Short, *Mao: A Life*, p. 618.
93. 参见 *DXPCR*, pp. 276–277；史云、李丹慧：《国史·第 8 卷》，第 377–409 页。
94. *DXPCR*, p.281.
95. Evans, *Deng Xiaoping and the Making of Modern China*, pp. 202–203.
96. *DXPCR*, pp. 275–280.

第*3*章　整顿

1. 参见 *LZQ*，第 25 页；张化：《邓小平与 1975 年的中国》（北京：中共党史出版社，2004）。
2. 对能看到毛泽东和江青的通信的党史专家的采访。
3. *LZQ*，第 178 页。
4. 周恩来：《政府工作报告》，1975 年 1 月 13 日。见 Documents of the First Session of the Fourth National People's Congress of the People's Republic of China (Peking: Foreign Languages Press, 1975)。
5. *LZQ*，第 44–45 页；2002 年 4 月作者对唐闻生的访谈。
6. *DXPNP-2*，1975 年 2 月 1 日。
7. *DXPNP-2*，1975 年 5 月 29 日；另参见 *LZQ*，第 45–47 页。
8. 张化：《邓小平与 1975 年的中国》，第 70–74 页。
9. *DXPNP-2*，1975 年 1 月 25 日。*SWDXP-2*, pp.11–13.
10. Jonathan D. Pollack, "Rebuilding China's Great Wall: Chinese Security in

the 1980s," in Paul H.B. Godwin, ed., *The Chinese Defense Establishment: Continuity and Change in the 1980s* (Boulder, Colo.: Westview, 1983), pp. 3–20; Paul H. B. Godwin, "Mao Zedong Revised: Deterrence and Defense in the 1980s," in Godwin, ed., *The Chinese Defense Establishment*, pp. 21–40; June Teufel Dreyer, "Deng Xiaoping: The Soldier," *The China Quarterly*, no. 135 (September 1993): 536–550.

11. *DXPNP-2*，1975年1月25日；*DXPJW*，第3卷，第4–6页，1975年1月19日。

12. *LZQ*，第424–425页。另见*DXPNP-2*，1975年1月12日。

13. *DXPJW*，第3卷，第1–3页。

14. 邓小平：《当前军事工作的几个问题》，此文是1975年1月14日邓小平听取总参谋部工作人员的汇报后的批复要点，见同上，第1–3页；邓小平：《国防工业和军队装备工作的几点意见》，此文是1975年5月4日对军委常委会汇报的批复，见同上，第20–25页；邓小平：《要建立严格的科学管理和科研生产制度》，此文是1975年5月19日听取科学技术委员会和七机部（主管导弹研发和制造）的汇报后对军委常委会的讲话，见同上，第26–27页。

15. William Burr, ed., *The Kissinger Transcripts: The Top Secret Talks with Beijing & Moscow* (New York: New Press, 1998), p. 308. 关于此次会谈的背景和谈话备忘录，见pp. 265–321。

16. *LZQ*，第398页。

17. 例如在总参谋部的一次座谈会上，邓小平明确宣布，军队不必急着备战。见*DXPJW*，第3卷，第9页。

18. 同上，第9–13页。

19. *LZQ*，第404–405页；*DXPNP-2*，1975年1月19日、25日；*DXPJW*，第3卷，第6–8页；*SWDXP-2*, pp. 27–28。

20. *DXPJW*，第3卷，第1–3页。

21. *LZQ*，第407–408页。

22. 同上，第415–417页。

23. 同上，第416页。

24. *DXPJW*，第3卷，第26–27页，1975年5月19日。

25. *LZQ*，第408、412–415页。

26. 同上，第94页。

27. 同上，第107–108页；*DXPNP-2*，1975年5月19日。

28. 2006年对当代中国研究所副所长张星星的采访。

29. Harrison E. Salisbury, *The New Emperors: China in the Era of Mao and Deng* (Boston: Little, Brown, 1992), p. 334.

30. *LZQ*，第55–56页。

31. Salisbury, *The New Emperors*, pp. 333–334；Salisbury 1987年10月7日对万里的采访。

32. 王立新:《要吃米找万里: 安徽农村改革实录》(北京: 北京图书馆出版社, 2000), 第 22 页。

33. *LZQ*, 第 57–59 页。

34. 同上, 第 54–56 页。

35. 同上, 第 57–61 页。

36. 同上, 第 62 页。

37. *SWDXP-2*, pp. 14–17. Tang Tsou 在评论《邓小平文选》时说, 与原始文稿相比变动很小。见 Tang Tsou, "Review: The Historic Change in Direction and Continuity with the Past," *The China Quarterly*, no. 98 (April 1984): 320–347。

38. *LZQ*, 第 58、67–68 页。

39. 同上, 第 64、68 页。

40. *DXPCR*, pp.298–299.

41. *LZQ*, 第 68–69 页。

42. 同上, 第 69–70 页。

43. 同上, 第 70 页。

44. *DXPCR*, p. 299.

45. *LZQ*, 第 70–71 页。

46. 同上, 第 71、77 页。

47. *DXPNP-2*, 1975 年 3 月 22 日; *LZQ*, 第 73–74 页。

48. *DXPNP-2*, 1975 年 4 月 18–26 日。

49. *LZQ*, 第 81–84 页。

50. 同上, 第 429–445、465 页。

51. 同上, 第 456 页。

52. 同上, 第 76、82、126 页。

53. 同上, 第 113–114 页。

54. 同上, 第 125 页。

55. 同上, 第 118–120 页。

56. 同上, 第 126–133 页。

57. 同上, 第 142–153 页。

58. 同上, 第 125 页。

59. 同上, 第 147–149 页。

60. 同上, 第 150–152 页。

61. *DXPNP-2*, 1975 年 5 月 21 日。

62. 同上, 1975 年 5 月 29 日。

63. *LZQ*, 第 163–166 页。

64. 同上, 第 166 页。

65. 同上, 第 169 页。

66. 同上，第 169–170 页。
67. 同上，第 443–465 页；Frederick Teiwes and Warren Sun, *The End of the Maoist Era: Chinese Politics during the Twilight of the Cultural Revolution, 1972–1976* (Armonk, N.Y.: M. E. Sharpe, 2007), pp. 245–251, 274–282; Keith Forster, *Rebellion and Factionalism in a Chinese Province: Zhejiang, 1966–1976* (Armonk, N.Y.: M. E. Sharpe, 1990); 2007 年 10 月对纪登奎之子纪胡民的采访。
68. *LZQ*，第 445 页。
69. 同上，第 445–446 页。
70. 同上，第 446 页。
71. 据程中原的采访，见 *LZQ*，第 454 页。
72. 同上，第 465 页。
73. *DXPNP-2*，1975 年 4 月 18–26 日。
74. 同上，1975 年 4 月 18 日。
75. 同上，1975 年 4 月 27 日。
76. 同上，1975 年 5 月 3 日。
77. 同上，1975 年 5 月 27 日、6 月 3 日。
78. 同上，1975 年 5 月 12–18 日；*DXPWJHD*，1975 年 5 月 12–18 日。
79. 《中国日报》对希拉克的采访，2004 年 8 月 23 日。

第4章　向前看

1. *LZQ*，第 202–203 页；*WYDXP*，第 5 页。
2. *SWDXP-2*, pp.24–26.
3. *LZQ*，第 537–540 页。
4. 同上，第 208 页。
5. 有关政研室的这一节的材料来自作者与政研室资深成员于光远、政研室理论组党组书记朱佳木的交谈。另参见于光远：《我忆邓小平》。
6. *LZQ*，第 213 页。
7. 同上，第 204–208 页。
8. 同上，第 212–213 页。
9. *DXPNP-2*，1975 年 7 月 13、18 日，8 月 8 日；另见 *LZQ*，第 69 页的注释；同上，第 213–215 页。
10. 这些会议分别召开于 1975 年 6 月 29 日，7 月 23 日，8 月 26 日，9 月 13、19、25、26 日，10 月 10、14、24 日，11 月 10、15 日和 1976 年 1 月 17 日。
11. *LZQ*，第 233–272 页；Frederick Teiwes and Warren Sun, *The End of the Maoist Era: Chinese Politics during the Twilight of the Cultural Revolution, 1972–1976* (Armonk, N.Y.: M.E. Sharpe, 2007), pp.324–339.

12. *LZQ*,第241–243页。
13. *DXPNP-2*,1975年9月20日。
14. *SWDXP-2*, pp. 41–44.
15. 关于两份草稿的差别,见 *LZQ*,第265–266页。
16. 同上,第252–256页。
17. 同上;*DXPNP-2*,1975年12月25日。
18. *LZQ*,第242–243页。对收入较高的地方做了一些让步,允许它们有更多的支出。见第239–241页。
19. 同上,第353–357页。
20. 同上,第353页。
21. 同上,第353–357页。
22. 同上,第222–224页。
23. 同上,第367页。
24. 同上,第364–365页。
25. 同上,第366–367页。
26. 同上,第374–380页;*WYDXP*,第68–70页。
27. *LZQ*,第371–374页。
28. 同上,第381–386页。
29. 同上,第390页。
30. 同上。
31. 同上,第389–392页。
32. 同上,第390–392页。
33. 同上,第392–394页;吴德:《吴德口述:十年风雨纪事;我在北京工作的一些经历》(北京:当代中国出版社,2004),第166–173页;*WYDXP*,第94–97页。
34. *LZQ*,第226–232页。
35. 同上,第275页。
36. 同上,第282–286页。
37. 同上,第274–282、341页。与江青的谈话录音,后经毛泽东做了一些修订,收录在1975年11月15日发表的谈话中,见《建国以来毛泽东文稿》(北京:中央文献出版社,1987–1998),第13册,第447–449页。
38. *LZQ*,第343–346页。
39. 同上,第291–298页。这封信的原文附于第295–296页。
40. *LZQ*,第296–298页。
41. 同上,第329–339页。
42. 同上,第273页。
43. 同上,第339–341页。
44. 同上,第471–473页。

45. 这是美国国家科学院代表团的科学家得出的结论，笔者是代表团成员之一。

46. 中央文献研究室、湖南省委、湖南电视台制作的大型电视片《小平十章》（湖南电视台，2004），第3集，《破冰》。

47. *LZQ*，第 473–474 页。

48. 同上，第 477–478、495 页。

49. 同上，第 478–480 页。

50. 同上，第 480–482、488–490 页。

51. 同上，第 490–496 页。

52. 中国问题专家 Merle Goldman 与该代表团一起参加会见，她友好地让我看了会谈记录。

53. *LZQ*，第 498 页；*SWDXP-2*, pp. 45–47.

54. *LZQ*，第 581–582 页。

55. 同上，第 499–502 页。

56. 同上，第 499–502、506 页。

57. 对《水浒》事件更具体的描述见 Merle Goldman, *Chinese Intellectuals: Advise and Dissent* (Cambridge: Harvard University Press, 1981)。

58. *LZQ*，第 507–512 页；史云、李丹慧：《国史·第8卷》。按后一著作，是芦荻而非毛泽东挑起了这一讨论并记下了毛的观点，是姚文元和江青而不是毛泽东发动了公开的辩论。但至少毛泽东允许了公开辩论的发生，并且知道它的政治含义。

59. *LZQ*，第 512–517 页。

60. 关于评《水浒》运动的各种记载，见 Teiwes and Sun, *End of the Maoist Era*, pp. 363–374; Merle Goldman, "The Media Campaign as a Weapon in Political Struggle: The Dictatorship of the Proletariat and *Water Margin* Campaign," in Godwin C. Chu and Francis L.K. Hsu, eds., *Moving a Mountain: Cultural Change in China* (Honolulu: University Press of Hawaii, 1979), pp. 191–202; Barbara Barnouin and Yu Changgeng, *Ten Years of Turbulence: The Chinese Cultural Revolution* (New York: Kegan Paul International, 1993), pp. 283–285.

61. *LZQ*，第 512–517 页。

62. 2006年1月笔者从一位了解毛远新观点的干部那里得知这是毛远新的看法。

63. 对这场斗争的不同讲述，见 *MZDZ*，第 1753–1755 页；*DXPCR*, pp. 350-351; Teiwes and Sun, *End of the Maoist Era*, pp. 388–399; Jiaqi Yan and Gao Gao, *Turbulent Decade: A History of the Cultural Revolution* (Honolulu: University of Hawaii Press, 1996), pp.471–473; Roderick MacFarquhar and Michael Schoenhals, *Mao's Last Revolution* (Cambridge: Belknap Press of Harvard University Press, 2006), pp.404–407; *LZQ*, 第 560–563 页。

64. 史云、李丹慧:《国史·第 8 卷》,第 406 页。
65. *MZDZ*,第 1754 页。
66. 同上。
67. 这一节内容依据的是 2006 年 1 月作者对一位了解毛远新立场的干部的采访,以及 *MZDZ*,第 1752–1758 页;*DXPCR*, pp. 350–355; Teiwes and Sun, *End of the Maoist Era*, pp. 374–381, 399–410; *LZQ*,第 560–579 页;史云、李丹慧:《国史·第 8 卷》,第 592–598 页;*DXPNP-2*,1975 年 11 月 1–28 日。
68. 2006 年 1 月对一名知情官员的采访;另参见 Teiwes and Sun, *End of the Maoist Era*, p. 517。
69. *DXPCR*, p.361.
70. *DXPNP-2*,1976 年 1 月 1、2 日;Teiwes-Sun, *End of the Maoist Era*, p. 516。
71. 1980 年评价历史问题时,陈云、叶剑英等人担心,如果毛远新只是简单转达毛的意见,会有损于毛的威望。毛远新同意承担影响毛泽东的责任,因此也得到了比较好的待遇。2008 年 12 月对熟悉党内文件的历史学家的采访。
72. 对"朝阳样板"的讨论,见 Teiwes-Sun, *End of the Maoist Era*, p.340。
73. 这一节内容取材自笔者 2006 年 1 月对一位看过很多有关档案的党史学者的采访。
74. *DXPCR*, p. 351.
75. 2006 年 1 月对一位了解毛远新状况的干部的采访;*MZDZ*,第 1754–1755 页;*DXPCR*, pp. 352–353。
76. *DXPCR*, p. 362;*DXPNP-2*,仅提到这次来访是发生在 11 月初。
77. *DXPCR*, p. 352.
78. *DXPNP-2*,1975 年 11 月 1、2 日;*MZDZ*,第 1755 页。
79. *MZDZ*,第 1755–1756 页。
80. 同上,第 1756 页。
81. David S. Zweig, "The Peita Debate on Education and the Fall of Teng Hsiao-p'ing," *The China Quarterly*, no. 73 (March 1978): 140–159.
82. *DXPNP-2*,1975 年 11 月 17 日。
83. 同上,1975 年 11 月 20 日;*DXPCR*, p. 361.
84. 薄一波:《若干重大决策与事件的回顾》(上下册)(北京:中共中央文献出版社,1991),下册,第 1249 页。
85. *DXPCR*, p. 366.
86. Patrick Tyler, *A Great Wall: Six Presidents and China; An Investigative History* (New York: Public Affairs, 1999), p. 226.
87. Henry Kissinger, *Years of Renewal* (New York: Simon and Schuster, 1999), pp. 890–891.
88. *LZQ*,第 574 页。

89. *DXPCR*, pp.364–365；*LZQ*，第 575–576 页；*DXPNP-2*，1975 年 11 月 24 日；2002 年 4 月对唐闻生的采访。

90. *LZQ*，第 576–577 页；*DXPCR*, p. 365.

91. *LZQ*，第 583–586 页。

92. 同上，第 579–580 页；另参见吴德：《吴德口述》，第 194–199 页。

93. *LZQ*，第 579–582 页。

94. 邓小平的讲话录音仍保存在中央档案馆，这里的讲述的根据是程中原的概括，而程中原的概括则是根据这一录音的整理稿；*DXPNP-2*，1976 年 12 月 20 日。

95. *DXPCR*, pp. 367–368.

96. *LZQ*，第 571–579 页。

97. 邓小平和基辛格的会谈备忘录，DNSA, CH00366, CH00367, CH00369, and CH00373, October 20–22, 1975。

98. 基辛格国务卿与毛泽东会谈的分析和要点，DNSA, CH00368, October 22, 1975；基辛格和毛泽东的会谈纪要，DNSA, CH00372, October 17, 1975; DNSA, CH00398, December 3, 1975。

99. 同上。

100. 吉拉德·福特和亨利·基辛格与邓小平会谈备忘录，DNSA, CH00398, December 3, 1975。

101. 毛泽东与福特的会谈，DNSA, CH00395, December 2, 1975; 吉拉德·福特和亨利·基辛格与邓小平会谈备忘录，DNSA, CH00396, December 3, 1975; DNSA, CH00398, December 3, 1975; 吉拉德·福特和亨利·基辛格与邓小平会谈备忘录，DNSA, CH00399, December 4, 1975；*DXPNP-2*，1975 年 12 月 1–5 日；Kissinger, *Years of Renewal*, pp. 886–894; Tyler, *Great Wall*, pp. 215–219。

102. 乔治·布什的报告，DNSA, CH00402, December 9, 1975。

103. 同上。

104. *DXPNP-2*，1976 年 1 月 1、2 日。

105. *LZQ*，第 420–422 页。

第5章　靠边站

1. *DXPNP-2*，1976 年 1 月 8 日，第 141 页。

2. Jiaqi Yan and Gao Gao, *Turbulent Decade: A History of the Cultural Revolution* (Honolulu: University Press of Hawaii, 1996), p. 482.

3. *DXPNP-2*，1976 年 1 月 5 日，第 140–141 页。

4. 同上，1976 年 1 月 9 日，第 141–142 页。

5. 吴德：《吴德口述：十年风雨纪事；我在北京工作的一些经历》（北京：当代中国出版社，2004），第 203–204 页。

6. 加塞德 (Roger Garside) 是 1976 年至 1979 年的英国驻华外交官，David Zweig 是加拿大交流学生，两人都会讲汉语，那几天的大多数时间他们都在天安门广场。参看 Roger Garside, *Coming Alive: China After Mao* (New York: McGraw-Hill, 1981)。

7. 吴德：《吴德口述》，第 203 页。

8. 关于不允许佩戴黑纱的禁令，见同上，第 204 页。

9. Garside, *Coming Alive*, pp. 10–13.

10. *DXPNP-2*，1976 年 1 月 12 日，第 142–143 页。

11. Chaozhu Ji（冀朝铸），*The Man on Mao's Right: From Harvard Yard to Tiananmen Square, My Life Inside China's Foreign Ministry* (New York: Random House, 2008), p. 285；2002 年 4 月对冀朝铸的采访。

12. *DXPNP-2*，1976 年 1 月 15 日，第 143–144 页；Ji, *The Man on Mao's Right*, p. 285.

13. Garside, *Coming Alive*, pp. 12–13.

14. *DXPNP-2*，1976 年 1 月 14 日，第 143 页。

15. *DXPCR*, p. 372.

16. *DXPNP-2*，1976 年 1 月 20 日。

17. 对党史学者的采访，无日期。

18. *DXPCR*, pp. 372, 380–388; Frederick Teiwes and Warren Sun, *The End of the Maoist Era: Chinese Politics During the Twilight of the Cultural Revolution, 1972–1976* (Armonk, N.Y.: M. E. Sharpe, 2007), pp. 414–415.

19. *DXPNP-2*，1976 年 1 月 20 日，第 145 页。

20. 同上，1976 年 1 月 21 日，第 145–146 页。

21. 同上，1976 年 1 月 21 日，1–4 月，第 146 页。

22. 《人民日报》，1976 年 1 月 26 日。

23. *DXPNP-2*，1976 年 1 月 21 日，第 146 页。

24. 同上，1976 年 2 月 2 日，第 147 页。

25. *DXPCR*, pp. 380–388；*DXPNP-2*，1976 年 1 月 15、21 日，2 月 2 日，第 143–147 页。

26. Teiwes and Sun, *End of the Maoist Era*, pp. 443–447.

27. *LZQ*，第 584 页。

28. *DXPNP-2*，1976 年 2 月 2 日，第 147 页。

29. 同上，1976 年 2 月 25 日–3 月初，第 147–148 页。

30. Garside, *Coming Alive*, pp. 18–24.

31. Ibid., pp. 110–115. Zweig, "The Peita Debate on Education and the Fall of Teng Hsiao-p'ing," *China Quarterly*, no. 73 (March 1978): 154.

32. *DXPNP-2*，1976 年 3 月 26 日，第 148 页。

33. 吴德：《吴德口述》，第 204–206 页。

34. Garside, *Coming Alive*, p. 115.

35. 关于邓小平告诉家人不要去天安门广场，见 *DXPNP-2*，1976 年 3 月下旬–4 月初，第 148–149 页。

36. Zweig, "The Peita Debate on Education and the Fall of Teng Hsiao-p'ing," pp. 154–158; Garside, *Coming Alive*, pp. 125–128.

37. Garside, *Coming Alive*, pp. 125–126.

38. 吴德：《吴德口述》，第 207–211 页。

39. *DXPNP-2*，1976 年 4 月 5 日，第 149 页。

40. 吴德，《吴德口述》，第 210–214 页。据 Garside 说，广播是从下午 6 点半开始，9:35 时打了探照灯，在紫禁城里集结待命的民兵向广场进发。见 Garside, *Coming Alive*, pp. 128–135。"四人帮"被捕后，吴德多次为污蔑邓小平做过检讨，但他也替自己辩解说，4 月 5 日那天他别无选择，只能服从毛主席和政治局的决定。尽管有人说 4 月 5 日那天有大量流血，但对这一事件的 3 份调查报告，包括在医院和火葬场及其他几处的调查，都没有找到有任何人死于镇压的证据。吴德说，中共中央党史研究室所编的《中共党史大事年表》（北京：人民出版社，1987）中一些记述的混乱，是由于中央政治局在 4 月 4 日和 5 日两次会议被混在一起，让人以为这两次会议都是在 4 月 4 日召开的，还因为"四人帮"作出的一些批评没有被记录在案。见吴德：《吴德口述》，第 218–221 页。

41. 2006 年 10 月 21 日对章含之的采访。

42. 2006 年 1 月对一位熟悉毛远新观点的干部的采访。

43. *DXPNP-2*，1976 年 4 月 6 日，第 149 页。

44. 即使是高层干部也不知道邓小平的去向，因此在外国人中间谣言四起，说邓小平避走广州，被他的老友和支持者、1974 年 1 月至 1980 年 2 月担任广东军区司令员的许世友将军保护起来。不仅香港的报纸，连一些西方分析家也报道过这些传言。见 Garside, *Coming Alive*, p. 140; Harrison E. Salisbury, *The New Emperors: China in the Era of Mao and Deng* (Boston, Little, Brown, 1992), p. 367。邓小平的女儿后来纠正了这些误解。

45. *DXPNP-2*，1976 年 4 月 7 日，第 150 页；吴德：《吴德口述》，第 216–218 页。

46. Zweig, "The Peita Debate on Education and the Fall of Teng Hsiao-p'ing," 158.

47. *MZDZ*，第 1778 页。

48. *DXPNP-2*，1976 年 4 月 7、8 日，第 150 页。

49. 同上，1976 年 7 月 6 日，9 月 9 日，第 151 页。

50. 同上，1976 年 9 月 9 日，第 151 页。

51. 吴德:《吴德口述》，第 197 页。

52. Teiwes and Sun, *End of the Maoist Era*, p. 390.

53. *DXPNP-2*，1976 年 9 月 9 日，第 151 页。

54. Roxane Witke, *Comrade Chiang Ch'ing* (Boston, Little, Brown and Company, 1977), p. 449. 关于"四人帮"被捕的背景和过程的简要记叙,见史云、李丹慧:《国史·第 8 卷》;武健华:《粉碎"四人帮"策划实施过程》,《中华儿女》2001 年第 10、11 期,后收入李海文:《中共重大历史事件亲历记(1949–1980)》(上下册)(成都:四川人民出版社,2006),下册,第 248–281 页;YJZGJSK;吴德:《吴德口述》。英文文献见 Yan and Gao, *Turbulent Decade*, pp.519–528; Teiwes and Sun, *End of the Maoist Era*, pp. 536–594; Richard Baum, *Burying Mao: Chinese Politics in the Age of Deng Xiaoping* (Princeton, N.J.: Princeton University Press, 1994), pp.40–45。

55. *YJZGJSK*,第 363–364 页。2007 年 10 月对纪登奎之子纪虎民的采访。

56. *YJZGJSK*,第 367 页。

57. 同上,第 369–370 页。

58. Yan and Gao, *Turbulent Decade*, p.524;程中原、王玉祥、李正华:《转折年代:1976–1981 年的中国》(北京:中央文献出版社,2008),第 4–5 页;Teiwes and Sun, *End of the Maoist Era*, pp.551–594.

59. *YJZGJSK*,第 368 页。是华国锋还是叶剑英首先提议采取行动,以及两人中谁发挥了更重要的作用,在西方和中国学者中有不同看法。华国锋掌权时,中国媒体强调他起的作用更大,他下台之后同一批媒体又强调叶剑英的作用。两人显然都发挥了重要作用。对这个问题的讨论可参见 Teiwes and Sun, *End of the Maoist Era*, pp. 536–594。

60. *YJZGJSK*,第 377–380 页。

61. Garside, *Coming Alive*, p. 154 与 Salisbury, *The New Emperors*, p. 274 都提到未经证实的报道,称毛远新本想逃跑,在试图登上一架去东北的飞机时被捕。但是看过很多党内文件的范硕没有提到这些传言,香港《明报》和《争鸣》杂志曾经将这条传闻和关于抓捕江青的戏剧化报道一同刊出,相关的概要介绍见 Garside, *Coming Alive*, pp. 152–167。党史专家也没有证实这些传言。另参见 Teiwes and Sun, *End of the Maoist Era*, p. 580。

62. Teiwes and Sun, *End of the Maoist Era*, p. 582.

63. Roderich MacFarquhar, *Politics of China: The Era of Mao and Deng*, 2d ed. (New York: Cambridge University Press, 1997), p. 312.

64. 关于这些工人民兵的背景,见 Elizabeth J. Perry, *Patrolling the Revolution: Worker Militias, Citizenship, and the Modern Chinese State* (Lanham, Md.: Rowman and Littlefield, 2006)。

65. 程中原、王玉祥、李正华:《转折年代:1976–1981 年的中国》,第 11–14 页;Teiwes and Sun, *End of the Maoist Era*, pp. 582–590.

66. Garside, *Coming Alive*, pp. 154–167.

67. *DXPNP-2*,1976 年 10 月 21 日,第 152 页;Garside, *Coming Alive*, pp. 165–166.

68. Teiwes and Sun, *End of the Maoist Era*, pp. 586–587.

69. *DXPNP-2*，1976年10月26日，第152–153页。

70. 同上，1976年10月，粉碎"四人帮"之后，第153页。

71. *DXPCR*, pp. 440–441.

72. *DXPNP-2*，1976年10月7、10日，第152页。转引自Baum, *Burying Mao*, p. 43。

73. 同上，1976年12月7、12、13、14、24日，第153–154页。

74. 同上，1976年12月24日以后，第154页。

第6章　复出

1. U.S. Dept. of State, "Ambassador Gates' Discussion in Peking", DNSA, CH00407, Secret, Action Memorandum, April 22, 1976.

2. 对华国锋当政两年的深入分析，见程美东：《1976–1978年中国社会的演化：兼论华国锋的时期政治环境的变动与十一届三中全会的召开》，《学习与探索》，2008年第6期，第32–41页。感谢孙万国提供给我的有关华国锋支持改革的证据。

3. 在另一些层级和部门，例如经济部门，个人权力仍然很大。参见 Andrew Walder, *Communist Neo-Traditionalism: Work and Authority in Chinese Industry* (Berkeley: University of California, 1986)。

4. 叶剑英的传记作者认为叶在筹划逮捕"四人帮"上起着首要作用。一些党史研究者相信叶的作用大，另一些人则认为华的作用大，泰伟斯和孙万国研究了这些看法后认为华的作用更大一些；他是领导人并采取了主动。见 Teiwes and Warren Sun, *The End of the Maoist Era: Chinese Politics During the Twilight of the Cultural Revolution, 1972–1976* (Armonk, N. Y.: M. E. Sharpe, 2007), pp. 591–594. 类似的结论见高原明生：《現代中国史の再検討－華国鋒と鄧小平、そして1978年の画期性について》(A Reexamination of Modern Chinese History: On the Epoch-making of Hua Guofeng and Deng Xiaoping in 1978)，《东亚》2008年9月号，第32–40页。

5. 例如参见于光远：《我对华国锋的印象》，《领导文萃》，2008年第16期，第68–70页。

6. "两个凡是"有多种英文翻译，笔者采用的是 *SWDXP-2* 一书第137页中所用的官方译法。

7. 2005年10月对程中原的采访。

8. *DXPNP-2*，1976年10月逮捕"四人帮"以后。

9. Richard Baum, *Burying Mao: Chinese Politics in the Age of Deng Xiaoping* (Princeton, N. J.: Princeton University Press, 1994), p. 43.

10. 中国人民解放军军事科学院编：《叶剑英年谱（1897–1986）》（上下册）（北京：中央文献出版社，2007），1976年12月12日。

11. 沈宝祥:《真理标准问题讨论始末》(北京：中国青年出版社，1997)，第331–332页。

12. 2005年10月12日对程中原的访谈。

13. *CYZ*, 下册，第1447–1450页。

14. Teiwes and Sun, *End of the Maoist Era*, pp. 238–240.

15. 程美东:《1976–1978年中国社会的演化》,《学习与探索》，2008年第6期，第34页。

16. 程中原、王玉祥、李正华:《1976–1981年的中国》(北京:中央文献出版社，2008)，第43页。

17. 同上，第44页。

18. *CYZ*, 下册，第1447–1448页；*CYNP*，1977年3月17日。陈云对上海代表团也说过同样的话，见*CYNP*，1977年3月13日。另参见程中原、王玉祥、李正华:《1976–1981年的中国》，第44页；*DXPNP-2*，1977年3月10日至20日。沈宝祥:《真理标准问题讨论始末》，第4页。

19. 程中原、王玉祥、李正华:《1976–1981年的中国》，第44–45页；另参见*DXPNP-2*，1977年3月10日至20日。

20. *CYNP*，1977年3月17日。

21. *DXPNP-2*，1977年3月10日至20日，第156页；程中原、王玉祥、李正华:《1976–1981年的中国》，第45–46页。

22. *DXPNP-2*，1977年4月7日，第156–157页。

23. 邓小平在1977年7月21日的三中全会上更全面地阐明了这些观点。见他的《完整地准确地理解毛泽东思想》一文，*SWDXP-2*，pp. 55–60。

24. *DXPNP-2*，1976年4月10日，第157页。

25. 同上，1976年4月10日后，第157页。

26. 例如李德生:《伟大的转折，历史的必然：回忆十一届三中全会的召开》，收入于光远等编:《改变中国命运的41天：中央工作会议、十一届三中全会亲历记》(深圳：海天出版社，1988)，第230页。

27. 程中原、王玉祥、李正华:《1976–1981年的中国》，第46页。

28. *DXPNP-2*，1977年5月24日，第159–160页；*SWDXP-2*，pp.51–52。

29. 《中发十五号——邓小平致华国锋的两封信(一)》(1977年5月3日，邓小平由汪东兴转华国锋)，未出版文件，藏于Fairbank Collection, Fung Library, Harvard University。

30. *DXPNP-2*，1977年4月10日，第157页。

31. 程中原、王玉祥、李正华:《1976–1981年的中国》，第44–45页。另参见*DXPNP-2*，1977年3月10–20日，第156页。

32. *DXPNP-2*，1977年5月12日，第157–159页。

33. 同上。

34. *DXPJW*,第 3 卷,第 53–87 页。

35. *DXPNP-2*,1977 年 5 月 24 日,第 159–161 页;*SWDXP-2*, pp.53–54.

36. 邓力群:《十二个春秋,1975–1987:邓力群自述》(香港:博智出版社,2006),第 86–96 页。

37. *DXPNP-2*,1977 年 7 月 16–21 日,第 162–163 页;程中原、王玉祥、李正华:《1976–1981 年的中国》,第 47 页。

38. 程中原、王玉祥、李正华:《1976–1981 年的中国》,第 47–48 页;*DXPNP-2*,1977 年 7 月 16–21 日,第 162–163 页;*SWDXP-2*, pp. 55–60.

39. 程中原、王玉祥、李正华:《1976–1981 年的中国》,第 47–48 页;*DXPNP-2*,1977 年 7 月 16–21 日,第 162–163 页。

40. *DXPNP-2*,1977 年 7 月 30 日;与一些当时在场者的交谈,无日期。

41. 沈宝祥:《真理标准问题讨论始末》,第 10 页。

42. "Closing Address at the 11th National Congress of the Communist Party of China," in *The Eleventh National Congress of the Communist Party of China* (Peking: Foreign Languages, 1977), pp. 189–195.

43. *DXPNP-2*,1977 年 7 月 23 日,第 164 页。

44. *SWDXP-2*, p. 82.

45. *DXPNP-2*,1977 年 10 月 10 日,第 220–221 页。

46. *SWDXP-2*, p. 61.

47. Ibid., p.54;*DXPNP-2*,1977 年 5 月 24 日,第 160–161 页。

48. *DXPNP-2*,1977 年 7 月 23 日,第 165 页。

49. 吉伟青:《教育战线推翻"四人帮"两个估计前后》,《炎黄春秋》,2003 年第 5 期,第 40–42 页。关于邓小平在 1997 年努力推动教育的概述,见夏杏珍:《邓小平与教育战线的拨乱反正》,《当代中国史研究》,2004 年第 4 期,第 50–58 页。

50. *SWDXP-2*, p. 85.

51. *DXPNP-2*,1977 年 7 月 27 日,第 166 页。

52. 同上,1977 年 8 月 1 日,第 169 页。

53. 同上,1977 年 7 月 29 日,第 167 页。

54. 同上,1977 年 8 月 4 日,第 172–173 页;另见他在 1977 年 8 月 9 日的讲话;英文版可见于 *SWDXP-2*, pp. 61–72。

55. *SWDXP-2*, pp. 82–83.

56. *SWDXP-2*, p. 83.

57. 程中原、王玉祥、李正华:《1976–1981 年的中国》,第 55–56 页;中央文献研究室、湖南省委、湖南电视台:大型电视片《小平十章》,第 3 集,《破冰》(湖南电视台,2004)。

58. *SWDXP-2*, p.82.

59. 第 3 集,《破冰》。

60. 程中原、王玉祥、李正华:《1976–1981 年的中国》, 第 56–77 页。

61. 同上, 第 57 页。

62. 这遵循了日本、韩国、东亚各国和台湾地区的社会模式, 那些地方的统一高考也起着类似作用。参见 Ezra F. Vogel, *Japan's New Middle Class: The Salary Man and His Family in a Tokyo Suburb* (Berkeley: University of California Press, 1963), pp. 40–67; Thomas P. Rohlen, *Japan's High Schools* (Berkeley: University of California Press, 1983); Denise Potrzeba Lett, *In Pursuit of Status: The Making of South Korea's "New" Urban Middle Class* (Cambridge, Mass.: Asia Center, Harvard University, 1998)。

63. *SWDXP-2*, pp. 64.

64. *DXPNP-2*, 1977 年 9 月 19 日, 第 204 页。

65. 他的很多思想在 1977 年 8 月 8 日有关教育和科学的讲话中有阐述, 见 *SWDXP-2*, p. 61–72。

66. *LZQ*, 第 223–230 页。

67. *SWDXP-2*, pp. 101–116.

68. *DXPNP-2*, 1977 年 7 月 23 日, 第 164–165 页。

69. 对中央党校和其他党校的概述, 见 David Shambaugh, "Training China's Political Elite," *The China Quarterly*, no. 196 (December 2008): 827–844。

70. 2006 年 8 月对孙长江的采访。另参见马立诚、凌志军:《交锋:当代中国三次思想解放实录》(北京:今日中国出版社, 1998), 第 49–61 页。

71. 我在正文中用 "Practice is the sole criterion for Judging truth", 但更直接的翻译应是: "Experience is the sole criterion for testing truth."

72. 2006 年 8 月对孙长江的采访;沈宝祥:《真理标准问题讨论始末》; Michael Schoenhals, "The 1978 Truth Criterion Controversy," *The China Quarterly*, no. 126 (June 1991): 243–268.

73. 沈宝祥:《真理标准问题讨论始末》, 第 107–108 页; Party History Research Center, comp., *History of the Chinese Communist Party: A Chronology of Events, 1919–1990* (Beijing: Foreign Languages Press, 1991), May 11, 1978.

74. Schoenhals, "The 1978 Truth Criterion Controversy," 252–260; 沈宝祥:《真理标准问题讨论始末》。

75. 沈宝祥:《真理标准问题讨论始末》, 第 122 页。

76. 同上, 第 127–129 页; *DXPNP-2*, 1978 年 7 月 22 日, 第 345–346 页。

77. 马立诚、凌志军:《交锋》, 第 41 页。

第7章 三个转折点

1. Paul A. Cohen, *Between Tradition and Modernity: Wang T'ao and Reform in Late Ch'ing China* (Cambridge: Council on East Asian Studies, Harvard University, 1987).

2. 《李先念传》编写组编:《李先念传(1949–1992)》(上下册)(北京:中央文献出版社,2009),下册,第1049页;Nina P. Halpern, "Learning from Abroad: Chinese Views of the East European Economic Experience, January 1977–June 1981," *Modern China* 11, no. 1 (January 1985): 77–109.

3. Deng Xiaoping, *South China Elites Weekly*, August 17, 2004,转引自林重庚:《序言:中国改革开放过程中的对外思想开放》,载吴敬琏编:《中国经济50人看30年:回顾与反思》(北京:中国经济出版社,2008)。

4. 李向前、韩钢:《新发现邓小平与胡耀邦的三次谈话记录》,《百年潮》,1999年第3期,收入杨天石编:《邓小平写真》(上海:上海辞书出版社,2005),第192页。

5. *DXPSTW*, pp. 55–56.

6. 关于中国经济学家对东欧改革的看法,可以参见 Jinglian Wu, *Understanding and Interpreting Chinese Economic Reform* (Mason, Ohio: Thomson/South-Western, 2005), pp. 17–30。

7. Xinhua General Overseas News Service, March 9 to April 6, 1978.

8. 谷牧:《小平同志领导我们抓对外开放》,中共中央文献研究室编:《回忆邓小平》(上中下册)(北京:中央文献出版社,1998),上册,第155–156页。另参见谷牧:《小平领导我们抓开放》,《百年潮》,1998年第1期,第4–11页,后收入杨天石编:《邓小平写真》(上海:上海辞书出版社,2005),第203–204页。

9. 张根生:《听谷牧谈亲历的几件大事》,《炎黄春秋》,2004年第1期,第3–5页。

10. 徐瑷:《不看不知道:访原国家轻工部部长杨波》,载宋晓明、刘蔚编:《追寻1978:中国改革开放纪元访谈录》(福州:福建教育出版社,1998),第539页。

11. Xinhua General Overseas News Service, May 2 to June 7, 1978.

12. 徐瑷:《不看不知道:访原国家轻工部部长杨波》,第540页。

13. 《李先念传》编写组:《李先念传》,下册,第1050–1054页。

14. 谷牧:《小平同志领导我们抓开放》,第203–204页。

15. Xinhua General Overseas News Service, May 2 to June 7, 1978.

16. 程中原、王玉祥、李正华:《1976–1981年的中国》(北京:中央文献出版社,2008),第263–266页。

17. 崔荣慧:《改革开放,先行一步:访原广东省省委书记王全国》,载宋晓明、刘蔚编:《追寻1978:中国改革开放纪元访谈录》,第558页。

18. 徐瑷:《不看不知道:访原国家轻工部部长杨波》,第541页。

19. 同上,第541页;崔荣慧:《改革开放,先行一步:访原广东省省委书记王全国》,第558页。

20. 崔荣慧:《改革开放,先行一步:访原广东省省委书记王全国》,第559页。

21. 谷牧:《小平同志领导我们抓对外开放》,第156页。

22. 张根生：《听谷牧谈亲历的几件大事》，第3页。
23. 程中原、王玉祥、李正华：《1976–1981年的中国》，第70页；萧冬连：《1979年国民经济调整方针的提出与争论：大转折纪实之一》，《党史博览》，2004年第10期，第4–10页。
24. 萧冬连：《1979年国民经济调整方针的提出与争论：大转折纪实之一》。
25. 谷牧：《小平同志领导我们抓对外开放》，第156–157页。
26. *DXPNP-2*，1978年9月20日，第387–388页。
27. 萧冬连：《1978–1984年中国经济体制改革思路的演进：决策与实施》，《当代中国史研究》，2004年第4期，第59–70页；*DXPSTW*, pp. 53–61.
28. *DXPNP-2*，1978年9月20日，第388页。
29. 中共中央文献编辑委员会编：《陈云文选》（三卷本）（北京：人民出版社，1995），第3卷，第235页。
30. 同上，第3卷，第252页。
31. 苏台仁编：《邓小平生平全纪录：一个伟人和他的一个世纪》（上下册）（北京：中央文献出版社，2004），第625页。
32. 这时很多地方还有"革委会"，即包括很多拥有军职的地方干部和被授予军职的地方干部的政府机关。
33. 苏台仁编：《邓小平生平全纪录：一个伟人和他的一个世纪》，第2卷，第623–624页。
34. 王恩茂（时任吉林省委第一书记）：《决定中国命运的"工作重点转移"》，载于光远等：《改变中国命运的41天：中央工作会议、十一届三中全会亲历记》（深圳：海天出版社，1998），第204–206页；*SWDXP-2*, pp. 137–139.
35. 李德生：《伟大的转折，历史的必然：回忆十一届三中全会的召开》，载于光远等：《改变中国命运的41天：中央工作会议、十一届三中全会亲历记》，第231–235页。
36. *DXPSTW*, p.131. 于光远的中文原著是：《1978：我亲历的那次历史大转折：十一届三中全会的台前幕后》（北京：中央编译出版社，1998）；李向前、韩钢：《新发现邓小平与胡耀邦的三次谈话记录》，第190–200页。
37. *DXPSTW*；另见朱佳木：《我所知道的十一届三中全会》（北京：中央文献出版社，1998），第46–181页。
38. *DXPNP-2*，10月底，第415页；苏台仁：《邓小平生平全纪录：一个伟人和他的一个世纪》，第2卷，第625页。
39. 李向前、韩钢：《新发现邓小平与胡耀邦的三次谈话记录》，第129–148页；*DXPSTW*, pp. 128–148.
40. *SWDXP-2*, pp. 167–168.
41. *DXPSTW*, pp. 18–22.
42. Ibid., pp. 29–32.

43. 这一信息来自我与一些东南亚官员的交谈，邓小平访问这一地区时曾与他们会谈。

44. 朱佳木：《胡乔木在十一届三中全会上》，载于光远等：《改变中国命运的41天》，第304页；DXPSTW, p. 21.

45. SWDXP-2, pp. 80–86.

46. DXPSTW, p. 24.

47. Ibid., pp. 23–28.

48. Ibid., pp. 51–53.

49. 于光远等：《改变中国命运的41天》；DXPSTW, pp. 39–42.

50. 王全国：《十一届三中全会与广东的改革开放》，载于光远等：《改变中国命运的41天》，第198–203页。

51. 这个信息来自与叶选基的交谈，当时他正与他的叔父叶剑英一起工作。另见他的文章：《叶帅在十一届三中全会前后：读于光远〈1978：我亲历的那次历史大转折〉有感》，载《南方周末》，2008年10月30日，D23。于光远是邓小平的讲话起草人之一，对谈话都认真做笔记，但是他不知道11月11日的会议。

52. 钱江：《张闻天冤案是怎样平反的》，《纵横》，2001年第2期，第4–6页。早在6月25日邓小平就读了有关61人案件的报告。邓小平看报告时说，这些案子必须解决，但事实上直到6个月后的中央工作会议上才得到解决。这61个人是否为获释出狱而与国民党配合过于密切的问题，中央领导人早在1936年4月已有结论，认为他们是清白的。但是林彪、康生和江青在1967年3月再次宣布他们是叛徒。

53. DXPSTW, pp. 63–65. 另见于光远：《1978：我亲历的那次历史大转折》，第77–79页。

54. DXPSTW, p.70.

55. Ibid., pp.71–72.

56. 于光远：《1978：我亲历的那次历史大转折》，第85–86页。

57. 同上，第90–91页。

58. YJYNP, 1978年11月10至15日，第1155–1156页；1978年11月12至13日，第1156页。

59. DXPSTW, pp.72–76.

60. Ibid., pp.46–51, 74–76, 78–79, 166.

61. 于光远：《1978：我亲历的那次历史大转折》，第86页。

62. DXPSTW, pp. 80–90, 108; 又同上，第115–125页。

63. DXPSTW, pp. 163–165.

64. DXPNP-2, 1978年12月22日，第457页。

65. DXPSTW, pp. 39–46.

66. 吴象：《万里谈三中全会前后的农村改革》，载于光远等：《改变中国命运的41天》，第286–287页。

67. 梁灵光:《一次划时代的中央会议》,载于光远等:《改变中国命运的41天》,第273–274页。

68. 任仲夷:《追寻1978年的历史转轨》,载于光远等:《改变中国命运的41天》,第216页。

69. *DXPSTW*, p. 127.

70. 朱学勤:《30年来的中国改革,有两个阶段》,《南方都市报》,2007年12月16日。

71. *YJYNP*, 第1157页,1978年11月中旬。

72. 同上,1978年11月27日。

73. 同上,1978年11月25日;*DXPSTW*, pp.76–78,收录了邓小平评论的原文。

74. *DXPSTW*, p. 78.

75. 此处对邓小平讲话稿的准备工作的讨论以及所引用的邓小平讲话,见同上 pp. 129–148。我这里的讨论也利用了对于光远的采访。见 *WYDXP*;另见韩纲:《一份邓小平珍贵手稿的发现》,《百年潮》,1997年第4期,第4–6页,载杨天石:《邓小平写真》(上海:上海辞书出版社,2005),第186–189页;李向前、韩钢:《新发现邓小平与胡耀邦的三次谈话记录》,载《邓小平写真》,第190–200页。

76. *DXPSTW*, pp.185–190.

77. Ibid., pp. 129–143.

78. 《解放思想,实事求是,团结一致向前看》,*SWDXP-2*, pp. 151–165。

79. *DXPSTW*, pp. 132–139.

80. Ibid., pp. 168–172;梁灵光:《一次划时代的中央会议》,第175页。

81. Robert D. Novak, *The Prince of Darkness: 50 Years Reporting in Washington* (New York: Crown Forum, 2007), pp. 324, 326.

82. 任仲夷:《追寻1978年的历史转轨》,第215–216页。

83. *DXPSTW*, pp. 205–207.

第8章　为自由设限

1. Roger Garside, *Coming Alive: China after Mao* (New York: McGraw-Hill, 1981).

2. Ibid.

3. Ibid., pp. 237, 243–244.

4. Ibid., p. 241.

5. Ibid.

6. Ibid., pp. 196–197; Robert Novak, *The Prince of Darkness: 50 Years Reporting in Washington*; Merle Goldman, "Hu Yaobang's Intellectual Network and the Theory Conference of 1979," *The China Quarterly*, no. 126 (June 1991): 223.

7. Goldman, "Hu Yaobang's Intellectual Network," pp. 223–225, 237, 243–244.

8. Ibid., pp.220–221.
9. 胡绩伟：《胡耀邦与西单民主墙》，http://www.shufa.org/bbs/viewthread.php?tid=85030（2010 年 8 月 6 日访问）。
10. 2001 年 1 月对于光远的采访。
11. 此文收入 Garside, *Coming Alive*, p. 247。
12. Ibid., p. 255.
13. Ibid., pp. 431–434.
14. 2001 年 1 月对于光远的采访。
15. Garside, *Coming A live*, p. 257.
16. Ibid., pp. 257–259.
17. 一位西方学者的观察，无日期。
18. Garside, *Coming Alive*, p. 259.
19. 朱佳木：《胡乔木在十一届三中全会上》，载于光远等：《改变中国命运的 41 天：中央工作会议、十一届三中全会亲历记》（深圳：海天出版社，1998），第 308 页。
20. 2001 年 1 月对于光远的采访。
21. 邓力群：《十二个春秋（1975–1987）：邓力群自述》（香港：博智出版社，2006），第 133 页。
22. 沈宝祥：《真理标准问题讨论始末》（北京：中国青年出版社，1997），第 321–325 页。对务虚会的记述见盛平编：《胡耀邦思想年谱（1975–1989）》（上下册）（香港：泰德时代出版社，2007），上册，第 293–315、341–347 页；郑仲兵编：《胡耀邦年谱资料长编》（上下册）（香港：时代国际出版有限公司，2005），上册，第 355–367、385–387 页；《国史·第 10 卷》，第 69–82 页；Merle Goldman, *Sowing the Seeds of Democracy in China: Political Reform in the Deng Xiaoping Era* (Cambridge: Harvard University Press, 1994), pp. 47–61；程中原、王玉祥、李正华：《转折年代：1976–1981 年的中国》（北京：中央文献出版社，1998），第 273–356 页。
23. 沈宝祥：《真理标准问题讨论始末》，第 328 页。
24. 发言全文见郑仲兵编：《胡耀邦年谱资料长编》（上册），第 355–367 页。
25. Merle Goldman, "Hu Yaobang's Intellectual Network," pp. 229–237；沈宝祥：《真理标准问题讨论始末》，第 323–327 页。
26. 沈宝祥：《真理标准问题讨论始末》，第 370–371 页。
27. 盛平编：《胡耀邦思想年谱（1975–1989）》（上册），第 306 页；《国史·第 10 卷》，第 67 页；笔者对王若水的采访。
28. 盛平编：《胡耀邦思想年谱（1975–1989）》（上册），第 306 页；《国史·第 10 卷》，第 67 页。
29. 沈宝祥：《真理标准问题讨论始末》，第 342–347 页。
30. 同上，第 321–333 页。胡耀邦的讲话的部分内容见第 321–323 页。
31. Goldman, "Hu Yaobang's Intellectual Network," pp. 229–235.

32. 沈宝祥:《真理标准问题讨论始末》,第 367–370 页。

33. 萧冬连:《国史·第 10 卷》,第 65–74 页。

34. 盛平编:《胡耀邦思想年谱(1975–1989)》,上册,第 322–324 页。

35. *DXPNP-2*,1979 年 3 月 16 日,第 493 页。

36. Ming Ruan, *Deng Xiaoping: The Chronicle of An Empire* (Boulder, Colo.: Westview, 1994), p. 56.

37. *DXPNP-2*,1979 年 3 月 27 日,第 498–500 页。

38. *SWDXP-2*, pp. 183–184.

39. Ibid., pp. 181–183.

40. 邓力群:《十二个春秋》,第 136–139 页。(叶剑英不记得邓小平说过这样的话。见第 137 页。)

41. 《胡耀邦同志在党的理论工作务虚会上的结束语》,1979 年 4 月 3 日。这个讲话的摘要见盛平编:《胡耀邦思想年谱(1975–1989)》,第 345–347 页。

42. 邓力群:《十二个春秋》,第 138–139 页。

43. Goldman, "Hu Yaobang's Intellectual Network," pp. 236–237.

44. 《国史·第 10 卷》,第 165–247 页。

45. 邓力群:《十二个春秋》,第 135–137 页。

46. 同上,第 155–156 页。

47. 见 Goldman, *Sowing the Seeds of Democracy in China* 及 Merle Goldman, *From Comrade to Citizen: The Struggle for Political Rights in China* (Cambridge: Harvard University Press, 2005).

第9章　苏联—越南的威胁

1. 邓小平正式接手外交工作是从 1978 年 3 月 10 日开始,但他恢复工作后不久就主持了与万斯的会谈并处理与美国相关的事务,这被认为是中国最重要的对外政策问题。

2. Huang, *Huang Hua Memoirs* (Beijing: Foreign Languages Press, 2008).

3. George Bush and Brent Scowcroft, *A World Transformed* (New York: Knopf, 1998), p. 93.

4. Huang Hua, *Huang Hua Memoirs* (Foreign Languages Press, 2008), p. 289.

5. Nayan Chandra, *Brother Enemy: The War after the War* (San Diego: Harcourt Brace Jovanovich, 1986), p. 259.

6. Robert S. Ross, *Indochina Tangle: China's Vietnam Policy, 1975–1979* (New York: Columbia University Press, 1988), p. 67; Jian Chen, "China and the First Indo-China War, 1950–54," *The China Quarterly*, no. 133 (March 1993): 85–110.

7. Henry J. Kenney, "Vietnamese Perceptions of the 1979 War with China," in

Mark A. Ryan, David M. Finklestein, and Michael A. McDevitt eds., *Chinese Warfighting: The PLA Experience since 1949* (Armonk, N. Y.: M. E. Sharpe, 2003), p. 218.

8. *DXPWJHD*，1965年4月18、19、22、23日。

9. Kuan Yew Lee, *From Third World to First: The Singapore Story, 1965–2000* (New York: HarperCollins, 2000), p. 661. 整个援助计划可参见军事科学院军事历史研究所：《中华人民共和国军事史要》(北京：军事科学出版社，2005)，第549–570页。美国的文献普遍低估了越战期间中国派出的军队数量。例如一个估计是5万人。见 Kenny, "Vietnamese Perceptions of the 1979 War with China," p. 217; Donald S. Zagoria and Sheldon W. Simon, "Soviet Policy in Southeast Asia," in Zagoria ed., *Soviet Policy in East Asia* (New Haven, Conn.: Yale University Press, 1982), pp. 153–173.

10. Jian Chen, *Mao's China and the Cold War* (Chapel Hill: University of North Carolina Press, 2001), pp. 221–229.

11. William J. Duiker, *Ho Chi Minh* (New York: Hyperion, 2000), pp. 541, 550.

12. Chen, *Mao's China and the Cold War*, pp. 229–237.

13. M. Taylor Fravel, *Strong Borders, Secure Nation: Cooperation and Conflict in China's Territorial Disputes* (Princeton, N.J.: Princeton University Press, 2008), pp. 276–287.

14. Chanda, *Brother Enemy*, pp. 13–18; Ross, *The Indochina Tangle*, pp. 64–65.

15. *DXPWJHD*，1975年9月22–25日。

16. 同上，1975年9月25日。

17. Ross, *The Indochina Tangle*, pp. 67–68.

18. Nayan Chandra, *Brother Enemy*, pp. 134–135; Kenney, "Vietnamese Perceptions of the 1979 War with China," pp. 26–28, 222–223; Ross, *The Indochina Tangle*, p. 67.

19. Chanda, *Brother Enemy*, p. 28.

20. Ross, *The Indochina Tangle*, p. 75.

21. 例如可参见1976年5月李光耀与华国锋长达七小时的谈话记录：Lee, *From Third World to First*, pp. 642–650.

22. Ross, *The Indochina Tangle*, p. 127; Chanda, *Brother Enemy*, pp. 88–89.

23. Ross, *The Indochina Tangle*, pp. 128–129.

24. Chanda, *Brother Enemy*, pp. 240–245.

25. Ross, *The Indochna Tangle*, pp. 130–131.

26. Chanda, *Brother Enemy*, p. 189.

27. Lee, *From Third World to First*, p. 661.

28. 范宏伟，《周恩来与缅甸华侨》，《当代中国史研究》，2008年第1期，第31–37页。

29. 参见 Wayne Bert, "Chinese Policy toward Burma and Indonesia: A Post-Mao Perspective," *Asian Survey*, 25, no. 9 (Sept. 1985): 963–980; Bertil Lintner, "Burma and

its Neighbors," in Mansingh Surjit, ed., *Indian and Chinese Foreign Policies in Comparative Perspective* (New Delhi: Radiant Publishers, 1998); 田曾佩:《改革开放以来的中国外交》(北京:世界知识出版社, 2005), 第70–72页; *DXPWJHD*, 1978年1月26–31日; W. R. Heaton, "China and Southeast Asian Communist Movements: the Decline of Dual Track Diplomacy," in *Asian Survey*, 22, no. 8 (Aug. 1982): 779–800。

30. 新华社, 1978年2月4日、6日。
31. 新华社, 1978年2月6日。
32. *DXPNP-2*, 1975年4月18–26日。
33. Don Oberdorfer, *The Two Koreas* (New York: Basic Books, 1997), p. 96.
34. Dae-Sook Suh, *Kim Il Sung: The North Korean Leader* (New York: Columbia University Press, 1988), pp. 262, 391, n26.
35. *DXPWJHD*, 1977年8月7日。
36. 同上, 1978年9月8–13日; *DXPNP-2*, 1978年9月8–13日。
37. *DXPNP-2*, 1978年9月12日。
38. 潘敬国:《共和国外交风云中的邓小平》(哈尔滨:黑龙江出版社, 2004), 第379页。
39. Chanda, *Brother Enemy*, p. 318; Ross, *The Indochina Tangle*, p. 208.
40. Ross, *The Indochina Tangle*, pp. 207–208.
41. Ibid., p. 208.
42. *DXPWJHD*, 1978年10月3日。
43. 同上, 1978年3月29日至4月1日。
44. 新华社, 1978年3月30日。
45. *Facts on File World News Digest*, July 21, 1978.
46. Chanda, *Brother Enemy*, p. 325.
47. 新华社, 1978年11月9日。
48. *DXPWJHD*, 1978年11月5–9日; 新华社, 1978年11月9日; Chanda, *Brother Enemy*, pp. 325–326; Lee, *From Third World to First.*, p. 662.
49. 新华社, 1978年11月9日。
50. Lucian Pye, *Guerrilla Communism in Malaysia: Its Social and Political Meaning* (Princeton, N. J.: Princeton University Press, 1956).
51. *Facts on File World News Digest*, Nov. 24, 1978.
52. 新华社, 1978年11月10日、11日。
53. 新华社, 1978年11月12日。
54. Stephen Leong, "Malaysia and the People's Republic of China in the 1980s: Political Vigilance and Economic Pragmatism," *Asian Survey*, 27, no. 10 (Oct. 1987): 1109–1126.
55. 新华社, 1978年11月12日。

56. Lee, *From Third World to First*, pp. 662–665；另据笔者 2004 年 11 月与新加坡官员的交谈。

57. Lee , *From Third World to First*, pp. 660–662；另见笔者 2004 年 11 月与新加坡官员的讨论。

58. 2004 年 11 月笔者与新加坡官员的交谈。

59. Lee, *From Third World to First*, p. 667.

60. Ibid., p. 668.

61. Ibid.

62. 2004 年 11 月笔者同参加过与邓小平会谈的新加坡官员的交谈。

63. Lee, *From Third World to First*, pp. 668–669.

64. Ross, *The Indochina Tangle*, p. 154.

第10章　向日本开放

1. 中国经常提到的"反霸权"一词，最初是由基辛格向周恩来总理提出的。见 Henry Kissinger, "The China Connection," *Time*, October 1, 1979。

2. 裴华：《中日外交风云中的邓小平》（北京：中央文献出版社，2002），第 50–54 页。

3. 同上，第 47–50 页。

4. 园田直的回忆见园田直：《世界·日本·爱》（东京：第三政经研究会，1981），第 174–185 页。

5. 黄华对中日关系谈判的记述见 Huang, *Huang Hua Memoirs*, pp.308–342。

6. 据布热津斯基说，1978 年 5 月他访问北京后在东京停留，给日本人留下的印象是美国赞成"迅速签署条约"。他说，日本此后很快便"同意了条约"。Zbigniew Brzezinski, *Power and Principle: Memoirs of the National Security Advisor, 1977–1981*, rev. ed. (New York: Farrar, Straus, Giroux, 1985), p. 218. 日本在 3 月就决定加快条约的完成，但直到 7 月才使问题得到解决。5 月 2 日和 3 日福田赳夫在华盛顿会见万斯和卡特时，也讨论过这些问题。见裴华：《中日外交风云中的邓小平》，第 65–66 页。

7. Kazuhiko Togo, *Japan's Foreign Policy 1945–2003: The Quest for a Proactive Policy*, 2d ed. (Leiden: Brill, 2005), pp. 134–135; 裴华：《中日外交风云中的邓小平》，第 80 页。

8. Chae-Jin Lee, *China and Japan: New Economic Diplomacy* (Stanford, Calif.: Hoover Institution Press, 1984), pp. 26–27.

9. Togo, *Japan's Foreign Policy*, pp. 134–135.

10. George R. Packard, *Edwin O. Reischauer and the American Discovery of Japan* (New York: Columbia University Press, 2010).

11. 一本讲述邓小平拜会天皇的日本著作十分详细地记录了此事。见永野信利：《天皇と鄧小平の握手：実録·日中交渉秘史》（东京：行政问题研究所，1983）。

12. 讲述邓小平日本之行的权威中文文献是裴华:《中日外交风云中的邓小平》,第 115–209 页。
13. 同上,第 120 页。
14. 同上,第 121–122 页。
15. 同上,第 122 页。
16. 同上,第 125 页。
17. Huang, *Huang Hua Memoirs*, pp. 333–334;裴华:《中日外交风云中的邓小平》,第 137–140 页。
18. Huang, *Huang Hua Memoirs*, pp. 334–335.
19. 裴华:《中日外交风云中的邓小平》,第 126 页。
20. 同上,第 147–148 页。
21. 同上,第 182 页。
22. 同上,第 151 页。
23. 同上,第 150–153 页。
24. 同上,第 154–155 页。
25. 同上,第 150–155 页。
26. 同上,第 156–159 页。
27. 同上,第 202 页。
28. 同上,第 165–174 页。(译按:关于毛泽东的一句不见于裴著。)
29. 同上,第 165–172 页。
30. 同上,第 165–174 页。
31. 1979 年 6 月对松下幸之助的采访。
32. 松下幸之助:《松下幸之助は語る:情熱がなければ人は動かん》(东京:講談社,1985),第 137 页;裴华:《中日外交风云中的邓小平》,第 194–197 页。
33. 2004 年 10 月对 Hanai Mitsuyu 和千速晃(Akiva Chihaya,时任新日铁总裁和日本贸易振兴会中国部部长)的采访。第二次世界大战结束时 Hanai 住在东北,当时年仅 13 岁,离家加入了吉林省北部的解放军,直到 1949 年后才离开解放军进入北京中国人民大学学习。Hanai 1957 年回到日本,1962 年被八幡制铁录用,在公司做翻译,八幡合并为新日铁后依然担任这一职务。
34. 同上。
35. 2004 年 10 月 30 日对 Hanai Mitsuyu、千速晃和杉本贵志(Sugimoto Takashi)的采访。在 80 年代宝山钢铁厂的谈判中,杉本贵志担任新日铁的中文翻译和谈判代表。另见裴华:《中日外交风云中的邓小平》,第 174–178 页。
36. 裴华:《中日外交风云中的邓小平》,第 164 页。
37. 邓力群:《十二个春秋(1975–1987):邓力群自述》(香港:博智出版社,2006),第 190–195 页;邓力群:《访日归来的思索》,《经济管理》,1979 年第 3 期,第 7–14 页。

38. 《第一回阁僚会议》，日本外务省亚洲局中国课未公开文件。第二次内阁会议举行于 1981 年 12 月 14–17 日。

39. Lanqing Li, *Breaking Through: The Birth of China's Opening-Up Policy* (New York: Oxford University Press, 2009), pp. 318–324.

第11章　向美国开放

1. Memcon, Carter with Huang Zhen, 2/8/77, vertical file, China, box 40, Jimmy Carter Library, Atlanta; Memo, Michel Oksenberg to Zbigniew Brzezinski, no. 17, "The Road to Normalization"（谈判完成不久后写下的 9 页会谈总结），vertical file, China, Jimmy Carter Library; the Fairbank Collection, Fung Library, Harvard University 也有收藏。

2. Memcon, Secretary Vance's meeting with Huang Hua, 8/24/77, vertical file, China, Jimmy Carter Library. 关于引导谈判和完成关系正常化谈判的协商的不同记述，见 Cyrus Vance, *Hard Choices: Critical Years in America's Foreign Policy* (New York: Simon and Schuster, 1983), pp. 75–83; Jimmy Carter, *Keeping Faith: Memoirs of a President* (Fayetteville: University of Arkansas Press, 1995), pp. 190–197; Zbigniew Brzezinski, *Power and Principle: Memoirs of the National Security Advisor, 1977–1981* (New York: Farrar, Straus, Giroux, 1983); Robert S. Ross, *Negotiating Cooperation: The United States and China, 1969–1989* (Stanford, Calif.: Stanford University Press, 1995); Patrick C. Tyler, *A Great Wall: Six Presidents and China: An Investigative History* (New York: Public Affairs, 1997); Jimmy Carter, Zbigniew Brzezinski, and Richard N. Gardner, "Being There," *Foreign Affairs* 78, no. 6 (November–December 1999): 164–167; Brent Scowcroft and Patrick Tyler, "Safe Keeping," *Foreign Affairs* 79, no. 1 (January–February 2000): 192–194; James Mann, *About Face: A History of America's Curious Relationship with China from Nixon to Clinton* (New York: Alfred Knopf, 1999); Richard H. Solomon, *U.S.–PRC Political Negotiations, 1967–1984: An Annotated Chronology* (Santa Monica, Calif.: Rand, 1985)，此文献原来保密，后被解密；Richard H. Solomon, *Chinese Negotiating Behavior: Pursuing Interests through "Old Friends"* (Washington, D. C.: United States Institute of Peace Press, 1999); Nicholas Platt, *China Boys: How U.S. Relations with the PRC Began and Grew* (Washington, D. C.: New Academia, 2009); Jeffrey T. Richelson, project director, *China and the United States: From Hostility to Engagement, 1960–1998* (Alexandria, Va.: Chadwyck-Healey, 1999). 有关台湾问题的记述，见 Nancy Bernkopf Tucker, *Strait Talk: United States–Taiwan Relations and the Crisis with China* (Cambridge: Harvard University Press, 2009) 及 Allen D. Romberg, *Rein in at the Brink of the Precipice: American Policy toward Taiwan and U. S.–PRC Relations* (Washington, D. C.: Henry L. Stimson Center, 2003). 在撰写本章内容时，我曾与一些官员交谈，如卡特总统、蒙代尔、布热津斯基、罗伊 (Stapleton Roy)、查斯·弗里曼 (Chas Freeman)、

理查·索罗门 (Richard Solomon)、温·劳德 (Win Lord)、米歇尔·奥克森伯格 (Michel Oksenberg) 和尼古拉斯·普拉特 (Nicholas Platt)。我也与中国外交官员黄华以及中国译员冀朝铸、唐闻生、章含之和施燕华交谈。此外，我还利用了"卡特政府对华政策口述史项目"(Carter Administration China Policy Oral History Project, LWMOT)，该项目是由奥克森伯格和伍德科克离任后，为记录他们所参与的中美关系正常化过程这段历史，从1981年秋天到1982年夏天进行的39次交谈的录音。这些交谈的录音现藏于韦恩州立大学 (Wayne State University) 图书馆，一部分属于伍德科克本人的私人文件，他的遗孀莎朗·伍德科克 (Sharon Woodcock) 慷慨地为我提供了阅读它们的机会。

3. Memcon, Meeting of Teng Xiao-ping and Secretary Vance, 8/24/77, vertical file, China, Jimmy Carter Library; Vance, *Hard Choices,* p. 82.

4. Solomon, *Chinese Negotiating Behavior.*

5. *DXPWJHD*，1977年8月24日。

6. *DXPNP-2*，1977年8月24日，第188–189页。

7. Vance, *Hard Choices,* p. 82; Solomon, *U.S.–PRC Political Negotiations, 1967–1984,* p. 62.

8. *DXPWJHD*，1977年8月24日。

9. Vance, *Hard Choices,* pp. 82–83; Ross, *Negotiating Cooperation,* pp. 110–111.

10. *DXPNP-2*，1977年8月24日。

11. Robert S. Ross, *Indochina Tangle: China's Vietnam Policy, 1975–1979* (New York: Columbia University Press, 1988);《人民日报》，1975年11月26日。

12. Memcon, Meeting of Teng Xiao-ping and Secretary Vance, 8/24/77, vertical file, China, Jimmy Carter Library; *DXPWJHD*，1977年9月17日。

13. Tyler, *A Great Wall,* pp. 249–250.

14. 1977年11月18日布热津斯基致伍德科克大使的电文, Brzezinski Collection, Geo file, "Brzezinski's Trip [11/19/77–5/14/78]," box 9, Jimmy Carter Library。

15. 2009年4月对吉米·卡特的采访，以及同罗伊和伍德科克的遗孀莎朗·伍德科克的几次交谈。这些事件的很多内容可见于 Ross, *Negotiating Cooperation,* pp. 126–132。有关布热津斯基与万斯对立的讨论，见 Tyler, *A Great Wall,* pp. 237–239。

16. Memo, Michel Oksenberg to Zbigniew Brzezinski, "Impressions on our China Policy to Date," 8/23/78, Jimmy Carter Library; the Fairbank Collection, Fung Library, Harvard University 亦有入藏; Michel Oksenberg, "A Decade of Sino-American Relations," *Foreign Affairs* 61, no. 11 (Fall 1982): 184.

17. 2008年10月对罗伊的采访，罗伊负责向国会领袖通报情况。

18. Memcon, Meeting of Zbigniew Brzezinski and Vice Premier Teng Hsiao P'ing, 5/25/78, vertical file, China, Jimmy Carter Library.

19. Memo, Cyrus Vance to the President on "Next Moves on China" Woodcock's

Approach, 6/13/78, NSA Staff Material, Far East-Armacost, "Armacost Chron. File [6/14–6/30/78]," box 7, Jimmy Carter Library.

20. 虽然美方采取了严格的保密措施，但华盛顿少数政府官员也参与过几次讨论，包括理查德·霍尔布鲁克 (Richard Holbrooke)、宋贺德 (Harry Thayer)、罗杰·苏利文 (Roger Sullivan)、李洁明 (James Lilley)、Charles Neuhauser 和沈大伟 (David Shambaugh)。

21. Memcon, Dr. Brzezinski's meeting with Foreign Minister Huang Hua, May 21, 1978, 9:52 a.m. to 1:20 p.m., vertical file, China, Jimmy Carter Library; Solomon, *U. S. –PRC Political Negotiations, 1967–1984*, p. 64; Brzezinski, *Power and Principle*, p. 212. 布热津斯基写道，他对黄华说，远东的和平依靠美国继续保持信用，他以这种委婉的方式解释美国要保留继续对台售武的权利。12月中国对美国打算继续对台售武表示不解。见他们的谈话记录和 Tyler, *A Great Wall*, pp. 254–255。

22. Carter, *Keeping Faith*, p. 200.

23. Brzezinski, *Power and Principle*, pp. 213–214.

24. *DXPWJHD*，1978年5月21日。

25. Oksenberg to Brzezinski, "The Road to Normalization."

26. 转引自 Memcon, Meeting of Zbigniew Brzezinski and Vice Premier Teng Hsiao P'ing, 5/25/78。

27. Brzezinski, *Power and Principle*, p. 215.

28. *DXPWJHD*，1978年5月22日。

29. 同上，1978年8月6日。

30. Solomon, *U. S. –PRC Political Negotiations, 1967–1984*, pp. 65–69.

31. *SWDXP-2*, pp. 101–107.

32. *DXPNP-2*，1978年7月10日。

33. Katlin Smith, "The Role of Scientists in Normalizing U. S.–China Relations: 1965–1979," in Allison L. C. de Cerreno and Alexander Keynan, eds., "The Role of Scientists in Mitigating International Discord," *Annals of the New York Academy of Sciences* 866 (December 1998): 120; 笔者2005年12月对 Anne Keatley Solomon 的采访，她当时是负责安排这次访问的美国国家科学院成员；Richard C. Atkinson（新闻界代表团成员之一），"Recollection of Events Leading to the First Exchange of Students, Scholars, and Scientists between the United States and the People's Republic of China," at http://www.rca.ucsd.edu/speeches/Recollections_China_student_exchange.pdf, 访问时间2011年3月22日。我多年担任对华学术交流委员会成员，参加过1973年5月首个访问中国的科学家代表团。中国科学家在"文革"期间受到压制，但仍抱有希望，尽管直到1978年两国关系才开始升温。为响应邓小平要派学者去深造的要求，1978年10月中旬北京大学校长周培源率一个中国学者代表团访美。由于"文革"时期可怜的教育状况，第一年的人数不足700人，而且很

多实际成行者的英语准备不足。美国政府计划通过政府项目管理双方的交流，就像处理美苏交流那样，但是在芝加哥大学拿过博士学位的周培源去华盛顿之前，在西海岸同一些学者私下接触，发现可以做出大量私人安排，无需正式的政府关系（2005年对Anne Keatley Solomon的采访）；Atkinson, "Recollection of Events"；也见Memo, Frank Press to the President, 10/16/78, Staff Offices Collection: Science and Technology Advisor, Jimmy Carter Library。

34. 2009年4月对吉米·卡特的访谈。

35. LWMOT, tape 15, p. 25.

36. Ross, *Negotiating Cooperation*, p. 159.

37. Vance to Woodcock, 6/28/78, Brzezinski Collection, box 9, doc. 4, China, Alpha Channel [2/72–11/78], Jimmy Carter Library.

38. Woodcock to the White House, 7/25/78, Brzezinski Collection, box 9, doc. 4, China, Alpha Channel [2/72–11/78], Jimmy Carter Library.

39. 黄华的自传是：《亲历与见闻》（北京：世界知识出版社，2007）。英译本为Hua Huang, *Huang Hua Memoirs* (Beijing: Foreign Languages Press, 2008)。

40. Vance, *Hard Choices*, p. 117.

41. Memcon, USLO Peking, "Transcript of CODEL Wolff Meeting with Teng Hsiao-ping," 7/10/78, vertical file, China, box 40, Jimmy Carter Library.

42. 2008年10月对罗伊的采访。

43. Richard Holbrooke and Michel Oksenberg to Ambassador Woodcock, 9/7/78, vertical file, China, box 40, doc. 24, Jimmy Carter Library.

44. Memcon, "Summary of the President's Meeting with Ambassador Ch'ai Tsemin," 9/19/78, vertical file, China, box 41, Jimmy Carter Library.

45. Memcon, Summary of Secretary Vance's Meeting with Foreign Minister Huang Hua, 10/3/78, vertical file, China, Jimmy Carter Library.

46. Ross, *Negotiating Cooperation*, pp. 134–136.

47. 笔者对罗伊的采访。

48. Robert D. Novak, *The Prince of Darkness: 50 Years Reporting in Washington* (New York: Crown Forum, 2007), pp. 324–332; *DXPWJHD*，1978年11月27日。

49. Leonard Woodcock to Cyrus Vance and Zbigniew Brzezinski, "Sixth Session: December 4 Meeting with Han Nianlong," Brzezinski Collection, Alpha box 9 cont. [12/78–1/79], docs. 3A, 4A, 5, and 6, Jimmy Carter Library.

50. Ross, *Negotiating Cooperation*, pp. 136–137.

51. Solomon, *U.S.–PRC Political Negotiations, 1967–1984*, p. 71; Ibid., pp. 136–137.

52. Leonard Woodcock to Cyrus Vance and Zbigniew Brzezinski, "My Meeting with Teng Xiaoping December 13," vertical file, China, box 40, Jimmy Carter Library.

53. Ibid.

54. LWMOT, tape 19, p. 8.

55. Leonard Woodcock to Cyrus Vance and Zbigniew Brzezinski, "To the White House Immediate," 12/14/78, vertical file, China, box 40, Jimmy Carter Library.

56. Ibid.

57. LWMOT, tape 18, p. 28.

58. Cable, Woodcock to Vance and Brzezinski, 12/15/78, "Full Transcript of December 15 Meeting with Teng," vertical file, China, box 40, Jimmy Carter Library.

59. Ibid.

60. 这段话和所有会谈中的引语见 Leonard Woodcock to Cyrus Vance and Zbigniew Brzezinski, "Full Transcript of December 15 meeting with Teng," 12/15/78, vertical file, China, box 40, Jimmy Carter Library。

61. Carter, *Keeping Faith*, p. 205.

62. Telephone Record, Peking to Secretary of State, 1/11/79, vertical file, China, Jimmy Carter Library.

63. Memo, Vance to Carter, 1/26/79, Scope Paper for the Visit of Vice Premier Deng Xiaoping of the People's Republic of China, January 29–February 5, 1979, vertical file, China, Jimmy Carter Library.

64. 出席仪式的 Richard Solomon 讲述了这件事；据笔者 2010 年 10 月与他的私人交流。

65. Don Oberdorfer, "Teng and Khrushchev," *The Washington Post*, Feb. 5, 1979, A1.

66. Chaozhu Ji, *The Man on Mao's Right: From Harvard Yard to Tiananmen Square, My Life inside China's Foreign Ministry* (New York: Random House, 2008).

67. Orville Schell, "*Watch Out for the Foreign Guests!*" *China Encounters the West* (New York: Pantheon Books, 1980).

68. Carter, *Keeping Faith*, p. 214.

69. Michel Oksenberg, "I Remember Deng," *Far Eastern Economic Review*, March 6, 1977, 35; Brzezinski, *Power and Principle*, pp. 405–406.

70. Brzezinski, *Power and Principle*, p. 406.

71. Carter, *Keeping Faith*, p. 207.

72. Ibid., pp. 209–210.

73. *DXPNP-2*，1979 年 1 月 24 日。

74. Letter, Carter to Deng, Brzezinski Collection, China, Pres. Meeting with Deng Xiaoping, box 9, Jimmy Carter Library.

75. Carter, *Keeping Faith*, pp. 211–213; Brzezinski, *Power and Principle*, pp. 409–410.

76. Brzezinski, *Power and Principle*, pp. 412–415.

77. Solomon, *U.S.–PRC Political Negotiations, 1967–1984*, p. 76.

78. Carter, *Keeping Faith*, p. 211; Brzezinski, *Power and Principle*, p. 407. 出席国宴

的人员名单中包括 22 名国会议员，可见 *New York Times,* January 1, 1979。

79. Carter, *Keeping Faith,* p. 213.

80. Ibid., p. 212; *The Washington Post,* Nov. 1, 1979; *New York Times,* January 30, 1979.

81. 尼克松和卡特的通信，见 "Staff Office on Chinese Normalization" Collection, box 34A, Jimmy Carter Library。

82. LWMOT, tape 21, p. 7.

83. Brzezinski, *Power and Principle,* p. 407; Tyler, *A Great Wall,* p. 275.

84. Memcon, Mondale and Deng in Beijing, 8/28/79, vertical file, China, box 41, Jimmy Carter Library.

85. Solomon, *U.S.–PRC Political Negotiations, 1967–1984,* p. 76.

86. Tip O'Neill, *Man of the House: The Life and Political Memoirs of Speaker Tip O'Neill* (New York: Random House, 1987), pp. 306–307.

87. Arthur Hummel and David Reuther in Nancy Bernkopf Tucker, ed., *China Confidential: American Diplomats and Sino-American Relations, 1945–1996* (New York: Columbia University Press, 2001), p. 329; Carter, *Keeping Faith,* p. 213.

88. 笔者也是当时在场的人之一。美中关系全国委员会副主席白丽娟（Jan Berris）友好地同我分享了她与这一事件有关的文件和回忆。

89. Don Oberdorfer, "Teng Tried But Satisfied, Leaves U.S.," *The Washington Post,* February 6, 1979, A12.

90. Karen Elliott House, "Teng to Return to China with Assurances of U.S. Economic, Political Cooperation," *Wall Street Journal,* February 5, 1979.

91. 会讲中文的国务院官员安德生（Donald Anderson）曾陪同邓小平一行游览了各地。见 Tucker, ed., *China Confidential,* p. 330; *New York Post,* January 29, 1979。

92. Fox Butterfield, "Teng Inspects Boeing 747 Factory," *New York Times,* February 6, 1979, A1.

93. Don Oberdorfer, "Teng and Khrushchev."

94. Richard L. Strout, *Christian Science Monitor,* February 5, 1979.

95. Harry F. Rosenthal, *Associated Press,* Atlanta, February 1, 1979.

96. *Atlanta Constitution* and *Atlanta Journal,* February 1, 2, 1979.

97. LWMOT, Tape 22, p. 6.

98. Schell, *Watch out for the Foreign Guests,* p. 124.

99. *Houston Post,* February 3, 1979.

100. Oberdorfer, "Teng and Khrushchev."

101. *Associated Press,* Seattle, February 5, 1979.

102. LWMOT, tape 22, p. 14.

103. Carter, *Keeping Faith,* p. 207. 更完整的日记后来出版，见 Jimmy Carter, *White*

House Diary (New York: Farrar, Straus, and Giroux, 2010)。

104. Carter, *Keeping Faith*, p. 207.

105. Ibid., p. 216.

106. 据唐·奥伯多弗尔,他曾作为记者全程跟随了赫鲁晓夫和邓小平的访问。见 Oberdorfer, "Teng and Khruschev"; Richard L. Strout, *Christian Science Monitor*, February 5, 1979.

107. Smith, "The Role of Scientists in Normalizing U.S.–China Relations."

108. David M. Lampton, *A Relationship Restored: Trends in U.S.–China Educational Exchanges, 1978–1984* (Washington, D.C.: National Academy Press, 1986), pp. 30–32.

109. Harry Thayer and Arthur Hummel, in Tucker, *China Confidential*, pp. 326–328. 这些问题以及对中国人权记录的关切,也在《基督教科学箴言报》(*Christian Science Monitor*) 1979 年 1 月 29 日的社论中提出。

110. 2008 年 2 月对邓的英语翻译之一的施燕华——后任中国驻卢森堡大使——的采访,和 2006 年 11 月及 2009 年 4 月对邓小平访美之行的翻译冀朝铸的采访。

第12章　重组领导班子

1. 萧冬连:《国史·第 10 卷》,第 194–204 页。
2. *DXPNP-2*,1979 年 7 月 12–15 日,第 535 页。
3. 学者中间孙万国 (Warren Sun) 第一个注意到了邓小平登黄山的政治意义。
4. *SWDXP-2*, pp. 196–199.
5. 例如邓力群:《十二个春秋（1975–1987）:邓力群自述》(香港:博智出版社,2006),第 157 页。
6. 2002–2006 年对邓小平女儿邓榕的采访。
7. *SWDXP-2*, p. 200.
8. *DXPNP-2*,1979 年 9 月 5 日–10 月 7 日,第 553 页。胡耀邦在 1979 年 10 月 5 日座谈会结束时的讲话,见郑仲兵编:《胡耀邦年谱资料长编》(上下册)(香港:时代国际出版有限公司,2005),上册,第 412–421 页。
9. 邓力群:《十二个春秋》,第 150–152 页。
10. LWMOT, tape 29, pp. 7–8.
11. Xinhua General Overseas News Service, September 30, 1979, pp. 1–22.
12. Ibid., pp. 6–7.
13. Ibid., p. 2.
14. Ibid., p. 6.
15. 邓力群:《十二个春秋》,第 160 页。
16. 对准备党史报告的精彩讨论,见萧冬连:《国史·第 10 卷》,第 249–258 页。
17. 邓力群:《十二个春秋》,第 160 页。

18. LWMOT, tape 31, pp. 16–17.
19. *DXPNP-2*，1979年10月下旬，第574页。
20. 同上，1979年10月12日，第566页；1979年11月10日，第578页。
21. *SWDXP-2*, pp. 225–226.
22. Ibid., p. 251.
23. Ibid., pp. 241–242.
24. Ibid., p. 242.
25. Ibid., p. 233.
26. Ibid., pp. 253–254.
27. Ibid., pp. 252–257.
28. 笔者对Edwin Lim（林重庚）的采访，他在1980年代初是世界银行中国部主任，世界银行驻北京办事处刚建立时他任该办事处主任。
29. *SWDXP-2*，pp. 260–261.
30. Ibid., pp. 260–265.
31. Ibid., pp. 280, 281.
32. Ibid., pp. 273–283.
33. *DXPNP-2*，1980年2月28日，第604页；1980年5月17日，第634–635页。关于平反冤案的大背景，见萧冬连：《国史·第10卷》，第258–267页。
34. 他在日本会谈的解密档案，见"Hua Guofeng sori jun nichi: shuno kaidan ni okeru"（華國鋒總理訪日：首腦會談の發言），1980年5月27日（日本外务省亚洲局中国课），日本外务省解密档案。
35. 文件最终的定稿为《关于建国以来党的若干历史问题的决议》，1981年6月27日，*Beijing Review*, no. 27（1981年7月6日）。
36. Oriana Fallaci, "Deng: Cleaning Up Mao's Feudal Mistakes," *Washington Post*, August 31, 1980; *SWDXP-2*, August 21, 23, 1980, pp. 326–334.
37. *DXPNP-2*，1980年10月25日，第684–685页。
38. *SWDXP-2*, pp. 290–292；邓力群：《十二个春秋》，第160–162页。
39. *SWDXP-2*, p. 295.
40. Ibid., pp. 295–297；邓力群：《十二个春秋》，第164–166页。
41. 很多干部的意见的详细总结，见《中直机关讨论历史决议（草案）简报》，未公开的文件，藏于Fairbank Collection, Fung Library, Harvard University。
42. 邓力群：《十二个春秋》，第103–104页；*SWDXP-2*, pp. 289–290.
43. *Resolution on CPC History (1949–81)* (Beijing: Foreign Languages Press, 1981), pp.28, 32.
44. 邓力群：《十二个春秋》，第165页。
45. 邓小平以这种笼统的方式承认了自己的错误，但他没有为自己的错误举出具体事例，除非他处在压力之下。

46. *SWDXP-2*, pp. 342–349.

47. 钱其琛:《一次极不寻常的谈话》, 载中共中央文献研究室编:《回忆邓小平》(三卷本)(北京: 中央文献出版社, 1998), 第 1 卷, 第 35–41 页。

48. 《政府工作报告》, 中共中央文献研究室编:《三中全会以来重要文件汇编》(北京: 人民出版社, 1982), 上册, 1979 年 6 月 18 日, 第 198–222 页。

49. 邓力群:《十二个春秋》, 第 166–169 页; 日本外务省亚洲局中国课, 1980 年 5 月 27–29 日, 日本外务省解密档案。

50. *SWDXP-2*, June 22, 1981, pp. 306–308.

51. 邓力群:《十二个春秋》, 第 169 页; Ibid., p. 297.

52. *SWDXP-2*, pp. 304–305; 邓力群:《十二个春秋》, 第 196 页。

53. 《胡耀邦在中央政治局会议上的发言》, 1982 年 11 月 19 日, 中共中央文献研究室编:《三中全会以来重要文件汇编》, 下册, 第 735–747 页。

54. 2006 年 1 月对毛远新身边人的采访。

55. 邓力群:《十二个春秋》, 第 169–171 页。

56. 同上。

57. Richard Baum, *Burying Mao: Chinese Politics in the Age of Deng Xiaoping* (Princeton, N.J.: Princeton University Press, 1994), pp. 116–117.

第*13*章　邓小平的统制术

1. *SWDXP-2*, p. 329.

2. 据耳鼻喉科专家 Dr. Samuel Rosen 的诊断。这是 2010 年 11 月我从 David Shambaugh 那里获悉的。

3. Carol Lee Hamrin, "The Party Leadership System," in Kenneth G. Lieberthal and David M. Lampton, eds., *Bureaucracy, Politics, and Decision Making in Post-Mao China* (Berkeley: University of California Press, 1992), pp. 95–124. 关于中共中央委员会、政治局和政治局常委会成员名单, 见每年的 *China Directory, in Pinyin and Chinese* (Tokyo: Radiopress, 1979–present)。对于这些机构功能的总体概述, 见 Kenneth Lieberthal, *Governing China: From Revolution through Reform*, 2d ed. (New York: W.W. Norton, 2004)。关于晚近发展的情况, 见 Richard McGregor, *The Party: The Secret World of China's Communist Rulers* (New York: Harper, 2010)。

4. 关于"系统"这个概念, 即"垂直功能等级体系" (vertical functional hierarchy), 见 A. Doak Barnett, with a contribution by Ezra F. Vogel, *Cadres, Bureaucracy, and Political Power in Communist China* (New York: Columbia University Press, 1967)。另参见 Lieberthal, *Governing China*。

5. 见 Hamrin, "The Party Leadership System," pp. 95–124。

6. 2006 年 8 月、2007 年 7 月与吴明瑜的交谈, 他是邓小平的桥牌牌友之一。

7. 2002–2006 年对邓小平女儿邓榕的采访。

8. 对邓小平部下的采访；Ezra F. Vogel, "From Friendship to Comradeship: The Change in Personal Relations in Communist China," *The China Quarterly*, no. 21 (January–March 1965): 46–60.

9. 汪文庆、刘一丁：《改革开放初期的人事制度改革——访原国家人事局局长焦善民》，《百年潮》，2007 年第 5 期，第 42–47 页。焦善民时任国家人事局局长。

10. 这是 Leonard Woodcock 的观察，见 LWMOT。

11. *SWDXP-3*, p. 97.

第14章　广东和福建的试验

1. 萧冬连：《国史·第 10 卷》，第 758 页。

2. *DXPNP-2*，1977 年 11 月 8 日、17 日、20 日，第 236、237–239、240 页。萧冬连：《国史·第 10 卷》，第 760 页。

3. 萧冬连：《国史·第 10 卷》，第 760 页。

4. 同上。

5. 参见 Ezra F. Vogel, *Canton under Communism: Programs and Politics in a Provincial Capital, 1949–1968* (Cambridge: Harvard University Press, 1969)。

6. 杨尚昆：《杨尚昆回忆录》（北京：中央文献出版社，2001）；杨尚昆：《杨尚昆日记》（上下册）（北京：中央文献出版社，2001）。

7. 杨继绳：《中国改革年代的政治斗争》（香港：卓越文化出版社，2004），第 235–236 页；《习仲勋主政广东》编委会：《习仲勋主政广东》（北京：中共党史出版社，2007）。

8. 谷牧对建立特区过程中重要事件的概述，见谷牧：《小平领导我们抓开放》，《百年潮》，1998 年第 1 期，第 4–11 页。此文后收入杨天石编：《邓小平写真》（上海：上海辞书出版社，2005），第 204–211 页。

9. 萧冬连：《国史·第 10 卷》，第 764 页。

10. 中共中央文献研究室编：《回忆邓小平》（上中下）（北京：中央文献出版社，1998），中册，第 383 页；*DXPNP-2*，第 510 页。

11. 1987 年 12 月对杨立的采访，他后来担任广东省副省长，当时是代表团成员之一。

12. 1979 年 7 月 15 日 50 号文件发布后，国务院和中央又发布了一系列有关广东、福建和特区的文件。1981 年 7 月 19 日发布了解释理论问题的 27 号文件，1982 年 3 月 1 日发布了有关犯罪与走私的 17 号文件，1982 年 12 月 3 日发布了肯定特区作用的 50 号文件。这些文件的发布都是在谷牧的领导下。见 Lawrence Reardon, ed., "China's Coastal Development Strategy, 1979–1984 (I)," *Chinese Law and Government* 27, no. 3 (May–June 1994) and "China's Coastal Development Strategy, 1979–1984 (II),"

Chinese Law and Government 27, no. 4 (July–August 1994)。

13. *DXPNP-2*，1979年4月17日，第506页；谷牧：《小平领导我们抓开放》，《回忆邓小平》（上），第157–158页。邓小平后来对这件事的说明，见 *SWDXP-3*, June 12, 1987, pp. 236–237。

14. Reardon, ed., "China's Coastal Development Strategy, 1979–1984 (I)," pp. 19–44.

15. Ibid., pp. 45–58.

16. Sebastian Heilmann, "From Local Experiments to National Policy: The Origins of China's Distinctive Policy Process," *China Journal*, no. 59 (January 2008): 1–30.

17. 欧大军、梁钊：《邓小平经济特区理论》，《当代中国史研究》，2004年第4期，第41–49页。

18. 高伯文：《二十世纪八十年代沿海地区经济发展战略的选择及其效应》，《当代中国史研究》，2005年第4期，第92–100页。

19. 余茂辉、余维生：《邓小平区域经济协调发展思想形成的条件》，《当代中国史研究》，2004年第4期，第80–85页。

20. China Data Center, *National and Provincial Statistics* (Ann Arbor: University of Michigan, various years).

21. 谷牧：《谷牧回忆录》（北京：中央文献出版社，2009），第256页。

22. Reardon, "China's Coastal Development Strategy, 1979–1984 (I)," pp. 21–32.

23. Christine Loh, *Underground Front: The Chinese Communist Party in Hong Kong* (Hong Kong: Hong Kong University Press, 2010), pp. 152–153.

24. Reardon, ed., "China's Coastal Development Strategy, 1979–1984 (I)," p. 22.

25. 这些观察是根据1980年代至1990年代笔者去广东的实地研究。1980年我在那里待了两个月。1980年代初我有若干次实地访问，从1985年到整个1990年代，我至少每年去实地访问一次。1986年我在广东住了半年，有机会到每一个地区旅行，并访问了大约30个县的企业。

26. Reardon, ed., "China's Coastal Development Strategy, 1979–1984 (II)," pp. 32–33.

27. 芦荻：《伟人的胆识和胸怀：记任仲夷回忆邓小平》，《百年潮》，2008年10月号，第18–19页；萧冬连：《国史·第10卷》，第771–772页。

28. 关于日益增多的财富对家庭的影响，包括新消费模式，见 Charlotte Ikels, *The Return of the God of Wealth: The Transition to a Market Economy in Urban China* (Stanford, Calif.: Stanford University Press, 1996)。

29. Rachel Murphy, *How Migrant Labor Is Changing Rural China* (New York: Cambridge University Press, 2002); Leslie T. Chang, *Factory Girls: From Village to City in a Changing China* (New York: Spiegel and Grau, 2008).

30. *CYNP*，1981年12月22日。

31. *SWCY*, 3:303.

32. Ibid., 3:307.

33. Ibid., 3:303.

34. 王硕：《特事特办：胡耀邦与经济特区》，第 36–37 页。

35. 关山：《任仲夷谈邓小平与广东的改革开放》，《百年潮》，2004 年第 8 期，第 11 页；笔者 2006 年 7 月 17 日和 11 月 11 日对杜润生的采访。杜润生当时也是广东省委委员，与任仲夷一起参加过广东和北京的会议。

36. 关山：《任仲夷谈邓小平与广东的改革开放》，第 8–17 页。

37. Reardon, ed., "China's Coastal Development Strategy, 1979–1984 (I)," pp.46–58；笔者同这些文件的译者及编辑 Lawrence Reardon 的交谈。

38. *CYNP*，1982 年 1 月 5 日，第 287 页；*DXPNP-2*，1982 年 1 月 5 日，第 796 页。

39. *DXPNP-2*，1982 年 1 月 18 日，第 799 页。

40. 关山：《任仲夷谈邓小平与广东的改革开放》，第 10 页。

41. 王硕：《特事特办：胡耀邦与经济特区》，第 38 页；另见芦荻：《伟人的胆识和胸怀：记任仲夷回忆邓小平》，第 16–22 页。

42. *CYNP*，1982 年 1 月 25 日，第 289–290 页。

43. 故有本节标题"二进宫"，此说来自一出京戏。

44. *CYNP*，1982 年 2 月 11–13 日，第 291 页。任仲夷退休后我曾数次与他交谈，但他从来不提北京的会议，也没有抱怨过北京对他施压。他只是说，他想尽力贯彻党的意见，解决走私和腐败问题。有关任仲夷奉诏进京的情况，取材自其他干部发表的文章。

45. 关山：《任仲夷谈邓小平与广东的改革开放》，第 14 页；2006 年 7 月 17 日和 11 月 11 日对杜瑞志的采访。

46. 杨继绳：《中国改革年代的政治斗争》，第 238–239 页；关山：《任仲夷谈邓小平与广东的改革开放》，第 11–12 页。

47. 谷牧：《小平领导我们抓开放》，杨天石编：《邓小平写真》，第 206 页。

48. 王硕：《特事特办：胡耀邦与经济特区》，第 39 页。

49. 对当时引起极大关注的海南汽车走私案的介绍，见 Ezra F. Vogel, *One Step Ahead in China: Guangdong under Reform* (Cambridge: Harvard University Press, 1989)。

50. 芦荻：《伟人的胆识和胸怀：记任仲夷回忆邓小平》，第 20 页。

51. 同上。

52. 董辅礽编：《中华人民共和国经济史》（上下册）（北京：经济科学出版社，1999），第 138 页。

53. *DXPNP-2*，1984 年 1 月 22 日至 2 月 17 日，第 954–961 页；*SWDXP-3*, February 24, 1984, p. 61.

54. *DXPNP-2*，1984 年 1 月 22 日至 2 月 24 日，第 954–964 页。

55. 同上，1984 年 2 月 14 日，第 960 页。

56. 同上，1984 年 2 月 24 日，第 963–964 页；*SWDXP-3*, pp. 61, 64–65.

57. Reardon, ed., "China's Coastal Development Strategy, 1979–1984 (II)," pp. 49–66.

58. 同上。

59. 谷牧：《小平领导我们抓开放》（上），第 152–174 页。

60. 根据我观看这些运动会的笔记。

第15章　经济调整和农村改革

1. 这是 1990 年底邓质方对美国驻北京大使馆贸易参赞（1989–1992）Timothy Stratford（夏尊恩）说的话。

2. 关于平衡派（the balancevs）和建设派（the builders）之间的分歧，可参见陈志凌：《姚依林》，载中共党史人物传研究室编：《中共党史人物传》（北京：中央文献出版社，2000），第 72 辑，第 1–120 页。

3. Kenneth Lieberthal and Michel Oksenberg, *Policy Making in China: Leaders, Structures, and Processes* (Princeton, N.J.: Princeton University Press, 1988), p. 45.

4. Dorothy J. Solinger, "The Fifth National People's Congress and the Process of Policy Making: Reform, Readjustment, and the Opposition," *Asian Survey* 22, no. 12 (December 1982): 1238–1275; Hua Kuo-Feng, "Unite and Strive to Build a Modern Powerful Socialist Country!" *Peking Review* 21, no. 10 (March 10, 1978): 24–26.

5. Jinglian Wu, *Understanding and Interpreting Chinese Economic Reform* (Mason, Ohio: Thomson/South-western, 2005)；武力主编：《中华人民共和国经济史（1949–1999）》（北京：中国经济出版社，1999），上册，第 773 页；Barry Naughton, *Growing out of the Plan: Chinese Economic Reform, 1978–1993* (New York: Cambridge University Press, 1995), p. 67; Thomas Rawski, "Reforming China's Economy: What Have We Learned?" *The China Journal*, no. 41 (January 1999): 139–156.

6. 汉语的"规划"一词不同于"计划"，虽然两个词通常都翻译成"plan"。"规划"只提出目标，类似于日本通商省的"规划"。五年计划或年度计划不同于"规划"，它具体规定投入的来源以及资金和资源的具体用途。十年规划是由国家计委一个单独的部门制定的。

7. Naughton, *Growing out of the Plan*, pp. 70–71.

8. CYNP，1978 年 12 月 10 日，第 228–230 页；SWCY, 3:237–239.

9. *DXPNP-2*，第 465–467 页；萧冬连：《1979 年国民经济调整方针的提出与争论》，《党史博览》，2004 年第 10 期，第 4–10 页。

10. Denis Fred Simon, "China's Capacity to Assimilate Foreign Technology: An Assessment," in U.S. Congress, Joint Economic Committee, *China under the Four Modernizations: Selected Papers*, 2 vols. (Washington, D.C.: Government Printing Office,

1982), 1:523; Chae-Jin Lee, *China and Japan: New Economic Diplomacy* (Stanford, Calif.: Hoover Institution Press, 1984), pp. 47–49.

11. *CYNP*, 1979年3月14、21–23日, 第240–243页; *SWCY*, 3:248–254。全文见中共中央文献研究室编:《三中全会以来重要文件汇编》(上下册)(北京: 人民出版社, 1982), 上册, 第109–147页。

12. 董辅礽编:《中华人民共和国经济史》(上下册)(北京: 经济科学出版社, 1999), 下册, 第8页; Barry Naugton, *The Chinese Economy: Transitions and Growth* (Cambridge: MIT Press, 2007).

13. Gene Tidrick and Chen Jiuan, eds., *China's Industrial Reform* (New York: Oxford University Press, 1987), p. 2.

14. 邓力群:《十二个春秋》, 第143页。邓力群出席了这次会议并且是会议报告的起草人之一。对无锡会议的记述见 Joseph Fewsmith, *Dilemmas of Reform in China: Political Conflict and Economic Debate* (Armonk, N.Y.: M. E. Sharpe, 1994), pp. 62–68。

15. 邓力群:《十二个春秋》, 第144页。

16. 董辅礽编:《中华人民共和国经济史》(下册), 第8–9页。

17. 允许各省"分灶吃饭"(父母去世后兄弟常常会分灶各自吃饭)的过程, 见 Susan L. Shirk, *The Political Logic of Economic Reform in China* (Berkeley: University of California Press, 1993), pp. 162–175。

18. Fewsmith, *Dilemmas of Reform*, pp. 92–96.

19. 容生:《邓力群谈陈云经济思想》,《争鸣》, 1981年5月1日, 第32期, 第43–44页。英译文见 JPRS: *China Report, Political, Sociological and Military Affairs*, no. 200 (JPRS 78410), June 29, 1981, pp. 35–40.

20. 武力:《中华人民共和国经济史》(上册), 第776页。

21. 本刊特邀记者:《改革初期的工业学大庆活动: 访袁宝华同志》,《百年潮》, 2002年第8期, 第9页。有关康世恩的情况, 见温厚文:《康世恩传》(北京: 当代中国出版社, 1988)。

22. Fewsmith, *Dilemmas of Reform*, pp. 100–109.

23. 全国人大常委会办公厅研究室:《中华人民共和国人民代表大会文献资料汇编(1949–1990)》(北京: 中国民主法制出版社, 1991), 第785页。

24. Fewsmith, *Dilemmas of Reform*, p. 100.

25. *CYZ*, 第1561、1600页。

26. *CYNP*, 1980年11月28日, 第262–263页。邓小平在1979年10月4日对经济工作的批示中同意陈云的意见, 见 *DXPNP-2*, 1979年10月4日, 第563–564页; *SWDXP-2*, pp. 201–208.

27. *CYNP*, 1980年12月16日, 第263–265页; *SWCY*, 3:275–280; 董辅礽编:《中华人民共和国经济史》(下册), 第25页。

28. *SWDXP-2*, pp. 335–339. 邓小平在11月28日的讲话中也强烈支持了陈云的调整政策。见 *CYNP*，1980 年 11 月 28 日，第 262–263 页；*DXPNP-2*，1980 年 11 月 28 日，第 695–696 页。

29. Lee, *China and Japan*, pp. 49–50.

30. *DXPNP-2*，1980 年 9 月 4 日，第 670 页。

31. Lee, *China and Japan*, p. 62; Ryosei Kokubun, "The Politics of Foreign Economic Policy-Making in China: The Case of Plant Cancellations with Japan," *The China Quarterly*, no. 105 (March 1986): 19–44; *DXPNP-2*，1981 年 2 月 12 日，第 712 页。笔者也利用了 1983 年 8 月与大来佐武郎的交谈。

32. Okada Takahiro, "Interview with Okita Saburo," *Chuo Koron* (April 1981): 116–121; Saburo Okita, *Saburo Okita: A Life in Economic Diplomacy* (Canberra: Australia-Japan Research Centre, Australian National University, 1993), pp. 118–121.

33. Lee, *China and Japan*, p. 64;《人民日报》，1981 年 3 月 13、14、15 日；*DXPNP-2*，1981 年 3 月 18 日。

34. *DXPNP-2*，1981 年 4 月 14 日。

35. 宝山钢铁厂的发展见 Lee, *China and Japan*, pp. 30–75。

36. 2004 年 11 月与杉本贵志的交谈，他是会讲汉语的新日铁官员，因与中方谈判钢铁厂引进事宜在中国住了数年。

37. World Steel Association, "World Steel in Figures, 2009," at www.worldsteel.org, accessed April 13, 2011.

38 Roger Garside, *Coming Alive: China after Mao* (New York: McGraw-Hill, 1981), p. 366.

39. Susan Greenhalgh, *Just One Child: Science and Policy in Deng's China* (Berkeley: University of California Press, 2008), p. 229.

40. *DXPNP-2*，1979 年 3 月 23 日，第 497 页。

41. *SWDXP-2*, p. 172, March 30, 1979；同上，1979 年 7 月 28 日，第 539–540 页；Grennhalgh, *Just One Child*, p. 357 n6.

42. 凌志军、马立诚：《呼喊：当今中国的五种声音》(广州：广州出版社, 1999)，第 72、78 页。

43. 王立新：《要吃米找万里：安徽农村改革实录》(北京：北京图书馆出版社, 2000)，第 28 页。

44. 吴象等：《万里谈十一届三中全会前后的农村改革》，载于光远等编：《改变中国命运的 41 天：中央工作会议、十一届三中全会亲历记》(深圳：海天出版社, 1998)，第 281 页；Dali L. Yang, *Calamity and Reform in China: State, Rural Society, and Institutional Changes since the Great Leap Famine* (Stanford, Calif.: Stanford University Press, 1996); William L. Parish, ed., *Rural Development: The Great Transformation* (Armonk, N.Y.: M. E. Sharpe, 1985). 对农村政策变化的全面描述，尤其是研究部门的作用，见 Fewsmith, *Dilemmas of Reform*, pp. 19–56。

45. 万里的女儿万叔鹏曾随父亲访问过安徽最贫穷的农村地区，她多年后谈到自己当时的所见所闻时仍然感到心寒。2003 年 10 月与笔者的交谈。吴象等：《万里谈十一届三中全会前后的农村改革》，第 281–289 页。另参见刘长根、季飞：《万里在安徽》（香港：开益出版社，2001）；万里：《万里文选》（北京：人民出版社，1995）；中共安徽省委党史研究室编：《安徽农村改革口述史》（北京：中共党史出版社，2006）。

46. 吴象等：《万里谈十一届三中全会前后的农村改革》，第 283 页。

47. 刘长根、季飞：《万里在安徽》，第 80–82 页。

48. 同上，第 83 页。

49. 同上，第 80 页。

50. 吴象等：《万里谈十一届三中全会前后的农村改革》，第 284–286 页。

51. *DXPNP-2*，1978 年 2 月 1 日，第 261–262 页。

52. 杜兴华（当时是赵紫阳在四川的副手）：《民意如山，历史巨变》，载于光远等编：《改变中国命运的 41 天》，第 218–223 页；刘长根、季飞：《万里在安徽》，第 83 页。

53. 《人民日报》，1979 年 1 月 31 日；*China News Analysis,* no. 1149 (March 2, 1979), in Jürgen Domes, *Socialism in the Chinese Countryside: Rural Societal Policies in the People's Republic of China, 1949–1979* (London: C. Hurst, 1980), p. 102.

54. 刘长根、季飞：《万里在安徽》，第 89 页。

55. 凌志军、马立诚：《呼喊》，第 81 页。

56. Domes, *Socialism in the Chinese Countryside,* pp. 81–106.

57. 刘长根、季飞：《万里在安徽》，第 96–97 页。

58. 同上，第 144、155、163 页。

59. 同上。

60. 农业部副部长张根生出席了这次会议，在他的回忆录中有万里讲话的记录。

61. 童怀平、李成关：《邓小平八次南巡实记》（北京：解放军文艺出版社，2002），第 281 页。

62. 吴象等：《万里谈十一届三中全会前后的农村改革》，第 288 页。

63. Mao Zedong, *The Question of Agricultural Cooperation* (Peking: Foreign Languages Press, 1956).

64. *SWDXP-2*, pp. 297–299；*DXPNP-2*，1980 年 5 月 31 日，第 641–642 页。

65. 2009 年 4 月对姚坚复的采访，他是杜润生班子的成员之一。这种体制有时又称"承包制"，匈牙利在 1960 年代中期也采用过类似的体制。

66. 吴象等：《万里谈十一届三中全会前后的农村改革》，第 289 页；刘长根、季飞：《万里在安徽》，第 178–179 页；杨继绳：《邓小平时代：中国改革开放 20 年纪事》（上下册）（北京：中央编译出版社，1998），上册，第 187–188 页。

67. 武力：《中华人民共和国经济史（1949–1999）》（下册），第 838–840 页。

68. 化肥产量翻番见 State Statistical Bureau, *Statistical Yearbook of China 1985* (Oxford: Oxford University Press, 1985), p. 339。1979年粮食收购价提高20%，见 Zhang-Yue Zhou, *Effects of Grain Marketing Systems on Grain Production: A Comparative Study of China and India* (New York: Food Products Press, 1997), p. 33。

69. 杨继绳：《邓小平时代》（上册），第188页；Parish, *Chinese Rural Development*.

70. 见吴象等：《万里谈十一届三中全会前后的农村改革》，第287–288页。

71. State Statistical Bureau of the People's Republic of China, *Statistical Yearbook of China, 1987* (Beijing: China Statistical Information & Consultancy, 1986); Ross Garnaut and Ma Guonan, "China's Grain Demand: Recent Experience and Prospects to the Year 2000," in Ross Garnaut, Guo Shutian, and Ma Guonan, eds., *The Third Revolution in the Chinese Countryside* (New York: Cambridge University Press, 1996), pp. 38–62.

72. 董辅礽编：《中华人民共和国经济史》（下册），第116页；武力：《中华人民共和国经济史（1949–1999）》（下册），第1506页。

73. 2006年9月对杜润生的采访，他自1950年代就是农业政策的领导人之一，曾在赵紫阳手下担任国家农委副主任。

74. *SWDXP-3*, p. 236, June 12, 1987. 对乡镇企业的讨论见 Naughton, *Growing out of the Plan*, pp.137–169; and Wu, *Understanding and Interpreting Chinese Reform*, pp. 118–138。

75. 对取消公社前夕农村工业的介绍，见 American Rural Small-Scale Industry Delegation, *Rural Small-Scale Industry in the People's Republic of China* (Berkeley: University of California Press, 1977); Jon Sigurdson, "Rural Industrialization in China," in U.S. Congress Joint Economic Committee, *China, a Reassessment of the Economy: A Compendium of Papers Submitted to the Joint Economic Committee, Congress of the United States, July 10, 1975* (Washington, D.C.: Government Printing Office, 1975), pp. 411–435。我作为广东省经济委员会的客人，在1987–1988年间有机会走访广东的许多乡镇企业。毛泽东在1960年指示过农村地区必须有五小工业：小钢铁、小水电、小农机、小水泥、小化肥，不过"大跃进"退潮后乡镇很少还有小钢铁厂。

76. Justin Yifu Lin, Fang Cai, and Zhou Li, *The China Miracle: Development Strategy and Economic Reform* (Hong Kong: Published for the Hong Kong Centre for Economic Research and the International Center for Economic Growth by the Chinese University Press, 1996), p. 190.

77. 武力：《中华人民共和国经济史（1949–1999）》（下册），第1520–1521页。

78. Lin, Cai, and Li, *The China Miracle*, p. 189.

79. Naughton, *Growing Out of the Plan*, p. 90.

80. 例如参见 Charlotte Ikels, *The Return of the God of Wealth: The Transition to a Market Economy in Urban China* (Stanford, Calif.: Stanford University Press, 1996); Willy Kraus, *Private Business in China: Revival between Ideology and Pragmatism* (Honolulu: University of

Hawaii Press, 1991)。

81. 邓力群：《十二个春秋》，第 558–587 页。

第16章　加快经济发展和开放步伐

1. Barry Naughton, *Growing out of the Plan: Chinese Economic Reform, 1978–1993* (New York: Cambridge University Press, 1995).

2. 这次会议记录在案的召开日期是 8 月 26 日。见盛平编：《胡耀邦思想年谱（1975–1989）》（下册）（香港：泰德时代出版社，2007），第 537–538 页。

3. *DXPNP-2*，1980 年 7 月 17–20 日，第 656–657 页；盛平编：《胡耀邦思想年谱（1975–1989）》，第 537–538 页。

4. Yizi Chen, "The Decision Process behind the 1986–1989 Political Reforms," in Carol Hamrin and Suisheng Zhao, eds., *Decision-Making in Deng's China: Perspectives from Insiders* (Armonk, N.Y.: M. E. Sharpe, 1995), p. 138.

5. 朱佳木、迟爱萍、赵士刚：《陈云》（北京：中央文献出版社，1999），第 186 页。

6. 邓力群：《向陈云同志学习做经济工作》（北京：中共中央党校出版社，1981），第 93 页。

7. 《中华人民共和国史稿》编委会编：《邓力群国史讲谈录》（七册本）（北京：未出版，2000），第 7 册，第 204–205 页。

8. *CYNP*，1982 年 11 月 4 日，第 309 页。

9. 《中华人民共和国史稿》编委会编：《邓力群国史讲谈录》，第 7 册，第 247 页。

10. 对林重庚 2008 年 8 月、加诺特（Ross Garnaut）2011 年 6 月、刘遵义（Laurence Lau）2007 年 3 月的采访。世界银行的林重庚与赵紫阳的交往超过任何外国人；加诺特在 1985 年至 1988 年任澳大利亚驻华大使，是曾与霍克（Robert Hawke）总理一起推动澳大利亚经济自由化的专业经济学家；刘遵义是斯坦福大学经济学教授，后来任香港中文大学校长。

11. Milton and Rose D. Friedman, *Two Lucky People: Memoirs* (Chicago: The University of Chicago Press, 1999), p. 543.

12. Joseph Fewsmith, *Dilemmas of Reform in China: Political Conflict and Economic Debate* (Armonk, N.Y.: M. E. Sharpe, 1994), pp. 34–41.

13. 对这些智囊团的讨论见同上。笔者也曾采访过杜润生（2006 年 9 月）、卢迈（2006 年 8 月）、姚坚复（2006 年 8 月）和邓英陶（2003 年 10 月）。

14. 中共中央党史研究室：《中国共产党新时期历史大事记（1978.12–2002.5）》（修订版）（北京：中共党史出版社，2002），1982 年 3 月 18 日。

15. 孟祺：《出国留学 30 年》，《人民日报（海外版）》，2008 年 6 月 26 日，第 6 版。

16. 邓小平也支持中国加入国际货币基金组织以加强中国与国际金融界的联系。1981 年 10 月 25 日，邓小平会见了国际货币组织总裁 Jacques de Larosière，表示赞成双方开展合作，见 *DXPNP-2*，1981 年 10 月 25 日，第 780 页。

17. Edwin Lim, "Learning and Working with the Giants," in Indermit S. Gill and Tood Pugatch, *At the Frontlines of Development: Reflections from the World Bank* (Washington, D. C.: World Bank, 2005), pp. 89–119；林重庚:《序言：中国改革开放过程中的对外思想开放》，收入吴敬琏编:《中国经济 50 人看三十年：回顾与分析》（北京：中国经济出版社，2008）；Pieter Bottelier, "China and the World Bank: How the Partnership Was Built," working paper 277, Stanford Center for International Development, April 2006; Robert McNamara, *Oral History Recording*, October 3, 1991, pp. 16–18. 当中与林重庚有关的部分，来自 2009 年 8 月对林重庚的访谈。关于中国加入国际货币基金组织、关税与贸易总协定以及世界银行的谈判的大背景，见 Harold K. Jacobson and Michel Oksenberg, *China's Participation in the IMF, the World Bank, and GATT: Toward a Global Economic Order* (Ann Arbor: University of Michigan Press, 1990)。

18. 这个团队的官方领导人是 Shahid Husain，他是世界银行东亚区业务副主任，但中国的工作，包括在中国的团队，都由林重庚领导。见 Jacobson and Oksenberg, *China's Participation in the IMF, the World Bank, and GATT*。

19. Fewsmith, *Dilemmas of Reform*, p. 130.

20. Edwin Lim et al., *China: Long-Term Development Issues and Options: The Report of a Mission Sent to China by the World Bank* (Baltimore: Published for the World Bank by the Johns Hopkins University Press, 1985). 这个报告包含教育、农业、能源、交通运输、经济项目和经济结构几个分册。

21. Fewsmith, *Dilemmas of Reform*, p. 137. 这次莫干山会议召开于 1984 年 9 月 3–10 日。

22. Saburo Okita, *Saburo Okita: A Life in Economic Diplomacy* (Canberra: Australia-Japan Research Center, Australian National University, 1993), pp. 112–123；1991 年 8 月笔者与下河边淳的交谈。

23. 邓力群:《十二个春秋》，第 125–126 页。1987 年至 1988 年我参观中国工厂时，见到工厂里贴有很多布告牌，有关基本管理原则以及根据员工遵从日本范例的表现而进行等级评定。

24. 同上，第 125–126、156 页。

25. Chae-Jin Lee, *China and Japan: New Economic Diplomacy* (Stanford, Calif.: Hoover Institution Press, 1984), p. 138; Okita, *Saburo Okita: A Life in Economic Diplomacy.*

26. 董辅礽编:《中华人民共和国经济史》（上下册）（北京：经济科学出版社，1999）（下册），第 152–153 页。

27. *CYNP*，1983 年 6 月 30 日，第 328–329 页；*DXPNP-2*，1983 年 6 月 30 日，第 918–919 页。

28. *DXPNP-2*，1983 年 12 月 22 日，第 949–950 页。

29. 同上，1984 年 6 月 30 日，第 987 页；*SWDXP-3*, pp. 72–75.

30. Naughton, *Growing out of the Plan.*

31. 中共中央文献研究室编:《十二大以来重要文献选编》(上中下册)(北京:人民出版社,1986)(中册),第610–619页;邓力群:《十二个春秋》,第545–557页;Fewsmith, *Dilemmas of Reform,* pp.137–138.

32. *SWDXP-3,* pp. 90–99.

33. Jinglian Wu, *Understanding and Interpreting Chinese Economic Reform* (Mason, Ohio: Thomson/South-Western, 2005), pp. 357–369; 董辅礽编:《中华人民共和国经济史》(下册),第310–311页。

34. Wu, *Understanding and Interpreting Chinese Economic Reform,* p. 357.

35. Barry Naughton, "False Starts and Second Wind: Financial Reforms in China's Industrial System," in Elizabeth J. Perry and Christine Wong, eds., *The Political Economy of Reform in Post-Mao China* (Cambridge, Mass.: Council on East Asian Studies, Harvard University, 1985), pp. 223–252; David Bachman, "Implementing Chinese Tax Policy," in David M. Lampton, ed., *Policy Implementation in Post-Mao China* (Berkeley: University of California Press, 1987), pp. 119–153; Penelope B. Prime, "Taxation Reform in China's Public Finance," in U.S. Congress, Joint Economic Committee, *China's Economic Dilemmas in the 1990s: The Problems of Reforms, Modernization and Interdependence* (Washington, D.C.: Government Printing Office, 1991; and Armonk, N.Y.: M. E. Sharpe, 1992), pp. 167–185.

36. *CYNP*,1985年2月18日,第375–376页。

37. 董辅礽编:《中华人民共和国经济史》(下册),第311–312页;Wu, *Understanding and Interpreting Chinese Economic Reform,* pp. 363, 949–952.

38. *DXPNP-2*,1985年1月23日,第1027–1028页。

39. 对广东干部的采访,无日期。

40. Ezra F. Vogel, *One Step Ahead in China: Guangdong under Reform* (Cambridge: Harvard University Press, 1989), pp. 291–294.

41. Fewsmith, *Dilemmas of Reform,* p. 153.

42. *DXPNP-2*,1985年6月29日、8月1日,第1055–1056、1063–1065页。

43. *SWCY,* 3:340–344;*CYNP*,第3卷,第383–384页。

44. *SWDXP-3,* pp. 144–150.

45. Ibid., p. 203.

46. Ziyang Zhao, *Prisoner of the State: The Secret Journal of Zhao Ziyang,* trans. and ed. Bao Pu, Renee Chiang, and Adi Ignatius (New York: Simon and Schuster, 2009), pp. 122–123.

47. *SWDXP-3,* May 19, 1988, pp. 257–258.

48. Ibid.

49. 董辅礽编:《中华人民共和国经济史》(下册),第316页。

50. 吴国光:《赵紫阳与政治改革》(香港:太平洋世纪研究所,1997),第

526–531 页。

51. *SWDXP-3*, pp. 271–272；*DXPNP-2*，1988 年 9 月 12 日，第 1247–1248 页。

52. Wu, *Understanding and Interpreting Chinese Economic Reform*, p. 368.

53. Fewsmith, *Dilemmas of Reform*, p. 228.

54. *CYNP*, 1988 年 10 月 8 日，第 416–417 页。

55. 中共中央文献研究室编：《十三大以来重要文献选编》（上中下册）（北京：人民出版社，1991–1993）（上册），第 253–255 页。

56. 董辅礽编：《中华人民共和国经济史》（下册），第 321–322 页；Wu, *Understanding and Interpreting Chinese Economic Reform*, p. 369.

57. 对这些不同选择更全面的介绍见 William H. Overholt, *The Rise of China: How Economic Reform Is Creating a New Superpower* (New York: W.W. Norton, 1993), pp. 32–45。

第17章　台湾、香港以及西藏

1. 关于中国领土纠纷的说明，见 M. Taylor Fravel, *Strong Borders, Secure Nation: Cooperation and Conflict in China's Territorial Disputes* (Princeton, N.J.: Princeton University Press, 2008)。

2. 关于台湾和中美关系的一般背景，参见 Ralph Clough, *Island China* (Cambridge: Harvard University Press, 1978); Nancy Bernkopf Tucker, *Taiwan, Hong Kong and the United States, 1945–1992: Uncertain Friendships* (New York: Twayne, 1994); Robert S. Ross, *Negotiating Cooperation: The United States and China, 1969–1989* (Stanford, Calif.: Stanford University Press, 1995); Richard C. Bush, *Untying the Knot: Making Peace in the Taiwan Strait* (Washington, D.C.: Brookings Institution Press, 2005); Michel Oksenberg, "Taiwan, Tibet, and Hong Kong in Sino-American Relations," in Ezra F. Vogel, ed., *Living with China: U.S.–China Relations in the Twenty-first Century* (New York: W.W. Norton, 1997), pp. 53–96; Alan D. Romberg, *Rein in at the Brink of the Precipice: American Policy toward Taiwan and U.S.–PRC Relations* (Washington, D.C.: Henry L. Stimson Center, 2003); Nancy Bernkopf Tucker, *Strait Talk: United States–Taiwan Relations and the Crisis with China* (Cambridge: Harvard University Press, 2009)。

3. *DXPJW*, 第 3 卷，第 141 页，1979 年 1 月 1 日。

4. 同上，第 151 页，1979 年 1 月 9 日。

5. 同上，第 164–166 页，1979 年 1 月 16 日。

6. *DXPNP-2*, 1979 年 1 月 9 日，第 467–468 页；Robert Cottrell, *The End of Hong Kong: The Secret Diplomacy of Imperial Retreat* (London: John Murray, 1993); LWMOT, tape 19, p.21. 奥森伯格和伍德科克卸任后，在 1981 年秋天到 1982 年夏天间聚谈了 39 次，记录下他们在美中关系正常化过程中的经历。

7. Robert A. Madsen, "Chinese Chess: U.S. China Policy and Taiwan, 1969–

1979," Ph.D. thesis, Trinity College, Oxford University, 1999, pp. 274–275.

8. Tucker, *Strait Talk*, p. 108.

9. 与英国前首相希思(Edward Heath)的谈话，见 *DXPNP-2*，1983 年 9 月 10 日，第 931–932 页。

10. Tucker, *Strait Talk*, pp. 132–133.

11. James Lilley, with Jeffrey Lilly, *China Hands: Nine Decades of Adventure, Espionage, and Diplomacy in Asia* (New York: PublicAffairs, 2004), pp. 218–220. 另参见 John H. Holdridge, *Crossing the Divide: An Insider's Account of Normalization of U.S.–China Relations* (Lanham, Md.: Rowman and Littlefield, 1997), pp. 197–198。

12. *SWDXP-2*, pp. 371–372；*DXPJW*，第 3 卷，第 181–185 页。

13. Holdridge, *Crossing the Divide*, pp. 199–201.

14. 新华社，1981 年 9 月 30 日。

15. *DXPNP-2*，1981 年 6 月 16 日，第 748–749 页。

16. Ross, *Negotiating Cooperation*, p. 182.

17. Kuan Yew Lee, *From Third World to First: The Singapore Story, 1965–2000* (New York: Harper Collins, 2000), pp. 527–531.

18. Ross, *Negotiating Cooperation*, pp. 184–185; Holdridge, *Crossing the Divide*, pp. 211–215; Alexander M. Haig, Jr., *Caveat: Realism, Reagan, and Foreign Policy* (New York: Macmillan, 1984); Patrick Tyler, *A Great Wall: Six Presidents and China: An Investigative History* (New York: PublicAffairs, 1999).

19. Holdridge, *Crossing the Divide*, pp. 211–215; Ross, *Negotiating Cooperation*, pp. 186–187.

20. Holdridge, *Crossing the Divide*, pp. 215–222.

21. Ibid., pp. 222–226. Holdridge 陪同布什访华。

22. 类似的解释见 ibid., p. 240; Ross, *Negotiating Cooperation*, pp. 190–258。

23. 关于协议具体内容的谈判是在恒安石大使和中方对等官员之间进行的，中方将谈判结果送邓小平批准。

24. Holdridge, *Crossing the Divide*, pp. 230–241; Ross, *Negotiating Cooperation*, pp. 189–200. 三个公报收入 Ross, *Negotiating Cooperation*, pp. 265–272 及 Holdridge, *Crossing the Divide*, pp. 263–279。

25. *DXPNP-2*，1984 年 4 月 28 日，第 971 页。

26. 2008 年 12 月与美国国务院官员 Eden Woon 的访谈。

27. Lee, *From Third World to First*, pp. 677–679.

28. 齐鹏飞：《邓小平与香港回归》(北京：华夏出版社，2004)，第 66 页。

29. 同上。对香港工作的一般介绍，见宗道一等编：《周南口述：身在疾风骤雨中》(香港：三联书店，2007)，第 265–267 页。我关于香港问题的讨论大大得益于卫奕信爵士、Sin Por Shiu 和 Walena Wright 对香港局势的深刻见解。

30. 齐鹏飞:《邓小平与香港回归》,第 56 页。

31. Christine Loh, *Underground Front: The Chinese Communist Party in Hong Kong* (Hong Kong: Hong Kong University Press, 2010).

32. Sin Por Shiu, "The Macao Formula and an Assessment of the Sino-British Negotiation over Hong Kong," unpublished paper, Kennedy School of Government, Harvard University, May 2006; Steve Shipp, *Macao, China: A Political History of the Portuguese Colony's Transition to Chinese Rule* (Jefferson, N. C.: McFarland, 1997).

33. 齐鹏飞:《邓小平与香港回归》,第 56–57 页。

34. 同上,第 248 页。

35. 笔者 2008 年 11 月对 Edgar Cheng 的采访,他是包玉刚的女婿,经常陪同包玉刚拜访邓小平。

36. 后来写就的文件强调邓小平政策的一致性和连续性;有些文件甚至认为他已经做出香港回归的决定。但当时公布的文件不支持这种观点。当时尚未就这个做出决定。

37. Cottrell, *The End of Hong Kong*, pp. 38–40.

38. 齐鹏飞:《邓小平与香港回归》,第 65–66 页。

39. 据中共驻港最高官员许家屯说,1983 年时香港大约有 6000 名中共党员。见 Jiatun Xu, "Selections from Serialized Memoirs," *Lianhebao*, translated in JPRS, CAR, 93-050, 93-070, 93-073, 93-091, 94-001, 94-010, 94-016, and 94-017, 1993–1994, 后来结集出版,见许家屯:《许家屯香港回忆录》(上下册)(台北:联经出版公司,1993)。

40. 这在许家屯的著作中说得很清楚。许在 1983 年由北京派去香港领导中共的工作,他敢于向北京提供香港 1980 年代初舆情的更准确的报告,见同上。

41. Sin Por Shiu, "The Macao Formula," pp. 14–15.

42. Cottrell, *The End of Hong Kong*, pp. 54–55.

43. Percy Cradock, *Experiences of China* (London: John Murray, 1994).

44. Cottrell, *The End of Hong Kong*, p. 56.

45. Ibid., p. 57.

46. *DXPNP-2*, 1981 年 4 月 3 日,第 729 页。

47. Xu, "Selections from Serialized Memoirs."

48. 齐鹏飞:《邓小平与香港回归》,第 70 页; Sin Por Shiu, "The Macao Formula," p. 21.

49. Cottrell, *The End of Hong Kong*, pp. 66–67.

50. Ibid., pp. 67–68.

51. Sin Por Shiu, "The Macao Formula," p. 22. 另参见 *DXPNP-2*, 1982 年 5 月 21 日、6 月 2 日、9 月 24 日,第 824、826、854–855 页。

52. 齐鹏飞:《邓小平与香港"后过渡时期"的中英外交斗争》,《当代中国史研究》，2004 年第 4 期，第 59–71 页。

53. *DXPNP-2*，1982 年 4 月 6 日，第 812–813 页。

54. 2007 年 11 月笔者对唐纳德（Alan Donald）爵士的采访，他于 1974 年至 1977 年担任港府顾问，1988–1991 年任驻华大使，曾负责为 1982 年撒切尔夫人的访华做准备。

55. 同上。

56. Frank Ching, *Hong Kong and China: "One Country, Two System"* (New York: Foreign Policy Association, 1996), pp. 11–12; Cottrell, *The End of Hong Kong*, pp. 85–86.

57. Cradock, *Experience of China*, p. 179. 在回忆录中，撒切尔夫人用"戏剧性的对抗"来形容与邓小平的会面。又见 Margaret Thatcher, *The Downing Street Years* (New York: Haper Collins, 1993). 尽管如此，当时的外交官们说双方都在正常外交会谈的范围之内表现得慎重、理性。

58. Cottrell, *The End of Hong Kong*, pp. 87–88.

59. Ibid., p. 88; 笔者对唐纳德的采访。

60. *SWDXP-3*, pp. 23–25.

61. Cottrell, *The End of Hong Kong*, p. 89.

62. Ibid., p. 87.

63. Ching, *Hong Kong and China*, p. 11；对唐纳德的采访。

64. Cottrell, *The End of Hong Kong*, pp. 91–92.

65. Ibid., p. 89.

66. Ibid., pp. 94, 97.

67. Ibid., pp. 99–102.

68. Ibid., pp. 101–107; Mark Roberti, *The Fall of Hong Kong: China's Triumph and Britain's Betrayal* (New York: J. Wiley, 1994), p. 64; 对唐纳德的采访。

69. 许家屯：《许家屯香港回忆录》，上册，第 1–12 页。

70. Cottrell, *The End of Hong Kong*, pp. 113–114.

71. 许家屯：《许家屯香港回忆录》（上册），第 3 页；许家屯：《许家屯回忆与随想录》(Brampton,Ont.: 明镜出版社, 1998)。

72. Cottrell, *The End of Hong Kong*, pp. 113–114.

73. Roberti, *The Fall of Hong Kong*, p. 155.

74. Xu, "Selections from Serialized Memoirs," *Lianhebao*, May 14, 1993, translated in JPRS-CAR-050, July 16, 1993.

75. Ibid., May 27, 1993, translated in JPRS-CAR-050, July 16, 1993. 当地一句俏皮话将私营企业形容为"联合国"，因为这个词的意思可以是联接、合并或者国有化，也就是没收。

76. 许家屯：《许家屯香港回忆录》（上册），第 12–28 页。

77. *DXPNP-2*，1983 年 9 月 10 日，第 931–932 页。

78. Cottrell, *The End of Hong Kong*, pp. 129–132. Ching, *Hong Kong and China*, pp. 19–20.

79. Cottrell, *The End of Hong Kong*, pp. 132–146.

80. *DXPNP-2*, 1984年4月18日, 第970–971页。

81. Cottrell, *The End of Hong Kong*, pp. 148–153.

82. Xu, "Selections from Serialized Memoirs," *Lianhebao*, June 1, 1993, translated in JPRS-CAR, 93-070, September 21, 1993; Roberti, *The Fall of Hong Kong*, pp. 92–93; *DXPNP-2*, 1984年5月25日, 第978页。

83. 宗道一等编:《周南口述》, 第263–269页; *SWDXP-3*, June 22–23, 1984, pp. 68–71.

84. Cottrell, *The End of Hong Kong*, pp. 154–174.

85. Ibid., pp. 163–174; Ching, *Hong Kong and China*, p. 27.

86. 《联合声明》的文本和附件见 Ching, *Hong Kong and China*, pp. 81–96; Cottrell, *The End of Hong Kong*, pp. 205–223。

87. *DXPNP-2*, 1984年10月3日, 第998–999页; *SWDXP-3*, October 3, 1984, pp. 80–84.

88. Cottrell, *The End of Hong Kong*, pp. 106–109, 199–204; Roberti, *The Fall of Hong Kong*, pp. 125–126.

89. *DXPNP-2*, 1985年7月5日, 第1058页; Roberti, *The Fall of Hong Kong*, pp. 145–148.

90. 李后:《百年屈辱史的终结》(北京:中央文献出版社, 1999), 第170–171页。

91. Roberti, *The Fall of Hong Kong*, pp. 191–192.

92. *SWDXP-3*, pp. 214–220; 李后:《百年屈辱史的终结》, 第172–173页。

93. 李后:《百年屈辱史的终结》, 第185页。

94. *SWDXP-3*, p. 340.

95. 李后:《百年屈辱史的终结》, 第198页。

96. Roberti, *The Fall of Hong Kong*, pp. 280–291; 同上, 第166–207页。

97. Qian Qichen, *Ten Episodes in China Diplomacy*, foreword by Ezra F. Vogel (New York: Harper Collins, 2006), pp. 254–255.

98. *DXPNP-2*, 1990年1月18日, 第1306–1307页。

99. Qian Qichen, *Ten Episodes in China Diplomacy*, pp. 257–260; 李后:《百年屈辱史的终结》, 第205–207页。

100. 彭定康的解释见 Chris Patten, *East and West: China, Power, and the Future of Asia* (New York: Times Books, 1998)。

101. Qian Qichen, *Ten Episodes in China Diplomacy*, p. 279.

102. *DXPNP-2*, 1978年11月28日, 第442页。关于这个时期的西藏工作, 我发现以下著作对我最有帮助: Melvyn C. Goldstein, *The Snow Lion and the Dragon: China,*

Tibet, and the Dalai Lama (Berkeley: University of California Press, 1997); Tashi Rabgey and Tseten Wangchuk Sharlho, *Sino-Tibetan Dialogue in the Post-Mao Era: Lessons and Prospects* (Washington, D.C.: East-West Center, 2004); 丹曾编:《当代西藏简史》(北京：当代中国出版社，1996); Tsering Shakya, *The Dragon in the Land of Snows: A History of Modern Tibet since 1947* (New York: Columbia University Press, 1999)。我也要感谢与 Melvyn Goldstein 的多次交谈，他无私地向一位中国问题专家传授有关西藏的知识。另见陈为人:《胡耀邦与西藏》，收入苏绍智、陈一咨、高文谦编:《人民心中的胡耀邦》(纽约：明镜出版社，2006)，第 166–185 页; 王力雄:《天葬：西藏的命运》(Mississauga, Ont.: 明镜出版社，2006); Barry Sautman and June Teufel Dreyer, eds., *Contemporary Tibet: Politics, Development, and a Disputed Region* (Armonk, N.Y.: M. E. Sharpe, 2006); and Robert Barnett and Shirin Akiner, eds., *Resistance and Reform in Tibet* (Bloomington: Indiana University Press, 1994)。达赖喇嘛在 1992 年 9 月 11 日写给邓小平和江泽民的信中概述了对西藏与中国关系的看法，该信见 Andy Zhang, *Hu Jintao: Facing China's Challenges Ahead* (San Jose, Calif.: Writer's Club Press, 2002), appendix 5, pp.133–148。关于西方对西藏的看法，见 Orville Schell, *Virtual Tibet: Searching for Shangri-la from the Himalayas to Hollywood* (New York: Metropolitan Books, 2000)。

103. Melvyn C. Goldstein, *The History of Modern Tibet,* vol. 2: *The Calm before the Storm, 1951–1955* (Berkeley: University of California Press, 2007), pp. 98–99.

104. 丹曾编:《当代西藏简史》，第 132–146 页。

105. 中央情报局官员 John Kenneth Knaus 讲述过这方面的计划，见其 *Orphans of the Cold War: America and the Tibetan Struggle for Survival* (New York: PublicAffairs, 1999)。

106. *DXPNP-2*，1975 年 12 月 1–5 日；1977 年 9 月 27 日，第 134–135、207–208 页。

107. 同上，1979 年 3 月 12 日。

108. 同上，1979 年 3 月 17 日。

109. Memcon, Summary of the Vice President's Meeting with People's Republic of China Vice Premier Deng Xiaoping, 8/27/79, vertical file, China, Jimmy Carter Library.

110. 郑仲兵主编:《胡耀邦年谱资料长编》(上下卷) (香港：时代国际出版有限公司，2005)，1980 年 5 月 21、22 日，上卷，第 482–483 页。

111. Tsering Shakya, *The Dragon in the Land of Snows*, p. 126.

112. 邓力群:《十二个春秋》，第 207–208 页。

113. Goldstein, *The Snow Lion and the Dragon*, p. 67.

114. Ibid., pp. 69–71.

115. Xiaojiang Hu and Miguel A. Salazar, "Market Formation and Transformation: Private Business in Lhasa," in Sautman and Dreyer, *Contemporary Tibet*, pp. 166–190; June Teufel Dreyer, "Economic Development in Tibet under the People's Republic of China," in Sautman and Dreyer, *Contemporary Tibet*, pp. 128–151; also Xiaojiang Hu, "The Little

Shops of Lhasa, Tibet: Migrant Businesses and the Formation of Markets in a Transitional Economy," Ph.D. thesis, Department of Sociology, Harvard University, 2003.

第18章 为军事现代化做准备

1. 笔者感谢以下研究中国军事的专家的意见：Kenneth Allen, Dennis Blasko, John Corbett, Andrew Erickson, David Finklestein, Taylor Fravel, Paul Godwin, Ellis Joffe（已故）, John Lewis, Nan Li, David Shambaugh, Eden Woon, Larry Wortzel, and Xue Litai。对中国军队的一般介绍可参见 James C. Mulvenon and Andrew N. D. Yang, *The People's Liberation Army as Organization* (Santa Monica, Calif.: Rand, 2002)。对中国战略思想的全面评估见 Michael D. Swaine and Ashley J. Tellis, *Interpreting China's Grand Strategy: Past, Present, and Future* (Santa Monica, Calif.: Rand, 2000)。对1980年代中国国防的一般介绍见 Paul H. B. Godwin, ed., *The Chinese Defense Establishment: Continuity and Change in the 1980s* (Boulder, Colo.: Westview Press, 1983)。有关中国军队的一般性著作见 David Shambaugh, *Modernizing China's Military: Progress, Problems, and Prospects* (Berkeley: University of California Press, 2002); and Andrew Scobell, *China's Use of Military Force beyond the Great Wall and the Long March* (New York: Cambridge University Press, 2003)。

2. *DXPNP-2*，1977年7月23日，第164–165页。支绍曾、雷渊深：《中央军事委员会》，收入中国军事百科全书编审委员会编：《中国军事百科全书》（三卷本）（北京：军事科学出版社，1997）。

3. *SWDXP-2*, p. 75.

4. *DXPJW*，第3卷，第62–69页，1977年8月23日；*LZQ*，第417–419页。

5. *DXPJW*，第3卷，第53–72页，1977年8月23日。

6. 见 Ellis Joffe, *The Chinese Army after Mao* (Cambridge: Harvard University Press, 1987); Harlan W. Jencks, *From Muskets to Missiles: Politics and Professionalism in the Chinese Army, 1945–1981* (Boulder, Colo.: Westview, 1982)。

7. 参见刘华清：《刘华清回忆录》（北京：解放军出版社，2004）。

8. *SWDXP-2*, pp. 75–79.

9. Ibid., p. 74.

10. *DXPJW*，第3卷，第95页，1978年3月20日。

11. 同上，第144–145页，1979年1月2日。

12. 这些数字引自 Ji You, *The Armed Forces of China* (London: I.B. Taurus, 1999); http://www.chinatoday.com/arm/index.htm, accessed September 30, 2010; "The 'Inside Story' on the Reduction in the Size of the PLA," *Wen Wei Po* (Hong Kong), April 29, 1987; Ellis Joffe, "Radical Reforms Underway," *Financial Times*, December 9, 1985; John D. Friske, ed., *China Facts and Figures Annual*, vol. 17 (1993) (Gulf Breeze, Fla.: Academic International Press, 1993), p. 61。

13. Harlan W. Jencks, "China's 'Primitive' War on Vietnam: A Military Assessment," *Asian Survey*, 20, no. 10 (October 1980):965–989. 越南人对这场战争的看法见 Henry J. Kenny, "Vietnamese Perceptions of the 1979 War with China," in Mark A. Ryan, David M. Finkelstein, and Michael A. McDevitt, eds., *Chinese Warfighting: The PLA Experience since 1949* (Armonk, N.Y.: M. E. Sharpe, 2003), pp. 217–240; Edward C. O'Dowd, ed., "People's Liberation Army Documents on the Sino-Vietnamese Conflict, 1979 (I)," *Chinese Law and Government* 42, no. 5 (September–October 2009): 3–100; and Edward C. O'Dowd, ed., "People's Liberation Army Documents on the Third Indochina Conflict, 1979 (II)," *Chinese Law and Government* 42, no. 6 (November–December 2009): 3–116。对这场战争的政治视角的比较，可参看 Scobell, *China's Use of Military Force*, pp. 119–143。

14. Edward C. O'Dowd, "The Last Maoist War: Chinese Cadres and Conscripts in the Third Indochina War, 1978–1981," Ph.D. thesis, Princeton University, 1994, p. 132.

15. 邓小平在总结这场战争的讲话中说，他们在筹划战争时最担心的问题就是苏联可能的反应；他们的判断是，苏联介入的可能性极低。见《邓小平在中越边境作战情况报告会上的讲话》，1979年3月16日，未公开的讲话，藏于 Fairbank Collection, Fung Library, Harvard University。

16. John Wilson Lewis and Litai Xue, *Imagined Enemies: China Prepares for Uncertain War* (Stanford, Calif.: Stanford University Press, 2006), pp. 127–133.

17. Xiaoming Zhang, "Deng Xiaoping and China's Decision to Go to War with Vietnam," *Journal of Cold War Studies* 12, no. 3 (Summer 2010): 3–29.

18. O'Dowd, "The Last Maoist War," pp. 99, 106–109, 171.

19. Ibid. 对这场战争的概述见 Edward C. O'Dowd and John F. Corbett, Jr., "The 1979 Chinese Campaign in Vietnam: Lessons Learned," in Laurie Burkitt, Andrew Scobell, and Larry M. Wortzel, eds., *The Lessons of History: The Chinese People's Liberation Army at 75* (Carlisle, Penn.: Strategic Studies Institute, U.S. Army War College, 2003), pp. 353–378。

20. 与 Mark Mohrzl 2007年10月的通信，他当时是国务院官员，也是曼斯菲尔德与邓小平会谈时除黄华外长和翻译冀朝铸之外唯一在场的人。

21. Lewis and Xue, *Imagined Enemies*, p. 127.

22. *DXPNP-2*，1978年底，1979年1月2日，第459–460、462–464页。

23. Michael Leifer, "Kampuchia, 1979: From Dry Season to Dry Season," *Asian Survey* 20, no. 1 (January 1980): 33–41.

24. King Chen, "China's War against Vietnam, 1979: A Military Analysis," occasional paper, University of Maryland School of Law, 1983, pp. 1–33; Kenny, "Vietnamese Perceptions of the 1979 War with China."

25. Elizabeth Wishnick, *Mending Fences: The Evolution of Moscow's China Policy from Brezhnev to Yeltsin* (Seattle: University of Washington Press, 2001), p. 63.

26. Kenny, "Vietnamese Perceptions of the 1979 War with China," p. 228; O'Dowd, "The Last Maoist War," pp. 114–132.

27. O'Dowd, "The Last Maoist War," pp. 165–166. 关于弱点部分，详见 Lewis and Xue, *Imagined Enemies*, pp. 132–133; Zhang, "China's 1979 War with Vietnam," pp. 869–874。

28. 2006年秋天在北京的采访。

29. Kuan Yew Lee, *From Third World to First: The Singapore Story, 1965–2000* (New York: HarperCollins, 2000), pp. 669–670.

30. James C. Mulvenon, *Soldiers of Fortune: The Rise and Fall of the Chinese Military-Business Complex, 1978–1998* (Armonk, N.Y.: M. E. Sharpe, 2001), p. 53. 国防开支每年大约增长10%，但1979年因对越战争增长了559亿元，大约比平均年份多出40亿元，前者占全年军费预算的四分之一。1978年的国防开支是1678亿元，1979年2227亿元，1980年1933亿元。对越战争的额外支出由南部的广东、广西和云南等省承担。数据见财政部长张劲夫在1979年6月21日第五届全国人大常委会第二次会议上关于1978年决算和1979年预算的报告，见"Quarterly Chronicle and Documentation," *The China Quarterly*, no. 79 (September 1979): 661–663；以及财政部长王丙乾1980年8月30日向第五届全国人大常委会第三次会议所做的财政工作报告，见"Quarterly Chronicle and Documentation," *The China Quarterly*, no. 84 (December 1980): 799–802。

31. M. Taylor Fravel, *Strong Borders, Secure Nation: Cooperation and Conflict in China's Territorial Disputes* (Princeton, N.J.: Princeton University Press, 2008), p. 217.

32. *DXPJW*，第3卷。

33. 对解放军学到的教训的说明，见 O'Dowd and Corbett, Jr., "The 1979 Chinese Campaign in Vietnam: Lessons Learned," pp.353–378。

34. 1978年2月16日杰克逊参议员会见邓小平时。（出自2010年10月与 Dwight Perkins 的通信，他是代表团成员之一。）

35. O'Dowd, "The Last Maoist War," p. 101.

36. Zhang Xiaoming, "China's 1979 War with Vietnam," pp. 867–888.

37. O'Dowd, "The Last Maoist War," pp. 179–184.

38. Meeting with Vice President Mondale, August 27, 1979; Memcon, Summary of the Vice President's Meeting with People's Republic of China Vice Premier Deng Xiaoping, 8/27/79, vertical file, China, Jimmy Carter Library, Atlanta.

39. *SWDXP-2*, pp. 92–93.

40. 他在许多场合都说过同样的话。例如在1980年1月16日一次中央干部工作会议上，见 *DXPJW*，第3卷，第165页。

41. Huang Hua, *Huang Hua Memoirs* (Beijing: Foreign Languages Press, 2008), p. 294.

42. 沈志华编：《中苏关系史纲（1917–1991）》（北京：新华出版社，2007），第

406–407页。

43. Robert S. Ross, *Negotiating Cooperation: The United States and China, 1969–1989* (Stanford, Calif.: Stanford University Press, 1995), p.172.

44. 沈志华编:《中苏关系史纲（1917–1991）》，第408页。

45. 同上，第408–411页。

46. *SWDXP–2*, pp. 224–226, January 16, 1980.

47. Ibid., p. 270, March 12, 1980.

48. 张星星:《中国军队大裁军与新时期经济建设》,《当代中国史研究》，2006年第1期，第21–28页。另参见 Huang, *Huang Hua Memoirs*, p. 291。

49. 正如前面提到的，邓小平愿意采取主动以减少冲突的危险，但是他仍然坚持为全面恢复正常关系苏联必须离开阿富汗并从中苏边境撤军，越南也必须离开柬埔寨。这些条件直到1980年代末才成熟。见 Qichen Qian, *Ten Episodes in China's Diplomacy*, foreword by Ezra Vogel (New York: HarperCollins, 2005), pp. 1–31。

50. Ibid., pp. 13–14.

51. Memcon, Summary of the Vice President's Meeting with People's Republic of China Vice Premier Deng Xiaoping, 8/27/79, vertical file, China, Jimmy Carter Library.

52. Memcon, Secretary of Defense Harold Brown to the President, 1/8/80, National Security Archive, Brzezinski Material, Far East, Brown (Harold) Trip file, box 69, Jimmy Carter Library.

53. Ibid.

54. Memcon, Meeting between Secretary of Defense and Vice Premier Geng Biao, 5/29/80, National Security Archive, Brzezinski Material, Far East, Geng Biao Visit file, box 70, Jimmy Carter Library; Memcon, Meeting between Secretary of Defense Dr. Harold Brown and Vice Premier of the People's Republic of China, Geng Biao, 5/27/80, National Security Archive, Brzezinski Material, Far East, Geng Biao Visit file, box 70, Jimmy Carter Library; Memo, Brzezinski to Carter, Summary of Dr. Brzezinski's Conversation with Vice Premier Geng Biao of the People's Republic of China, 5/29/80, National Security Archive, Brzezinski Material, Far East, Geng Biao Visit file, box 70, Jimmy Carter Library.

55. *DXPJW*，第3卷，第154–155、168–174页。

56. Joffe, *The Chinese Army after Mao*, pp. 58–59.

57. Ibid., pp. 60–61.

58. 国务院新闻办公室《2008年中国的国防》，附录5（北京：2009年1月）见 http://www.gov.cn/jrzg/2009-01/20/content_1210075.htm, accessed April 9, 2011。

59. William H. Overholt, *The Rise of China: How Economic Reform Is Creating a New Superpower* (New York: W.W. Norton, 1993), pp. 340–344.

60. Robert J. Skebo, Gregory K. S. Man, and George H. Stevens, "Chinese Military Capabilities: Problems and Prospects," in U.S. Congress, Joint Economic Committee,

China's Economic Dilemmas in the 1990s: The Problems of Reforms, Modernization and Interdependence (Washington, D.C.: Government Printing Office, 1991, and Armonk, N.Y.: M. E. Sharpe, 1992), p. 665.

61. Morton Halperin, *China and the Bomb* (New York, Praeger, 1965).

62. Evan A. Feigenbaum, *China's Techno-Warriors: National Security and Strategic Competition from the Nuclear Age to the Information Age* (Stanford, Calif.: Stanford University Press, 2003).

63. 但是邓小平在1975年必须解决负责导弹和航天工业的七机部的派系斗争，见ibid.；另见 *LZQ*，第87–112页。

64. Feigenbaum, *China's Techno-Warriors.* 对中国在边境地区的行动的论述见 Fravel, *Strong Borders, Secure Nation*。

65. M. Taylor Fravel, *Active Defense: Exploring the Evolution of China's Military Strategy* (Princeton, N.J.: Princeton University Press, forthcoming).

66. Ellis Joffe, "People's War under Modern Conditions: A Doctrine for Modern War," *The China Quarterly*, no. 112 (December 1987): 555–571; Harlan W. Jencks, "People's War under Modern Conditions: Wishful Thinking, National Suicide or Effective Deterrent?" *The China Quarterly*, no. 98 (June 1984): 305–319; Paul H. B. Godwin, "Mao Zedong Revisited: Deterrence and Defense in the 1980s," in Godwin, ed., *The Chinese Defense Establishment: Continuity and Change in the 1980s*, pp. 21–40. 另参见 U.S. Department of State, Bureau of Intelligence and Research, "Chinese Military Reforms: Social and Political Implications," Confidential Intelligence Report 1205-AR, December 6, 1985, available in DNSA。

67. Joffe, *The Chinese Army after Mao*, pp. 85–86; Godwin, "Mao Zedong Revisited."

68. Joffe, "People's War under Modern Conditions," pp. 568–569; John Wilson Lewis and Litai Xue, *China's Strategic Seapower: The Politics of Force Modernization in the Nuclear Age* (Stanford, Calif.: Stanford University Press, 1994); Alexander C. Huang, "The PLA Navy at War, 1949–1999: From Coastal Defense to Distant Operations," in Ryan, Finkelstein, and McDevitt, eds., *Chinese Warfighting*, pp. 241–269.

69. *DXPJW*，第3卷，第161页，1979年7月29日。

70. Joffe, "People's War Under Modern Conditions," p. 565.

71. 发展核潜艇和潜基弹道导弹计划的具体内容见 Lewis and Xue, *China's Strategic Seapower*。

72. *SWDXP-3*, p. 132.

73. Skebo, Man, and Stevens, "Chinese Military Capabilities: Problems and Prospects," pp. 663–675.

74. *SWDXP-2*, p. 269–275.

75. Ibid.

76. *DXPJW*，第 3 卷，第 179 页，1980 年 10 月 15 日。

77. *SWDXP-3*, p. 131–133.

78. 张星星：《中国军队大裁军与新时期经济建设》，第 7 页。

79. Richard Baum, *Burying Mao: Chinese Politics in the Age of Deng Xiaoping* (Princeton, N.J.: Princeton University Press, 1994), pp. 121–124.

80. *SWDXP-3*, pp. 104–105, November 1, 1984; *DXPNP-2*, 1984 年 11 月 1 日，第 1011–1012 页。

81. *SWDXP-2*, p. 271, March 12, 1980.

82. Ibid. 对 1980 年代军队教育的一般介绍见 William R. Heaton, "Professional Military Education in the 'People's Republic of China,'" in Godwin, *The Chinese Defense Establishment*, pp. 121–137。Dennis J. Blasko, Philip T. Klapakis, and John F. Corbett, Jr., "Training Tomorrow's PLA: A Mixed Bag of Tricks," *The China Quarterly*, no. 146 (June 1996): 488–524.

83. *DXPJW*，第 3 卷，第 130 页。

84. Lewis and Xue, *China's Strategic Seapower*, p. 100.

85. Mulvenon, *Soldiers of Fortune*, pp. 91–104.

86. John Frankenstein and Bates Gill, "Current and Future Challenges Facing Chinese Defence Industries," *The China Quarterly*, no. 146 (June 1996): 394–427.

87. Tai Ming Cheung, *Fortifying China: The Struggle to Build a Modern Defense Economy* (Ithaca, N.Y.: Cornell University Press, 2009), p. 76. See also Frankenstein and Gill, "Current and Future Challenges Facing Chinese Defence Industries," pp. 394–427.

88. Cheung, *Fortifying China*, p. 57. 这个时期的大趋势见 pp. 50–77。事实上，对所有这些活动难以进行监督，因此并不存在准确的数字。

89. Ezra F. Vogel, *One Step Ahead in China: Guangdong under Reform* (Cambridge: Harvard University Press, 1989).

90. Mulvenon, *Soldiers of Fortune*, pp. 59–63.

91. Barry Naughton, "The Third Front: Defence Industrialization in China's Interior," *The China Quarterly*, no. 115 (September 1988): 382.

92. Ibid.; Cheung, *Fortifying China*, pp. 60–63.

93. *DXPNP-2*，1978 年 6 月 28–29 日，第 334–335 页。

94. Cheung, *Fortifying China*, pp. 52–100.

第19章　政治的潮起潮落

1. *SWDXP-2*, p. 310.

2. Ming Ruan, *Deng Xiaoping: Chronicle of an Empire* (Boulder, Colo.: Westview, 1994), pp. 93–94.

3. 郑仲兵编:《胡耀邦年谱资料长编》(上下册)(香港:时代国际出版有限公司,2005),1980年9月24日,上册,第497页。

4. Ruan, *Deng Xiaoping*, pp. 91–103;《贯彻调整方针,保证安定团结》,*SWDXP-2*, pp. 335–355。

5. *SWDXP-2*, p. 303. 关于这个问题的背景和解决过程见 Melanie Manion, *Retirement of Revolutionaries in China: Public Policies, Social Norms, and Private Interests* (Princeton, N. J.: Princeton University Press, 1993), esp. pp. 48–49。

6. *SWDXP-2*, p. 332.

7. Ibid., p. 341–342.

8. Richard Baum, *Burying Mao: Chinese Politics in the Age of Deng Xiaoping* (Princeton, N.J.: Princeton University Press, 1994), p. 145.

9. Manion, *Retirement of Revolutionaries in China*, pp. 55–56; Ibid., pp. 144–145.

10. 邓力群:《十二个春秋》,第208页;杨继绳:《邓小平时代:中国改革开放20年纪实》(上下册)(北京:中央编译出版社,1998),下册,第479–480页; *SWDXP-2*, pp. 368–369; Richard Kraus, "Bai Hua: The Political Authority of a Writer," in Carol Lee Hamrin and Timothy Cheek, eds., *China's Establishment Intellectuals* (Armonk, N.Y.: M. E. Sharpe, 1986), pp. 185–211. 剧本的部分内容见 Michael S. Duke, *Blooming and Contending: Chinese Literature in the Post-Mao Era* (Bloomington: Indiana University Press, 1985); Merle Goldman, *Sowing the Seeds of Democracy in China: Political Reform in the Deng Xiaoping Era* (Cambridge: Harvard University Press, 1994), pp. 88–112; W. J. F. Jenner, "1979: A New Start for Literature in China?" *The China Quarterly*, no. 86 (June 1981): 274–303。

11. 这类文学的部分作品见 Xinhua Lu et al, *The Wounded: New Stories of the Cultural Revolution, 77–78* (Hong Kong: Joint Publishing, 1979); Perry Link, ed., *Stubborn Weeds: Popular and Controversial Chinese Literature after the Cultural Revolution* (Bloomington: Indiana University Press, 1983); Perry Link, ed., *Roses and Thorns: The Second Blooming of the Hundred Flowers in Chinese Fiction, 1979–80* (Berkeley: University of California Press, 1984); Binyan Liu, *People or Monsters? And Other Stories and Reportage from China after Mao* (Bloomington: Indiana University Press, 1983)。对这些作品的背景说明见 Link 著作的导言以及 Merle Goldman, *Chinese Intellectuals: Advise and Dissent* (Cambridge: Harvard University Press, 1981)。另参见 Goldman, *Sowing the Seeds of Democracy in China*。对这位作家的作用和写作背景的说明见 Perry Link, *The Uses of Literature: Life in the Socialist Chinese Literary System* (Princeton, N.J.: Princeton University Press, 2000)。

12. Link, *Stubborn Weeds*, pp. 21–23.

13. Ruan, *Deng Xiaoping*, pp. 116–117.

14. *DXPNP-2*, 1983年3月14日,第859页。

15. 同上, 1983年3月15日,第859页; Ziyang Zhao, *Prisoner of the State: The*

Secret Journal of Zhao Ziyang, trans. and ed. Bao Pu, Renee Chiang, and Adi Ignatius (New York: Simon & Schuster, 2009), pp. 115–116.

16. Ruan, *Deng Xiaoping*, pp. 129–130；邓力群:《十二个春秋》, 第 256–258 页；*CYNP*, 1983 年 3 月 17 日, 下册, 第 322–323 页。

17. *CYNP*, 1983 年 3 月 17 日, 第 322–323 页。

18. 转引自 Goldman, *Sowing the Seeds of Democracy in China*, p. 117。

19. Ibid., pp. 119–120.

20. Ibid., pp. 270–272.

21. *SWDXP-3*, pp. 47–58; Goldman, *Sowing the Seeds of Democracy in China*, pp. 122–127.

22. *SWDXP-3*, pp. 47–58.

23. Ibid., p. 47；邓力群:《十二个春秋》, 第 274–275 页。

24. Ruan, *Deng Xiaoping*, p. 135; Binyan Liu, *A Higher Kind of Loyalty: A Memoir by China's Foremost Journalist* (New York: Pantheon, 1990), p. 173; Goldman, *Sowing the Seeds of Democracy in China*, pp. 121–128；邓力群:《十二个春秋》, 第 269–312 页。

25. 邓力群:《十二个春秋》, 第 338 页。

26. 同上, 第 315、336–343 页。

27. *DXPNP-2*, 1985 年 1 月 2 日, 第 1023 页；Goldman, *Sowing the Seeds of Democracy in China*, p. 138.

28. 盛平编:《胡耀邦思想年谱》(下册), 第 1310 页。

29. 同上, 第 1080–1086 页。

30. 邓力群:《十二个春秋》, 第 320–322、346–347 页。

31. 同上。

32. 同上, 第 336–343 页。

33. 笔者 2006 年 8 月和 9 月对朱厚泽的采访。

34. 邓力群:《十二个春秋》, 第 370 页。

35. 同上。邓力群说是邓小平让胡乔木准备这篇讲话的, 但是据编辑过这个文件的胡耀邦的友人说, 邓小平说胡乔木在反对精神污染中犯了一个错误, 他要自己修改讲话稿, 而不是请胡乔木去做。见盛平编:《胡耀邦思想年谱》(下册), 第 1085 页。

36. *SWDXP-3*, pp. 146, 148.

37. Ibid., p. 148.

38. 郑仲兵编:《胡耀邦年谱资料长编》, 1985 年 9 月 18 日, 下册, 第 1042–1045 页。

39. 盛平编:《胡耀邦思想年谱》(下册), 第 1113、1303–1310 页。访谈全文见第 1110–1116 页。邓力群:《十二个春秋》, 第 445–446 页。

40. 据唐·凯瑟尔 (Don Keyser), 2010 年 2 月, 他当时是美国驻华使馆的官员。

41. Baum, *Burying Mao*, pp. 187–188.

42. 邓力群:《十二个春秋》,第347页。

43. 2001年6月和2002年11月对澳大利亚总理霍克的访谈,他曾陪同胡启立在澳大利亚访问。

44. *DXPNP-2*,1985年9月18日,第1078–1080页。

45. *SWDXP-3*, p. 163; *DXPNP-2*,1986年6月10日,第1120–1121页。

46. 盛平编:《胡耀邦思想年谱》,1986年5月,下册,第1212页;1987年1月16日,下册,第1311页。

47. *SWDXP-3*, p. 167; *DXPNP-2*,1986年6月28日,第1125–1126页。

48. 吴国光:《赵紫阳与政治改革》(香港:太平洋世纪研究所,1997),第21、27–35页。

49. Yizi Chen, "The Decision Process behind the 1986–1989 Political Reforms," in Carol Lee Hamrin and Suisheng Zhao, eds., *Decision-Making in Deng's China: Perspectives from Insiders* (Armonk, N.Y.: M. E. Sharpe, 1995), p. 135; Guoguang Wu, "Hard Politics with Soft Institutions: China's Political Reform, 1986–1989," Ph.D. thesis, Department of Politics, Princeton University, 1995, ch. 2. 吴国光是政治研究室的成员之一,1989年春来到美国。研究室的成员还有严家其和陈一咨。见 Guoguang Wu and Helen Lansdowne, eds., *Zhao Ziyang and China's Political Future* (London: Routledge, 2008)。

50. 1986年9月13日邓小平会见财经领导小组的主要成员赵紫阳、姚依林、田纪云等人讨论经济问题和十三大的准备工作,邓小平再次谈到要党政分开,下放权力,理顺政府职能。他说,党应当只管党员的纪律,法律问题应当留给政府去做。见 *DXPNP-2*,1986年9月13日,第1137页;*SWDXP-3*, p.179;中共中央文献研究室邓小平研究组编:《邓小平自述》(北京:解放军出版社,2005),第200–201页。

51. Wu, "Hard Politics with Soft Institutions," ch. 2.

52. Ibid.; 吴国光:《赵紫阳与政治改革》。

53. 同上。

54. 邓力群:《十二个春秋》,第480页。

55. David Bachman, "Differing Visions of China's Post-Mao Economy: The Ideas of Chen Yun, Deng Xiaoping, and Zhao Ziyang," *Asian Survey*, vol. 26, no. 3 (March 1986): 292–321.

56. *SWDXP-3*, p. 213.

57. Wu, "Hard Politics with Soft Institutions," ch. 2, n100.

58. 电视机数量的数据取自 Link, *The Uses of Literature*, p. 35; Robin Munro, "Political Reform, Student Demonstrations and the Conservative Backlash," in Robert Benewick and Paul Wingrove, eds., *Reforming the Revolution: China in Transition* (Chicago: Dorsey, 1988), p. 71。Munro 是当时的驻华记者。

59. 2004年10月对新加坡官员的采访。另见杨继绳:《中国改革年代的政治斗争》(香港:卓越文化出版公司,2004),第317–326页。

60. Wu, "Hard Politics with Soft Institutions"；吴国光:《赵紫阳与政治改革》。对当时社会状况的研究参见 Deborah Davis, Andrew Walder, Thomas B. Gold, Charlotte Ikels, Richard Madsen, and Gail Henderson 等人的文章，载 Deborah Davis and Ezra F. Vogel, eds., *Chinese Society on the Eve of Tiananmen: The Impact of Reform* (Cambridge: Council on East Asian Studies, Harvard University, 1990); Ezra F. Vogel, *One Step Ahead in China: Guangdong under Reform* (Cambridge: Harvard University Press, 1989), p. 403。

61. 见 Stanley Rosen, "The Impact of Reform Policies on Youth Attitudes," in Davis and Vogel, eds., *Chinese Society on the Eve of Tiananmen*, p. 292。

62. Benedict Stavis, *China's Political Reforms: An Interim Report* (New York: Praeger, 1988), pp. 89–107. Stavis 从 1986 年 9 月到 1987 年 1 月在上海复旦大学，经历过这些事件。

63. 盛平编:《胡耀邦思想年谱》(下册), 1986 年 12 月 27 日, 第 1297 页；郑仲兵编:《胡耀邦年谱资料长编》(下册), 第 1179 页。

64. *SWDXP-3*, pp. 194–196; *DXPNP-2*, 1986 年 12 月 30 日, 第 1160–1162 页。

65. 郑仲兵编:《胡耀邦年谱资料长编》, 1987 年 1 月 2 日, 下册, 第 1182 页；盛平编:《胡耀邦思想年谱》, 1987 年 1 月 2 日, 下册, 第 1302 页。

66. 盛平编:《胡耀邦思想年谱》, 1987 年 1 月 6 日, 下册, 第 1302 页。

67. 见 Stavis, *China's Political Reforms*, pp. 90–96。又见 Goldman, *Sowing the Seeds of Democracy in China*, pp. 194–203；盛平编:《胡耀邦思想年谱》(下册), 第 1279、1301 页。

68. *DXPNP-3*, 1165 页, 1987 年 1 月 3 日。

69. 郑仲兵编:《胡耀邦年谱资料长编》(下册), 第 1182 页。

70. 同上, 1987 年 1 月 9 日, 下册, 第 1182 页。

71. 盛平编:《胡耀邦思想年谱》, 1987 年 1 月 10 日, 第 1303–1304 页。

72. 邓力群批评胡耀邦的全文见邓力群:《十二个春秋》, 第 417–445 页。

73. 郑仲兵编:《胡耀邦年谱资料长编》, 1987 年 1 月 15 日, 下册, 第 1185 页。

74. 邓力群:《十二个春秋》, 第 447–448 页。

75. 盛平编:《胡耀邦思想年谱》(下册), 1986 年 1 月 16 日, 第 1307–1309 页。

76. Wu, "Hard Politics with Soft Institution," ch. 2, n101.

77. 郑仲兵编:《胡耀邦年谱资料长编》(下册), 1987 年 1 月 16 日, 第 1187–1188 页；中共中央党史研究室编:《中国共产党新时期历史大事记（1978.12–2002.5）》(北京:中共党史出版社, 2002 年修订版), 1987 年 1 月 16 日, 第 224 页。

78. 3 号文件见盛平编:《胡耀邦思想年谱》(下册), 第 1313–1314 页。

79. 同上, 1986 年 1 月 19 日, 下册, 第 1313–1314 页。

80. 郑仲兵编:《胡耀邦年谱资料长编》(下册), 第 1189–1190 页；同上, 第 1313–1314、1319–1320 页。

81. 对朱厚泽（2006 年 8 月、9 月）、吴明瑜（2006 年 8 月、2007 年 7 月）、

于光远（2003 年 2 月、10 月和 2005 年 6 月）和李锐（2006 年 2 月、8 月和 2007 年 7 月）的采访。

82. 满妹：《思念依然无尽：回忆父亲胡耀邦》（北京：北京出版社，2005），第 473 页；郑仲兵编：《胡耀邦年谱资料长编》（下册），第 1190–1195 页。

83. James Tong, ed., "Party Documents on Anti-Bourgeois Liberalization and Hu Yaobang's Resignation," *Chinese Law and Government* 21, no. 1 (Spring 1988): 29–38.

84. 《中国共产党新时期历史大事记》，1987 年 1 月 13 日，第 224 页。

85. Stavis, *China's Political Reforms*, pp. 111–128; Goldman, *Sowing the Seeds of Democracy in China*, pp. 214–225; Baum, *Burying Mao*, p. 209.

86. 盛平编：《胡耀邦思想年谱》（下册），1987 年 3 月 29 日，第 1319 页。

87. Goldman, *Sowing the Seeds of Democracy in China*, pp. 204–214.

88. *SWDXP-3*, p. 395, n. 117.

89. 邓力群在 5 月 13 日讲话的观点见邓力群：《十二个春秋》，第 459–460 页。

90. Anthony J. Kane, "1987: Politics Back in Command," in Anthony J. Kane, ed., *China Briefing, 1988* (New York: Asia Society, 1988), p. 11.

91. 2004 年 10 月对新加坡官员的采访；*DXPNP-2*，1987 年 5 月 29 日，第 1191 页。

92. Chi Huang, "Deng's Ideas on Political Restructuring," *Beijing Review* 30, no. 39 (September 29, 1987): 14–15.

93. Ziyang Zhao, "Advance along the Road of Socialism with Chinese Characteristics," *Beijing Review* 30, no. 45 (November 9–15, 1987): xv–xxi. 关于事件之后不久写下的有关政治改革的记述，见 Tony Saich, "Reforming the Political Structure," in Benewick and Wingrove, eds., *Reforming the Revolution*, pp. 27–47。

94. Saich, "Reforming the Political Structure," pp. 27–47.

95. Wu, "Hard Politics with Soft Institutions," ch. 2; 邓力群：《十二个春秋》，第 472–473 页。

第20章　北京：**1989**

1. 邓力群：《十二个春秋（1975—1987）：邓力群自述》（香港：博智出版社，2006），第 466–467 页。

2. 董辅礽编：《中华人民共和国经济史》（北京：经济科学出版社，1999），第 2 卷，第 348 页。

3. Ogden et al., *China's Search for Democracy,* pp. 57–59, 87–88.

4. Nicholas D. Kristof and Sheryl WuDunn, *China Wakes: The Struggle for the Soul of a Rising Power* (New York: Times Books,1994), p. 78.

5. *LPLSRJ*, 1989 年 4 月 18 日。

6. 同上，1989 年 4 月 18、19、20 日。

7. Liu, Ruan, and Xu, *Tell the World What Happened in China and Why*, p. 9.

8. 2006年11月对姚监复的采访; Ogden et al., *China's Search for Democracy*, pp. 95–96 and Oksenberg, Sullivan, and Lambert, *Beijing Spring*, 1989, pp. 27–28; Baum, *Burying Mao*, pp. 248–249. 都是根据不知道全国人大委员与请愿者见过面的学生的说法。另见 Saich, *The Chinese People's Movement*, pp. 165–166。

9. *LPLSRJ*, 1989年4月23日。

10. 同上。

11. 同上，1989年4月24日。

12. 同上，1989年4月25日。*The Tiananmen Papers*, pp. 78-79; Larry Worzel, "Review: *Quelling the People*," *Australian Journal of Chinese Affairs*, no. 31 (January 1994): p. 125; Timothy Brook, *Quelling the People: The Military Suppression of the Beijing Democracy Movement* (Stanford, Calif., Stanford University Press, 1998), pp. 39–40; Kristof and Wudunn, *China Wakes*, p. 79.

13. 1989年4月26日《人民日报》社论; Domestic Radio 0930 GMT, FBIS, April 25, pp. 23–24.

14. Saich, *The Chinese People's Movement*, p. 167; Long Bow Group, *The Gate of Heavenly Peace*.

15. *LPLSRJ*, 1989年4月23日。

16. Brook, *Quelling the People*, p. 37.

17. Ogden et al, *China's Search for Democracy*, pp. 215–217.

18. 关于这份声明和签名者，见 Han, *Cries for Democracy*, pp. 207–208。相关分析见 Tang Tsou, "The Tiananmen Tragedy," pp. 306–308。

19. Qian Qichen, *Ten Episodes in China's Diplomacy*, foreword by Ezra F. Vogel (New York: HarperCollins, 2005), pp. 1–31.

20. George Bush and Brent Scowcroft, *A World Transformed* (New York: Knopf, 1998), pp. 91–96; *DXPNP-2*, 1989年2月26日。

21. 沈志华仔细评估过他们的会谈，认为这确实是邓小平对戈尔巴乔夫说过的话。官方的会谈记录称，邓小平说最初的辩论包含着"一些空话"。

22. Qian, *Ten Episodes in China's Diplomacy*, pp. 29–31.

23. Oksenberg, Sullivan, and Lambert, eds., *Beijing Spring*, 1989, p. 261.

24. *LPLSRJ*, 1989年5月16日。

25. Zhao, *Prisoner of the State*, pp. 28–29. 李鹏对这些与事件有关的会议的记述，是出于他批评赵紫阳不愿为恢复秩序采取必要措施的观点。见 *LPLSRJ*, 1989年5月17、18、19日。

26. 据 Beijing TV Service, reported in FBIS, May 19, pp. 13–14, reprinted in Michel Oksenberg, Lawrence R. Sullivan, and Mark Lambert, eds., *Beijing Spring*, 1989; *Confrontation and Conflict: The Basic Documents* (Armonk, N. Y.: M. E. Sharpe, 1990), pp.

288–290; Mike Chinoy, *China Live: Two Decades in the Heart of the Dragon* (Atlanta: Turner Publishing, 1997), p. 217; Brook, *Quelling the People,* pp. 42–43.

27. *LPLSRJ*,1989年5月19、20日。

28. Brook, *Quelling the People,* pp. 48–78. 布鲁克6月4日之前一直在北京,6月4日之后对军队在天安门事件中所起的作用做了大量采访。当时驻北京的一位美国武官对布鲁克的书所做的评论见Larry Wortzel, "Review: *Quelling the People,*" *Australian Journal of Chinese Affairs*, no. 31 (January, 1994): 123–126。

29. *LPLSRJ*,1989年5月22日。

30. Brook, *Quelling the People,* pp. 43–77.

31. *LPLSRJ*,1989年5月21日。

32. 同上,1989年5月19、25日。

33. 同上,1989年5月31日。

34. 同上,1989年5月19日。

35. Robert Lawrence Kuhn, *The Man Who Changed China: The Life and Legacy of Jiang Zemin* (New York: Crown, 2004). 虽然这不是一本学术著作,但它所报道的情况大多准确。

36. Melanie Manion, "Introduction: Reluctant Duelists," in Oksenberg, Sullivan, and Lambert, *Beijing Spring*, 1989, p. xl.

37. 2006年11月采访江泽民。

38. Brook, *Quelling the People,* pp. 73–74, 80.

39. Long Bow Group, *The Gate of Heavenly Peace,* video recording, produced and directed by Richard Gordon and Carma Hinton (San Francisco: Distributed by NAATA/CrossCurrent Media, 1996); Ibid., p. 145; *The Tiananmen Papers*, pp. 377–382, 389–391. 虽然这些文献的记述大体一致,但对事情发生的时间估计有所不同。

40. Brook, *Quelling the People,* pp. 133–148.

41. 这一部分内容我利用了Amy Zegert的采访,但是她不对我这里任何解释承担责任。关于美国有线电视(CNN)的报道见Chinoy, *China Live*。

第*21*章 稳住阵脚,1989—1992

1. *SWDXP-3*,1989年5月31日,第289页。

2. 同上,第291页。

3. 同上,1989年6月9日,第299页。

4. 同上,第294–299页。

5. 同上,第302–303页,1989年6月16日。

6. Timothy Brook, *Quelling the People: The Military Suppression of the Beijing Democracy Movement* (Stanford, Calif.: Stanford University Press, 1998), pp. 196–197.

7. Qichen Qian, *Ten Episodes in China's Diplomacy,* foreword by Ezra Vogel (New York: HarperCollins, 2005), pp. 143–146; George Bush and Brent Scowcroft, *A World Transformed* (New York: Knopf, 1998), p. 414.

8. *DXPNP-2*，1989 年 7 月 16 日。

9. *SWDXP-3*，1989 年 6 月 23 日至 24 日。

10. Robert Lawrence Kuhn, *The Man Who Changed China: The Life and Legacy of Jiang Zemin* (New York: Crown, 2004), p. 173.

11. *DXPNP-2*，1989 年 8 月 17 日。

12. 同上，1989 年 9 月 4 日；*SWDXP-3*，第 305–311 页。他还说，他的追悼会也要越简单越好。

13. *DXPNP-2*，1989 年 9 月 4 日；*SWDXP-3*，第 305–311 页。

14. *SWDXP-3*，第 311 页。

15. 同上，第 312–313 页。

16. *DXPNP-2*，1989 年 9 月 16 日。

17. 同上，1989 年 11 月 6 日至 9 日。

18. Rong Deng, *Deng Xiaoping: My Father* (New York: Basic Books, 1995), pp. 1–5.

19. *SWDXP-3*，第 315 页。

20. 据奥森伯格说，他陪同尼克松总统在 1989 年 10 月会见了邓小平。这是奥森伯格第 14 次也是最后一次与邓小平会谈。见 Michel Oksenberg, "I Remember Deng," *Far Eastern Economic Review,* March 6, 1997, 35。

21. George Bush, *The China Diary of George H. W. Bush: The Making of a Global President* (Princeton, N. J.: Princeton University Press, 2008), p. 461.

22. James Lilley with Jeffrey Lilly, *China Hands: Nine Decades of Adventure, Espionage, and Diplomacy in Asia* (New York: PublicAffairs, 2004), p. 378.

23. Bush and Scowcroft, *A World Transformed,* p. 93.

24. 2010 年 11 月与斯塔普莱顿·罗伊大使的私人交谈。

25. John H. Holdridge, *Crossing the Divide: An Insider's Account of Normalization of U. S. –China Relations* (Lanham, Md.: Rowman and Littlefield, 1997), pp. 225–226; Lilley, *China Hands,* pp. 222–223, 378.

26. Bush and Scowcroft, *A World Transformed,* pp. 91–99. See also Perry Link, *Evening Chats in Beijing: Probing China's Predicament* (New York: Norton, 1992), pp. 29–38; Robert L. Suettinger, *Beyond Tiananmen: The Politics of U. S.–China Relations, 1989–2000* (Washington, D. C.: Brookings Institution Press, 2003), pp. 24–28.

27. Bush and Scowcroft, *A World Transformed,* pp. 98–102. See also Bush, *China Diary of George H. W. Bush;* Lilley, *China Hands.*

28. Bush and Scowcroft, *A World Transformed,* p. 102.

29. Qian, *Ten Episodes in China's Diplomacy,* pp. 131–146.

30. Bush and Scowcroft, *A World Transformed*, p. 106.

31. Ibid., pp. 106–111；*DXPNP-2*, 1989 年 7 月 2 日；Qian, *Ten Episodes in China's Diplomacy*, pp. 131–139. 关于天安门事件对美中关系的影响，见 Robert L. Suettinger, *Beyond Tiananmen*。

32. Bush and Scowcroft, *A World Transformed*, pp. 106–107.

33. Ibid., p. 109; 另见 Suettinger, *Beyond Tiananmen* 中的访问报告，pp. 79–83。

34. 2008 年 12 月对 Eden Woon 的采访，他是国防部官员，在这些谈判中扮演着重要角色。

35. Bush and Scowcroft, *A World Transformed*, p. 128.

36. Ibid., p. 157.

37. *DXPNP-2*, 1989 年 10 月 31 日；"The United States Should Take the Initiative in Putting an End to the Strains in Sino–American Relations," *SWDXP-3*, p. 321; Suettinger, *Beyond Tiananmen*, p. 81.

38. *DXPNP-2*, 1989 年 11 月 10 日。

39. Lilley, *China Hands*, pp. 358–362.

40. Suettinger, *Beyond Tiananmen*, p. 100.

41. Richard Madsen, *China and the American Dream: A Moral Inquiry* (Berkeley: University of California Press, 1995).

42. Bush and Scowcroft, *A World Transformed*, p. 157.

43. *DXPNP-2*, 1989 年 12 月 10 日；"Sino–U. S. Relations Must Be Improved," *SWDXP-3*, pp. 338–339.

44. Suettinger, *Beyond Tiananmen*, pp. 100–101.

45. *DXPNP-2*, 第 1303–1306 页。

46. "Jiang Zemin and Li Ruihuan Interviewed by Hong Kong Journalists," BBC *Summary of World Broadcasts*, FE/0650/B2/1, December 30, 1989.

47. *DXPNP-2*, 1991 年 8 月 20 日；*SWDXP-3*, 第 356–357 页。Kuhn, *The Man Who Changed China*, pp. 206–207.

48. *DXPNP-2*, 1991 年 10 月 5 日。

49. *SWDXP-3*, 第 318 页。

50. Qian, *Ten Episodes in China's Diplomacy*, pp. 170–171, 174–177.

51. 陈国焱:《邓小平对东欧的战略方针及其意义》，载《邓小平外交思想研究论文集》(北京：世界知识出版社，1996)，第 270–275 页；Qian, *Ten Episodes in China's Diplomacy*, pp. 172–174.

52. "Regulations on Construction of Expensive Buildings Issued," Xinhua General Overseas Service, September 25, 1988. 对官方的措施及支持紧缩政策的分析的评论，见武力主编:《中华人民共和国经济史，1949–1999》(上下册)(北京：中国经济出版社，1999)，下册，第 983–1010 页。

53. 薛暮桥:《牢记历史经验，坚决执行治理整顿的方针》，见《人民日报》，1989年12月18日，第6版。

54. 《新华社内参》，1989年12月26日，见FBIS, January 3, 1990, pp. 12–18。

55. 例如参见《光明日报》，1989年12月9日，见FBIS, January 4, 1990, pp. 27–28。

56. Simon Long in the Economist Intelligence Unit, May 1992, 转引自Miles, *The Legacy of Tiananmen*, pp. 62, 326。

57. 中国的"爱国主义"，字面上的意思是"爱国家"。因为中国是由很多个民族组成的，所以不使用"民族主义"这个词，该词在英语里被译作nationalism，但字面的意思是"爱自己的民族"。

58. Suisheng Zhao, "A State-Led Nationalism: The Patriotic Education Campaign in Post–Tiananmen China," *Communist and Post Communist Studies* 31, no. 3 (September 1998): 287–302; Paul A. Cohen, *China Unbound: Evolving Perspectives on the Chinese Past* (New York: Routledge Curzon, 2003), pp. 166–169 and n181, n182; Parks Coble, "China's 'New Remembering' of the Anti–Japanese War of Resistance, 1937–1945," *The China Quarterly*, no. 190 (June 2007): 394–410; Suisheng Zhao, *A Nation–State by Construction: Dynamics of Modern Chinese Nationalism* (Stanford, Calif.: Stanford University Press, 2004), pp. 213–247.

59. Coble, "China's 'New Remembering'," pp. 400–402.

60. 关于中国作家对上面的提示做出的反应的细微差别，见Perry Link, *The Uses of Literature: Life in the Socialist Chinese Literary System* (Princeton, N. J.: Princeton University Press, 2000), pp. 68–81.

61. Shuqing Zhang, "Marxism, Confucianism, and Cultural Nationalism," in Zhiling Lin and Thomas W. Robinson, eds., *The Chinese and Their Future: Beijing, Taipei, and Hong Kong* (Washington, D. C.: The AEI Press, 1994), pp. 82–109.

第22章　终曲：南方之行

1. Joseph Fewsmith, *China since Tiananmen: From Deng Xiaoping to Hu Jintao*, 2d ed. (New York: Cambridge University Press, 2008).

2. DXPNP-2，1990年1月20、26日，2月13日，第1307–1308页。

3. Victoria Wu, "The Pudong Development Zone and China's Economic Reforms," *Planning Perspectives* 13, no. 2 (April 1998): 133–165; 中央文献研究室科研部图书馆编:《邓小平人生纪实》，第三卷（南京:凤凰出版社，2004），第2019–2052页。

4. 童怀平、李成关:《邓小平八次南巡纪实》(北京:解放军文艺出版社，2002)，第214–216、220页。另一记录见中央文献研究室科研部图书馆编:《邓小平人生纪实》。

5. *DXPNP-2*，1990年1月26日，第1307页。
6. 童怀平、李成关：《邓小平八次南巡纪实》，第216页。
7. *SWDXP-3*, pp. 342–343；*DXPNP-2*，1990年3月3日，第1309–1311页。
8. *SWDXP-3*, December 24,1990, pp. 350–352.
9. Robert Lawrence Kuhn, *The Man Who Changed China: The Life and Legacy of Jiang Zemin* (New York: Crown, 2004), p. 205.
10. 童怀平、李成关：《邓小平八次南巡纪实》，第204–222页；黄宏主编：《硬道理：南方谈话回眸》(济南：山东人民出版社，2002)，第127–149页。
11. *SWDXP-3*, pp. 353–355.
12. *DXPNP-2*，1991年2月10、12、14日，第1327–1328页。
13. 同上，1991年2月15日，3月2日，3月22日，4月12日；黄宏主编：《硬道理：南方谈话回眸》，第130–136页。
14. Fewsmith, *China since Tiananmen*, p. 54.
15. Ibid., p.232.
16. 童怀平、李成关：《邓小平八次南巡纪实》，第226页。
17. 同上，第226页。这话说于1980年2月29日。
18. 同上，第227–228页。
19. 同上，第228–229页。
20. 2003年10月对陈开枝和另一些当地干部的采访，陈开枝曾陪同邓小平视察。
21. 童怀平、李成关：《邓小平八次南巡纪实》，第231–232页。
22. 同上，第243页。
23. Miles, *The Legacy of Tiananmen*, pp. 96–97.
24. 2003年10月对陈开枝的采访，邓小平南行时他任广东省委副秘书长，负责安排邓小平在深圳和珠海的行程。另参见岑隆业编：《阅爱无价》(北京：作家出版社，2001)，第182–190页；关于摄影记者和录音机的记述见 Zhao, "Deng Xiaoping's Southern Tour," p. 750. 记录这次视察的另一份文献见黄宏主编：《硬道理：南方谈话回眸》，第150–190页。
25. 童怀平、李成关：《邓小平八次南巡纪实》，第234–235页。
26. 2003年11月在广州对一位与邓小平随行干部的采访。
27. *SWDXP-3*, pp.362–363.
28. 童怀平、李成关：《邓小平八次南巡纪实》，第232页；Kuhn, *The Man Who Changed China*, p. 212.
29. 童怀平、李成关：《邓小平八次南巡纪实》，第240、245–246页。
30. 同上，第232–233页。
31. 同上，第246–248页。
32. 岑隆业编：《阅爱无价》，第186页。

33. 童怀平、李成关:《邓小平八次南巡纪实》,第248–249页。
34. 同上,第251–253页。
35. DXPNP-2,1992年1月29日,第1338页。
36. 童怀平、李成关:《邓小平八次南巡纪实》,第279–282页。
37. Miles, *Legacy of Tiananmen*, p. 95.
38. Ibid., p. 95; Zhao, "Deng Xiaoping's Southern Tour," p. 749;童怀平、李成关:《邓小平八次南巡纪实》,第286页。
39. Kuhn, *The Man Who Changed China*, p. 214.
40. 邓小平在1985年去上海时,有机会看到他在1984年前一次去上海的访问和决定开放14个沿海城市所取得的初步成果,但是1986年冬天他去了桂林和重庆。1987年他因为将胡耀邦撤职而带来的麻烦没有离开北京。见 DXPNP-2,1985年1月31日,1986年1月24日,1986年1月31日,1988年2月10日,1988年2月23日,1989年1月21日,1989年2月16日,1990年1月20日,1990年2月13日。
41. 同上,1992年2月7日,第1339页。
42. 2003年10月对陈开枝的采访。
43. CYNP,1992年2月3日,第441页。
44. 我本人曾在1973年去过这家商店,当时里边只陈列着朴素的棉布和热水瓶。
45. 童怀平、李成关:《邓小平八次南巡纪实》,第285–294页; DXPNP-2,1992年2月21日,第1341页。
46. 香港、深圳和外国报道的目录见黄宏主编:《硬道理:南方谈话回眸》,第192–200页;Fewsmith, *China since Tiananmen*, p. 242, n.65.
47. 陈毛弟:《江泽民考察上海时强调全党要始终不移全面贯彻党的基本路线,进一步解放思想加快改革开放步伐》,《人民日报》,1992年1月20日,第1版;Kuhn, *The Man Who Changed China*, pp. 214–215.
48. Kuhn, *The Man Who Changed China*, p. 214.
49. 同上,第213–214页。
50. Zhao, "Deng Xiaoping's Southern Tour," p. 750;Miles, *Legacy of Tiananmen*, pp. 100–101;另参见黄宏主编:《硬道理:南方谈话回眸》,第195页。
51. 对这份文件的权威性概述见 DXPNP-2,1992年2月28日,第1341页。邓小平在深圳和珠海讲话稿的定稿见 SWDXP-3, pp. 358–370。
52. Miles, *Legacy of Tiananmen*, pp. 99–100, n50.
53. Ibid., p.102.
54. 黄宏主编:《硬道理:南方谈话回眸》,第237页;Fewsmith, *China since Tiananmen*, p. 62.
55. Kuhn, *The Man Who Changed China*, pp. 219–220.
56. 中共中央文献研究室编:《十三大以来重要文献选编》(上中下册)(北京:

人民出版社，1991–1993），下册，第 2055–2089 页。

57. *SWCY*, 3:370.

58. *DXPNP-2*，1992 年 7 月 23–24 日，第 1349–1351 页。

59. Tony Saich, "The Fourteenth Party Congress: A Programme for Authoritarian Rule," *The China Quarterly*, no.132 (December 1992): 1141–1142; Richard Baum, *Burying Mao: Chinese Politics in the Age of Deng Xiaoping* (Princeton, N.J.: Princeton University Press, 1994), pp. 364–368.

60. Saich, "The Fourteenth Party Congress," pp. 1142–1146.

61. Ibid., pp. 1146–1148.

62. Kuhn, *The Man Who Changed China*, p. 222.

63. 例如见 *DXPNP-2*，1993 年 1 月 22 日，第 1359 页。

64. 吴国光：《逐鹿十五大：中国权力棋局》（香港：太平洋世纪研究所，1997）。

65. Kuhn, *The Man Who Changed China*, p. 223; Fewsmith, *China since Tiananmen*, pp. 67–68.

66. 朱健国：《李锐谈"焦国标讨伐"：痛感始皇难绝缘》，http://www.newcenturynews.com/Article/gd/200710/20071005150035.html，2010 年 8 月 16 日访问。

67. Saich, "The Fourteenth Party Congress," p. 1154.

68. Ding Lu, "China's Institution Development for a Market Economy since Deng Xiaoping's 1992 Nanxun," in John Wong and Yongnian Zheng, eds., *The Nanxun Legacy and China's Development in the Post-Deng Era* (Singapore: World Scientific, 2001), pp. 51–73.

69. *DXPNP-2*，1997 年 2 月 19 日，第 1375 页。

70. 同上，1997 年 2 月 25 日；Jim Lehrer, host, "Transcript on Deng's Legacy, February 25, 1997," *On Line Focus*, at http://www.pbs.org/newshour/bb/asia/february97/deng_2–25.html, 2010 年 3 月 5 日访问。

第23章　转型的中国

1. John K. Fairbank, ed., *The Chinese World Order: Traditional China's Foreign Relations* (Cambridge: Harvard University Press, 1968); Thomas J. Barfield, *Perilous Frontier: Nomadic Empires and China* (Cambridge, Eng.: Basil Blackwell, 1989); Paul Cohen, *China Unbound: Evolving Perspectives on the Chinese Past* (New York: Routledge Curzon, 2003).

2. 转引自 E. Backhouse and J.O. P. Bland, *Annals & Memoirs of the Court of Peking* (Boston: Houghton Mifflin, 1914)。

3. Linda Jacobson and Dean Knox, "New Foreign Policy Actors in China," SIPRI (Stockholm International Peace Research Institute) Policy Paper no. 26 (September 2010), p. 22.

4. 关于国际贸易体系，请参见 Edward S. Steinfeld, *Playing Our Game: Why China's Rise Doesn't Threaten the West* (New York: Oxford University Press, 2010)。

5. 有关中共的一般著作，见 Richard McGregor, *The Party: The Secret World of China's Communist Rulers* (New York: HarperCollins, 2010); Yongnian Zheng, *The Chinese Communist Party as Organizational Emperor* (London and New York: Routledge, 2010)。

6. 参见 G. William Skinner, "Marketing and Social Structure in Rural China," parts 1, 2, and 3, *Journal of Asian Studies* 24, no. 1 (November 1964): 3–44; 24, no. 2 (February 1965): 195–228; 24, no. 3 (May 1965): 363–399。

7. 关于将来城市的先进物质带到乡村，可以参考 Rachel Murphy, *How Migrant Labor Is Changing Rural China* (New York: Cambridge University Press, 2002), and Leslie T. Chang, *Factory Girls: From Village to City in a Changing China* (New York: Spiegel and Grau, 2008)。

8. 有关的法律著作见 Stanley B. Lubman, *Bird in a Cage: Legal Reform in China after Mao* (Stanford, Calif.: Stanford University Press, 1999); Randall Peerenboom, *China's Long March toward Rule of Law* (New York: Cambridge University Press, 2002); Jianfu Chen, *Chinese Law: Context and Transformation* (Boston: Martinus Nijhoff, 2008)。

9. Anita Chan, *China's Workers under Assault: The Exploitation of Labor in a Globalizing Economy* (Armonk, N.Y.: M. E. Sharpe, 2001); Chang, *Factory Girls*.

10. Ezra F. Vogel, *One Step Ahead in China: Guangdong under Reform* (Cambridge: Harvard University Press, 1989). 有关在中国外企工厂曝光的超时用工现象，见 Chan, *China's Workers under Assault*。

11. Martin King Whyte, *Small Groups and Political Rituals in China* (Berkeley: University of California Press, 1974); Gail E. Henderson and Myron S. Cohen, *The Chinese Hospital: A Socialist Work Unit* (New Haven: Yale University Press, 1984); Andrew G. Walder, *Communist Neo-Traditionalism: Work and Authority in Chinese Industry* (Berkeley: University of California Press, 1986).

12. Deborah S. Davis, *The Consumer Revolution in Urban China* (Berkeley: University of California Press, 2000); Scott Rozelle and Jikun Huang, "The Marketization of Rural China: Gain or Pain for China's Two Hundred Million Farm Families?" in Jean C. Oi, Scott Rozelle, and Xueguang Zhou, eds., *Growing Pains: Tensions and Opportunity in China's Transformation* (Stanford, Calif.: Walter H. Shorenstein Asia–Pacific Research Center, Stanford University, 2010), pp. 57–85.

13. Martin King Whyte, *Myth of the Social Volcano: Perceptions of Inequality and Distributive Justice in Contemporary China* (Stanford, Calif.: Stanford University Press, 2010).

14. 笔者2010年12月与中共党史专家沈志华的交谈。

名词索引

A

阿富汗 267, 336, 514, 516, 517, 519, 520, 525, 575
阿科公司 518
安徽省 346, 347, 425–427, 549
　农村政策研究室 430；合肥 549, 550；万里在 425–427；黄山 346, 347
鞍山钢铁厂 118, 119
按劳分配 214, 426
澳大利亚 12, 83, 395, 423
澳门 387, 391, 473, 581, 624
奥运会 412, 614. 另见"北京卫戍区"、"北京大学"、"燕京大学"

B

《八一七公报》471
八宝山 163, 164, 172, 235, 237, 571
八路军 48
巴基斯坦 79, 96, 519, 520
巴山轮会议 545
宝安县 221, 387, 389, 390
宝山钢铁厂 302, 422, 451
保利茂 298, 299
北京大学 35, 49, 59, 67, 72, 78, 130, 138, 143, 144, 146, 175, 205, 452, 544, 550, 570

北京军区 91, 379
北京日报 236, 237
北京市委 130, 148, 149, 172, 183, 236, 251, 574
北京卫戍区 173
比利时 222, 223
波兰 446, 532, 533, 572, 586
　团结工会 532, 586
渤海湾 420, 524

C

财经委员会 418
财政部 23, 54, 276, 394, 415, 421, 435, 445
长安 302, 588
长春市 300
　第一汽车制造厂 585
长沙工学院 144
长征 22, 23, 45, 47, 298, 520
朝鲜 83, 96, 121, 228, 230, 264, 271, 335, 456, 571, 573, 610
　朝鲜战争 68, 79, 269, 276, 279, 510, 643；与中国的关系 273, 276–278
成都 11, 116, 621
城市化 651, 653
《赤光》39
重庆 11, 34, 35, 36, 38, 448

出国考察 220, 222, 443

《创业》142

刺激

    物质 133, 134, 311, 340, 352, 383, 413, 502, 514, 568

D

大连 230, 449, 454

大庆 102, 142, 193, 194, 277, 415

    和余秋里 222, 223

大跃进 23, 57, 69, 75, 97, 132, 133, 190, 227, 233, 240, 241, 243, 247, 351, 353, 357, 362–365, 368, 381, 406, 413, 418, 420, 425, 447, 521, 542, 601, 610, 635

    邓小平的态度 57–60

大寨 102, 147, 194, 237, 411, 426, 427, 428, 430

大字报 60, 110, 170, 171, 172, 248, 251, 252, 253, 254, 255, 256, 257, 258, 358, 570, 587

丹麦 99, 222

单位 48, 65, 70, 104, 105, 106, 108, 109, 111, 114, 116, 127, 135, 136, 161, 171, 172, 175, 183, 190, 207, 208, 210, 211, 212, 226, 232, 239, 245, 256, 292, 346, 351, 360, 374, 389, 393, 411, 412, 425, 427, 430, 431, 442, 458, 476, 507, 513, 514, 527, 528, 529, 530, 533, 547, 555, 560, 561, 569, 629, 632, 636, 647, 650, 651, 655, 657

德国 35, 40, 94, 96, 222, 224, 309, 355

第二次世界大战 79, 159, 222, 294, 303, 309, 354, 486, 644, 646

第二野战军 51, 91

第四届文学艺术大会（1979）263

第一次世界大战 35

第一野战军 53

帝制时代的中国 643

    科举制度 26, 650；清朝 465

奠边府 268, 269

电视 64, 72, 190, 208, 282, 296, 302, 303, 330, 333, 337, 339, 341, 343, 376, 396, 401, 409, 411, 412, 452, 481, 487, 529, 549, 550, 556, 558, 566, 567, 575, 576, 587, 588, 590, 591, 595, 596, 603, 607, 618, 620, 625, 633, 637, 651, 652

电子工业部 584

钓鱼岛 300

东德 277

东海 613, 643

东欧 29, 132, 194, 220, 221, 271, 278, 309

东盟 279, 281, 283, 284, 286, 515, 516

对越战争 255, 260, 264, 288, 418, 420, 505, 511, 514, 516

《多伦多环球邮报》253

F

法国 16, 22, 36–40, 83, 96, 133, 205, 222, 223, 334, 355, 475, 488, 606, 660

    巴耶 36；夏莱特 38, 39；中国学生 22, 35, 36, 37, 38, 39, 40, 41, 42；蒙塔日 38, 39；巴黎 1, 36, 37, 38, 39, 40, 55, 95, 126, 287；对华关系 125–

126；第一次世界大战期间 35

反右运动（1957）56, 57, 257, 262, 533, 540

风庆轮 98, 99

佛教 274, 275, 282, 296

腐败 28, 52, 208, 288, 343, 404, 405, 406, 407, 409, 448, 455, 456, 530, 536, 542, 549, 550, 567, 568, 574, 583, 584, 590, 592, 594, 596, 611, 623, 637, 655, 658, 659

福建省 376, 388, 389, 391–396, 398–411, 434, 452, 617

保守派的批评 391, 394, 402–408；试验区 394；经济特区 221, 223, 376, 391, 392, 396, 406, 408, 409, 410, 411, 452, 454, 501, 618, 620, 621, 624, 629, 645；厦门 391, 408, 411

G

港澳事务办公室 221, 473

钢铁生产 118, 120, 121

宝山钢铁厂 302, 422, 451；武汉钢铁厂 304

个体户 383, 434, 436, 437

共产国际 41, 42, 44

共青团 148, 251, 384, 544

公社 57, 108, 127, 134, 194, 239, 360, 380, 398, 425, 431, 432, 434, 435, 527, 631, 657

公有制 453, 542, 545, 632

工业国有化 23, 55

工业化 400, 459

重工业 37, 42, 382, 398, 415, 419, 420, 451, 459, 585, 659；轻工业 225, 239, 240, 365, 382, 398, 419, 433, 521

关贸总协定 613

《光明日报》147, 181, 214, 236, 359

广东省 7, 10, 223, 224, 239, 368, 388, 404, 405, 620, 623

建筑业 389, 392, 401, 569；保守派的批评 391, 394, 402–408；纪检委 379, 404；经委 404, 415, 418, 617；劳动力成本 400, 410；省委 403, 404, 405, 406, 408；顺德 624；第六届全国运动会 412；走私 404, 405, 406, 407, 409, 454；乡镇企业 433, 434, 435, 436, 454, 458, 461, 568, 611, 631

广西省 268

百色 44；龙州 44

广州 241, 368, 397, 398, 408, 412, 454, 483, 491, 505, 510, 620, 624, 655

共产党的起义 44；白天鹅宾馆 401；经济特区 223, 376, 391, 392, 396, 406, 408, 409, 410, 411

国家科委 71, 72, 211, 342

国防科工委 110, 530

国际货币基金组织 644

国家计委 120, 132, 221, 222, 305, 388, 394, 415, 421, 424, 445, 452, 538

国家建委 193, 394, 415

国家经委 415, 617

国家农委 430

国家统计局 445, 459, 636

国家文化 651, 652, 653

国民党 28, 39, 42, 43, 45, 47, 48, 50,

51, 52, 53, 60, 64, 104, 169, 171, 311, 312, 343, 468, 473, 475, 513

国务院 103, 114, 116, 118, 119, 120, 129, 132, 134, 138, 139, 154, 157, 167, 176, 190, 198, 209, 212, 221, 222, 226, 231, 246, 247, 269, 312, 314, 320, 325, 343, 355, 359, 360, 373, 392, 409, 415, 416, 418, 426, 430, 437, 442, 452, 456, 458, 469, 473, 538, 600, 634

财经委 418；经济工作务虚会 256, 416；农村发展研究中心 426, 430, 442

国营企业 381, 383, 435, 436, 448, 452, 454, 455, 461, 528, 569, 612, 652

H

《海岛女民兵》142

海外经济协力基金 306, 423

《海霞》142

海州 117

韩国 1, 18, 29, 69, 132, 210, 225, 276, 277, 295, 304, 308, 335, 414, 443, 449, 460, 510, 520, 525, 656, 660

杭州 73, 111, 121, 123, 420, 615

赫尔辛基会议 158

"和平、自由和中立地区" 283

核武器 110, 334, 518, 523, 524

合资企业 194, 403, 451, 454, 529, 530, 622

《红楼梦》64

《红旗》102, 141, 147, 157, 192, 203, 359

红七军 44, 45, 60, 80

湖北省 620

湖南省 620

互联网 7, 550, 652, 658

户籍制度 651

华东师范大学 655

华人

香港的 387, 389, 391, 396, 397, 398, 401, 409, 474–487 等处；新加坡的 284, 287；东南亚的 267, 275, 279, 280, 284, 287, 288, 289, 335, 343, 516

华润集团 396, 475

淮海战役 23, 51, 52, 65, 76, 86, 268, 511, 524

黄埔军校 28, 268, 468

J

基层制度 424

计划工作务虚会 132

计划生育 424

饥荒 57, 233, 249, 426, 427, 431, 433, 436, 651

吉林省 229

集体化 23, 54, 55, 131, 167, 194, 245, 272, 352, 425, 429, 431, 432, 433, 436, 495, 496

加拿大 69, 83, 96, 395, 486, 578

甲午战争 291

柬埔寨 267, 278, 279, 290

江苏省 114, 117, 483

江西工学院 80

江西省 45, 46, 80, 81

南昌 44, 63, 64, 71, 72, 115, 655；革命委员会 80, 112, 128；瑞金县 22, 45, 46；鹰潭 81, 624, 625

江西苏区 23, 24, 47, 520, 533, 624

江西医学院 80

交通部 98, 390

交通大学 585

交通运输 53, 111, 112, 113, 115, 414, 440, 455, 652

铁路 54, 97, 111, 112, 113, 114, 115, 116, 117, 119, 120, 123, 158, 169, 219, 269, 291, 347, 349, 426, 586, 619, 645；地铁 115, 655

教育 348, 349, 351, 352, 353, 377, 378, 380, 381, 384, 424, 433, 440, 442, 444, 446, 455, 479, 489, 499, 501, 503, 504, 505, 506, 507, 514, 531, 539, 543, 544, 552, 560, 566, 569, 582, 589, 593, 598, 612, 613, 614, 617, 623, 635, 646, 649, 651

教育部 143, 144, 149, 153, 204, 206, 207, 209, 212, 442；科学 137, 138, 139, 140, 141, 143, 144, 149, 161, 162；高考 208, 209, 210, 550, 568, 649；1977年全国高等学校招生工作会议 202

《教育革命通讯》144

《解放军报》192, 203, 214, 346

阶级斗争 56, 137, 149, 151, 153, 154, 155, 157, 158, 181, 186, 187, 189, 192, 196, 212, 215, 233, 245, 274, 275, 353, 362, 365, 366, 388, 402, 406, 407, 619, 632

晋冀鲁豫边区 50

经济互助委员会 272

经济发展研究所 446

经济计划 40, 86, 161, 193, 196, 223, 233, 375, 390, 392, 415, 418, 419, 443, 537

指导性计划 446, 449；与市场 452。另见"五年计划"、"国家计委"、"十年经济规划"

经济技术开发区 410

经济特区 221, 223, 376, 391, 392, 396, 406, 408, 409, 410, 411, 452, 454, 501, 618, 620, 621, 624, 629, 645

保守派的批评 391–394, 402–408；汕头 391, 410；深圳 221, 387, 389, 390, 391, 397, 398, 405, 408, 409, 410, 411, 452, 529, 530, 615, 620, 621, 622, 623, 624, 625, 626, 627, 629, 630；厦门 391, 408, 411；珠海 387, 391, 397, 404, 405, 408, 410, 615, 620, 623, 624, 625, 626, 627

经济体制改革委员会 442

经济状况 485

去集体化 433；经济增长 132, 133, 230, 344, 356, 357, 414, 416, 438, 451, 454, 457, 460, 501, 565, 609, 612, 618, 635, 647, 648, 651, 659；饥荒 57, 233, 249, 426, 427, 431, 433, 436, 651；外国直接投资 390；个体户 383, 434, 436, 437；轻工业 225, 239, 240, 365, 382, 398, 419, 433, 521；人均收入 69, 424, 451, 622；失业 383, 436, 459, 461, 570. 另见"农业"、"煤炭生产"、"经济计划"、"通货膨胀"、"合资企业"、

"市场"、"石油生产"、"经济特区"、"国营企业"、"钢铁生产"、"贸易"、"《工业二十条》"

京西宾馆 196, 232, 245

军队 86, 88, 90–92, 97, 101, 104

    中国的 106–111, 112, 114, 116, 117, 128, 157, 160, 161, 169, 178, 180, 201, 213, 230, 269, 270, 279, 290, 379, 380, 486–487, 491, 494–496, 505–531；国防战略 523；军费 521, 525, 526, 531, 642；军事院校 507, 520, 527；军事技术 88, 104, 110, 506, 507, 518, 519, 521, 523, 529, 531, 595；海军 108, 510, 520, 524, 525, 528, 529, 531；裁军 108, 109, 110, 111, 201, 314, 506, 507, 508, 525, 642. 另见"人民解放军"

K

科威特 597

科学技术装备委员会 521

科学院工作汇报提纲 131, 149

孔子 95

    批孔 91, 92, 97, 102, 118, 121, 125, 144, 151

《苦恋》535, 536

昆明 115, 510, 522

昆山 435

L

兰州 655

老挝 267, 279, 285, 508

冷战 29, 79, 223, 283, 473, 496, 591

《理论动态》214, 215

联合国 69, 92, 93, 94, 96, 108, 266, 320, 322, 446, 644, 660

    开发计划署 446；安理会 108, 597

辽宁省 157, 449

柳州 116

旅游业 388, 392, 595

罗马尼亚 96, 167, 193, 194, 221, 577, 585, 608, 609

洛阳 116

M

马来西亚 264, 279, 280, 282, 283, 286, 289, 328

贸易 303, 306, 317, 322, 336, 337, 338, 389, 393, 395, 445, 451, 462, 465, 483, 517, 524, 607, 613, 624, 631, 636, 642, 643, 644, 645, 654, 660

    补偿贸易 194, 225；《中日长期综合贸易备忘录》303；最惠国地位 337

美国 69, 79, 88, 307–344, 602–608

    美籍华人 145；中央情报局 16, 295, 496, 603；国会 444, 465, 466, 471, 475, 476, 477, 481, 487；外交政策协会 339；对华投资 339, 395, 636；贸易最惠国地位 337；美中关系全国委员会 14；国家美术馆 338–339；台湾关系法 465, 466

美国之音 253, 550, 591

煤炭生产 117, 118, 134

缅甸 228, 264, 274–275, 427, 520

莫斯科中山大学 22, 41, 42, 472

N

南海 524, 555, 570

南京 73, 115, 116, 171, 183, 214, 320, 483, 549, 614

　大屠杀 614；南京大学 171, 214

南斯拉夫 96, 193, 194, 221, 277, 309, 433, 446

尼泊尔 275, 287, 289, 296, 332

农村发展研究中心 7, 426, 430, 442

农民人均收入 424, 451, 622

农业 23, 45, 54, 55, 58, 104, 117, 126, 134, 137, 147, 167, 194, 201, 204, 219, 223, 224, 231, 233, 234, 237, 239, 342, 359, 365, 375, 392, 411, 418, 419, 420, 425, 426, 427, 428, 429, 430, 431, 432, 433, 438, 440, 444, 450, 460, 483, 495, 499, 521, 528, 545, 552, 631, 650, 651, 653

　集体化 23, 54, 55, 131, 167, 194, 245, 272, 352, 425, 429, 431, 432, 433, 436, 495, 496；棉花 225, 430, 433；大寨样板 427, 428, 430；麻 422, 433, 434, 475, 488, 493, 495, 508；粮食 17, 48, 54, 57, 158, 159, 225, 234, 239, 420, 424, 425, 426, 430, 431, 432, 433, 438, 451, 453, 651；人口流动 650；包产到户 239, 359, 360, 380, 425, 426, 427, 428, 429, 430, 431, 432, 433, 437, 439, 441, 442, 460, 461, 631；土地公有制 542；烟草 433, 434

P

牌坊村 33, 34

贫困 287, 425, 426, 431, 433, 623, 656, 659

普通话 397, 484, 652, 653

Q

企业管理协会 306, 449

青岛 463

青海省 498

清朝 465

清华大学 139, 147, 148, 149, 151, 181, 183, 544

清明节 170, 172, 203, 236, 252

全国人民代表大会 99, 100, 101, 102, 193, 254, 365, 495

　常委会 359, 420, 491, 570

全球化 319, 486, 646

R

人道主义 295, 538, 539, 540, 557, 602, 608

人民大会堂 17, 89, 96, 112, 172, 179, 324, 372, 570, 571, 577, 579, 601, 637

人民解放军 64, 102, 165, 496, 509, 567

　邓小平的整顿 106–111；总政治部 102, 109, 141, 161, 180, 421, 506, 507, 540

《人民日报》8, 102, 141, 147, 157, 164, 167, 170, 173, 183, 192, 196, 203,

209, 214, 236, 254, 258, 260, 262, 311, 319, 359, 428, 456, 538, 539, 547, 552, 570, 572, 574, 601, 615, 618, 619, 628, 629

《人民文学》143

人民英雄纪念碑 165, 171, 570

日本 291, 295, 296, 303, 304, 305, 450 经济安定本部 449；日本贸易振兴会 306, 451；经团联 423；君津制铁所 301；熊谷组 583；京都 296, 298, 302, 390；通产省 450, 451；奈良 14, 296, 302；《殖产兴业建议书》226；大阪 302, 303；靖国神社 614

S

《三国演义》156

陕甘宁边区 47

汕头 391, 410

上海 11, 22, 35, 36, 37, 40, 43, 44, 45, 52, 55, 65, 73, 76, 92, 112, 122, 135, 143, 157, 170, 171, 180, 183, 184, 221, 222, 223, 287, 304, 305, 306, 322, 326, 347, 375, 376, 394, 395, 409, 435, 439, 454, 463, 466, 468, 470, 471, 483

《解放日报》615, 619, 626；军管会 52；民兵 49, 142, 173, 180, 183, 512；南浦大桥 618；浦东 616, 617, 618, 626, 627, 630；革命委员会 80, 112, 128；经济特区 618, 629；《文汇报》170, 171, 615

商务部 342

韶山 615

社会保障 569, 657

蛇口 389, 390, 392, 404

深圳 221, 387, 389, 390, 391, 397, 398, 405, 408, 409, 410, 411, 452, 529, 530, 615, 620, 621, 622, 623, 624, 625, 626, 627, 629, 630；邓小平在 408–409, 620–623

《深圳日报》627

沈阳 91, 229, 230

沈阳军区 91, 229, 230

《时代》周刊 330, 331, 335

世界贸易组织 613, 644

世界卫生组织 644

世界银行 357, 441, 443, 444, 445, 446, 447, 448, 449, 606, 608, 644

市场 227, 240, 244, 304, 306, 331, 392, 394, 395, 396, 397, 399, 400, 401, 402, 412, 419, 433, 434, 435, 436, 439, 441, 442, 446, 447, 448, 449, 450, 452, 453, 454, 455, 456, 457, 460, 461, 483, 501, 503, 528, 529, 530, 548, 559, 561, 568, 569, 570, 583, 592, 597, 615, 619, 623, 624, 628, 630, 632, 636, 650, 654, 655, 657, 658

十年经济规划 132, 133

《十月》535

失业 383, 436, 459, 461, 570

手工业 55, 387, 451
集体化 23, 54, 55, 131, 167, 194, 245, 272, 352, 425, 429, 431, 432, 433, 436, 495, 496

首都建筑公司 530

《水浒传》64

税收 49, 54, 394, 399, 403, 452, 453, 454, 611

四川 36, 39, 53, 228, 275, 349, 375, 392, 427, 439, 494-496, 500, 621

 广安县 11, 21, 24, 33, 34, 35

四项基本原则 260, 261, 262, 263, 345, 347, 356, 534, 544, 551, 552, 553, 554, 556, 558, 561, 587, 596, 610

私人企业 42, 302, 392, 468

《思想战线》140

苏联 18, 21, 29, 36-42, 55, 58, 60, 68-69, 73, 79, 87-89, 94, 107, 126, 158-160, 264-290, 293, 309, 312, 352, 382, 459-462, 516-518, 578

 入侵阿富汗 267, 514, 517, 519, 525；解体 459, 586-587, 608-610；新经济政策 42. 另见"莫斯科中山大学"

苏州 427, 435

隋朝 649

545, 588, 603, 613, 623, 656

太原 115, 116, 206

唐朝 302

唐山 176, 229

天津 229, 305, 347, 419, 454, 544, 584, 634

铁道部 112, 113, 114, 119, 530, 582

铁路 54, 97, 111, 112, 113, 114, 115, 116, 117, 119, 120, 123, 158, 169, 219, 269, 291, 347, 349, 426, 586, 619, 645

 9号文件 112, 113, 114, 115, 116, 117, 120, 123；徐州铁路局 111, 116

通货膨胀 28, 36, 52, 378, 405, 415, 439, 440, 449, 451, 453, 455, 456, 457, 458, 522, 566, 568, 569, 573, 592, 595, 611, 615, 616, 630

土地改革 23, 45, 53, 54, 114

土耳其 96

T

泰国 264, 279, 280, 281, 282, 289, 328, 508, 514, 515, 610

台湾 29, 69, 88, 92, 96, 132, 156, 210, 225, 291, 308, 309, 310, 311, 312, 314, 315, 319, 320, 321, 322, 323, 324, 326, 327, 328, 329, 330, 331, 334, 335, 336, 339, 343, 356, 380, 389, 395, 397, 398, 411, 414, 435, 443, 444, 449, 451, 459, 460, 463, 464, 465, 466, 467, 468, 469, 470, 471, 472, 477, 494, 500, 522, 531,

W

外国专利和版权 655

外汇 194, 234, 387, 388, 392, 405, 414, 415, 416, 417, 419, 424, 438, 454, 474, 545, 645

外交部 5, 10, 12, 37, 65, 76, 84, 88, 93, 94, 108, 159, 265, 323, 394, 470, 475, 477, 479, 482, 484, 489, 492, 493, 516, 634

外贸部 93, 222, 634, 645

卫生 53, 183, 401, 433, 440, 444, 576, 644, 656

文化部 141, 142, 143, 542

文革 80, 81, 82, 85, 86, 87, 92, 97, 98, 102, 103, 104, 105, 106, 107, 110, 113, 115, 116, 117, 121, 126, 127, 128, 130, 133, 134, 135, 136, 138, 139, 140, 141, 142, 143, 144, 146, 148, 149, 150, 151, 152, 153, 154, 155, 156, 157, 158, 161, 167, 168, 181, 191, 197, 203, 206, 208, 210, 211, 213, 215, 216, 223, 233, 235, 237, 241, 243, 244, 247, 249, 250, 251, 252, 256, 270, 274, 277, 279, 280, 288, 301, 320, 348, 349, 350, 351, 352, 353, 354, 359, 361, 362, 363, 364, 365, 368, 377, 381, 382, 383, 403, 411, 415, 416, 420, 425, 442, 453, 461, 473, 474, 475, 476, 496, 497, 509, 521, 523, 534, 536, 542, 554, 579, 589, 610, 624, 625, 635, 642, 644, 654, 659

红卫兵 59, 60, 67, 68, 70, 71, 106, 123, 128, 171, 249, 274

武汉 43, 97, 304, 448, 550, 615, 619, 620

东湖梅岭 97；钢铁厂 118, 119, 304

五年计划

第一个（1953—1957）54, 56, 240, 538；第四个（1971—1975）86；第五个（1976—1980）132, 135, 161, 440；第六个（1981—1985）211, 421；第七个（1986—1990）409

五四运动 258, 574

无锡 419, 435

物资部 394

X

西安 47, 64, 550

西欧 158, 159, 221, 222, 460

经济状况 126

《西厢记》99

希腊 96

锡兰（斯里兰卡）275, 287, 289, 296, 332

厦门 391, 408, 411

仙湖植物园 621

香港 12, 15, 17, 18, 29, 36, 44, 69, 132, 195, 203, 221, 225, 246, 259, 260, 286, 298, 339, 380, 387, 388, 389, 390, 391, 394, 395, 396, 397, 398, 401, 402, 403, 409, 411, 412, 414, 435, 451, 453, 459, 460, 463, 464, 469, 472, 473, 474, 475, 476, 477, 478, 479, 480, 481, 482, 483, 484, 485, 486, 487, 488, 489, 490, 491, 492, 493, 497, 540, 543, 574, 581, 591, 609, 617, 623, 624, 625, 628, 656

基本法 489, 490, 491, 492, 493；建筑业 389, 392, 401, 569；中共组织 402, 483；民主改革 493, 494, 495；企业家 384, 395, 396, 461, 568, 657；租约期满 478；高等法院 490；法律制度 493；媒体 486, 487, 489, 514, 557, 558, 560, 574, 579, 580, 590, 591, 594, 601, 602,

605, 608, 614, 620, 625, 626, 628, 638；《明报》625；新界 259, 463, 475, 476, 478, 485；1997年之后 474, 476, 477, 478, 479, 486, 489, 492, 493；环球航运集团 286

香港招商局 389, 390

乡镇企业 433, 434, 435, 436, 454, 458, 461, 568, 611, 631

辛亥革命 27, 34

新华社 183, 236, 333, 359, 372, 396, 428, 475, 484, 497, 548, 629

新加坡 12, 18, 29, 36, 69, 132, 210, 264, 268, 279, 281, 282, 284, 286, 287, 288, 289, 414, 460, 469, 549, 559, 601, 602, 623

《新青年》38

新疆 108, 150, 518

匈牙利 173, 446, 447, 533, 580

徐州铁路局 111, 116

Y

鸦片战争 17, 377, 421, 475, 643

亚运会（1990）412

亚洲开发银行 574

延安 47, 48, 49, 50, 51, 66, 142, 144, 231, 246, 268, 391, 405, 599

燕京大学 35

移动电话 658

一胎化政策 424

伊拉克 597

以色列 526, 606

义气 198

异化 539, 540

英国广播公司 253, 481, 550, 591

越南 18, 280, 281, 282, 283, 284, 287, 288, 289, 290

月坛公园 256

粤语 397

Z

《战略武器限制条约》308, 309, 312, 313, 316

浙江大学 153

浙江省 446

整顿 76, 77, 78, 100, 103, 104, 105, 106, 110, 111, 113, 115, 116, 117, 118, 119, 120, 121, 123, 127, 128, 130, 135, 136, 137, 139, 147, 148, 151, 155, 349, 415, 483, 506, 559, 611

质量管理协会 449

知识产权 621

中国革命博物馆 112

中国共产党 19, 23, 37, 40, 197, 198, 255, 261, 289, 343, 352, 353, 460, 468, 596, 605, 608, 609, 638, 641, 646

中央纪律检查委员会 246；中央委员会 10, 81, 86, 87, 122, 151, 240, 358, 544, 558, 560, 561, 597, 598, 601；中央财经领导小组 538；腐败 28, 52, 208, 288, 343, 404, 405, 406, 407, 409, 448, 455, 456, 530, 536, 542, 549, 550, 567, 568, 574, 583, 584, 590, 592, 594, 596, 611, 623, 637, 655, 658, 659；培养接班人 59, 350, 351, 479；民主集

中制 378, 385, 386, 534, 631；建党 38, 228, 347, 366；办公厅 63, 238, 363, 372, 374, 375, 522, 544, 599；港澳工作委员会 483；党内民主 190, 203, 242, 246, 254, 358, 378, 555；中联部 195, 221, 276, 390；领导班子 75, 76, 86, 90, 91, 103, 104, 105, 106, 109, 110, 115, 116, 117, 119, 121, 122, 123, 128, 137, 139, 175, 247, 345, 347, 348, 350, 354, 359, 360, 374, 390, 415, 430, 461, 477, 507, 522, 552, 583, 584, 598, 633, 647, 648；领导小组 82, 120, 135, 375, 473, 538；中组部 77, 238, 442, 547；政治局 75, 82, 83, 87, 89, 90, 91, 92, 93, 99, 101, 119, 122, 124, 125, 128, 131, 134, 139, 140, 141, 143, 145, 149, 153, 154, 155, 157, 161, 163, 164, 165, 166, 167, 168, 170, 171, 172, 173, 174, 176, 178, 181, 182, 183, 189, 190, 196, 197, 202, 209, 211, 214, 222, 225, 230, 232, 236, 239, 240, 241, 246, 248, 284, 307, 345, 348, 355, 356, 358, 359, 360, 361, 363, 365, 366, 367, 368, 373, 374, 375, 385, 407, 416, 417, 418, 421, 428, 454, 455, 456, 477, 492, 535, 537, 544, 545, 546, 547, 552, 553, 555, 557, 558, 560, 567, 571, 572, 574, 580, 581, 583, 584, 585, 598, 600, 601, 627, 628, 630, 634, 647；政治局常委 23, 54, 56, 75, 92, 101, 168, 181, 182, 197, 202, 232, 239, 240, 241, 246, 248, 307, 359, 365, 373, 374, 455, 537, 544, 546, 547, 553, 555, 574, 580, 581, 584, 598, 634；政研室 129, 130, 131, 140, 141, 142, 157, 161, 201；中宣部 141, 236, 256, 259, 533, 536, 541, 542, 557, 613, 614；省委书记 620, 623；整风运动 89, 105, 231；与各国共产党的关系 55；老干部的退休 534；农村政策研究室 7, 430；书记处 355, 360, 372, 373, 374, 375, 379, 404, 407, 409, 430, 533, 537, 538, 541, 544, 546, 550, 555, 561, 576, 647. 另见"中央顾问委员会"、"中央军事委员会"、"中央党校"、"中央工作会议"、《光明日报》、《人民日报》"

中国国防大学 527

中国科学院 130, 135, 136, 137, 139, 162, 206, 211, 212, 349, 442

中国历史博物馆 112

中国农村发展问题研究组 442

中国农业经济学会 427

中国社会科学院 65, 137, 139, 161, 212, 256, 442, 484, 548, 557

中国银行 222, 396, 475

中美关系正常化 13, 88, 242, 277, 278, 307, 308, 311, 312, 313, 316, 317, 328, 330, 464, 465, 660

和布热津斯基 314, 322, 326, 327, 335, 465；和卡特 335, 336, 511；和黄华 297, 314, 321；和奥克森伯格 326；和万斯 314；和伍德科克 13, 325, 326

中南海 59, 63, 148, 182, 183, 196, 232, 254, 371, 374, 555, 570

中央党校 5, 10, 213, 214, 363, 420, 539, 542, 628, 629, 630, 648

中央工作会议（1977）195–198, 203；（1978）197, 222, 228, 231–240, 241, 243, 245, 246, 247, 251, 253, 254, 278, 323, 325, 331, 417, 494, 511；（1979）390；（1980）533；（1983）452

中央顾问委员会 527, 534, 600, 634

中央军事委员会 387

中央人民广播电台 64

洲际弹道导弹 110, 525

珠海 387, 391, 397, 404, 405, 408, 410, 615, 620, 623, 624, 625, 626, 627

住房 138, 289, 318, 381, 391, 425, 435, 527, 529, 569, 632, 636, 650, 651, 657

壮族 44, 268

遵义会议（1935）22, 47, 232, 246